Deutscher
Gemeindeverlag
Kohlhammer

Kommunale Schriften für Rheinland-Pfalz

Herausgegeben vom
Gemeinde- und Städtebund Rheinland-Pfalz

Landesbauordnung Rheinland-Pfalz (LBauO)

Fassung 2026
mit einer Einführung zur Entwicklung der LBauO
und einem Anhang mit Erläuterungen,
Bildern und Hinweisen

Heiner Wieseler
Ministerialrat a. D.

Christian Teuchert
Ministerialrat

Susanne Zajonz
Regierungsrätin

Ministerium der Finanzen /
Ministerium für Kommunen, Bauen,
Wohnen und Kultur (2026)
Rheinland-Pfalz

5. Auflage

Deutscher Gemeindeverlag

5. Auflage 2026

Gesamtherstellung: W. Kohlhammer GmbH, Stuttgart
produktsicherheit@kohlhammer.de

Print:
ISBN 978-3-555-02409-7

E-Book-Formate:
pdf: ISBN 978-3-555-02410-3
epub: ISBN 978-3-555-02411-0

Vorwort

Seit der umfassenden Änderung der Landesbauordnung Rheinland-Pfalz (LBauO) im Jahr 1998 und dem Erscheinen der ersten Ausgabe dieses Bandes im Jahr 2005 (Oppermann/Wieseler/Wriedt) kam es bis 2015 zu vergleichsweise kleinen Änderungen und Anpassungen. Mit der Bauordnungsnovelle 2015 sind vielfältige und weitreichende Änderungen insbesondere zur Barrierefreiheit in Kraft getreten, die Anlass zur Fortschreibung dieses Bandes in Form der 2. Auflage waren. Mit der 3. Auflage wurde der landesgesetzlichen Anpassung baurechtlicher Vorschriften an das europäische Bauproduktenrecht im Jahr 2019 einschließlich der 2020 in Kraft getretenen Verwaltungsvorschrift „Bekanntmachung von Technischen Baubestimmungen (VV-TB)“ Rechnung getragen. Die 4. Auflage berücksichtigte die seit 2021 geltenden Änderungen zur Verwendung des Baustoffes Holz, zur Digitalisierung in bauaufsichtlichen Verfahren und zur Bewältigung von Naturkatastrophen wie der Flut im Ahrtal im Juli 2021. Zudem findet das Landessolargesetz mit kleineren Änderungen für das Baugeschehen Erwähnung. Die nun vorliegende 5. Auflage greift die verschiedenen Änderungen der LBauO und benachbarter Regelungen seit 2021 auf bis zur größeren Anpassung 2025. Sie beziehen sich schwerpunktmäßig auf erneuerbare Energien, die Digitalisierung, die Bauvorlageberechtigung, das Bauen im Bestand und eine höhere Flexibilität im Neubau. Maßgeblich ist zunehmend die Musterbauordnung mit verfahrensmäßigen Erleichterungen.
Ziel dieser 5. Auflage bleibt es, die Anwendung der LBauO in der Bau- und Verwaltungspraxis zu vereinfachen. Sie enthält neben der Entwicklungsgeschichte der LBauO und einem Ausblick den aktualisierten Gesetzestext Stand 2026. Auch werden Auszüge der amtlichen Gesetzesbegründungen zu den Änderungen 2015, 2019, 2021, 2022, 2024 und 2025 dargestellt. Die Erläuterungen, Bilder und Hinweise im Anhang wurden angepasst und erweitert: Sie beziehen sich auf den Aufbau und die Systematik der LBauO, die Gebäudeklassen, die Abstandsflächen, die brandschutztechnischen Anforderungen an Bauteile, auf Rauchwarnmelder in Wohnungen, die Barrierefreiheit, auf die Technischen Baubestimmungen, Bauprodukte und Bauarten (VV TB RP), auf die

Vorwort

Verfahrenswege, die Bauvorlageberechtigung und die Erklärungen sachverständiger Personen, auf die Rahmenbedingungen für die Digitalisierung sowie auf die rechtlichen Entwicklungen zum Klimawandel und zur Nutzung erneuerbarer Energien.

Die Verfasser

Inhaltsverzeichnis

Vorwort V

A Einführung 1

B Landesbauordnung Rheinland-Pfalz (LBauO) 39
1. Gesetzestext 41
2. Auszüge aus den Gesetzesbegründungen 153

C Anhang – Erläuterungen, Bilder und Hinweise 277
1. Aufbau und Systematik der LBauO 278
2. Gebäudeklassen 286
3. Abstandsflächen 292
4. Brandschutztechnische Anforderungen an Bauteile . . . 344
5. Rauchwarnmelder 353
6. Barrierefreiheit 355
7. Technische Baubestimmungen, Bauprodukte und Bauarten (VV TB RP) 363
8. Verfahrenswege 371
9. Bauvorlageberechtigung 375
10. Erklärungen sachverständiger Personen 378
11. Digitalisierung: Wegfall der Schriftform und/oder der eigenhändigen Unterschrift 379
12. Klimawandel und die Nutzung erneuerbarer Energien 387

Stichwortverzeichnis 395

A Einführung

Das Bauordnungsrecht in Rheinland-Pfalz: Von der Landesbauordnung 1961 bis zu den Änderungen 2021

1. Die Landesbauordnung (LBO) 1961

Die erste Landesbauordnung für Rheinland-Pfalz datiert aus dem Jahr 1961 (LBO vom 15. November 1961, GVBl. S. 229). Sie löste die in den ehemals preußischen, hessischen und bayerischen Landesteilen geltenden Baugesetze und Verordnungen sowie die in einzelnen Städten wie Mainz und Koblenz erlassenen Baupolizeiverordnungen ab und regelte das Bauordnungsrecht für ganz Rheinland-Pfalz einheitlich. Das Gesetz, das aus 101 Paragrafen bestand, entsprach in seinen wesentlichen Teilen der Musterbauordnung (MBO).
Die Musterbauordnung war nach Klärung der Kompetenzen auf dem Gebiet der Baugesetzgebung zwischen dem Bund und den Ländern durch das Rechtsgutachten des Bundesverfassungsgerichts vom 16. Juni 1954 von der Musterbauordnungskommission am 30. Oktober 1959 verabschiedet worden und wurde in den Folgejahren durch Beschluss der Bauministerkonferenz mehrfach fortgeschrieben. An ihr orientieren sich die einzelnen Landesbauordnungen im Interesse eines – zumindest in den Grundzügen – möglichst ländereinheitlichen Bauordnungsrechts.

2. Die Landesbauordnung (LBauO) 1974

Die erste Landesbauordnung wurde 1974 – nach vorangegangenen kleineren Änderungen in den Jahren 1964, 1968 und 1969 – in wesentlichen Teilen geändert und neu gefasst (LBauO vom 27. Februar 1974, GVBl. S. 53). Die Änderungen betrafen Kernbereiche des Bauordnungsrechts wie die Abstandsregelungen, die differenzierter ausgestaltet wurden, die Brandschutzbestimmungen, die dem neuesten Stand der Technik angepasst wurden, und das Bauvorlagerecht, das erstmals in der Landesbauordnung geregelt wurde. Weitere Neuerungen waren die Einführung des Rechtsinstituts der Baulast, die Regelungen über die Führung des Baulastenverzeichnisses sowie die Aufnahme von Bestimmungen mit sozialpolitischer Zielrichtung in das Gesetz.

Die Landesbauordnung 1974 wurde durch Gesetz vom 2. Juli 1980 (GVBl. S. 145) zum ersten Mal geändert. Durch das Änderungsgesetz wurde das Ministerium der Finanzen ermächtigt, durch Rechtsverordnung Regelungen über die Anrechenbarkeit des Dachraums bei der Bemessung des Bauwichs zu treffen.
Eine zweite, umfangreichere Änderung erfolgte durch die Gesetzesnovelle aus dem Jahr 1982. Diese Novelle – das Zweite Landesgesetz zur Änderung der Landesbauordnung vom 20. Juli 1982 (GVBl. S. 264) – brachte u. a. die Abschaffung der Bauanzeige und die Erweiterung des Katalogs der genehmigungsfreien Vorhaben sowie Regelungen zur Vereinfachung und Beschleunigung der Baugenehmigungsverfahren und zur Herausstellung der Verantwortung der am Bau Beteiligten. Die Einführung der Bauzustandsbesichtigung, die an die Stelle der Bauabnahme trat, ist als weitere wichtige Neuregelung hervorzuheben.

3. Die Landesbauordnung (LBauO) 1986

Durch die Landesbauordnung 1986 wurde das Bauordnungsrecht in Rheinland-Pfalz in wesentlichen Bereichen neu geordnet (LBauO vom 28. November 1986, GVBl. S. 307, ber. GVBl. 1987 S. 48). Hauptziel der vom Landtag am 13. November 1986 beschlossenen Neufassung der Landesbauordnung war, das Bauen durch die Änderung des materiellen Rechts und die Beschleunigung der Baugenehmigungsverfahren zu erleichtern. Das materielle Recht, das überwiegend bautechnische Fragen regelt, wurde gestrafft, neu gegliedert und übersichtlicher gefasst. Das Verfahrensrecht wurde um das vereinfachte Genehmigungsverfahren (§ 65) erweitert; ansonsten entsprach es in vielen Bestimmungen dem früheren Recht. Bestand die LBauO 1974/1982 noch aus 130 bzw. 126 Paragrafen, kam die LBauO 1986 mit 90 Paragrafen aus. In Teilen war das Gesetz bereits seit dem 11. Dezember 1986 anwendbar; in vollem Umfang trat es am 1. Juli 1987 in Kraft.
Als wichtigste Neuerungen des materiellen Rechts sind hervorzuheben:
- die Einteilung der Gebäude in vier Gebäudeklassen,
- die Neubestimmung der Brandschutzanforderungen in Abhängigkeit von der jeweiligen Gebäudeklasse,
- die Reform der Abstandsbestimmungen; die früheren Regelungen über Grenzabstände, Gebäudeabstände, Abstände zur Wahrung des

Wohnfriedens sowie über Belichtungsbereiche wurden vereinheitlicht und in dem Begriff „Abstandsfläche" zusammengefasst,
- die Reduzierung der Anforderungen an Aufenthaltsräume; die erforderliche lichte Höhe von Aufenthaltsräumen wurde gegenüber dem früheren Recht auf 2,40 m, im Dachraum auf 2,20 m verringert,
- die Lockerung der Bestimmungen über die Stellplatzablösung.

Auf dem Gebiet des Verfahrensrechts ist die Einführung eines vereinfachten Genehmigungsverfahrens u. a. für Wohngebäude der Gebäudeklasse 1 sowie für Einzel- und Doppelhäuser der Gebäudeklasse 2 (§ 65) als wesentliche Neuerung hervorzuheben. In diesem Verfahren war die Zulässigkeit der Vorhaben nach dem Bauplanungsrecht und dem sonstigen öffentlichen Recht weiterhin umfassend zu prüfen; die bauordnungsrechtliche Prüfung beschränkte sich auf wesentliche Bereiche, wie die Bebaubarkeit des Grundstücks (§ 6), die Zugänge und Zufahrten (§ 7), die Abstandsflächen (§ 8), die Zahl und Anordnung der Stellplätze (§ 45) und die Übereinstimmung des Vorhabens mit örtlichen Bauvorschriften (§ 86). Die bautechnischen Nachweise (Standsicherheits-, Schallschutz- und Wärmeschutznachweise) waren nicht mehr zu prüfen; sie mussten der Bauaufsichtsbehörde allerdings spätestens bei Baubeginn vorliegen.

Die LBauO 1986 erfuhr in Bezug auf das Bauvorlagerecht eine Änderung durch das Architektengesetz vom 4. April 1989 (GVBl. S. 71, ber. GVBl. S. 98). Mit Inkrafttreten dieses Gesetzes sind auch Innenarchitekten in bestimmtem Umfang bauvorlageberechtigt.

Mit der Landesbauordnung 1986 erhielt Rheinland-Pfalz ein modernes, richtungweisendes Baugesetz, das in seinem Kern heute noch Bestand hat. Es sollte aber nur wenige Jahre dauern, bis es zu einer ersten Gesetzesnovelle kam.

4. Die Bauordnungsnovelle 1991

Die anhaltende öffentliche Kritik an der langen Dauer der Baugenehmigungsverfahren und das Anliegen, den Wohnungsbau zu erleichtern, führten zur Änderung der Landesbauordnung 1986 durch Gesetz vom 8. April 1991. Das Gesetz, das am 14. März 1991 vom Landtag beschlossen und am 12. April 1991 im Gesetz- und Verordnungsblatt (GVBl.

S. 118) verkündet wurde, trat am 1. April 1991, also rückwirkend, in Kraft.
Die Gesetzesnovelle 1991 brachte überwiegend verfahrensrechtliche Änderungen, aber auch Erleichterungen bei materiell-rechtlichen Anforderungen, wie die Lockerung der Brandschutzanforderungen beim Bau von Wintergärten und ähnlichen Anbauten (§ 29).
Durch die Änderung verfahrensrechtlicher Bestimmungen sollte es nochmals zu einer Vereinfachung der Baugenehmigungsverfahren, insbesondere bei Wohnungsbauvorhaben kommen. Da das 1986 eingeführte vereinfachte Genehmigungsverfahren sich in der bauaufsichtlichen Praxis grundsätzlich bewährt hatte, wurde sein Anwendungsbereich erweitert. In die Verfahrensregelung wurden Wohngebäude der Gebäudeklasse 2 sowie Wohngebäude der Gebäudeklasse 3 mit bis zu 6 Wohnungen einbezogen. Die bauaufsichtliche Prüfung wurde auf die Vereinbarkeit der Vorhaben mit dem Bauplanungsrecht und dem sonstigen öffentlichen Recht beschränkt. Die Verpflichtung der Bauaufsichtsbehörde, die Einhaltung bauordnungsrechtlicher Bestimmungen zu überprüfen, entfiel mit dem neuen Recht. Die Gesetzesänderung erweiterte auch den Freistellungskatalog des § 61. U. a. wurden bestimmte Ausbau- und Umbaumaßnahmen im Gebäudebestand und die Aufstellung bestimmter Behälter für Heizöl und Gas als Zubehör für Feuerungsanlagen genehmigungsfrei gestellt.
Durch Artikel 6 des Landesgesetzes zur Änderung kommunalrechtlicher Vorschriften vom 5. Oktober 1993 (GVBl. S. 481) wurde die Landesbauordnung dahingehend geändert, dass die Bauaufsicht auf der unteren Verwaltungsebene generell als Auftragsangelegenheit wahrgenommen wird.
Das Änderungsgesetz 1991 war der Auftakt für weitere Gesetzesänderungen, durch die der mit der LBauO 1986 eingeschlagene Weg der Rechts- und Verwaltungsvereinfachung fortgeführt wurde. Auch in anderen Bundesländern setzten Anfang der neunziger Jahre Bestrebungen zur Reform des Bauordnungsrechts ein, die schließlich zur Änderung der meisten Landesbauordnungen führten.

5. Die Landesbauordnung (LBauO) 1995

Anlass für die erneute Gesetzesänderung war die notwendige Umsetzung der Europäischen Bauproduktenrichtlinie in Landesrecht. Die vom Rat der Europäischen Gemeinschaften am 21. Dezember 1988 erlassene sog. Bauproduktenrichtlinie soll einen grenzüberschreitenden, ungehinderten Handel mit Bauprodukten gewährleisten. Ein Gesetzentwurf des Ministeriums der Finanzen sah die zur Umsetzung der Richtlinie in Landesrecht notwendigen Regelungen – der Zweite Abschnitt des Dritten Teils der Bauordnung wurde neu gefasst – vor. Der Gesetzentwurf enthielt darüber hinaus weitere Änderungsvorschläge, die u. a. die Stellplatzbestimmungen und Umweltschutzanforderungen betrafen.

Im Verlauf der Beratungen in den Landtagsausschüssen – die erste Lesung des Gesetzentwurfs im Landtag fand am 1. Juli 1993 statt – kam es zu Änderungen bzw. Ergänzungen des Gesetzentwurfs, die das Ziel hatten,

- die Dauer der bauaufsichtlichen Verfahren weiter zu verkürzen,
- die Bauherren, die am Bau Beteiligten und die Bauverwaltung zu entlasten und
- die Baukosten durch eine Vereinfachung des materiellen Rechts zu senken.

Diesem Ziel entsprechend wurden u. a. Regelungen über Bearbeitungs- und Entscheidungsfristen, die Einbeziehung weiterer Vorhaben in das vereinfachte Genehmigungsverfahren, die Beteiligung Sachverständiger an bauaufsichtlichen Verfahren und über ein neues Verfahrensinstrument – das Freistellungsverfahren – in die erweiterte Gesetzesvorlage aufgenommen. Auch Bestimmungen der inzwischen fortgeschriebenen Musterbauordnung fanden darin Berücksichtigung.

Das Gesetz, das wegen seines Umfangs eine Neufassung erfuhr, wurde vom Landtag am 16. Februar 1995 beschlossen, vom Ministerpräsidenten am 8. März 1995 ausgefertigt und am 14. März 1995 im Gesetz- und Verordnungsblatt (GVBl. S. 19) verkündet. Es trat am 1. April 1995 in Kraft.

Als wichtigste Neuregelungen des materiellen Rechts sind hervorzuheben:

- Die Belange des Umweltschutzes wurden durch die Ergänzung der Generalklausel in § 3 Abs. 1 und durch weitere Einzelanforderungen zugunsten des ökologischen Bauens gestärkt.
- Es wird nicht mehr die Beachtung aller allgemein anerkannten Regeln der Technik (§ 3 Abs. 3) verlangt, sondern nur noch der durch

Verwaltungsvorschrift eingeführten Technischen Baubestimmungen.

- Die Tiefe der Regelabstandsfläche nach § 8 Abs. 6 wurde von 0,8 H auf 0,4 H verringert; das sogenannte Schmalseitenprivileg konnte damit entfallen.
- Die Zulässigkeit von Nebengebäuden an Nachbargrenzen wurde erleichtert (§ 8 Abs. 9).
- Der Zweite Abschnitt des Dritten Teils der Landesbauordnung (Bauprodukte und Bauarten) wurde in Anpassung an die Europäische Bauproduktenrichtlinie neu gefasst.
- Die Stellplatzbestimmungen (§ 45) wurden gelockert; bei Maßnahmen zur Schaffung von Wohnraum im Gebäudebestand kann unter den im Gesetz festgelegten Voraussetzungen auf die Herstellung von Stellplätzen verzichtet werden. Zudem wurde neu geregelt und klargestellt, für welche Zwecke die Stellplatzablösungsbeträge zu verwenden sind.

Das Verfahrensrecht wurde um folgende Neuregelungen erweitert:

- Die Aufstellung von Feuerstätten ist genehmigungsfrei, wenn die Arbeiten von einem Fachunternehmer ausgeführt werden (§ 61 Abs. 1 Nr. 7 a).
- Die Bauaufsichtsbehörde hat nach Eingang des Bauantrags binnen zehn Werktagen zu prüfen, ob der Bauantrag und die Bauunterlagen vollständig sind. Ein Anhörungstermin ist durchzuführen, wenn dies der Vereinfachung und Beschleunigung des Verfahrens dient (§ 64 Abs. 2).
- Bei der Vorlage von Bescheinigungen eines anerkannten Sachverständigen entfällt insoweit eine Prüfung der Bauunterlagen. Damit wurde der Weg für eine Teilprivatisierung bauaufsichtlicher Aufgaben frei. Konkrete Regelungen hierüber wurden in der Landesverordnung über Sachverständige für baulichen Brandschutz vom 25. März 1997 (GVBl. S. 133) getroffen.
- Das vereinfachte Genehmigungsverfahren wurde für alle Wohngebäude der Gebäudeklasse 3 geöffnet (§ 65 Abs. 1).
- Erstmals wurde eine Genehmigungsfiktion in die Landesbauordnung aufgenommen (§ 65 Abs. 4). Danach gilt die Baugenehmigung bei Wohngebäuden der Gebäudeklassen 1 bis 3 als erteilt, wenn die Bauaufsichtsbehörde nicht innerhalb einer Frist von

drei Monaten über den Antrag entschieden hat; die Frist kann aus bestimmten Gründen verlängert werden. Die Regelung gilt nicht für Vorhaben im Außenbereich.
- Das – optionale – Genehmigungsfreistellungsverfahren (§ 65a) wurde als neuer Baustein in das Verfahrensrecht eingeführt. In diesem Verfahren ist bei Wohngebäuden der Gebäudeklassen 1 bis 3 in Bebauungsplangebieten eine Baugenehmigung nicht erforderlich; es genügt die Vorlage der Bauunterlagen bei der Gemeindeverwaltung. Voraussetzung für die Durchführung des Freistellungsverfahrens ist, dass das Vorhaben mit den Festsetzungen des Bebauungsplans übereinstimmt und die Erschließung gesichert ist. Der Bauherr kann einen Monat nach Vorlage der Bauunterlagen bei der Gemeindeverwaltung mit dem Bau beginnen, es sei denn, die Gemeinde verlangt die Durchführung eines Baugenehmigungsverfahrens. Der Bauherr hat aber auch die Möglichkeit, anstatt des Freistellungsverfahrens das vereinfachte Genehmigungsverfahren durchführen zu lassen.
- Bei experimentellen Wohnungsbauvorhaben sind unter den Voraussetzungen des § 67 Abs. 3 Nr. 2 Abweichungen vom materiellen Recht möglich.
- Das widerrechtlich versagte Einvernehmen der Gemeinde kann durch die Bauaufsichtsbehörde und im Widerspruchsverfahren ersetzt werden (§ 68a).
- Die Bestimmungen über die Teilungsgenehmigung nach § 83 LBauO 1986 wurden gestrichen.
- Die Möglichkeiten der Gemeinden, örtliche Bauvorschriften zu erlassen, wurden erweitert.

Die Baurechtsnovelle 1995 war im Wesentlichen gekennzeichnet durch die Lockerung materiell-rechtlicher Anforderungen sowie die Erweiterung des Verfahrensrechts um neue Elemente wie das – optional ausgestaltete – Freistellungsverfahren und die Möglichkeit zur Beteiligung privaten Sachverstands an bauaufsichtlichen Verfahren. Mit der Landesbauordnung 1995 war aber nur ein weiteres Etappenziel auf dem Weg zur Reform des Baurechts erreicht. Bereits vier Jahre später sollte es abermals zu einer umfassenden Gesetzesänderung kommen.

6. Die neue Landesbauordnung (LBauO) 1999

Den Anstoß für die Änderung der Landesbauordnung 1995 gab die „Vereinbarung zur Zusammenarbeit in einer Regierungskoalition für die 13. Wahlperiode des rheinland-pfälzischen Landtags" vom 30. April 1996. Nach dem das Baurecht betreffenden Teil der Koalitionsvereinbarung sollte die Landesbauordnung novelliert werden. Ziel der Gesetzesnovelle sollte u. a. die – nochmalige – Ausweitung des vereinfachten Genehmigungsverfahrens, die Erweiterung der Genehmigungsfreistellungen und die Ausdehnung der Regelungen über die Genehmigungsfiktion auf weitere Vorhaben sein; auch sollten die sogenannten bautechnischen Standards überprüft werden.

Das Ministerium der Finanzen übertrug die Vorgaben der Koalitionsvereinbarung, ergänzt um weitere Änderungsvorschläge, in einen Gesetzentwurf. Die Änderung weiterer Bestimmungen des materiellen Rechts und des Verfahrensrechts – vorgeschlagen wurde u. a. die Lockerung der Abstandsbestimmungen (§ 8) und der Brandschutzanforderungen (§§ 23 bis 35 a. F.), die Verschärfung der Anforderungen an Wohnungen zugunsten behinderter und alter Menschen (§ 44 a. F.), der Wegfall der Rechtsfigur des Bauleiters (§§ 53 und 56 a. F.) und die Einführung einer neuen Abweichungsregelung (§ 69) – sollte zu einer weiteren Rechts- und Verwaltungsvereinfachung führen, aber auch Erfordernissen der Baupraxis stärker Rechnung tragen. Die Vorschläge zur Änderung des neuen Rechts berücksichtigten zwischenzeitlich eingetretene Änderungen der Musterbauordnung.

Den Kern des Gesetzentwurfs bildeten die Vorschläge zur Änderung des Verfahrensrechts, das in einer weiteren Reformstufe systemgerecht fortentwickelt werden sollte. Die Erweiterung des verfahrensrechtlichen Instrumentariums – insbesondere der Anwendungsbereiche des vereinfachten Genehmigungsverfahrens und des Freistellungsverfahrens – sollte Vereinfachungen und Verkürzungen bei bauaufsichtlichen Verfahrensabläufen bringen. Zudem sollte für Bauherren die Möglichkeit geschaffen werden, in bestimmten Fällen zwischen verschiedenen Verfahren wählen zu können. Mit einem Verfahrensangebot, das unterschiedlichen Interessenlagen Rechnung trägt, sollte ein Beitrag zur Verbesserung der Rahmenbedingungen für Bauinvestitionen geleistet werden. Ein weiteres Ziel war, die öffentliche Verwaltung durch die Verringerung bzw. den Wegfall von Prüfaufgaben zu entlasten. Dementsprechend sollten die Möglichkeiten zur Einbeziehung privaten Sachverstands in bauaufsichtliche Verfahren erweitert werden. Entlastungseffekte wurden auch durch die Umwandlung des 1995 eingeführten optionalen Freistellungsverfahrens in ein obligatorisches Verfahren erwartet.

Im Verlauf der parlamentarischen Beratungen erfuhr die Gesetzesvorlage in geringfügigem Umfang Änderungen bzw. Ergänzungen. Der Gesetzentwurf wurde schließlich – als neu gefasste Landesbauordnung mit neuer Paragrafenfolge – gemäß der Beschlussempfehlung des Haushalts- und Finanzausschusses (Drucksache 13/3680 zu Drucksache 13/3040) am 12. November 1998 im Landtag in zweiter Lesung verabschiedet. Der Ministerpräsident hat das Gesetz am 24. November 1998 ausgefertigt. Es wurde am 9. Dezember 1998 im Gesetz- und Verordnungsblatt (GVBl. S. 365) verkündet. Das Gesetz ist am 1. Januar 1999 in Kraft getreten.

Auf dem Gebiet des materiellen Rechts sind die folgenden Änderungen hervorzuheben:

- Der Begriff der Geländeoberfläche wurde im Hinblick auf Höhenfestsetzungen in Bebauungsplänen differenzierter bestimmt (§ 2 Abs. 6).
- Der Anwendungsbereich der Generalklausel des § 4, der auf soziale Belange begrenzt war, wurde um ökologische Belange erweitert; die Verpflichtung zur Beachtung der Grundsätze des barrierefreien Bauens wird hervorgehoben.
- Nach dem geänderten Abstandsflächenrecht kann bei Anbauten an grenzständige Gebäude innerhalb der überbaubaren Grundstücksflächen ohne Abstand an die Grenze gebaut werden (§ 8 Abs. 1).
- Bei Gebäuden, die vor dem Inkrafttreten der Landesbauordnung 1999 errichtet worden sind, sind nachträgliche Wärmedämmmaßnahmen in den Abstandsflächen zulässig (§ 8 Abs. 5).
- Die Abstandsflächenbestimmungen für Nebengebäude an Grundstücksgrenzen wurden gelockert; die Nebengebäude können unter den im Gesetz genannten Voraussetzungen innerhalb eines an den Grundstücksgrenzen liegenden 3 m breiten Bereichs ohne Abstandsflächen errichtet werden (§ 8 Abs. 9).
- Windenergieanlagen im Außenbereich können mit einer Abstandsfläche bis zu 0,25 H zugelassen werden (§ 8 Abs. 10).

- § 8 Abs. 12 erleichtert die Umnutzung bestehender Gebäude zu Wohnzwecken, wenn die nach der Landesbauordnung 1999 erforderlichen Abstandsflächen nicht eingehalten werden.
- Die Unterschreitung der nach § 8 erforderlichen Abstandsflächen bei Grundstücksteilungen bedarf der Zulassung durch die Bauaufsichtsbehörde (§ 9 Abs. 2).
- Die Möglichkeiten, die Herstellung von Bauprodukten zu überwachen, wurden erweitert; für Bauarten wurden neue Regelungen hinsichtlich ihrer Anwendbarkeitsnachweise getroffen (Zweiter Abschnitt des Dritten Teils).
- Brandschutzanforderungen wurden in einer Reihe von Einzelbestimmungen gelockert (§§ 23 bis 35 a. F.). So brauchen tragende und aussteifende Wände sowie Decken bei Gebäuden der Gebäudeklasse 3 oberhalb von Kellergeschossen nur noch feuerhemmend zu sein (§§ 27 Abs. 1 u. 31 Abs. 1); bei aneinandergebauten Wohngebäuden der Gebäudeklasse 3 sind anstelle von Brandwänden nunmehr feuerbeständige Wände zulässig (§ 30 Satz 3 Nr. 1). Im Übrigen wurden Regelungen der fortgeschriebenen Musterbauordnung übernommen (§§ 30, 32, 34, 35).
- In § 44 wurde ein neuer Absatz 2 eingefügt. Danach sind Gebäude mit mehr als vier Wohnungen so herzustellen und instand zu halten sind, dass von den ersten fünf Wohnungen eine und von jeweils zehn weiteren Wohnungen zusätzlich eine Wohnung barrierefrei erreichbar ist; bestimmte Räume müssen mit dem Rollstuhl zugänglich sein.
- Die Rechtsfigur des Bauleiters wurde abgeschafft (§§ 53 und 56 a. F.).
- Die Regelung, wonach der unteren Bauaufsichtsbehörde bei den Kreisverwaltungen sowie den Verwaltungen der kreisfreien und großen kreisangehörigen Städte ein Beamter mit Befähigung zum höheren hochbautechnischen Verwaltungsdienst angehören muss, wurde gestrichen (§ 57 Abs. 3 a. F.).

Im Verfahrensrecht gab es folgende Neuregelungen:

- Der Katalog der genehmigungsfreien Vorhaben (§ 62) wurde erweitert und neu geordnet. U.a. sind nach dem neuen Recht Garagen und überdachte Stellplätze nach § 8 Abs. 9 genehmigungsfrei gestellt (§ 62 Abs. 1 Nr. 1 Buchst. f).

- In § 65 wurden klarstellende Regelungen über die Behandlung des Bauantrags aufgenommen. Die Verpflichtung der Bauaufsichtsbehörde zur Prüfung der Nachweise des Wärme- und Schallschutzes ist entfallen (Abs. 1).
- Das vereinfachte Genehmigungsverfahren wurde um eine Verfahrensvariante erweitert:
  Bei den in § 66 Abs. 2 aufgeführten Vorhaben kann neben dem herkömmlichen, umfassenden Genehmigungsverfahren wahlweise ein vereinfachtes Genehmigungsverfahren oder – in Bebauungsplangebieten – auch das Freistellungsverfahren (§ 67 Abs. 5) durchgeführt werden.
- Das Freistellungsverfahren ist für Wohngebäude der Gebäudeklassen 1 bis 3 in Bebauungsplangebieten obligatorisch, wenn plankonform gebaut wird und die Erschließung gesichert ist; die Möglichkeit, in diesen Fällen ein vereinfachtes Genehmigungsverfahren durchzuführen, ist entfallen (§ 67).
- Die bisherigen Bestimmungen über Ausnahmen und Befreiungen (§ 67 a. F.) wurden durch die neue Abweichungsregelung ersetzt (§ 69).
- Die Bestimmungen über die Ersetzung des gemeindlichen Einvernehmens wurden an das am 1. Januar 1998 in Kraft getretene Baugesetzbuch angepasst. Darüber hinaus wurden klarstellende Regelungen bezüglich der Ersatzvornahme sowie der Zuständigkeit bei Widerspruchsverfahren getroffen (§ 71).
- Die Geltungsdauer der Baugenehmigung beträgt nicht mehr zwei, sondern vier Jahre (§ 74).
- Die bisherigen Bestimmungen über die Bauüberwachung und die Bauzustandsbesichtigung (§§ 75 und 76 a. F.) wurden in einem Paragrafen zusammengefasst (§ 78); die notwendigen Regelungen über die Benutzung baulicher Anlagen enthält nunmehr § 79.
- Die Gemeinden können durch örtliche Bauvorschrift die Zahl der notwendigen Stellplätze festlegen (§ 88 Abs. 1 Nr. 8).

Die Landesbauordnung 1999 setzte nach den Gesetzesnovellen der Jahre 1991 und 1995 einen vorläufigen Schlusspunkt bei der Reform des Bauordnungsrechts in Rheinland-Pfalz. Die in kleinen Schritten erfolgten Gesetzesänderungen hatten das Ziel, das Bauen in Rheinland-Pfalz leichter zu machen. Dementsprechend wurde das materielle

Recht gelockert und das verfahrensrechtliche Instrumentarium erweitert und flexibler gestaltet. Durch die Einschränkung bzw. den Wegfall behördlicher Prüfungen sollten die Bauherren, die am Bau Beteiligten und die Bauaufsichtsbehörden entlastet werden. Der weitgehende Prüfverzicht hat allerdings zur Folge, dass die Eigenverantwortung der am Bau Beteiligten in höherem Maß gefordert ist.
Im Zusammenhang mit dem Erlass von Gesetzen auf anderen Rechtsgebieten gab es folgende Änderungen der Landesbauordnung 1999:

- Die erste Änderung brachte das Landesgesetz zur Reform und Neuorganisation der Landesverwaltung vom 12. Oktober 1999 (GVBl. S. 325). Durch Artikel 95 dieses Gesetzes wurden Behördenbezeichnungen an die Neuorganisation der Landesverwaltung auf der Ebene der Mittelbehörde angepasst.
- Die nächste Änderung erfolgte durch Artikel 5 des Gesetzes zur Änderung verwaltungsvollstreckungsrechtlicher Vorschriften vom 9. November 1999 (GVBl. S. 407). Danach fällt die Vollstreckung von Verwaltungsakten durch die Bauaufsichtsbehörden unmittelbar in den Anwendungsbereich des Landesverwaltungsvollstreckungsgesetzes.
- Das Landesgesetz über das amtliche Vermessungswesen vom 20. Dezember 2000 (GVBl. S. 572) führte zu einer weiteren Änderung. Durch § 23 des Gesetzes wurde die bisherige Bezeichnung „Katasteramt“ in § 86 Abs. 3 Satz 3 LBauO durch die neue Bezeichnung „Vermessungs- und Katasteramt“ ersetzt.
- Durch Artikel 27 des Euro-Anpassungsgesetzes Rheinland-Pfalz vom 6. Februar 2001 (GVBl. S. 29) wurde § 89 LBauO geändert. Mit Wirkung zum 1. Januar 2002 wurden die DM-Beträge an den Euro angepasst und dabei zusätzlich abgerundet.
- Artikel 28 des Landesgesetzes zur Herstellung gleichwertiger Lebensbedingungen für Menschen mit Behinderungen vom 16. Dezember 2002 (GVBl. S. 481) brachte eine Änderung in § 4 LBauO. Danach sind „die Bestimmungen zum barrierefreien Bauen des Landesgesetzes zur Gleichstellung behinderter Menschen sowie sonstiger Vorschriften zugunsten behinderter Menschen“ auch im Bauordnungsrecht zu berücksichtigen. Ferner gab es redaktionelle Änderungen in den §§ 50 und 51 LBauO.

- Das Landesgesetz zur Förderung der elektronischen Kommunikation im Verwaltungsverfahren vom 21. Juli 2003 (GVBl. S. 155) bestimmte in Artikel 24, dass die elektronische Form bei der Führung des Prüfbuchs für Fliegende Bauten (§ 76 Abs. 10 LBauO) und bei der Erklärung über die Eintragung von Baulasten (§ 86 Abs. 2 LBauO) ausgeschlossen ist.
- Durch Gesetz vom 22. Dezember 2003 (GVBl. S. 396) schließlich wurde die Rauchwarnmelderpflicht im Wohnungsbau eingeführt. Das Gesetz, das auf eine Initiative aus der Mitte des Landtags Rheinland-Pfalz zurückgeht, brachte eine Änderung in § 44 LBauO durch den folgenden neuen Absatz 8:
  „(8) In Wohnungen müssen Schlafräume und Kinderzimmer sowie Flure, über die Rettungswege von Aufenthaltsräumen führen, jeweils mindestens einen Rauchwarnmelder haben. Die Rauchwarnmelder müssen so eingebaut und betrieben werden, dass Brandrauch frühzeitig erkannt und gemeldet wird."

7. Die Bauordnungsnovelle 2005 und nachfolgende Änderungen bis 2011

Für die Änderung der Landesbauordnung 1999 durch die „kleine" Gesetzesnovelle vom Mai 2005 (GVBl. 154) gab es verschiedene Gründe. Zum einen zeigten die Erfahrungen mit der Landesbauordnung 1999 in der Bau- und Verwaltungspraxis, dass bei einzelnen Regelungen Änderungsbedarf bestand. Ein weiterer Grund war, dass auf aktuelle Entwicklungen, wie z. B. administrative Probleme im Zusammenhang mit dem Ausbau des Mobilfunknetzes, gesetzgeberisch reagiert werden musste. Darüber hinaus sollte die eingeleitete Privatisierung der bautechnischen Prüfung weiter vorangetrieben werden. Durch eine Änderung der Landesbauordnung und des Ingenieurkammergesetzes sollten die Voraussetzungen für die Prüfung des Standsicherheitsnachweises auf privatrechtlicher Grundlage durch Prüfsachverständige für Baustatik geschaffen werden. Einzelheiten hierüber sollten in einer Rechtsverordnung geregelt werden.

Die wesentlichen Änderungen waren:

- An Straßen darf durch Hinweiszeichen auf landwirtschaftliche Betriebe aufmerksam gemacht werden (§ 52 Abs. 3 Satz 3 Nr. 3); auf öffentlichen Verkehrsflächen dürfen Hinweiszeichen aufgestellt werden, die das Auffinden von versteckt liegenden gewerblichen Betrieben in bebauten Ortslagen erleichtern sollen (§ 52 Abs. 4).

- Die maßgeblichen Obergrenzen für die Genehmigungsfreistellung von landwirtschaftlichen Gebäuden wurden angehoben (§ 62 Abs. 1 Nr. 1a, b und c).
- Die Genehmigungsfreistellung von Garagen wurde erweitert (§ 62 Abs. 1 Nr. 1 Buchst. f).
- Die mit dem Anbringen von Mobilfunkantennen an Gebäuden verbundenen Nutzungsänderungen wurden genehmigungsfrei gestellt (§ 62 Abs. 1 Nr. 4 Buchst. b).
- Die gesetzlichen Voraussetzungen für die Prüfung des Standsicherheitsnachweises durch Prüfsachverständige für Baustatik wurden geschaffen. Näheres soll durch Rechtsverordnung geregelt werden (§§ 66 Abs. 2, 78 Abs. 2 und § 87 Abs. 5).
- Durch Rechtsverordnung können weitere Aufgaben im Zusammenhang mit der Beaufsichtigung Fliegender Bauten auf andere Stellen übertragen werden (§ 76 Abs. 4).

In den Folgejahren gab es weitere Änderungen der Landesbauordnung:

- Die Änderung des § 44 Abs. 8 Landesbauordnung im Jahr 2007 beruhte auf einer Initiative aus der Mitte des Landtags Rheinland-Pfalz. Durch das Zweite Landesgesetz zur Änderung der Landesbauordnung (GVBl. S. 105) wurde die Verpflichtung begründet, Rauchwarnmelder auch in Bestandswohnungen einzubauen. Es wurde eine Übergangsfrist von 5 Jahren geregelt, so dass bestehende Wohnungen seit dem 12. Juli 2012 mit Rauchwarnmeldern ausgestattet sein müssen. Für neu zu errichtende Wohnungen galt diese Pflicht bereits seit 2003.
- Im Wesentlichen redaktionelle Änderungen brachten 2008 das Zweite Landesgesetz zur Änderung des Denkmalschutz- und -pflegegesetzes (GVBl. S. 301) sowie das Landesgesetz zur Anpassung von Landesgesetzen an die Umbenennung des Landesbetriebs Straßen und Verkehr in Landesbetrieb Mobilität (GVBl. S. 317).
- Im Zuge des Landesgesetzes zur Vereinfachung und Beschleunigung von Verwaltungsverfahren des Bau- und Wirtschaftsrechts (GVBl. S. 201) wurde 2009 auch § 62 Landesbauordnung geändert. Durch die Ergänzungen des Katalogs der baugenehmigungsfreien Vorhaben sollten sowohl die Nutzung von Imbiss- und Verkaufswa-

gen auf öffentlichen Verkehrsflächen und gewerblich genutzten Flächen vereinfacht werden (§ 62 Abs. 1 Nr. 12) als auch die Umnutzung bisher zu privaten Wohnzwecken genutzter Gebäude und Räume für untergeordnete gewerbliche oder geschäftliche Zwecke (§ 62 Abs. 2 Nr. 5 b). Die Neuregelungen sollten insbesondere Existenzgründerinnen und -gründern die Aufnahme einer beruflichen Tätigkeit erleichtern.

- Zu weiteren Änderungen kam es 2009 durch die erforderliche Umsetzung der europäischen Dienstleistungsrichtlinie (Richtlinie 2006/123/EG des Europäischen Parlaments und des Rates vom 12. Dezember 2006 über Dienstleistungen im Binnenmarkt). Ziel der Richtlinie war und ist es, Schranken für Dienstleistungserbringerinnen und Dienstleistungserbringer im grenzüberschreitenden Handel abzubauen, um zur Verwirklichung des einheitlichen Binnenmarktes beizutragen. Das Zweite Landesgesetz zur Umsetzung der Richtlinie 2006/123/EG des Europäischen Parlaments und des Rates vom 12. Dezember 2006 über Dienstleistungen im Binnenmarkt (GVBl. S. 358) enthielt auch entsprechende Änderungen der Landesbauordnung. Relevant waren die Vorschriften, die die Aufnahme oder Ausübung von Dienstleistungstätigkeiten durch Personen oder Stellen regeln (z. B. Planungs-, Entwurfs-, Prüf-, Überwachungs- und Zertifizierungstätigkeiten) und die die Aufnahme oder Ausübung solcher Tätigkeiten von Anerkennungsvoraussetzungen, Anerkennungsverfahren oder Anforderungen an Personen oder Stellen abhängig machen. In der Folge waren § 26 (Prüf-, Zertifizierungs- und Überwachungsstellen), § 64 (Bauvorlageberechtigung) und § 66 (Vereinfachtes Genehmigungsverfahren) zu ändern. Nötig waren zudem entsprechende Anpassungen der §§ 67 und 87.
- Im Jahr 2011 schließlich kam es in Folge des Landesgesetzes zum Schutz der Berufsbezeichnungen im Ingenieurwesen und über die Ingenieurkammer Rheinland-Pfalz (GVBl. S. 47) auch zu einer redaktionellen Anpassung des § 64 Landesbauordnung.

8. Die Bauordnungsnovelle 2015

Umfangreiche Änderungen der Landesbauordnung enthielt das im Mai 2015 vom Landtag Rheinland-Pfalz verabschiedete und in zwei Schritten – am 1. August und 1. Dezember 2015 – in Kraft getretene Dritte

Landesgesetz zur Änderung der Landesbauordnung Rheinland-Pfalz (GVBl. S. 77). Damit wurde das Regelwerk an die aktuellen gesellschaftlichen und rechtlichen Entwicklungen angepasst unter Fortgeltung des Grundsatzes, das Bauen durch die Einschränkung oder den Wegfall von Regulierungen so weit wie möglich zu erleichtern, die Eigenverantwortung der Bauherrinnen und Bauherren zu stärken und die Bauaufsichtsbehörden zu entlasten.
Einen Schwerpunkt der Novelle bildeten die neuen materiellen Bestimmungen über die Barrierefreiheit, die – um den Übergang in der Planung zu erleichtern – am 1. Dezember 2015 in Kraft getreten sind. Sie tragen maßgeblich dazu bei, die Lebenssituation von Menschen mit Behinderungen und älteren Menschen zu verbessern. Mit den inhaltlichen Erweiterungen wurde der demografischen Entwicklung und dem Auftrag des Artikels 64 der Verfassung für Rheinland-Pfalz Rechnung getragen, Menschen mit Behinderungen vor Benachteiligung zu schützen und auf ihre Integration und die Gleichwertigkeit ihrer Lebensbedingungen hinzuwirken. Die Ergänzungen zu barrierefreien Wohnungen und allgemein zugänglichen Gebäuden dienen dem Ziel einer behindertengerechten und barrierefreien Umwelt. Sie ist nach dem Übereinkommen der Vereinten Nationen über die Rechte von Menschen mit Behinderungen Grundvoraussetzung für eine gleichberechtigte Teilhabe und Teilnahme am gesellschaftlichen Leben. Dazu leistet das Landesgesetz zur Herstellung gleichwertiger Lebensbedingungen für Menschen mit Behinderungen bereits einen wesentlichen Beitrag. So ist die öffentliche Hand etwa im Baubereich verpflichtet, neben Neubauten auch bestehende Bauten im Rahmen des Möglichen barrierefrei zu gestalten. Unabhängig davon ist die barrierefreie Gestaltung baulicher Anlagen nach fachrechtlicher Maßgabe der Landesbauordnung vorzusehen.
So wurde mit der Bauordnungsnovelle 2015 das Kontingent barrierefreier Wohnungen erhöht und der Katalog der allgemein zugänglichen Anlagen, die barrierefrei sein müssen, erheblich erweitert. Einbezogen sind nunmehr z.B. auch Bürogebäude. Zudem wurde die generelle Aufzugspflicht auf Gebäude mit mehr als vier Geschossen (bisher fünf) abgesenkt. Gleichzeitig werden unverhältnismäßige Belastungen insbesondere im Gebäudebestand vermieden. Die Neuregelungen werden in technischer Hinsicht durch die Normenreihe DIN 18040 – Barriere-

freies Bauen – ergänzt, die durch Verwaltungsvorschrift als Technische Baubestimmung eingeführt wurde. Das Gesetz berücksichtigt damit die Bevölkerungs- und Altersentwicklung in Rheinland-Pfalz.
Um die Nutzung erneuerbarer Energien und sonstige Vorgaben zur Energieeinsparung nach Bundesrecht baulich einfacher umsetzen zu können und gleichzeitig die Bauaufsichtsbehörden zu entlasten, wurden Verfahren vereinfacht und Anforderungen reduziert. Dies betrifft Anlagen zur Nutzung solarer Strahlungsenergie, nachträgliche Dämmmaßnahmen, kleinere Windenergieanlagen und Ladestationen für elektrisch betriebene Kraftfahrzeuge. Zudem wurden Erleichterungen zugunsten der Holzbauweise eingeführt und die Verwendung der sog. Stellplatzablösebeträge für Maßnahmen des Fahrradverkehrs und des ÖPNV ermöglicht. Kommunen können nunmehr Satzungen zur Nutzung erneuerbarer Energien im Gebäudebestand erarbeiten.
Die bauaufsichtlichen Zuständigkeiten wurden auf der unteren Verwaltungsebene neu geordnet. Die kleinteilige Struktur der Wahrnehmung von Teilaufgaben durch ehemals 31 Verbandsgemeindeverwaltungen war in Anbetracht des Ziels einer effektiven und effizienten Aufgabenerfüllung schon seit längerem nicht mehr zeitgemäß. Die Rückführung der Aufgaben auf die Kreisverwaltungen zum 31. Dezember 2017 ermöglicht einen einheitlichen und wirtschaftlichen Verwaltungsvollzug. Nur die bislang schon beauftragten zwei großen Verbandsgemeinden Konz und Diez erhielten auf Antrag unter engen Voraussetzungen die Befugnis, ihre Tätigkeit fortzusetzen und bauaufsichtliche Aufgaben – nunmehr in vollem Umfang – wahrzunehmen. Nachzuweisen war dafür neben der Zustimmung des betroffenen Landkreises die Wirtschaftlichkeit der Aufgabenwahrnehmung. Bei der erforderlichen Gesamtbetrachtung und -prognose war die aufgabenspezifische wirtschaftliche Situation der Verbandsgemeinde und des betreffenden Landkreises maßgeblich. Besondere Bedeutung kam der fachlich ausreichenden Besetzung zu. Die nachzuweisende Wirtschaftlichkeit musste dauerhaft gewährleistet sein. Eine wirtschaftliche Aufgabenerledigung erschien bei Verbandsgemeinden in einer Größenordnung von mehr als 25.000 Einwohnerinnen und Einwohnern möglich. Die Grenze orientierte sich an § 6 Abs. 1 der Gemeindeordnung, wonach kreisangehörige Städte mit mehr als 25.000 Einwohnerinnen und Einwohnern zu großen kreisangehörigen Städten erklärt werden können, und berücksichtigt, dass

die Stadtverwaltungen der großen kreisangehörigen Städte nach § 58 Abs. 1 Satz 1 Nr. 3 LBauO originär untere Bauaufsichtsbehörden sind. In der Gesamtschau wurde mit dieser schwierigen, aber erfolgreichen Organisationsreform eine jahrzehntelange, zunehmend anachronistische Zersplitterung der Zuständigkeiten behoben und es ist anzunehmen, dass sich die vorgetragenen erheblichen Bedenken nicht bestätigt haben. Die bauaufsichtlichen Aufgaben sind nun bei den 24 Landkreisen mit anderen fachrechtlichen Aufgaben gebündelt. Daneben nehmen wie bisher die Verwaltungen von 12 kreisfreien Städten, acht großen kreisangehörigen Städten und wie dargestellt zwei Verbandsgemeinden bauaufsichtliche Aufgaben in vollem Umfang wahr.

Auch andernorts wurde der Grundsatz umgesetzt, das Bauen unter ausreichender Berücksichtigung der Sicherheitserfordernisse zu erleichtern.

So wurde in verfahrensrechtlicher Hinsicht etwa der Katalog der genehmigungsfreien Vorhaben – z. B. zugunsten der Landwirtschaft – erweitert. An anderer Stelle wurde der Verwaltungsaufwand verringert, indem z. B. Standsicherheitsnachweise im vereinfachten Genehmigungsverfahren und im Freistellungsverfahren nicht mehr generell vorzulegen sind. An ihre Stelle treten Erklärungen der Verantwortlichen, die später auch eine der Statik entsprechende Bauausführung bescheinigen müssen. Zudem wurde – wie in anderen Ländern – die Pflicht wieder eingeführt, für das Bauvorhaben eine Bauleiterin oder einen Bauleiter zu beauftragen, die oder der während der Bauausführung die Einhaltung des öffentlichen Baurechts überwacht.

Im Bereich des materiellen Rechts wurde z. B. der Ausbau bestehender Räume von Betrieben des Weinbaus, des Handwerks oder der Gastronomie in den bauordnungsrechtlichen Abstandsflächen ermöglicht, um die Innenentwicklung von Städten und Gemeinden zu fördern. Im Bereich der Brandschutzanforderungen an Bauteile und Bauarten wurden Vorgaben unter Einführung einer neuen Gebäudeklasse aktualisiert. An anderen Stellen wurde auf Rechtsunsicherheiten reagiert etwa durch Klarstellungen bei Grundstücksteilungen oder Grenzveränderungen, oder es wurden Erleichterungen geschaffen z. B. bei der Nutzung von Grenzgaragen.

Es war schließlich erforderlich, die Bestimmungen über Bauprodukte an die neue Verordnung (EU) Nr. 305/2011 des Europäischen Parla-

ments und des Rates zur Festlegung harmonisierter Bedingungen für die Vermarktung von Bauprodukten und zur Aufhebung der Richtlinie 89/106/EWG des Rates vom 9. März 2011 (ABl. EU Nr. L 88 S. 5; 2013 Nr. L 103 S. 10) – im Folgenden BauPVO – anzupassen. Sie dient der Förderung des Binnenmarktes und verdrängt als unmittelbar geltendes europäisches Recht die bisherigen nationalen Regelungen.
Das europäische Recht über die Umweltverträglichkeitsprüfung bei bestimmten öffentlichen und privaten Projekten ist effektiv umzusetzen. Daher wurden die entsprechenden Fachgesetze von Bund und Land mit dem Verfahrensrecht der Landesbauordnung verknüpft. Auch das europäische Störfallrecht war zu berücksichtigen.

9. Die Änderung der Landesbauordnung (LBauO) 2019 und die VV-TB 2020

Nach Berücksichtigung der BauPVO der EU in der Novelle 2015 folgten 2019 weitere Änderungen der LBauO durch Artikel 1 des Landesgesetzes zur Anpassung baurechtlicher Vorschriften an das europäische Bauproduktenrecht vom 18. Juni 2019 (GVBl. S. 112). Erforderlich wurden sie in Folge des Urteils des Europäischen Gerichtshofs vom 16. Oktober 2014 (Rechtssache C-100/13). Danach sind *zusätzliche* nationale Zulassungsverfahren bei Bauprodukten, die aufgrund der Bauproduktenrichtlinie der EU in Verkehr gebracht werden und die CE-Kennzeichnung aufweisen, unzulässig. Solche zusätzlichen Zulassungsverfahren ließ die LBauO bisher zu (wie die Bauordnungen anderer Bundesländer auch); diese Regelungen fanden Anwendung bei harmonisierten Europäischen Normen (hEN), die nationale Anforderungen an Bauprodukte nicht umfassend (fehlende Leistungsangaben oder Nachweise) wiedergeben. Das bundesweit umzusetzende EuGH-Urteil führte zu einer von der Europäischen Kommission notifizierten Anpassung der Musterbauordnung, die für die rheinland-pfälzischen Regelungen hinsichtlich *einheitlicher Verfahren* maßgeblich war, insbesondere im Interesse der Prüf-, Zertifizierungs- und Zulassungsstellen sowie der Herstellerunternehmen von Bauprodukten. Nach neuem Recht ist bei der Verwendung von Bauprodukten, die in den Anwendungsbereich einer hEN fallen, von den am Bau Beteiligten sicherzustellen, dass mit den für die Bauprodukte erklärten Leistungen *in Verbindung mit* den zu treffenden bauwerksseitigen Vorgaben für Planung, Bemessung und

Ausführung die ordnungsrechtlichen Anforderungen an Bauwerke und ihre Teile eingehalten werden. Damit wird dem europarechtlichen Marktbehinderungsverbot des Artikels 8 Abs. 4 BauPVO in nötigem wie ausreichendem Umfang Geltung verschafft.
Zur Umsetzung dieses Kerngedankens wurde die Ermächtigungsgrundlage des § 87a LBauO aufgenommen und in der Folge die ab 2. Januar 2020 geltende Verwaltungsvorschrift „Bekanntmachung von Technischen Baubestimmungen (VV-TB)“ erlassen (siehe auch C 7). Sie schreibt die bisher geltenden Bauregellisten (A, B und C) sowie die eingeführten Technischen Baubestimmungen fort und fasst sie erstmals als Verwaltungsvorschrift zusammen.
Die Artikel 2 bis 9 des Änderungsgesetzes enthalten die erforderlichen Folgeänderungen der einschlägigen Landesverordnungen wie diejenigen über Bauunterlagen und die bautechnische Prüfung, das Übereinstimmungszeichen (Ü-Zeichen), die Überwachung von Tätigkeiten mit Bauprodukten und Bauarten sowie über Anforderungen an Hersteller von Bauprodukten und Anwender von Bauarten.

10. Die Bauordnungsnovelle 2021 einschließlich der Landesverordnung über Bauunterlagen und die bautechnische Prüfung (BauuntPrüfVO) und die Änderungen aufgrund des Landeswiederaufbauerleichterungsgesetzes sowie des Landessolargesetzes

Schwerpunkte der 2021 in Kraft getretenen Änderungen der LBauO waren abermals erweiterte Möglichkeiten für die Verwendung des Baustoffes Holz sowie – in Verbindung mit der BauuntPrüfVO – verbesserte Bedingungen für digitale bauaufsichtliche Verfahren (Landesgesetz zur Änderung baurechtlicher Vorschriften vom 3. Februar 2021, GVBl. S. 66; siehe auch Gesetzentwurf der Landesregierung vom 8. Dezember 2020, Landtags-Drucksache 17/13866). Beides ging zurück auf Änderungen der Musterbauordnung, die die Bauministerkonferenz in ihren Sitzungen vom 26./27. September 2019 und 24./25. September 2020 beschlossen hatte.
Seit der LBauO-Novelle 2015 konnten Gebäude in Holzbauweise mit bis zu fünf Geschossen errichtet werden (neue Gebäudeklasse 4). Nunmehr wird dies bis zur Hochhausgrenze von 22 Metern ermöglicht. Bauordnungsrechtliche Konkretisierungen enthielt die Richtlinie über

brandschutztechnische Anforderungen an Bauteile und Außenwandbekleidungen in Holzbauweise (Holzbau-Richtlinie – HolzBauRL, Fassung Mai 2021), die als Anlage D der überarbeiteten Verwaltungsvorschrift „Bekanntmachung von Technischen Baubestimmungen (VV-TB)“ vom 17. August 2021 (MinBl. S. 90, 110) zum 1. Oktober 2021 in Kraft trat und inhaltlich der Muster-Holzbau-Richtlinie entsprach (MHolzBauRL, Stand Oktober 2020). Darin wurden u. a. Anforderungen an feuerwiderstandsfähige Bauteile in Holzrahmen- und Holztafelbauweise sowie in Massivbauweise für Gebäude der Gebäudeklassen 4 und 5 beschrieben (vgl. die Erläuterungen unter C 4 – Brandschutztechnische Anforderungen an Bauteile).
Im Hinblick auf die fortschreitende Digitalisierung der Verwaltungen von Land und Kommunen, die im Wesentlichen den fachübergreifenden Vorgaben des Onlinezugangsgesetzes vom 14. August 2017 (BGBl. I S. 3122, 3138, zuletzt geändert durch Artikel 16 des Gesetzes vom 28. Juni 2021, BGBl. I S. 2250) und des E-Government-Gesetzes Rheinland-Pfalz vom 15. Oktober 2020 (GVBl. S. 573) folgt, wurden die rechtlichen Rahmenbedingungen spezifisch für den Bereich der Bauaufsicht präzisiert und verbessert. Die LBauO und insbesondere die BauuntPrüfVO enthalten mithin die rechtliche Basis für digitale Baugenehmigungsverfahren, die den Bauaufsichtsbehörden und Gemeinden ab dem 1. August 2021 eine eigenständige Umsetzung ermöglicht unter der Prämisse, dass das elektronische Verfahren zum Regelverfahren wird. Vorangegangen war eine umfassende Analyse der zahlreichen unterschiedlich formulierten Schriftformerfordernisse (vgl. die Erläuterungen unter C 11 – Digitalisierung).
Im Übrigen wurde die Bedeutung des Klimaschutzes durch dessen Aufnahme in die Generalklausel des § 4 hervorgehoben. Zudem gab es kleinere Änderungen der LBauO wie beispielsweise die Präzisierung des § 8 Abs. 9 zu Feuerstätten in privilegierten Grenzgaragen, die Anpassung des § 50 Abs. 2 Nr. 6 zu Sonderbauten an Änderungen des Landesgesetzes über Wohnformen und Teilhabe sowie die Erweiterung der Kompetenzen der Sachverständigen für baulichen Brandschutz in § 69 (diese nunmehr bezeichnet als Prüfsachverständige für Brandschutz nach Inkrafttreten der Landesverordnung über Prüfsachverständige für Brandschutz vom 3. März 2021 [GVBl. S. 149] zum 1. April 2021).

Weitere Änderungen sind Folge der Flutkatastrophe im Ahrtal im Juli 2021, die viele Opfer gefordert und zu verheerenden Schäden geführt hat. Um die Hochwasserfolgen zu bewältigen und den Wiederaufbau zu erleichtern, wurden mit Artikel 3 des zum 1. Oktober 2021 in Kraft getretenen Landeswiederaufbauerleichterungsgesetzes die §§ 62 und 67 LBauO erweitert (Landesgesetz zur Änderung von Vorschriften zur Erleichterung des nachhaltigen Wiederaufbaus aufgrund der Starkregen- und Hochwasserkatastrophe im Juli 2021 vom 28. September 2021, GVBl. S. 543; s. a. Gesetzentwurf der Fraktionen der SPD, BÜNDNIS 90/DIE GRÜNEN und der FDP vom 16. September 2021, Landtags-Drucksache 18/1097). Zum einen bedürfen Behelfsbauten etwa zum Katastrophenschutz keiner Baugenehmigung (§ 62). Zum anderen wurde der Anwendungsbereich des Freistellungsverfahrens (§ 67) auf die Wiederherstellung von durch Naturkatastrophen zerstörten oder beschädigten Gebäuden ausgeweitet – auch im Hinblick auf ihre Lage im unbeplanten Innenbereich nach § 34 Baugesetzbuch. Hinzu kamen Erleichterungen zum Erschließungserfordernis sowie gesetzliche Abweichungen von bestimmten bauordnungsrechtlichen Anforderungen wie den Abstandsflächen, soweit sie der Situation vor der Zerstörung oder Beschädigung entsprechen und die vormaligen Abweichungen zulässig waren.
Die Änderungen sollen der Bewältigung auch zukünftiger Ereignisse dienen; auf eine Befristung wurde bewusst verzichtet.
Weitere Änderungen für das Baugeschehen brachte schließlich das vom Landtag Rheinland-Pfalz am 22. September 2021 beschlossene und am 6. Oktober 2021 in Kraft getretene Landesgesetz zur Installation von Solaranlagen (Landessolargesetz – LSolarG) vom 30. September 2021 (GVBl. S. 550; siehe auch Gesetzentwurf der Fraktionen der SPD, BÜNDNIS 90/DIE GRÜNEN und der FDP vom 8. Juli 2021, Landtags-Drucksache 18/555). Eingeführt wurde die Pflicht zur Installation von Photovoltaikanlagen auf Dächern von Gewerbeneubauten und über neuen gewerbezugehörigen Parkplätzen ab 50 Stellplätzen. Um Planungssicherheit für die Gewerbetreibenden zu schaffen, galten die Regelungen erst für ab dem 1. Januar 2023 eingereichte Bauanträge bzw. Bauunterlagen (§ 67). Zuständig für den Vollzug des eigenständigen Gesetzes, insbesondere auch für die Erteilung von Befreiungen nach dessen § 8, sind die unteren Bauaufsichtsbehörden.

11. Die Änderung der Landesbauordnung (LBauO) 2022

Die Änderungen 2022 betrafen im Wesentlichen Aspekte zum Klima- und Umweltschutz. Das Bundesverfassungsgericht hat mit Beschluss vom 24. März 2021 die grundrechtlichen Auswirkungen des Klimawandels bewertet (Az. 1 BvR 2656/18, juris). Anlagen zur Nutzung erneuerbarer Energien liegen im überragenden öffentlichen Interesse und dienen der öffentlichen Gesundheit und Sicherheit wie dies durch die sogenannte EEG-Novelle 2022 mit weitreichenden Auswirkungen für Planungs- und Genehmigungsprozesse vorgegeben wurde (§ 2 EEG; Änderung des Erneuerbare-Energien-Gesetzes durch Artikel 1 des Gesetzes zu Sofortmaßnahmen für einen beschleunigten Ausbau der erneuerbaren Energien und weiteren Maßnahmen im Stromsektor vom 20. Juli 2022; BGBl. I S. 1237). Wenngleich Klimaneutralität, Klimafolgenanpassung und Energieautarkie Gegenstand zahlreicher europa-, bundes- und landesrechtlicher Regelungen sind, leistet jenseits des Fachrechts auch das Bauordnungsrecht im Rahmen seines Regelungsbereichs einen Beitrag. Nachdem im Zuge der Bauordnungsnovelle 2021 die Belange des Umwelt- und Klimaschutzes in die Generalklausel des § 4 aufgenommen und die Verwendung des Baustoffes Holz erleichtert wurden, enthielt das am 15. Dezember 2022 in Kraft getretene Vierte Landesgesetz zur Änderung der Landesbauordnung Rheinland-Pfalz weitere Anpassungen (GVBl. S. 403; siehe auch Gesetzentwurf der Landesregierung vom 5. Oktober 2022, Landtags-Drucksache 18/4351).[1] So wurden die Abstandsflächen von Windenergieanlagen in nicht bebauten Gebieten verkleinert, indem die Tiefe der Abstandsfläche verringert wurde und die ermittelte Abstandsfläche nunmehr ab dem geometrischen Mittelpunkt des Mastes anzusetzen ist (§ 8 Abs. 13 bzw. 12 seit 2025). Zudem wurden bestimmte kleinere gebäudeunabhängige Anlagen zur Nutzung solarer Strahlungsenergie in den Katalog des vereinfachten Genehmigungsverfahrens aufgenommen (§ 66 Abs. 1); im Geltungsbereich eines entsprechenden Bebauungsplans ist das Freistellungsverfahren anwendbar (§ 67 Abs. 1). Schließlich wurde die Ermächtigungsgrundlage für baugestalterische kommunale Satzungen insoweit modifiziert, als sie die Nutzung erneuerbarer Energien nicht ausschließen oder unangemessen beein-

---

1 abrufbar in der Parlamentsdokumentation OPAL des Landtags Rheinland-Pfalz www.landtag.rlp.de

trächtigen dürfen (§ 88 Abs. 1). An anderer Stelle wurden umweltbezogene Handlungspflichten präzisiert, so im Hinblick auf die Begrünung nicht überbauter Grundstücksflächen von bebauten Grundstücken (unter Berücksichtigung kommunaler Vorgaben, § 10 Abs. 4) oder die Herstellung von Abstellplätzen für Fahrräder (§ 47 Abs. 1), die nunmehr ungeachtet entsprechender Erfordernisse des Verkehrs zu errichten sind; auch die Ermächtigungsgrundlage für kommunale Satzungen zur Herstellung von Abstellplätzen für Fahrräder wurde dahingehend modifiziert (§ 88 Abs. 3).
Im Sinne der fortschreitenden Digitalisierung brachte die LBauO-Änderung 2022 Erleichterungen für den Ausbau der Mobilfunkinfrastruktur. Danach kann für Antennen einschließlich Masten im Außenbereich eine Tiefe der Abstandsfläche bis 0,2 H zugelassen werden (§ 8 Abs. 14 bzw. 13 seit 2025). Baugenehmigungsfrei sind zudem Antennenanlagen einschließlich Masten bis zu 15 m Höhe (bis dahin 10 m Höhe), gleich ob sie im bauplanungsrechtlichen Innen- oder Außenbereich errichtet werden, wobei für Masten mit mehr als 10 m Höhe die Standsicherheit von Personen nach § 66 Abs. 6 Satz 1 zu bestätigen ist (§ 62 Abs. 1 Nr. 4 Buchst. b).
Schließlich wurden Sirenen in den Katalog der genehmigungsfreien Vorhaben aufgenommen (§ 62 Abs. 1 Nr. 4 Buchst. c) und Vorschriften meist redaktionell angepasst zum Landesinklusionsgesetz (§ 4), zur Anhebung der Bedachung bei Maßnahmen zum Zwecke der Energieeinsparung (§ 8 Abs. 5 bzw. Abs. 11 Satz 1 Nr. 7 seit 2025), zur Unterrichtung der Gewerbeaufsicht über Entscheidungen der Bauaufsichtsbehörde im Genehmigungsverfahren (§ 70 Abs. 5) und zum Gesetz über überwachungsbedürftige Anlagen (§§ 84, 87 Abs. 7).

12. Die Landesverordnung zur Durchführung des Landessolargesetzes (LSolarGDVO) 2022 und die Änderung des Landessolargesetzes 2023

Das 2021 in Kraft getretene Landesgesetz zur Installation von Solaranlagen (Landessolargesetz – LSolarG; siehe oben A 10) mit der materiellen Pflicht zur Installation von Photovoltaikanlagen auf Dächern von Gewerbeneubauten und über neuen gewerbezugehörigen Parklätzen (ab 50 Stellplätzen) sowie mit neuen Vollzugszuständigkeiten der unteren Bauaufsichtsbehörden enthält in § 7 eine Verordnungsermächtigung zur Photovoltaikpflicht. Auf dieser Grundlage wurden 2022 mit der Landesverordnung zur Durchführung des Landessolargesetzes (LSolarGDVO) nähere Regelungen zu den Begriffen des LSolarG, zum dortigen Optimierungsgebot, zu Ausnahmen von der Installationspflicht, zu Mindestanforderungen an die ersatzweise Pflichterfüllung, zu Befreiungsvoraussetzungen, zu Nachweisen und Folgen des Verfehlens der Nachweisfrist sowie zum Prüfmaßstab, zur Textform und zur Evaluation durch die unteren Bauaufsichtsbehörden getroffen, die am 1. Januar 2023 in Kraft traten (GVBl. S. 484).[2]

Aufgrund der festgestellten Diskrepanz zwischen dem Ausbauziel der Erzeugungskapazitäten in der Photovoltaik (bis 2030 im jährlichen Durchschnitt 500 Megawatt) und den 2021 und 2022 tatsächlich erreichten Kapazitäten (266 MW und 350 MW) wurde am 12. Juli 2023 der Entwurf eines Änderungsgesetzes in den Landtag eingebracht, um die Lücke zwischen Ausbauziel und tatsächlichem Zubau an Photovoltaik-Leistung zu schließen (Landtags-Drucksache 18/6910).[3] Das am 23. November 2023 in Kraft getretene Landesgesetz zur Änderung des Landessolargesetzes (GVBl. S. 367) enthält ergänzend zur bisherigen Rechtslage ab Januar 2024 die Pflicht für neue öffentliche Gebäude, neue öffentliche Parkplätze und für grundlegende Dachsanierungen bei öffentlichen Gebäuden, Photovoltaikanlagen zu installieren. Weniger weitreichend werden sonstige Bauherrinnen und Bauherrn verpflichtet: Sowohl neue Vorhaben als auch grundlegend zu sanierende Dächer müssen für die spätere Installation von Photovoltaikanlagen vorbereitet sein („PV-Ready"). Im Sinne der Verhältnismäßigkeit haben die unteren Bauaufsichtsbehörden weiterhin auf Antrag von den Anforderungen des Landessolargesetzes zu befreien, soweit die Anforderungen im Einzelfall etwa wegen technischer oder wirtschaftlicher Unzumutbarkeit zu einer unbilligen Härte führen. Dies kann von Gesetzes wegen der Fall sein, wenn die Aufwendungen durch die Erlöse nicht erwirtschaftet werden können.

Um die häufig widerstreitenden Belange der Solarenergienutzung und des Denkmalschutzes im Sinne der Energiewende besser zu steuern,

---

2 Begründung veröffentlicht unter https://mwtek.rlp.de/themen/energie-und-klimaschutz/erneuerbare-energien/solarenergie

3 siehe OPAL (Fn. 1)

erließ das Ministerium des Innern und für Sport Rheinland-Pfalz die Richtlinie für Denkmalbehörden im Hinblick auf die Genehmigung von Solaranlagen an oder auf Kulturdenkmälern nach § 13 des Denkmalschutzgesetzes in Form einer Verwaltungsvorschrift vom 14. Februar 2023 (MinBl. 2023, S. 26).[4] Danach ist eine Genehmigung für Solaranlagen als Beitrag zur erfolgreichen Durchführung der Energiewende regelmäßig zu erteilen (Ziffer 4.). Allenfalls bei erheblicher Beeinträchtigung von Substanz und Erscheinungsbild des Kulturdenkmals kommt eine abweichende Entscheidung in Betracht. Mögliche erhebliche Beeinträchtigungen werden beispielhaft aufgezählt.
Aufgrund der stark gestiegenen Bedeutung von gebäudeunabhängigen Photovoltaikanlagen für die Energiewende erarbeitete das Ministerium des Innern und für Sport Rheinland-Pfalz 2023 Vollzugshinweise zum Landesentwicklungsprogramm, die als Leitfaden zur Planung und Bewertung von Freiflächen-Photovoltaikanlagen aus raumordnerischer Sicht vom 26. Januar 2024 veröffentlicht wurden und auch bauplanungs- und bauordnungsrechtliche Hinweise enthalten.[5]

13. Die Änderung der Landesbauordnung (LBauO) 2024

Neuerungen vor allem zur Bauvorlageberechtigung, aber auch zur Anerkennung ausländischer Berufsabschlüsse und zu erneuerbaren Energien sowie kleinere Anpassungen zur Barrierefreiheit notwendiger Stellplätze und zur Kennzeichnung von Baustellen brachte das Landesgesetz zur Änderung bauordnungs- und berufsqualifikationsrechtlicher Vorschriften vom 4. Dezember 2024, das am 4. Januar 2025 in Kraft trat (GVBl. S. 365; siehe auch Gesetzentwurf der Landesregierung vom 10. Mai 2024, Landtags-Drucksache 18/9534 und Änderungsantrag vom 13. November 2024, Landtags-Drucksache 18/10854).[6] Hintergrund war ein europarechtliches Vertragsverletzungsverfahren gegen die Bundesrepublik Deutschland wegen unzureichender Umsetzung der EU-Richtlinie 2005/36/EG über die Anerkennung von Berufsqualifikationen (VVV 2018/2291). Um dieses Verfahren zu befrieden, einigten sich die Europäische Kommission und Deutschland auf einen Kompromiss mit daraus

4 https://mkbwk.rlp.de/themen/kulturelles-erbe-in-rheinland-pfalz
5 https://mwtek.rlp.de/themen/raumentwicklung-in-rheinland-pfalz/landesentwicklungsprogramm/lep-iv/ausbau-erneuerbarer-energien
6 siehe OPAL (Fn. 1)

folgenden Änderungen der §§ 65 ff. der Musterbauordnung, die wiederum in den Landesbauordnungen umzusetzen waren. Zudem waren Regelungen zur Umsetzung der EU-Richtlinie 2018/2001 zur Förderung der Nutzung von Energie aus erneuerbaren Quellen in die LBauO aufzunehmen.

Ergänzend zur sonst fortbestehenden Systematik der Bauvorlageberechtigung wurde mit der Änderung des § 64 und den neuen §§ 64a bis 64d die kleine Bauvorlageberechtigung eingeführt für erfolgreiche Absolventinnen und Absolventen der Fachrichtungen Architektur und Bauingenieurwesen, für staatlich geprüfte Technikerinnen und Techniker der Fachrichtung Bautechnik sowie für Handwerksmeisterinnen und Handwerksmeister der Fachrichtungen Maurer-, Beton- oder Zimmererfach. Das Bauvorlagerecht ist dabei vor dem Hintergrund der jeweiligen Ausbildung und Berufserfahrung auf bestimmte Bauvorhaben beschränkt: Zum einen auf Wohngebäude der Gebäudeklassen 1 und 2 mit maximal zwei Wohnungen bis zu insgesamt 100 m^2 Grundfläche und zum anderen auf gewerbliche sowie land- und forstwirtschaftliche Gebäude mit nicht mehr als einem oberirdischen Geschoss bis zu 250 m^2 Grundfläche. Handwerksmeisterinnen und Handwerksmeister müssen eine entsprechende zweijährige Tätigkeit und die Teilnahme an einem Lehrgang mit Inhalten der Bauplanung von mindestens 60 Stunden nachweisen. Zudem bestehen bestimmte jährliche Fortbildungs- sowie Haftpflichtversicherungspflichten. Im Einzelnen regeln § 64 den Kern der Bauvorlageberechtigung, § 64a die Voraussetzung für die Eintragung in die Liste der Ingenieurkammer Rheinland-Pfalz, § 64b das Eintragungsverfahren für EU-auswärtige Hochschulabsolventinnen und -absolventen, § 64c Ausgleichsmaßnahmen zu nicht gleichwertigen ausländischen Berufsqualifikationen und § 64d vorübergehende und gelegentliche Dienstleistungen von bauvorlageberechtigten Ingenieurinnen und Ingenieuren. Hinzu kamen die Leitlinien zu Ausbildungsinhalten als Anlage zu § 64 Abs. 2 und 64a Abs. 1. Vorgesehen ist schließlich eine Evaluierung mit Bericht an den Landtag Rheinland-Pfalz, die über die unteren Bauaufsichtsbehörden erfolgt. Ein Überblick zu den wesentlichen Maßgaben findet sich in C 9.

Um die Nutzung erneuerbarer Energien zu fördern, wurde § 65 zur Behandlung des Bauantrags um einen Absatz 6 erweitert. Für Anlagen, die in den Anwendungsbereich der EU-Richtlinie 2018/2001 fallen (Bau,

Repowering und Betrieb von Anlagen insbesondere zur Nutzung solarer Strahlungsenergie, von Windenergie, Wasserkraft, Biomasse), können das bauaufsichtliche und gegebenenfalls auch andere Zulassungsverfahren auf Antrag über die untere Bauaufsichtsbehörde als einheitliche Stelle im Sinne des § 71a VwVfG abgewickelt werden, die zudem ein Verfahrenshandbuch bereitstellt und einen Zeitplan für das weitere Verfahren erstellt. Ziel ist es, die Verfahren effizienter und einfacher zu gestalten. Ist die Baugenehmigung in einem anderen Zulassungs- oder Genehmigungsverfahren im Rahmen der Konzentrationswirkung enthalten (z. B. nach Immissionsschutzrecht oder Wasserrecht), findet Absatz 6 keine Anwendung. Ferner wurde für solche Anlagen im Anwendungsbereich der EU-Richtlinie 2018/2001 das vereinfachte Genehmigungsverfahren eröffnet (§ 66 Abs. 1 Satz 1 Nr. 11) mit spezifischen Fristen (§ 66 Abs. 5). Dies brachte für kleinere Windenergieanlagen (< 50m) Folgeänderungen mit sich (§ 66 Abs. 3), die aber die bisherigen Nachweiserleichterungen unberührt ließen. Schließlich wurden die Modernisierung und der Ersatz von Anlagen zur Erzeugung von Strom aus erneuerbaren Energien (Repowering) in das Freistellungsverfahren einbezogen (§ 67 Abs. 1).
Eine Klarstellung zu barrierefreien Stellplätzen von Wohnungen, die barrierefrei und uneingeschränkt mit dem Rollstuhl nutzbar sein müssen, brachte § 51 Abs. 1. Und schließlich wurde im Sinne des Grundsatzes der sparsamen Datenverwendung die an der Baustelle anzubringende Kennzeichnung um die bis dahin erforderlichen Anschriften und die Angabe der Entwurfsverfasserin oder des Entwurfsverfassers bereinigt (§ 53 Abs. 3 und 4).
Im parlamentarischen Verfahren wurden kleinere Änderungen am Gesetzentwurf der Landesregierung vorgenommen (Landtags-Drucksache 18/10854). Mit ihnen werden im Wesentlichen die zusätzlichen Voraussetzungen abgesenkt, die Meisterinnen und Meister für den Erhalt der Bauvorlageberechtigung zu erfüllen haben. So muss eine entsprechende Tätigkeit nur noch über zwei statt (ursprünglich vorgeschlagen) fünf Jahre ausgeübt worden sein; zudem ist ein Lehrgang mit Inhalten der Bauplanung nur noch über 60 statt 80 Stunden zu absolvieren (§ 64 Abs. 3). Ferner ist das Gesetz nach drei (statt zuvor) vier Jahren nach Inkrafttreten zu evaluieren (Artikel 4). Hier wird ein standardisiertes Verfahren genutzt.

14. Die Änderung der Landesverordnung über Bauunterlagen und die bautechnische Prüfung (BauuntPrüfVO) 2025 und die Änderungen der Verwaltungsvorschrift Technische Baubestimmungen (VV TB RP) 2025

Die BauuntPrüfVO wurde Anfang 2025 im Hinblick auf die Darstellung von Überschwemmungs- und Überflutungsgefahren von Baugrundstück und -vorhaben im Lageplan (Bestandteil der Bauunterlagen) geändert; hinzu kamen verfahrensvereinfachende Regelungen bei Anlagen zum Umgang mit wassergefährdenden Stoffen (Fünfte Landesverordnung zur Änderung der Landesverordnung über Bauunterlagen und die bautechnische Prüfung vom 13. Februar 2025, GVBl. S. 64, die am 1. April 2025 in Kraft getreten ist). Mit dem fortschreitenden Klimawandel erhöht sich die Gefahr von Überschwemmungen und starkregenbedingten Überflutungen. Das hat zunehmend Folgen für die Wahl des Standorts eines Vorhabens und für dessen Planung und Ausführung. Um der Bauherrschaft, ihren Planerinnen und Planern und der Bauaufsichtsbehörde eine frühzeitige Einschätzung der Risiken zu ermöglichen, wurde der notwendige Inhalt des Lageplans, der Bestandteil der im bauaufsichtlichen Verfahren vorzulegenden Bauunterlagen ist, geringfügig erweitert (§ 2 Abs. 4 Nr. 15). Die in der Verordnung umgesetzte Lösung basiert auf im Internet frei zugänglichen Auskunftssystemen des Landesamtes für Umwelt Rheinland-Pfalz. Sie enthalten Informationen zur Lage des Baugrundstücks in Überschwemmungsgebieten (HQ100, hundertjähriges Hochwasser) und Risikogebieten außerhalb von Überschwemmungsgebieten (bis HQ200, zweihundertjähriges Hochwasser)[7] sowie zu Gefährdungen durch Starkregen in Gestalt der Sturzflutgefahrenkarten.[8] Die leicht zugänglichen Informationen sind in Kartenform als Bestandteil des Lageplans darzustellen. Dabei ist in der Regel § 2 Abs. 5 anzuwenden; danach sind die Informationen auf besonderen Blättern darzustellen, da der Lageplan ansonsten unübersichtlich würde. Wesentlich war, nicht für jedes Vorhaben ein Hochwasser- und Starkregenschutzkonzept zu fordern, denn dies würde zu erheblichem Mehraufwand führen und das Bauen verzögern.

---

7 https://wasserportal.rlp-umwelt.de/geoexplorer

8 https://wasserportal.rlp-umwelt.de/auskunftssysteme/sturzflutgefahrenkarten

Zudem bestand Bedarf, das Verwaltungsverfahren bei bestimmten Anlagen zum Umgang mit wassergefährdenden Stoffen zu beschleunigen und zu vereinfachen. Danach ist die Baubeschreibung um eine spezifische Betriebsbeschreibung zu ergänzen, sodass alle erforderlichen Informationen von Anfang an vorliegen (§ 4 Abs. 2 Satz 2 ff.).
Mit den Änderungen bei den Technischen Baubestimmungen (VV TB RP), die am 28. Februar und am 20. November 2025 in Kraft getreten sind, wurden die Holzbauweise und das Bauen im Bestand erleichtert.[9] Zur Anwendung kommt die neue Muster-Holzbau-Richtlinie 2024 und die VV TB RP wurde dahingehend ergänzt, dass Schallschutzanforderungen abgesenkt werden bei der Schaffung von Wohnraum in Bestandsgebäuden, etwa durch Wohnungsteilungen oder den Ausbau des Dachgeschosses. Konkret heißt das, dass die DIN 4109-1 wie in den Technischen Baubestimmungen beschrieben, nicht zwingend anzuwenden ist (A 5 Schallschutz Anlage A 5.2/1); gleichwohl bleibt § 4 LBauO zu gesunden Wohn- und Arbeitsverhältnissen unberührt. Orientierung kann die Qualität vorhandener Bauteile bieten.

15. Die Änderung der Landesbauordnung (LBauO) 2025

Während des laufenden Gesetzgebungsverfahrens zur Anpassung der Bauvorlageberechtigung (siehe oben A 13) wurden weitere Änderungen der LBauO vorbereitet mit dem wesentlichen Ziel, den Wohnungsbau nach Maßgabe der Musterbauordnung schnell zu erleichtern. Das Zweite Landesgesetz zur Änderung baurechtlicher Vorschriften wurde am 26. September 2025 verkündet (GVBl. S. 549; siehe auch Gesetzentwurf der Landesregierung vom 29. April 2025, Landtags-Drucksache 18/12003, Änderungsanträge der Fraktionen Landtags-Drucksachen 18/12908, 18/12891 und 18/12910).[10] Das Artikelgesetz enthält Änderungen der LBauO, Folgeänderungen der BauuntPrüfVO, Übergangsbestimmungen und eine Regelung zum Inkrafttreten zum 1. November 2025 und 1. Januar 2026.[11]
Um die zunehmend schwierige Situation auf dem Wohnungsmarkt und die angespannte Lage in der Bau- und Immobilienwirtschaft zügig zu

9 https://mkbwk.rlp.de/themen/baurecht-und-bautechnik/technische-baubestimmungen-1
10 siehe OPAL (Fn. 1)
11 Synopse abrufbar unter https://mkbwk.rlp.de/themen/baurecht-und-bautechnik/bauvorschriften-1

verbessern, haben sich Bund und Länder auf verschiedene Maßnahmen verständigt. Wesentliche Schritte wurden mit dem Pakt für Planungs-, Genehmigungs- und Umsetzungsbeschleunigung vom 6. November 2023 und im Bündnis für bezahlbaren Wohnraum anlässlich des Wohngipfels am 25. September 2023 mit einem 14-Punkte Plan eingeleitet. Dem folgend hat die Bauministerkonferenz Änderungen der Musterbauordnung beschlossen mit dem Ziel, das Bauen zu erleichtern und insbesondere die Schaffung von bezahlbarem Wohnraum zu fördern. Dies war dringlich in der LBauO umzusetzen. Hinzu kamen weitere Vereinfachungen etwa zum Ausbau der Mobilfunkinfrastruktur, zur Nutzung erneuerbarer Energien und für das bauaufsichtliche Verfahren. All dies verringert die Anforderungen an das eigentliche Bauen und auch den damit verbundenen Verwaltungsaufwand. Fortgeführt wurden damit die bisherigen Maßnahmen zur Modernisierung und Vereinfachung des Bauordnungsrechts wie zuletzt etwa im Hinblick auf die Digitalisierung und erneuerbare Energien. Mögliche weitere Anpassungen an die Musterbauordnung im Sinne der von Bund und Ländern beabsichtigten Vereinheitlichung aller Landes-Bauordnungen sowie sonstige Änderungen blieben späterer Gesetzgebung vorbehalten. Dabei ist es in Anbetracht des zunehmenden Regelungsbedarfs in benachbarten Fachgebieten (insbesondere Energie und Umwelt) wesentlich, den Kern des Bauordnungsrechts im Auge zu behalten.

Im Wesentlichen zielt das Zweite Landesgesetz zur Änderung baurechtlicher Vorschriften darauf ab, den Um- und Ausbau im Gebäudebestand zu erleichtern, um Wohnraum zu schaffen. Dafür wurde das Abstandsflächenrecht maßvoll angepasst (§ 8 Abs. 11) und es wurden brandschutzrechtliche Anforderungen in vertretbarem Umfang reduziert (§§ 15 Abs. 4, 28 Abs. 1, 30 Abs. 6, 44 Abs. 8 ff.). Zudem wurde bei der Schaffung von Wohnraum durch Aufstockung, Ausbau von Dachgeschossen und bei Nutzungsänderungen die Pflicht zur Herstellung notwendiger Stellplätze nunmehr vollständig, weil voraussetzungslos, gestrichen (§ 47 Abs. 2). Im Neubau können bei der Ermittlung notwendiger Stellplätze neben der Nutzbarkeit öffentlicher Verkehrsmittel jetzt auch alternative Mobilitätskonzepte wie Carsharing Berücksichtigung finden (§ 47 Abs. 1).

Verfahrensrechtlich wurde für den Ausbau von Dachgeschossen zu Wohnraum das Freistellungsverfahren ausnahmsweise auch dann er-

möglicht, wenn Gebäude nicht im Geltungsbereich eines Bebauungsplans, sondern im unbeplanten Innenbereich liegen (§ 67 Abs. 1). Zudem können bei Vorhaben zur Weiternutzung bestehender Gebäude einfacher als bisher Abweichungen von bauaufsichtlichen Anforderungen erteilt werden (§ 69 Abs. 1).
Mit Blick auf den Neubau wurde der „Gebäudetyp E“ zum einfachen, experimentellen und effizienten Bauen in der LBauO verankert. Für Vorhaben zur Erprobung neuer Bau- und Wohnformen wurde eine weitgehende Abweichungsmöglichkeit statuiert (§ 69 Abs. 1). Wesentlich für die Praxis sind hier zivilrechtliche Anpassungen in einem zukünftigen Gebäudetyp-E-Gesetz (siehe A 17) und die Hinweise in der Leitlinie und Prozessempfehlung Gebäudetyp E des Bundesministeriums für Wohnen, Stadtentwicklung und Bauwesen.
Weitere verfahrensrechtliche Vereinfachungen sah der Gesetzentwurf vor für Vorhaben, die der Landesverteidigung dienen. Sie wurden in den Katalog der genehmigungsfreien Vorhaben aufgenommen mit der Folge, dass das Kenntnisgabeverfahren entfällt; UVP-pflichtige Vorhaben bedürfen der Zustimmung der oberen Bauaufsichtsbehörde (§§ 62 Abs. 1 Nr. 11, 83 Abs. 4). Der für eine flächendeckende Versorgung mit leistungsfähigem Mobilfunk notwendige Ausbau der Infrastruktur wurde weiter erleichtert (Gigabit-Strategien von Land und Bund). So wurden bestimmte kleinere Antennenanlagen baugenehmigungsfrei gestellt und für größere Anlagen bis zu einer Höhe von 50 m, die zudem im Außenbereich in bestimmten Maßen keine Abstandsflächen mehr einhalten müssen, das vereinfachte Genehmigungsverfahren eröffnet und auf Verlangen der Bauherrschaft auch das Freistellungsverfahren, wenn sich die Anlage im Geltungsbereich eines Bebauungsplans befindet (§§ 8 Abs. 13, 62 Abs. 1 Nr. 4, 66 Abs. 2, 67 Abs. 5). Für Antennenanlagen bis zu einer Gesamthöhe von 50 m wurde die Genehmigungsfiktion auf Anlagen im Außenbereich erweitert (§ 66 Abs. 5). Für bis zu 24 Monate vorübergehend aufgestellte ortsveränderliche Antennenanlagen wurde unter bestimmten Voraussetzungen sowohl auf die Baugenehmigungspflicht als auch eine Ausführungsgenehmigung verzichtet (§§ 62 Abs. 1, 76 Abs. 1). Auch Maßnahmen zur Energieeinsparung und Nutzung erneuerbarer Energien (insbesondere das Anbringen und Errichten von Solaranlagen) werden an verschiedenen Stellen der LBauO erneut vereinfacht. Das betrifft die Abstandsflächen (§ 8 Abs. 11), den Katalog der genehmigungsfreien Vorha-

ben (§ 62 Abs. 1 Nr. 2), das Freistellungsverfahren (§ 67 Abs. 1) und die Zulassung von Abweichungen von bauaufsichtlichen Anforderungen (§ 69 Abs. 1). Moderne Energie-/Heizsysteme (Wasserstoff, Elektrolyseure, Brennstoffzellen) wurden baugenehmigungsfrei gestellt (§ 62 Abs. 1 Nr. 2). Zudem wurde die Vorschrift zu Feuerungsanlagen und sonstigen Anlagen zur Wärmeerzeugung und Energiebereitstellung anwenderfreundlich modernisiert (§ 39). Im Hinblick auf Ladestationen für elektrisch betriebene Kraftfahrzeuge wird die Baugenehmigungsfreiheit auf damit verbundene Nutzungsänderungen sowie auf solche Ladestationen erweitert, die sich innerhalb von Gebäuden befinden (§ 62 Abs. 1 Nr. 3). Auch jenseits der erneuerbaren Energien wurden neuere gesellschaftliche Entwicklungen aufgegriffen wie die Ergänzung zur Genehmigungsfreiheit in § 62 Abs. 1 Nr. 8 zu Paketstationen und ähnlichen Anlagen, die nunmehr auch ohne räumliche Verbindung mit einer offenen Verkaufsstelle genehmigungsfrei sind.
Verfahrensstraffende Regelungen betrafen den Bauantrag und dessen Bearbeitung (§ 63). Er ist nicht mehr bei der Gemeindeverwaltung, sondern bei der unteren Bauaufsichtsbehörde einzureichen und wird von dort unverzüglich an die Gemeindeverwaltung weitergeleitet, die umgehend Stellung nimmt und auf das Ersuchen der Bauaufsichtsbehörde die Entscheidung über das gemeindliche Einvernehmen übermittelt; nur im Freistellungsverfahren sind die Bauunterlagen wie ehedem bei der Gemeindeverwaltung vorzulegen. Diese Verfahrensumstellung war Folge der Digitalisierung von Bauantrag und weiterem Verfahren und entspricht dem Prozedere in den anderen Bundesländern.
Modifiziert wurden zudem Verfahren und Fristen nach Eingang des Bauantrags im vereinfachten Genehmigungsverfahren mit jetzt klarer zeitlicher Struktur für die Fiktion der Baugenehmigung (§ 66 Abs. 5). Während einerseits mehr Zeit für die Prüfung der Vollständigkeit des Bauantrags eingeräumt wurde (§ 65 Abs. 2: 15 Arbeitstage statt zehn Werktage nach Antragseingang), ist andererseits die Feststellung der Vollständigkeit des Bauantrags nicht mehr entscheidend für den Beginn der Entscheidungsfrist über das Baugesuch, nach deren Ablauf die Baugenehmigung als erteilt gilt. Diese Frist beginnt grundsätzlich 15 Arbeitstage nach Eingang des Bauantrags, das Verfahren wird damit gestrafft. Möglich ist es nach wie vor, Bauunterlagen nachzufordern; zudem kann die Bauherrin oder der Bauherr auf den Eintritt der Genehmigungsfiktion ver-

zichten, um etwa im Falle von Änderungen eine Ablehnung und einen neuen Antrag zu vermeiden. Im Hinblick auf die Bekanntgabe von Baugenehmigung (§ 70 Abs. 3), Typenprüfung (§ 75 Abs. 2), der Zulassung einer Abweichung (§ 63 Abs. 2) und Nachbarmitteilungen (§§ 68 Abs. 2, 70 Abs. 3) wurde neben der förmlichen Zustellung die Möglichkeit eröffnet, diese in einem digitalen Portal zum Abruf nach Maßgabe des § 9 Abs. 1 des Onlinezugangsgesetzes (OZG) vom 14. August 2017 (BGBl. I S. 3122 -3138-) in der jeweils geltenden Fassung bereitzustellen; entsprechend ist eine Bekanntgabe nach OZG maßgeblich für den Baubeginn (§ 77) und die Geltungsdauer der Baugenehmigung (§ 74). Damit wurden die rechtlichen Rahmenbedingungen für die Digitalisierung der bauaufsichtlichen Verfahren weiter ausgebaut.
Artikel 2 des Zweiten Landesgesetzes zur Änderung baurechtlicher Vorschriften enthält redaktionelle Folgeänderungen der Landesverordnung über Bauunterlagen und die bautechnische Prüfung (BauuntPrüfVO) sowie die dortige Maßgabe, dass die Bauzeichnungen im Hinblick auf den abstandsflächenrechtlich privilegieren Ersatz von Gebäuden oder Gebäudeteilen (§ 8 Abs. 11 LBauO) auch die Dimensionen des bisherigen Gebäudes darstellen müssen.
Nach Artikel 3 des Zweiten Landesgesetzes zur Änderung baurechtlicher Vorschriften traten die materiell-rechtlichen Änderungen am 1. November 2025 und die formell-rechtlichen Änderungen am 1. Januar 2026 in Kraft, um die Anpassung in der bauaufsichtlichen Praxis zu erleichtern.
Im parlamentarischen Verfahren wurden kleinere Änderungen am Gesetzentwurf der Landesregierung vorgenommen (Landtags-Drucksache 18/12908). Mit ihnen wurden die vorgesehenen brandschutzrechtlichen Erleichterungen bei Nutzungsänderungen und Umbauten im Bestand erweitert, um die Anforderungen an bestehende Gebäude und Bauteile möglichst kohärent zu senken wie dies auch für die Musterbauordnung zu erwarten war (§ 44 Abs. 8 bis 10). Zudem wurde die Genehmigungsfreiheit von Vorhaben der Landesverteidigung auf Vorhaben inländischer öffentlicher Stellen begrenzt, die erfahrungsgemäß über ausreichende Fach- und Rechtskunde verfügen. Bei UVP-pflichtigen Vorhaben und Maßnahmen der Gaststreitkräfte bedarf es mit Blick auf das Bauplanungs- und UVP-Recht der Zustimmung der oberen Bauaufsichtsbehörde. Hingegen wurden Entwicklungen in anderen Bundes-

ländern zum weitergehenden Entfall der Stellplatzpflicht sowie zur Erweiterung des Freistellungsverfahrens auf sämtliche Vorhaben im unbeplanten Innenbereich zwar diskutiert. Eine generelle Streichung der Stellplatzpflicht wurde aber mit Blick auf die hohe Verkehrsbelastung gerade in Ballungsräumen und die schon bestehende kommunale Gestaltungsmöglichkeit abgelehnt. Und schließlich wurde eine Ausweitung des Freistellungsverfahren auf alle Vorhaben im unbeplanten Innenbereich nicht weiter verfolgt, da die bauplanungsrechtliche Bewertung des Einfügens in die Eigenart der näheren Umgebung häufig schwierig ist und gerade größere städtebaulich relevante Vorhaben einer präventiven Kontrolle bedürfen.

16. Weitere Änderungen 2025 und 2026

Der Deutsche Bundestag hat am 9. Oktober 2025 den Entwurf eines Gesetzes zur Beschleunigung des Wohnungsbaus und zur Wohnraumsicherung gebilligt (Bundestags-Drucksache 21/781 neu, sog. „Bau-Turbo"). Zuvor hatte der federführende Ausschuss noch Änderungen vorgenommen (Bundestags-Drucksache 21/2109). Nach Zustimmung des Bundesrats in seiner Sitzung am 17. Oktober 2025 trat das Gesetz am 30. Oktober 2025 in Kraft (BGBl. 2025 I Nr. 257). Die dortigen Änderungen des Baugesetzbuchs bringen im Wesentlichen Erleichterungen zum Schallschutz (§ 9 Abs. 1 Nr. 23 Buchst. a). Und sie ermöglichen zugunsten des Wohnungsbaus bzw. zu Wohnzwecken weitreichende Befreiungen von Festsetzungen im Bebauungsplan (§ 31 Abs. 3) und Abweichungen vom Bauplanungsrecht im unbeplanten Innenbereich (§ 34 Abs. 3b) sowie befristet bis 2030 auch sonst vom Bauplanungsrecht einschließlich der Außenbereichsregelungen (§ 246e), sofern ein räumlicher Zusammenhang mit Innenbereichsflächen besteht. Voraussetzung ist jeweils, dass die Gemeinde zustimmt (§§ 36a, 246e BauGB). Die Gemeinde erteilt die Zustimmung, wenn das Vorhaben mit ihren Vorstellungen von der städtebaulichen Entwicklung und Ordnung vereinbar ist (§ 36a Abs. 1). Die Zustimmung tritt als Tatbestandsmerkmal des BauGB neben das gemeindliche Einvernehmen und gilt gegebenenfalls nach drei Monaten als erteilt.
Das löste wiederum verfahrensrechtlichen Anpassungsbedarf in der LBauO aus (§§ 63, 66). Die Änderungen sind zum 1. Januar 2026 in Kraft getreten (Landesgesetz zur Änderung des Landesenteignungsgesetzes, des

Landesseilbahngesetzes und der Landesbauordnung Rheinland-Pfalz vom 19. November 2025, GVBl. S. 672; siehe auch Änderungsantrag, Landtags-Drucksache 18/13390).[12] Zum einen war § 63 Abs. 3 dahingehend zu ergänzen, dass die Bauaufsichtsbehörde bei der Weiterleitung des Bauantrags an die Gemeindeverwaltung um die Erteilung des Einvernehmens und der Zustimmung der Gemeinde nach dem Baugesetzbuch ersucht. Zum anderen war § 66 Abs. 5 zum Beginn der Frist für die Fiktion der Baugenehmigung im vereinfachten Genehmigungsverfahren (entsprechend der bisherigen Regelung zum Einvernehmen) anzupassen, um einen geordneten Verfahrensablauf zu gewährleisten: Erst entscheidet die Gemeinde über ihre Zustimmung, dann prüft die Bauaufsichtsbehörde den Bauantrag. So beginnt die Frist, nach deren Ablauf die Baugenehmigung als erteilt gilt, frühestens mit dem Eingang der Mitteilung über die Entscheidung der Gemeinde, ob sie dem Vorhaben zustimmt oder nicht. In Fällen der fingierten kommunalen Zustimmung nach § 36a Abs. 1 BauGB beginnt die Fiktionsfrist für die Baugenehmigung erst mit dem Zeitpunkt, bis zu dem die Mitteilung der Gemeinde über die Zustimmung hätte eingehen müssen.
Ferner traten zum 1. November 2025 praxisrelevante Änderungen zweier Verwaltungsvorschriften in Kraft.[13] Die Änderung der Verwaltungsvorschrift Zahl, Größe und Beschaffenheit der Stellplätze für Kraftfahrzeuge vom 9. Oktober 2025 (MinBl. S. 531) greift die Änderungen in § 47 LBauO zur Berücksichtigung alternativer Verkehrskonzepte und zur Schaffung neuen Wohnraums im Bestand auf und ermöglicht eine flexiblere Handhabung der Richtzahlen. Die Änderung der Verwaltungsvorschrift Einrichtung und Führung des Baulastenverzeichnisses, Nachweis der Baulasten im Liegenschaftskataster (zu § 86 LBauO) vom 9. Oktober 2025 (MinBl. S. 531) greift die Änderung in § 86 LBauO auf und ermöglicht eine optimierte Annahme der Eintragungsmitteilungen bei der Vermessungs- und Katasterverwaltung. Zudem wurden neuere Begrifflichkeiten im Landesgesetz über das amtliche Vermessungswesen übernommen und Verfahrensabläufe vereinfacht durch die Möglichkeit, Dokumente elektronisch zu übermitteln.

---

12 siehe OPAL (Fn. 1)

13 https://mkbwk.rlp.de/themen/baurecht-und-bautechnik/bauvorschriften-1

Schließlich traten am 30. Dezember 2025 zivilrechtliche Änderungen des Landesnachbarrechtsgesetzes in Kraft (Landesgesetz zur Änderung des Landesnachbarrechtsgesetzes vom 22. Dezember 2025 (GVBl. S. 734); siehe auch Gesetzentwurf der Landesregierung vom 1. Oktober 2025, Landtags-Drucksache 18/13081 und Änderungsantrag vom 10. Dezember 2025, Landtags-Drucksache 18/13665).[14] Sie ermöglichen unter bestimmten Voraussetzungen den Überbau durch Wärmedämmung (§ 16a). Zudem wurden die Grenzabstände von Fenstern, Balkonen und Terrassen an die Maße des § 8 Abs. 5 Satz 2 LBauO angepasst (max. 1,5 m vortretend, mind. 2 m Grenzabstand) und damit die bis dato bestehenden Abweichungen zwischen zivilrechtlichen Nachbarrecht und bauordnungsrechtlichen Abstandsflächen beseitigt (§ 35 Nr. 6).

17. Ausblick

Die von der Bauministerkonferenz (Arbeitsgemeinschaft der Bauministerien der Länder – ARGEBAU) angestrebte Vereinheitlichung der Bauordnungen der Länder nach dem Vorbild der Musterbauordnung lässt Änderungen der LBauO in absehbarer Zeit erwarten. Nach dem Koalitionsvertrag zwischen CDU und SPD Rheinland-Pfalz für die Jahre 2026 bis 2031 wird die Landesbauordnung im Zuge einer weiteren Anpassung an die Musterbauordnung neu gefasst; maßgeblich ist es, konzentriert einfaches und innovatives Bauen zu ermöglichen. Dabei steht die Fortschreibung der Musterbauordnung wiederum im Wechselspiel mit den laufenden Entwicklungen der Bauordnungen in den Ländern. So hat etwa Niedersachsen mit der zum 1. Juli 2024 in Kraft getretenen Niedersächsischen Bauordnung weitreichendere materielle und formelle Freistellungen zum Bauen im Bestand mit hoher Eigenverantwortung auf den Weg gebracht, deren Wirkung in der Praxis näher zu betrachten sein wird. Auch Hessen hat weitgehende Erleichterungen bei notwendigen Stellplätzen und bei Vorhaben im unbeplanten Innenbereich eingeführt (in Kraft seit dem 14. Oktober 2025). Der Fokus wird weiterhin darauf liegen, das Bauen zu erleichtern und den Wohnungsbau zu beschleunigen.

Ein viel diskutierter Faktor für schnelles und günstiges Bauen sind haftungsrechtliche Anpassungen für den Gebäudetyp E (einfaches, effizi-

---

14 siehe OPAL (Fn. 1)

entes und experimentelles Bauen). Ziel ist es, die bisherige zivilrechtliche Bindung an hohe Baustandards, die im Wesentlichen durch die Baunormung (DIN) vorgegeben werden, zu lockern und flexiblere Planungen zu ermöglichen. Aufklärungspflichten bei Abweichungen sollen abgesenkt werden. Der umstrittene Regierungsentwurf eines Gesetzes zur zivilrechtlichen Erleichterung des Gebäudebaus (Gebäudetyp-E-Gesetz, Bundestags-Drucksache 20/13959) aus 2024 konnte aufgrund der vorzeitig beendeten Legislaturperiode des 20. Deutschen Bundestags nicht weiter behandelt werden. Die seit 2025 amtierende Bundesregierung sieht in ihrem Koalitionsvertrag vor, Baustandards zu vereinfachen und den Gebäudetyp E abzusichern. Die Bindungswirkung von Normsetzungen durch Selbstverwaltungsorganisationen soll überprüft und auf ein sicherheitsrelevantes Maß zurückgeführt werden. Um den Gebäudetyp E zivilrechtlich zu ermöglichen, soll eine gesetzliche Verknüpfung mit den Technischen Baubestimmungen der Länder vorgenommen werden. Das Abweichen von den anerkannten Regeln der Technik soll künftig keinen Mangel mehr darstellen. Eckpunkte hierzu hat die Bundesregierung im Dezember 2025 vorgestellt. Zudem sieht die im Dezember 2025 von Bund und Ländern beschlossene Föderale Modernisierungsagenda vor, dass auch die bauordnungsrechtlichen Technischen Baubestimmungen mit dem Ziel einer Beschränkung von Standards auf das Notwendige überprüft werden sollen; näheres zur suggerierten Verzichtbarkeit wird dabei nicht ausgeführt.
Der Koalitionsvertrag sieht zum BauGB weiterhin eine grundlegende Reform zur Beschleunigung des Bauens vor. Zudem ist anzunehmen, dass das der Diskontinuität des 20. Deutschen Bundestags anheimgefallene Hochwasserschutzgesetz III erneut in den Bundestag eingebracht wird (Referentenentwurf eines Gesetzes zur Verbesserung des Hochwasserschutzes und des Schutzes vor Starkregenereignissen sowie zur Beschleunigung von Verfahren des Hochwasserschutzes). Es hat zum Ziel, den Schutz vor Hochwasser- und Überflutungsgefahren weiter zu verbessern. Weitere Gesetzgebung mit Bezug auf den Klimawandel und erneuerbare Energien ist in C 12 angesprochen. Für Rheinland-Pfalz ist auf das neue Landesklimaschutzgesetz 2025 und die Landesverordnung zur Durchführung des Gebäudeenergiegesetzes hinzuweisen, die Vollzugszuständigkeiten für die Kreis- und Stadtverwaltungen enthält.

B Landesbauordnung Rheinland-Pfalz (LBauO)

B 1 – Gesetzestext

Vom 24. November 1998 (GVBl. S. 365), zuletzt geändert durch Artikel 3 des Gesetzes vom 19. November 2025 (GVBl. S. 672)[15]

(Änderungen 2022, 2024 und 2025 in **Fettdruck**)

Inhaltsübersicht[16]

Erster Teil: Allgemeine Bestimmungen

§ 1 Anwendungsbereich

§ 2 Begriffe

§ 3 Allgemeine Anforderungen

§ 4 Soziale und ökologische Belange

§ 5 Gestaltung

Zweiter Teil: Das Grundstück und seine Bebauung

§ 6 Bebauung der Grundstücke

§ 7 Zugänge und Zufahrten

§ 8 Abstandsflächen

§ 9 Übernahme von Abständen und Abstandsflächen auf Nachbargrundstücke, Grundstücksteilungen

§ 10 Höhenlage, Abfall- und Wertstoffbehälter, nicht überbaute Flächen

§ 11 Kinderspielplätze

§ 12 Einfriedungen

Dritter Teil: Bauliche Anlagen

Erster Abschnitt: Allgemeine Anforderungen an die Bauausführung

§ 13 Standsicherheit

§ 14 Schutz gegen schädliche Einwirkungen

§ 15 Brandschutz

---

15 Die Verpflichtungen aus der Richtlinie 98/34/EG des Europäischen Parlaments und des Rates vom 22. Juni 1998 über ein Informationsverfahren auf dem Gebiet der Normen und technischen Vorschriften (ABl. EG Nr. L 204 S. 37) sind beachtet worden.

16 siehe auch C 1, Erläuterungen zu Aufbau und Systematik der LBauO

§ 16 Wärme-, Schall- und Erschütterungsschutz
§ 17 Verkehrssicherheit
§ 17a Bauarten

Zweiter Abschnitt: Bauprodukte
§ 18 Allgemeine Anforderungen für die Verwendung von Bauprodukten
§ 18a Anforderungen für die Verwendung von CE-gekennzeichneten Bauprodukten
§ 18b Verwendbarkeitsnachweise
§ 19 Allgemeine bauaufsichtliche Zulassung
§ 20 Allgemeines bauaufsichtliches Prüfzeugnis
§ 21 Zustimmung im Einzelfall
§ 22 Übereinstimmungsbestätigung
§ 23 Übereinstimmungserklärung des Herstellerunternehmens
§ 24 Zertifizierung
§ 25 Prüf-, Zertifizierungs- und Überwachungsstellen
§ 26 Besondere Sachkunde- und Sorgfaltspflichten

Dritter Abschnitt: Wände, Decken und Dächer
§ 27 Tragende Wände, Pfeiler und Stützen
§ 28 Außenwände
§ 29 Trennwände
§ 30 Brandwände
§ 31 Decken
§ 32 Dächer

Vierter Abschnitt: Treppen, Flure, Aufzüge und Öffnungen
§ 33 Treppen
§ 34 Treppenräume und Ausgänge
§ 35 Notwendige Flure und Gänge
§ 36 Aufzüge
§ 37 Fenster, Türen, Kellerlichtschächte
§ 38 Umwehrungen

Fünfter Abschnitt: Feuerungs- und haustechnische Anlagen
§ 39 **Feuerungsanlagen, sonstige Anlagen zur Wärmeerzeugung und Energiebereitstellung**
§ 40 Lüftungsanlagen, Installationsschächte und -kanäle, Leitungsdurchführungen
§ 41 Wasserversorgung und Abwasserbeseitigung
§ 42 Kleinkläranlagen und Gruben

Sechster Abschnitt: Aufenthaltsräume und Wohnungen
§ 43 Aufenthaltsräume
§ 44 Wohnungen
§ 45 Aufenthaltsräume und Wohnungen in Kellergeschossen und Dachräumen
§ 46 Bäder und Toilettenräume

Siebter Abschnitt: Besondere Anlagen
§ 47 Stellplätze und Garagen
§ 48 Ställe und Nebenanlagen
§ 49 Behelfsbauten und untergeordnete Gebäude
§ 50 Bauliche Anlagen und Räume besonderer Art oder Nutzung (Sonderbauten)
§ 51 Barrierefreiheit
§ 52 Werbeanlagen und Warenautomaten
§ 53 Baustellen

Vierter Teil: Verantwortung der am Bau Beteiligten
§ 54 Grundsatz
§ 55 Bauherrin, Bauherr
§ 56 Entwurfsverfasserinnen, Entwurfsverfasser
§ 56a Bauleiterin, Bauleiter
§ 57 Unternehmen

Fünfter Teil: Behörden
§ 58 Bauaufsichtsbehörden
§ 59 Aufgaben und Befugnisse der Bauaufsichtsbehörden
§ 60 Sachliche Zuständigkeit

Sechster Teil: Verfahren
§ 61 Genehmigungsbedürftige Vorhaben
§ 62 Genehmigungsfreie Vorhaben
§ 63 Bauantrag
§ 64 Bauvorlageberechtigung
§ 64a Voraussetzung für die Eintragung in die Liste nach § 64 Abs. 2 Nr. 2
§ 64b Eintragungsverfahren für Antragstellende mit Hochschulabschlüssen aus anderen Mitgliedstaaten der Europäischen Union
§ 64c Ausgleichsmaßnahmen
§ 64d Vorübergehende und gelegentliche Dienstleistungserbringung von bauvorlageberechtigten Ingenieurinnen oder iplngenieuren, Anzeigeverfahren
§ 65 Behandlung des Bauantrags
§ 66 Vereinfachtes Genehmigungsverfahren
§ 67 Freistellungsverfahren
§ 68 Beteiligung der Nachbarinnen und Nachbarn
§ 69 Abweichungen
§ 70 Baugenehmigung
§ 71 Ersetzung des gemeindlichen Einvernehmens
§ 72 Bauvorbescheid
§ 73 Teilbaugenehmigung
§ 74 Geltungsdauer der Baugenehmigung
§ 75 Typenprüfung
§ 75a Typengenehmigung
§ 76 Fliegende Bauten
§ 77 Baubeginn
§ 78 Bauüberwachung
§ 79 Benutzung der baulichen Anlagen
§ 80 Baueinstellung
§ 81 Beseitigungsanordnung und Benutzungsuntersagung
§ 82 Abbruch verfallender baulicher Anlagen
§ 83 Vorhaben des Bundes und der Länder
§ 84 Der Bauaufsicht nicht unterliegende Vorhaben
§ 85 Nachträgliche Anforderungen
§ 86 Baulasten

Siebter Teil: Ermächtigungen, Ordnungswidrigkeiten, Übergangs- und Schlussbestimmungen
§ 87 Ermächtigung zum Erlass von Rechts- und Verwaltungsvorschriften
§ 87a Technische Baubestimmungen
§ 88 Örtliche Bauvorschriften
§ 89 Ordnungswidrigkeiten
§ 90 Eingeleitete Verfahren
§ 91 Übergangsbestimmungen
§ 92 Außer-Kraft-Treten bestehender Vorschriften
§ 93 In-Kraft-Treten
Anlage **Leitlinien zu Ausbildungsinhalten**

Erster Teil: **Allgemeine Bestimmungen**

§ 1 Anwendungsbereich

(1) [1]Dieses Gesetz gilt für bauliche Anlagen und Bauprodukte. [2]Es gilt auch für bebaute und bebaubare Grundstücke sowie für andere Anlagen und Einrichtungen, an die in diesem Gesetz oder in Vorschriften aufgrund dieses Gesetzes Anforderungen gestellt werden.

(2) Dieses Gesetz gilt nicht für
1. Anlagen des öffentlichen Verkehrs und ihre Nebenanlagen, mit Ausnahme von Gebäuden,
2. Anlagen, die der Bergaufsicht unterliegen, mit Ausnahme von oberirdischen Gebäuden,
3. Leitungen, die der öffentlichen Versorgung mit Wasser, Gas, Elektrizität, Wärme, der öffentlichen Abwasserbeseitigung oder dem Fernmeldewesen dienen,
4. Rohrleitungen, die dem Ferntransport von Stoffen dienen,
5. Krane, mit Ausnahme von Kranbahnen und deren Unterstützungen.

§ 2 Begriffe

(1) [1]Bauliche Anlagen sind mit dem Erdboden verbundene, aus Bauprodukten hergestellte Anlagen. [2]Eine Verbindung mit dem Erdboden besteht

auch dann, wenn die Anlage durch eigene Schwere auf dem Boden ruht oder wenn sie nach ihrem Verwendungszweck dazu bestimmt ist, überwiegend ortsfest benutzt zu werden. [3]Als bauliche Anlagen gelten auch

1. Aufschüttungen und Abgrabungen,
2. Lager-, Abstell-, Aufstell- und Ausstellungsplätze,
3. Camping- und Wochenendplätze,
4. Stellplätze,
5. Sport- und Spielplätze,
6. Schiffe und sonstige schwimmfähige Anlagen, die ortsfest benutzt werden und dem Wohnen oder gewerblichen, sportlichen oder ähnlichen Zwecken dienen,
7. Gerüste,
8. Hilfseinrichtungen zur statischen Sicherung von Bauzuständen.

(2) [1]Gebäude sind selbständig benutzbare, überdeckte bauliche Anlagen, die von Menschen betreten werden können und geeignet oder bestimmt sind, dem Schutz von Menschen, Tieren oder Sachen zu dienen. [2]Sie werden in folgende Gebäudeklassen eingeteilt:

1. Gebäudeklasse 1
   Freistehende Wohngebäude mit einer Wohnung in nicht mehr als zwei Geschossen, andere freistehende Gebäude ähnlicher Größe, freistehende land- oder forstwirtschaftliche Betriebsgebäude.
2. Gebäudeklasse 2
   Gebäude, bei denen der Fußboden keines Geschosses, in dem Aufenthaltsräume möglich sind, im Mittel mehr als 7 m über der Geländeoberfläche liegt,
   a) mit nicht mehr als zwei Wohnungen,
   b) mit drei Wohnungen in freistehenden Gebäuden in Hanglage, wenn die dritte Wohnung im untersten Geschoss liegt und ihren Zugang unmittelbar vom Freien aus hat.

   An die Stelle der Wohnungen nach Satz 2 Nr. 2 können jeweils sonstige Nutzungseinheiten treten, wenn die Nutzfläche des Gebäudes insgesamt 400 m^2 nicht überschreitet.
3. Gebäudeklasse 3
   Gebäude, bei denen der Fußboden keines Geschosses, in dem Aufenthaltsräume möglich sind, im Mittel mehr als 7 m über der Geländeoberfläche liegt.

4. Gebäudeklasse 4[17]
   Gebäude, bei denen der Fußboden keines Geschosses, in dem Aufenthaltsräume möglich sind, im Mittel mehr als 13 m über der Geländeoberfläche liegt.
5. Gebäudeklasse 5
   Sonstige Gebäude.

(3) Hochhäuser sind Gebäude, bei denen der Fußboden eines Aufenthaltsraums mehr als 22 m über der Geländeoberfläche liegt.

(4) [1]Geschosse über der Geländeoberfläche sind Geschosse, die im Mittel mehr als 1,40 m über die Geländeoberfläche hinausragen; tiefer liegende Geschosse sind Kellergeschosse. [2]Vollgeschosse sind Geschosse über der Geländeoberfläche, die über zwei Drittel, bei Geschossen im Dachraum über drei Viertel ihrer Grundfläche eine Höhe von 2,30 m haben. [3]Gegenüber einer Außenwand zurückgesetzte oberste Geschosse sind nur Vollgeschosse, wenn sie diese Höhe über zwei Drittel der Grundfläche des darunter liegenden Geschosses haben. [4]Die Höhe wird von Oberkante Fußboden bis Oberkante Fußboden oder Oberkante Dachhaut gemessen.

(5) Aufenthaltsräume sind Räume, die zum nicht nur vorübergehenden Aufenthalt von Menschen bestimmt oder geeignet sind.

(6) Geländeoberfläche ist die Fläche, die sich aus den Festsetzungen des Bebauungsplans ergibt oder die von der Bauaufsichtsbehörde festgelegt ist, im Übrigen die natürliche, an das Gebäude angrenzende Geländeoberfläche.

(7) Feuerstätten sind in oder an Gebäuden ortsfest benutzte Anlagen oder Einrichtungen, die dazu bestimmt sind, durch Verbrennung Wärme zu erzeugen.

(8) [1]Stellplätze sind Flächen zum Abstellen von Kraftfahrzeugen außerhalb öffentlicher Verkehrsflächen. [2]Garagen sind ganz oder teilweise umschlossene Räume zum Abstellen von Kraftfahrzeugen. [3]Ausstellungs-, Verkaufs-, Werk- und Lagerräume gelten nicht als Garagen.

(9) Barrierefrei sind bauliche Anlagen, soweit sie ihrem Zweck entsprechend für Menschen mit Behinderungen, ältere Menschen und Personen mit Kleinkindern in der allgemein üblichen Weise, ohne besondere Erschwernis und grundsätzlich ohne fremde Hilfe auffindbar, zugänglich und nutzbar sind.

---

17 siehe auch C 2, Erläuterungen zu den Gebäudeklassen

(10) Bauprodukte sind

1. Produkte, Baustoffe, Bauteile und Anlagen sowie Bausätze gemäß Artikel 2 Nr. 2 der Verordnung (EU) Nr. 305/2011 des Europäischen Parlaments und des Rates vom 9. März 2011 zur Festlegung harmonisierter Bedingungen für die Vermarktung von Bauprodukten und zur Aufhebung der Richtlinie 89/106/EWG des Rates (ABl. EU Nr. L 88 S. 5; 2013 Nr. L 103 S. 10) in der jeweils geltenden Fassung, die hergestellt werden, um dauerhaft in bauliche Anlagen eingebaut zu werden,
2. aus Produkten, Baustoffen, Bauteilen sowie Bausätzen gemäß Artikel 2 Nr. 2 der Verordnung (EU) Nr. 305/2011 vorgefertigte Anlagen, die hergestellt werden, um mit dem Erdboden verbunden zu werden, wie Fertighäuser, Fertiggaragen und Silos,

und deren Verwendung sich auf die Anforderungen nach § 3 Abs. 1 Satz 1 auswirken kann.

(11) Bauart ist das Zusammenfügen von Bauprodukten zu baulichen Anlagen oder Teilen von baulichen Anlagen.

§ 3 Allgemeine Anforderungen

(1) [1]Bauliche Anlagen sowie andere Anlagen und Einrichtungen im Sinne des § 1 Abs. 1 Satz 2 sind so anzuordnen, zu errichten, zu ändern und instand zu halten, dass sie die öffentliche Sicherheit oder Ordnung sowie die natürlichen Lebensgrundlagen nicht gefährden; dabei sind die Grundanforderungen an Bauwerke gemäß Anhang I der Verordnung (EU) Nr. 305/2011 zu berücksichtigen. [2]Dies gilt entsprechend für die Änderung ihrer Benutzung und ihren Abbruch.

(2) [1]Die oberste Bauaufsichtsbehörde macht zur Durchführung dieses Gesetzes und der aufgrund dieses Gesetzes erlassenen Rechtsverordnungen die Technischen Baubestimmungen nach § 87a als Verwaltungsvorschrift bekannt; diese sind zu beachten. [2]Bei der Bekanntmachung kann hinsichtlich des Inhalts auf eine Fundstelle verwiesen werden; dazu wird die Anlage zur Verwaltungsvorschrift bei der obersten Bauaufsichtsbehörde geführt und vorgehalten sowie auf der Internetseite des für die oberste Bauaufsichtsbehörde zuständigen Ministeriums veröffentlicht. [3]Die Verwaltungsvorschrift basiert auf einem Muster, das das Deutsche Institut für Bautechnik, Berlin, nach Anhörung der beteiligten Kreise im Einvernehmen mit der obersten Bauaufsichtsbehörde veröffentlicht. [4]§ 17a Abs. 2 und § 18b Abs. 1 sowie § 69 bleiben unberührt.[18]

---

18 siehe auch C 7, Technische Baubestimmungen, Bauprodukte und Bauarten

§ 4 Soziale und ökologische Belange

[1]Bei der Anordnung, Errichtung, Instandhaltung, Änderung und Nutzungsänderung baulicher Anlagen sind die allgemeinen Anforderungen an gesunde Wohn- und Arbeitsverhältnisse, die Belange des Umwelt- und Klimaschutzes und die Belange und Sicherheitsbedürfnisse von Frauen, Familien und Kindern, von Menschen mit Behinderungen und älteren Menschen insbesondere im Hinblick auf die Barrierefreiheit sowie angemessenen Wohnraum auch für Familien mit mehreren Kindern und für besondere Wohnformen nach den Bestimmungen dieses Gesetzes und den aufgrund dieses Gesetzes erlassenen Vorschriften zu berücksichtigen. [2]Darüber hinaus sind die Bestimmungen zum barrierefreien Bauen im Sinne des **§ 3 Abs. 4 des Landesinklusionsgesetzes** sowie sonstiger Vorschriften zugunsten von Menschen mit Behinderungen zu berücksichtigen.

§ 5 Gestaltung

(1) Bauliche Anlagen sind so zu gestalten, dass sie nach Form, Maßstab, Verhältnis der Baumassen und Bauteile zueinander, Werkstoff und Farbe nicht verunstaltet wirken.

(2) [1]Bauliche Anlagen sind mit ihrer Umgebung so in Einklang zu bringen, dass sie benachbarte bauliche Anlagen sowie das Straßen-, Orts- oder Landschaftsbild nicht verunstalten und deren beabsichtigte Gestaltung nicht stören. [2]Auf Kultur- und Naturdenkmäler und auf andere erhaltenswerte Eigenarten der Umgebung ist besondere Rücksicht zu nehmen.

Zweiter Teil: **Das Grundstück und seine Bebauung**

§ 6 Bebauung der Grundstücke

(1) Grundstücke, die mit umweltgefährdenden Stoffen belastet sind, dürfen nur bebaut werden, wenn von ihnen keine Gefährdungen für die Umwelt, insbesondere die menschliche Gesundheit, ausgehen oder die Gefährdung nach Art der vorgesehenen Bebauung unschädlich ist.

(2) [1]Gebäude dürfen nur errichtet werden, wenn gesichert ist, dass bis zum Beginn ihrer Benutzung

1. das Grundstück in angemessener Breite an einer befahrbaren öffentlichen Verkehrsfläche liegt, eine öffentlich-rechtlich gesicherte Zufahrt zu einer befahrbaren öffentlichen Verkehrsfläche hat oder bei Vorhaben im Sinne des § 35 Abs. 1 Nr. 1 bis 6**, 8 und 9** des Baugesetzbuchs (BauGB) über einen befahrbaren Wirtschaftsweg erreichbar ist; ein nicht befahrbarer Wohnweg genügt, wenn der Brandschutz gewährleistet ist,
2. die erforderlichen Wasserversorgungs- und Abwasseranlagen benutzbar sind.

[2]Als Sicherung der Zufahrt genügt eine Dienstbarkeit, wenn sie vor dem 1. Oktober 1974 begründet worden ist.

(3) [1]Ein Gebäude darf nur dann auf mehreren Grundstücken errichtet werden, wenn durch Baulast gesichert ist, dass sie für die Dauer der Bebauung als Grundstückseinheit zusammengefasst bleiben. [2]Dabei bleiben vor die Außenwand geringfügig vortretende Gebäudeteile wie Dachvorsprünge außer Betracht. [3]Satz 2 gilt auch für Anlagen zur Nutzung solarer Strahlungsenergie und Maßnahmen zum Zwecke der Energieeinsparung, soweit sie die Vorgaben des § 8 Abs. 5 Satz 3 und **Abs. 11 Satz 1 Nr. 7** einhalten.

§ 7 Zugänge und Zufahrten

(1) [1]Zu Gebäuden der Gebäudeklassen 2 und 3 ist von öffentlichen Verkehrsflächen ein geradliniger Zu- oder Durchgang zu schaffen, wenn der zweite Rettungsweg dieser Gebäude über Rettungsgeräte der Feuerwehr führt. [2]Der Zu- oder Durchgang muss 1,25 m breit sein. [3]Bei Türöffnungen und anderen geringfügigen Einengungen genügt eine lichte Breite von 1 m. [4]Die lichte Höhe des Zu- oder Durchgangs muss 2 m betragen.

(2) [1]Zu Gebäuden der Gebäudeklassen 4 und 5 ist anstelle eines Zu- oder Durchgangs nach Absatz 1 eine 3 m breite Zu- oder Durchfahrt zu schaffen. [2]Die lichte Höhe der Zu- oder Durchfahrt muss senkrecht zur Fahrbahn gemessen 3,50 m betragen. [3]Wände und Decken von Durchfahrten müssen feuerbeständig sein.

(3) [1]Eine andere Verbindung als nach den Absätzen 1 oder 2 kann zugelassen werden, wenn dadurch der Einsatz der Feuerwehr nicht behindert wird. [2]Bei Gebäuden, deren zweiter Rettungsweg nicht über Rettungsgeräte der Feuerwehr führt, kann eine Verbindung nach den Absätzen 1 oder 2 verlangt werden, wenn der Einsatz der Feuerwehr dies erfordert.

(4) [1]Bei Gebäuden der Gebäudeklassen 4 und 5 müssen die mit Rettungsgeräten der Feuerwehr erreichbaren Stellen (§ 15 Abs. 4) von einer für Feuerwehrfahrzeuge befahrbaren Fläche anleiterbar sein. [2]Die für Feuerwehrfahrzeuge erforderlichen Aufstell- und Bewegungsflächen sind vorzusehen.

(5) Die Zu- und Durchfahrten nach Absatz 2 sowie die Flächen nach Absatz 4 dürfen nicht durch Einbauten eingeengt werden und müssen für Feuerwehrfahrzeuge ausreichend befestigt und tragfähig sein; sie sind ständig freizuhalten.

§ 8 Abstandsflächen[19]

(1) [1]Vor Außenwänden oberirdischer Gebäude sind Flächen von Gebäuden freizuhalten (Abstandsflächen). [2]Innerhalb der überbaubaren Grundstücksflächen sind Abstandsflächen nicht erforderlich vor Außenwänden, die an Grundstücksgrenzen errichtet werden, wenn nach planungsrechtlichen Vorschriften

1. das Gebäude ohne Grenzabstand gebaut werden muss oder
2. das Gebäude ohne Grenzabstand gebaut werden darf und öffentlich-rechtlich gesichert ist, dass auf dem Nachbargrundstück ebenfalls ohne Grenzabstand gebaut wird.

[3]Muss nach planungsrechtlichen Vorschriften mit Grenzabstand gebaut werden, ist aber auf dem Nachbargrundstück innerhalb der überbaubaren Grundstücksfläche ein Gebäude ohne Grenzabstand vorhanden, so kann zugelassen oder verlangt werden, dass ebenfalls ohne Grenzabstand gebaut wird. [4]Muss nach planungsrechtlichen Vorschriften ohne Grenzabstand gebaut werden, ist aber auf dem Nachbargrundstück innerhalb der überbaubaren Grundstücksfläche ein Gebäude mit Grenzabstand vorhanden, so kann zugelassen oder verlangt werden, dass eine Abstandsfläche eingehalten wird.

(2) [1]Die Abstandsflächen müssen auf dem Grundstück selbst liegen. [2]Sie dürfen auch auf öffentlichen Verkehrs-, Grün- oder Wasserflächen liegen, jedoch nur bis zu deren Mitte.

(3) Die Abstandsflächen vor Wänden, die einander gegenüberstehen, dürfen sich nicht überdecken; dies gilt nicht für

1. Wände, die in einem Winkel von mehr als 75° zueinander stehen,

---

19 siehe auch C 3, Erläuterungen und Bilder zu den Abstandsflächen

2. Gebäude und andere bauliche Anlagen, die in den Abstandsflächen zulässig sind oder zugelassen werden.

(4) [1]Die Tiefe der Abstandsfläche bemisst sich nach der Höhe der Wand oder des Wandteils (Wandhöhe); sie wird senkrecht zur Wand gemessen. [2]Als Wandhöhe gilt das Maß von der Geländeoberfläche bis zur Schnittlinie der Wand mit der Dachhaut oder bis zum oberen Abschluss der Wand. [3]Bei Wänden unter Giebelflächen gilt als oberer Abschluss der Wand die Waagrechte in Höhe der Schnittlinien nach Satz 2; liegen die Schnittlinien nicht auf einer Höhe, ist die Waagrechte in der Mitte zwischen den Schnittlinien, bei Pultdächern an der unteren Schnittlinie anzunehmen. [4]Maßgebend ist die im Mittel gemessene Höhe der Wand oder des Wandteils. [5]Zur Wandhöhe werden hinzugerechnet
1. voll die Höhe von
   a) Dächern und Dachteilen mit einer Dachneigung von mehr als 70°,
   b) Giebelflächen, wenn die Summe der Dachneigungen mehr als 140° beträgt, sowie Giebelflächen von Pultdächern mit einer Dachneigung von mehr als 70°,
2. zu einem Drittel die Höhe von
   a) Dächern und Dachteilen mit einer Dachneigung von mehr als 45°,
   b) Dächern mit Dachgauben oder anderen Dachaufbauten, wenn diese zusammen mehr als halb so breit wie die Wand sind,
   c) Giebelflächen, die nicht unter Nummer 1 Buchst. b fallen.

[6]Nicht hinzugerechnet wird in den Fällen des Satzes 5 Nr. 1 Buchst. b und Nr. 2 Buchst. c die Höhe von Giebelflächen, die innerhalb eines Dreiecks mit einer in Höhe der Waagrechten nach Satz 3 anzunehmenden Grundlinie von 8 m Länge und mit 4 m Höhe liegen; dies gilt nicht, wenn Dachaufbauten weniger als 1,50 m von der Giebelfläche entfernt sind. [7]Die Summe der Maße nach den Sätzen 2 bis 6 ergibt das Maß H.

(5) [1]Für vor- oder zurücktretende Wandteile wird die Abstandsfläche gesondert ermittelt. [2]Vor die Wand vortretende Gebäudeteile wie Pfeiler, Gesimse, Dachvorsprünge, Blumenfenster, Hauseingangstreppen und deren Überdachungen sowie untergeordnete Vorbauten wie Erker und Balkone bleiben bei der Bemessung der Tiefe der Abstandsfläche außer Betracht, wenn sie nicht mehr als 1,50 m vortreten; von der gegenüberliegenden Grundstücksgrenze müssen sie mindestens 2 m entfernt bleiben. [3]Satz 2 gilt auch für Anlagen zur Nutzung solarer Strahlungsenergie, die nur geringfügig hervortreten wie parallel zu Außenwänden oder Dachflächen angebrachte Solarmodule.

(6) [1]Die Tiefe der Abstandsfläche beträgt 0,4 H, in Gewerbe- und Industriegebieten 0,25 H. [2]In Kerngebieten sowie in Sondergebieten, die nicht der

Erholung dienen, kann eine geringere Tiefe als 0,4 H zugelassen werden, wenn die Nutzung der Gebiete dies rechtfertigt. [3]In allen Fällen muss die Tiefe der Abstandsfläche jedoch mindestens 3 m betragen.

(7) [1]Für bauliche Anlagen, andere Anlagen und Einrichtungen, von denen Wirkungen wie von oberirdischen Gebäuden ausgehen, gelten die Absätze 1 bis **6** gegenüber Gebäuden und Grundstücksgrenzen entsprechend. [2]Sie sind ohne eigene Abstandsflächen oder mit einer geringeren Tiefe der Abstandsflächen und in den Abstandsflächen von Gebäuden zulässig, wenn die Beleuchtung mit Tageslicht nicht erheblich beeinträchtigt wird und der Brandschutz gewährleistet ist. [3]Ohne eigene Abstandsflächen und in den Abstandsflächen von Gebäuden sind Einfriedungen und Stützmauern bis zu 2 m Höhe, in Gewerbe- und Industriegebieten ohne Begrenzung der Höhe zulässig.

(8) [1]Gegenüber Grundstücksgrenzen dürfen ohne Abstandsflächen oder mit einer geringeren Tiefe der Abstandsflächen

1. Garagen ohne Feuerstätten,
2. Gebäude und Anlagen zur örtlichen Versorgung mit Elektrizität, Gas und Wasser und
3. sonstige Gebäude ohne Aufenthaltsräume und Feuerstätten

errichtet werden, wenn sie an den Grundstücksgrenzen oder in einem Abstand von bis zu 3 m von den Grundstücksgrenzen

a) eine mittlere Wandhöhe von 3,20 m über der Geländeoberfläche nicht überschreiten,
b) eine Länge von 12 m an einer Grundstücksgrenze nicht überschreiten und
c) Dächer haben, die zur Grundstücksgrenze nicht mehr als 45° geneigt sind; Giebel an der Grundstücksgrenze dürfen eine Höhe von 4 m über der Geländeoberfläche nicht überschreiten.

[2]Die Höhen und Längen nach Satz 1 gelten nur für Wände und Wandteile, die in einem Winkel von nicht mehr als 75° zur Grundstücksgrenze stehen. [3]Die Gebäude nach Satz 1 sind in den Abstandsflächen von anderen Gebäuden sowie ohne eigene Abstandsflächen oder mit einer geringeren Tiefe der Abstandsflächen gegenüber anderen Gebäuden zulässig, wenn der Brandschutz gewährleistet ist und die Beleuchtung von Aufenthaltsräumen mit Tageslicht nicht erheblich beeinträchtigt wird. [4]Die Gebäude nach Satz 1 dürfen eine Länge von insgesamt 18 m an allen Grundstücksgrenzen nicht überschreiten; diese Begrenzung ist nicht nachbarschützend. [5]Die Gebäude nach Satz 1 Nr. 1 und 3 dürfen auch einen Zugang zu einem anderen Gebäude haben und mit diesem im Bereich der Dächer baulich verbunden werden, wenn das andere Gebäude für sich betrachtet

die erforderliche Abstandsfläche einhält. [6]Anlagen zur Nutzung solarer Strahlungsenergie sind auf den Dächern der Gebäude nach Satz 1 unter den Voraussetzungen des Absatzes 5 Satz 3 zulässig; sonstige Anlagen und Nutzungen (wie Dachterrassen) sind nur zulässig, wenn sichergestellt ist, dass ein Abstand von 3 m zu den Grundstücksgrenzen eingehalten wird.

(9) Geringere Tiefen der Abstandsflächen können zugelassen werden

1. vor Wänden, die auf demselben Grundstück in einem Winkel von 75° oder weniger zueinander stehen, wenn es sich handelt um
   a) Wände von Gebäuden, die nicht dem Wohnen dienen,
   b) Wände von Wohngebäuden, in denen keine Fenster von Wohn- oder Schlafräumen angeordnet sind,
   c) Wände derselben Wohnung zu einem eigenen Innenhof,
2. in überwiegend bebauten Gebieten, wenn die Gestaltung des Straßenbildes oder städtebauliche Verhältnisse dies erfordern,

sofern die Beleuchtung mit Tageslicht und die Lüftung von Aufenthaltsräumen nicht erheblich beeinträchtigt werden und der Brandschutz gewährleistet ist.

(10) Geringere Abstandsflächen sind zulässig, wenn sie aus zwingenden Festsetzungen eines Bebauungsplans, aus der Sonderregelung zur sparsamen und effizienten Nutzung von Energie nach § 248 BauGB oder aus einer örtlichen Bauvorschrift nach § 88 folgen und die Beleuchtung mit Tageslicht, die Lüftung und der Brandschutz gewährleistet sind; entsprechendes gilt für größere Abstandsflächen.

(11) [1]Bei rechtmäßig bestehenden Gebäuden, deren Außenwände die nach diesem Gesetz erforderlichen Abstandsflächen nicht einhalten, sind abweichend von den Absätzen 1 bis 6 auch zulässig

1. **Ausbau und Änderungen innerhalb des Gebäudes,**
2. **Nutzungsänderungen,**
3. **die Errichtung und Änderung von Vor- und Anbauten, die für sich genommen die Tiefe der Abstandsflächen nach Absatz 6 einhalten,**
4. **Aufstockungen und die Errichtung und Änderung von Aufbauten, wenn deren Abstandsflächen nicht über die Abstandsflächen des bestehenden Gebäudes hinausgehen,**
5. **der Ersatz von Gebäuden oder Gebäudeteilen bis zu den bisherigen Abmessungen, die Nummern 2 bis 4 bleiben unberührt,**
6. **die Errichtung vor die Außenwand vortretender Aufzüge, Treppen und Treppenräume, wenn zu Nachbargrenzen ein Abstand von mindestens 2 m eingehalten wird; sie sind in den Abstandsflächen**

von Gebäuden auf demselben Grundstück zulässig, wenn die Beleuchtung mit Tageslicht nicht erheblich beeinträchtigt wird und der Brandschutz gewährleistet ist, und

7. Maßnahmen zum Zwecke der Energieeinsparung und Anlagen zur Nutzung solarer Strahlungsenergie, soweit sie insgesamt die Abstandsfläche um nicht mehr als 0,40 m verringern und die Bedachung um nicht mehr als 0,40 m parallel zur Dachfläche angehoben wird.

[2]Satz 1 Nr. 1 bis 6 gilt nicht für Gebäude im Sinne des Absatzes 8.

(12) [1]Bei Windenergieanlagen in nicht bebauten Gebieten beträgt die Tiefe der Abstandsfläche 0,2 H, mindestens die Länge des Rotorradius zuzüglich 3 m; das Maß H bestimmt sich bei Windenergieanlagen nach ihrer Gesamthöhe im ruhenden Betriebszustand. [2]Die Abstandsfläche ist ein Kreis um den geometrischen Mittelpunkt des Mastes.

(13) [1]Antennenanlagen im Außenbereich einschließlich der Masten mit einer maximalen Breites des Mastes von 1,50 m und einer Gesamthöhe von nicht mehr als 50 m sind ohne eigene Abstandsflächen gegenüber anderen Grundstücken im Außenbereich zulässig. [2]Für sonstige Antennenanlagen einschließlich Masten im Außenbereich kann eine Tiefe der Abstandsfläche bis zu 0,2 H zugelassen werden.

§ 9 Übernahme von Abständen und Abstandsflächen auf Nachbargrundstücke, Grundstücksteilungen

(1) [1]Soweit nach diesem Gesetz oder nach Vorschriften aufgrund dieses Gesetzes Abstände und Abstandsflächen auf dem Grundstück selbst liegen müssen, kann zugelassen werden, dass sie sich ganz oder teilweise auf andere Grundstücke erstrecken, wenn öffentlich-rechtlich gesichert ist, dass sie nicht überbaut und auf die auf diesen Grundstücken erforderlichen Abstände und Abstandsflächen nicht angerechnet werden. [2]Vorschriften, nach denen eine Überbauung zulässig ist oder zugelassen werden kann, bleiben unberührt.

(2) [1]Die bei der Errichtung eines Gebäudes vorgeschriebenen Abstände und Abstandsflächen dürfen bei nachträglichen Grenzänderungen und Grundstücksteilungen nicht unterschritten oder überbaut werden. [2]Dabei muss die Erschließung gesichert sein und es dürfen auch sonst keine baurechtlichen Vorschriften entgegenstehen. [3]Absatz 1 gilt entsprechend. [4]Die Zulassung von Abweichungen nach § 69 ist zu beantragen; die §§ 63, 65, 68 und 70 gelten entsprechend.

§ 10 Höhenlage, Abfall- und Wertstoffbehälter, nicht überbaute Flächen

(1) Bei der Errichtung oder Änderung baulicher Anlagen kann verlangt werden, dass die Oberfläche des Grundstücks erhalten oder in ihrer Höhenlage verändert wird, um eine Störung des Straßen-, Orts- oder Landschaftsbildes zu vermeiden oder zu beseitigen oder um die Oberfläche an die Höhe der Verkehrsfläche oder der Nachbargrundstücke anzugleichen.

(2) [1]Die Höhenlage der baulichen Anlagen ist, soweit erforderlich, festzusetzen. [2]Hierbei sind die Höhenlage der Verkehrsflächen und die Anforderungen an die Abwasserbeseitigung zu beachten.

(3) Für Abfall- und Wertstoffbehälter sollen befestigte Plätze an geeigneter Stelle hergestellt werden.

(4) [1]Nicht überbaute Flächen bebauter Grundstücke **sind zu begrünen**, soweit sie nicht für eine zulässige Nutzung benötigt werden. [2]Befestigungen, die die Wasserdurchlässigkeit des Bodens wesentlich beschränken, sind nur zulässig, soweit ihre Zweckbestimmung dies erfordert. **[3]Die Sätze 1 und 2 finden keine Anwendung, soweit Bebauungspläne oder andere Satzungen entgegenstehende Festsetzungen zu den nicht überbauten Flächen treffen.**

§ 11 Kinderspielplätze

(1) [1]Bei der Errichtung von Gebäuden mit mehr als drei Wohnungen ist ein Spielplatz für Kleinkinder herzustellen, der nach seiner Lage und Beschaffenheit ein gefahrloses Spielen ermöglicht. [2]Der Spielplatz soll in angemessenem Umfang barrierefrei sein und besonnt und windgeschützt liegen; Ruf- und Sichtkontakt zur Wohnbebauung sollen gewährleistet sein. [3]Seine Größe richtet sich nach der Zahl der Wohnungen.

(2) [1]Der Spielplatz ist auf dem zu bebauenden Grundstück herzustellen. [2]Es kann zugelassen werden, ihn in unmittelbarer Nähe auf einem anderen Grundstück, auch in einer Gemeinschaftsanlage, herzustellen, wenn dieses Grundstück von den Kindern gefahrlos erreicht werden kann und seine Benutzung als Spielplatz öffentlich-rechtlich gesichert ist. [3]Es kann ferner zugelassen werden, dass die Verpflichtung der Bauherrin oder des Bauherrn nach Absatz 1 durch eine angemessene Beteiligung an den Kosten für die Herstellung und Unterhaltung eines öffentlichen Spielplatzes in unmittelbarer Nähe des Baugrundstücks erfüllt wird; die Gemeinde kann Sicherheitsleistung verlangen.

(3) Der Spielplatz muss spätestens sechs Monate nach Bezug der Wohnungen benutzbar sein; die Frist kann verlängert werden, wenn besondere Umstände die Einhaltung der Frist nicht zulassen oder die Herstellung eines Spielplatzes noch nicht erfordern.

(4) Bei bestehenden Gebäuden kann die Herstellung und Instandhaltung von Spielplätzen verlangt werden, wenn dies wegen der Gesundheit der Kinder oder zum Schutz vor Verkehrsgefahren erforderlich ist und die Grundstücksverhältnisse nicht entgegenstehen.

(5) Die Absätze 1 bis 4 gelten nicht, wenn nach der Art der Wohnungen ein Spielplatz nicht erforderlich ist.

§ 12 Einfriedungen

(1) [1]Wenn die Verkehrssicherheit es erfordert, kann verlangt werden, dass Grundstücke eingefriedet oder abgegrenzt werden. [2]Dies gilt auch für bauliche Anlagen im Sinne des § 2 Abs. 1 Satz 3 Nr. 1 bis 5.

(2) Für Einfriedungen und Abgrenzungen, die keine baulichen Anlagen sind, gelten die §§ 5 und 17 entsprechend.

Dritter Teil: **Bauliche Anlagen**

Erster Abschnitt: **Allgemeine Anforderungen an die Bauausführung**

§ 13 Standsicherheit

(1) [1]Jede bauliche Anlage muss im Ganzen und in ihren einzelnen Teilen sowie für sich allein standsicher und dauerhaft sein. [2]Die Standsicherheit anderer baulicher Anlagen und die Tragfähigkeit des Baugrundes des Nachbargrundstücks dürfen nicht gefährdet werden.

(2) Die Verwendung gemeinsamer Bauteile für mehrere bauliche Anlagen ist zulässig, wenn öffentlich-rechtlich und technisch gesichert ist, dass die gemeinsamen Bauteile beim Abbruch einer baulichen Anlage erhalten bleiben.

§ 14 Schutz gegen schädliche Einwirkungen

[1]Bauliche Anlagen sowie andere Anlagen und Einrichtungen im Sinne des § 1 Abs. 1 Satz 2 müssen so angeordnet und beschaffen sein, dass durch Wasser, Feuchtigkeit, pflanzliche oder tierische Schädlinge sowie andere chemische, physikalische oder biologische Einflüsse Gefahren oder unzumutbare Belästigungen nicht entstehen. [2]Dabei sind in Gebieten mit signifikantem Hochwasserrisiko im Sinne des § 73 Abs. 1 des Wasserhaushaltsgesetzes die in den wasserrechtlichen Gefahrenkarten und Risikokarten enthaltenen Angaben zu berücksichtigen.

§ 15 Brandschutz[20]

(1) Bauliche Anlagen müssen so angeordnet und beschaffen sein, dass der Entstehung eines Brandes und der Ausbreitung von Feuer und Rauch vorgebeugt wird und bei einem Brand die Rettung von Menschen und Tieren und wirksame Löscharbeiten möglich sind.

(2) [1]Baustoffe werden nach den Anforderungen an ihr Brandverhalten unterschieden in nicht brennbare, schwer entflammbare und normalentflammbare Baustoffe. [2]Leicht entflammbare Baustoffe dürfen nicht verwendet werden; dies gilt nicht, wenn sie durch Verbindung mit anderen Baustoffen nicht mehr leicht entflammbar sind.

(3) [1]Bauteile werden nach den Anforderungen an ihre Feuerwiderstandsfähigkeit unterschieden in feuerbeständige, hochfeuerhemmende und feuerhemmende Bauteile. [2]Die Feuerwiderstandsfähigkeit bezieht sich bei tragenden und aussteifenden Bauteilen auf deren Standsicherheit im Brandfall, bei raumabschließenden Bauteilen auf deren Widerstand gegen die Brandausbreitung. [3]Bauteile werden zusätzlich nach dem Brandverhalten ihrer Baustoffe unterschieden. [4]Feuerbeständige Bauteile müssen mindestens in den wesentlichen Teilen aus nicht brennbaren Baustoffen bestehen. [5]Hochfeuerhemmende Bauteile, deren tragende und aussteifende Teile aus brennbaren Baustoffen bestehen, müssen allseitig mindestens eine brandschutztechnisch wirksame Bekleidung (Brandschutzbekleidung) und Dämmstoffe jeweils aus nicht brennbaren Baustoffen haben. [6]Die Sätze 4 und 5 gelten nicht für Abschlüsse von Öffnungen. [7]Abweichend von den Sätzen 4 und 5 sind Bauteile, die feuerbeständig oder hochfeuerhemmend sein müssen, aus brennbaren Baustoffen zulässig, sofern sie den Technischen Baubestimmungen nach § 87a Abs. 2 entspre-

---

20 siehe auch C 4, Brandschutztechnische Anforderungen an Bauteile

chen; dies gilt nicht für Wände nach § 30 Abs. 1 und in Gebäuden der Gebäudeklasse 5 für Wände nach § 34 Abs. 6 Satz 1.

(4) [1]Jede Nutzungseinheit mit einem oder mehreren Aufenthaltsräumen muss in jedem Geschoss über mindestens zwei voneinander unabhängige Rettungswege erreichbar sein; beide Rettungswege dürfen jedoch innerhalb des Geschosses über denselben notwendigen Flur führen. [2]Die Rettungswege müssen bei Nutzungseinheiten, die nicht zu ebener Erde liegen, über notwendige Treppen (§ 33 Abs. 1) führen. [3]Bei Gebäuden, die nicht Hochhäuser sind, darf der zweite Rettungsweg über mit vorhandenen Rettungsgeräten der Feuerwehr erreichbare Stellen (Oberkante der Brüstung eines notwendigen Fensters oder sonstige geeignete Stellen) führen; diese Stellen dürfen bei Gebäuden der Gebäudeklassen 2 und 3 nicht mehr als 8 m über der Geländeoberfläche liegen. [4]Abweichend von Satz 1 genügt ein Rettungsweg,

1. wenn der Treppenraum der notwendigen Treppe so angeordnet und beschaffen ist, dass Feuer und Rauch nicht eindringen können (Sicherheitstreppenraum),
2. für eingeschossige Nutzungseinheiten, die zu ebener Erde liegen, wenn die Rettung über einen direkten Ausgang ins Freie möglich ist.

(5) Bauliche Anlagen, bei denen Blitzschlag leicht eintreten oder zu besonders schweren Folgen führen kann, sind mit dauernd wirksamen Blitzschutzanlagen zu versehen.

§ 16 Wärme-, Schall- und Erschütterungsschutz

(1) Gebäude müssen einen ihrer Nutzung und den klimatischen Verhältnissen entsprechenden Wärmeschutz haben.

(2) [1]Gebäude müssen einen ihrer Lage und Nutzung entsprechenden Schallschutz[21] haben. [2]Geräusche, die von ortsfesten Anlagen und Einrichtungen in baulichen Anlagen oder auf Grundstücken ausgehen, sind so zu dämmen, dass Gefahren oder unzumutbare Belästigungen nicht entstehen.

(3) Erschütterungen oder Schwingungen, die von ortsfesten Anlagen und Einrichtungen in baulichen Anlagen oder auf Grundstücken ausgehen, sind so zu dämmen, dass Gefahren oder unzumutbare Belästigungen nicht entstehen.

---

21 Erleichterungen bei Umbaumaßnahmen zugunsten von Wohnraum vgl. VV TB RP Anlage A 5.2/1

§ 17 Verkehrssicherheit

(1) Bauliche Anlagen und die dem Verkehr dienenden nicht überbauten Flächen bebauter Grundstücke müssen verkehrssicher sein.

(2) Bauliche Anlagen und ihre Benutzung dürfen die Sicherheit oder Leichtigkeit des öffentlichen Verkehrs nicht gefährden.

§ 17a Bauarten

(1) Bauarten dürfen nur angewendet werden, wenn bei ihrer Anwendung die baulichen Anlagen bei ordnungsgemäßer Instandhaltung während einer dem Zweck entsprechenden angemessenen Zeitdauer die Anforderungen dieses Gesetzes oder aufgrund dieses Gesetzes erfüllen und für ihren Anwendungszweck tauglich sind.

(2) [1]Bauarten, die von Technischen Baubestimmungen nach § 87a Abs. 2 Nr. 2 oder Nr. 3 Buchst. a wesentlich abweichen oder für die es allgemein anerkannte Regeln der Technik nicht gibt, dürfen bei der Errichtung, Änderung und Instandhaltung baulicher Anlagen nur angewendet werden, wenn für sie

1. eine allgemeine Bauartgenehmigung durch das Deutsche Institut für Bautechnik oder
2. eine vorhabenbezogene Bauartgenehmigung durch die oberste Bauaufsichtsbehörde

erteilt worden ist. [2]§ 19 Abs. 2 bis 6 gilt entsprechend.

(3) [1]Anstelle einer allgemeinen Bauartgenehmigung genügt ein allgemeines bauaufsichtliches Prüfzeugnis für Bauarten, wenn die Bauart nach allgemein anerkannten Prüfverfahren beurteilt werden kann. [2]In der Verwaltungsvorschrift nach § 3 Abs. 2 und § 87a werden diese Bauarten mit der Angabe der maßgebenden technischen Regeln bekannt gemacht. [3]§ 20 Abs. 2 gilt entsprechend.

(4) Wenn Gefahren im Sinne des § 3 Abs. 1 Satz 1 nicht zu erwarten sind, kann die oberste Bauaufsichtsbehörde im Einzelfall oder für genau begrenzte Fälle allgemein festlegen, dass eine Bauartgenehmigung nicht erforderlich ist.

(5) [1]Bauarten bedürfen einer Bestätigung ihrer Übereinstimmung mit den Technischen Baubestimmungen nach § 87a Abs. 2, den allgemeinen Bauartgenehmigungen, den allgemeinen bauaufsichtlichen Prüfzeugnissen für Bauarten oder den vorhabenbezogenen Bauartgenehmigungen; als Übereinstimmung gilt auch eine Abweichung, die nicht wesentlich ist. [2]§ 22

Abs. 2 gilt für die Anwenderin oder den Anwender der Bauart entsprechend.

(6) Bei Bauarten, deren Anwendung in außergewöhnlichem Maß von der Sachkunde und Erfahrung der damit betrauten Personen oder von einer Ausstattung mit besonderen Vorrichtungen abhängt, kann in der Bauartgenehmigung oder durch Rechtsverordnung des fachlich zuständigen Ministeriums vorgeschrieben werden, dass die Anwenderinnen und Anwender über solche Fachkräfte und Vorrichtungen verfügen und den Nachweis hierüber gegenüber einer Prüfstelle nach § 25 Satz 1 Nr. 6 zu erbringen haben.

(7) Für Bauarten, die wegen ihrer besonderen Eigenschaften oder ihres besonderen Verwendungszwecks einer außergewöhnlichen Sorgfalt bei Ausführung, Einbau, Transport, Instandhaltung oder Reinigung bedürfen, kann in der Bauartgenehmigung oder durch Rechtsverordnung des fachlich zuständigen Ministeriums die Überwachung dieser Tätigkeiten durch eine Überwachungsstelle nach § 25 Satz 1 Nr. 5 vorgeschrieben werden.

(8) Das fachlich zuständige Ministerium kann durch Rechtsverordnung vorschreiben, dass für bestimmte Bauarten, auch soweit sie Anforderungen nach anderen Rechtsvorschriften unterliegen, die Absätze 1 bis 7 ganz oder teilweise anwendbar sind, wenn die anderen Rechtsvorschriften dies verlangen oder zulassen.

Zweiter Abschnitt: **Bauprodukte**[22]

§ 18 Allgemeine Anforderungen für die Verwendung von Bauprodukten

(1) Bauprodukte dürfen nur verwendet werden, wenn bei ihrer Verwendung die baulichen Anlagen bei ordnungsgemäßer Instandhaltung während einer dem Zweck entsprechenden angemessenen Zeitdauer die Anforderungen dieses Gesetzes oder aufgrund dieses Gesetzes erfüllen und gebrauchstauglich sind.

(2) Bauprodukte, die den in Vorschriften eines anderen Mitgliedstaates der Europäischen Union oder eines **nach dem Recht der Europäischen Union gleichgestellten Staates** genannten technischen Anforderungen entsprechen, dürfen verwendet oder angewendet werden, wenn das ge-

22 siehe auch C 7, Technische Baubestimmungen, Bauprodukte und Bauarten

forderte Schutzniveau in Bezug auf Sicherheit, Gesundheit und Gebrauchstauglichkeit gleichermaßen dauerhaft erreicht wird.

§ 18a Anforderungen für die Verwendung von CE-gekennzeichneten Bauprodukten

[1]Ein Bauprodukt, das die CE-Kennzeichnung trägt, darf verwendet werden, wenn die erklärten Leistungen den in diesem Gesetz oder aufgrund dieses Gesetzes festgelegten Anforderungen für diese Verwendung entsprechen. [2]Die §§ 18b bis 26 Abs. 1 gelten nicht für Bauprodukte, die die CE-Kennzeichnung aufgrund der Verordnung (EU) Nr. 305/2011 tragen.

§ 18b Verwendbarkeitsnachweise

(1) Ein Verwendbarkeitsnachweis in Form einer allgemeinen bauaufsichtlichen Zulassung nach § 19, eines allgemeinen bauaufsichtlichen Prüfzeugnisses nach § 20 oder einer Zustimmung im Einzelfall nach § 21 ist für ein Bauprodukt erforderlich, wenn
1. es keine Technische Baubestimmung nach § 87a und keine allgemein anerkannte Regel der Technik gibt,
2. das Bauprodukt von einer Technischen Baubestimmung nach § 87a Abs. 2 Nr. 3 wesentlich abweicht oder
3. eine Verordnung nach Absatz 4 es vorsieht.

(2) Ein Verwendbarkeitsnachweis ist nicht erforderlich für ein Bauprodukt,
1. das von einer allgemein anerkannten Regel der Technik abweicht oder
2. das für die Erfüllung der Anforderungen dieses Gesetzes oder aufgrund dieses Gesetzes nur eine untergeordnete Bedeutung hat.

(3) Die Technischen Baubestimmungen nach § 87a enthalten eine nicht abschließende Liste von Bauprodukten, die keines Verwendbarkeitsnachweises nach Absatz 1 bedürfen.

(4) Das fachlich zuständige Ministerium kann durch Rechtsverordnung vorschreiben, dass für bestimmte Bauprodukte, auch soweit sie Anforderungen nach anderen Rechtsvorschriften unterliegen, hinsichtlich dieser Anforderungen bestimmte Nachweise der Verwendbarkeit und bestimmte Übereinstimmungsnachweise nach Maßgabe der §§ 18b bis 26 zu führen sind, wenn die anderen Rechtsvorschriften diese Nachweise verlangen oder zulassen.

§ 19 Allgemeine bauaufsichtliche Zulassung

(1) Das Deutsche Institut für Bautechnik erteilt unter den Voraussetzungen des § 18b Abs. 1 auf Antrag eine allgemeine bauaufsichtliche Zulassung für Bauprodukte, wenn bei deren Verwendung die baulichen Anlagen den Anforderungen dieses Gesetzes und aufgrund dieses Gesetzes genügen.

(2) [1]Die zur Begründung des Antrags erforderlichen Unterlagen sind beizufügen. [2]Soweit erforderlich, sind Probestücke von der antragstellenden Person zur Verfügung zu stellen oder durch sachverständige Personen oder Stellen, die das Deutsche Institut für Bautechnik bestimmen kann, zu entnehmen sowie Probeausführungen unter Aufsicht der sachverständigen Personen oder Stellen herzustellen. [3]§ 65 Abs. 2 Satz 2 bis 4 gilt entsprechend.

(3) Das Deutsche Institut für Bautechnik kann für die Durchführung der Prüfung die sachverständige Person oder Stelle und für Probeausführungen die Ausführungsstelle und Ausführungszeit vorschreiben.

(4) [1]Die allgemeine bauaufsichtliche Zulassung wird widerruflich und für eine bestimmte Frist erteilt, die in der Regel fünf Jahre beträgt. [2]Die Zulassung kann mit Nebenbestimmungen erteilt werden. [3]Sie kann auf in Textform gestellten Antrag in der Regel um jeweils fünf Jahre verlängert werden; § 74 Abs. 2 Satz 2 und 3 gilt entsprechend.

(5) Die Zulassung wird unbeschadet der Rechte Dritter erteilt.

(6) Das Deutsche Institut für Bautechnik macht die allgemeinen bauaufsichtlichen Zulassungen nach Gegenstand und wesentlichem Inhalt öffentlich bekannt.

§ 20 Allgemeines bauaufsichtliches Prüfzeugnis

(1) [1]Bauprodukte, die nach allgemein anerkannten Prüfverfahren beurteilt werden, bedürfen anstelle einer allgemeinen bauaufsichtlichen Zulassung nur eines allgemeinen bauaufsichtlichen Prüfzeugnisses. [2]Dies wird mit der Angabe der maßgebenden technischen Regeln in den Technischen Baubestimmungen nach § 87a bekannt gemacht.

(2) [1]Ein allgemeines bauaufsichtliches Prüfzeugnis wird von einer Prüfstelle nach § 25 Satz 1 Nr. 1 für Bauprodukte nach Absatz 1 erteilt, wenn bei deren Verwendung die baulichen Anlagen den Anforderungen dieses Gesetzes und aufgrund dieses Gesetzes genügen. [2]§ 19 Abs. 2, Abs. 4 bis 6 gilt entsprechend. [3]Die oberste Bauaufsichtsbehörde kann allgemeine

bauaufsichtliche Prüfzeugnisse zurücknehmen oder widerrufen; die §§ 48 und 49 des Verwaltungsverfahrensgesetzes (VwVfG) finden Anwendung.

§ 21 Zustimmung im Einzelfall

[1]Mit Zustimmung der obersten Bauaufsichtsbehörde dürfen unter den Voraussetzungen des § 18b Abs. 1 im Einzelfall Bauprodukte verwendet werden, wenn ihre Verwendbarkeit im Sinne des § 18 Abs. 1 nachgewiesen ist. [2]Die oberste Bauaufsichtsbehörde kann für genau begrenzte Fälle festlegen, dass ihre Zustimmung nicht erforderlich ist.

§ 22 Übereinstimmungsbestätigung

(1) Bauprodukte bedürfen einer Bestätigung ihrer Übereinstimmung mit den Technischen Baubestimmungen nach § 87a Abs. 2, den allgemeinen bauaufsichtlichen Zulassungen, den allgemeinen bauaufsichtlichen Prüfzeugnissen oder den Zustimmungen im Einzelfall; als Übereinstimmung gilt auch eine Abweichung, die nicht wesentlich ist.

(2) Die Bestätigung der Übereinstimmung erfolgt durch Übereinstimmungserklärung des Herstellerunternehmens (§ 23).

(3) Die Übereinstimmungserklärung hat das Herstellerunternehmen durch die Kennzeichnung der Bauprodukte mit dem Übereinstimmungszeichen (Ü-Zeichen) unter Hinweis auf den Verwendungszweck abzugeben.

(4) Das Ü-Zeichen ist auf dem Bauprodukt, auf einem Beipackzettel oder auf seiner Verpackung oder, wenn dies Schwierigkeiten bereitet, auf dem Lieferschein oder auf einer Anlage zum Lieferschein anzubringen.

(5) Sind Bauprodukte ohne Vorliegen der Voraussetzungen mit dem Ü-Zeichen gekennzeichnet, so kann die Bauaufsichtsbehörde die Verwendung dieser Bauprodukte untersagen und deren Kennzeichnung entwerten oder beseitigen lassen.

(6) Die von Herstellerunternehmen, die in einem anderen Land der Bundesrepublik Deutschland oder einem anderen Staat ansässig sind, ausgestellten Ü-Zeichen gelten auch in Rheinland-Pfalz.

§ 23 Übereinstimmungserklärung des Herstellerunternehmens

(1) Das Herstellerunternehmen darf eine Übereinstimmungserklärung nur abgeben, wenn es durch werkseigene Produktionskontrolle sichergestellt

hat, dass das von ihm hergestellte Bauprodukt den maßgebenden technischen Regeln, der allgemeinen bauaufsichtlichen Zulassung, dem allgemeinen bauaufsichtlichen Prüfzeugnis oder der Zustimmung im Einzelfall entspricht.

(2) [1]In den Technischen Baubestimmungen nach § 87a, in den allgemeinen bauaufsichtlichen Zulassungen, in den allgemeinen bauaufsichtlichen Prüfzeugnissen oder in den Zustimmungen im Einzelfall kann eine Prüfung der Bauprodukte durch eine Prüfstelle nach § 25 Satz 1 Nr. 2 vor Abgabe der Übereinstimmungserklärung vorgeschrieben werden, wenn dies zur Sicherung einer ordnungsgemäßen Herstellung erforderlich ist. [2]In diesen Fällen hat die Prüfstelle das Bauprodukt daraufhin zu überprüfen, ob es den maßgebenden technischen Regeln, der allgemeinen bauaufsichtlichen Zulassung, dem allgemeinen bauaufsichtlichen Prüfzeugnis oder der Zustimmung im Einzelfall entspricht.

(3) [1]In den Technischen Baubestimmungen nach § 87a, in den allgemeinen bauaufsichtlichen Zulassungen oder in den Zustimmungen im Einzelfall kann eine Zertifizierung vor Abgabe der Übereinstimmungserklärung vorgeschrieben werden, wenn dies zum Nachweis einer ordnungsgemäßen Herstellung eines Bauproduktes erforderlich ist. [2]Die oberste Bauaufsichtsbehörde kann im Einzelfall die Verwendung von Bauprodukten ohne Zertifizierung gestatten, wenn nachgewiesen ist, dass diese Bauprodukte den technischen Regeln, Zulassungen, Prüfzeugnissen oder Zustimmungen nach Absatz 1 entsprechen.

(4) Bauprodukte, die nicht in Serie hergestellt werden, bedürfen nur einer Übereinstimmungserklärung nach Absatz 1, sofern nichts anderes bestimmt ist.

§ 24 Zertifizierung

(1) Dem Herstellerunternehmen ist auf Antrag ein Übereinstimmungszertifikat von einer Zertifizierungsstelle nach § 25 Satz 1 Nr. 3 zu erteilen, wenn das Bauprodukt

1. den Technischen Baubestimmungen nach § 87a Abs. 2, der allgemeinen bauaufsichtlichen Zulassung, dem allgemeinen bauaufsichtlichen Prüfzeugnis oder der Zustimmung im Einzelfall entspricht und
2. einer werkseigenen Produktionskontrolle sowie einer Fremdüberwachung nach Maßgabe des Absatzes 2 unterliegt.

(2) [1]Die Fremdüberwachung ist von Überwachungsstellen nach § 25 Satz 1 Nr. 4 durchzuführen. [2]Die Fremdüberwachung hat regelmäßig zu

überprüfen, ob das Bauprodukt den Technischen Baubestimmungen nach § 87a Abs. 2, der allgemeinen bauaufsichtlichen Zulassung, dem allgemeinen bauaufsichtlichen Prüfzeugnis oder der Zustimmung im Einzelfall entspricht.

§ 25 Prüf-, Zertifizierungs- und Überwachungsstellen

[1]Die oberste Bauaufsichtsbehörde kann eine natürliche oder juristische Person als
1. Prüfstelle für die Erteilung allgemeiner bauaufsichtlicher Prüfzeugnisse (§ 20 Abs. 2),
2. Prüfstelle für die Überprüfung von Bauprodukten vor Bestätigung der Übereinstimmung (§ 23 Abs. 2),
3. Zertifizierungsstelle (§ 24 Abs. 1),
4. Überwachungsstelle für die Fremdüberwachung (§ 24 Abs. 2),
5. Überwachungsstelle für die Überwachung nach § 17a Abs. 7 und § 26 Abs. 2 oder
6. Prüfstelle für die Überprüfung nach § 17a Abs. 6 und § 26 Abs. 1

anerkennen, wenn sie oder die bei ihr Beschäftigten nach ihrer Ausbildung, Fachkenntnis, persönlichen Zuverlässigkeit, ihrer Unparteilichkeit und ihren Leistungen die Gewähr dafür bieten, dass diese Aufgaben den öffentlich-rechtlichen Vorschriften entsprechend wahrgenommen werden, und wenn sie über die erforderlichen Vorrichtungen verfügen. [2]Satz 1 ist entsprechend auf Behörden anzuwenden, wenn sie ausreichend mit geeigneten Fachkräften besetzt und mit den erforderlichen Vorrichtungen ausgestattet sind. [3]Die von anderen Ländern der Bundesrepublik Deutschland anerkannten Prüf-, Zertifizierungs- und Überwachungsstellen sind auch in Rheinland-Pfalz anerkannt.

§ 26 Besondere Sachkunde- und Sorgfaltspflichten

(1) Bei Bauprodukten, deren Herstellung in außergewöhnlichem Maß von der Sachkunde und Erfahrung der damit betrauten Personen oder von einer Ausstattung mit besonderen Vorrichtungen abhängt, kann in der allgemeinen bauaufsichtlichen Zulassung, in der Zustimmung im Einzelfall oder durch Rechtsverordnung des fachlich zuständigen Ministeriums vorgeschrieben werden, dass das Herstellerunternehmen über solche Fachkräfte und Vorrichtungen verfügt und den Nachweis hierüber gegenüber einer Prüfstelle nach § 25 Satz 1 Nr. 6 zu erbringen hat.

(2) Für Bauprodukte, die wegen ihrer besonderen Eigenschaften oder ihres besonderen Verwendungszwecks einer außergewöhnlichen Sorgfalt bei Einbau, Transport, Instandhaltung oder Reinigung bedürfen, kann in der allgemeinen bauaufsichtlichen Zulassung, in der Zustimmung im Einzelfall oder durch Rechtsverordnung des fachlich zuständigen Ministeriums die Überwachung dieser Tätigkeiten durch eine Überwachungsstelle nach § 25 Satz 1 Nr. 5 vorgeschrieben werden, soweit diese Tätigkeiten nicht bereits durch die Verordnung (EU) Nr. 305/2011 erfasst sind.

Dritter Abschnitt: **Wände, Decken und Dächer**[23]

§ 27 Tragende Wände, Pfeiler und Stützen

(1) [1]Tragende und aussteifende Wände und ihre Unterstützungen müssen im Brandfall zur Durchführung von Rettungsmaßnahmen und wirksamen Löscharbeiten ausreichend lang standsicher sein. [2]Sie sind bei Gebäuden der

1. Gebäudeklasse 5 feuerbeständig,
2. Gebäudeklasse 4 in Kellergeschossen feuerbeständig, im Übrigen hochfeuerhemmend,
3. Gebäudeklasse 3 in Kellergeschossen feuerbeständig, im Übrigen feuerhemmend,
4. Gebäudeklasse 2 in Kellergeschossen sowie im untersten Geschoss mit einer dritten Wohnung feuerhemmend und in den wesentlichen Teilen aus nicht brennbaren Baustoffen, im Übrigen feuerhemmend

herzustellen; dies gilt nicht für Geschosse im Dachraum, über denen sich keine Aufenthaltsräume befinden, für zu ebener Erde liegende, eingeschossige Vorbauten wie Wintergärten sowie für Unterstützungen von Balkonen.

(2) Für tragende Pfeiler und Stützen gilt Absatz 1 entsprechend.

§ 28 Außenwände

(1) [1]Nicht tragende Außenwände und nicht tragende Teile tragender Außenwände sind bei Gebäuden der Gebäudeklassen 4 und 5 aus nicht brennbaren Baustoffen oder als raumabschließende Bauteile feuerhem-

23 siehe auch C 4, Brandschutztechnische Anforderungen an Bauteile

mend herzustellen. [2]**Satz 1 gilt nicht für Türen und Fenster, Fugendichtungen, brennbare Dämmstoffe in nicht brennbaren geschlossenen Profilen der Außenwandkonstruktionen sowie Kleinteile, die nicht zur Brandausbreitung beitragen.**

(2) [1]Außenflächen sowie Bekleidungen von Außenbauteilen einschließlich der Dämmstoffe und der Unterkonstruktionen sind so auszubilden, dass eine Brandausbreitung auf und in diesen Bauteilen ausreichend lang begrenzt ist. [2]Sie müssen bei Gebäuden der Gebäudeklassen 4 und 5 schwer entflammbar sein und dürfen nicht brennend abfallen oder abtropfen; Dämmstoffe und Unterkonstruktionen aus normalentflammbaren Baustoffen sind zulässig, wenn die Anforderungen nach Satz 1 erfüllt sind. [3]Abweichend von Satz 2 sind Außenwandbekleidungen, die den Technischen Baubestimmungen nach § 87a Abs. 2 entsprechen, mit Ausnahme der Dämmstoffe, aus normalentflammbaren Baustoffen zulässig. [4]Für Doppelfassaden sind bei Gebäuden der Gebäudeklassen 3 bis 5 gegen die Brandausbreitung besondere Vorkehrungen zu treffen; dies gilt für hinterlüftete Bekleidungen bei Gebäuden der Gebäudeklassen 4 und 5 entsprechend. [5]Die Begrenzung der Brandausbreitung im Sinne von Satz 1 ist auch beim Anbringen von Anlagen zur Nutzung solarer Strahlungsenergie zu berücksichtigen. [6]§ 30 Abs. 7 Satz 1 bis 3 bleibt unberührt.

§ 29 Trennwände

(1) Trennwände sind als raumabschließende Bauteile zur Verhinderung der Brandausbreitung innerhalb von Geschossen herzustellen
1. zwischen Wohnungen sowie zwischen Wohnungen und fremden Räumen,
2. zwischen sonstigen Nutzungseinheiten.

(2) Die Trennwände müssen in Gebäuden der
1. Gebäudeklasse 5 feuerbeständig,
2. Gebäudeklasse 4 hochfeuerhemmend,

jeweils im obersten Geschoss im Dachraum feuerhemmend,
3. Gebäudeklassen 2 und 3 feuerhemmend

sein.

(3) [1]Die Trennwände sind bis zur Rohdecke oder bis unter die Dachhaut zu führen. [2]Öffnungen sind zulässig, wenn sie für die Benutzung des Gebäudes erforderlich sind. [3]Sie sind mit mindestens feuerhemmenden, dicht- und selbstschließenden Abschlüssen zu versehen.

§ 30 Brandwände

(1) Brandwände müssen als raumabschließende Bauteile feuerbeständig sein und aus nicht brennbaren Baustoffen bestehen; sie müssen so beschaffen sein, dass sie bei einem Brand ihre Standsicherheit auch unter zusätzlicher mechanischer Beanspruchung nicht verlieren und die Brandausbreitung auf andere Gebäude oder Gebäudeabschnitte verhindern.

(2) [1]Brandwände sind herzustellen

1. zum Abschluss von Gebäuden, soweit die Abschlusswand in einem Abstand bis zu 2,50 m von der Nachbargrenze errichtet wird, es sei denn, dass ein Abstand von 5 m zu auf dem Nachbargrundstück bestehenden oder nach baurechtlichen Vorschriften zulässigen Gebäuden öffentlich-rechtlich gesichert ist; dies gilt nicht für Gebäude ohne Aufenthaltsräume, Toiletten oder Feuerstätten bis zu 50 m^3 umbauten Raums,
2. zum Abschluss von aneinander gereihten Gebäuden auf demselben Grundstück, in Abständen von höchstens 60 m, bei Gebäuden, deren tragende Bauteile in den wesentlichen Teilen aus brennbaren Baustoffen bestehen, in Abständen von höchstens 40 m,
3. innerhalb ausgedehnter Gebäude in Abständen von höchstens 60 m; größere Abstände können zugelassen werden, wenn es die Benutzung des Gebäudes erfordert und der Brandschutz auf andere Weise gewährleistet ist; bei Gebäudetiefen von mehr als 40 m können besondere Anforderungen gestellt werden,
4. zwischen Wohngebäuden und angebauten land- oder forstwirtschaftlichen Betriebsgebäuden auf demselben Grundstück sowie zwischen dem Wohnteil oder Wohn- und Schlafräumen und dem land- oder forstwirtschaftlichen Betriebsteil eines Gebäudes.

[2]Gemeinsame Brandwände sind zulässig. [3]Satz 1 gilt nicht für Außenwände und sonstige Abschlüsse von untergeordneten Vorbauten, wenn sie nicht mehr als 1,50 m vor die Flucht der vorderen oder hinteren Außenwand des Nachbargebäudes vortreten und vom Nachbargebäude oder von der Grundstücksgrenze einen ihrer Ausladung entsprechenden Abstand, mindestens aber einen Abstand von 1 m, einhalten.

(3) [1]Anstelle von Brandwänden sind raumabschließende Wände zulässig, die

1. in den Fällen des Absatzes 2 Satz 1 Nr. 1 und 2 bei Gebäuden der Gebäudeklassen 2 und 3 und in den Fällen des Absatzes 2 Satz 1 Nr. 3 bei Gebäuden der Gebäudeklasse 3 hochfeuerhemmend sind,

2. in den Fällen des Absatzes 2 Satz 1 Nr. 1 und 3 bei Gebäuden der Gebäudeklasse 4 auch unter zusätzlicher mechanischer Beanspruchung hochfeuerhemmend sind,
3. in den Fällen des Absatzes 2 Satz 1 Nr. 4 feuerbeständig sind, wenn der umbaute Raum des Betriebsgebäudes oder des Betriebsteils nicht mehr als 2.000 m^3 beträgt.

[2]Abweichend von Satz 1 Nr. 1 genügen in den Fällen des Absatzes 2 Satz 1 Nr. 1 bei Gebäuden der Gebäudeklassen 2 und 3, deren tragende Bauteile aus brennbaren Baustoffen hergestellt sind, jeweils raumabschließende Wände aus brennbaren Baustoffen, deren Feuerwiderstand von innen nach außen dem feuerhemmender Wände und von außen nach innen dem feuerbeständiger Wände entspricht, mit einer gegen Brandeinwirkung widerstandsfähigen Bekleidung aus nicht brennbaren Baustoffen. [3]Die Absätze 5 bis 9 gelten entsprechend.

(4) [1]Brandwände und Wände, die anstelle von Brandwänden zulässig sind, müssen in einer Ebene durchgehend sein. [2]Eine geschossweise versetzte Anordnung von Wänden zur Unterteilung eines Gebäudes anstelle von Brandwänden ist zulässig, wenn
1. die Nutzung des Gebäudes dies erfordert,
2. die Wände in der Bauart von Brandwänden hergestellt sind,
3. die Decken, soweit sie in Verbindung mit diesen Wänden stehen, feuerbeständig sind, aus nicht brennbaren Baustoffen bestehen und keine Öffnungen haben,
4. die Bauteile, die diese Wände und Decken unterstützen, feuerbeständig sind und aus nicht brennbaren Baustoffen bestehen,
5. die Außenwände innerhalb des Gebäudeabschnitts, in dem diese Wände angeordnet sind, in allen Geschossen feuerbeständig sind und
6. Öffnungen in den Außenwänden so angeordnet sind oder andere Vorkehrungen so getroffen sind, dass eine Brandübertragung in andere Brandabschnitte nicht möglich ist.

[3]Abweichend von Satz 2 Nr. 3 bis 5 genügen hinsichtlich der Feuerwiderstandsfähigkeit der Bauteile in den Fällen des Absatzes 3 Satz 1 Nr. 1 und 2 und Satz 2 die dort genannten Anforderungen. [4]Die Absätze 5 bis 9 gelten entsprechend.

(5) [1]Müssen auf einem Grundstück Gebäude oder Gebäudeteile, die über Eck zusammenstoßen, durch eine Brandwand getrennt werden, so muss der Abstand der Brandwand von der inneren Ecke 5 m betragen, wenn nicht durch andere bauliche Vorkehrungen ein Feuerüberschlagsweg von 5 m gewährleistet ist. [2]Dies gilt nicht, wenn die Gebäude oder Gebäudeteile in einem Winkel von mehr als 120° über Eck zusammenstoßen.

(6) [1]Bei Gebäuden der Gebäudeklassen 1 bis 3 ist die Brandwand bis unmittelbar unter die Dachhaut zu führen. [2]Bei Gebäuden der Gebäudeklassen 4 und 5 ist die Brandwand 0,30 m über Dach zu führen oder in Höhe der Dachhaut mit einer beiderseits 0,50 m auskragenden feuerbeständigen Platte aus nicht brennbaren Baustoffen abzuschließen; brennbare Teile des Daches dürfen nicht darüber hinweggeführt werden. **[3]Satz 1 gilt für rechtmäßig bestehende Gebäude, die durch nachträglichen Dachausbau zur Schaffung von Wohnraum zu einem Gebäude der Gebäudeklasse 4 werden, entsprechend.**

(7) [1]Bauteile mit brennbaren Baustoffen dürfen Brandwände nicht überbrücken. [2]Dies gilt auch für Anlagen und Leitungen mit brennbaren Materialien auf Dächern und an Außenwänden; sie müssen so angeordnet und beschaffen sein, dass ein Brand nicht auf andere Brandabschnitte, Gebäude oder Gebäudeteile übertragen werden kann. [3]Außenbekleidungen von Gebäudeabschlusswänden nach Absatz 2 Satz 1 Nr. 1 müssen einschließlich der Dämmstoffe und Unterkonstruktionen aus nicht brennbaren Baustoffen bestehen. [4]Bauteile dürfen in Brandwände nur so weit eingreifen, dass der verbleibende Wandquerschnitt feuerbeständig bleibt. [5]Für Leitungen, Leitungsschlitze und Schornsteine gilt Satz 4 entsprechend.

(8) [1]Öffnungen in Brandwänden sind unzulässig. [2]In Brandwänden innerhalb ausgedehnter Gebäude sind Öffnungen zulässig, wenn es die Nutzung des Gebäudes erfordert. [3]Die Öffnungen müssen mit feuerbeständigen, dicht- und selbstschließenden Abschlüssen versehen werden; Abweichungen können zugelassen werden, wenn der Brandschutz gewährleistet ist.

(9) In Brandwänden können Teilflächen aus lichtdurchlässigen, nicht brennbaren Baustoffen zugelassen werden, wenn diese Einbauten feuerbeständig sind.

§ 31 Decken

(1) [1]Decken müssen als tragende und raumabschließende Bauteile zwischen Geschossen im Brandfall ausreichend lang standsicher und widerstandsfähig gegen die Brandausbreitung sein; dies gilt auch für ihre Unterstützungen, für den Raumabschluss nur soweit erforderlich. [2]Sie sind bei Gebäuden der

1. Gebäudeklasse 5 sowie zwischen dem land- oder forstwirtschaftlichen Betriebsteil und dem Wohnteil eines Gebäudes feuerbeständig,
2. Gebäudeklasse 4 in Kellergeschossen feuerbeständig, im Übrigen hochfeuerhemmend,

3. Gebäudeklasse 3 in Kellergeschossen feuerbeständig, im Übrigen feuerhemmend,
4. Gebäudeklasse 2 feuerhemmend

herzustellen; dies gilt, unbeschadet des § 45 Abs. 5, nicht für Geschosse im Dachraum, über denen sich keine Aufenthaltsräume befinden, sowie für Balkone.

(2) [1]Absatz 1 gilt nicht für Decken von land- oder forstwirtschaftlichen Betriebsgebäuden, außer Ställen, mit nicht mehr als zwei Geschossen über der Geländeoberfläche. [2]Für Decken von Gebäuden mit nicht mehr als einem Geschoss über der Geländeoberfläche können Abweichungen von Absatz 1 zugelassen werden, wenn der Brandschutz gewährleistet ist.

(3) [1]Öffnungen in Decken, für die eine feuerhemmende, hochfeuerhemmende oder feuerbeständige Bauart vorgeschrieben ist, sind unzulässig

1. bei Gebäuden der Gebäudeklassen 3 bis 5,
2. bei Gebäuden der Gebäudeklasse 2 in Kellergeschossen sowie im untersten Geschoss mit einer dritten Wohnung;

dies gilt nicht für Decken innerhalb von Wohnungen und Nutzungseinheiten mit einer Nutzfläche von nicht mehr als 400 m^2 in nicht mehr als zwei Geschossen. [2]Im Übrigen können, außer in der Decke über einer dritten Wohnung im untersten Geschoss von Gebäuden der Gebäudeklasse 2, Öffnungen zugelassen werden, wenn es die Nutzung des Gebäudes erfordert. [3]Sie müssen entsprechend der Bauart der Decken mit feuerhemmenden, hochfeuerhemmenden oder feuerbeständigen Abschlüssen versehen werden; dies gilt nicht für den Abschluss von Öffnungen bei einschiebbaren Treppen oder Leitern nach § 33 Abs. 2 Satz 4 in Gebäuden der Gebäudeklasse 2; Abweichungen können zugelassen werden, wenn der Brandschutz gewährleistet ist.

§ 32 Dächer

(1) Die Bedachung muss gegen eine Brandbeanspruchung von außen durch Flugfeuer und strahlende Wärme widerstandsfähig sein (harte Bedachung).

(2) [1]Bedachungen, die die Anforderungen nach Absatz 1 nicht erfüllen, sind zulässig bei Gebäuden der Gebäudeklassen 1 bis 3, wenn die Gebäude

1. einen Abstand von der Grundstücksgrenze von 12 m, bei Gebäuden der Gebäudeklassen 1 und 2 von 6 m,
2. von Gebäuden auf demselben Grundstück mit harter Bedachung einen Abstand von 15 m, bei Gebäuden der Gebäudeklassen 1 und 2 von 9 m,

3. von Gebäuden auf demselben Grundstück mit Bedachungen, die die Anforderungen nach Absatz 1 nicht erfüllen, einen Abstand von 24 m, bei Gebäuden der Gebäudeklassen 1 und 2 von 12 m,
4. von kleinen, nur Nebenzwecken dienenden Gebäuden ohne Feuerstätten auf demselben Grundstück einen Abstand von 5 m

einhalten, soweit wegen des Brandverhaltens der Bedachung oder aufgrund von Vorkehrungen nicht geringere Abstände zugelassen werden. [2]In den Fällen des Satzes 1 Nr. 1 werden angrenzende öffentliche Verkehrs-, Grün- und Wasserflächen zur Hälfte eingerechnet.

(3) Die Absätze 1 und 2 gelten nicht für
1. lichtdurchlässige Bedachungen aus nicht brennbaren Baustoffen,
2. Dachflächenfenster, Oberlichter und Lichtkuppeln,
3. Eingangsüberdachungen und Vordächer aus nicht brennbaren Baustoffen,
4. Eingangsüberdachungen aus brennbaren Baustoffen, wenn die Eingänge nur zu Wohnungen führen,
5. Gebäude ohne Aufenthaltsräume, Toiletten oder Feuerstätten bis zu 50 m^3 umbauten Raums.

(4) Abweichend von den Absätzen 1 und 2 sind lichtdurchlässige Teilflächen aus brennbaren Baustoffen in Bedachungen nach Absatz 1 und begrünte Bedachungen zulässig, wenn eine Brandentstehung bei einer Brandbeanspruchung von außen durch Flugfeuer und strahlende Wärme nicht zu befürchten ist oder Vorkehrungen hiergegen getroffen werden.

(5) Bei aneinander gebauten giebelständigen Gebäuden ist das Dach, waagrecht gemessen, mindestens 2 m von der Gebäudetrennwand oder der Grenze zu einem Nachbargrundstück entfernt von innen nach außen feuerhemmend und ohne Öffnungen herzustellen.

(6) [1]Die Dächer von Anbauten, die an Wände mit Öffnungen oder an Wände, die nicht mindestens feuerhemmend sind, anschließen, sind innerhalb eines Abstands von 5 m von diesen Wänden so widerstandsfähig gegen Feuer herzustellen wie die Decken des höheren Gebäudeteils. [2]Dies gilt nicht für Anbauten an Wohngebäude der Gebäudeklassen 2 und 3.

(7) [1]Dachvorsprünge, Dachgesimse, Dachaufbauten, lichtdurchlässige Bedachungen und Lichtkuppeln sowie Anlagen zur Nutzung solarer Strahlungsenergie auf Dachflächen sind so anzuordnen und herzustellen, dass ein Brand nicht auf andere Gebäude oder Gebäudeteile übertragen werden kann. [2]Von Brandwänden oder von Wänden, die anstelle von Brandwänden zulässig sind, müssen 1,25 m entfernt sein

1. Öffnungen wie Dachflächenfenster, Oberlichter und Lichtkuppeln in der Dachfläche, wenn die Brandwände oder Gebäudetrennwände nicht mindestens 0,30 m über Dach geführt sind,
2. Dachgauben und ähnliche Dachaufbauten aus brennbaren Baustoffen, wenn sie nicht durch Wände nach Nummer 1 gegen Brandübertragung geschützt sind,
3. aufgeständerte Anlagen zur Nutzung solarer Strahlungsenergie bei Gebäuden der Gebäudeklassen 3 bis 5, wenn sie nicht durch Wände nach Nummer 1 oder sonst geeignete Vorkehrungen gegen Brandübertragung geschützt sind; § 30 Abs. 7 Satz 2 bleibt unberührt.

(8) Dächer an Verkehrsflächen und über Eingängen müssen Vorrichtungen zum Schutz gegen das Herabfallen von Schnee und Eis haben, wenn es die Verkehrssicherheit erfordert.

(9) Für Arbeiten auf dem Dach sind sicher benutzbare Vorrichtungen anzubringen.

Vierter Abschnitt: **Treppen, Flure, Aufzüge und Öffnungen**[24]

§ 33 Treppen

(1) Jedes nicht zu ebener Erde liegende Geschoss eines Gebäudes muss über mindestens eine Treppe zugänglich sein (notwendige Treppe); weitere Treppen können verlangt werden, wenn dies zur Rettung von Menschen im Brandfall erforderlich ist.

(2) [1]Notwendige Treppen müssen so angeordnet und ausgebildet sein, dass sie für den größten zu erwartenden Verkehr ausreichen und leicht und gefahrlos als Rettungsweg benutzt werden können. [2]Statt notwendiger Treppen sind Rampen mit flacher Neigung zulässig. [3]Einschiebbare Treppen und Rolltreppen sind als notwendige Treppen unzulässig. [4]Einschiebbare Treppen und Leitern sind bei Gebäuden der Gebäudeklassen 2 und 3 als Zugang zu einem Dachraum ohne Aufenthaltsräume zulässig; sie können als Zugang zu sonstigen Räumen, die keine Aufenthaltsräume sind, zugelassen werden, wenn der Brandschutz gewährleistet ist.

(3) [1]In Gebäuden der Gebäudeklassen 3 bis 5 sind die notwendigen Treppen in einem Zuge zu allen angeschlossenen Geschossen zu führen; sie

24 siehe auch C 4, Brandschutztechnische Anforderungen an Bauteile

müssen mit den Treppen zum Dachraum unmittelbar verbunden sein. [2]Satz 1 gilt nicht für Treppen in Wohnungen.

(4) [1]Die tragenden Teile notwendiger Treppen sind bei Gebäuden der Gebäudeklasse 5 feuerhemmend aus nicht brennbaren Baustoffen, bei Gebäuden der Gebäudeklasse 4 aus nicht brennbaren Baustoffen, in der Gebäudeklasse 3 aus nicht brennbaren Baustoffen oder feuerhemmend herzustellen; dies gilt nicht für Treppen in Wohnungen. [2]Für tragende Teile von notwendigen Außentreppen genügen nicht brennbare Baustoffe.

(5) [1]Die nutzbare Breite notwendiger Treppen und ihrer Absätze muss 1 m betragen. [2]In Gebäuden der Gebäudeklasse 2 und innerhalb von Wohnungen genügt eine Breite von 0,80 m. [3]Geringere Breiten können in bestehenden Gebäuden zugelassen werden, wenn der Brandschutz gewährleistet ist. [4]Treppen mit geringer Benutzung können eine geringere Breite haben.

(6) Zwischen einer Treppe und einer in ihrer Richtung aufschlagenden Tür muss ein Treppenabsatz angeordnet werden, dessen Tiefe der Breite der Tür entspricht.

(7) [1]Treppen müssen mindestens einen festen und griffsicheren Handlauf haben. [2]Bei besonders breiten Treppen können Handläufe auf beiden Seiten und Zwischenhandläufe gefordert werden.

(8) [1]An den freien Seiten der Treppen und Treppenabsätze sind verkehrssichere Geländer anzubringen; sie müssen 0,90 m, bei mehr als 12 m Absturzhöhe 1,10 m hoch sein. [2]Fenster, die unmittelbar an Treppen liegen und deren Brüstungen unter der erforderlichen Geländerhöhe liegen, sind zu sichern.

(9) Auf Handläufe und Geländer kann verzichtet werden, wenn die Verkehrssicherheit gewährleistet ist.

§ 34 Treppenräume und Ausgänge

(1) [1]Jede notwendige Treppe im Innern von Gebäuden der Gebäudeklassen 3 bis 5 muss zur Sicherstellung der Rettungswege aus den Geschossen ins Freie in einem eigenen, durchgehenden Treppenraum liegen (notwendiger Treppenraum). [2]Notwendige Treppenräume müssen so angeordnet und ausgebildet sein, dass die Nutzung der notwendigen Treppen im Brandfall ausreichend lang möglich ist. [3]Notwendige Treppen sind ohne eigenen Treppenraum zulässig

1. in Gebäuden der Gebäudeklassen 1 und 2,

2. für die innere Verbindung von höchstens zwei Geschossen derselben Wohnung oder derselben Nutzungseinheit mit einer Nutzfläche von insgesamt nicht mehr als 200 m^2, wenn die Rettung von Menschen aus den über diese Treppen zugänglichen Räumen noch auf andere Weise gewährleistet ist,
3. als Außentreppe, wenn ihre Nutzung ausreichend sicher ist und im Brandfall nicht gefährdet werden kann.

(2) [1]Von jeder Stelle eines Aufenthaltsraums sowie eines Kellergeschosses muss mindestens ein notwendiger Treppenraum oder ein Ausgang ins Freie in höchstens 35 m Entfernung erreichbar sein. [2]Sind mehrere notwendige Treppenräume erforderlich, so sind sie so zu verteilen, dass die Rettungswege möglichst kurz sind.

(3) [1]Jeder notwendige Treppenraum muss auf möglichst kurzem Weg einen sicheren Ausgang ins Freie haben. [2]Sofern der Ausgang eines notwendigen Treppenraums nicht unmittelbar ins Freie führt, muss der Raum zwischen dem notwendigen Treppenraum und dem Ausgang ins Freie
1. mindestens so breit sein wie die zugehörigen notwendigen Treppen,
2. Wände haben, die die Anforderungen an die Wände des notwendigen Treppenraums erfüllen,
3. rauchdichte und selbstschließende Türen zu notwendigen Fluren haben und
4. ohne Öffnungen zu anderen Räumen, ausgenommen zu notwendigen Fluren, sein.

[3]Abweichungen von Satz 2 Nr. 2 und 4 können zugelassen werden, wenn der Brandschutz gewährleistet ist.

(4) [1]Übereinander liegende Kellergeschosse müssen jeweils mindestens zwei getrennte Ausgänge haben. [2]Von je zwei Ausgängen jedes Kellergeschosses muss einer unmittelbar oder durch einen eigenen, an einer Außenwand angeordneten notwendigen Treppenraum ins Freie führen. [3]Auf eigene Treppenräume für jedes Kellergeschoss kann verzichtet werden, wenn der Brandschutz gewährleistet ist.

(5) In Gebäuden der Gebäudeklassen 4 und 5 müssen in Geschossen mit mehr als vier Wohnungen oder Nutzungseinheiten vergleichbarer Größe vor Treppenräumen notwendige Flure angeordnet werden.

(6) [1]Die Wände notwendiger Treppenräume sind als raumabschließende Bauteile in Gebäuden der Gebäudeklasse 5 in der Bauart von Brandwänden, in Gebäuden der Gebäudeklasse 4 in Kellergeschossen feuerbeständig, im Übrigen auch unter zusätzlicher mechanischer Beanspruchung hochfeuerhemmend, und in Gebäuden der Gebäudeklasse 3 in Kellergeschossen feuerbeständig, im Übrigen hochfeuerhemmend herzustellen;

bei Geschossen über der Geländeoberfläche in Gebäuden der Gebäudeklasse 3 mit tragenden Bauteilen aus brennbaren Baustoffen genügen auch Wände, die eine gegen Brandeinwirkung widerstandsfähige Bekleidung aus nicht brennbaren Baustoffen haben und deren Feuerwiderstandsfähigkeit dem feuerbeständiger Wände entspricht. [2]Satz 1 gilt nicht für nicht tragende Außenwände notwendiger Treppenräume, wenn sie aus nicht brennbaren Baustoffen bestehen und durch Öffnungen in anschließenden Außenwänden im Brandfall nicht gefährdet werden können.

(7) [1]In notwendigen Treppenräumen und in Räumen nach Absatz 3 Satz 2 müssen

1. Bekleidungen, Putze, Dämmstoffe, Unterdecken und Einbauten aus nicht brennbaren Baustoffen,
2. Bodenbeläge, ausgenommen Gleitschutzprofile, aus mindestens schwer entflammbaren Baustoffen

bestehen. [2]Leitungsanlagen sind nur zulässig, wenn der Brandschutz gewährleistet ist.

(8) [1]Für den oberen Abschluss von notwendigen Treppenräumen gilt § 31 Abs. 1 Satz 2 Halbsatz 1 entsprechend, sofern nicht das Dach den Abschluss bildet. [2]Der notwendige Treppenraum kann mit einem Glasdach überdeckt werden.

(9) [1]In notwendigen Treppenräumen müssen, unbeschadet des Absatzes 11 Satz 4, Öffnungen zu

1. Kellergeschossen, nicht ausgebauten Dachräumen, Werkstätten, Läden, Gaststätten, Lagerräumen und ähnlichen Räumen sowie Nutzungseinheiten mit einer Nutzfläche von mehr als 200 m^2 mindestens feuerhemmende, rauchdichte und selbstschließende Türen,
2. notwendigen Fluren rauchdichte und selbstschließende Türen,
3. Wohnungen, sonstigen Nutzungseinheiten vergleichbarer Größe sowie sonstigen Räumen mindestens dicht- und selbstschließende Türen

haben. [2]Die Türen nach Satz 1 Nr. 1 und 2 dürfen lichtdurchlässige Seitenteile und Oberlichter haben, wenn der jeweilige Abschluss insgesamt nicht breiter als 2,50 m ist und die brandschutztechnischen Anforderungen nach Satz 1 Nr. 1 und 2 erfüllt.

(10) [1]Notwendige Treppenräume müssen zu beleuchten sein. [2]Notwendige Treppenräume ohne Fenster müssen in Gebäuden der Gebäudeklasse 5 eine Sicherheitsbeleuchtung haben.

(11) [1]Notwendige Treppenräume müssen belüftet und zur Unterstützung wirksamer Löscharbeiten entraucht werden können. [2]Sie müssen mindestens

1. in jedem oberirdischen Geschoss unmittelbar ins Freie führende Fenster mit einem freien Querschnitt von mindestens 0,50 m^2 haben, die leicht geöffnet werden können und auch für den obersten Zugangsbereich eine Rauchableitung ermöglichen, oder
2. an der höchsten Stelle eine Öffnung zur Rauchableitung haben.

[3]In Gebäuden der Gebäudeklasse 5 ist in den Fällen des Satzes 2 Nr. 1 an der höchsten Stelle des Treppenraumes anstelle des Fensters im obersten Geschoss eine Öffnung zur Rauchableitung erforderlich. [4]In den Fällen des Satzes 2 Nr. 2 müssen in den Treppenräumen von Gebäuden der Gebäudeklassen 4 und 5 Öffnungen zu Wohnungen, sonstigen Nutzungseinheiten und Räumen feuerhemmende, rauchdichte und selbstschließende Türen haben. [5]Öffnungen zur Rauchableitung nach den Sätzen 2 und 3 müssen in jedem Treppenraum einen freien Querschnitt von mindestens 1 m^2 und Vorrichtungen zum Öffnen ihrer Abschlüsse haben, die vom Erdgeschoss und vom obersten Treppenabsatz aus bedient werden können. [6]Es kann verlangt werden, dass die Öffnungen zur Rauchableitung auch von anderen Stellen aus bedient werden können. [7]Abweichungen können zugelassen werden, wenn der Rauch auf andere Weise abgeführt werden kann, eine Brandausbreitung in den Treppenraum nicht zu befürchten ist oder Vorkehrungen hiergegen getroffen sind.

§ 35 Notwendige Flure und Gänge

(1) [1]Flure, über die Rettungswege von Aufenthaltsräumen oder aus Nutzungseinheiten mit Aufenthaltsräumen zu notwendigen Treppenräumen oder zu Ausgängen ins Freie führen (notwendige Flure), müssen so angeordnet und ausgebildet sein, dass die Nutzung im Brandfall ausreichend lang möglich ist. [2]Als notwendige Flure gelten nicht
1. Flure innerhalb von Wohnungen oder sonstigen Nutzungseinheiten vergleichbarer Größe,
2. Flure in Gebäuden der Gebäudeklassen 1 und 2,
3. Flure innerhalb von Nutzungseinheiten, die einer Büro- oder Verwaltungsnutzung dienen und deren Nutzfläche in einem Geschoss nicht mehr als 400 m^2 beträgt.

(2) [1]Die benutzbare Breite notwendiger Flure muss für den größten zu erwartenden Verkehr ausreichen. [2]Notwendige Flure von mehr als 30 m Länge sollen durch nicht abschließbare, rauchdichte und selbstschließende Türen in Rauchabschnitte unterteilt werden. [3]Stufen in Fluren sind nur als Folge von mindestens drei Stufen zulässig.

(3) [1]Wände notwendiger Flure sind als raumabschließende Bauteile in Gebäuden der
1. Gebäudeklassen 4 und 5 feuerhemmend und in den wesentlichen Teilen aus nicht brennbaren Baustoffen oder feuerhemmend und mit einer gegen Brandeinwirkung widerstandsfähigen Bekleidung aus nicht brennbaren Baustoffen,
2. Gebäudeklasse 3 feuerhemmend

herzustellen. [2]Die Wände sind bis an die Rohdecke oder bis an einen oberen Raumabschluss zu führen, der hinsichtlich Feuerwiderstand und Bauart den Wänden entspricht; Türen in diesen Wänden müssen dicht schließend sein.

(4) [1]Offene Gänge vor den Außenwänden, die als Rettungswege dienen, müssen in ihren tragenden Teilen den Anforderungen an tragende und aussteifende Wände sowie an Decken entsprechen. [2]Für Wände und Brüstungen von offenen Gängen mit nur einer Fluchtrichtung gilt Absatz 3 entsprechend; Fenster sind in diesen Außenwänden ab einer Brüstungshöhe von 0,90 m zulässig.

(5) [1]Bekleidungen einschließlich Unterdecken und Dämmstoffe müssen in notwendigen Fluren und offenen Gängen aus nicht brennbaren Baustoffen bestehen; entsprechende Bekleidungen sind auch erforderlich, wenn Wände und Decken in diesen Fluren und Gängen aus brennbaren Baustoffen bestehen. [2]Leitungsanlagen sind nur zulässig, wenn der Brandschutz gewährleistet ist.

§ 36 Aufzüge

(1) [1]Aufzüge im Innern von Gebäuden müssen eigene Schächte haben, um eine Brandausbreitung in andere Geschosse ausreichend lange zu verhindern. [2]In einem Aufzugsschacht dürfen bis zu drei Aufzüge liegen. [3]In Gebäuden mit nicht mehr als fünf Geschossen über der Geländeoberfläche dürfen Aufzüge ohne eigene Schächte innerhalb der Umfassungswände des Treppenraums liegen. [4]Aufzüge außerhalb von Gebäuden, innerhalb von Räumen, über die Geschosse oder Ebenen erschlossen werden, und innerhalb von Wohnungen sowie innerhalb sonstiger Nutzungseinheiten vergleichbarer Größe, sind ohne eigene Schächte zulässig. [5]Die Aufzüge müssen sicher umkleidet sein.

(2) [1]Die Fahrschächte von Aufzügen im Innern von Gebäuden müssen raumabschließende Wände haben, die den Wänden notwendiger Treppenräume nach § 34 Abs. 6 Satz 1 entsprechen, mindestens jedoch Wände

gemäß § 35 Abs. 3 Satz 1 Nr. 1 haben. [2]Verkleidungen der Innenseiten müssen aus nicht brennbaren Baustoffen bestehen. [3]Für die Decken der Fahrschächte gilt § 31 Abs. 1 entsprechend. [4]Fahrschachttüren und andere Öffnungen in Fahrschachtwänden sind so herzustellen, dass Feuer und Rauch nicht in andere Geschosse übertragen werden können.

(3) [1]Die Fahrschächte dürfen nur für Aufzugseinrichtungen benutzt werden. [2]Sie müssen zu lüften und mit Rauchabzugsöffnungen mit einem freien Querschnitt von 2,5 v. H. der Grundfläche des Fahrschachts, mindestens von 0,10 m^2 versehen sein. [3]Diese Öffnungen dürfen Abschlüsse haben, die im Brandfall selbsttätig öffnen und von mindestens einer geeigneten Stelle aus bedient werden können.

(4) [1]In Gebäuden mit mehr als vier Geschossen über der Geländeoberfläche müssen Aufzüge in ausreichender Zahl eingebaut und betrieben werden; hierbei zählt das oberste Geschoss nicht, wenn seine Nutzung einen Aufzug nicht erfordert. [2]Mindestens einer der Aufzüge muss auch zur Aufnahme von Rollstühlen, Krankentragen und Lasten geeignet und barrierefrei nutzbar sein; dieser Aufzug soll von den Wohnungen und Nutzungseinheiten im Gebäude und von der öffentlichen Verkehrsfläche aus stufenlos zu erreichen sein. [3]Fahrkörbe zur Aufnahme einer Krankentrage müssen eine nutzbare Grundfläche von 1,10 m x 2,10 m zur Aufnahme eines Rollstuhls von 1,10 m x 1,40 m haben; Türen müssen eine lichte Durchgangsbreite von 0,90 m haben. [4]Vor den Aufzügen muss eine ausreichende Bewegungsfläche vorhanden sein. [5]Satz 1 gilt nicht beim nachträglichen Ausbau von Geschossen im Dachraum bestehender Gebäude.

(5) Der Maschinenraum muss von benachbarten Räumen feuerbeständig abgetrennt sein; seine Türen müssen feuerhemmend und rauchdicht sein.

§ 37 Fenster, Türen, Kellerlichtschächte

(1) [1]Glastüren und andere Glasflächen, die bis zum Fußboden allgemein zugänglicher Verkehrsflächen herabreichen, sind so zu kennzeichnen, dass sie leicht erkannt werden können. [2]Schutzmaßnahmen sind vorzusehen, wenn es die Verkehrssicherheit erfordert.

(2) [1]Öffnungen in Fenstern, die als Rettungswege dienen, müssen im Lichten 0,90 m breit x 1,20 m hoch und von innen leicht zu öffnen sein; ihre Brüstungshöhe darf 1,20 m nicht überschreiten. [2]Liegen diese Öffnungen in Dachschrägen oder Dachaufbauten, müssen sie so angeordnet und beschaffen sein, dass Personen sich von diesen Öffnungen aus bemerkbar

machen und über die Rettungsgeräte der Feuerwehr gerettet werden können.

(3) [1]Jedes Kellergeschoss ohne Fenster muss mindestens eine Öffnung ins Freie haben, um eine Rauchableitung zu ermöglichen. [2]Gemeinsame Kellerlichtschächte für übereinander liegende Kellergeschosse sind unzulässig.

§ 38 Umwehrungen

(1) Zu umwehren sind
1. im Allgemeinen zum Begehen bestimmte Flächen in, an und auf baulichen Anlagen bei einer Absturzhöhe von mehr als 1 m; dies gilt nicht, wenn die Umwehrung dem Zweck der Flächen widerspricht,
2. zum Aufenthalt von Menschen bestimmte Dachflächen,
3. nicht sicher abgedeckte Öffnungen in Flächen nach den Nummern 1 und 2,
4. nicht begehbare Teile in Flächen nach den Nummern 1 und 2, wie Oberlichte und Glasabdeckungen, wenn sie weniger als 0,50 m aus diesen Flächen herausragen und nicht auf andere Weise gegen Betreten gesichert sind.

(2) Kellerlicht- und Betriebsschächte sind an Verkehrsflächen zu umwehren oder abzudecken, in Verkehrsflächen abzudecken; Abdeckungen an und in öffentlichen Verkehrsflächen müssen gegen unbefugtes Abheben gesichert sein.

(3) Umwehrungen von Öffnungen in begehbaren Decken und Dachflächen sowie von Flächen bis zu 12 m Absturzhöhe müssen 0,90 m, mit mehr als 12 m Absturzhöhe 1,10 m hoch sein.

(4) [1]Fensterbrüstungen müssen bis zu 12 m Absturzhöhe 0,80 m, im Übrigen 0,90 m hoch sein. [2]Geringere Brüstungshöhen sind zulässig, wenn durch andere Vorrichtungen, wie Geländer, die Mindesthöhen nach Absatz 3 eingehalten werden. [3]Im Erdgeschoss sind geringere Brüstungshöhen zulässig, wenn es die Verkehrssicherheit erlaubt.

Fünfter Abschnitt: **Feuerungs- und haustechnische Anlagen**

§ 39 Feuerungsanlagen, sonstige Anlagen zur Wärmeerzeugung und Energiebereitstellung

(1) Feuerstätten und Abgasanlagen (Feuerungsanlagen) müssen betriebssicher und brandsicher sein.

(2) Feuerstätten dürfen in Räumen nur aufgestellt werden, wenn nach der Art der Feuerstätte und nach Lage, Größe, baulicher Beschaffenheit und Nutzung der Räume Gefahren nicht entstehen.

(3) [1]Abgase von Feuerstätten sind durch Abgasleitungen, Schornsteine und Verbindungsstücke (Abgasanlagen) so abzuführen, dass keine Gefahren oder unzumutbaren Belästigungen entstehen. [2]Abgasanlagen sind in solcher Zahl und Lage und so herzustellen, dass die Feuerstätten des Gebäudes ordnungsgemäß angeschlossen werden können. [3]Sie müssen leicht gereinigt werden können. [4]Die Sätze 1 bis 3 gelten nicht für Feuerungsanlagen, die nach dem Stand der Technik ohne eine Einrichtung zur Ableitung der Abgase betrieben werden können.

(4) [1]Behälter und Rohrleitungen für brennbare Gase und Flüssigkeiten müssen betriebssicher und brandsicher sein. [2]Diese Behälter sowie feste Brennstoffe sind so aufzustellen oder zu lagern, dass keine Gefahren oder unzumutbaren Belästigungen entstehen.

(5) Für ortsfeste Verbrennungsmotoren, Blockheizkraftwerke, Brennstoffzellen, Verdichter und Wasserstoff-Elektrolyseure sowie die Ableitung ihrer Prozessgase gelten die Absätze 1 bis 3 entsprechend.

§ 40 Lüftungsanlagen, Installationsschächte und -kanäle, Leitungsdurchführungen

(1) [1]Lüftungsanlagen müssen betriebs- und brandsicher sein. [2]Sie dürfen den ordnungsgemäßen Betrieb von Feuerungsanlagen nicht beeinträchtigen.

(2) [1]Lüftungsleitungen sowie deren Bekleidungen und Dämmstoffe müssen aus nicht brennbaren Baustoffen bestehen; Abweichungen können zugelassen werden, wenn der Brandschutz gewährleistet ist. [2]Sie dürfen Brandwände und Wände, die anstelle von Brandwänden zulässig sind, sowie raumabschließende Bauteile in Gebäuden der Gebäudeklassen 3

bis 5, die feuerwiderstandsfähig sein müssen, nur überbrücken, wenn eine Brandausbreitung ausreichend lange nicht zu befürchten ist oder wenn Vorkehrungen hiergegen getroffen sind; dies gilt nicht für Decken innerhalb von Wohnungen sowie innerhalb von Nutzungseinheiten mit einer Nutzfläche von nicht mehr als 200 m² in höchstens zwei Geschossen.

(3) [1]Lüftungsanlagen sind so herzustellen, dass sie Gerüche und Staub nicht in andere Räume übertragen. [2]Die Weiterleitung von Schall in fremde Räume muss gedämmt sein.

(4) [1]Lüftungsleitungen dürfen nicht in Abgasanlagen eingeführt werden; die gemeinsame Benutzung von Lüftungsleitungen zur Ableitung der Abluft oder der Abgase von Gasfeuerstätten ist zulässig, wenn die Betriebssicherheit und der Brandschutz gewährleistet sind. [2]Die Abluft ist ins Freie zu führen. [3]Nicht zu Lüftungsanlagen gehörende Einrichtungen sind in Lüftungsleitungen unzulässig.

(5) Lüftungsschächte, die aus Mauersteinen oder aus Formstücken für Schornsteine hergestellt sind, müssen den Anforderungen an Schornsteine entsprechen und gekennzeichnet sein.

(6) Für raumlufttechnische Anlagen und Warmluftheizungen gelten die Absätze 1 bis 5 entsprechend.

(7) Für Installationsschächte und -kanäle gelten Absatz 2 und Absatz 3 Satz 2 entsprechend.

(8) Leitungen dürfen durch Brandwände, durch Wände, die anstelle von Brandwänden zulässig sind sowie durch raumabschließende Bauteile in Gebäuden der Gebäudeklassen 3 bis 5, die feuerwiderstandsfähig sein müssen, nur hindurchgeführt werden, wenn eine Übertragung von Feuer und Rauch nicht zu befürchten ist oder Vorkehrungen hiergegen getroffen sind; dies gilt nicht für Decken innerhalb von Wohnungen sowie innerhalb von Nutzungseinheiten mit einer Nutzfläche von nicht mehr als 400 m² in höchstens zwei Geschossen.

§ 41 Wasserversorgung und Abwasserbeseitigung

(1) [1]Gebäude mit Aufenthaltsräumen müssen, soweit es ihre Benutzung erfordert, eine Versorgung mit Trinkwasser haben, die dauernd gesichert ist. [2]Zur Brandbekämpfung muss eine ausreichende Wassermenge zur Verfügung stehen; Abweichungen können für Einzelgehöfte in der freien Feldflur zugelassen werden.

(2) Bauliche Anlagen dürfen nur errichtet werden, wenn die Beseitigung des Abwassers auf Dauer gesichert ist.

(3) Wasserversorgungs- und Abwasseranlagen sind so anzuordnen, herzustellen und instand zu halten, dass sie betriebssicher sind und keine Gefahren oder unzumutbaren Belästigungen entstehen.

(4) Bei gewerblich genutzten baulichen Anlagen mit hohem Trinkwasserverbrauch kann die Wiederverwendung des Brauchwassers verlangt werden.

§ 42 Kleinkläranlagen und Gruben

(1) Kleinkläranlagen und Gruben dürfen nicht unter Aufenthaltsräumen und nur in einem solchen Abstand von öffentlichen Verkehrsflächen, Gewässern, Wasserversorgungsanlagen, Nachbargrenzen sowie Fenstern und Türen von Aufenthaltsräumen angelegt werden, dass keine Gefahren oder unzumutbaren Belästigungen entstehen.

(2) [1]Kleinkläranlagen und Gruben müssen ausreichend groß und wasserdicht sein. [2]Sie müssen eine dichte und sichere Abdeckung sowie Reinigungs- und Entleerungsöffnungen haben; die Öffnungen dürfen nur vom Freien aus zugänglich sein. [3]Die Anlagen sind so zu entlüften, dass Gesundheitsschäden oder unzumutbare Belästigungen nicht entstehen. [4]Die Zuleitungen und Ablaufleitungen müssen geschlossen, dicht und, soweit erforderlich, zum Reinigen eingerichtet sein; Gruben dürfen keinen Ablauf haben und müssen gegen Überlaufen gesichert sein. [5]Niederschlagswasser darf nicht in Kleinkläranlagen und nicht in dieselbe Grube wie das übrige Abwasser geleitet werden.

Sechster Abschnitt: **Aufenthaltsräume und Wohnungen**

§ 43 Aufenthaltsräume

(1) Aufenthaltsräume müssen eine für ihre Benutzung ausreichende Grundfläche und eine lichte Höhe von 2,40 m haben.

(2) [1]Aufenthaltsräume müssen unmittelbar ins Freie führende Fenster von solcher Zahl und Beschaffenheit haben, dass die Räume ausreichend mit Tageslicht beleuchtet und gelüftet werden können (notwendige Fenster). [2]Das Rohbaumaß der Fensteröffnungen muss mindestens ein Zehntel der

Grundfläche des Raums betragen; ein geringeres Maß kann zugelassen werden, wenn wegen der Lichtverhältnisse keine Bedenken bestehen. [3]Bei Aufenthaltsräumen im Dachraum bleiben Raumteile mit einer lichten Höhe bis 1,50 m bei der Ermittlung der Grundfläche außer Betracht. [4]Oberlichte anstelle von Fenstern können zugelassen werden, wenn die Gesundheit nicht beeinträchtigt wird.

(3) Verglaste Vorbauten und Loggien sind vor notwendigen Fenstern zulässig, wenn die Beleuchtung mit Tageslicht und die Lüftung gewährleistet sind.

(4) [1]Aufenthaltsräume, deren Benutzung eine Beleuchtung mit Tageslicht und eine Lüftung nach Absatz 2 verbietet, sind ohne notwendige Fenster zulässig, wenn die damit verbundenen Nachteile durch geeignete Maßnahmen wie den Einbau von raumlufttechnischen Anlagen ausgeglichen werden. [2]Für Aufenthaltsräume, die nicht dem Wohnen dienen, kann eine Ausführung nach Satz 1 zugelassen werden, wenn die Gesundheit nicht beeinträchtigt wird und der Brandschutz gewährleistet ist.

(5) Aufenthaltsräume dürfen von Räumen mit erhöhter Brandgefahr sowie von Ställen nicht unmittelbar zugänglich sein.

§ 44 Wohnungen

(1) [1]Jede Wohnung muss von anderen Wohnungen und fremden Räumen baulich abgeschlossen sein und einen eigenen, abschließbaren Zugang unmittelbar vom Freien, von einem Treppenraum, einem Flur oder einem anderen Vorraum haben. [2]Wohnungen in Wohngebäuden mit nicht mehr als zwei Wohnungen brauchen nicht abgeschlossen zu sein. [3]Wohnungen in Gebäuden, die nicht nur dem Wohnen dienen, müssen einen besonderen Zugang haben; gemeinsame Zugänge sind zulässig, wenn Gefahren oder unzumutbare Belästigungen für die Benutzerinnen und Benutzer der Wohnungen nicht entstehen.

(2) [1]Wohnungen müssen durchlüftet werden können. [2]Jede Wohnung mit mehreren Aufenthaltsräumen soll einen besonnten Wohn- oder Schlafraum haben.

(3) [1]Jede Wohnung muss eine Küche oder Kochnische sowie einen Abstellraum haben. [2]Fensterlose Küchen oder Kochnischen sind zulässig, wenn sie für sich lüftbar sind. [3]Der Abstellraum soll 6 m^2 groß sein; davon soll eine Abstellfläche von 1 m^2 innerhalb der Wohnung liegen.

(4) Für Gebäude mit Wohnungen über dem zweiten Geschoss über der Geländeoberfläche sollen leicht erreichbare und stufenlos zugängliche Ab-

stellräume für Kinderwagen, Fahrräder und Rollatoren hergestellt werden; § 51 Abs. 4 gilt entsprechend.

(5) Für Gebäude mit mehr als zwei Wohnungen sollen ausreichend große Trockenräume eingerichtet werden.

(6) Jede Wohnung in Gebäuden mit mehr als zwei Wohnungen soll einen eigenen Wasserzähler haben.

(7) [1]In Wohnungen müssen Schlafräume und Kinderzimmer sowie Flure, über die Rettungswege von Aufenthaltsräumen führen, jeweils mindestens einen Rauchwarnmelder haben. [2]Die Rauchwarnmelder müssen so eingebaut und betrieben werden, dass Brandrauch frühzeitig erkannt und gemeldet wird. [3]Bestehende Wohnungen sind entsprechend auszustatten.[25]

(8) [1]Werden Nutzungseinheiten mit Aufenthaltsräumen in rechtmäßig bestehenden Gebäuden in Wohnraum umgenutzt, sind auf bestehende Gebäude und Bauteile die Anforderungen der §§ 27 bis 33 und § 34 Abs. 1 und 4 bis 11 und § 35 für die Wohnnutzung nicht anzuwenden. [2]Satz 1 gilt für den Dachgeschossausbau, einschließlich der Errichtung von Dachgauben, und die Aufstockung eines rechtmäßig bestehenden Gebäudes um maximal zwei Geschosse zu Wohnzwecken ohne Änderung der Gebäudeklasse entsprechend. [3]Satz 2 gilt nicht für Hochhäuser.

(9) [1]Fallen rechtmäßig bestehende Gebäude aufgrund eines Dachgeschossausbaus, einschließlich der Errichtung von Dachgauben, oder einer Aufstockung zu Wohnzwecken nach § 2 Abs. 2 Satz 2 in die Gebäudeklasse 4, so sind für die bestehende Gebäudekonstruktion die Anforderungen an den Feuerwiderstand der tragenden und aussteifenden sowie raumabschließenden Bauteile der Gebäudeklasse 3 ausreichend, wenn

1. **Nutzungseinheiten, die nicht zu ebener Erde liegen, Rettungswege nach § 15 Abs. 4 Satz 2 und 3 haben,**
2. **die Türen vom notwendigen Treppenraum zu Kellergeschossen mindestens feuerhemmend, rauchdicht und selbstschließend sind,**
3. **der notwendige Treppenraum nach § 34 Abs. 11 entraucht werden kann und**
4. **Wohnungseingangstüren der neu geschaffenen Wohnungen mindestens feuerhemmend, rauchdicht und selbstschließend sind, sofern im notwendigen Treppenraum die notwendige Treppe oder**

---

25 siehe auch C 5, Rauchwarnmelder in Wohnungen

Wand- und Deckenbekleidungen aus brennbaren Baustoffen bestehen oder die übrigen Türen des notwendigen Treppenraums nicht mindestens den Anforderungen nach § 34 Abs. 9 entsprechen.
[2]Beträgt die Aufstockung nicht mehr als ein Geschoss, so sind für dieses Geschoss die Anforderungen an den Feuerwiderstand der tragenden und aussteifenden sowie raumabschließenden Bauteile der Gebäudeklasse 3 ausreichend.

(10) [1]Fallen rechtmäßig bestehende Gebäude aufgrund eines Dachgeschossausbaus, einschließlich der Errichtung von Dachgauben, oder einer Aufstockung um maximal zwei Geschosse zu Wohnzwecken nach § 2 Abs. 2 Satz 2 in die Gebäudeklasse 5, gilt Absatz 9 entsprechend, wenn die Bauteile nach Absatz 9 die Anforderungen an tragende und aussteifende sowie raumabschließende Bauteile der Gebäudeklasse 4 erfüllen und im Treppenraum eine trockene Steigleitung vorhanden ist, sofern das Treppenauge eine lichte Breite von 0,15 m unterschreitet. [2]Satz 1 gilt nicht für Hochhäuser.

§ 45 Aufenthaltsräume und Wohnungen in Kellergeschossen und Dachräumen

(1) In Kellergeschossen sind Aufenthaltsräume und Wohnungen nur zulässig, wenn das Gelände vor Außenwänden mit notwendigen Fenstern in einer für die Beleuchtung mit Tageslicht ausreichenden Entfernung und Breite nicht mehr als 0,70 m über dem Fußboden der Aufenthaltsräume liegt; dies gilt auch für unterste Geschosse über der Geländeoberfläche.

(2) [1]Aufenthaltsräume, deren Benutzung eine Beleuchtung mit Tageslicht verbietet, sind in Kellergeschossen unter den Voraussetzungen des § 43 Abs. 4 Satz 1 zulässig. [2]Verkaufsräume, Gaststätten, ärztliche Behandlungsräume, Sport-, Spiel- und Werkräume sowie ähnliche Räume können in Kellergeschossen zugelassen werden; § 43 Abs. 4 Satz 1 gilt entsprechend.

(3) [1]Räume nach Absatz 2 müssen unmittelbar mit Rettungswegen in Verbindung stehen, die ins Freie führen. [2]Die Räume und Rettungswege müssen von anderen Räumen im Kellergeschoss durch raumabschließende feuerbeständige Wände abgetrennt sein; Türen in diesen Wänden müssen feuerhemmend, dicht- und selbstschließend sein. [3]Dies gilt nicht bei Gebäuden der Gebäudeklassen 1 und 2.

(4) Aufenthaltsräume im Dachraum müssen eine lichte Raumhöhe von 2,20 m über der Hälfte ihrer Grundfläche haben; Raumteile mit einer lichten Höhe bis zu 1,50 m bleiben außer Betracht.

(5) [1]Aufenthaltsräume und Wohnungen im Dachraum von Gebäuden der Gebäudeklassen 2 bis 5 sind nur zulässig, wenn sie einschließlich ihrer Nebenräume

1. unmittelbar über Geschossen angeordnet werden, deren tragende Bauteile den §§ 27 und 31 entsprechen; liegen diese Geschosse im Dachraum, müssen ihre Dachschrägen von innen dem Feuerwiderstand dieser Bauteile entsprechen,
2. Trennwände nach § 29 und feuerhemmende Decken haben; dies gilt nicht für Decken von Geschossen, über denen Aufenthaltsräume nicht möglich sind.

[2]Ihre Zugänge müssen durch Wände nach § 35 Abs. 3, feuerhemmende Türen und feuerhemmende Decken gegen den nicht ausgebauten Dachraum abgeschlossen sein.

§ 46 Bäder und Toilettenräume

(1) Jede Wohnung muss ein Bad mit Badewanne oder Dusche haben.

(2) [1]Jede Wohnung und jede Nutzungseinheit mit Aufenthaltsräumen muss mindestens eine Toilette mit Wasserspülung haben. [2]Toiletten ohne Wasserspülung können zugelassen werden, wenn öffentliche Belange nicht entgegenstehen, insbesondere Gesundheit und Hygiene gewährleistet sind. [3]Toilettenräume für Wohnungen müssen innerhalb der Wohnung liegen.

(3) Gebäude, die für einen größeren Personenkreis bestimmt sind, müssen eine ausreichende Zahl von Toiletten haben; die Toilettenräume sollen je einen eigenen lüftbaren und beleuchtbaren Vorraum mit Waschbecken haben.

(4) Fensterlose Bäder und Toilettenräume sind nur zulässig, wenn eine wirksame Lüftung gewährleistet ist.

Siebter Abschnitt: **Besondere Anlagen**

§ 47 Stellplätze und Garagen

(1) [1]Bauliche Anlagen sowie andere Anlagen, bei denen ein Zugangs- oder Abgangsverkehr zu erwarten ist, dürfen nur errichtet werden, wenn Stellplätze in ausreichender Zahl und Größe sowie in geeigneter Beschaffenheit hergestellt werden (notwendige Stellplätze). [2]Ihre Zahl und Größe richtet sich nach Art und Zahl der vorhandenen und zu erwartenden Kraftfahrzeuge der Benutzerinnen und Benutzer sowie der Besucherinnen und Besucher der Anlagen; dabei ist die Möglichkeit der Inanspruchnahme öffentlicher Verkehrsmittel **oder alternativer Mobilitätskonzepte** zu berücksichtigen. [3]Statt der Stellplätze können Garagen hergestellt werden. [4]Die Herstellung von Garagen anstelle von Stellplätzen kann verlangt werden, wenn die in Absatz 7 genannten Erfordernisse dies gebieten. [5]Es kann zugelassen werden, dass die notwendigen Stellplätze oder Garagen innerhalb einer angemessenen Frist nach Fertigstellung der Anlagen hergestellt werden. [6]Abstellplätze für Fahrräder sind herzustellen, soweit ein Zugangs- und Abgangsverkehr mit Fahrrädern zu erwarten ist; die Absätze 2, 3 und 9 gelten entsprechend.

(2) [1]Werden bauliche Anlagen oder andere Anlagen, bei denen ein Zugangs- oder Abgangsverkehr zu erwarten ist, geändert oder ändert sich ihre Benutzung, so sind Stellplätze in solcher Zahl und Größe herzustellen, dass sie die infolge der Änderung zusätzlich zu erwartenden Kraftfahrzeuge aufnehmen können. [2]Dies gilt nicht, wenn Wohnraum in Gebäuden, deren Fertigstellung mindestens zwei Jahre zurückliegt, durch Wohnungsteilung, Änderung der Nutzung, Aufstocken oder durch Ausbau des Dachgeschosses geschaffen wird.

(3) [1]Die Stellplätze oder Garagen sind auf dem Grundstück oder, sofern öffentlich-rechtlich gesichert, auf einem in zumutbarer Entfernung liegenden anderen Grundstück herzustellen. [2]Die Bauaufsichtsbehörde kann, wenn Gründe des Verkehrs dies erfordern, im Einzelfall bestimmen, ob die Stellplätze oder Garagen auf dem zu bebauenden Grundstück oder einem anderen Grundstück herzustellen sind.

(4) [1]Ist die Herstellung notwendiger Stellplätze oder Garagen nicht oder nur unter großen Schwierigkeiten möglich oder ist sie aufgrund einer Satzung nach § 88 Abs. 3 untersagt oder eingeschränkt, so kann die Bauherrin oder der Bauherr, wenn die Gemeinde zustimmt, die Verpflichtungen nach den Absätzen 1, 2 und 3 auch durch Zahlung eines Geldbetrags an die Gemeinde erfüllen. [2]Der Geldbetrag darf 60 v. H. der durchschnittli-

chen Herstellungskosten der Parkeinrichtungen einschließlich der Kosten des Grunderwerbs nicht übersteigen. [3]Die Höhe des Geldbetrags je Stellplatz oder Garage ist durch Satzung festzulegen.

(5) Der Geldbetrag nach Absatz 4 ist in jeweils angemessenem Verhältnis und angemessener Reihenfolge zu verwenden:
1. zur Herstellung, Instandhaltung und Modernisierung von Parkeinrichtungen,
2. für investive Maßnahmen zur Verbesserung des öffentlichen Personennahverkehrs oder des Fahrradverkehrs,
3. für sonstige Maßnahmen, die den Bedarf an Parkeinrichtungen verringern.

(6) Stellplätze und Garagen müssen von den öffentlichen Verkehrsflächen aus sicher und auf möglichst kurzem Weg zu erreichen sein; es kann gefordert werden, dass Hinweise angebracht werden.

(7) [1]Stellplätze und Garagen dürfen die Herstellung der Spielplätze für Kleinkinder (§ 11) nicht behindern. [2]Durch ihre Benutzung darf die Gesundheit nicht geschädigt sowie das Wohnen und Arbeiten, die Ruhe und Erholung in der Umgebung nicht unzumutbar beeinträchtigt werden. [3]Das Anpflanzen von Bäumen und Sträuchern kann verlangt werden.

(8) [1]Stellplätze, Garagen und ihre Nebenanlagen müssen verkehrssicher sein und entsprechend der Art und Zahl der abzustellenden Kraftfahrzeuge sowie der Gefährlichkeit der Treibstoffe den Anforderungen des Brandschutzes genügen. [2]Abfließende Treibstoffe und Schmierstoffe müssen unschädlich beseitigt werden können. [3]Garagen und ihre Nebenanlagen müssen gelüftet werden können.

(9) Notwendige Stellplätze und Garagen dürfen ihrem Zweck nicht entfremdet werden.

§ 48 Ställe und Nebenanlagen

(1) [1]Ställe müssen so angeordnet und beschaffen sein, dass die Gesundheit der Tiere nicht beeinträchtigt wird und für die Umgebung keine Gefahren oder unzumutbaren Belästigungen entstehen. [2]Sie müssen eine für ihre Benutzung ausreichende Grundfläche und lichte Höhe haben und gelüftet werden können.

(2) Ins Freie führende Stalltüren dürfen nicht nach innen aufschlagen und müssen in solcher Zahl und Größe vorhanden sein, dass die Tiere bei Gefahr ohne Schwierigkeiten ins Freie gelangen können.

(3) [1]Wände, Decken und Fußböden sind gegen schädliche Einflüsse der Stallluft, der Jauche und des Flüssigmists zu schützen. [2]Dungstätten sollen von Öffnungen zu Aufenthaltsräumen 5 m, von Grundstücksgrenzen 2 m entfernt sein.

§ 49 Behelfsbauten und untergeordnete Gebäude

(1) Für bauliche Anlagen, die nur für eine begrenzte Zeit aufgestellt werden sollen (Behelfsbauten), können Erleichterungen von den §§ 27 bis 48 zugelassen werden, wenn keine Gründe nach § 3 Abs. 1 entgegenstehen.

(2) Absatz 1 gilt auch für freistehende andere Gebäude, die eingeschossig und nicht für einen Aufenthalt oder nur für einen vorübergehenden Aufenthalt bestimmt sind wie Lauben und Unterkunftshütten.

§ 50 Bauliche Anlagen und Räume besonderer Art oder Nutzung (Sonderbauten)

(1) [1]Soweit die Bestimmungen der §§ 6 bis 48 zur Abwehr von Gefahren oder unzumutbaren Belästigungen nicht ausreichen, können für bauliche Anlagen und Räume besonderer Art oder Nutzung im Einzelfall besondere Anforderungen gestellt werden. [2]Erleichterungen können zugelassen werden, soweit es im Einzelfall der Einhaltung dieser Bestimmungen wegen der besonderen Art oder Nutzung der baulichen Anlagen und Räume oder wegen besonderer Anforderungen nach Satz 1 nicht bedarf. [3]Anforderungen und Erleichterungen können sich insbesondere erstrecken auf die

1. Abstände von Grundstücksgrenzen, von anderen baulichen Anlagen auf dem Grundstück, von öffentlichen Verkehrsflächen, von Gewässern sowie auf die Größe der freizuhaltenden Flächen der Grundstücke,
2. Anordnung der baulichen Anlagen auf dem Grundstück,
3. Öffnungen zu öffentlichen Verkehrsflächen und zu angrenzenden Grundstücken,
4. Bauart und Anordnung aller für die Standsicherheit, Verkehrssicherheit, den Brandschutz, den Wärme- und Schallschutz oder Gesundheitsschutz wesentlichen Bauteile,
5. Brandschutzeinrichtungen und Brandschutzvorkehrungen sowie Löschwasserrückhalteeinrichtungen,
6. Feuerungsanlagen, Heizräume sowie Räume für die Aufstellung ortsfester Verbrennungsmotoren und Verdichter,

7. Anordnung und Herstellung der Aufzüge sowie der Treppen, Ausgänge und sonstigen Rettungswege,
8. zulässige Zahl der Benutzerinnen und Benutzer, die Anordnung und Zahl der zulässigen Sitz- und Stehplätze bei Versammlungsstätten, Tribünen und Fliegenden Bauten,
9. Lüftung,
10. Beleuchtung und Energieversorgung,
11. Wasserversorgung,
12. Aufbewahrung und Beseitigung von Abwasser und Abfällen,
13. Stellplätze und Garagen,
14. Anlage der Zu- und Abfahrten,

einschließlich Maßgaben für bauleitende Personen nach § 56a. [4]Als Nachweis dafür, dass die besonderen Anforderungen erfüllt sind, können Bescheinigungen und besondere Nachweise wie ein Brandschutzkonzept verlangt werden. [5]Ferner kann gefordert werden, dass Prüfungen und deren Wiederholungen in festzulegenden Zeitabständen durch die Bauaufsichtsbehörde oder sachverständige Personen oder Stellen vorgenommen werden. [6]Soweit notwendig, können auch Anforderungen an den Betrieb und die Nutzung der Anlagen und Räume gestellt werden einschließlich der Bestellung und der Qualifikation einer oder eines Brandschutzbeauftragten.

(2) Die Bestimmungen des Absatzes 1 gelten insbesondere für
1. Hochhäuser,
2. Verkaufsstätten,
3. Versammlungsstätten,
4. Büro- und Verwaltungsgebäude,
5. Gaststätten, Beherbergungsbetriebe,
6. Krankenhäuser und ähnliche Einrichtungen der Gesundheitspflege, bauliche Anlagen zum Zweck der Pflege oder Betreuung, Tages- und Begegnungsstätten sowie Wohnheime, einschließlich der Gebäude mit Nutzungseinheiten zum Zwecke der Pflege und Betreuung von Personen mit Pflegebedürftigkeit oder Behinderung, deren Selbstrettungsfähigkeit eingeschränkt ist, wenn die Nutzungseinheiten
   a) einzeln für mehr als acht Personen oder
   b) einen gemeinsamen Rettungsweg haben und für insgesamt mehr als 16 Personen

   bestimmt sind,
7. Kindertagesstätten und sonstige Einrichtungen für Kinder und Jugendliche,
8. Schulen und Sportstätten,

9. bauliche Anlagen und Räume von großer Ausdehnung oder mit erhöhter Brand-, Explosions- oder Verkehrsgefahr,
10. bauliche Anlagen und Räume, die für gewerbliche Betriebe bestimmt sind,
11. bauliche Anlagen und Räume, deren Nutzung mit einem starken Abgang schädlicher Stoffe verbunden ist,
12. Fliegende Bauten,
13. Camping- und Wochenendplätze.

§ 51 Barrierefreiheit[26]

(1) [1]Gebäude mit mehr als zwei Wohnungen sind so herzustellen und instand zu halten, dass von den ersten drei Wohnungen eine und von jeweils acht weiteren Wohnungen zusätzlich eine Wohnung barrierefrei und uneingeschränkt mit dem Rollstuhl nutzbar ist. [2]Bei Gebäuden mit mehr als einer nach Satz 1 herzustellenden Wohnung genügt es, wenn von jeweils bis zu drei weiteren dieser Wohnungen die erste Wohnung barrierefrei nutzbar ist. **[3]Notwendige Stellplätze von Wohnungen, die nach Satz 1 oder Satz 2 barrierefrei und uneingeschränkt mit dem Rollstuhl nutzbar sind, müssen in der erforderlichen Anzahl barrierefrei sein.**

(2) Bauliche Anlagen oder Teile baulicher Anlagen, die überwiegend oder ausschließlich von Menschen mit Behinderungen oder älteren Menschen genutzt werden, wie Tages- und Begegnungsstätten, Werkstätten, Einrichtungen zum Zweck der Pflege oder Betreuung und ähnliche Einrichtungen der Gesundheitspflege, müssen entsprechend ihrer speziellen Erfordernisse barrierefrei sein.

(3) [1]Folgende allgemein zugängliche bauliche Anlagen oder Teile baulicher Anlagen müssen barrierefrei sein:
1. Versammlungsstätten einschließlich Kultureinrichtungen und für den Gottesdienst bestimmte Anlagen,
2. Verkaufsstätten; Läden und ähnliche Geschäftsräume in Erdgeschossen müssen barrierefrei zugänglich sein,
3. Gebäude der öffentlichen Verwaltung und Gerichte,
4. Schalter- und Abfertigungsräume der Verkehrs- und Versorgungseinrichtungen sowie Einrichtungen für Finanz- und Postdienstleistungen,
5. Gaststätten, Kantinen, Beherbergungsbetriebe,

---

26 siehe auch C 6, Erläuterungen zur Barrierefreiheit

6. Schulen, Hochschulen und Weiterbildungseinrichtungen sowie Forschungsinstitute,
7. Kindertagesstätten und sonstige Einrichtungen für Kinder und Jugendliche,
8. Krankenhäuser und Rehabilitationseinrichtungen,
9. Arztpraxen und ähnliche Einrichtungen der Gesundheitspflege,
10. Notariate, Steuerberatungs- und Rechtsanwaltskanzleien und sonstige Nutzungseinheiten für freiberuflich Tätige und solche Gewerbetreibende, die ihren Beruf in ähnlicher Art ausüben, jeweils mit einer Nutzfläche von mehr als 100 m^2; kleinere Nutzungseinheiten für diese Berufe in Erdgeschossen müssen barrierefrei zugänglich sein,
11. Büro- und Verwaltungsgebäude der Gebäudeklassen 4 und 5 sowie Räume, die einer Büro- und Verwaltungsnutzung dienen und insgesamt eine Nutzfläche von mehr als 400 m^2 je Geschoss haben; entsprechende Räume mit geringerer Nutzfläche in Erdgeschossen müssen barrierefrei zugänglich sein,
12. Museen, öffentliche Bibliotheken, Messe- und Ausstellungsgelände und -gebäude,
13. Sport- und Freizeitstätten, Spielplätze und ähnliche Anlagen,
14. öffentliche Toilettenanlagen,
15. Stellplätze und Garagen mit mehr als 1.000 m^2 Nutzfläche sowie Stellplätze und Garagen, die zu den Anlagen und Einrichtungen nach den Nummern 1 bis 13 gehören.

[2]Für die der zweckentsprechenden Nutzung dienenden Räume und Anlagen genügt es, wenn sie in dem erforderlichen Umfang barrierefrei sind; entsprechendes gilt für erforderliche Toilettenräume. [3]Notwendige Stellplätze müssen in der erforderlichen Anzahl barrierefrei sein.

(4) Die Bauaufsichtsbehörde kann Abweichungen von Anforderungen an die Barrierefreiheit der Absätze 1 bis 3 zulassen, soweit sie nur mit einem unverhältnismäßigen Mehraufwand erfüllt werden können, insbesondere wegen des Einbaus eines sonst nicht erforderlichen Aufzugs, bei baulichen Maßnahmen im Gebäudebestand oder bei der Änderung der Nutzung.

§ 52 Werbeanlagen und Warenautomaten

(1) [1]Anlagen der Außenwerbung (Werbeanlagen) sind alle ortsfesten Einrichtungen, die der Ankündigung oder Anpreisung oder als Hinweis auf Gewerbe oder Beruf dienen und vom öffentlichen Verkehrsraum aus sichtbar sind. [2]Hierzu zählen insbesondere Schilder, sonstige Anschläge, Be-

schriftungen, Bemalungen, Lichtwerbungen, Schaukästen sowie für Anschläge oder Lichtwerbung bestimmte Säulen, Tafeln und Flächen.

(2) [1]Für Werbeanlagen, die keine baulichen Anlagen sind, gelten § 3 Abs. 1 und § 5 entsprechend. [2]Eine störende Häufung von Werbeanlagen ist unzulässig.

(3) [1]Außerhalb der im Zusammenhang bebauten Ortsteile sind Werbeanlagen unzulässig. [2]Das Gleiche gilt für Werbeanlagen an Ortsrändern, soweit sie in die freie Landschaft wirken. [3]Ausgenommen sind:
1. Werbeanlagen an der Stätte der Leistung,
2. Schilder, die gewerbliche Betriebe nach Art und Inhaberschaft kennzeichnen (Hinweisschilder), wenn sie vor Ortsdurchfahrten auf einer Tafel zusammengefasst sind,
3. einzelne Hinweiszeichen an Verkehrsstraßen und Wegabzweigungen, die im Interesse des Verkehrs auf außerhalb der Ortsdurchfahrt liegende gewerbliche oder landwirtschaftliche Betriebe oder versteckt liegende Stätten aufmerksam machen,
4. Hinweisschilder des Landesbetriebs Mobilität, Kreiswappenschilder, Gemeindewappenschilder am Ortsein- und -ausgang, landschaftsangepasste Hinweisschilder auf Gebietskörperschaften an Ortsumgehungen sowie auf die herausragende Weinlage einer Gemeinde,
5. Werbeanlagen an und auf Flugplätzen und Sportstätten sowie auf abgegrenzten Versammlungsstätten, soweit sie nicht störend in die freie Landschaft wirken,
6. Werbeanlagen auf Ausstellungs- und Messegeländen.

(4) [1]In Kleinsiedlungsgebieten, reinen Wohngebieten, allgemeinen Wohngebieten und Dorfgebieten sind nur Werbeanlagen an der Stätte der Leistung sowie Anlagen für amtliche Mitteilungen und zur Unterrichtung der Bevölkerung über kirchliche, kulturelle, politische, sportliche und ähnliche Veranstaltungen zulässig; die jeweils freie Fläche dieser Anlagen darf auch für andere Werbung verwendet werden. [2]In reinen Wohngebieten darf an der Stätte der Leistung nur mit Hinweisschildern geworben werden. [3]An Haltestellen des öffentlichen Personennahverkehrs können andere Werbeanlagen zugelassen werden, wenn die Eigenart des Gebiets und das Ortsbild nicht beeinträchtigt werden. [4]Auf öffentlichen Verkehrsflächen sind Hinweiszeichen, die auf versteckt liegende gewerbliche Betriebe oder Stätten aufmerksam machen, zulässig, wenn sie das Ortsbild nicht beeinträchtigen und die Verkehrssicherheit gewährleistet ist; die Hinweiszeichen dürfen auf einer Tafel zusammengefasst sein.

(5) Die Absätze 2 und 3 gelten für Warenautomaten entsprechend, wenn sie vom öffentlichen Verkehrsraum aus sichtbar sind.

(6) Die Bestimmungen dieses Gesetzes sind nicht anzuwenden auf
1. Anschläge und Lichtwerbung an genehmigten Säulen, Tafeln und Flächen,
2. Werbemittel an Zeitungs- und Zeitschriftenverkaufsstellen,
3. Auslagen und Dekorationen in Schaufenstern und Schaukästen,
4. Wahlwerbung für die Dauer eines Wahlkampfs.

§ 53 Baustellen

(1) Baustellen sind so einzurichten, dass bauliche Anlagen sowie andere Anlagen und Einrichtungen im Sinne des § 1 Abs. 1 Satz 2 ordnungsgemäß errichtet, geändert oder abgebrochen werden können und Gefahren oder unzumutbare Belästigungen nicht entstehen.

(2) [1]Öffentliche Verkehrsflächen, Versorgungs-, Abwasser- und Meldeanlagen sowie Pegel- und Grundwassermessstellen, Vermessungs- und Grenzmarken sind während der Bauarbeiten zu schützen und, soweit erforderlich, unter den notwendigen Sicherheitsvorkehrungen zugänglich zu halten. [2]Bäume, Hecken und andere Gehölze, die aufgrund öffentlich-rechtlicher Vorschriften zu erhalten sind, müssen während der Bauarbeiten geschützt werden.

(3) [1]Bei der Ausführung genehmigungsbedürftiger Vorhaben ist an der Baustelle eine von der Bauaufsichtsbehörde ausgehändigte Kennzeichnung anzubringen, die über die Erteilung der Baugenehmigung unter Angabe des Ausstellungsdatums, des Aktenzeichens sowie des Namens und der Rufnummer der Bauherrin oder des Bauherrn Auskunft gibt. [2]Die Bauherrin oder der Bauherr hat vor Baubeginn Namen und Rufnummer der Bauleiterin oder des Bauleiters und der am Rohbau beteiligten Unternehmen in die Kennzeichnung einzutragen. [3]Die Kennzeichnung muss dauerhaft, leicht lesbar und von der öffentlichen Verkehrsfläche aus sichtbar angebracht sein.

(4) [1]Bei der Ausführung von Vorhaben, für die das Freistellungsverfahren nach § 67 durchgeführt wurde, sind an der Baustelle Angaben über die Art des Vorhabens sowie über Namen und Rufnummer der Bauherrin oder des Bauherrn, der Bauleiterin oder des Bauleiters und der am Rohbau beteiligten Unternehmen anzubringen. [2]Die Angaben müssen dauerhaft, leicht lesbar und von der öffentlichen Verkehrsfläche aus sichtbar angebracht sein.

Vierter Teil: **Verantwortung der am Bau Beteiligten**

§ 54 Grundsatz

(1) Bei der Errichtung, Änderung, Nutzungsänderung oder dem Abbruch baulicher Anlagen sowie anderer Anlagen und Einrichtungen im Sinne des § 1 Abs. 1 Satz 2 sind die Bauherrin oder der Bauherr und im Rahmen ihres Wirkungskreises die anderen am Bau Beteiligten dafür verantwortlich, dass die baurechtlichen und die sonstigen öffentlich-rechtlichen Vorschriften eingehalten werden.

(2) [1]Die Bauherrin oder der Bauherr sowie die Eigentümerin oder der Eigentümer sind dafür verantwortlich, dass bauliche Anlagen sowie Grundstücke den baurechtlichen Vorschriften entsprechen. [2]Wer erbbauberechtigt ist, tritt an die Stelle der Person, die das Eigentum innehat. [3]Wer die tatsächliche Gewalt über eine bauliche Anlage oder ein Grundstück ausübt, ist neben der Person, die das Eigentum oder das Erbbaurecht innehat, verantwortlich. [4]§ 5 Abs. 3 des Polizei- und Ordnungsbehördengesetzes gilt entsprechend.

§ 55 Bauherrin, Bauherr

(1) [1]Die Bauherrin oder der Bauherr hat zur Vorbereitung, Ausführung und Überwachung genehmigungsbedürftiger Vorhaben und von Vorhaben, für die das Freistellungsverfahren nach § 67 durchgeführt wurde, nach Sachkunde und Erfahrung geeignete Beteiligte nach Maßgabe der §§ 56 bis 57 zu bestellen; § 50 bleibt unberührt. [2]Der Bauherrin oder dem Bauherrn obliegt es, die nach baurechtlichen und sonstigen öffentlich-rechtlichen Vorschriften erforderlichen Anzeigen und Nachweise gegenüber der Bauaufsichtsbehörde zu erbringen. [3]Sie oder er hat die zur Erfüllung der Anforderungen dieses Gesetzes oder aufgrund dieses Gesetzes erforderlichen Nachweise und Unterlagen zu den verwendeten Bauprodukten und den angewandten Bauarten bereitzuhalten. [4]Werden Bauprodukte verwendet, die die CE-Kennzeichnung nach der Verordnung (EU) Nr. 305/2011 tragen, ist die Leistungserklärung bereitzuhalten. [5]Die Bauherrin oder der Bauherr hat vor Baubeginn Namen und Anschrift der bauleitenden Person und während der Bauausführung einen Wechsel dieser Person unverzüglich der Bauaufsichtsbehörde in Textform mitzuteilen.

(2) [1]Bei geringfügigen oder technisch einfachen Vorhaben kann die Bauaufsichtsbehörde auf die Bestellung einer Entwurfsverfasserin oder eines Entwurfsverfassers und einer Bauleiterin oder eines Bauleiters verzichten.

[2]Bei Bauarbeiten, die in Selbst- oder Nachbarschaftshilfe ausgeführt werden, ist die Bestellung von Unternehmen nach Absatz 1 Satz 1 nicht erforderlich, wenn genügend Fachkräfte mit der notwendigen Sachkunde, Erfahrung und Zuverlässigkeit mitwirken.

(3) Die Bauaufsichtsbehörde kann verlangen, dass ihr für bestimmte Bauarbeiten die Unternehmen und Fachleute (§ 57) namhaft gemacht werden.

(4) [1]Ist eine von der Bauherrin oder dem Bauherrn bestellte Person für ihre Aufgabe nach Sachkunde und Erfahrung nicht geeignet, so kann die Bauaufsichtsbehörde vor und während der Ausführung des Vorhabens verlangen, dass sie durch eine geeignete Person ersetzt wird oder geeignete Fachleute oder sachverständige Personen herangezogen werden. [2]Die Bauaufsichtsbehörde kann die Einstellung der Bauarbeiten anordnen, bis geeignete Personen bestellt oder herangezogen worden sind. [3]Die Sätze 1 und 2 gelten für von der Bauherrin oder dem Bauherrn bestellte Unternehmen entsprechend.

(5) Wechselt die Bauherrin oder der Bauherr, so hat die neue Bauherrin oder der neue Bauherr dies der Bauaufsichtsbehörde unverzüglich in Textform mitzuteilen.

(6) Treten bei einem Vorhaben mehrere Personen als Bauherrin oder Bauherr auf, so kann die Bauaufsichtsbehörde verlangen, dass eine Vertretung bestellt wird, die ihr gegenüber die Pflichten der Bauherrin oder des Bauherrn zu erfüllen hat.

§ 56 Entwurfsverfasserinnen, Entwurfsverfasser

(1) [1]Entwurfsverfasserinnen und Entwurfsverfasser sind für die Vollständigkeit und Brauchbarkeit ihrer Entwürfe verantwortlich. [2]Sie haben dafür zu sorgen, dass die für die Ausführung des Vorhabens erforderlichen Einzelzeichnungen, Einzelberechnungen und Anweisungen geliefert werden und dass diese den genehmigten Bauunterlagen sowie den baurechtlichen und sonstigen öffentlich-rechtlichen Vorschriften entsprechen.

(2) [1]Haben Entwurfsverfasserinnen und Entwurfsverfasser auf einzelnen Fachgebieten nicht die erforderliche Sachkunde und Erfahrung, so haben sie die Bauherrin oder den Bauherrn zu veranlassen, geeignete sachverständige Personen heranzuziehen. [2]Für diese gilt Absatz 1 entsprechend. [3]Entwurfsverfasserinnen und Entwurfsverfasser sind für das Ineinandergreifen ihrer Entwürfe und der Entwürfe der sachverständigen Personen verantwortlich.

§ 56a Bauleiterin, Bauleiter

(1) [1]Die Bauleiterin oder der Bauleiter hat darüber zu wachen, dass die Baumaßnahme nach den Vorschriften des öffentlichen Baurechts durchgeführt wird. [2]Verstöße, denen nicht abgeholfen wird, hat sie oder er unverzüglich der Bauaufsichtsbehörde mitzuteilen.

(2) [1]Soweit die Überwachung besondere Sachkunde oder Erfahrung erfordert, hat die Bauleiterin oder der Bauleiter die Bauherrin oder den Bauherrn zu veranlassen, geeignete Fachbauleiterinnen oder Fachbauleiter hinzuzuziehen. [2]Für diese gilt Absatz 1 entsprechend. [3]Neben der Veranlassung nach Satz 1 ist die Bauleiterin oder der Bauleiter für das Ineinandergreifen ihrer oder seiner Tätigkeit und der Tätigkeiten der Fachbauleiterinnen oder Fachbauleiter sowie anderer sachverständiger Personen verantwortlich.

§ 57 Unternehmen

(1) [1]Die Unternehmen sind dafür verantwortlich, dass die von ihnen übernommenen Arbeiten nach den geprüften oder, wenn eine Prüfung nicht erforderlich ist, den eingereichten Bauunterlagen und den Anweisungen der Entwurfsverfasserin oder des Entwurfsverfassers gemäß den baurechtlichen und sonstigen öffentlich-rechtlichen Vorschriften ausgeführt werden. [2]Sie sind ferner verantwortlich für die ordnungsgemäße Einrichtung und den sicheren Betrieb der Baustelle. [3]Sie haben die zur Erfüllung der Anforderungen dieses Gesetzes oder aufgrund dieses Gesetzes erforderlichen Nachweise und Unterlagen über die Verwendbarkeit der verwendeten Bauprodukte und die Anwendbarkeit von Bauarten zu erbringen und auf der Baustelle bereitzuhalten. [4]Bei Bauprodukten, die die CE-Kennzeichnung nach der Verordnung (EU) Nr. 305/2011 tragen, ist die Leistungserklärung bereitzuhalten.

(2) [1]Haben Unternehmen für einzelne Bauarbeiten nicht die erforderliche Sachkunde und Erfahrung, so haben sie die Bauherrin oder den Bauherrn zu veranlassen, andere geeignete Unternehmen oder Fachleute heranzuziehen. [2]Diese sind für ihre Arbeiten verantwortlich.

(3) Die Unternehmen und Fachleute haben auf Verlangen der Bauaufsichtsbehörde für Bauarbeiten, bei denen die Sicherheit der baulichen Anlage in außergewöhnlichem Maße von einer besonderen Sachkunde und Erfahrung oder von einer Ausstattung des Unternehmens mit besonderen Einrichtungen abhängt, nachzuweisen, dass sie für diese Bauarbeiten geeignet sind und über die erforderlichen Einrichtungen verfügen.

Fünfter Teil: **Behörden**

§ 58 Bauaufsichtsbehörden

(1) [1]Bauaufsichtsbehörden sind:
1. das fachlich zuständige Ministerium als oberste Bauaufsichtsbehörde,
2. die Struktur- und Genehmigungsdirektion als obere Bauaufsichtsbehörde,
3. die Kreisverwaltung, in kreisfreien und großen kreisangehörigen Städten die Stadtverwaltung, als untere Bauaufsichtsbehörde.

[2]Soweit eine Übertragung der Aufgaben der unteren Bauaufsichtsbehörde auf die Verbandsgemeindeverwaltung besteht, ist diese untere Bauaufsichtsbehörde.[27]

(2) Die unteren Bauaufsichtsbehörden müssen mit geeigneten Fachkräften besetzt sein.

(3) Die Verbandsgemeinden, die großen kreisangehörigen und die kreisfreien Städte sowie die Landkreise nehmen die Bauaufsicht als Auftragsangelegenheit wahr.

§ 59 Aufgaben und Befugnisse der Bauaufsichtsbehörden

(1) [1]Die Bauaufsichtsbehörden haben bei der Errichtung, Änderung, Instandhaltung, Nutzung, Nutzungsänderung und dem Abbruch baulicher Anlagen sowie anderer Anlagen und Einrichtungen im Sinne des § 1 Abs. 1 Satz 2 darüber zu wachen, dass die baurechtlichen und sonstigen öffentlich-rechtlichen Vorschriften und die aufgrund dieser Vorschriften erlassenen Anordnungen eingehalten werden; sie haben zu diesem Zweck nach pflichtgemäßem Ermessen die erforderlichen Maßnahmen zu treffen. [2]Im Rahmen ihrer Zuständigkeit haben sie die verantwortlichen Personen (§ 54 Abs. 1) zu beraten.

(2) Die Bauaufsichtsbehörden haben im Rahmen ihrer Aufgaben zugleich die Befugnisse von allgemeinen Ordnungsbehörden nach den §§ 6 und 7 des Polizei- und Ordnungsbehördengesetzes.

---

27 Durch die Landesverordnung zur Übertragung der Aufgaben der unteren Bauaufsichtsbehörde auf Verbandsgemeindeverwaltungen vom 24. November 2017 (GVBl. S. 327, BS 213-1-10) wurden die Verbandsgemeindeverwaltungen Diez und Konz widerruflich beauftragt.

(3) Die Bauaufsichtsbehörden können sachverständige Personen oder Stellen heranziehen.

(4) [1]Die mit der Durchführung dieses Gesetzes beauftragten Personen sind befugt, zur Wahrnehmung ihrer Aufgaben Grundstücke und bauliche Anlagen einschließlich der Wohnungen zu betreten. [2]Wohnungen dürfen nur zur Abwehr dringender Gefahren für die öffentliche Sicherheit oder Ordnung betreten werden; die Absicht des Betretens soll unter Darlegung des Zwecks vorher schriftlich mitgeteilt werden. [3]Das Grundrecht der Unverletzlichkeit der Wohnung (Artikel 13 des Grundgesetzes) wird insoweit eingeschränkt.

§ 60 Sachliche Zuständigkeit

Sachlich zuständig ist, soweit in diesem Gesetz oder in Vorschriften aufgrund dieses Gesetzes nichts anderes bestimmt ist, die untere Bauaufsichtsbehörde.

Sechster Teil: **Verfahren**[28,29]

§ 61 Genehmigungsbedürftige Vorhaben

Die Errichtung, die Änderung, die Nutzungsänderung und der Abbruch baulicher Anlagen sowie anderer Anlagen und Einrichtungen im Sinne des § 1 Abs. 1 Satz 2 bedürfen der Genehmigung (Baugenehmigung), soweit in den §§ 62, 67, 76 und 84 nichts anderes bestimmt ist.

§ 62 Genehmigungsfreie Vorhaben

(1) Unbeschadet einer nach anderen Vorschriften erforderlichen Genehmigung bedürfen keiner Baugenehmigung das Errichten, Herstellen, Aufstellen, Anbringen oder Ändern von folgenden baulichen Anlagen, anderen Anlagen und Einrichtungen:

1. Gebäude

---

28 siehe auch C 8, Verfahrenswege

29 siehe auch C 11, Digitalisierung

a) Gebäude bis zu 50 m³, im Außenbereich bis zu 10 m³ umbauten Raums ohne Aufenthaltsräume, Toiletten oder Feuerstätten; ausgenommen sind Kulturdenkmäler und Gebäude in der Umgebung von Kultur- und Naturdenkmälern sowie Garagen, Verkaufs- und Ausstellungsstände,
b) freistehende Gebäude ohne Unterkellerung und ohne Feuerstätten bis zu 100 m² Grundfläche und 6 m Firsthöhe, die einem land- oder forstwirtschaftlichen Betrieb oder einem Betrieb der gartenbaulichen Erzeugung dienen und nur zur Unterbringung von Sachen oder zum vorübergehenden, im Falle von ortsveränderlich genutzten und fahrbereit aufgestellten Anlagen auch zum dauerhaften Schutz von Tieren bestimmt sind,
c) Gewächshäuser bis zu 6 m Firsthöhe, die einem landwirtschaftlichen Betrieb oder einem Betrieb der gartenbaulichen Erzeugung dienen, und Einrichtungen zum vorübergehenden Schutz von Pflanzenkulturen im Erwerbsgarten- und Erwerbsobstbau, wie Hagelschutznetze,
d) Kleinwochenendhäuser, Wohnwagen und Zelte auf genehmigten Camping- und Wochenendplätzen,
e) Gartenlauben in Dauerkleingärten (§ 1 Abs. 3 und § 3 Abs. 2 des Bundeskleingartengesetzes),
f) Garagen, überdachte Stellplätze und Abstellplätze für Fahrräder bis zu 50 m² Grundfläche und einer mittleren Wandhöhe der Außenwände von jeweils nicht mehr als 3,20 m, bei Wänden mit Giebeln einer Firsthöhe von nicht mehr als 4 m; ausgenommen sind Garagen, überdachte Stellplätze und Abstellplätze für Fahrräder im Außenbereich sowie in der Umgebung von Kultur- und Naturdenkmälern,
g) Fahrgastunterstände des öffentlichen Personennahverkehrs;

2. Feuerungs- und andere Energieerzeugungsanlagen
   a) Feuerstätten, wenn sie nachweislich (Unternehmensbescheinigung) von einem Fachunternehmen errichtet werden; § 79 Abs. 2 bleibt unberührt,
   b) Abgasanlagen für Feuerstätten an Gebäuden sowie freistehende Abgasanlagen bis zu 10 m Höhe über der Geländeoberfläche; § 79 Abs. 2 bleibt unberührt,
   c) Blockheizkraftwerke in Gebäuden; § 79 Abs. 2 bleibt unberührt,
   d) Wärmepumpen und Brennstoffzellenheizgeräte; für Wärmepumpen und Brennstoffzellenheizgeräte, die Feuerstätten sind, gilt Buchstabe a,

e) Anlagen zur Nutzung solarer Strahlungsenergie in, an und auf Dach- und Außenwandflächen ausgenommen bei Hochhäusern sowie damit verbundene Nutzungsänderungen baulicher Anlagen; gebäudeunabhängige Anlagen zur Nutzung solarer Strahlungsenergie mit einer Höhe bis zu 3 m und einer Gesamtlänge bis zu 9 m in Gewerbe- und Industriegebieten; die Halbsätze 1 und 2 gelten im Außenbereich nur, wenn sie einem nach § 35 Abs. 1 BauGB zulässigen Vorhaben dienen; ausgenommen sind Anlagen zur Nutzung solarer Strahlungsenergie auf oder an Kulturdenkmälern sowie in der Umgebung von Kultur- und Naturdenkmälern**,**

f) Anlagen zur Nutzung solarer Strahlungsenergie im Geltungsbereich einer städtebaulichen oder einer Satzung nach § 88, die Regelungen über die Zulässigkeit, den Standort und die Größe der Anlage enthält, wenn sie den Festsetzungen nicht widersprechen,

g) Anlagen zur Wasserstofferzeugung, sofern der darin erzeugte Wasserstoff dem Eigenverbrauch in den baulichen Anlagen dient, für die sie errichtet werden,

h) Anlagen zur Erzeugung und Nutzung von Wasserstoff sowie die zugehörigen Gasspeicher, bei denen die Prozessschritte Erzeugung und Nutzung in einem werksmäßig hergestellten Gerät kombiniert sind und die Speichermenge 20 kg nicht überschreitet;

3. Leitungen und Anlagen für Lüftung, Wasser- und Energieversorgung, Abwasserbeseitigung und Fernmeldewesen
   a) Transformatoren-, Gasregler- und Gewässergütemessstationen bis zu 50 m^3 umbauten Raums; ausgenommen sind Anlagen in der Umgebung von Kultur- und Naturdenkmälern,
   b) Wasser- und Warmwasserversorgungsanlagen in Gebäuden und auf Grundstücken,
   c) Abwasserbeseitigungsanlagen in Gebäuden und auf Grundstücken,
   d) Anlagen zur Verteilung von Wärme bei Wasserheizungsanlagen,
   e) Lüftungsleitungen, Leitungen von Warmluftheizungen und Klimaanlagen, Installationsschächte und -kanäle, wenn sie weder Brandabschnitte noch in Gebäuden der Gebäudeklassen 4 und 5 Geschosse überbrücken,
   f) Energie- und Telekommunikationsanlagen in Gebäuden und auf Grundstücken,

   g) Ladestationen für elektrisch betriebene Kraftfahrzeuge einschließlich notwendiger Versorgungseinrichtungen **sowie damit verbundene Nutzungsänderungen**;
4. Masten, Antennen und ähnliche bauliche Anlagen
   a) Blitzschutzanlagen,
   b) Antennenanlagen, einschließlich der Masten bis zu **15 m** Höhe, auf Gebäuden gemessen ab dem Schnittpunkt der Anlage mit der Dachhaut, **im Außenbereich freistehend mit einer Höhe bis zu 20 m** und notwendiger Versorgungseinrichtungen, sowie damit verbundene Nutzungsänderungen baulicher Anlagen; ausgenommen sind Parabolantennen auf oder an Kulturdenkmälern sowie in der Umgebung von Kultur- und Naturdenkmälern**; bei Antennenanlagen mit mehr als 10 m Höhe muss sich die Bauherrin oder der Bauherr vor Baubeginn die Standsicherheit der Maßnahme von einer Person nach § 66 Abs. 6 Satz 1 bestätigen lassen,**
   c) ortsveränderliche Antennenanlagen, die für längstens 24 Monate aufgestellt werden; bei Masten mit mehr als 10 m Höhe ist die geplante Aufstellung der Bauaufsichtsbehörde und der Gemeinde frühzeitig anzuzeigen und muss sich die Bauherrin oder der Bauherr vor Baubeginn die Standsicherheit der Maßnahme von einer Person nach § 66 Abs. 6 Satz 1 bestätigen lassen,
   d) Masten und Unterstützungen für Fernmeldeleitungen oder Leitungen zur Versorgung mit Elektrizität**, für Sirenen** sowie sonstige Masten bis zu 10 m Höhe,
   e) Unterstützungen von Seilbahnen, die der Lastenbeförderung dienen und nicht über öffentliche Verkehrsflächen führen,
   f) Signalhochbauten des amtlichen Vermessungswesens,
   g) Windenergieanlagen bis zu einer Gesamthöhe von 10 m, auf Dächern bis zu einer Gesamthöhe von 2 m, in Gewerbe- und Industriegebieten sowie im Außenbereich, wenn sie einem nach § 35 Abs. 1 BauGB zulässigen Vorhaben dienen, einschließlich der damit verbundenen Nutzungsänderungen baulicher Anlagen; es gelten die Anforderungen des § 66 Abs. 3 Satz 4 und 5; ausgenommen sind Windenergieanlagen auf oder an Kulturdenkmälern sowie in der Umgebung von Kultur- und Naturdenkmälern;
5. Behälter, Wasserbecken
   a) Wasserbecken im Freien bis zu 100 m^3 Rauminhalt, außer im Außenbereich,

b) Behälter bis zu 50 m^3 Behälterinhalt und bis zu 3 m Höhe, im Außenbereich nur, wenn sie einem land- oder forstwirtschaftlichen Betrieb oder einem Betrieb der gartenbaulichen Erzeugung dienen; ausgenommen sind Behälter für Gase, Behälter für brennbare und wassergefährdende Flüssigkeiten mit mehr als 10 m^3 Behälterinhalt sowie Behälter mit mehr als 5 m^3 Behälterinhalt in der Umgebung von Kultur- und Naturdenkmälern,
c) ortsfeste Behälter für verflüssigte Gase mit weniger als 3 t Fassungsvermögen und nicht verflüssigte Gase bis zu 5 m^3 Behälterinhalt,
d) landwirtschaftliche Fahrsilos;

6. Einfriedungen, Stützmauern, Brücken, Durchlässe
   a) Einfriedungen; ausgenommen sind Einfriedungen im Außenbereich sowie in der Umgebung von Kultur- und Naturdenkmälern,
   b) Stützmauern bis zu 2 m Höhe über der Geländeoberfläche,
   c) Durchlässe und Brücken bis zu 5 m lichte Weite; ausgenommen sind Überbrückungen zwischen Gebäuden,
   d) Weidezäune sowie offene Einfriedungen im Außenbereich, die einem land- oder forstwirtschaftlichen Betrieb oder einem Betrieb der gartenbaulichen Erzeugung etwa zum Schutz von land- oder forstwirtschaftlichen Kulturen, dem Schutz von Wildgehegen zu Jagdzwecken oder dem Schutz von Verkehrswegen dienen; ausgenommen sind Einfriedungen in der Umgebung von Kultur- und Naturdenkmälern;
7. bauliche Anlagen in Gärten und zur Freizeitgestaltung
   a) Sprungschanzen und -türme bis zu 5 m Höhe,
   b) luftgetragene Schwimmbeckenüberdachungen bis zu 100 m^2 Grundfläche, außer im Außenbereich sowie in der Umgebung von Kultur- und Naturdenkmälern,
   c) bauliche Anlagen, die der Gartengestaltung oder der zweckentsprechenden Einrichtung von Sport- und Spielplätzen dienen, wie Pergolen, Trockenmauern, Tore für Ballspiele; ausgenommen sind bauliche Anlagen in der Umgebung von Kulturdenkmälern sowie in historischen Park- und Gartenanlagen,
   d) Hochsitze mit einer Nutzfläche bis zu 4 m^2;
8. Werbeanlagen, Warenautomaten, Hinweisschilder
   a) Werbeanlagen bis zu 1 m^2 Größe, soweit durch Satzung nach § 88 Abs. 1 keine andere Größe bestimmt ist,
   b) Werbeanlagen für zeitlich begrenzte Veranstaltungen, wie Aus- und Schlussverkäufe, Märkte, Messen und Heimatfeste, für die Dauer der Veranstaltung,

   c) Werbeanlagen, die an der Stätte der Leistung vorübergehend angebracht oder aufgestellt sind, soweit sie nicht mit dem Boden oder einer baulichen Anlage verbunden sind,
   d) Hinweisschilder des Landesbetriebs Mobilität, Kreiswappenschilder und Gemeindewappenschilder am Ortsein- und -ausgang,
   e) Warenautomaten **einschließlich Paketstationen und ähnliche Anlagen**;
9. sonstige vorübergehend aufgestellte oder genutzte Anlagen
   a) Gerüste,
   b) Baustelleneinrichtungen einschließlich der Lager- und Schutzhallen sowie der zum vorübergehenden Aufenthalt dienenden Unterkünfte (Baubuden),
   c) bauliche Anlagen, die für höchstens drei Monate auf genehmigtem Messe- und Ausstellungsgelände errichtet werden, ausgenommen sind Fliegende Bauten,
   d) Behelfsbauten, die der Landesverteidigung, dem Katastrophenschutz, der Unfallhilfe oder der Abwehr sonstiger außergewöhnlicher Ereignisse zum Schutz der Bevölkerung dienen;
10. tragende und nicht tragende Bauteile
   a) tragende oder aussteifende Bauteile im Innern von Gebäuden nach § 66 Abs. 1 mit Ausnahme von Kulturdenkmälern; die Bauherrin oder der Bauherr muss sich vor Baubeginn die Unbedenklichkeit der Maßnahme von einer Person nach § 66 Abs. 6 Satz 1 bestätigen lassen,
   b) nicht tragende oder nicht aussteifende Bauteile im Innern von Gebäuden, bei Gebäuden, die nicht unter § 66 Abs. 1 fallen, jedoch nur außerhalb von Rettungswegen; ausgenommen sind Kulturdenkmäler;
11. sonstige bauliche Anlagen und Teile baulicher Anlagen
   a) selbständige Aufschüttungen oder Abgrabungen bis zu 300 m^2 Grundfläche und bis zu 2 m Höhe oder Tiefe; ausgenommen sind Abgrabungen in Grabungsschutzgebieten gemäß § 22 des Denkmalschutzgesetzes,
   b) Ausgrabungen der Denkmalfachbehörde und ihrer Beauftragten nach § 25 des Denkmalschutzgesetzes,
   c) Plastiken, Denkmäler und ähnliche Anlagen bis zu 3 m Höhe sowie Grabkreuze und -steine auf Friedhöfen,
   d) Stellplätze und Sport- und Spielplätze bis zu 100 m^2 Fläche,
   e) Abstellplätze für Fahrräder,
   f) freistehende Regale bis zu 12 m Höhe auf genehmigten oder genehmigungsfreien Lagerplätzen,

g) Kranbahnen und ihre Unterstützungen für Krane bis zu 50 kN Traglast,
h) Fahrzeugwaagen,
i) Lager-, Abstellplätze und Ausläufe für Tiere, die einem land- oder forstwirtschaftlichen Betrieb dienen, sowie sonstige Lager-, Abstell-, Aufstell- und Ausstellungsplätze bis zu 300 m^2 Fläche,
j) nicht öffentliche Verkehrsflächen,
k) Zapfsäulen und Tankautomaten genehmigter Tankstellen,
l) Vorhaben inländischer öffentlicher Stellen, die der Landesverteidigung dienen; ausgenommen sind Vorhaben, für die eine Umweltverträglichkeitsprüfung oder eine Vorprüfung nach dem Recht über die Umweltverträglichkeitsprüfung durchzuführen sind,
m) unbedeutende bauliche Anlagen, soweit sie nicht durch die Nummern 1 bis 11 Buchst. **l** erfasst sind, wie nicht überdachte Terrassen, zu Straßenfesten und ähnlichen Veranstaltungen kurzfristig errichtete bauliche Anlagen, die keine Fliegende Bauten sind, Kleintierställe bis zu 5 m^3 umbauten Raums, Fahnen- oder Teppichstangen sowie Markisen außerhalb öffentlicher Verkehrsflächen;

12. Imbiss- und Verkaufswagen auf öffentlichen Verkehrsflächen und gewerblich genutzten Flächen, außer im Außenbereich.

(2) Keiner Baugenehmigung bedürfen ferner:

1. die Änderung der äußeren Gestaltung genehmigungsbedürftiger baulicher Anlagen durch Anstrich, Verputz oder Dacheindeckung, durch Austausch von Fenstern, Fenstertüren oder Außentüren und der Bedachung einschließlich Maßnahmen zum Zwecke der Energieeinsparung sowie durch Bekleidungen und Verblendungen von Wänden, ausgenommen Hochhäuser; dies gilt nicht in Gebieten, für die örtliche Vorschriften über die Gestaltung oder Erhaltung baulicher Anlagen bestehen, sowie für Gebäude in der Umgebung von Kultur- und Naturdenkmälern,
2. zu ebener Erde liegende, unbeheizte Anbauten wie Wintergärten und Terrassenüberdachungen bis zu 50 m^3 umbauten Raums bei Wohngebäuden der Gebäudeklassen 1 bis 3, mit Ausnahme von Wohngebäuden im Außenbereich,
3. der Ausbau einzelner Aufenthaltsräume im Dachraum von Wohngebäuden der Gebäudeklassen 1 bis 3, wenn die äußere Gestaltung des Gebäudes nicht verändert wird; in der Dachfläche liegende Fenster sind zulässig,

4. die nicht wesentliche Änderung von Schornsteinen; § 79 Abs. 2 bleibt unberührt,
5. Nutzungsänderungen von
   a) Gebäuden, Nutzungseinheiten und Räumen, die nicht im Außenbereich liegen, wenn für die neue Nutzung keine anderen bedeutsamen öffentlich-rechtlichen Anforderungen als für die bisherige Nutzung gelten,
   b) Gebäuden und Räumen, die nicht im Außenbereich liegen, bei einer teilweisen, untergeordneten gewerblichen oder geschäftlichen Mitbenutzung von Wohnraum ohne Änderung der Bausubstanz durch freiberuflich Tätige oder Gewerbetreibende. Dies gilt insbesondere für Existenzgründerinnen und Existenzgründer. Unbeschadet dessen kann für solche Nutzungsänderungen eine Genehmigung nach § 66 Abs. 1 beantragt werden. Anforderungen nach anderen Vorschriften sowie Rechte und Pflichten aufgrund privatrechtlicher Verträge bleiben unberührt, insbesondere ist dafür Sorge zu tragen, dass durch die Nutzungsänderung keine der Eigenart des Baugebietes widersprechende Belästigungen oder Störungen zu erwarten sind,
   c) anderen Anlagen und Einrichtungen, wenn deren Errichtung oder Änderung für die neue Nutzung genehmigungsfrei wäre,
6. der Abbruch oder die Beseitigung von
   a) Anlagen und Einrichtungen nach Nummer 2 und Absatz 1,
   b) baulichen Anlagen, die keine Gebäude sind, bis zu einer Höhe von 30 m sowie bauliche Anlagen nach § 83 Abs. 4 und § 84,
   c) Gebäuden mit Ausnahme von Hochhäusern,
   d) ortsfesten Behältern,
   e) Feuerstätten.

(3) Die Genehmigungsfreiheit entbindet nicht von der Verpflichtung zur Einhaltung der Anforderungen, die durch baurechtliche und sonstige öffentlich-rechtliche Vorschriften an bauliche Anlagen sowie andere Anlagen und Einrichtungen gestellt werden.

§ 63 Bauantrag

(1) Der Antrag auf Erteilung der Baugenehmigung (Bauantrag) ist von der Bauherrin oder dem Bauherrn bei der **Bauaufsichtsbehörde** einzureichen.

(2) [1]Mit dem Bauantrag sind alle für die Beurteilung des Vorhabens und die Bearbeitung des Antrags erforderlichen Unterlagen (Bauunterlagen)

einzureichen. [2]Es kann zugelassen werden, dass einzelne Bauunterlagen nachgereicht werden.

(3) [1]**Die Bauaufsichtsbehörde leitet den Bauantrag unverzüglich an die Gemeindeverwaltung weiter und ersucht soweit erforderlich um die Erteilung des Einvernehmens oder der Zustimmung der Gemeinde nach dem Baugesetzbuch, die umgehend zu dem Vorhaben Stellung nimmt.** [2]**Bei verbandsangehörigen Gemeinden tritt an die Stelle der Gemeindeverwaltung die Verbandsgemeindeverwaltung.**

(4) Hat die Bauherrin oder der Bauherr nicht das Eigentum oder das Erbbaurecht an dem Grundstück inne, so kann ein zur Ausführung des Vorhabens berechtigender Nachweis verlangt werden.

(5) Zur Beurteilung, wie sich das Vorhaben in die Umgebung einfügt, kann verlangt werden, dass es in geeigneter Weise, soweit erforderlich auf dem Grundstück, dargestellt wird.

§ 64 Bauvorlageberechtigung[30]

(1) [1]Bauunterlagen für die genehmigungsbedürftige Errichtung und Änderung von Gebäuden sowie für Vorhaben, für die das Freistellungsverfahren nach § 67 durchgeführt wird, müssen von einer bauvorlageberechtigten Entwurfsverfasserin oder einem bauvorlageberechtigten Entwurfsverfasser verantwortet werden. [2]**Dies gilt nicht für**

1. **Bauunterlagen, die üblicherweise von Fachkräften mit anderer Ausbildung als nach Absatz 2 verfasst werden,**
2. **Garagen bis zu 100 m² Nutzfläche sowie**
3. **Behelfsbauten und untergeordnete Gebäude (§ 49).**

[3]Die Bauaufsichtsbehörde kann verlangen, dass die Bauvorlageberechtigung nachgewiesen wird.

(2) Bauvorlageberechtigt ist,

1. wer aufgrund des Architektengesetzes die Berufsbezeichnung Architektin oder Architekt zu führen berechtigt ist,
2. wer in einer von der Ingenieurkammer Rheinland-Pfalz zu führenden Liste **der Bauvorlageberechtigten** eingetragen ist **oder ohne eine solche Listeneintragung gemäß § 64d bauvorlageberechtigt ist,**
3. wer aufgrund des Architektengesetzes die Berufsbezeichnung Innenarchitektin oder Innenarchitekt zu führen berechtigt ist, für die mit der

30 sowie zu den §§ 64a bis 64d siehe auch C 9, Bauvorlageberechtigung

Berufsaufgabe der Innenarchitektin oder des Innenarchitekten verbundene bauliche Änderung von Gebäuden,

4. **wer Bedienstete oder Bediensteter einer juristischen Person des öffentlichen Rechts ist und einen berufsqualifizierenden Hochschulabschluss eines Studiums der Fachrichtung Bauingenieurwesen gemäß den in der Anlage geregelten Leitlinien oder der Fachrichtung Architektur nachweisen kann und danach mindestens zwei Jahre auf dem Gebiet der Entwurfsplanung von Gebäuden praktisch tätig gewesen ist, im Rahmen der dienstlichen Tätigkeit**.

(3) [1]Bauvorlageberechtigt sind ferner folgende in die Liste der eingeschränkt Bauvorlageberechtigten bei der Architektenkammer Rheinland-Pfalz oder der Ingenieurkammer Rheinland-Pfalz eingetragene Personen:

1. Berufsangehörige, die über einen inländischen oder auswärtigen Hochschulabschluss der Fachrichtung Architektur oder Bauingenieurwesen verfügen,
2. staatlich geprüfte Technikerinnen und Techniker der Fachrichtung Bautechnik,
3. Personen, die die Meisterprüfung des Maurer-, Betonbauer- oder Zimmererhandwerks abgelegt haben und in die Handwerksrolle eingetragen sind, zwei Jahre als Meisterin oder Meister tätig waren und einen von der Architektenkammer Rheinland-Pfalz oder der Ingenieurkammer Rheinland-Pfalz anerkannten und mindestens 60 Stunden umfassenden Lehrgang mit Inhalten der Bauplanung in Ergänzung zur Meisterausbildung vorweisen können. Die Erteilung der Ausübungsberechtigung nach den §§ 7a und 7b der Handwerksordnung in der Fassung vom 24. September 1998 (BGBl. I S. 3074; 2006 S. 2095) in der jeweils geltenden Fassung ist hierfür nicht ausreichend.

[2]Der in Satz 1 genannte Personenkreis ist bauvorlageberechtigt für

1. Wohngebäude der Gebäudeklassen 1 und 2 mit maximal zwei Wohnungen bis zu insgesamt 100 m² Grundfläche,
2. gewerbliche sowie land- und forstwirtschaftliche Gebäude mit nicht mehr als einem oberirdischen Geschoss bis zu 250 m² Grundfläche.

(4) [1]Sollte eine nach Absatz 3 Satz 1 bauvorlageberechtigte Person mit Ausnahme der Absolventinnen und Absolventen der Fachrichtung Architektur das Recht zur Ausführung eines in Absatz 3 Satz 2 genannten Vorhabens ausüben wollen, ist sie verpflichtet, sich vor dem

ersten Tätigwerden in die Liste nach Absatz 3 Satz 1 eintragen zu lassen, die bei der Ingenieurkammer Rheinland-Pfalz geführt wird. [2]Voraussetzungen für die Eintragung in die Liste sind die in Absatz 3 Satz 1 sowie in Absatz 6 Satz 2 bis 5 genannten Anforderungen. [3]Mit Eintragung in die Liste unterfällt die eingetragene Person den Pflichten des § 36 Abs. 2 Nr. 1 bis 3, 6, 9 und 10 des Landesgesetzes zum Schutz der Berufsbezeichnungen im Ingenieurwesen und über die Ingenieurkammer Rheinland-Pfalz (IngKaG) vom 9. März 2011 (GVBl. S. 47, BS 714-1) in der jeweils geltenden Fassung. [4]Die Ingenieurkammer Rheinland-Pfalz hat auf Antrag zu bestätigen, dass die Eintragung nach Absatz 4 Satz 1 erfolgt ist.

(5) [1]Die Ingenieurkammer Rheinland-Pfalz kann die Eintragung in der Liste nach Absatz 4 Satz 1 löschen, wenn die Voraussetzungen des Absatzes 3 Satz 1 sowie des Absatzes 6 Satz 2 bis 5 nicht erfüllt sind oder gegen die Bestimmungen des § 36 Abs. 2 Nr. 1 bis 3, 6, 9 und 10 IngKaG sowie des Absatzes 6 Satz 1 verstoßen wird. [2]Mit der Löschung gilt das Tätigwerden als bauvorlageberechtigte Person als untersagt. [3]Die für die Löschung aus Listen geltenden Regelungen der Ingenieurkammer Rheinland-Pfalz gelten auch für diese Liste.

(6) [1]Die Bauvorlageberechtigten nach Absatz 3 Satz 1 Nr. 1, mit Ausnahme der Absolventinnen und Absolventen der Fachrichtung Architektur, Nr. 2 und 3 sind verpflichtet, sich jährlich mindestens acht Stunden im Bereich des Baurechts und der Baukonstruktion fortzubilden. [2]Sie haben sich ausreichend gegen Haftpflichtansprüche zu versichern, die aus ihrer eigenverantwortlichen Tätigkeit herrühren können. [3]Es ist eine Nachhaftung des Versicherers für mindestens fünf Jahre nach Beendigung des Versicherungsvertrags zu vereinbaren. [4]Die Mindestversicherungssumme beträgt für jeden Versicherungsfall 1,5 Millionen Euro für Personenschäden und 300.000 Euro für Sach- und Vermögensschäden. [5]Als Jahreshöchstleistung für alle im Versicherungsjahr verursachten Schäden muss der dreifache Betrag der Mindestversicherungssumme veranschlagt sein. [6]Die Erfüllung der jährlichen Fortbildungspflicht sowie das Vorliegen der Haftpflichtversicherung haben die Bauvorlageberechtigten gegenüber der Ingenieurkammer Rheinland-Pfalz auf Anfrage nachzuweisen. [7]In Bezug auf die Versicherungspflicht nach Satz 2 ist zuständige Stelle im Sinne des § 117 Abs. 2 des Versicherungsvertragsgesetzes die Ingenieurkammer Rheinland-Pfalz.

(7) [1]Möchte eine Absolventin oder ein Absolvent der Fachrichtung Architektur Vorhaben nach Absatz 3 Satz 2 ausführen, so muss sie oder

er entweder als Juniormitglied der Architektenkammer Rheinland-Pfalz oder in einer bei der Architektenkammer Rheinland-Pfalz zu führenden Liste eingetragen sein. [2]Voraussetzung für die Eintragung in diese Liste sind die in Absatz 3 Satz 1 Nr. 1 Alternative 1 sowie in Absatz 6 Satz 2 bis 5 genannten Anforderungen. [3]Mit Eintragung in die Liste unterfällt die Person den Berufspflichten der Architektinnen und Architekten gemäß § 2 Abs. 1 des Architektengesetzes (ArchG) vom 16. Dezember 2005 (GVBl. S. 505, BS 70-10) in der jeweils geltenden Fassung. [4]Insbesondere sind der Architektenkammer Rheinland-Pfalz die regelmäßige Fortbildung sowie das Vorliegen einer ausreichenden Haftpflichtversicherung entsprechend Absatz 6 Satz 2 bis 5 auf Anforderung nachzuweisen. [5]In Bezug auf die Versicherungspflicht nach Satz 2 in Verbindung mit Absatz 6 Satz 2 ist zuständige Stelle im Sinne des § 117 Abs. 2 des Versicherungsvertragsgesetzes die Architektenkammer Rheinland-Pfalz.

(8) [1]Die Architektenkammer Rheinland-Pfalz kann die Eintragung in der Liste nach Absatz 7 Satz 1 löschen, wenn die Voraussetzungen des Absatzes 3 Satz 1 Nr. 1 Alternative 1 sowie des Absatzes 6 Satz 2 bis 5 nicht erfüllt sind oder gegen die Bestimmungen des § 2 Abs. 1 ArchG verstoßen wird. [2]Mit der Löschung gilt das Tätigwerden als bauvorlageberechtigte Person als untersagt. [3]Die für die Löschung aus Listen geltenden Regelungen der Architektenkammer Rheinland-Pfalz gelten auch für diese Liste.

(9) Für bauvorlageberechtigte Personen nach Absatz 3 Satz 1 Nr. 1 erlischt eine Eintragung und endet die Befugnis der eingeschränkten Bauvorlageberechtigung nach Absatz 3 Satz 2 mit Ablauf von drei Jahren nach Abschluss des entsprechenden Hochschulstudiums.

(10) Nicht bauvorlageberechtigte Personen, die vor dem 1. Juli 1987 regelmäßig Bauunterlagen für Gebäude nach § 95 Abs. 6 Nr. 1 bis 3 der Landesbauordnung für Rheinland-Pfalz vom 27. Februar 1974 (GVBl. S. 53) gefertigt und dies bis zum 1. Juli 1990 der zuständigen oberen Bauaufsichtsbehörde nachgewiesen haben, können Bauunterlagen für Gebäude dieser Art auch weiterhin unterschreiben.

(11) Zur Erfüllung ihrer Pflichten als listenführende und Eintragungsvoraussetzung prüfende Stelle nach Absatz 4 Satz 1 sowie Absatz 5 besteht ein Auskunftsanspruch der Ingenieurkammer Rheinland-Pfalz gegenüber der Handwerkskammer im Hinblick auf das Vorliegen der Voraussetzungen des Absatzes 3 Satz 1 Nr. 3.

(12) Gebühren für die Eintragung und Listenführung nach den Absätzen 4 bis 7 regeln die Beitragsordnungen der Architektenkammer

Rheinland-Pfalz beziehungsweise der Ingenieurkammer Rheinland-Pfalz.

§ 64a Voraussetzung für die Eintragung in die Liste nach § 64 Abs. 2 Nr. 2

(1) In die Liste nach § 64 Abs. 2 Nr. 2 ist auf Antrag von der Ingenieurkammer Rheinland-Pfalz einzutragen, wer
1. einen berufsqualifizierenden Hochschulabschluss eines Studiums der Fachrichtung Bauingenieurwesen gemäß der in der Anlage geregelten Leitlinien an einer deutschen Hochschule nachweist und
2. danach mindestens zwei Jahre auf dem Gebiet der Entwurfsplanung von Gebäuden praktisch tätig gewesen ist.

(2) Auf Antrag ist in die Liste nach § 64 Abs. 2 Nr. 2 einzutragen, wer über einen auswärtigen Hochschulabschluss verfügt, der den in Absatz 1 Nr. 1 genannten Anforderungen gleichwertig ist, und die Anforderungen des Absatzes 1 Nr. 2 erfüllt.

(3) [1]Eine Antragstellerin oder ein Antragsteller wird in die Liste nach § 64 Abs. 2 Nr. 2 auch eingetragen, wenn
1. sie oder er in Bezug auf die Studienanforderungen einen Ausbildungsnachweis nach Artikel 11 der Richtlinie 2005/36/EG des Europäischen Parlaments und des Rates vom 7. September 2005 über die Anerkennung von Berufsqualifikationen (ABl. EU Nr. L 255 S. 22) in der jeweils geltenden Fassung besitzt, soweit diese in einem Mitgliedstaat der Europäischen Union oder einem nach dem Recht der Europäischen Union gleichgestellten Staat erforderlich sind, um in dessen Hoheitsgebiet die Erlaubnis zur Aufnahme und Ausübung dieses Berufs zu erhalten,
2. der Ausbildungsnachweis den Anforderungen nach Artikel 13 Abs. 2 Satz 2 der Richtlinie 2005/36/EG genügt und
3. die berufspraktische Tätigkeit mit den Anforderungen nach Absatz 1 Nr. 2 vergleichbar ist.

[2]Satz 1 gilt auch für eine Antragstellerin oder einen Antragsteller, die oder der nachweist, dass sie oder er
1. diesen Beruf ein Jahr lang vollzeitbeschäftigt oder während einer entsprechenden Gesamtdauer in Teilzeit während der vorhergehenden zehn Jahre in einem Mitgliedstaat der Europäischen Union oder einem nach dem Recht der Europäischen Union gleichgestellten Staat ausgeübt hat; ist entweder der Beruf oder

die Ausbildung zu diesem Beruf im Herkunftsstaat reglementiert, ist kein Nachweis über die Berufsausübung zu fordern,
2. im Besitz eines Befähigungs- oder Ausbildungsnachweises ist, der den Anforderungen nach Artikel 13 Abs. 2 Satz 2 der Richtlinie 2005/36/EG genügt und
3. keine wesentlichen Unterschiede gemäß Absatz 3 Satz 1 bestehen.

(4) Die Eintragung in eine vergleichbare Liste eines anderen Landes der Bundesrepublik Deutschland gilt auch in Rheinland-Pfalz.

(5) § 17 des Berufsqualifikationsfeststellunggesetzes Rheinland-Pfalz (BQFGRP) vom 8. Oktober 2013 (GVBl. S. 359, BS 806-4) in der jeweils geltenden Fassung findet entsprechend Anwendung.

§ 64b Eintragungsverfahren für Antragstellende mit Hochschulabschlüssen aus anderen Mitgliedstaaten der Europäischen Union

(1) Für die Form des Antrags auf Eintragung, die einzureichenden Unterlagen sowie das diesbezügliche Verfahren gelten die §§ 12 und 13 BQFGRP.

(2) [1]Antragstellende haben Unterlagen nach Artikel 50 Abs. 1 der Richtlinie 2005/36/EG in Verbindung mit deren Anhang VII Nr. 1 Buchst. a und b Satz 1 sowie auf Anforderung nach Anhang VII Nr. 1 Buchst. b Satz 2 dieser Richtlinie vorzulegen. [2]Gibt die Antragstellerin oder der Antragsteller an, hierzu nicht in der Lage zu sein, wendet sich die Ingenieurkammer Rheinland-Pfalz zur Beschaffung der erforderlichen Unterlagen an die Kontaktstelle, die zuständige Behörde oder eine Ausbildungsstelle. [3]Bei Ausbildungsnachweisen gemäß Artikel 50 Abs. 3 der Richtlinie 2005/36/EG kann die Ingenieurkammer Rheinland-Pfalz bei berechtigten Zweifeln von der zuständigen Stelle des Ausstellungsstaates die Überprüfung der Kriterien gemäß Artikel 50 Abs. 3 Buchst. a bis c der Richtlinie 2005/36/EG verlangen. [4]War die Antragstellerin oder der Antragsteller bereits in einem anderen Mitgliedstaat der Europäischen Union oder einem nach dem Recht der Europäischen Union gleichgestellten Staat tätig, kann die Ingenieurkammer Rheinland-Pfalz im Fall berechtigter Zweifel von der im Herkunftsstaat zuständigen Behörde eine Bestätigung der Tatsache verlangen, dass die Ausübung dieses Berufs durch die Antragstellerin oder den Antragsteller nicht aufgrund schwerwiegenden

standeswidrigen Verhaltens oder einer Verurteilung wegen strafbarer Handlungen untersagt worden ist. [5]Im Übrigen finden die Vorschriften des Artikels 50 Abs. 1 der Richtlinie 2005/36/EG in Verbindung mit deren Anhang VII Nr. 1 Buchst. d, e, f und g Anwendung. [6]Die auf Verlangen übermittelten Unterlagen und Bescheinigungen dürfen bei ihrer Vorlage nicht älter als drei Monate sein. [7]Der Informationsaustausch erfolgt über das Binnenmarkt-Informationssystem (IMI).

(3) [1]Über die Eintragung in die Liste nach § 64 Abs. 2 Nr. 2 ist eine Bescheinigung auszustellen. [2]Die Liste enthält folgende Angaben:
1. Zeitpunkt der Eintragung,
2. Familienname, Geburtsname und Vornamen,
3. Geburtsdatum, Geburtsort und Geschlecht,
4. akademische Grade und Titel,
5. ladungsfähige Adresse.

[2]Die Liste nach § 64 Abs. 2 Nr. 2 enthält darüber hinaus Angaben über die Staatsangehörigkeit der Antragstellerin oder des Antragstellers und den Staat, in dem die Berufsqualifikation erworben wurde. [3]Wesentliche Änderungen gegenüber der nach Satz 2 bescheinigten Situation hat die Antragstellerin oder der Antragsteller der Ingenieurkammer Rheinland-Pfalz unverzüglich mitzuteilen. [4]Die für die Löschung aus Listen geltenden Regelungen der Ingenieurkammer Rheinland-Pfalz gelten auch für diese Liste.

(4) Kann eine Eintragung in die Liste nicht erfolgen, weil die Antragstellerin oder der Antragsteller die Voraussetzungen des § 64a Abs. 3 nicht erfüllt, ist dies durch Bescheid im Sinne des § 10 BQFGRP festzustellen.

§ 64c Ausgleichsmaßnahmen

(1) [1]Antragstellende, die nicht nach § 64a Abs. 2 und 3 in die Liste nach § 64 Abs. 2 Nr. 2 eingetragen werden können, weil sie aufgrund von wesentlichen Unterschieden nicht über eine gleichwertige Berufsqualifikation verfügen und die über einen Ausbildungsnachweis verfügen, der dem Berufsqualifikationsniveau nach Artikel 11 Buchst. b, c, d oder e der Richtlinie 2005/36/EG entspricht, können einen höchstens dreijährigen Anpassungslehrgang absolvieren oder eine Eignungsprüfung ablegen. [2]Beantragt eine Inhaberin oder ein Inhaber einer Berufsqualifikation gemäß Artikel 11 Buchst. a der Richtlinie 2005/36/EG die Anerkennung ihrer oder seiner Berufsqualifikationen und ist die erforderliche Berufsqualifikation unter Artikel 11

Buchst. d der Richtlinie 2005/36/EG eingestuft, so kann die Ingenieurkammer Rheinland-Pfalz sowohl einen Anpassungslehrgang als auch eine Eignungsprüfung vorschreiben.

(2) [1]Die Einzelheiten zur Durchführung von Ausgleichsmaßnahmen werden durch Satzung der Ingenieurkammer Rheinland-Pfalz festgelegt. [2]Diese ist von der für die Ingenieurkammer Rheinland-Pfalz zuständigen Aufsichtsbehörde zu genehmigen.

(3) [1]Die Ingenieurkammer Rheinland-Pfalz kann mit anderen zuständigen Stellen innerhalb der Bundesrepublik Deutschland landesübergreifende Vereinbarungen zur Durchführung von Ausgleichsmaßnahmen schließen. [2]Die Vereinbarung bedarf der Genehmigung des für das Bauberufsrecht fachlich zuständigen Ministeriums.

§ 64d Vorübergehende und gelegentliche Dienstleistungserbringung von bauvorlageberechtigten Ingenieurinnen oder Ingenieuren, Anzeigeverfahren

(1) [1]Dienstleisterinnen oder Dienstleister, die zur vorübergehenden und gelegentlichen Erstellung von Bauunterlagen berechtigt sind, sind in ein entsprechendes Verzeichnis bei der Ingenieurkammer Rheinland-Pfalz einzutragen. [2]Die für die Erstellung von Listen geltenden Regelungen für die Ingenieurkammer Rheinland-Pfalz gelten auch für dieses Verzeichnis.

(2) [1]Dienstleisterinnen oder Dienstleister nach Absatz 1 haben das erstmalige Erbringen von Dienstleistungen zuvor der Ingenieurkammer Rheinland-Pfalz in Textform anzuzeigen. [2]Einer Anzeige nach Satz 1 bedarf es nicht, wenn die Dienstleisterin oder der Dienstleister bereits aufgrund einer Regelung eines anderen Landes der Bundesrepublik Deutschland zur Dienstleistungserbringung berechtigt ist. [3]Zusammen mit der Anzeige sind folgende Unterlagen vorzulegen:

1. ein Identitätsnachweis,
2. eine Bescheinigung, dass sie oder er in einem Mitgliedstaat der Europäischen Union oder einem nach dem Recht der Europäischen Union gleichgestellten Staat rechtmäßig zur Ausübung der betreffenden Tätigkeit niedergelassen ist und ihr oder ihm die Ausübung dieser Tätigkeit zum Zeitpunkt der Vorlage der Bescheinigung nicht, auch nicht vorübergehend, untersagt ist,
3. ein Berufsqualifikationsnachweis,
4. in den in § 64a Abs. 3 Satz 2 genannten Fällen ein Nachweis in beliebiger Form darüber, dass die Dienstleisterin oder der Dienst-

leister die betreffende Tätigkeit mindestens ein Jahr während der vorhergehenden zehn Jahre ausgeübt hat; ist entweder der Beruf oder die Ausbildung zu diesem Beruf im Herkunftsstaat reglementiert, ist kein Nachweis über die Berufsausübung zu fordern,
5. ein Nachweis über eine ausreichende Berufshaftpflichtversicherung.

[4]Die §§ 12 und 13 BQFGRP gelten entsprechend.

(3) [1]Die Vorlage der Anzeige nach Absatz 2 berechtigt die Dienstleisterin oder den Dienstleister zur Erstellung von Bauunterlagen. [2]Der Ingenieurkammer Rheinland-Pfalz steht es frei, die Unterlagen nach Absatz 2 Satz 3 nachzuprüfen. [3]Die Erstellung von Bauunterlagen ist der Dienstleisterin oder dem Dienstleister zu untersagen, wenn sie oder er nicht zur Ausübung desselben Berufs rechtmäßig in einem Mitgliedstaat der Europäischen Union oder einem nach dem Recht der Europäischen Union gleichgestellten Staat niedergelassen ist, ihr oder ihm die Ausübung dieser Tätigkeit nach der Anzeige untersagt wird oder sie oder er die Voraussetzungen des § 64a Abs. 3 Satz 2 nicht erfüllt. [4]In diesen Fällen ist der Dienstleisterin oder dem Dienstleister die Möglichkeit einzuräumen, Kenntnisse, Fähigkeiten und Kompetenzen durch einen Anpassungslehrgang zu erwerben oder durch eine Eignungsprüfung nachzuweisen. [5]Ist die Dienstleisterin oder der Dienstleister zur Ausübung desselben Berufs rechtmäßig in einem Mitgliedstaat der Europäischen Union oder einem nach dem Recht der Europäischen Union gleichgestellten Staat niedergelassen oder erfüllt sie oder er die Voraussetzungen des § 64a Abs. 3 Satz 2, so darf ihr oder ihm die Berechtigung zur Erstellung von Bauunterlagen nicht aufgrund ihrer oder seiner Berufsqualifikation beschränkt werden. [6]Für die Bestimmung desselben Berufs im Sinne dieses Absatzes gilt das gestufte System des § 64.

(4) [1]Das Recht zur Führung der Berufsbezeichnung des Niederlassungsstaates nach Artikel 7 Abs. 3 der Richtlinie 2005/36/EG bleibt unberührt. [2]Die Berufsbezeichnung ist dann so zu führen, dass keine Verwechslung mit einer inländischen Berufsbezeichnung möglich ist.

(5) [1]Auswärtige bauvorlageberechtigte Ingenieurinnen und Ingenieure haben die Berufspflichten zu beachten. [2]Sie sind hierfür wie Pflichtmitglieder der Ingenieurkammer Rheinland-Pfalz zu behandeln. [3]Die Ingenieurkammer Rheinland-Pfalz stellt über die Eintragung in das Verzeichnis nach Absatz 1 Satz 1 eine auf fünf Jahre befristete Bescheinigung aus, die auf Antrag verlängert werden kann.

(6) § 17 BQFGRP findet entsprechend Anwendung.

§ 65 Behandlung des Bauantrags

(1) [1]Die Bauaufsichtsbehörde hat zu prüfen, ob dem Vorhaben baurechtliche oder sonstige öffentlich-rechtliche Vorschriften entgegenstehen, sofern in diesem Gesetz nichts anderes bestimmt ist. [2]Obliegt die Entscheidung über die Vereinbarkeit des Vorhabens mit sonstigen öffentlichrechtlichen Vorschriften einer anderen Behörde, ist die Prüfung durch die Bauaufsichtsbehörde insoweit eingeschränkt. [3]Die Nachweise des Wärme- und Schallschutzes sind nicht zu prüfen.

(2) [1]Die Bauaufsichtsbehörde hat nach Eingang des Bauantrags binnen **15 Arbeitstagen** zu prüfen, ob
1. der Bauantrag und die Bauunterlagen vollständig,
2. andere Behörden oder Stellen zu beteiligen und
3. sachverständige Personen heranzuziehen

sind. [2]Ist der Bauantrag unvollständig oder weist er sonst erhebliche Mängel auf, fordert die Bauaufsichtsbehörde die Bauherrin oder den Bauherrn innerhalb einer angemessenen Frist zur Nachbesserung auf. [3]§ 63 Abs. 2 Satz 2 bleibt unberührt. [4]Werden die Mängel innerhalb der Frist nicht behoben, gilt der Antrag als zurückgenommen. [5]Die Bauaufsichtsbehörde führt unverzüglich einen Anhörungstermin durch, wenn dies der Vereinfachung und Beschleunigung des Verfahrens dient.

(3) Typenprüfungen sind nach § 75 zu behandeln.

(4) [1]Legt die Bauherrin oder der Bauherr Bescheinigungen einer sachverständigen Person im Sinne der Rechtsverordnung nach § 87 Abs. 5 vor, wird vermutet, dass die bauaufsichtlichen Anforderungen insoweit erfüllt sind. [2]Die Bauaufsichtsbehörde kann die Vorlage solcher Bescheinigungen verlangen. [3]Sie ist nicht verpflichtet, den Inhalt der Bescheinigungen zu überprüfen.

(5) [1]Ist die Erteilung der Baugenehmigung von der Zustimmung, dem Einvernehmen, der Genehmigung oder der Erlaubnis einer anderen Behörde abhängig oder muss über das Vorhaben im Benehmen mit einer anderen Behörde entschieden werden, so holt die Bauaufsichtsbehörde die Entscheidung der anderen Behörde ein. [2]Zu diesem Zweck kann sie der anderen Behörde personenbezogene Daten übermitteln, die diese für ihre Entscheidung benötigt. [3]Eine nach landesrechtlichen Vorschriften erforderliche Entscheidung nach Satz 1 gilt als erteilt, wenn sie nicht innerhalb eines Monats nach Eingang des Ersuchens unter Angabe der Gründe versagt wird; dies gilt nicht, wenn die Bauaufsichtsbehörde auf begründeten Antrag der anderen Behörde die Frist verlängert hat. [4]Die Bauaufsichtsbe-

hörde teilt die Entscheidung der anderen Behörde zusammen mit ihrer Entscheidung der Bauherrin oder dem Bauherrn mit.

(6) [1]Betrifft das Vorhaben eine Anlage, die in den Anwendungsbereich der Richtlinie (EU) 2018/2001 des Europäischen Parlaments und des Rates vom 11. Dezember 2018 zur Förderung der Nutzung von Energie aus erneuerbaren Quellen (ABl. EU Nr. L 328 S. 82) in der jeweils geltenden Fassung fällt, gilt ergänzend Folgendes:

1. **Auf Antrag der Bauherrin oder des Bauherrn werden das bauaufsichtliche Verfahren sowie alle sonstigen Zulassungsverfahren, die für die Durchführung des Vorhabens nach Bundes- oder Landesrecht erforderlich sind, über eine einheitliche Stelle im Sinne des § 71a VwVfG abgewickelt.**
2. **Die einheitliche Stelle stellt ein Verfahrenshandbuch für Bauherrinnen und Bauherren bereit und macht diese Informationen auch im Internet zugänglich. Dabei geht sie gesondert auch auf kleinere Vorhaben und Vorhaben zur Eigenversorgung mit Elektrizität ein. In den im Internet veröffentlichten Informationen weist die einheitliche Stelle auch darauf hin, für welche Vorhaben sie zuständig ist und welche weiteren einheitlichen Stellen in Rheinland-Pfalz für Vorhaben nach Satz 1 zuständig sind.**
3. **Nach Eingang der vollständigen Antragsunterlagen erstellt die Bauaufsichtsbehörde einen Zeitplan für das weitere Verfahren und teilt diesen Zeitplan der antragstellenden Person mit.**

[2]Einheitliche Stelle im Sinne des Satzes 1 ist die untere Bauaufsichtsbehörde.

§ 66 Vereinfachtes Genehmigungsverfahren

(1) [1]Bei folgenden Vorhaben wird, soweit sie nicht nach § 62 oder § 67 genehmigungsfrei sind, ein vereinfachtes Genehmigungsverfahren durchgeführt:

1. Wohngebäude der Gebäudeklassen 1 bis 3, sonstige Gebäude der Gebäudeklassen 1 und 2, ausgenommen Gebäude im Sinne des § 50 (Sonderbauten), jeweils einschließlich ihrer Nebengebäude und Nebenanlagen,
2. land- oder forstwirtschaftliche Betriebsgebäude mit nicht mehr als zwei Geschossen über der Geländeoberfläche einschließlich ihrer Nebenanlagen,
3. Gewächshäuser bis zu 6 m Firsthöhe,
4. nicht gewerblich genutzte Gebäude bis zu 300 m^3 umbauten Raums,

5. oberirdische Garagen bis zu 100 m² Nutzfläche,
6. Behelfsbauten und untergeordnete Gebäude (§ 49),
7. nicht gewerblich genutzte Lager-, Abstell-, Aufstell- und Ausstellungsplätze,
8. Stellplätze, Sport- und Spielplätze,
9. Werbeanlagen und Warenautomaten,
10. **gebäudeunabhängige Anlagen zur Nutzung solarer Strahlungsenergie,**
11. **sonstige Anlagen, die in den Anwendungsbereich der Richtlinie (EU) 2018/2001 fallen.**

[2]Spätestens bei Baubeginn müssen der Bauaufsichtsbehörde Erklärungen über die ordnungsgemäße Aufstellung der Nachweise der Standsicherheit, des Wärmeschutzes und, soweit erforderlich, des Schallschutzes vorliegen. [3]Die Erklärungen sind von den Personen abzugeben, die die Nachweise aufgestellt und erforderlichenfalls geprüft haben. [4]Die Nachweise sind auf der Baustelle vorzuhalten, der Bauaufsichtsbehörde auf Verlangen vorzulegen und dauerhaft aufzubewahren.[31]

(2) [1]Werden Bescheinigungen sachverständiger Personen nach § 65 Abs. 4 über die Gewährleistung der Standsicherheit und des Brandschutzes vorgelegt, wird auf Verlangen der Bauherrin oder des Bauherrn bei folgenden Vorhaben einschließlich ihrer Nebengebäude und Nebenanlagen ebenfalls ein vereinfachtes Genehmigungsverfahren durchgeführt:
1. Wohngebäude der Gebäudeklassen 4 und 5 mit Ausnahme von Hochhäusern,
2. Gebäude der Gebäudeklassen 3 bis 5, die ausschließlich oder neben der Wohnnutzung überwiegend freiberuflich im Sinne des § 13 der Baunutzungsverordnung (BauNVO) in der Fassung der Bekanntmachung vom 21. November 2017 (BGBl. I S. 3786) in der jeweils geltenden Fassung genutzt werden, mit Ausnahme von Hochhäusern,
3. Gebäude der Gebäudeklassen 3 bis 5, die einer Büro- oder Verwaltungsnutzung dienen einschließlich der Wohnungen nach § 8 Abs. 3 Nr. 1 BauNVO, mit Ausnahme von Hochhäusern,
4. Gebäude, die ausschließlich als Garage genutzt werden, mit über 100 m² bis 1.000 m² Nutzfläche (Mittelgaragen),
5. erdgeschossige Werkstatt- und Lagergebäude mit nicht mehr als 5.000 m² Nutzfläche einschließlich erforderlicher Büro- und Sozialräume sowie Wohnungen nach § 8 Abs. 3 Nr. 1 BauNVO.

---

31 siehe auch C 10, Erklärungen sachverständiger Personen

[2]Spätestens bei Baubeginn müssen der Bauaufsichtsbehörde die Bescheinigungen der sachverständigen Personen nach § 65 Abs. 4 über die Gewährleistung der Standsicherheit und des Brandschutzes und, soweit erforderlich, die Nachweise des Wärme- und Schallschutzes vorliegen. **[3]Bei Antennenanlagen einschließlich der Masten mit einer Höhe bis zu 50 m und notwendiger Versorgungseinrichtungen gelten die Sätze 1 und 2 entsprechend mit der Maßgabe, dass nur die Bescheinigung über die Gewährleistung der Standsicherheit vorliegen muss.**

(3) [1]Bei Windenergieanlagen bis zu einer Gesamthöhe von 50 m **ist abweichend von Absatz 1 Satz 2 die Vorlage einer Erklärung** einer oder eines Prüfsachverständigen für Standsicherheit im Sinne der Rechtsverordnung nach § 87 Abs. 5, dass die erforderlichen bautechnischen Unterlagen einschließlich der für die Standsicherheit erforderlichen und geprüften Nachweise wie Typenprüfung, Bodengutachten, Fundamentbemessung vorliegen und die Einhaltung der erforderlichen Abstände zu anderen Windenergieanlagen, Gebäuden und Verkehrswegen nachgewiesen sind, **ausreichend.** [2]Mit der Fertigstellungsanzeige ist eine weitere Erklärung der oder des Prüfsachverständigen für Standsicherheit nach Satz 1 darüber vorzulegen, dass sie oder er die Bauausführung hinsichtlich der Standsicherheit nach Maßgabe der erforderlichen Nachweise nach Satz 1 überwacht hat. [3]Für Windenergieanlagen bis zu einer Gesamthöhe von 10 m, auf Dächern bis zu einer Gesamthöhe von 2 m, die nicht nach § 62 Abs. 1 Nr. 4 **Buchst. g** genehmigungsfrei sind, wird ein vereinfachtes Genehmigungsverfahren ohne die nach **Absatz 1 Satz 2 bis 4 oder nach** den Sätzen 1 und 2 erforderlichen Erklärungen durchgeführt. [4]Die zur Gewährleistung der Stand- und Betriebssicherheit der Windenergieanlagen erforderlichen wiederkehrenden Prüfungen sind durchzuführen und zu dokumentieren. [5]Sämtliche Erklärungen, Nachweise und Dokumentationen sind dauerhaft aufzubewahren und der Bauaufsichtsbehörde auf Verlangen vorzulegen.

(4) [1]Im vereinfachten Genehmigungsverfahren beschränkt sich die Prüfung auf die Zulässigkeit des Vorhabens nach den Bestimmungen des Baugesetzbuchs, örtlicher Bauvorschriften (§ 88), des § 52 und der sonstigen öffentlich-rechtlichen Vorschriften. [2]Die Prüfung auf Übereinstimmung mit den Bestimmungen der Arbeitsstättenverordnung vom 12. August 2004 (BGBl. I S. 2179) in der jeweils geltenden Fassung ist nur bei Vorhaben nach Absatz 2 Satz 1 Nr. 5 erforderlich. [3]Aus der Stellungnahme der Gemeindeverwaltung nach § 63 Abs. 3 muss hervorgehen, dass die Erschließung (§ 6) und die Erfüllung der Stellplatzverpflichtung (§ 47) gesichert sind.

(5) [1]Die Vollständigkeit des Bauantrags ist unter Angabe des Datums ihrer Feststellung in Textform zu bestätigen. [2]Bei Vorhaben nach Absatz 1 Satz 1 **Nr. 1 bis 10** ist über den Bauantrag innerhalb einer Frist von einem Monat, bei Vorhaben nach Absatz 2 Satz 1 **und 3** innerhalb einer Frist von drei Monaten zu entscheiden. **[3]Die Frist beginnt**

1. **15 Arbeitstage nach Eingang des Bauantrags bei der Bauaufsichtsbehörde oder**
2. **15 Arbeitstage nach Eingang der verlangten Unterlagen, wenn die Bauaufsichtsbehörde vor Fristbeginn eine Aufforderung nach § 65 Abs. 2 Satz 2 versandt hat**;

ist das Einvernehmen **oder die Zustimmung** der Gemeinde nach **dem Baugesetzbuch** erforderlich, beginnt diese Frist **frühestens** mit Eingang der Mitteilung über die Entscheidung der Gemeinde oder, sofern das Einvernehmen **oder die Zustimmung** der Gemeinde durch Fristablauf als erteilt gilt, mit dem Zeitpunkt, bis zu dem die Mitteilung über die Verweigerung des Einvernehmens **oder der Zustimmung** der Gemeinde bei der Bauaufsichtsbehörde hätte eingehen müssen. [4]Die Bauaufsichtsbehörde kann die Frist aus wichtigem Grund um bis zu zwei Monate verlängern. [5]Als wichtiger Grund gelten insbesondere die notwendige Beteiligung anderer Behörden sowie Entscheidungen über Abweichungen. [6]Die Baugenehmigung gilt als erteilt, wenn über den Bauantrag nicht innerhalb der nach den Sätzen 2 **bis 4** maßgeblichen Frist entschieden worden ist. **[7]Satz 6 findet keine Anwendung, wenn die Bauherrin oder der Bauherr vor Ablauf der Frist gegenüber der Bauaufsichtsbehörde in Textform auf den Eintritt der Genehmigungsfiktion verzichtet hat; auf** Verlangen der Bauherrin oder des Bauherrn hat die Bauaufsichtsbehörde die Baugenehmigung nach Satz **6** schriftlich zu bestätigen. [8]Die Sätze 1 bis **7** gelten nicht für Vorhaben im Außenbereich nach § 35 BauGB**; davon ausgenommen sind Antennenanlagen nach Absatz 2 Satz 3. [9]Bei Bauvorhaben nach Absatz 1 Satz 1 Nr. 11, die eine Anlage mit einer Stromerzeugungskapazität unter 150 kW betreffen, darf das Baugenehmigungsverfahren nicht länger als ein Jahr, bei sonstigen Anlagen nach Absatz 1 Satz 1 Nr. 11 nicht länger als zwei Jahre jeweils nach Eingang der vollständigen Bauunterlagen dauern. [10]Die Bauaufsichtsbehörde kann die Fristen nach Satz 9 in durch außergewöhnliche Umstände hinreichend begründeten Fällen um bis zu einem Jahr verlängern**.

(6) [1]Standsicherheitsnachweise für Vorhaben nach Absatz 1 Satz 1, ausgenommen Wohngebäude der Gebäudeklasse 3, müssen von Personen aufgestellt sein, die in einer von der Ingenieurkammer Rheinland-Pfalz zu führenden Liste eingetragen sind. [2]In die Liste sind auf Antrag Personen mit einem berufsqualifizierenden Hochschulabschluss eines Studiums der

Fachrichtung Architektur oder Bauingenieurwesen einzutragen, die mindestens drei Jahre regelmäßig Standsicherheitsnachweise aufgestellt oder geprüft haben. [3]Die Eintragung in eine vergleichbare Liste eines anderen Landes der Bundesrepublik Deutschland gilt auch in Rheinland-Pfalz. [4]Für Personen, die in einem anderen Mitgliedstaat der Europäischen Union oder einem nach dem Recht der Europäischen **Union** gleichgestellten Staat niedergelassen und dort zur Aufstellung von Standsicherheitsnachweisen berechtigt sind, gilt **§ 64d** entsprechend.

(7) [1]Standsicherheitsnachweise für Wohngebäude der Gebäudeklasse 3 müssen von Prüfsachverständigen für Standsicherheit im Sinne der Rechtsverordnung nach § 87 Abs. 5 aufgestellt oder geprüft sein. [2]Dies gilt nicht, wenn die Standsicherheitsnachweise von Personen aufgestellt sind, die vor dem 28. Dezember 2009 in der Liste nach Absatz 6 Satz 1 oder der vergleichbaren Liste eines anderen Landes der Bundesrepublik Deutschland eingetragen sind.

(8) Personen, die vor dem 1. Juli 1987 aufgrund des § 96 Abs. 3 der Landesbauordnung für Rheinland-Pfalz vom 27. Februar 1974 (GVBl. S. 53) einen Bescheid darüber erhalten haben, dass sie ausreichende Sachkunde und Erfahrung für die Aufstellung von Standsicherheitsnachweisen für statisch einfache Konstruktionen besitzen, können solche Standsicherheitsnachweise für Einfamilienhäuser und deren zugehörige Nebengebäude auch weiterhin aufstellen, ohne dass die Nachweise einer Prüfung bedürfen.

§ 67 Freistellungsverfahren

(1) [1]Vorhaben nach § 66 Abs. 1 Satz 1 Nr. 1 **und 10 sowie die Modernisierung und der Ersatz von Anlagen zur Erzeugung von Strom aus erneuerbaren Energien (Repowering)** im Geltungsbereich eines Bebauungsplans im Sinne des § 12 oder des § 30 Abs. 1 BauGB bedürfen einschließlich ihrer Nebengebäude und Nebenanlagen keiner Baugenehmigung, wenn

1. sie den Festsetzungen des Bebauungsplans entsprechen und
2. die Erschließung gesichert ist.

[2]Dies gilt nicht,

1. wenn die Gemeinde erklärt, dass ein Genehmigungsverfahren durchgeführt werden soll,
2. für das Vorhaben eine Pflicht zur Durchführung einer Umweltverträglichkeitsprüfung oder einer Vorprüfung nach dem Recht über die Umweltverträglichkeitsprüfung besteht oder

3. das Vorhaben nach seiner Art, Größe und Lage nahe oder innerhalb eines Betriebsbereichs im Sinne des § 3 Abs. 5a des Bundes-Immissionsschutzgesetzes (BImSchG) dem Anwendungsbereich der Richtlinie 2012/18/EU des Europäischen Parlaments und des Rates vom 4. Juli 2012 zur Beherrschung der Gefahren schwerer Unfälle mit gefährlichen Stoffen, zur Änderung und anschließenden Aufhebung der Richtlinie 96/82/EG des Rates (ABl. EU Nr. L 197 S. 1) in der jeweils geltenden Fassung unterfällt.

[3]Satz 1 gilt unter den Voraussetzungen des Satzes 1 Nr. 2 und des Satzes 2 im Anwendungsbereich des § 34 BauGB für die Änderung und Nutzungsänderung von Dachgeschossen zu Wohnzwecken einschließlich der Errichtung von Dachgauben bei Gebäuden sowie im Anwendungsbereich des § 35 Abs. 1 Nr. 8 Buchst. b BauGB für die Errichtung und Änderung von Anlagen zur Nutzung solarer Strahlungsenergie.

(2) [1]Mit dem Vorhaben darf einen Monat nach Eingang der erforderlichen Bauunterlagen bei der Gemeindeverwaltung begonnen werden; teilt die Gemeinde der Bauherrin oder dem Bauherrn vor Ablauf der Frist in Textform mit, dass kein Genehmigungsverfahren durchgeführt werden soll, darf die Bauherrin oder der Bauherr bereits vor Ablauf der Monatsfrist mit dem Vorhaben beginnen. [2]Nach Ablauf der Monatsfrist ist die Abgabe der Erklärung nach Absatz 1 Satz 2 Nr. 1 ausgeschlossen. [3]Die Gemeindeverwaltung leitet die Bauunterlagen elektronisch an die Bauaufsichtsbehörde weiter, soweit sie nicht selbst die Aufgaben der Bauaufsicht wahrnimmt; wurden die Bauunterlagen nicht elektronisch eingereicht, leitet die Gemeindeverwaltung eine Ausfertigung der Bauunterlagen weiter.

(3) [1]Die Gemeinde kann die Erklärung nach Absatz 1 Satz 2 abgeben, wenn sie beabsichtigt, eine Veränderungssperre nach § 14 BauGB zu beschließen oder eine Zurückstellung nach § 15 BauGB zu beantragen, oder wenn sie der Auffassung ist, dass dem Vorhaben öffentlich-rechtliche Vorschriften entgegenstehen. [2]Erklärt die Gemeinde, dass ein Genehmigungsverfahren durchgeführt werden soll, hat sie der Bauherrin oder dem Bauherrn vorgelegte Unterlagen zurückzureichen, es sei denn, die Bauherrin oder der Bauherr hat bei Einreichung der Bauunterlagen zum Ausdruck gebracht, dass diese im Falle der Erklärung der Gemeinde nach Absatz 1 Satz 2 als Bauantrag zu behandeln sind. **[3]In diesem Fall leitet die Gemeinde die Unterlagen umgehend an die Bauaufsichtsbehörde weiter; § 63 Abs. 3 gilt entsprechend.**

(4) § 62 Abs. 3, § 63 **Abs. 2 und 3 Satz 2**, § 66 Abs. 1 Satz 2 bis 4 und Abs. 6 und 7 sowie § 77 Abs. 2 und 3 gelten entsprechend.

(5) [1]Liegen in den Fällen des § 66 Abs. 2 Satz 1 **und 3** die Voraussetzungen des Absatzes 1 Satz 1 und keine Ausschlussgründe nach Absatz 1 Satz 2 vor, ist auf Verlangen der Bauherrin oder des Bauherrn ein Verfahren nach den Absätzen 1 bis 3 durchzuführen. [2]§ 62 Abs. 3, § 63 **Abs. 2 und 3 Satz 2**, § 66 Abs. 2 Satz 2 **und 3** sowie § 77 Abs. 2 und 3 gelten entsprechend. [3]Die Sätze 1 und 2 gelten bei Vorhaben nach § 66 Abs. 2 Satz 1 Nr. 5 nur bis zu einer Größe von nicht mehr als 3.000 m^2 Nutzfläche; zudem ist der Bauaufsichtsbehörde spätestens bei Baubeginn eine Bescheinigung der Struktur- und Genehmigungsdirektion über die Vereinbarkeit des Vorhabens mit den Anforderungen der Arbeitsstättenverordnung und des Immissionsschutzrechts vorzulegen; ist die Überwachung der Einhaltung der Bestimmungen der Arbeitsstättenverordnung aufgrund des § 21 Abs. 4 des Arbeitsschutzgesetzes vom 7. August 1996 (BGBl. I S. 1246) in der jeweils geltenden Fassung auf einen Träger der gesetzlichen Unfallversicherung übertragen, ist insoweit eine Bescheinigung dieses Trägers der gesetzlichen Unfallversicherung vorzulegen.

(6) Das Recht zur Ausführung des Vorhabens erlischt, wenn innerhalb von vier Jahren nach Vorliegen der Voraussetzungen nach Absatz 2 Satz 1 mit dem Vorhaben nicht begonnen wurde oder die Ausführung vier Jahre unterbrochen worden ist; § 74 Abs. 1 Satz 2 gilt entsprechend.

(7) [1]Für die vollständige oder teilweise Wiederherstellung von Gebäuden, die durch Naturkatastrophen zerstört oder beschädigt wurden und im Geltungsbereich eines Bebauungsplans im Sinne des § 12 oder des § 30 Abs. 1 BauGB oder innerhalb eines im Zusammenhang bebauten Ortsteils im Sinne des § 34 BauGB liegen, gelten

1. die Absätze 1 bis 4 und 6 für Gebäude der Gebäudeklassen 1 bis 3 sowie
2. Absatz 5 für Gebäude nach § 66 Abs. 2

entsprechend. [2]Die Erschließung ist gesichert, wenn anzunehmen ist, dass die erforderlichen Erschließungsanlagen bis zur Ingebrauchnahme zur Verfügung stehen. [3]Wichen die zerstörten oder beschädigten Gebäude zulässigerweise von den Anforderungen der §§ 6, 8 bis 11, 43 bis 51 ab, so sind entsprechende Abweichungen bei der Wiederherstellung zulässig; Abweichungen von weiteren Anforderungen nach diesem Gesetz oder nach den aufgrund dieses Gesetzes erlassenen Vorschriften können im Einzelfall zugelassen werden, soweit die öffentliche Sicherheit und Ordnung gewährleistet ist.

§ 68 Beteiligung der Nachbarinnen und Nachbarn

(1) [1]Nachbarinnen und Nachbarn sind die Eigentümerinnen und Eigentümer der angrenzenden Grundstücke. [2]Die Bauherrin oder der Bauherr hat den Nachbarinnen und Nachbarn den Lageplan und die Bauzeichnungen zur Unterschrift vorzulegen, wenn Abweichungen von Bestimmungen erforderlich sind, die auch dem Schutz nachbarlicher Interessen dienen. [3]Stimmen die Nachbarinnen und Nachbarn zu, ist diese Zustimmung gegenüber der Bauaufsichtsbehörde nachzuweisen. [4]Wird die Zustimmung verweigert, so hat die Bauherrin oder der Bauherr dies der Bauaufsichtsbehörde unter Angabe der Gründe mitzuteilen.

(2) [1]Beabsichtigt die Bauaufsichtsbehörde von Bestimmungen, die auch dem Schutz nachbarlicher Interessen dienen, Abweichungen zuzulassen, so teilt sie dies den Nachbarinnen und Nachbarn mit, deren Zustimmung fehlt. [2]Auf Verlangen ist diesen Einsicht in den Lageplan und in die Bauzeichnungen zu gewähren; hierauf ist in der Mitteilung hinzuweisen. [3]Die Nachbarinnen und Nachbarn können innerhalb von zwei Wochen nach Zustellung **oder Bekanntgabe nach Maßgabe des § 9 Abs. 1 des Onlinezugangsgesetzes (OZG) vom 14. August 2017 (BGBl. I S. 3122 -3138-) in der jeweils geltenden Fassung** der Mitteilung bei der Bauaufsichtsbehörde in Textform oder zur Niederschrift Einwendungen erheben.

(3) [1]Bei einer Mehrheit von Eigentümerinnen und Eigentümern eines angrenzenden Grundstücks genügt die Mitteilung an eine dieser Personen. [2]Ist eine Eigentümerin oder ein Eigentümer nur unter Schwierigkeiten zu ermitteln oder zu erreichen, so genügt die Mitteilung an eine unmittelbare Besitzerin oder einen unmittelbaren Besitzer.

§ 69 Abweichungen

(1) [1]Die Bauaufsichtsbehörde **soll** Abweichungen von bauaufsichtlichen Anforderungen nach diesem Gesetz und nach den aufgrund dieses Gesetzes erlassenen Vorschriften zulassen, wenn sie unter Berücksichtigung des Zwecks der jeweiligen Anforderungen und unter Würdigung der nachbarlichen Interessen mit den öffentlichen Belangen vereinbar sind, soweit in diesem Gesetz oder in den aufgrund dieses Gesetzes erlassenen Vorschriften nichts anderes bestimmt ist. **[2]Dies gilt insbesondere für**

1. **Vorhaben, die der Weiternutzung bestehender Gebäude dienen,**
2. **Vorhaben zur Energieeinsparung und Nutzung erneuerbarer Energien oder**
3. **Vorhaben zur Erprobung neuer Bau- und Wohnformen.**

[3]Soll von einer technischen Anforderung abgewichen werden, ist der Bauaufsichtsbehörde nachzuweisen, dass dem Zweck dieser Anforderung auf andere Weise entsprochen wird. [4]Bezüglich des Brandschutzes bedarf es der Zulassung einer Abweichung durch die Bauaufsichtsbehörde nach Satz 1 sowie eines Nachweises gegenüber der Bauaufsichtsbehörde nach **Satz 3** nicht, soweit die Bauherrin oder der Bauherr eine Bescheinigung einer sachverständigen Person im Sinne der Rechtsverordnung nach § 87 Abs. 5 vorlegt, dass die bauaufsichtlichen Anforderungen auch unter Berücksichtigung von Abweichungen erfüllt sind. [5]**Satz 4** gilt nicht, soweit Abweichungen von Bestimmungen des Brandschutzes erforderlich sind, die auch dem Schutz nachbarlicher Interessen dienen, und die Nachbarinnen und Nachbarn nicht zugestimmt haben.

(2) [1]Soll bei baulichen Anlagen, die keiner Baugenehmigung bedürfen, von bauaufsichtlichen Anforderungen nach Absatz 1, von den Festsetzungen eines Bebauungsplans, einer sonstigen städtebaulichen Satzung oder nach § 34 Abs. 2 Halbsatz 2 BauGB von Bestimmungen der Baunutzungsverordnung über die zulässige Art der baulichen Nutzung abgewichen werden, so ist die Zulassung der Abweichung zu beantragen**; dies gilt nicht in den Fällen des § 62 Abs. 1 Nr. 11 Buchst. l**. [2]Die §§ 63, 65, 68, 70, 71 und 74 gelten entsprechend.

§ 70 Baugenehmigung

(1) [1]Die Baugenehmigung ist zu erteilen, wenn dem Vorhaben keine baurechtlichen oder sonstigen öffentlich-rechtlichen Vorschriften entgegenstehen. [2]Die durch eine Umweltverträglichkeitsprüfung ermittelten, beschriebenen und bewerteten Umweltauswirkungen sind nach Maßgabe der hierfür geltenden Vorschriften zu berücksichtigen; § 66 Abs. 5 Satz 2 ist nicht anzuwenden. [3]Die Baugenehmigung wird unbeschadet privater Rechte Dritter erteilt und wirkt für und gegen die Rechtsnachfolgenden der Bauherrin oder des Bauherrn. [4]Die Baugenehmigung bedarf der Schriftform (Bauschein); sie und ihre Nebenbestimmungen müssen nur insoweit begründet werden, als Einwendungen von Nachbarinnen und Nachbarn nicht entsprochen wird. [5]Wird die Baugenehmigung mit Nebenbestimmungen erteilt, kann eine Sicherheitsleistung verlangt werden.

(2) [1]Bauliche Anlagen, die nur für eine begrenzte Zeit errichtet werden sollen, können widerruflich oder befristet genehmigt werden. [2]Die Baugenehmigung soll nur erteilt werden, wenn die Beseitigung bei Widerruf oder nach Fristablauf gesichert ist. [3]Behelfsbauten, Werbeanlagen und Warenautomaten sowie bauliche Anlagen auf öffentlichen Verkehrs-, Versor-

gungs- und Grünflächen sowie auf Flächen, die als solche festgesetzt sind, dürfen nur widerruflich oder befristet genehmigt werden. [4]Nach Widerruf oder nach Fristablauf sind die Anlagen ohne Entschädigung zu beseitigen; ein ordnungsgemäßer Zustand ist herzustellen.

(3) [1]Die Baugenehmigung ist der Bauherrin oder dem Bauherrn mit den mit dem Genehmigungsvermerk versehenen Unterlagen zuzustellen **oder nach Maßgabe des § 9 Abs. 1 OZG bekannt zu geben**. [2]Haben Nachbarinnen oder Nachbarn Einwendungen erhoben, denen nicht entsprochen wird, oder haben sie sich innerhalb der Frist nach § 68 Abs. 2 Satz 3 nicht geäußert, so ist ihnen eine Ausfertigung des Bauscheins mit Rechtsbehelfsbelehrung zuzustellen **oder nach Maßgabe des § 9 Abs. 1 OZG bekannt zu geben**.

(4) Der Gemeindeverwaltung ist die Entscheidung der Bauaufsichtsbehörde durch Übermittlung des Bescheids zur Kenntnis zu geben.

(5) **Bei Anlagen und Räumen, die für gewerbliche Betriebe bestimmt sind, ist der Gewerbeaufsicht die Entscheidung der Bauaufsichtsbehörde durch Übermittlung des Bescheids zur Kenntnis zu geben.**

(6) [1]Bedarf das Vorhaben nach seiner Art, Größe und Lage nahe oder innerhalb eines Betriebsbereichs im Sinne des § 3 Abs. 5a BImSchG gemäß der Richtlinie 2012/18/EU einer Öffentlichkeitsbeteiligung, ist diese nach Maßgabe der hierfür geltenden Vorschriften durchzuführen. [2]Auf Vorhaben, die im Sinne des Satzes 1 dem Anwendungsbereich der Richtlinie 2012/18/EU unterfallen, ist § 66 Abs. 5 Satz 2 nicht anzuwenden.

(7) Die Genehmigung nach § 7 des Atomgesetzes schließt die Baugenehmigung ein.

§ 71 Ersetzung des gemeindlichen Einvernehmens

(1) Hat eine Gemeinde, die nicht untere Bauaufsichtsbehörde ist, ihr nach § 14 Abs. 2 Satz 2, § 22 Abs. 5 Satz 1 oder nach § 36 Abs. 1 Satz 1 BauGB erforderliches Einvernehmen rechtswidrig versagt, ist das Einvernehmen der Gemeinde im bauaufsichtlichen Verfahren nach Maßgabe der Absätze 2 bis 5 zu ersetzen.

(2) Die Baugenehmigung ersetzt das rechtswidrig versagte Einvernehmen der Gemeinde und gilt zugleich als Ersatzvornahme im Sinne des § 123 der Gemeindeordnung; sie ist insoweit zu begründen.

(3) [1]Wird die Baugenehmigung erteilt, findet § 121 der Gemeindeordnung keine Anwendung. [2]Die Gemeinde ist vor der Entscheidung anzuhören;

dabei ist ihr Gelegenheit zu geben, binnen angemessener Frist erneut über das gemeindliche Einvernehmen zu entscheiden.

(4) [1]Die Baugenehmigung kann, soweit sie als Ersatzvornahme gilt, nicht gesondert nach § 126 der Gemeindeordnung angefochten werden. [2]Entfällt nach § 80 Abs. 2 Satz 1 Nr. 3 oder 4 der Verwaltungsgerichtsordnung die aufschiebende Wirkung von Widerspruch und Anfechtungsklage gegen die Baugenehmigung, haben diese Rechtsbehelfe auch insoweit keine aufschiebende Wirkung, als die Baugenehmigung als Ersatzvornahme gilt. [3]Den Widerspruchsbescheid erlässt der Kreisrechtsausschuss.

(5) [1]Wird die Baugenehmigung versagt, ist das rechtswidrig versagte Einvernehmen der Gemeinde im Widerspruchsverfahren durch Erteilung der Baugenehmigung gemäß Absatz 2 zu ersetzen; die Absätze 3 und 4 gelten für das Widerspruchsverfahren entsprechend. [2]Für die Beteiligung der Gemeinde in diesem Widerspruchsverfahren finden § 65 Abs. 2 und § 121 der Verwaltungsgerichtsordnung entsprechende Anwendung.

§ 72 Bauvorbescheid

[1]Vor Einreichung des Bauantrags kann die Bauherrin oder der Bauherr zu einzelnen Fragen des Vorhabens einen Bescheid (Bauvorbescheid) beantragen; bei Vorhaben, für die ein vereinfachtes Genehmigungsverfahren nach § 66 durchgeführt werden kann, beschränkt sich der Bauvorbescheid auf Fragen, die nach § 66 Abs. 4 zu prüfen sind, sowie auf die Zulässigkeit von Abweichungen nach § 69. [2]Der Bauvorbescheid gilt vier Jahre, wenn er nicht kürzer befristet ist. [3]Die §§ 63, 65 und 68 bis 71 sowie § 74 Abs. 2 gelten entsprechend.

§ 73 Teilbaugenehmigung

(1) Ist ein Bauantrag eingereicht, so kann der Beginn der Bauarbeiten für die Baugrube und für einzelne Teile oder Bauabschnitte des Vorhabens auf in Textform gestellten Antrag schon vor Erteilung der Baugenehmigung genehmigt werden (Teilbaugenehmigung); die §§ 63 bis 71 gelten entsprechend.

(2) In der Baugenehmigung können, ungeachtet der Teilbaugenehmigung, für bereits ausgeführte Teile oder Bauabschnitte zusätzliche Anforderungen gestellt werden, wenn sich bei der weiteren Prüfung der Bauunterlagen ergibt, dass diese Anforderungen zum Schutz der öffentlichen Sicherheit oder Ordnung erforderlich sind.

§ 74 Geltungsdauer der Baugenehmigung

(1) [1]Die Baugenehmigung und die Teilbaugenehmigung erlöschen, wenn innerhalb von vier Jahren nach ihrer Zustellung **oder Bekanntgabe nach Maßgabe des § 9 Abs. 1 OZG** mit der Ausführung des Vorhabens nicht begonnen oder die Ausführung vier Jahre unterbrochen worden ist. [2]Die Ausführung eines Vorhabens gilt nur dann als begonnen oder als nicht unterbrochen, wenn innerhalb der Frist wesentliche Bauarbeiten ausgeführt wurden.

(2) [1]Die Frist nach Absatz 1 kann auf in Textform gestellten Antrag jeweils bis zu vier Jahre verlängert werden. [2]Sie kann auch rückwirkend verlängert werden, wenn der Antrag vor Fristablauf bei der Bauaufsichtsbehörde eingegangen ist. [3]Die Verlängerung kann mit neuen Nebenbestimmungen verbunden werden. [4]Der Bescheid über die Verlängerung ist der Bauherrin oder dem Bauherrn zuzustellen **oder nach Maßgabe des § 9 Abs. 1 OZG bekannt zu geben**; § 70 Abs. 4 und 5 gilt entsprechend.

§ 75 Typenprüfung

(1) [1]Für bauliche Anlagen oder Teile baulicher Anlagen, die in derselben Ausführung an mehreren Stellen errichtet oder verwendet werden sollen, können die Nachweise der Standsicherheit einschließlich der Feuerwiderstandsfähigkeit der Bauteile sowie des Brand-, Wärme- und Schallschutzes allgemein geprüft werden (Typenprüfung). [2]Eine Typenprüfung kann auch erteilt werden für bauliche Anlagen, die in unterschiedlicher Ausführung, aber nach einem bestimmten System und aus bestimmten Bauteilen an mehreren Stellen errichtet werden sollen; in der Typenprüfung ist die zulässige Veränderbarkeit festzulegen. [3]Für Fliegende Bauten wird eine Typenprüfung nicht erteilt.

(2) [1]Die Typenprüfung wird auf in Textform gestellten Antrag von einem Prüfamt für Baustatik durchgeführt. [2]Soweit die Typenprüfung ergibt, dass die Ausführung den öffentlich-rechtlichen Vorschriften entspricht und für den jeweiligen Verwendungszweck brauchbar ist, ist dies durch Bescheid festzustellen. [3]Die Typenprüfung wird widerruflich und für eine bestimmte Frist erteilt, die fünf Jahre nicht überschreiten soll; sie kann auf in Textform gestellten Antrag um jeweils bis zu fünf Jahre verlängert werden. [4]Eine Ausfertigung der mit dem Genehmigungsvermerk versehenen Bauunterlagen ist der antragstellenden Person mit der Typenprüfung zuzustellen **oder nach Maßgabe des § 9 Abs. 1 OZG bekannt zu geben**. [5]§ 69 gilt entsprechend.

(3) Typenprüfungen anderer Länder der Bundesrepublik Deutschland gelten auch im Land Rheinland-Pfalz.

(4) [1]Eine Typenprüfung entbindet nicht von der Verpflichtung, eine Baugenehmigung einzuholen. [2]Die Bauaufsichtsbehörde braucht eine Prüfung nur insoweit vorzunehmen, als diese nicht bereits nach den Absätzen 1 und 2 erfolgt ist. [3]Sie kann im Einzelfall weitere Auflagen machen oder die Verwendung genehmigter Typen ausschließen, wenn dies nach den örtlichen Verhältnissen erforderlich ist.

§ 75a Typengenehmigung

(1) [1]Für bauliche Anlagen, die in derselben Ausführung an mehreren Stellen errichtet werden sollen, wird auf Antrag durch die oberste Bauaufsichtsbehörde eine Typengenehmigung erteilt, wenn die baulichen Anlagen oder Teile von baulichen Anlagen den Anforderungen nach diesem Gesetz oder aufgrund dieses Gesetzes erlassenen Vorschriften entsprechen. [2]Eine Typengenehmigung kann auch für bauliche Anlagen erteilt werden, die in unterschiedlicher Ausführung, aber nach einem bestimmten System und aus bestimmten Bauteilen an mehreren Stellen errichtet werden sollen; in der Typengenehmigung ist die zulässige Veränderbarkeit festzulegen. [3]Für Fliegende Bauten wird eine Typengenehmigung nicht erteilt.

(2) [1]Die Typengenehmigung gilt fünf Jahre. [2]Die Frist kann auf Antrag jeweils bis zu fünf Jahre verlängert werden; § 63 Abs. 2, §§ 65 und 69 sowie § 74 Abs. 2 Satz 2 und 3 gelten entsprechend.

(3) Typengenehmigungen anderer Länder gelten auch im Land Rheinland-Pfalz, soweit die nach Absatz 1 zuständige Stelle die Anwendbarkeit bestätigt hat.

(4) [1]Eine Typengenehmigung entbindet nicht von der Verpflichtung, ein bauaufsichtliches Verfahren durchzuführen. [2]Die in der Typengenehmigung entschiedenen Fragen sind von der Bauaufsichtsbehörde nicht mehr zu prüfen.

§ 76 Fliegende Bauten

(1) [1]Fliegende Bauten sind bauliche Anlagen, die dazu geeignet und bestimmt sind, an verschiedenen Orten wiederholt aufgestellt und zerlegt zu

werden. ²Baustelleneinrichtungen**,** Gerüste **und ortsveränderliche Antennenanlagen** gelten nicht als Fliegende Bauten.

(2) ¹Fliegende Bauten bedürfen, bevor sie erstmals aufgestellt und in Gebrauch genommen werden, einer Ausführungsgenehmigung. ²Dies gilt nicht für

1. Fliegende Bauten bis zu 5 m Höhe, die nicht dazu bestimmt sind, von Besucherinnen und Besuchern betreten zu werden,
2. erdgeschossige Zelte und betretbare Verkaufsstände, die Fliegende Bauten sind, bis zu einer Grundfläche von 75 m^2,
3. Kinderfahrgeschäfte mit einer Geschwindigkeit von weniger als 1 m/s und weniger als 5 m Höhe,
4. aufblasbare Spielgeräte mit einer Höhe des betretbaren Bereichs von bis zu 5 m oder mit überdachten Bereichen, bei denen die Entfernung zum Ausgang nicht mehr als 3 m, oder, sofern ein Absinken der Überdachung konstruktiv verhindert wird, nicht mehr als 10 m, beträgt,
5. Bühnen, wenn ihre Grundfläche weniger als 100 m^2, ihre Fußbodenhöhe weniger als 1,50 m und ihre Höhe einschließlich der Überdachungen und sonstigen Aufbauten weniger als 5 m beträgt,
6. Toilettenwagen.

(3) ¹Die Ausführungsgenehmigung wird von der oberen Bauaufsichtsbehörde oder der nach Absatz 4 bestimmten Stelle erteilt, in deren Bereich die antragstellende Person ihren Wohnsitz oder ihre gewerbliche Niederlassung hat. ²Hat sie ihren Wohnsitz oder ihre gewerbliche Niederlassung außerhalb der Bundesrepublik Deutschland, so ist die Bauaufsichtsbehörde oder die nach Absatz 4 bestimmte Stelle zuständig, in deren Bereich der Fliegende Bau erstmals aufgestellt und in Gebrauch genommen werden soll. ³§ 59 Abs. 3, § 63 Abs. 2 sowie die §§ 65 und 69 gelten entsprechend.

(4) Das fachlich zuständige Ministerium kann durch Rechtsverordnung Stellen bestimmen, die die Ausführungsgenehmigung erteilen und Aufgaben und Befugnisse der Bauaufsichtsbehörden nach den Absätzen 7 bis 9 wahrnehmen, und die Vergütung dieser Stellen regeln.

(5) ¹Die Ausführungsgenehmigung wird für eine bestimmte Frist erteilt, die fünf Jahre nicht überschreiten soll. ²Die Frist kann auf schriftlichen Antrag von der für die Erteilung der Ausführungsgenehmigung zuständigen Behörde oder der nach Absatz 4 bestimmten Stelle jeweils bis zu fünf Jahre verlängert werden; § 74 Abs. 2 Satz 2 und 3 gilt entsprechend. ³Die Genehmigungen werden in ein Prüfbuch eingetragen, dem eine Ausfertigung der mit einem Genehmigungsvermerk zu versehenden Bauunterlagen bei-

zufügen ist. [4]Ausführungsgenehmigungen anderer Länder der Bundesrepublik Deutschland gelten auch im Land Rheinland-Pfalz.

(6) [1]Wer eine Ausführungsgenehmigung innehat, hat den Wechsel seines Wohnsitzes oder seiner gewerblichen Niederlassung oder die Übertragung eines Fliegenden Baus an Dritte der Bauaufsichtsbehörde oder der nach Absatz 4 bestimmten Stelle anzuzeigen, die die Ausführungsgenehmigung erteilt hat. [2]Die Behörde oder die nach Absatz 4 zuständige Stelle hat die Änderungen in das Prüfbuch einzutragen und diese, wenn mit den Änderungen ein Wechsel der Zuständigkeit verbunden ist, der nunmehr zuständigen Behörde oder Stelle mitzuteilen.

(7) [1]Fliegende Bauten, die einer Ausführungsgenehmigung bedürfen, dürfen unbeschadet anderer Vorschriften nur in Gebrauch genommen werden, wenn ihre Aufstellung der Bauaufsichtsbehörde des Aufstellungsorts unter Vorlage des Prüfbuchs angezeigt ist und die Fliegenden Bauten von ihr abgenommen sind (Gebrauchsabnahme). [2]Die Bauaufsichtsbehörde kann im Einzelfall auf die Gebrauchsabnahme verzichten. [3]Das Ergebnis der Gebrauchsabnahme ist in das Prüfbuch einzutragen.

(8) [1]Die Bauaufsichtsbehörde des Aufstellungsorts kann Auflagen machen oder die Aufstellung oder den Gebrauch Fliegender Bauten untersagen, wenn dies nach den örtlichen Verhältnissen oder sonst zur Abwehr von Gefahren für die öffentliche Sicherheit oder Ordnung erforderlich ist, insbesondere weil die Betriebssicherheit oder die Standsicherheit nicht oder nicht mehr gewährleistet ist oder weil von der Ausführungsgenehmigung abgewichen wurde. [2]Wird die Aufstellung oder der Gebrauch wegen Mängeln untersagt, so ist dies in das Prüfbuch einzutragen. [3]Ist die Behebung der Mängel innerhalb angemessener Frist nicht zu erwarten, so ist das Prüfbuch einzuziehen und der für die Erteilung der Ausführungsgenehmigung zuständigen Behörde oder Stelle zuzuleiten.

(9) [1]Bei Fliegenden Bauten, die längere Zeit an demselben Aufstellungsort betrieben werden, kann die Bauaufsichtsbehörde des Aufstellungsorts Nachabnahmen anordnen und vornehmen. [2]Das Ergebnis der Nachabnahmen ist in das Prüfbuch einzutragen.

(10) Die Führung des Prüfbuchs in elektronischer Form ist ausgeschlossen.

§ 77 Baubeginn

(1) [1]Mit der Ausführung genehmigungsbedürftiger Vorhaben einschließlich des Aushubs der Baugrube darf erst begonnen werden, wenn

1. die Baugenehmigung oder Teilbaugenehmigung zugestellt **oder nach Maßgabe des § 9 Abs. 1 OZG bekannt gegeben** worden ist oder durch Fristablauf nach § 66 Abs. 5 **Satz 6** oder § 73 Abs. 1 Halbsatz 2 als erteilt gilt und
2. die Bauherrin oder der Bauherr den Beginn der Bauarbeiten der Bauaufsichtsbehörde mindestens eine Woche vorher in Textform mitgeteilt hat; dies gilt auch für die Wiederaufnahme von Bauarbeiten nach einer Unterbrechung von mehr als drei Monaten.

[2]Satz 1 Nr. 2 gilt für Vorhaben nach § 67 entsprechend.

(2) [1]Vor Baubeginn muss die Grundfläche der baulichen Anlage abgesteckt und ihre Höhenlage festgestellt sein. [2]Die Bauaufsichtsbehörde kann verlangen, dass die Absteckung und die Festlegung der Höhenlage durch sachverständige Personen oder Stellen vorgenommen oder vor Baubeginn abgenommen werden.

(3) Baugenehmigung und Bauunterlagen müssen an der Baustelle von Baubeginn an vorliegen.

§ 78 Bauüberwachung

(1) [1]Die Bauaufsichtsbehörde kann die Einhaltung der öffentlich-rechtlichen Vorschriften und Anforderungen sowie die ordnungsgemäße Erfüllung der Pflichten der am Bau Beteiligten überprüfen. [2]Auf Verlangen der Bauaufsichtsbehörde hat die Bauherrin oder der Bauherr die Verwendbarkeit der Bauprodukte und die Anwendbarkeit der Bauarten nachzuweisen. [3]Die Bauaufsichtsbehörde und die von ihr Beauftragten können Proben von Bauprodukten, soweit erforderlich auch aus fertigen Bauteilen, entnehmen und prüfen oder prüfen lassen.

(2) [1]Die Fertigstellung des Rohbaus und die abschließende Fertigstellung genehmigungsbedürftiger baulicher Anlagen sind der Bauaufsichtsbehörde von der Bauherrin oder dem Bauherrn jeweils zwei Wochen vorher anzuzeigen, um ihr eine Besichtigung des Bauzustands zu ermöglichen; bei Anlagen mit Schornsteinen ist die Fertigstellung des Rohbaus auch der bevollmächtigten Bezirksschornsteinfegerin oder dem bevollmächtigten Bezirksschornsteinfeger anzuzeigen. [2]Die abschließende Fertigstellung baulicher Anlagen, für die das Freistellungsverfahren nach § 67 durchgeführt wurde, ist der Bauaufsichtsbehörde von der Bauherrin oder dem Bauherrn zwei Wochen vorher anzuzeigen, um ihr eine Besichtigung des Bauzustands zu ermöglichen. [3]Hat die Bauherrin oder der Bauherr Bescheinigungen sachverständiger Personen nach § 65 Abs. 4 vorgelegt,

sind mit der Anzeige über die abschließende Fertigstellung Bescheinigungen dieser Personen einzureichen, dass sie die Bauausführung bezüglich der von ihnen zu verantwortenden Bauunterlagen überwacht haben. [4]In den Fällen des § 66 Abs. 1 und des § 67 Abs. 1 gilt Satz 3 sinngemäß hinsichtlich einer Erklärung der Person, die den Standsicherheitsnachweis aufgestellt hat.

(3) [1]Der Rohbau ist fertig gestellt, wenn die tragenden Teile, Schornsteine, Brandwände, Treppenräume und die Dachkonstruktion vollendet sind. [2]Zur Besichtigung des Rohbaus sind die Bauteile, die für die Standsicherheit und, soweit möglich, die Bauteile, die für den Brandschutz, den Wärme- und den Schallschutz sowie für die Abwasserbeseitigung wesentlich sind, derart offen zu halten, dass Maße und Ausführungsart geprüft werden können. [3]Die abschließende Fertigstellung umfasst auch die Fertigstellung der Wasserversorgungs- und Abwasserbeseitigungsanlagen.

(4) [1]Ob und in welchem Umfang eine Besichtigung nach Absatz 2 Satz 1 oder 2 durchgeführt wird, liegt im Ermessen der Bauaufsichtsbehörde. [2]Über das Ergebnis der Besichtigung ist auf Verlangen der Bauherrin oder des Bauherrn eine Bescheinigung auszustellen.

(5) Mit dem Innenausbau darf erst einen Tag nach dem in der Anzeige nach Absatz 2 Satz 1 genannten Zeitpunkt der Fertigstellung des Rohbaus begonnen werden, soweit die Bauaufsichtsbehörde nicht einem früheren Beginn des Innenausbaus zugestimmt hat.

(6) Die Bauaufsichtsbehörde kann verlangen, dass bestimmte Arbeiten erst fortgesetzt oder Anlagen erst benutzt werden, wenn sie von ihr oder einer von ihr beauftragten Person geprüft worden sind.

(7) [1]Die Bauaufsichtsbehörde kann über Absatz 2 hinaus verlangen, dass ihr oder einer von ihr beauftragten Person Beginn und Beendigung bestimmter Bauarbeiten angezeigt werden. [2]Sie kann ferner die Vorlage von Bescheinigungen bestimmter sachverständiger Personen oder Stellen verlangen, dass bestimmte Bauteile oder Bauarbeiten entsprechend den Bauunterlagen ordnungsgemäß ausgeführt sind.

(8) Den mit der Überprüfung beauftragten Personen ist jederzeit Einblick in die Genehmigungen, Zulassungen, Prüfzeugnisse, Übereinstimmungserklärungen, Übereinstimmungszertifikate, Befähigungsnachweise, Zeugnisse und Aufzeichnungen über die Prüfungen von Bauprodukten und Bauarten, in die CE-Kennzeichnungen und Leistungserklärungen nach der Verordnung (EU) Nr. 305/2011, in die Bautagebücher und in andere vorgeschriebene Aufzeichnungen zu gewähren.

(9) [1]Die Bauherrin oder der Bauherr hat für die Besichtigung und die damit verbundenen Prüfungen die erforderlichen Arbeitskräfte und Geräte bereitzustellen. [2]Die mit der Baugenehmigungsgebühr nicht abgegoltenen Kosten der Bauüberwachung, insbesondere für die Entnahme und Prüfung von Bauprodukten und Bauarten sowie für die Heranziehung sachverständiger Personen und Stellen, fallen der Bauherrin oder dem Bauherrn zur Last.

(10) Die Bauaufsichtsbehörde sowie sachverständige Personen und Stellen nach § 65 Abs. 4 und § 87 Abs. 4 Nr. 3 sollen, soweit sie im Rahmen der Bauüberwachung Erkenntnisse über systematische Rechtsverstöße gegen die Verordnung (EU) Nr. 305/2011 erlangen, diese der für die harmonisierten Bauprodukte zuständigen Marktüberwachungsbehörde mitteilen.

§ 79 Benutzung der baulichen Anlagen

(1) [1]Eine bauliche Anlage darf erst benutzt werden, wenn sie ordnungsgemäß fertig gestellt und sicher benutzbar ist. [2]Genehmigungsbedürftige bauliche Anlagen und bauliche Anlagen, für die das Freistellungsverfahren nach § 67 durchgeführt wurde, dürfen frühestens eine Woche nach dem in der Anzeige nach § 78 Abs. 2 Satz 1 oder 2 genannten Zeitpunkt der abschließenden Fertigstellung benutzt werden. [3]Die Bauaufsichtsbehörde soll auf Antrag zulassen, dass die bauliche Anlage ganz oder teilweise schon früher benutzt wird, wenn wegen der öffentlichen Sicherheit oder Ordnung keine Bedenken bestehen.

(2) Bei der Errichtung oder Änderung von Feuerungsanlagen muss sich die Bauherrin oder der Bauherr vor der Inbetriebnahme die sichere Benutzbarkeit der Abgasanlagen und der Anschlüsse der Feuerstätten durch die bevollmächtigte Bezirksschornsteinfegerin oder den bevollmächtigten Bezirksschornsteinfeger bescheinigen lassen.

§ 80 Baueinstellung

(1) Werden Bauarbeiten im Widerspruch zu baurechtlichen oder sonstigen öffentlich-rechtlichen Vorschriften ausgeführt oder werden Bauprodukte verwendet, die unberechtigt mit dem CE-Zeichen (§ 18a) oder dem Ü-Zeichen (§ 22 Abs. 3) gekennzeichnet sind, so kann die Bauaufsichtsbehörde die Einstellung dieser Arbeiten anordnen.

(2) [1]Werden Bauarbeiten trotz einer angeordneten Einstellung fortgesetzt, so kann die Bauaufsichtsbehörde die Baustelle versiegeln und die an der

Baustelle vorhandenen Bauprodukte, Hilfsmittel, Gerüste, Maschinen und ähnliche Gegenstände auf Kosten der Bauherrin oder des Bauherrn sicherstellen. [2]§ 22 Nr. 1 sowie die §§ 23 bis 25 des Polizei- und Ordnungsbehördengesetzes gelten entsprechend.

§ 81 Beseitigungsanordnung und Benutzungsuntersagung

[1]Verstoßen bauliche Anlagen oder andere Anlagen und Einrichtungen im Sinne des § 1 Abs. 1 Satz 2 gegen baurechtliche oder sonstige öffentlich-rechtliche Vorschriften über die Errichtung, die Änderung, die Instandhaltung oder die Nutzungsänderung dieser Anlagen, so kann die Bauaufsichtsbehörde deren teilweise oder vollständige Beseitigung auf Kosten der nach § 54 verantwortlichen Personen anordnen oder die Benutzung der Anlagen untersagen, wenn nicht auf andere Weise rechtmäßige Zustände hergestellt werden können. [2]Die Bauaufsichtsbehörde kann verlangen, dass ein Bauantrag gestellt wird. [3]Beseitigungsanordnung und Benutzungsuntersagung gelten auch gegenüber den Rechtsnachfolgenden.

§ 82 Abbruch verfallender baulicher Anlagen

[1]Soweit bauliche Anlagen nicht genutzt werden und im Verfall begriffen sind, kann die Bauaufsichtsbehörde die nach § 54 Abs. 2 verantwortlichen Personen verpflichten, die Anlage abzubrechen oder zu beseitigen; die Bestimmungen des Denkmalschutzgesetzes bleiben unberührt. [2]Für die Grundstücke gilt § 10 Abs. 4 entsprechend.

§ 83 Vorhaben des Bundes und der Länder

(1) Vorhaben des Bundes und der Länder sowie ihrer rechtsfähigen Anstalten, Körperschaften und Stiftungen bedürfen anstelle der Baugenehmigung der Zustimmung der Bauaufsichtsbehörde, wenn sie unter der Leitung eigener geeigneter Fachkräfte vorbereitet und ausgeführt werden.

(2) [1]Der Antrag auf Zustimmung ist bei der **Bauaufsichtsbehörde** einzureichen; § 63 gilt entsprechend. [2]Die bautechnischen Nachweise brauchen nicht vorgelegt zu werden.

(3) [1]Für das Zustimmungsverfahren gelten die §§ 65 und 66 Abs. 4 sowie die §§ 68 bis 74 entsprechend. [2]Über die Zulässigkeit von Abweichungen

nach § 69 entscheidet die Bauaufsichtsbehörde. [3]Eine Bauüberwachung findet nicht statt.

(4) [1]Vorhaben, die der Landesverteidigung dienen **und die nicht nach § 62 Abs. 1 Nr. 11 Buchst. l genehmigungsfrei sind, bedürfen der Zustimmung der oberen Bauaufsichtsbehörde;** ist für ein solches Vorhaben eine Umweltverträglichkeitsprüfung oder eine Vorprüfung nach dem Recht über die Umweltverträglichkeitsprüfung durchzuführen, bedarf es der Zustimmung der oberen Bauaufsichtsbehörde**;** § 70 Abs. 1 Satz 2 gilt entsprechend. [2]Die Absätze 1 bis 3 sind nicht anzuwenden. [3]Auf Fliegende Bauten, die der Landesverteidigung dienen, ist § 76 Abs. 2 bis 9 nicht anzuwenden.

§ 84 Der Bauaufsicht nicht unterliegende Vorhaben

[1]Wenn nach anderen Rechtsvorschriften eine Genehmigung, Bewilligung oder Erlaubnis erforderlich ist, bedürfen keines bauaufsichtlichen Verfahrens:

1. Anlagen in und an oberirdischen Gewässern, Anlagen der Gewässerbenutzung, der Gewässerunterhaltung und des Gewässerausbaus sowie Deiche und Dämme; ausgenommen sind Gebäude,
2. Wasserversorgungs- und Abwasseranlagen,
3. Entwässerungs- und Bewässerungsanlagen,
4. Abfallentsorgungsanlagen,
5. Anlagen für das Fernmeldewesen und Anlagen für die öffentliche Versorgung mit Elektrizität, Gas und Wärme; ausgenommen sind oberirdische Anlagen mit mehr als 50 m^3 umbauten Raums oder Behälterinhalt sowie Gebäude,
6. Aufschüttungen und Abgrabungen im Außenbereich, die unter die Naturschutz- und Wassergesetze von Bund und Land oder das Landesgesetz über den Abbau und die Verwertung von Bimsvorkommen fallen,
7. überwachungsbedürftige Anlagen nach **§ 2 Nr. 1 des Gesetzes über überwachungsbedürftige Anlagen (ÜAnlG) vom 27. Juli 2021 (BGBl. I S. 3146 -3162-) in der jeweils geltenden Fassung**,
8. Anlagen, die im Rahmen eines Flurbereinigungsverfahrens außerhalb der im Zusammenhang bebauten Ortsteile errichtet werden, mit Ausnahme von Gebäuden.

[2]Die für den Vollzug dieser Rechtsvorschriften zuständigen Behörden nehmen die Aufgaben nach § 69 wahr.

§ 85 Nachträgliche Anforderungen

(1) [1]Bei rechtmäßig begonnenen oder bestehenden baulichen Anlagen sowie anderen Anlagen und Einrichtungen im Sinne des § 1 Abs. 1 Satz 2 können nachträglich Anforderungen nur gestellt werden, wenn dies zur Abwehr von erheblichen Gefahren für die öffentliche Sicherheit, insbesondere für Leben oder Gesundheit, erforderlich ist. [2]Bei Gefahr im Verzug kann bis zur Erfüllung dieser Anforderungen die Benutzung der Anlagen und Einrichtungen eingeschränkt oder untersagt werden.

(2) Sollen rechtmäßig bestehende bauliche Anlagen, andere Anlagen oder Einrichtungen wesentlich geändert werden, so kann gefordert werden, dass auch die nicht unmittelbar berührten Teile mit den baurechtlichen und sonstigen öffentlich-rechtlichen Vorschriften in Einklang gebracht werden, wenn dies keine unzumutbaren Mehrkosten verursacht.

§ 86 Baulasten

(1) [1]Die Person, die das Eigentum an dem Grundstück innehat, kann durch Erklärung gegenüber der Bauaufsichtsbehörde öffentlich-rechtliche Verpflichtungen zu einem ihr Grundstück betreffenden Tun, Dulden oder Unterlassen übernehmen, die sich nicht schon aus öffentlich-rechtlichen Vorschriften ergeben (Baulast). [2]Baulasten werden unbeschadet der Rechte Dritter mit der Eintragung in das Baulastenverzeichnis wirksam und wirken auch gegenüber den Rechtsnachfolgenden.

(2) [1]Die Erklärung nach Absatz 1 bedarf der Schriftform. [2]Eine Erklärung in elektronischer Form ist ausgeschlossen. [3]Die Unterschrift muss öffentlich beglaubigt oder vor der Bauaufsichtsbehörde geleistet oder vor ihr anerkannt werden.

(3) [1]Das Baulastenverzeichnis wird von der Bauaufsichtsbehörde geführt. [2]In das Baulastenverzeichnis können auch Auflagen, Bedingungen, Befristungen und Widerrufsvorbehalte eingetragen werden. [3]Eintragungen in das Baulastenverzeichnis sind **den zuständigen Vermessungs- und Katasterbehörden** zum Zweck der Aufnahme eines Hinweises in das Liegenschaftskataster mitzuteilen.

(4) [1]Die Baulast geht durch Verzicht der Bauaufsichtsbehörde unter. [2]Der Verzicht ist zu erklären, wenn ein öffentliches Interesse an der Baulast nicht mehr besteht. [3]Vor dem Verzicht sollen die durch die Baulast verpflichteten und begünstigten Personen gehört werden. [4]Der Verzicht wird mit der Eintragung in das Baulastenverzeichnis wirksam; von der Eintra-

gung sollen die verpflichteten und begünstigten Personen benachrichtigt werden.

(5) Wer ein berechtigtes Interesse darlegt, kann in das Baulastenverzeichnis Einsicht nehmen und sich einen Auszug erstellen lassen.

Siebter Teil: **Ermächtigungen, Ordnungswidrigkeiten, Übergangs- und Schlussbestimmungen**

§ 87 Ermächtigung zum Erlass von Rechts- und Verwaltungsvorschriften

(1) Zur Verwirklichung der allgemeinen Anforderungen nach den §§ 3 und 17a Abs. 1 und § 18 Abs. 1 kann das fachlich zuständige Ministerium durch Rechtsverordnung Vorschriften erlassen über

1. die nähere Bestimmung der Anforderungen in den §§ 6 bis 17, 27 bis 49, 52 und 53,
2. den Nachweis der Befähigung der in § 17a Abs. 6 und § 26 Abs. 1 genannten Personen; dabei können Mindestanforderungen an die Ausbildung, die durch Prüfung nachzuweisende Befähigung und die Ausbildungsstätten einschließlich der Anerkennungsvoraussetzungen gestellt werden,
3. die Überwachung der Tätigkeiten nach § 17a Abs. 7 und § 26 Abs. 2; dabei können für die Überwachungsstellen über die in § 25 Satz 1 Nr. 5 festgelegten Mindestanforderungen hinaus weitere Anforderungen im Hinblick auf die besonderen Eigenschaften und die besondere Verwendung der Bauprodukte gestellt werden,
4. die nähere Bestimmung allgemeiner Anforderungen in § 39, insbesondere über Feuerungsanlagen**, sonstige Anlagen zur Wärmeerzeugung und Energiebereitstellung** und Anlagen zur Verteilung von Wärme oder zur Warmwasserversorgung sowie über deren Betrieb, über Brennstoffleitungsanlagen, über Aufstellräume für Feuerstätten, Verbrennungsmotoren und Verdichter, über die Lagerung von Brennstoffen sowie über die Anwendung solcher Anforderungen auf bestehende bauliche Anlagen; dabei können Erleichterungen unter bestimmten Voraussetzungen allgemein für zulässig erklärt und es kann

vorgesehen werden, dass für Feuerungsanlagen besonderer Art andere Anforderungen gestellt werden können,
5. besondere Anforderungen oder Erleichterungen, die sich aus der besonderen Art oder Nutzung der baulichen Anlagen und Räume für ihre Errichtung, Änderung, Instandhaltung, Nutzung und ihren Betrieb ergeben (§§ 50 und 51) sowie über die Anwendung solcher Anforderungen auf bestehende bauliche Anlagen,
6. eine von Zeit zu Zeit zu wiederholende Nachprüfung von Anlagen oder Einrichtungen, die zur Verhütung erheblicher Gefahren oder Nachteile ständig ordnungsgemäß instand gehalten werden müssen, und die Erstreckung dieser Nachprüfungspflicht auf bestehende Anlagen oder Einrichtungen,
7. die Anwesenheit von Fachleuten beim Betrieb technisch schwieriger Anlagen und Einrichtungen, wie Bühnenbetriebe und technisch schwierige Fliegende Bauten,
8. den Nachweis der Befähigung der in Nummer 7 genannten Fachleute,
9. die Durchführung von Verordnungen, Richtlinien, Entscheidungen oder Beschlüssen des Rates oder der Kommission, die sich auf Bauarten oder Bauprodukte nach den §§ 17a bis 26 beziehen.

(2) [1]Das fachlich zuständige Ministerium kann durch Rechtsverordnung Vorschriften erlassen über
1. Umfang, Inhalt, Zahl und Beschaffenheit der Bauunterlagen sowie die Verwendung von Vordrucken,
2. die erforderlichen Anträge, Anzeigen, Nachweise und Bescheinigungen,
3. die Übermittlung personenbezogener Daten an Behörden außerhalb des Baugenehmigungsverfahrens zur Erfüllung der ihnen gesetzlich zugewiesenen Aufgaben,
4. das Verfahren im Einzelnen.

[2]Es kann dabei
1. die Art und Form der Übermittlung soweit weitere Einzelheiten zur Übermittlung,
2. für verschiedene Arten von Bauvorhaben unterschiedliche Anforderungen und Verfahren,
3. den Gebrauch der von der obersten Bauaufsichtsbehörde veröffentlichten Formulare

vorschreiben.

(3) Das fachlich zuständige Ministerium kann, hinsichtlich der Nummern 2 und 3 im Einvernehmen mit dem für die Aufsicht über die Ingenieurkam-

mer Rheinland-Pfalz zuständigen Ministerium, durch Rechtsverordnung vorschreiben,

1. dass zum Nachweis der ordnungsgemäßen Bauausführung von Entwurfsverfasserinnen oder Entwurfsverfassern, Unternehmen, sachverständigen Personen oder Behörden erstellte Bescheinigungen, Bestätigungen oder Nachweise über die Einhaltung bauaufsichtlicher Anforderungen vorzulegen sind,
2. wie das Verfahren für die Eintragung in die von der Ingenieurkammer Rheinland-Pfalz nach § 64 Abs. 2 Nr. 2 und § 66 Abs. 6 zu führenden Listen durchzuführen ist und welche Nachweise vorzulegen sind; dabei können auch Regelungen über Gebühren für die Eintragung getroffen werden,
3. dass Personen nach § 64 Abs. 2 Nr. 2 und § 66 Abs. 6 sich einer laufenden Fortbildung unterziehen und ausreichend haftpflichtversichert sein müssen sowie unter welchen Voraussetzungen die Eintragung in die Liste nach § 64 Abs. 2 Nr. 2 und § 66 Abs. 6 zu löschen ist.

(4) Das fachlich zuständige Ministerium kann zur Vereinfachung oder Beschleunigung des Baugenehmigungsverfahrens oder zur Entlastung der Bauaufsichtsbehörden durch Rechtsverordnung Vorschriften erlassen über

1. weitere und weitergehende Ausnahmen von den Erfordernissen der Baugenehmigung,
2. den vollständigen oder teilweisen Wegfall der bautechnischen Prüfung bei bestimmten Arten von Bauvorhaben,
3. die Heranziehung von sachverständigen Personen oder Stellen und die Übertragung von Prüfaufgaben der Bauaufsichtsbehörde im Rahmen des bauaufsichtlichen Verfahrens einschließlich der Bauüberwachung auf sachverständige Personen oder Stellen; insoweit kann es für die sachverständigen Personen oder Stellen
   a) bestimmte Mindestanforderungen an die Fachkenntnisse sowie in zeitlicher und sachlicher Hinsicht an die Berufserfahrung festlegen,
   b) durch Prüfungen nachzuweisende Befähigungen, den Nachweis der persönlichen Zuverlässigkeit sowie eine ausreichende Haftpflichtversicherung fordern,
   c) Altersgrenzen festlegen,
   d) eine laufende Fortbildung vorschreiben,
   e) die sonstigen Voraussetzungen festlegen, die sie zu erfüllen haben,
   f) eine besondere Anerkennung vorschreiben sowie das Verfahren und die Voraussetzungen für die Anerkennung, ihren Widerruf, ihre Rücknahme und ihr Erlöschen regeln,

g) das Verfahren regeln, nach dem die übertragenen Aufgaben wahrzunehmen sind, und
h) unter Berücksichtigung des Schwierigkeitsgrads der Tätigkeit, des Zeitaufwands oder anderer zweckdienlicher Bemessungsgrundlagen Regelungen über deren Vergütung treffen sowie

für die Verantwortlichen nach den §§ 56 bis 57 Regelungen entsprechend den Buchstaben a bis e treffen.

(5) [1]Das fachlich zuständige Ministerium kann für sachverständige Personen nach § 65 Abs. 4 Satz 1 durch Rechtsverordnung Vorschriften erlassen über

1. die Fachbereiche, in denen sie tätig werden,
2. die Anforderungen, insbesondere in Bezug auf deren Ausbildung, Fachkenntnisse, Berufserfahrung, persönliche Zuverlässigkeit sowie Fort- und Weiterbildung,
3. das Verfahren, nach dem die Berechtigung zur Ausübung der Tätigkeit als sachverständige Person erworben wird, sowie den Widerruf, die Rücknahme und das Erlöschen der Berechtigung,
4. deren Überwachung,
5. die Festsetzung einer Altersgrenze,
6. das Erfordernis einer ausreichenden Haftpflichtversicherung sowie
7. deren Vergütung.

[2]Dabei können die Befugnisse zur Erteilung, zum Widerruf und zur Rücknahme der Berechtigung nach Satz 1 Nr. 3 sowie zur Überwachung nach Satz 1 Nr. 4 auf Dritte übertragen werden.

(6) Das fachlich zuständige Ministerium kann durch Rechtsverordnung

1. das Ü-Zeichen festlegen und zu diesem Zeichen zusätzliche Angaben verlangen,
2. das Anerkennungsverfahren nach § 25, die Voraussetzungen für die Anerkennung, ihren Widerruf und ihr Erlöschen regeln, insbesondere auch Altersgrenzen festlegen, sowie eine ausreichende Haftpflichtversicherung fordern,
3. für die natürlichen Personen, juristischen Personen und Behörden nach § 25 die Gebühren und Vergütungen festlegen sowie die Fachaufsicht regeln.

(7) [1]Das fachlich zuständige Ministerium kann durch Rechtsverordnung bestimmen, dass die Anforderungen der aufgrund des **§ 31 ÜAnlG** und des § 49 Abs. 4 des Energiewirtschaftsgesetzes erlassenen Verordnungen entsprechend für Anlagen und Einrichtungen gelten, die weder gewerblichen noch wirtschaftlichen Zwecken dienen und in deren Gefahrenbereich keine Arbeitnehmerinnen und Arbeitnehmer beschäftigt werden. [2]Es kann

auch die Verfahrensvorschriften sowie die Straf- und Bußgeldbestimmungen dieser Verordnungen für anwendbar erklären oder selbst das Verfahren bestimmen sowie Zuständigkeiten und Gebühren regeln. [3]Dabei kann es auch vorschreiben, dass danach zu erteilende Erlaubnisse die Baugenehmigung einschließlich der zugehörigen Abweichungen einschließen.

(8) In den Rechtsverordnungen nach Absatz 1 kann wegen der technischen Einzelheiten auf Bekanntmachungen besonderer sachverständiger Stellen unter Angabe der Fundstelle verwiesen werden, soweit diese in einer den Betroffenen zugänglichen Weise veröffentlicht worden sind.

(9) Das fachlich zuständige Ministerium erlässt die zur Durchführung dieses Gesetzes erforderlichen Verwaltungsvorschriften.

§ 87a Technische Baubestimmungen[32]

(1) Die Anforderungen nach § 3 Abs. 1 und § 4 können durch Technische Baubestimmungen konkretisiert werden.

(2) Die Konkretisierungen können durch Bezugnahmen auf technische Regeln und deren Fundstellen oder auf andere Weise erfolgen, insbesondere in Bezug auf

1. bestimmte bauliche Anlagen oder ihre Teile,
2. die Planung, Bemessung und Ausführung baulicher Anlagen und ihrer Teile,
3. die Leistung von Bauprodukten in bestimmten baulichen Anlagen oder ihren Teilen, insbesondere
   a) Planung, Bemessung und Ausführung baulicher Anlagen bei Einbau eines Bauproduktes,
   b) Merkmale von Bauprodukten, die sich für einen Verwendungszweck auf die Erfüllung der Anforderungen nach § 3 Abs. 1 Satz 1 auswirken,
   c) Verfahren für die Feststellung der Leistung eines Bauproduktes im Hinblick auf Merkmale, die sich für einen Verwendungszweck auf die Erfüllung der Anforderungen nach § 3 Abs. 1 Satz 1 auswirken,
   d) zulässige oder unzulässige besondere Verwendungszwecke,
   e) die Festlegung von Klassen und Stufen in Bezug auf bestimmte Verwendungszwecke,
   f) die für einen bestimmten Verwendungszweck anzugebende oder erforderliche und anzugebende Leistung in Bezug auf ein Merk-

32 siehe auch C 7, Technische Baubestimmungen, Bauprodukte und Bauarten

mal, das sich für einen Verwendungszweck auf die Erfüllung der Anforderungen nach § 3 Abs. 1 Satz 1 auswirkt, soweit vorgesehen in Klassen und Stufen,
4. die Bauarten und die Bauprodukte, die nur eines allgemeinen bauaufsichtlichen Prüfzeugnisses nach § 17a Abs. 3 oder nach § 20 Abs. 1 bedürfen,
5. Voraussetzungen zur Abgabe der Übereinstimmungserklärung für ein Bauprodukt nach § 23,
6. die Art, den Inhalt und die Form technischer Dokumentation.

(3) Die Technischen Baubestimmungen sollen nach den Grundanforderungen gemäß Anhang I der Verordnung (EU) Nr. 305/2011 gegliedert sein.

(4) Die Technischen Baubestimmungen enthalten die in § 18b Abs. 3 genannte Liste.

§ 88 Örtliche Bauvorschriften

(1) [1]Die Gemeinden können durch Satzung Vorschriften erlassen über
1. die äußere Gestaltung baulicher Anlagen sowie von Werbeanlagen und Warenautomaten zur Durchführung gestalterischer Absichten in bestimmten bebauten oder unbebauten Teilen des Gemeindegebiets; die Vorschriften über Werbeanlagen können sich auch auf deren Art, Größe und Anbringungsort erstrecken,
2. besondere Anforderungen gestalterischer Art an bauliche Anlagen, Werbeanlagen und Warenautomaten zum Schutz bestimmter Bauten, Straßen, Plätze oder Ortsteile von kultureller, historischer oder städtebaulicher Bedeutung oder zum Schutz von Kultur- und Naturdenkmälern; dabei können nach den örtlichen Gegebenheiten insbesondere bestimmte Arten von Werbeanlagen und Warenautomaten und die Werbung an bestimmten baulichen Anlagen ausgeschlossen sowie Werbeanlagen und Warenautomaten auf Teile baulicher Anlagen und auf bestimmte Farben beschränkt werden,
3. die Gestaltung der Lager-, Abstell-, Aufstell- und Ausstellungsplätze, der Camping- und Wochenendplätze, der Sport- und Spielplätze, der Stellplätze und der unbebauten Flächen der bebauten Grundstücke sowie über die Notwendigkeit, Art, Gestaltung und Höhe von Einfriedungen; dabei kann bestimmt werden, dass Vorgärten nicht als Arbeits- oder Lagerflächen benutzt werden dürfen,
4. geringere oder größere als die in § 8 Abs. 6 vorgeschriebenen Maße zur Wahrung der baugeschichtlichen Bedeutung oder der sonstigen

erhaltenswerten Eigenart eines Ortsteils; die Ortsteile sind in der Satzung genau zu bestimmen,
5. den Anbringungsort und die Gestaltung von Hausnummern,
6. die Unzulässigkeit von mehr als einer Antenne auf Gebäuden sowie die Unzulässigkeit von Außenantennen, soweit der Anschluss an die Gemeinschaftsantenne möglich ist,
7. die Begrünung baulicher Anlagen sowie die Anpflanzung von Bäumen und Sträuchern,
8. die Zahl der notwendigen Stellplätze nach § 47.

[2]Örtliche Bauvorschriften, die zur Durchführung baugestalterischer Absichten erlassen werden, dürfen die Nutzung erneuerbarer Energien nicht ausschließen oder unangemessen beeinträchtigen.

(2) [1]Anforderungen in Satzungen nach Absatz 1 können auch in einem Plan durch Zeichnung, Farbe oder Schrift festgesetzt werden (Gestaltungsplan). [2]Der Gestaltungsplan ist zum Bestandteil der Satzung zu erklären. [3]Satzungen mit einem Gestaltungsplan sind öffentlich auszulegen.

(3) Die Gemeinden können ferner für abgegrenzte Teile des Gemeindegebiets oder für bestimmte Fälle durch Satzung
1. die Herstellung notwendiger Stellplätze für bestehende bauliche Anlagen verlangen, soweit Bedürfnisse des Verkehrs oder die Behebung städtebaulicher Missstände dies erfordern,
2. auf die Herstellung von Stellplätzen ganz oder teilweise verzichten, soweit Bedürfnisse des Verkehrs nicht entgegenstehen oder ein Bedarf an Stellplätzen nicht besteht, insbesondere weil die Benutzerinnen und Benutzer der baulichen Anlagen öffentliche Verkehrsmittel in Anspruch nehmen können,
3. die Herstellung von Stellplätzen untersagen oder einschränken, soweit Bedürfnisse des Verkehrs oder städtebauliche Gründe dies erfordern,
4. die Herstellung von Abstellplätzen für Fahrräder verlangen; die erforderliche Größe, die Lage, die Ausstattung und die Anzahl der unterzubringenden Fahrräder können in der Satzung festgelegt werden.

(4) Die Gemeinden können außerdem durch Satzung bestimmen, dass
1. in wegen ihrer kulturellen, historischen oder städtebaulichen Bedeutung besonders schutzwürdigen Gebieten genehmigungsfreie Werbeanlagen und Warenautomaten einer Genehmigung durch die Bauaufsichtsbehörde bedürfen,
2. im Gemeindegebiet oder in Teilen des Gemeindegebiets bei bestehenden Gebäuden Kinderspielplätze nach Maßgabe des § 11 Abs. 4 herzustellen und instand zu halten sind,

3. im Gemeindegebiet oder in Teilen des Gemeindegebiets im Interesse des Klimaschutzes bei vor dem 1. Januar 2009 errichteten Gebäuden anteilig erneuerbare Energien zu nutzen sind.

(5) [1]Für die Satzungen gelten die Bestimmungen der Gemeindeordnung sowie die dazu erlassenen Durchführungsvorschriften. [2]In den Fällen des Absatzes 1 **Satz 1** Nr. 2 und 4 wird die Satzung im Benehmen mit der zuständigen Denkmalschutzbehörde erlassen.

(6) [1]Regelungen nach den Absätzen 1 bis 4 können in den Bebauungsplan als Festsetzungen aufgenommen werden. [2]Auf diese Festsetzungen sind die §§ 3, 4, 10 bis 18 und 214 bis 216 BauGB anzuwenden; Absatz 5 findet keine Anwendung.

(7) [1]Für Abweichungen von Satzungsbestimmungen gilt § 69. [2]Vor der Zulassung von Abweichungen ist die Gemeinde, in den Fällen des Absatzes 1 **Satz 1** Nr. 2 und 4 auch die zuständige Denkmalschutzbehörde zu hören.

§ 89 Ordnungswidrigkeiten

(1) [1]Ordnungswidrig handelt, wer vorsätzlich oder fahrlässig eine bauliche Anlage errichtet, ändert, benutzt oder abbricht, ohne die hierfür erforderliche Genehmigung zu besitzen. [2]Ordnungswidrig handelt auch, wer vorsätzlich oder fahrlässig von der erteilten Genehmigung abweicht, wenn die Abweichung einer erneuten Genehmigung bedurft hätte. [3]Ordnungswidrig handelt ferner, wer vor Ablauf der Frist nach § 67 Abs. 2 mit dem Vorhaben beginnt. [4]Die Ordnungswidrigkeit kann mit einer Geldbuße bis zu fünfzigtausend Euro geahndet werden.

(2) [1]Absatz 1 Satz 1 und 2 gilt für die Errichtung, Aufstellung, Anbringung, Änderung und den Abbruch anderer Anlagen und Einrichtungen, an die in diesem Gesetz oder aufgrund dieses Gesetzes Anforderungen gestellt werden, und für Abweichungen von einer für diese Anlagen oder Einrichtungen erteilten Genehmigung entsprechend. [2]Die Ordnungswidrigkeit kann mit einer Geldbuße bis zu zehntausend Euro geahndet werden.

(3) [1]Ordnungswidrig handelt, wer vorsätzlich oder fahrlässig
1. als Bauherrin oder Bauherr oder als verantwortliche Person eines Unternehmens Bauprodukte verwendet oder verwenden lässt, für die der nach § 18b erforderliche Nachweis über ihre Verwendbarkeit nicht vorliegt,
2. Bauprodukte mit dem Ü-Zeichen kennzeichnet, ohne dass dafür die Voraussetzungen nach § 22 Abs. 3 vorliegen, oder

3. als Bauherrin oder Bauherr oder als verantwortliche Person eines Unternehmens Bauarten entgegen § 17a ohne die erforderliche allgemeine Bauartgenehmigung oder ohne allgemeines bauaufsichtliches Prüfzeugnis für Bauarten oder ohne vorhabenbezogene Bauartgenehmigung anwendet oder anwenden lässt.

[2]Die Ordnungswidrigkeit kann mit einer Geldbuße bis zu zwanzigtausend Euro geahndet werden.

(4) [1]Ordnungswidrig handelt, wer vorsätzlich oder fahrlässig
1. als verantwortliche Person eines Unternehmens oder bei Bauarbeiten in Selbst- oder Nachbarschaftshilfe als Bauherrin oder Bauherr bei der Einrichtung und dem Betrieb einer Baustelle entgegen § 53 Abs. 2 die erforderlichen Schutzvorkehrungen oder Sicherheitsvorkehrungen unterlässt,
2. einer vollziehbaren Einstellungsanordnung nach § 55 Abs. 4 Satz 2 zuwiderhandelt,
3. die Pflicht, den Wechsel der Bauleiterin oder des Bauleiters oder der Bauherrin oder des Bauherrn mitzuteilen (§ 55 Abs. 1 Satz 5 und Abs. 5), verletzt,
4. als Bauleiterin oder Bauleiter oder Fachbauleiterin oder Fachbauleiter ihre oder seine Mitteilungspflicht nach § 56a Abs. 1 Satz 2 verletzt,
5. entgegen § 62 Abs. 1 Nr. 10 Buchst. a Halbsatz 2 tragende oder aussteifende Bauteile errichtet oder ändert,
6. entgegen § 66 Abs. 1 Satz 2 oder Satz 4 die Erklärung über die erforderlichen Nachweise nicht rechtzeitig vorlegt oder die erforderlichen Nachweise auf der Baustelle nicht vorhält oder der Bauaufsichtsbehörde auf deren Verlangen nicht vorlegt,
7. entgegen § 66 Abs. 2 Satz 2 **oder Satz 3** die erforderlichen Nachweise nicht, nicht richtig, nicht vollständig oder nicht rechtzeitig der Bauaufsichtsbehörde vorlegt,
8. als Inhaberin oder Inhaber einer Ausführungsgenehmigung für Fliegende Bauten die Anzeigepflicht nach § 76 Abs. 6 Satz 1 verletzt,
9. entgegen § 76 Abs. 7 Satz 1 oder entgegen einer vollziehbaren Anordnung nach § 76 Abs. 8 Fliegende Bauten aufstellt oder in Gebrauch nimmt,
10. entgegen § 77 Abs. 1 mit der Ausführung eines genehmigungsbedürftigen Vorhabens beginnt,
11. entgegen § 78 Abs. 2 die Fertigstellung des Rohbaus oder die abschließende Fertigstellung der baulichen Anlage nicht oder nicht fristgerecht anzeigt oder mit der Anzeige der abschließenden Fertigstellung die erforderlichen Bescheinigungen nicht, nicht richtig oder nicht vollständig vorlegt,

12. entgegen § 78 Abs. 5 mit dem Innenausbau beginnt,
13. entgegen § 78 Abs. 6 bestimmte Arbeiten fortsetzt oder eine bauliche Anlage benutzt,
14. entgegen § 78 Abs. 7 Satz 1 Beginn oder Beendigung bestimmter Bauarbeiten nicht anzeigt,
15. entgegen § 79 Abs. 1 eine bauliche Anlage benutzt oder entgegen § 79 Abs. 2 Feuerungsanlagen in Betrieb nimmt,
16. einer vollziehbaren Einstellungsanordnung nach § 80 Abs. 1 zuwiderhandelt,
17. einer vollziehbaren Benutzungsuntersagung nach § 81 zuwiderhandelt oder
18. gegen eine Verfahrens- oder Betriebsbestimmung verstößt, die in einer aufgrund des § 87 Abs. 1 Nr. 5 oder 6 oder Abs. 7 erlassenen Rechtsverordnung enthalten ist oder auf die verwiesen wird, soweit die Rechtsverordnung für einen bestimmten Tatbestand auf diese Bußgeldbestimmung verweist.

[2]Die Ordnungswidrigkeit kann mit einer Geldbuße bis zu zehntausend Euro geahndet werden.

(5) [1]Ordnungswidrig handelt, wer wider besseres Wissen unrichtige Angaben macht oder unrichtige Pläne oder Unterlagen vorlegt, um einen nach diesem Gesetz vorgesehenen Verwaltungsakt zu erwirken oder zu verhindern. [2]Die Ordnungswidrigkeit kann mit einer Geldbuße bis zu zehntausend Euro geahndet werden.

(6) Gegenstände, auf die sich eine Ordnungswidrigkeit bezieht oder die zu ihrer Vorbereitung oder Begehung verwendet worden sind, können eingezogen werden.

(7) Zuständige Verwaltungsbehörde im Sinne des § 36 Abs. 1 Nr. 1 des Gesetzes über Ordnungswidrigkeiten ist die untere Bauaufsichtsbehörde.

§ 90 Eingeleitete Verfahren

(1) Die vor dem In-Kraft-Treten dieses Gesetzes eingeleiteten Verfahren sind nach den bisherigen Verfahrensbestimmungen weiterzuführen.

(2) Ist ein Antrag vor dem In-Kraft-Treten dieses Gesetzes gestellt worden, so kann die antragstellende Person verlangen, dass die Entscheidung nach dem zur Zeit der Antragstellung geltenden Recht getroffen wird.

§ 91 Übergangsbestimmungen

(1) [1]Bestehende Anerkennungen als Prüf-, Überwachungs- und Zertifizierungsstellen bleiben in dem bis zum 28. Juni 2019 bestimmten Umfang wirksam. [2]Vor dem 29. Juni 2019 gestellte Anträge gelten als Anträge nach diesem Gesetz.

(2) Bis zum 28. Juni 2019 für Bauarten erteilte allgemeine bauaufsichtliche Zulassungen oder Zustimmungen im Einzelfall gelten als Bauartgenehmigungen fort.

(3) Die bis zum 28. Juni 2019 eingeführten technischen Baubestimmungen und an die Stelle der Bauregellisten getretenen Bestimmungen gelten bis zum Inkrafttreten der Verwaltungsvorschrift nach § 3 Abs. 2 als Technische Baubestimmungen nach § 87a fort.

(4) [1]Die in der Anlage bestimmten Ausbildungsanforderungen finden keine Anwendung auf Personen, die zum 31. März 2025 ihr Studium bereits begonnen haben. [2]Für diese Personen gelten die Ausbildungsanforderungen des § 64 in der bis zum 3. Januar 2025 geltenden Fassung.

§ 92 Außer-Kraft-Treten bestehender Vorschriften

(1) Mit dem In-Kraft-Treten dieses Gesetzes treten außer Kraft:

1. die Landesbauordnung Rheinland-Pfalz vom 8. März 1995 (GVBl. S. 19, BS 213-1),
2. die Landesverordnung über die Gebiete mit geringer Wohnsiedlungstätigkeit vom 28. Oktober 1977 (GVBl. S. 363, BS 213-7).

(2) [1]Rechtsverordnungen, die aufgrund des in Absatz 1 Nr. 1 genannten Gesetzes, aufgrund der Landesbauordnung für Rheinland-Pfalz vom 27. Februar 1974 (GVBl. S. 53), zuletzt geändert durch Gesetz vom 20. Juli 1982 (GVBl. S. 264), BS 213-1, aufgrund der Landesbauordnung für Rheinland-Pfalz vom 15. November 1961 (GVBl. S. 229), zuletzt geändert durch Artikel 10 des Gesetzes vom 20. November 1969 (GVBl. S. 179) oder aufgrund der Landesbauordnung Rheinland-Pfalz vom 8. November 1986 (GVBl. S. 307, 1987 S. 48), zuletzt geändert durch Artikel 6 des Gesetzes vom 5. Oktober 1993 (GVBl. S. 481), BS 213-1, erlassen worden sind, bleiben, soweit sie nicht durch Absatz 1 oder durch § 89 Abs. 1 der Landesbauordnung Rheinland-Pfalz vom 8. März 1995 außer Kraft getreten sind, bis zum Erlass neuer Rechtsverordnungen in Kraft. [2]Das fachlich

zuständige Ministerium wird ermächtigt, sie durch Rechtsverordnung außer Kraft zu setzen.

(3) Soweit in anderen Vorschriften auf Vorschriften oder Bestimmungen verwiesen wird, die durch Absatz 1 oder durch § 89 Abs. 1 der Landesbauordnung Rheinland-Pfalz vom 8. März 1995 außer Kraft getreten sind, treten an deren Stelle die entsprechenden Bestimmungen dieses Gesetzes.

§ 93 In-Kraft-Treten[33]

Dieses Gesetz tritt am 1. Januar 1999 in Kraft.

Anlage
(zu § 64 Abs. 2 und zu § 64a Abs. 1)

Leitlinien zu Ausbildungsinhalten

Allgemeines

Die theoretischen und praktischen Inhalte des Studiums müssen auf die umfassenden Berufsaufgaben sowie auf die beruflichen Fähigkeiten und Tätigkeiten von Bauingenieurinnen und Bauingenieuren ausgerichtet sein. Die Tätigkeit von Bauingenieurinnen und Bauingenieuren umfasst im Wesentlichen die Planung, den Entwurf, die Konstruktion, die Ausführung, die Instandhaltung, den Betrieb und den Rückbau von Gebäuden und baulichen Anlagen jeder Art, insbesondere in den Bereichen des Hoch-, Verkehrs-, Tief- und Wasserbaus.

Inhaltliche Anforderungen an das Studium des Bauingenieurwesens

Im Rahmen eines hauptsächlich auf das Bauingenieurwesen ausgerichteten Studiengangs mit der Bezeichnung „Bauingenieurwesen“

---

33 Die Landesbauordnung Rheinland-Pfalz wurde zuletzt durch Artikel 1 des Zweiten Landesgesetzes zur Änderung baurechtlicher Vorschriften vom 22. September 2025 (GVBl. S. 549) sowie Artikel 3 des Landesgesetzes zur Änderung des Landesenteignungsgesetzes, des Landesseilbahngesetzes und der Landesbauordnung Rheinland-Pfalz vom 19. November 2025 (GVBl. S. 672) geändert. Die Änderungen sind am 1. November 2025 bzw. 1. Januar 2026 in Kraft getreten.

oder entsprechenden Studiengängen von mit mindestens drei Studienjahren (entspricht 180 ECTS-Leistungspunkten) müssen mindestens 135 ECTS-Punkte in Studienfächern erworben werden, die dem Bauwesen zugeordnet werden können.
Hierzu gehören:

1. Studienfächer, die ein fundiertes Grundlagenwissen im thematisch-naturwissenschaftlichen Bereich vermitteln: insbesondere Höhere Mathematik, Technische Mechanik, Bauphysik, Bauchemie und Baustoffkunde und Technisches Darstellen,
2. Studienfächer, die allgemeine fachspezifische Grundlagen des Bauingenieurwesens vermitteln: insbesondere Baukonstruktion/Objektplanung Gebäude, Tragwerkslehreplanung, Bauinformatik/Geoinformatik, Digitales Bauen, Numerische Modellierung, Geotechnik, Bodenmechanik und Geodäsie,
3. Studienfächer, die spezifische Kenntnisse des konstruktiven Ingenieurbaus vermitteln: insbesondere Baustatik, Massivbau (Beton-, Stahlbeton- und Mauerwerksbau), Stahl- und Metallbau, Holzbau, Verbundbau, Glasbau und Kunststoffe, Brückenbau,
4. Studienfächer, die vertiefte Kenntnisse in bauingenieurspezifischen Spezialbereichen vermitteln: insbesondere Wasserwirtschaft, Wasserbau, Siedlungswasserwirtschaft, Abfallwirtschaft und Altlasten, Verkehrsplanung, öffentliche Verkehrssysteme und Verkehrswege (Straße, Schiene), Straßenwesen,
5. Studienfächer, die vertiefte Kenntnisse des Baumanagements vermitteln: insbesondere Bauprojektmanagement, Bauprozessmanagement und Baubetriebswirtschaft, Bauplanungsmanagement,
6. Studieninhalte, die weitere allgemeine Grundlagen vermitteln: insbesondere Baurecht (Planungsrecht, Ordnungsrecht, Zivilrecht -Verträge, Haftung-), Bauen im Bestand, Ökologie, Fremdsprachen (Fachwortschatz) und technische Gebäudeausrüstung.

Der Anteil der Studienfächer in den Nummern 1 bis 4 muss dabei mindestens 110 ECTS-Punkte betragen.

B 2 – Auszüge aus den Gesetzesbegründungen (Änderungen der Landesbauordnung 2015, 2019, 2021, 2022, 2024 und 2025[34] mit erklärenden Anmerkungen der Verfasser)

Zu den einzelnen Bestimmungen

Zu § 2 Abs. 1 Satz 3 (2021)
Aufgrund von Nachfragen aus der Praxis soll [durch Einfügung des Wortes „auch“ in Satz 3] klargestellt werden, dass die baulichen Anlagen nach Satz 3 nicht aus Bauprodukten hergestellt sein müssen. Hiermit ist keine Ausweitung der abschließenden Aufzählung verbunden. Mit dieser Klarstellung wird lediglich verdeutlicht, dass es sich bei diesen „fiktiven baulichen Anlagen“ nicht um mit dem Erdboden verbundene, aus Bauprodukten hergestellte Anlagen handeln muss.

Zu § 2 Abs. 2 (2015)
In der in Satz 2 ***Nr. 2*** *geregelten Gebäudeklasse 2 entfällt die bisherige Beschränkung der Gebäudenutzung auf das Wohnen. Wie in der Gebäudeklasse 1 neben Wohngebäuden auch andere Gebäude ähnlicher Größe zulässig sind, sollen nach dem neuen Satz 2 in der Gebäudeklasse 2 anstelle der Wohnungen im Sinne des Satzes 2 Nr. 2 (nicht mehr als zwei Wohnungen bzw. eine zusätzliche dritte Wohnung im Untergeschoss) auch andere Nutzungseinheiten wie Büros, Praxen und kleine Läden möglich sein, soweit sie hinsichtlich Anzahl und Größe mit den zulässigen Wohnungen vergleichbar sind. Dabei ist eine angemessene Begrenzung der Größe notwendig, die sich im Gegensatz zu Wohnungen nicht regelmäßig aus ihrem Nutzungszweck selbst ergibt. Sinnvoll ist die Vorgabe einer maximalen Nutzfläche des Gebäudes von 400 m², die die Systematik der Landesbauordnung zu Flächeneinheiten fortsetzt und eine marktgerechte Konzeption auch von Mischnutzungen ermöglicht. Die Bemessung der Nutzfläche richtet sich nach DIN 277-1.*
Die Einführung der neu definierten und bezeichneten Gebäudeklassen 4 und 5 in Satz 2 ***Nr. 4 und Nr. 5*** *steht im Zusammenhang mit Änderungen, die die Anforderungen an den Brandschutz insbesondere von Wänden und Decken erleichtern. Damit wird auch die Errichtung von Gebäuden in Holzbauweise mit nunmehr bis zu fünf Geschossen (bisher drei Geschosse)*

---

34 siehe auch A, Einführung

allgemein ermöglicht [durch LBauO-Änderung 2021 auf Geschosse bis zur Hochhausgrenze erweitert]. Diese Gebäude wurden bisher nur im Einzelfall zugelassen; die dabei zu beachtende Richtlinie über brandschutztechnische Anforderungen an hochfeuerhemmende Bauteile in Holzbauweise[35] *wird nun zur geregelten Bauart. Unabhängig davon können besondere Holzkonstruktionen (z. B. Hybriddecken) und Mischbauweisen (z. B. Holz- und Massivbau) auch weiterhin im Einzelfall zugelassen werden (z. B. im Rahmen des § 50); dabei kann zudem die etwa vorzusehende brandschutztechnische Infrastruktur Berücksichtigung finden.*
Die bisherigen Gebäudeklassen 1 bis 4 sind bereits mit der LBauO 1986 eingeführt worden, um die Anwendung der Bauordnung zu erleichtern. In der Musterbauordnung (MBO) wurden Gebäudeklassen erst 2002 aufgenommen und zwar mit Klassen durchlaufend von 1 bis 5. Die neuen Gebäudeklassen 4 und 5, die an die Stelle der bisherigen Gebäudeklasse 4 treten, entsprechen im Wesentlichen den Gebäudeklassen 4 und 5 der MBO.

Zu § 2 Abs. 9 (2015)
Der neu eingefügte Absatz 9 ist Bestandteil der überarbeiteten Bestimmungen zur Barrierefreiheit (vgl. § 36 Abs. 4, § 51). Er enthält eine Legaldefinition der Barrierefreiheit, die die Formulierung aus dem Landesgesetz zur Gleichstellung behinderter Menschen vom 16. Dezember 2002 (GVBl. S. 481, BS 87-1) aufgreift [siehe Begründung zu § 4 -2022-]. Maßgeblich ist der spezifische Nutzungszweck der baulichen Anlage. So unterscheiden sich etwa die Anforderungen der Bauordnung an allgemeine Wohngebäude (§ 51 Abs. 1) von den Anforderungen an Gebäude, die vornehmlich von Menschen mit Behinderungen oder älteren Menschen genutzt werden (§ 51 Abs. 2). Da ältere Menschen und Personen mit Kleinkindern in vergleichbarer Weise auf barrierefreie bauliche Anlagen angewiesen sind, wird die Regelung entsprechend erweitert. Die Definition ist erforderlich, weil Regelungen der LBauO und der Normen DIN 18040-1 und DIN 18040-2 an den Begriff der Barrierefreiheit anknüpfen, indem sie z. B. festlegen, wie bestimmte bauliche Anlagen zu errichten und auszustatten sind, um barrierefrei zugänglich und nutzbar zu sein. Die Normen DIN 18040-1 (Barrierefreies Bauen – Planungsgrundlagen – Teil 1: Öffentlich zugängliche Gebäude) und DIN 18040-2 (Barrierefreies Bauen – Planungsgrundlagen –

35 nunmehr „Richtlinie über brandschutztechnische Anforderungen an Bauteile und Außenwandbekleidungen in Holzbauweise (HolzBauRL)“, siehe auch C 4

Teil 2: Wohnungen) werden als Technische Baubestimmungen durch Verwaltungsvorschrift der obersten Bauaufsichtsbehörde eingeführt.[36]

Zu § 2 Abs. 10 (2019)

Absatz 10 definiert wie bisher den Begriff „Bauprodukt". Zur Klarstellung und zur Vereinheitlichung mit Artikel 2 Nr. 1 und 2 der Verordnung (EU) Nr. 305/2011 des Europäischen Parlaments und des Rates vom 9. März 2011 zur Festlegung harmonisierter Bedingungen für die Vermarktung von Bauprodukten und zur Aufhebung der Richtlinie 89/106/EWG des Rates (ABl. EU Nr. L 88 S. 5; 2013 Nr. L 103 S. 10), im Folgenden BauPVO, werden die Begriffe „Produkt" und „Bausatz" hinzugefügt. Ein „Bausatz" ist ein Bauprodukt, das von einem einzigen Hersteller als Satz von mindestens zwei getrennten Komponenten, die zusammengefügt werden müssen, um in das Bauwerk eingefügt werden zu können, in Verkehr gebracht wird. Die Ergänzung erfolgt aus Gründen der Vollständigkeit, da nach Artikel 2 Nr. 1 BauPVO sowohl ein „Produkt" als auch ein „Bausatz" ein Bauprodukt sein können. Klarstellend ist anzumerken, dass das Zusammenfügen von Komponenten eines Bausatzes im Sinne des Absatzes 10 nicht als Bauart im Sinne des Absatzes 11 gilt.

Zu § 3 Abs. 1 (2019)

In Satz 1 werden nunmehr klarstellend die in Anhang I der BauPVO enthaltenen Grundanforderungen in Bezug genommen. Die Verwendung des Wortes „dabei" zeigt an, dass die nationalen Schutzziele die Grundanforderungen mit umfassen, in der Verwaltungsvorschrift nach § 3 Abs. 2 in Verbindung mit § 87a konkretisiert werden und damit erfolgreich in die europäische Normung eingebracht werden können.

Zur Streichung von § 3 Abs. 2 a. F. (2019)

Die Inhalte von Absatz 2 (alt) finden sich nun für die Bauarten in § 17a Abs. 1 und für die Bauprodukte in § 18 Abs. 1. Die Trennung ist erforderlich, um zukünftig klarer zwischen den Bauprodukten, die in steigendem Maße auf Grundlage der BauPVO in Verkehr gebracht werden, und den Bauarten, die ausschließlich national geregelt werden, zu differenzieren.
[Hinweis: § 3 Abs. 2 a. F. lautete wie folgt:
(2) Bauprodukte dürfen nur verwendet werden, wenn bei ihrer Verwendung die baulichen Anlagen bei ordnungsgemäßer Instandhaltung während einer dem Zweck entsprechenden angemessenen Zeitdauer die Anforderungen

---

36 eingeführt durch Verwaltungsvorschrift vom 1. Oktober 2015 (MinBl. S. 154), nunmehr VV TB RP-A4.2.2

dieses Gesetzes oder der Vorschriften aufgrund dieses Gesetzes erfüllen und gebrauchstauglich sind.]

Zu § 3 Abs. 2 n. F. (2019)

Die Formulierung wird an den neuen Fachbegriff der Technischen Baubestimmungen angepasst, zu denen in § 87a detailliertere Regelungen getroffen werden.

Um den Anforderungen des Bundesverwaltungsgerichts an eine normkonkretisierende Verwaltungsvorschrift gerecht zu werden, müssen strenge verfahrensmäßige Vorgaben erfüllt werden, unter anderem bezüglich der Beteiligung interessierter und sachkundiger Kreise.

Satz 1 weist der obersten Bauaufsichtsbehörde die Aufgabe zu, Technische Baubestimmungen bekannt zu machen. Dabei ist ausdrücklich ein Erlass als Verwaltungsvorschrift vorgesehen. Damit wird die Rechtsnatur der Technischen Baubestimmungen klargestellt, wobei es sich bei der Verwaltungsvorschrift um eine normkonkretisierende Verwaltungsvorschrift handelt. Solchen Verwaltungsvorschriften im Bereich des Umwelt- und Technikrechts billigt das Bundesverwaltungsgericht Bindungswirkung im gerichtlichen Verfahren zu, soweit sie die „höherrangigen Gebote" und „im Gesetz getroffenen Wertungen" berücksichtigen, in einem sorgfältigen Verfahren unter Einbeziehung des technischen und wissenschaftlichen Sachverstands zustande gekommen und nicht durch die Erkenntnisfortschritte von Wissenschaft und Technik überholt sind (BVerwGE 107, 338, 341).

Zur Beteiligung ist vorgesehen, dass das Deutsche Institut für Bautechnik (DIBt) eine Musterliste der Technischen Baubestimmungen bekannt macht, an der sich die Bundesländer orientieren können. Vor Bekanntmachung der Muster-Verwaltungsvorschrift sind die beteiligten Kreise zu hören sowie das Einvernehmen der obersten Bauaufsichtsbehörden herbeizuführen. Durch die Anhörung ist sichergestellt, dass die beteiligten Kreise sich in einem frühen Verfahrensstadium für das gesamte Bundesgebiet einbringen können.

Die in Rheinland-Pfalz als Technische Baubestimmungen einzuführenden technischen Regeln werden nach Satz 3 auf der vom DIBt bekannt gemachten Musterliste der Technischen Baubestimmungen beruhen, sodass eine Vereinheitlichung der Bestimmungen der Bundesländer erfolgt und der Vollzug durch die am Bau Beteiligten erleichtert wird.

Abweichungen vom Muster sind jedoch möglich und liegen im Ermessen der Bundesländer. Soweit die oberste Bauaufsichtsbehörde von der Mustervorschrift nicht abweicht, muss durch Rheinland-Pfalz kein weiteres Anhörungs- und Notifizierungsverfahren durchgeführt werden.

Satz 2 ermächtigt die oberste Bauaufsichtsbehörde, bei der Bekanntmachung der konkreten Inhalte auf eine Fundstelle zu verweisen. Dies ermöglicht es, in der Verwaltungsvorschrift selbst auf die detaillierte Wiedergabe der als Technische Baubestimmungen einzuführenden Regeln, die in der Anlage zu einer Verwaltungsvorschrift zur Bekanntmachung Technischer Baubestimmungen niedergeschrieben werden sollen, zu verzichten.
Es ist dabei beabsichtigt, insoweit in der im Ministerialblatt zu veröffentlichenden Verwaltungsvorschrift auf die Internetseite des für die oberste Bauaufsichtsbehörde zuständigen Ministeriums zu verweisen, auf der dann die jeweils zugehörige Anlage zur Verwaltungsvorschrift eingestellt wird.[37]
Fortschreibungen der Verwaltungsvorschrift werden durch erneute Veröffentlichung im Ministerialblatt kenntlich gemacht. Die den einzelnen Fortschreibungen zugehörigen Anlagen werden auf der Internetseite aufgrund der Angabe des in der jeweiligen Verwaltungsvorschrift festgelegten Datums des Inkrafttretens zurechenbar sein. (Die oberste Bauaufsichtsbehörde hat dabei auch dafür Sorge zu tragen, dass die Daten gesichert und jederzeit verfügbar gemacht werden können.) Dies ermöglicht zum einen eine schlanke Umsetzung, zum anderen aber auch eine übersichtliche Anwendbarkeit für die am Bau Beteiligten.

Zu § 4 (2022)
Durch das Landesinklusionsgesetz vom 17. Dezember 2020 (GVBl. S. 719, BS 87-1) wurde das bisher in § 4 Satz 2 zitierte Landesgesetz zur Gleichstellung behinderter Menschen ersetzt. Die Verweisung ist daher zu aktualisieren. Inhaltlich resultiert hieraus keine Veränderung.

Zu § 6 Abs. 2 Satz 1 Nr. 1 (2015)
Satz 1 Nr. 1 wird im Hinblick auf die Erschließung von Vorhaben im Außenbereich aktualisiert. Bisher genügt die Erreichbarkeit über einen Wirtschaftsweg, wenn es sich um Vorhaben insbesondere landwirtschaftlicher Art im Sinne des § 35 Abs. 1 Nr. 1 bis 3 des Baugesetzbuchs (BauGB) handelt. Diese Privilegierung soll nun auf alle nach § 35 Abs. 1 Nr. 1 bis 6 BauGB im Außenbereich zulässigen Vorhaben erweitert werden, um eine einfache Erschließung zu ermöglichen und den Außenbereich zu schonen. Maßgeblich ist der bauordnungsrechtliche Schutzzweck der Norm. Es gilt, die Erreichbarkeit von Gebäuden für Fahrzeuge von Behörden und Organisationen mit Sicherheitsaufgaben (BOS) sowie von Entsorgungsunterneh-

37 Die Anlagen zur Verwaltungsvorschrift sind jeweils auf der Internetseite der obersten Bauaufsichtsbehörde (https://mkbwk.rlp.de/themen/baurecht-und-bautechnik/technische-baubestimmungen-1) veröffentlicht.

men oder Postdienstleistern zu gewährleisten. Unter diesem Gesichtspunkt wird es regelmäßig genügen, dass etwa bauliche Anlagen zur Wasserversorgung oder abwassertechnische Anlagen im Außenbereich gleichermaßen wie landwirtschaftliche Vorhaben über einen Wirtschaftsweg erreichbar sind. Voraussetzung ist, dass die Wirtschaftswege für die Nutzung durch Fahrzeuge der BOS geeignet sind.

Zu § 6 Abs. 2 Satz 1 Nr. 1 (2025)

Satz 1 Nr. 1 wird an die seit 2017 erfolgten Änderungen des § 35 Abs. 1 BauGB angepasst, mit denen verschiedene Arten von Anlagen zur Nutzung solarer Strahlungsenergie neu in den Katalog der privilegierten Vorhaben aufgenommen wurden.

Zu § 6 Abs. 3 (2015)

Die Regelung zur sogenannten Vereinigungsbaulast wird zunächst um einen ***Satz 2*** *ergänzt. Darin wird klargestellt, dass z. B. geringfügig vortretende Dachvorsprünge auf das benachbarte Grundstück auskragen können, ohne dass deshalb eine Sicherung durch Baulast erforderlich ist. Dies gilt nach dem neuen* ***Satz 3*** *auch für Anlagen zur Nutzung solarer Strahlungsenergie und Maßnahmen zum Zwecke der Energieeinsparung, die an grenzständigen Wänden angebracht werden, soweit sie die abstandsflächenrechtlichen Vorgaben nach § 8 Abs. 5 Satz 3 und 4 [Satz 4 nunmehr § 8 Abs. 11] erfüllen. Diese bauordnungsrechtliche Regelung lässt zivilrechtliche Fragen unberührt [bezüglich Dämmmaßnahmen siehe § 16a des Landesnachbarrechtsgesetzes].*

Zu § 6 Abs. 3 Satz 3 (2025)

Absatz 3 Satz 3 wird an die Änderungen in § 8 Abs. 5 und 11 angepasst.

Zu § 7 (2015)

Die redaktionellen Änderungen in den ***Absätzen 2 und 4*** *sind aufgrund der Einführung der Gebäudeklassen 4 und 5 erforderlich (vgl. § 2 Abs. 2 Satz 2 Nr. 4 und 5 -2015-).*

In ***Absatz 4*** *sollen die Maße der Aufstellflächen für Feuerwehrfahrzeuge gestrichen werden, da die Anforderungen abschließend in der Technischen Baubestimmung „Flächen für die Feuerwehr" geregelt sind. In der Folge ist die Pflicht, solche Flächen vorzusehen, in Satz 2 neu zu formulieren.*

Zu § 8 Abs. 5 (2015)

Die Änderungen ermöglichen das Anbringen von Solaranlagen und nachträgliche Außenwanddämmungen in Abstandsflächen. Sie knüpfen rechtssystematisch wie sprachlich an die bauplanungsrechtliche Sonderregelung

zur sparsamen und effizienten Nutzung von Energie an (§ 248 BauGB) und sind Bestandteil der Neuregelungen, die bauliche Maßnahmen zur Energieeinsparung und Nutzung erneuerbarer Energien erleichtern sollen. Damit in Zusammenhang stehen Änderungen der Absätze 9 und 11 und weitere Verfahrenserleichterungen bei den genehmigungsfreien Vorhaben nach § 62.
Nach dem neuen ***Satz 3*** *bleiben Anlagen zur Nutzung solarer Strahlungsenergie in gleicher Weise wie vor die Wand vortretende Gebäudeteile nach Satz 2 bei der Ermittlung der Abstandsflächen außer Betracht, wenn sie nur geringfügig hervortreten. Das Beispiel der parallel zu Außenwänden und Dachflächen angebrachten Solarmodule unterstreicht, dass die Anlagen, zu denen auch das Befestigungssystem gehört, nicht „aufgeständert" oder sonst mit Abstand zu Dach- und Außenwänden angebracht werden dürfen, der über das konstruktiv Erforderliche hinausgeht. Die Anlagen sind an bestehenden Gebäuden und Neubauten gleichermaßen zulässig. Eine korrespondierende Regelung gilt für Gebäude, die nach Absatz 9 [seit 2025 Absatz 8] abstandsflächenrechtlich unbeachtlich sind [siehe Satz 6 Halbsatz 1].*
Ergänzt wird die Regelung durch die Änderung in Absatz 11 [seit 2025 Absatz 10] im Hinblick auf die Sonderregelung zur sparsamen und effizienten Nutzung von Energie nach § 248 BauGB.

Zu § 8 Abs. 8 (bis 2025 Absatz 9, Änderung 2015)
Absatz 9 [seit 2025 Absatz 8] bedarf in mehrfacher Hinsicht der Ergänzung. Die Errichtung der in Satz 1 genannten baulichen Anlagen ist derzeit u. a. nur dann in den Abstandsflächen zulässig, wenn sie eine Länge von 12 m an einer Grundstücksgrenze und von insgesamt 18 m an allen Grundstücksgrenzen nicht überschreiten. Hier wird ein nachbarliches Abwehrrecht von der Rechtsprechung des OVG Rheinland-Pfalz bislang bejaht, wenn die Bebauung an der Grenze des klagenden Nachbarn zwar die zulässige Länge von 12 m einhält, gleichzeitig aber die auf dem Baugrundstück geltende Längenbeschränkung von insgesamt 18 m wegen weiterer baulicher Anlagen an anderen, den Kläger nicht betreffenden Grundstücksgrenzen überschritten ist (Urteil vom 11. November 2010, Az.: 1 A 10531/10; Urteil vom 2. August 2007, Az.: 1 A 10230/07). Infolge dieser Rechtsprechung ist die Bauaufsichtsbehörde gezwungen, die 18 m-Regelung gegenüber der Bauherrin oder dem Bauherrn auf Betreiben eines Nachbarn durchzusetzen, obgleich dieser an seiner Grenze über die zulässige Bebauung von 12 m Länge hinaus nicht in seinen durch § 8 geschützten Belangen tangiert ist. Denn eine Bebauung an anderen, ihn nicht betreffenden Grenzen wird die ausreichende Besonnung, Belichtung und

Belüftung seiner Aufenthaltsräume regelmäßig nicht beeinträchtigen. Es ist daher auch zur Wahrung der subjektiv-rechtlichen Systematik geboten, die 18 m-Regelung in ***Satz 4*** *neu zu fassen und durch Halbsatz 2 von der umfassend nachbarschützenden Wirkung des § 8 auszunehmen. Ein Tätigwerden der Bauaufsichtsbehörde steht nunmehr wie auch sonst bei Verstößen gegen nicht nachbarschützende Normen in ihrem pflichtgemäßen Ermessen.*

In ***Satz 5*** *(bisheriger Satz 4) soll die Zugangsmöglichkeit zu Garagen und sonstigen Gebäuden ohne Aufenthaltsräume und Feuerstätten, die in den Abstandsflächen zulässig sind, im Interesse der Bauherrin und des Bauherrn neu geregelt werden. Es ist bisher ausgeschlossen, dass etwa Grenzgaragen mit dem Hauptgebäude funktional – mittels einer Verbindungstür – verbunden werden. Die privilegierte Grenzbebauung geht von einem eigenständigen Gebäude aus und ist nur zulässig, wenn der Zugang zur Garage ausschließlich von außen erfolgt (Urteil des OVG Rheinland-Pfalz vom 25. Juni 2009, Az.: 1 A 10050/09). Durch die Gesetzesänderung wird geregelt, dass ein unmittelbarer Zugang von der Grenzgarage und den sonst privilegierten Gebäuden zum Hauptgebäude unschädlich für das Abstandsflächenprivileg ist, wenn diese Gebäude einen eigenen Zugang von außen haben. Hinzu kommt in Ergänzung der bisher nur für Grenzgaragen geltenden Regelung, dass nunmehr auch das Dach eines Gebäudes ohne Aufenthaltsräume und Feuerstätten mit dem Dach des Hauptgebäudes verbunden werden darf. Sowohl die Verbindung im Dachbereich als auch der direkte Zugang sind nur dann möglich, wenn das Hauptgebäude seinerseits die erforderliche Abstandsfläche einhält. Die Gebäude müssen ihre funktionale Eigenständigkeit auch bei einer Zugangsmöglichkeit zum Hauptgebäude oder einer Verbindung der Dächer wahren, andernfalls verlieren sie ihre abstandsflächenrechtliche Privilegierung.*

Im neuen ***Satz 6*** *wird zum einen in Halbsatz 1 festgestellt, dass Anlagen zur Nutzung solarer Strahlungsenergie auf den Dächern aller in den Abstandsflächen privilegierten Gebäude zulässig sind. Sie unterliegen denselben Anforderungen wie Solaranlagen nach Absatz 5 Satz 3, die an oder auf Hauptgebäuden angebracht werden und nur geringfügig hervortreten dürfen. Abweichend von dieser Sonderregelung in Halbsatz 1 sollen zum anderen nach Halbsatz 2 sonstige Anlagen und Nutzungen auf den Dächern der in den Abstandsflächen zulässigen Gebäude nur dann zulässig sein, wenn sichergestellt ist, dass ein Abstand von 3 Metern zu den Grundstücksgrenzen gewahrt bleibt. Diese Regelung betrifft insbesondere Dachterrassen auf Grenzgaragen, deren Zulässigkeit von den zuständigen Senaten des Oberverwaltungsgerichts Rheinland-Pfalz unterschiedlich bewertet wird (etwa Urteil vom 22. September 2000, Az.: 1 A 10952/00 und Urteil* *vom 29. September 1992, Az.: 8 A 12124/91). Da das Abstandsflächenprivileg des Absatzes 9 [seit 2025 Absatz 8] auf Gebäude beschränkt ist, die bestimmungsgemäß, also etwa als Garage zum Abstellen von Kraftfahrzeugen (vgl. § 2 Abs. 8 Satz 2), genutzt werden und die anderweitige Nutzung diesen Rahmen grundsätzlich im Sinne eines „aliud" überschreitet, ist die zweckwidrige Nutzung des Daches im Abstandsbereich von drei Meter zu den Grundstücksgrenzen unzulässig. Jenseits dieses Bereichs ist die Nutzung nur zulässig, wenn etwa durch die bauliche Gestaltung dauerhaft und erkennbar sichergestellt ist, dass ein Abstand von drei Meter gewahrt bleibt. Mit dieser Neuregelung werden Unsicherheiten in der Rechtsanwendung beseitigt und ein grundsätzlicher Gleichklang mit dem zivilrechtlichen Nachbarrecht erzielt. Danach müssen Terrassen und ähnliche Bauteile, die einen Ausblick zum Nachbargrundstück gewähren, mindestens 2,50 m von der Nachbargrenze entfernt sein. Besondere städtebauliche Verhältnisse wie eine Bebauung mit Doppelhäusern nebst Garagen oder eine verschachtelte Bebauung, die eine abweichende Sicht rechtfertigen, können bauplanungsrechtlich etwa über die Festsetzung der geschlossenen Bauweise berücksichtigt werden.*

Zu § 8 Abs. 8 (bis 2025 Absatz 9, Änderung 2021)

Das Oberverwaltungsgericht Rheinland-Pfalz hat in einem Beschluss vom 26. Oktober 2016, Az. 1 A 10530/16, im Rahmen eines Nachbarrechtsstreits dargelegt, dass in einer Garage das Aufstellen einer Feuerstätte nicht zulässig ist, und hierzu ausgeführt: „Da die erkennbare Funktion der hier streitigen Anlage auch darin besteht, als Heizungsraum zu dienen, ist das Abstellen eines Kfz nicht der alleinige Zweck; die Anlage kann daher nicht als Garage gelten." Da die Feuerungsverordnung vom 8. April 2020 (GVBl. S. 118, BS 213-1-5) in § 4 Abs. 1 Nr. 2 ausdrücklich bestimmte Gasfeuerstätten in Garagen erlaubt, soll durch die Ergänzung in Absatz 9 ***Satz 1 Nr. 1*** *[seit 2025 Absatz 8] zum einen klargestellt werden, dass Feuerstätten in Garagen nicht grundsätzlich ausgeschlossen sind. Darüber hinaus wird in Analogie zu Absatz 9 Satz 1 Nr. 3 [seit 2025 Absatz 8] ausgeschlossen, dass Garagen mit Feuerstätten ohne eigene Abstandsflächen oder in den Abstandsflächen anderer Gebäude zulässig sind.*

Zu § 8 Abs. 10 (bis 2025 Absatz 11, Änderung 2015)

Mit der Änderung wird das bauordnungsrechtliche Abstandsflächenrecht zunächst an relevante Maßgaben des Bauplanungsrechts angepasst. Anlass ist die Regelung des § 9 Abs. 1 Nr. 2 Buchst. a BauGB, nach der im Bebauungsplan aus städtebaulichen Gründen vom Bauordnungsrecht abweichende Maße der Tiefe der Abstandsflächen festgesetzt werden kön-

nen. Voraussetzung ist bei einer Verringerung des Maßes der Tiefe der Abstandsfläche, dass der bauordnungsrechtliche Schutzzweck – die Beleuchtung mit Tageslicht, die Lüftung und der Brandschutz – gewährleistet ist. Diese Belange sind regelmäßig schon in der bauleitplanerischen Abwägung zu bewältigen. Auch die Sonderregelung zur sparsamen und effektiven Nutzung von Energie nach § 248 BauGB erfordert eine Anpassung des Abstandsflächenrechts. Schließlich können sich geringere oder größere Maße aus örtlichen Bauvorschriften ergeben, die nach § 88 Abs. 1 [Satz 1] Nr. 4 LBauO der Wahrung der baugeschichtlichen Bedeutung oder der sonst erhaltenswerten Eigenart eines Ortsteils dienen.

Zu § 8 Allgemein (umfassende Änderung 2025)

Die abstandsflächenrechtlichen Vorgaben des § 8 werden weiter an die Musterbauordnung angepasst und reduziert, um insbesondere bei bestehenden Gebäuden die Schaffung von Wohnraum zu erleichtern, Zugrunde liegt ein Beschluss der Fachkommission Bauaufsicht der Bauministerkonferenz zur Änderung der Musterbauordnung.

*In **Absatz 5** wird Satz 4 gestrichen. Diese Regelung zur Privilegierung von nachträglichen energetischen Maßnahmen bei Gebäuden, die vor dem 1. Januar 1999 zulässigerweise errichtet wurden, wird in weitergehender Form im neuen Absatz 11 eingefügt (Satz 1 Nr. 7). Dort werden – einheitlich – Erleichterungen für rechtmäßig bestehende Gebäude geregelt. [Dabei wird auch die in 2022 eingefügte Ergänzung, dass die Bedachung um nicht mehr als 0,25 m (seit 2025 0,40 m) parallel zur Dachfläche angehoben werden darf, berücksichtigt. Die Änderung diente der Klarstellung; sie verdeutlicht, dass die erlaubte Anhebung lotrecht zu der Dachfläche zu bemessen ist.]*

*Der bisherige **Absatz 7** wird gestrichen. Die Regelung ist in der Praxis nicht von Relevanz und in der Musterbauordnung nicht enthalten. Die Streichung dient somit der angestrebten Vereinfachung und Anpassung der Landesbauordnung an die Musterbauordnung. [In der Folge ändert sich die Nummerierung der bisherigen Absätze 8 bis 11.]*

*Der bisherige **Absatz 12** wird ebenfalls gestrichen. Diese bisher differenzierte Regelung für Ausbau und Nutzungsänderung von bestehenden Gebäuden wird in vereinfachter und inhaltlich weitergehender Form im neuen Absatz 11 (Satz 1 Nr. 1 und 2 sowie Satz 2) eingefügt. [Hierdurch änderte sich die Nummerierung der in 2022 eingefügten Absätze 13 und 14 zu Windenergieanlagen bzw. Antennenanlagen.]*

Zu § 8 Abs. 11 (2025)

Nach dem neu eingefügten ***Absatz 11 Satz 1*** *sind bei rechtmäßig bestehenden Gebäuden, die Abstandsflächen nicht einhalten, enumerativ bestimmte Maßnahmen abweichend von den Vorgaben der Absätze 1 bis 6 zulässig.*

Die Sachverhalte nach den Nummern 1 bis 3 waren auch bisher nicht abstandsflächenrelevant, wenn sie den Bestandsschutz nicht haben wegfallen lassen. Mit der Änderung wird deutlich, dass die Veränderungen an den Gebäuden auch dann abstandsflächenirrelevant sind, wenn sie so tiefgreifend sind, dass sie den Bestandsschutz entfallen lassen.

Die einleitende Formulierung des Satzes 1 nennt „rechtmäßig bestehende Gebäude" und nicht „rechtmäßig errichtete". Denn es kommt nur darauf an, dass das Gebäude materiell zu irgendeinem Zeitpunkt rechtmäßig war und deswegen Bestandsschutz genießt. Für untergegangene Gebäude oder Gebäudeteile findet die Regelung des Absatzes 11 (neu) keine Anwendung, sondern nur auf die Gebäude, die zum Zeitpunkt ihrer Änderung bestehen oder bei denen im Falle des Ersatzneubaus ein enger zeitlicher Zusammenhang zum Neubau besteht. Für diese bestehenden Gebäude werden Fälle aufgelistet, in denen Veränderungen abstandsflächenrechtlich unbeachtlich bleiben, auch dann, wenn bereits das bestehende Gebäude gegen das aktuelle Abstandsflächenrecht verstößt. Werden auf Grundlage des Absatzes 11 Änderungen vorgenommen oder Gebäude als Ersatzbau neu errichtet, genießen die dadurch entstandenen Anlagen weiterhin beziehungsweise erneut Bestandsschutz.

Nummer 1 *legt zum einen fest, dass der Ausbau abstandsflächenrechtlich nicht relevant ist. Zum Ausbau zählen auch Öffnungen in Dächern oder Wänden wie Fenster, die zuvor in Absatz 12 Satz 1 Nr. 3 Halbsatz 2 angeführt waren. Zum anderen wird klargestellt, dass Änderungen innerhalb eines Gebäudes keine abstandsflächenrechtlichen Auswirkungen haben.*

Nummer 2 *ermöglicht Nutzungsänderungen bestandsgeschützter Gebäude, ohne dass sich die Frage der Abstandsflächen neu stellt. Das ist gerechtfertigt, da sich an der nachbarlichen Interessenlage im Wesentlichen nichts ändert.*

Die Nummern 1 und 2 vereinfachen die bisher differenzierte Regelung zu Ausbau und Nutzungsänderung im zu streichenden Absatz 12 Satz 1. Erfasst sind nunmehr grundsätzlich alle Ausbauten und Nutzungsänderungen. Die bisherigen Beschränkungen auf Wohnnutzung, ansässige und ortsübliche Betriebe, Gebiete für Wohnen oder kommunale Innenentwicklung sowie erhaltenswerte Bausubstanz entfallen. Ebenso entfällt die Vorgabe, dass die äußere Gestalt des Gebäudes nicht oder nur unwesentlich verändert wird, da dies dem Begriff Ausbau oder Nutzungsänderung schon

immanent ist; bei nicht nur unwesentlichen Änderungen der äußeren Gestalt handelt es sich nicht mehr um einen Ausbau oder Änderung der Nutzung im Sinne des Absatzes 11 Satz 1 Nr. 1 oder Nr. 2. Zudem ist die Vorgabe zur nachbarschonenden Anordnung von Dachaufbauten und Fenstern vor dem Hintergrund des Rücksichtnahmegebots entbehrlich. Ferner finden sich Dachaufbauten, die Dachgauben einschließen, in Nummer 4. Schließlich wird die bisherige Vorgabe, dass privilegierte Gebäude „in zulässiger Weise errichtet“ (also im Zeitpunkt ihrer Errichtung formell oder materiell rechtmäßig) sein mussten, im neuen Absatz 11 Satz 1 Nr. 1 und 2 wie beschrieben erweitert („rechtmäßig bestehende Gebäude“, also materiell zu irgendeinem Zeitpunkt rechtmäßig). So werden nachträgliche Rechtsänderungen, die zur Zulässigkeit des Vorhabens führen, berücksichtigt.
Im Ergebnis werden Ausbau und Nutzungsänderung in den Abstandsflächen erleichtert. Dies entspricht der Intention der Musterbauordnung und dient der flexibleren Gebäudenutzung zuvorderst im Interesse der Schaffung von Wohnraum. Nachbarlichen Interessen ist Rechnung getragen durch das Rücksichtnahmegebot.
Nummer 3** reagiert auf Rechtsprechung (z. B. Oberverwaltungsgericht Berlin-Brandenburg, Beschluss vom 27. Januar 2012, Az. OVG 2 S 50.10 sowie Oberverwaltungsgericht Rheinland-Pfalz, Urteil vom 25. November 1993, Az. 1 A 10739/93, beide juris), wonach etwa Anbauten an bestehenden Gebäuden, deren Abstandsflächen sich nach geltendem Recht auf das Nachbargrundstück erstrecken, unzulässig sein können. Die Neuregelung ermöglicht nun in diesen Situationen die Errichtung von Vor- und Anbauten, wenn deren Abstandsflächen nicht auf das Nachbargrundstück übergreifen, mithin also die Abstandsflächen nach Absatz 6 einhalten. Erfasst sind auch Öffnungen in Wänden wie Fenster; § 30 bleibt unberührt (vgl. C 3, Abbildung 45).**
***Nummer 4** bereinigt das Risiko des untergehenden Bestandsschutzes, falls an bestehenden Gebäuden, deren Abstandsflächen sich nach geltendem Recht auf das Nachbargrundstück erstrecken, Aufstockungen vorgenommen oder Aufbauten errichtet*
oder geändert werden. Nummer 4 ermöglicht nun in diesen Situationen die Errichtung von Aufbauten, wenn deren Abstandsflächen nicht über die Abstandsfläche des bestehenden Gebäudes hinausgehen. Maßstab für Aufstockungen sind die angenommenen Abstandsflächen des zugehörigen Bestandsgebäudes (vgl. C 3, Abbildung 46)
Die Regelung ermöglicht die nachträgliche Errichtung von Dach- oder Staffelgeschossen (Aufbauten), weil die Nachbarn abstandsflächenrechtlich nicht zusätzlich beeinträchtigt werden. Bauplanungsrechtliche Vorga-

ben bleiben unberührt. Erfasst sind auch Öffnungen in Dächern oder Wänden wie Fenster.
Die Erleichterung gilt auch für Gebäude, die an der Grundstücksgrenze stehen, unabhängig davon, ob dies abstandsflächenrechtlich zulässig ist oder nicht.
***Nummer 5** Halbsatz 1 ermöglicht abstandsflächenrechtlich den Ersatz von Gebäuden oder Gebäudeteilen bis zu den bisherigen Abmessungen. Denn bisher war nach Beseitigung bestehender Dachräume, Dach- oder Staffelgeschosse deren Neuerrichtung in vielen Fällen abstandsflächenrechtlich nicht möglich, weil der Bestandschutz des Gebäudeteils unterging. In der Praxis wurde deshalb die Gebäudehülle erhalten und kostenintensiv von innen nach außen saniert (inklusive der Auswechselung der maroden Dachkonstruktion). Das Gleiche gilt, wenn das gesamte Gebäude ersetzt werden soll. Erfasst sind auch Öffnungen in Dächern oder Wänden wie Fenster. Wenngleich Erhalt und weitere Nutzung der Gebäudesubstanz nachhaltiger sein kann, soll auch hier das Bauen erleichtert werden durch die Vermeidung höherer Investitionskosten, die dem gefährdeten Bestandsschutz geschuldet wären.*
Neben der tatbestandlichen Vorgabe, die bisherigen Abmessungen nicht zu überschreiten, setzt der Ersatz von Gebäuden und Gebäudeteilen schon begrifflich voraus, dass Abbruch oder Zerstörung – z. B. durch ein Brandereignis – und Neuerrichtung auch zeitlich eng zusammenhängen. Dies ist in Anlehnung an die Grundsätze zur sogenannten prägenden Nachwirkung anzunehmen, solange nach der Verkehrsauffassung mit einer Wiederbebauung zu rechnen ist (vgl. Bundesverwaltungsgericht, Urteil vom 23. November 2016, Az. 4 CN 2/16, juris); Abbruch und alsbaldige Neuerrichtung müssen grundsätzlich als ein einheitlicher Vorgang zu werten sein (vgl. Bundesverwaltungsgericht, Urteil vom 12. September 1980, Az. IV C 75.77, juris).
Die Außenbauteile des zu ersetzenden Gebäudes – oder beim Ersatz von Gebäudeteilen die abzubrechenden Bauteile – und die neuen Bauteile sind zur Feststellung, dass die bisherigen Abmessungen eingehalten werden, in den Bauzeichnungen darzustellen. [§ 3 BauuntPrüfVO wurde durch Artikel 2 Nr. 1 des Änderungsgesetzes entsprechend ergänzt entsprechend ergänzt. Die Erleichterung hinsichtlich der Abstandsflächen greift nur innerhalb der bisherigen Dimensionen der baulichen Anlage. Um den Planenden aber auch den Bauaufsichtsbehörden einen Anhaltspunkt zu bieten, sind entsprechende Angaben in den Bauzeichnungen erforderlich.]
Mit Halbsatz 2 wird ermöglicht, dass die Erleichterungen der Nummern 2 bis 4 auch beim Ersatz von Gebäuden oder Gebäudeteilen zusätzlich möglich sind.

Nummer 6 *schafft in Halbsatz 1 die abstandsflächenrechtlichen Erschließungsvoraussetzungen für die Nachverdichtung durch Aufstockungen und Dachraumausbauten. Zusätzliche Nutzungsebenen ermöglichen der Feuerwehr oftmals nicht die Herstellung des zweiten Rettungswegs über Leitern oder Hubrettungsfahrzeuge. In diesen Fällen muss der zweite Rettungsweg baulich hergestellt werden, wodurch Konflikte mit dem Abstandsflächenrecht entstehen können. Nummer 6 unterstützt die Nachverdichtung, da für Aufzüge, Treppen und Treppenräume abstandsflächenrechtliche Erleichterungen vorgesehen werden.*
Gleichzeitig werden Barrieren für Menschen mit Mobilitätseinschränkungen verringert, da auch die nachträgliche Errichtung von Aufzügen leichter möglich wird. Erfasst sind auch Öffnungen in Dächern oder Wänden wie Fenster.
Die Reduzierung der Mindestabstandsflächentiefe von 3 m auf 2 m entspricht Absatz 5 Satz 2 Halbsatz 2.
Mit Nummer 6 Halbsatz 2 werden die abstandsflächenrechtlichen Erleichterungen des Halbsatzes 1 an die Voraussetzung geknüpft, dass die den Abstandsflächen innewohnende Schutzfunktion hinsichtlich der Beleuchtung mit Tageslicht und des Brandschutzes gewährleistet sein muss.
Nummer 7 *erweitert die bisherige Regelung in Absatz 5 Satz 4 und erleichtert nachträgliche Maßnahmen zum Zwecke der Energieeinsparung sowie Anlagen zur Nutzung solarer Strahlungsenergie in Abstandsflächen. Um einen effektiven Wärmeschutz und eine effektive Energieerzeugung angesichts der gestiegenen energetischen Anforderungen und bautechnischer Fortschritte einschließlich des seriellen Sanierens zu erleichtern, wird das zulässige Maß (also insbesondere die Stärke der Dämmung) von 0,25 m auf 0,40 m angehoben; dieses Maximal-Maß gilt auch dann, wenn Maßnahmen zum Zwecke der Energieeinsparung und Anlagen zur Nutzung solarer Strahlungsenergie (auch zeitversetzt) verbunden werden. Durch das Wort „insgesamt" wird gleichzeitig klargestellt, dass die Abstandsfläche nicht sukzessive und mehrfach verringert werden darf.*
Zudem wird die bisherige Beschränkung der Privilegierung in Absatz 5 Satz 4 Halbsatz 1 auf „vor dem 1. Januar 1999 zulässigerweise errichtete Gebäude" aufgegeben zugunsten der weiterreichenden Vorgabe der Musterbauordnung, dass alle „rechtmäßig bestehenden Gebäude" (also materiell zu irgendeinem Zeitpunkt rechtmäßig) erfasst werden. Dies liegt im Interesse der Energieeinsparung und des Klimaschutzes, dessen Dringlichkeit enorm gestiegen ist.
Ein denkbarer Missbrauch der Neuregelung in dem Sinne, dass eine Bauherrin oder ein Bauherr aktuell ohne Maßnahmen zum Zwecke der Energieeinsparung (Dämmung) die Abstandsfläche exakt einhält, um diese kurze

Zeit später mit einer nachträglichen Dämmung unter Berufung auf das „rechtmäßig bestehende Gebäude" und Nummer 7 um bis zu 0,40 m zu unterschreiten, erscheint angesichts der für die Fertigstellungsanzeige erforderlichen Verputzung und generell einer bauökonomischen Vorgehensweise theoretisch und hinsichtlich des Potenzials der notwendigen Energieeinsparung an Bestandsgebäuden zu vernachlässigen.
Absatz 11 ***Satz 2*** *verhindert, dass Nebengebäude im Sinne (und damit unabhängig von den genauen Maßen) des Absatzes 8, wie z. B. Grenzgaragen, zu Hauptgebäuden werden. Der Ausschluss der Begünstigungen soll nicht für Maßnahmen zum Zwecke der Energieeinsparung und Anlagen zur Nutzung solarer Strahlungsenergie (Satz 1 Nr. 7) gelten. Auch bei Nebengebäuden ohne Aufenthaltsräume kann eine Dämmung sinnvoll sein (z. B. wenn dort frostempfindliche Gegenstände aufbewahrt werden, die eine Beheizung erfordern). Ebenfalls möglich bleiben soll die Anbringung oder Aufbringung von Anlagen zur Nutzung solarer Strahlungsenergie, da bei diesen Maßnahmen kein Risiko besteht, dass aus einem Neben- ein Hauptgebäude wird.*

Zu § 8 Abs. 12 (bis 2025 Absatz 13, eingeführt 2022)
Zur Förderung des Ausbaus von Anlagen zur Erzeugung von Strom aus erneuerbaren Energien wird für Windenergieanlagen eine modifizierte Abstandsflächenregelung eingeführt. Dabei wird auch festgelegt, wie sich die zugrunde zu legende Höhe bemisst sowie ab welchem Punkt der Windenergieanlage die ermittelte Abstandsfläche anzusetzen ist. Um für die Gesetzesanwenderinnen und -anwender die Übersichtlichkeit zu gewährleisten, wird ein eigener, neuer Absatz 13 [seit 2025 Absatz 12] für die Abstandsflächenregelungen von Windenergieanlagen eingeführt. Die bisherige Regelung in Absatz 10 Satz 2 kann entfallen.
Die Tiefe der Abstandsfläche wird auf 0,2 H reduziert. Abweichend zur bisherigen Regelung wird, um zu gewährleisten, dass auch bei Anlagen mit üblichen Längenausdehnungen kein Nachbargrundstück von den Rotoren überstrichen wird, ein einzuhaltender Mindestabstand eingeführt, der aus der Länge des Rotorradius zuzüglich des generellen Mindestabstands von 3 m (vgl. Absatz 6 Satz 3) berechnet wird.
Für die Ermittlung der Abstandsflächen von Windenergieanlagen hatte das Oberverwaltungsgericht Rheinland-Pfalz eine Berechnungsformel entwickelt. Danach ist die von den Rotorblättern bei gleichzeitigen Drehungen um die Nabe und die Achse des Mastes umstrichene Form einer Kugel maßgeblich (Beschluss vom 10. September 1999, Az. 8 B 11689/99).
Diese Ermittlung soll durch die konkrete Festlegung der Höhe H nach Satz 1 Halbsatz 2 auf die Gesamthöhe im ruhenden Betriebszustand ver-

einfacht werden. Dies entspricht bei Windenergieanlagen mit Horizontalachse der Nabenhöhe zuzüglich des Rotorradius (im ruhenden Zustand). Bei Windenergieanlagen mit Vertikalachse ist die Nabenhöhe anzusetzen, sofern die Rotoren den höchsten Punkt der Anlage bilden.
Die Bezugnahme auf die Gesamthöhe im ruhenden Betriebszustand erfolgt zur Vereinfachung. Nach dem Urteil des Oberverwaltungsgerichts Rheinland-Pfalz vom 12. Mai 2011 (Az. 1 A 11186/08) war die zuvor entwickelte Berechnungsformel um angemessene Zuschläge zu ergänzen, da sich die Rotorblätter beim Betrieb der Anlage wegen der Wind- und Fliehkräfte und der Verdrehung verlängern können.
Auch bezüglich des Punktes, an dem die ermittelte Abstandsfläche anzulegen ist, erfolgt im Gesetzestext eine eindeutige Festlegung auf den geometrischen Mittelpunkt des Mastes.
Im Ergebnis führt die Reduzierung des Abstandsflächenfaktors sowie die Konkretisierung der Bemessungsgrundlagen zu einer Verringerung der einzuhaltenden Abstandsfläche, die keine Beeinträchtigung der Funktion der Abstandsflächen in Bezug auf die Schutzziele nach sich zieht.
Die Reduzierung der Abstandsfläche kann an folgendem Beispiel veranschaulicht werden:
Ausgehend von einer Windenergieanlage mit einer Nabenhöhe von 160 m sowie einem Rotorradius von 80 m beträgt die Abstandsfläche
- *a) nach bisheriger Rechtslage ca. 129 m vom geometrischen Mittelpunkt des Mastes (ca. 49 m ab gedachter Projektion der Kugelform auf der Geländeoberfläche),*
- *b) nach der Neuregelung 83 m vom geometrischen Mittelpunkt des Mastes.*

Zu § 8 Abs. 13 (bis 2025 Absatz 14, eingeführt 2022)
Um auch vor dem Hintergrund der zunehmenden Digitalisierung insbesondere den weiteren Ausbau des Mobilfunknetzes zu erleichtern, wurde 2022 ein neuer Absatz 14 [seit 2025 Absatz 13 Satz 2] mit der Möglichkeit eingeführt, die Abstandsfläche für Antennen im bauplanungsrechtlichen Außenbereich auf bis zu 0,2 H zu reduzieren. Die Abweichung kommt vor allem in Betracht, wenn auch dem benachbarten, ebenfalls im Außenbereich gelegenen Grundstück keine Gebäude vorhanden sind. Der Schutz vor elektromagnetischer Strahlung bleibt aufgrund der Verordnung über elektromagnetische Felder (26. BImSchV) uneingeschränkt gewährleistet.
Die Regelung wurde 2025 um einen neuen Satz 1 ergänzt, um Antennenanlagen bis zu einer Mastbreite von 1,50 m und einer Gesamthöhe von 50 m im Außenbereich abstandsflächenrechtlich ohne weiteres zuzulassen. Von Antennenanlagen einschließlich ihrer Masten gehen regelmäßig allen-

falls geringe gebäudegleiche Wirkungen aus. Sie sind darüber hinaus im Außenbereich privilegiert nach § 35 Abs. 1 Nr. 4 BauGB mit der Folge, dass von ihnen ausgehende Wirkungen grundsätzlich hinzunehmen sind. Die Gesamthöhe von 50 m wurde gewählt, da ab dieser Höhe regelmäßig breitere Masten erforderlich werden und häufig eine größere Zahl von Antennen angebracht wird, die die Breite der Anlage vergrößern. Sind im Einzelfall nicht hinnehmbare Beeinträchtigungen der Umgebung zu erwarten, reicht das bauplanungsrechtliche Rücksichtnahmegebot als Korrektiv.

Zu § 10 Abs. 4 (2022)

Zur Bekämpfung des Artenverlusts, Erhöhung der Biodiversität, Erhaltung der Funktionsfähigkeit von Böden sowie zur Vermeidung von negativen lokalklimatischen Auswirkungen ist eine dauerhafte und naturnahe Begrünung von Freiflächen von erheblicher Bedeutung. Die bisherige Soll-Bestimmung des Absatzes 4 ***Satz 1*** *wird verstärkt, um den genannten negativen Auswirkungen entgegenzuwirken und insbesondere dem Anlegen von sogenannten „Schottergärten" Einhalt zu gebieten.*

Wie bereits nach der bisherigen Rechtslage findet das Begrünungsgebot keine Anwendung, wenn die Flächen für eine zulässige Nutzung benötigt werden.

Durch den neu eingefügten ***Satz 3*** *wird der Selbstverwaltungshoheit der Gemeinden, die in Festsetzungen in Bebauungsplänen oder auch in örtlichen Satzungen (z. B. nach § 88 Abs. 1 [Satz 1] Nr. 7) zum Ausdruck kommen kann, Rechnung getragen.*

Wie bisher findet die Vorschrift nur bei Freiflächen bebauter Grundstücke sowie Grundstücken nach § 82 Anwendung.

Zu § 14 (2015)

Mit der Änderung der ***Überschrift*** *soll klargestellt werden, dass die Vorschrift dem Schutz vor negativen Einwirkungen durch die bezeichneten schädlichen Einflüsse dient.*

Durch die Ergänzung im neuen ***Satz 2*** *sollen die Baubeteiligten auf mögliche Hochwasserrisiken hingewiesen und veranlasst werden, das Bauvorhaben an die jeweilige Risiko- und Gefahrensituation anzupassen. Maßgeblich sind dabei die Angaben, die in den nach § 74 Wasserhaushaltsgesetz von den Wasserbehörden zu erstellenden Gefahren- und Risikokarten enthalten sind.*

Zu § 15 Abs. 2 und 3 (2015)

Die Absätze 2 und 3, die Mindestanforderungen an Baustoffe (Absatz 2) und Bauteile (Absatz 3) enthalten, werden um jeweils einen Einführungs-

satz ergänzt; darin wird das System der im Gesetz verwendeten Begriffe und deren Zuordnung zueinander dargestellt.
Die bauordnungsrechtlichen Begriffe zu Klassen von Baustoffen und Bauteilen benötigen wie bisher zur Umsetzung technische Regeln (Brandprüf- und Klassifizierungsnormen, [national] DIN 4102 und [europäisch] DIN EN 13501), die in der vom Deutschen Institut für Bautechnik veröffentlichten Bauregelliste A Teil 1, Anlagen 0.1 und 0.2 (die sog. Äquivalenztabellen), enthalten sind (vgl. § 18 Abs. 2).[38]
***Absatz 2** Satz 1 nennt die Bezeichnungen für die Anforderungen an das Brandverhalten von Baustoffen, die auch bisher schon benutzt wurden. Der bisherige Satz 1, der das Verbot der Verwendung leicht entflammbarer Baustoffe (Baustoffe, die nicht mindestens normalentflammbar sind) beinhaltet, wird Satz 2.*
Hinsichtlich der Zuordnung der bauordnungsrechtlichen Begriffe zu Baustoffklassen wird auf die Bauregelliste A Teil 1 Anlage 0.2[39] *verwiesen, die vom Deutschen Institut für Bautechnik im Einvernehmen mit den obersten Bauaufsichtsbehörden der Länder bekannt gemacht wird.*
***Absatz 3** Satz 1 nennt neben den zwei bisher benutzten Bezeichnungen „feuerbeständig“ und „feuerhemmend“ für die Feuerwiderstandsfähigkeit von Bauteilen mit 90 bzw. 30 Minuten eine neue, dazwischen liegende Stufe mit der Bezeichnung „hochfeuerhemmend“ mit einer Feuerwiderstandsfähigkeit von 60 Minuten, die auf die neue Gebäudeklasse 4 ausgerichtet ist (vgl. § 2 Abs. 2 Satz 2 Nr. 4). Satz 2 beschreibt die zwei Funktionen des Feuerwiderstands (Tragfähigkeit von Bauteilen im Brandfall und Abschottung durch Raumabschluss von Wänden und Decken zur Verhinderung der Brandausbreitung). Welche Funktion bzw. Funktionen Bauteile erfüllen müssen, regeln die §§ 27 ff.*
Satz 3 benennt ein zusätzliches Unterscheidungskriterium für Bauteile, nämlich das Brandverhalten ihrer Baustoffe (brennbar/nicht brennbar). Die Anforderungen an das Brandverhalten können sich auf alle Baustoffe des Bauteils (z. B. Brandwand) beziehen oder auf die tragenden und aussteifenden Teile (innerhalb) des Bauteils (z. B. hochfeuerhemmende und feuerbeständige Bauteile).
Der bisherige Satz 1 Halbsatz 1, der die Baustoffanforderung (nicht brennbar) an die wesentlichen (insbesondere tragende und aussteifende) Teile feuerbeständiger Bauteile enthält, wird Satz 4. Der neue Satz 5 ordnet der neuen Bauteilanforderung „hochfeuerhemmend“, soweit deren tragende und aussteifende Teile (innerhalb der Bauteile) aus brennbaren Baustoffen

---

38 nunmehr VV TB RP Anhang 4
39 nunmehr VV TB RP Anhang 4

bestehen, Mindestanforderungen zu, und zwar hinsichtlich einer Brandschutzbekleidung und Dämmstoffen, jeweils aus nicht brennbaren Baustoffen. Die prüftechnischen Anforderungen an den Nachweis der Feuerwiderstandsfähigkeit und an die nicht brennbare Brandschutzbekleidung ergeben sich aus der Bauregelliste, nach der die brandschutztechnisch wirksame Bekleidung mit $K_2$60 nach DIN EN 13501-2 klassifiziert sein muss[40]. Bei der Fertigung hochfeuerhemmender Holzbauteile und beim Zusammenfügen dieser Bauteile zu baulichen Anlagen oder Teilen baulicher Anlagen ist die Holzbau-Richtlinie der ARGEBAU (M-HBauRL) zu beachten, die als Technische Baubestimmung eingeführt wird.[41]
Der bisherige Satz 1 Halbsatz 2 wird Satz 6.
Hinsichtlich der Zuordnung der bauordnungsrechtlichen Begriffe zu Feuerwiderstandsklassen wird auf die Bauregelliste A Teil 1 Anlage 0.1[42] verwiesen.

Zu § 15 Abs. 3 Satz 7 (2021)
Absatz 3 wird ein Satz 7 angefügt, der alternativ zu
- *feuerbeständigen Bauteilen, deren tragende Teile nach Satz 4 aus nicht brennbaren Baustoffen bestehen müssen und daher nicht aus Holz sein können, sowie zu*
- *hochfeuerhemmenden Bauteilen, deren tragende Teile nach Satz 5*
- *aus nicht brennbaren Baustoffen bestehen und daher nicht aus Holz sein können oder*
- *aus allseitig brandschutztechnisch wirksam bekleideten brennbaren Baustoffen bestehen und daher nur aus Holz sein können, wenn dieses „gekapselt" ist,*

auch Bauteile aus brennbaren Baustoffen zulässt, sofern sie den einschlägigen Technischen Baubestimmungen entsprechen. Neben den bereits existierenden Regeln für die statische Bemessung von Holzbauteilen soll das vor allem die neu zu erarbeitende Muster-Holzbau-Richtlinie[43] sein, die konkretisierende Regelungen zum Brandschutz enthalten und unter anderem auch die Rahmenbedingungen für einen Verzicht auf eine Brandschutzbekleidung von tragenden Bauteilen aus Holz beschreiben wird. Da die bauordnungsrechtliche Definition des Begriffs „feuerbeständig" seit Jahrzehnten in der bestehenden Form bekannt und verbreitet ist, ist es

40 nunmehr Holzbau-Richtlinie, siehe auch C 4
41 ursprünglich eingeführt durch Verwaltungsvorschrift vom 1. Oktober 2015 (MinBl. S. 154), nunmehr VV TB RP-A2.2.1.4, siehe auch C 4
42 nunmehr VV TB RP Anhang 4
43 siehe auch C 4, Ziffer 3

nicht zielführend, sie zu ändern. Stattdessen wird klargestellt, dass Bauteile aus brennbaren Baustoffen eben nicht feuerbeständig sind, aber unter den genannten Voraussetzungen anstelle feuerbeständiger Bauteile verwendet werden können. Satz 7 Halbsatz 2 nimmt Brandwände und Wände notwendiger Treppenräume, sofern sie die Bauart von Brandwänden haben müssen (in Gebäuden der Gebäudeklasse 5), von dieser Regelung aus. Brandwände und Wände in der Bauart von Brandwänden haben immer den Zweck, auch ohne Eingreifen der Feuerwehr als Barriere gegen die Brandausbreitung zu dienen. Sie müssen daher zusätzlich zu der erforderlichen Feuerwiderstandsfähigkeit auch aus nicht brennbaren Baustoffen bestehen.

Zu § 15 Abs. 4 Satz 4 (2021)

Die Ergänzung in Absatz 4 Satz 4 berücksichtigt, dass entsprechend Satz 1 die beiden Rettungswege innerhalb eines Geschosses über denselben notwendigen Flur führen dürfen und dass der zweite Rettungsweg bei erdgeschossigen Nutzungseinheiten mit direktem Ausgang ins Freie nicht erforderlich ist. Da der direkte Ausgang ins Freie noch sicherer ist als der notwendige Flur, ist diese Erleichterung zweckmäßig. Mit der Anforderung, dass keine Bedenken wegen der Personenrettung bestehen dürfen, wird unter anderem gewährleistet, dass der Rettungsweg in einen sicheren Bereich führt [siehe aber Änderung 2025].

Zu § 15 Abs. 4 Satz 4 Nr. 2 (2025)

In Absatz 4 Satz 4 Nr. 2 wird eine bisherige Voraussetzung für das Ausreichen eines Rettungswegs bei ebenerdigen eingeschossigen Nutzungseinheiten gestrichen, wenn die Rettung über einen direkten Ausgang ins Freie möglich ist. Bedenken wegen der Personenrettung werden bei Vorliegen der sonstigen tatbestandlichen Voraussetzungen in der Regel nicht bestehen, sodass die aus der bisherigen Regelung folgende Beteiligung der Brandschutzdienststelle entbehrlich ist.

Zu § 17a Allgemein (2019)

Die Bestimmungen zu den Bauarten wurden aus § 3 Abs. 2 sowie dem zweiten Abschnitt, der im Wesentlichen Regelungen zu den Bauprodukten enthält, in den ersten Abschnitt verschoben. Dieser regelt allgemeine Anforderungen an die Bauausführung. Da es sich bei den Bauarten um Regelungen für die Ausführung des Baus – nämlich um die Tätigkeit des Zusammenfügens von Bauprodukten – handelt und nicht um Anforderungen an Bauprodukte, werden sie zur Wahrung des Sachzusammenhangs im ersten Abschnitt verortet.

Zu § 17a Abs. 1 (2019)
Absatz 1 enthält die grundsätzliche Bestimmung für die Anwendbarkeit von Bauarten, die bisher in § 3 Abs. 2 enthalten war. Bauarten, die Technischen Baubestimmungen nach § 87a Abs. 2 Nr. 2 entsprechen oder für die allgemein anerkannte Regeln der Technik existieren, können ohne eine weitere behördliche Genehmigung angewendet werden; dies gilt auch dann, wenn sie von diesen nicht wesentlich abweichen.

Zu § 17a Abs. 2 (2019)
Bauarten, die von den Technischen Baubestimmungen nach § 87a Abs. 2 Nr. 2 oder Nr. 3 Buchst. a wesentlich abweichen oder für die allgemein anerkannte Regeln der Technik nicht existieren, bedürfen nach Absatz 2 einer Bauartgenehmigung. Der Begriff „Genehmigung" verdeutlicht den Sachzusammenhang mit der Ausführung der baulichen Anlage. Die Bauartgenehmigung gibt es als allgemeine (Nummer 1) und vorhabenbezogene (Nummer 2). Hinsichtlich des Verfahrens zur Erteilung der Bauartgenehmigung wird auf die Regelungen des § 19 Abs. 2 bis 6 (allgemeine bauaufsichtliche Zulassung) verwiesen, die entsprechend anzuwenden sind.

Zu § 17a Abs. 3 (2019)
Gemäß Absatz 3 genügt in bestimmten Fällen anstelle einer allgemeinen Bauartgenehmigung ein allgemeines bauaufsichtliches Prüfzeugnis (abP) für Bauarten; die entsprechenden Bauarten werden in der Verwaltungsvorschrift nach § 3 Abs. 2 und § 87a bekannt gemacht. Hinsichtlich des Verfahrens wird auf § 20 Abs. 2 verwiesen, der entsprechend anzuwenden ist.

Zu § 17a Abs. 4 (2019)
Absatz 4 enthält den bisherigen § 22 Abs. 1 Satz 4. Klarstellend wird der Grund, aus dem der Verzicht auf eine Bauartgenehmigung möglich ist, in die Regelung aufgenommen.

Zu § 17a Abs. 5 (2019)
Absatz 5 sieht vor, dass Bauarten einer Übereinstimmungsbestätigung bedürfen. Hinsichtlich des Verfahrens ist § 22 Abs. 2 entsprechend anzuwenden.

Zu § 17a Abs. 6 (2019)
Absatz 6 übernimmt die Regelung des bisherigen § 18 Abs. 5 für die Bauarten und erlaubt so, für alle Bauarten bestimmte Zusatzanforderungen bezüglich der Qualifikation der Anwender in der Bauartgenehmigung oder einer Rechtsverordnung festzulegen.

Zu § 17a Abs. 7 (2019)
Absatz 7 übernimmt die Regelung des bisherigen § 18 Abs. 6 für Bauarten.

Zu § 17a Abs. 8 (2019)
Absatz 8 übernimmt die redaktionell angepasste Regelung des bisherigen § 22 Abs. 2.

Zu § 18 (2019)
§ 18 Abs. 1 enthält die bislang in § 3 Abs. 2 enthaltene grundlegende Vorschrift für die Verwendung von Bauprodukten. Sie ist hier, als einleitende Vorschrift des Abschnitts zu den Bauprodukten, systematisch sinnvoller verortet.
Bauprodukte, die die Anforderungen des § 18 erfüllen, dürfen verwendet werden, soweit die Vorschriften der §§ 18a bis 26 und 87a nicht weitere Anforderungen stellen.
Es gilt dabei das Folgende:

1. *Bauprodukte, für die es Technische Baubestimmungen nach § 87a Abs. 2 Nr. 3 gibt und die mit diesen übereinstimmen oder von diesen nicht wesentlich abweichen, müssen aufgrund von § 87a Abs. 1 Satz 2 („Die Technischen Baubestimmungen sind zu beachten.“) mit den besagten Technischen Baubestimmungen übereinstimmen; außerdem bedürfen sie der Übereinstimmungsbestätigung (§ 22).*
2. *CE-gekennzeichnete Bauprodukte dürfen nach Maßgabe des § 18a verwendet werden.*
3. *Die in § 18b Abs. 1 genannten Produktgruppen bedürfen eines Verwendbarkeitsnachweises.*

Hingegen dürfen Bauprodukte, für die es allgemein anerkannte Regeln der Technik gibt, die jedoch nicht als Technische Baubestimmungen bekannt gemacht worden sind, unmittelbar auf Grundlage von § 18 verwendet werden, d. h. ohne Übereinstimmungsbestätigung und ohne Verwendbarkeitsnachweis, gleichgültig, ob sie diesen Regeln entsprechen oder von ihnen abweichen (§ 18b Abs. 2 Nr. 1; dies sind die ehemals als „sonstige“ bezeichneten Bauprodukte). Dies gilt auch dann, wenn sie von Bedeutung für die Erfüllung der Anforderungen aus § 3 sind. In einem solchen Fall kann es nämlich sein, dass die Erfüllung der Anforderungen bereits durch ein anderes Regelsetzungs- und Zertifizierungssystem abgedeckt ist und deshalb bewusst auf die Bekanntmachung der allgemein anerkannten Regel der Technik als Technische Baubestimmung verzichtet wird.
Ebenso dürfen in unmittelbarer Anwendung von § 18 Bauprodukte verwendet werden, für die es zwar keine Technische Baubestimmung oder allge-

mein anerkannte Regel der Technik gibt, die aber auch nicht für die Erfüllung der Anforderungen nach § 3 von Bedeutung sind (§ 18b Abs. 2 Nr. 2). Wird gegen § 18 verstoßen, so kann die Bauaufsichtsbehörde aufgrund von § 80 Abs. 1 einschreiten, wobei aus Verhältnismäßigkeitsgesichtspunkten auf dieser Grundlage auch mildere Mittel als die Einstellung der Arbeiten eingesetzt werden können, also z. B. die Untersagung der Verwendung von Bauprodukten im konkreten Fall.
Absatz 2 regelt die Anerkennung von Bauprodukten, die den Vorschriften anderer Mitgliedstaaten der Europäischen Union oder anderer Vertragsstaaten des Abkommens über den Europäischen Wirtschaftsraum entsprechen. Diese Regelung fand sich bislang mit demselben Wortlaut in § 3 Abs. 4.

Zu § 18a (2019)
§ 18a regelt die Voraussetzungen für die Verwendung von Bauprodukten, die die CE-Kennzeichnung tragen. Dabei ist Satz 1 eng an die Formulierung des Artikels 8 Abs. 4 BauPVO angelehnt. Er stellt das rechtliche Bindeglied zwischen den erklärten Leistungen eines Produkts und den spezifischen Anforderungen, die sich für einen bestimmten Verwendungszweck bauwerksseitig ergeben, dar. Die bauwerksseitigen Anforderungen ergeben sich aus diesem Gesetz und den aufgrund dieses Gesetzes erlassenen Vorschriften, z. B. aus den Sonderbauvorschriften und den Technischen Baubestimmungen.
Die LBauO macht sich dabei den Ansatz der BauPVO zu eigen, nachdem die CE-Kennzeichnung nicht die Brauchbarkeit des Bauproduktes oder seine Übereinstimmung mit den Vorgaben der harmonisierten technischen Spezifikation belegt, sondern lediglich die nach den Vorgaben der harmonisierten technischen Spezifikation festgestellte Konformität des Bauproduktes mit der erklärten Leistung. Aus der Regelung ergibt sich, dass das Bauprodukt verwendet werden darf, wenn die erklärten Leistungen den Anforderungen entsprechen. Dabei müssen alle Leistungen erklärt sein, die erforderlich sind, um zu beurteilen, ob die Anforderungen – und zwar alle durch und aufgrund der LBauO gestellten bauwerksseitigen Anforderungen – erfüllt sind.
Es ist Aufgabe der am Bau Beteiligten sicherzustellen, dass die für ein Bauprodukt erklärten Leistungen ausreichend sind, um die Anforderungen zu erfüllen, die sich für die Bauprodukte aus den Bauwerksanforderungen ergeben. Erreichen nicht alle erklärten Leistungen das Anforderungsniveau, weichen die Randbedingungen, unter denen die Bauprodukte verwendet werden, von den in der harmonisierten technischen Spezifikation vorgesehenen Randbedingungen ab oder sind zu bestimmten Merkmalen, die sich

im konkreten Verwendungszusammenhang auf die Erfüllung der Anforderungen auswirken, keine Leistungen ausgewiesen, so müssen die am Bau Beteiligten entscheiden, ob die Defizite so gering sind, dass von der Erfüllung der Bauwerksanforderungen ausgegangen werden kann. In diesem Fall kann das Bauprodukt trotzdem verwendet werden; dies entspricht der nicht wesentlichen Abweichung für Bauprodukte, die nicht in den Anwendungsbereich des § 18a fallen.

Der Leistungserklärung kann eine harmonisierte Europäische Norm (hEN) oder eine Europäische Technische Bewertung zugrunde liegen (ETB). Insbesondere kann der Hersteller bei Produkten, die in den Anwendungsbereich einer hEN fallen, dann eine ETB beantragen, wenn die hEN es ihm nicht ermöglicht, die Leistungen so zu erklären, dass beurteilt werden kann, ob sie den Bauwerksanforderungen entsprechen (Artikel 19 BauPVO); er ist hierzu aber nicht verpflichtet.

Liegt im Hinblick auf die zu erfüllenden Bauwerksanforderungen keine ausreichende Leistungserklärung vor, so kann das Bauprodukt nicht aufgrund von § 18a verwendet werden, sofern der Nachweis über die Einhaltung der geforderten Leistung nicht auf anderem Wege erfolgt. Die Notwendigkeit hierfür ist insbesondere bei Anforderungen an den Gesundheitsschutz festzustellen. Die Kommission hat während der Notifizierungsverfahren zur MBO und der Muster-Verwaltungsvorschrift Technische Baubestimmungen in diesem Zusammenhang klargestellt, dass nationale Regelungen über die Form solcher Nachweise gegen Europarecht verstoßen würden und unterbleiben müssen.

Aus § 18a Satz 2 ergibt sich, welche Vorschriften aus europarechtlichen Gesichtspunkten – wie sie sich insbesondere aus dem Urteil des EuGH in der Rechtssache C-100/13 ergeben – für Bauprodukte, die eine CE-Kennzeichnung aufgrund der BauPVO tragen, unangewendet bleiben müssen. Insbesondere dürfen für solche Produkte keine Verwendbarkeitsnachweise und Übereinstimmungsbestätigungen gefordert werden. Auch Zustimmungen im Einzelfall können für diese Bauprodukte nicht erteilt werden.

Vielmehr muss die Bauaufsichtsbehörde im Einzelfall unter Berücksichtigung der materiellen Anforderungen des § 18 entscheiden, ob gegebenenfalls eine ordnungsbehördliche Maßnahme (z. B. Einstellung von Arbeiten) erforderlich ist.

Zu § 18b Allgemein (2019)

§ 18b regelt, welche Bauprodukte verwendet werden dürfen (siehe hierzu oben § 18), und – im Vergleich zum bisherigen § 18 – nur noch die Fälle, in denen ein Verwendbarkeitsnachweis erforderlich ist.

Zu § 18b Abs. 1 (2019)
Absatz 1 regelt, in welchen Fällen die in den §§ 19 bis 21 aufgeführten Verwendbarkeitsnachweise (allgemeine bauaufsichtliche Zulassung, allgemeines bauaufsichtliches Prüfzeugnis, Zustimmung im Einzelfall) erforderlich sind. Deshalb entfällt der bisherige § 18 Abs. 3.
Nach Nummer 1 ist ein Verwendbarkeitsnachweis erforderlich, wenn es keine Technische Baubestimmung und keine allgemein anerkannte Regel der Technik gibt. Nach Nummer 2 ist ein Verwendbarkeitsnachweis auch dann erforderlich, wenn von einer der auf der Grundlage von § 87a Abs. 2 Nr. 3 bekannt gemachten Technischen Baubestimmung wesentlich abgewichen wird. Nummer 3 entspricht in Verbindung mit Absatz 4 inhaltlich der bisherigen Regelung.

Zu § 18b Abs. 2 (2019)
Absatz 2 enthält zwei Ausnahmen zu den in Absatz 1 geregelten Fällen. Absatz 2 Nr. 1 stellt klar, dass ein Verwendbarkeitsnachweis nicht erforderlich ist, wenn eine allgemein anerkannte Regel der Technik existiert, auch wenn das Bauprodukt von dieser abweicht. Dies kann der Fall sein, da viele allgemein anerkannte Regeln der Technik keine öffentlich-rechtlich verbindlichen Technischen Baubestimmungen sind. Dann kann das Bauprodukt aufgrund von § 18 verwendet werden.
Gemäß Nummer 2 sind allgemein Verwendbarkeitsnachweise nicht erforderlich für Bauprodukte, die nur eine untergeordnete Bedeutung für die Erfüllung der Anforderungen dieses oder aufgrund dieses Gesetzes haben.

Zu § 18b Abs. 3 (2019)
In der in Absatz 3 vorgesehenen Liste können die Bauprodukte aufgeführt werden, für die es weder Technische Baubestimmungen noch allgemein anerkannte Regeln der Technik gibt und die für die Erfüllung der Anforderungen nach § 3 nicht von Bedeutung sind (bisher Liste C). Außerdem können Bauprodukte in diese Liste aufgenommen werden, die für die Erfüllung der Anforderungen nach § 3 von Bedeutung sind, für die es allgemein anerkannte Regeln der Technik gibt (auch wenn sie von diesen gegebenenfalls abweichen) und die ausreichend durch andere Zertifizierungs-/Zulassungssysteme abgedeckt sind (bisher „sonstige Bauprodukte“). Die Liste soll den am Bau Beteiligten zur Klarstellung dienen.[44]

44 siehe VV TB RP Anhang D 2

Zu § 19 Abs. 1 (2019)
Aus § 18b Abs. 1 geht hervor, unter welchen Voraussetzungen ein Verwendbarkeitsnachweis erforderlich ist. Auf diese Regelung wird in Absatz 1 konkretisierend Bezug genommen.

Zu § 19 Abs. 1 (2021)
In § 19 Abs. 1 kann auf das gesetzlich bestimmte Schriftformerfordernis in Angleichung an die Vorgaben der Musterbauordnung verzichtet werden. Die inhaltlichen Anforderungen, die sich aus Absatz 2 ergeben und die erfüllt sein müssen, um über den Antrag entscheiden zu können, gewährleisten die erforderliche formelle Qualität. Der ausdrücklichen Anforderung, den Antrag in Textform einzureichen, bedarf es daher an dieser Stelle nicht [vgl. Begründung zu § 19 Abs. 4 -2021-].

Zu § 19 Abs. 2 Satz 2 (2019)
Im Übrigen wird in Absatz 2 der Vorschrift lediglich der Umgang mit unvollständigen Anträgen der Regelung in § 65 Abs. 2 zu (unvollständigen) Bauanträgen angepasst, die mit dem Dritten Landesgesetz zur Änderung der Landesbauordnung Rheinland-Pfalz vom 15. Juni 2015 (GVBl. S. 77) geändert worden ist.

Zu § 19 Abs. 4 Satz 3 (2021)
In § 19 Abs. 4 Satz 3 Halbsatz 1 wird auf die bisher vorgesehene Schriftform zugunsten der Textform verzichtet.
Die Textform ist in § 126b des Bürgerlichen Gesetzbuchs (BGB) legaldefiniert. Danach muss „eine lesbare Erklärung, in der die Person des Erklärenden genannt ist, auf einem dauerhaften Datenträger abgegeben werden“. Nach § 126b BGB ist ein dauerhafter Datenträger jedes Medium, das

- *es der Empfängerin oder dem Empfänger ermöglicht, eine auf dem Datenträger befindliche, an sie oder ihn persönlich gerichtete Erklärung so aufzubewahren oder zu speichern, dass sie ihr oder ihm während eines für ihren Zweck angemessenen Zeitraums zugänglich ist und*
- *geeignet ist, die Erklärung unverändert wiederzugeben.*

Ein Text ist zur dauerhaften Wiedergabe geeignet, wenn er immer wieder gelesen werden kann, zum Beispiel bei Verkörperung des Textes auf Papier oder in einer E-Mail. Insofern genügt es, wenn der Name der Erstellerin oder des Erstellers erkennbar und ersichtlich ist, wo die Erklärung endet. Im Unterschied zur Schriftform bedarf es bei der Textform keiner eigenhändigen Unterschrift.
Die Textform kann danach z. B. durch eine E-Mail erfüllt werden. Mit der Regelung der Textform wird sichergestellt, dass die maßgebliche Dokumentations- und Nachweisfunktion gewahrt wird und die Information nicht

mündlich erfolgt. Damit wird der sonst erforderliche Aufwand für Aktenvermerke und Niederschriften zur Fixierung mündlicher Äußerungen vermieden.
Besondere Risiken aus der Streichung dieser Schriftform entstehen nicht. Soweit im Einzelfall Besorgnis besteht, dass Antragstellerinnen und Antragsteller ihren Antrag bestreiten, um Gebühren zu sparen, kann nach § 16 des Landesgebührengesetzes vom 3. Dezember 1974 (GVBl. S. 578), zuletzt geändert durch Gesetz vom 13. Juni 2017 (GVBl S. 106), BS 2013-1, eine Vorschusszahlung auf die Gebühr verlangt werden.

Zu § 20 Abs. 1 Satz 1 (2019)
Absatz 1 betrifft Produkte, für die es Technische Baubestimmungen oder allgemein anerkannte Regeln der Technik nicht oder nicht für alle Anforderungen gibt und die hinsichtlich dieser Anforderungen nach allgemein anerkannten Prüfverfahren beurteilt werden können (bisher Bauregelliste A Teil 2 Abschnitt 2). Die bisherige erste Alternative der nicht geregelten Bauprodukte ist entfallen, weil Produkte, die für die Erfüllung der Anforderungen nach § 3 nicht von Bedeutung sind, nach § 18b Abs. 2 Nr. 2 keines Verwendbarkeitsnachweises bedürfen.

Zu § 20 Abs. 2 Satz 3 (2015)
Zu ergänzen ist ein Satz 3, der die Rücknahme oder den Widerruf allgemeiner bauaufsichtlicher Prüfzeugnisse ermöglicht. Die oberste Bauaufsichtsbehörde kann Prüfstellen, die ihre Aufgaben bei der Erteilung allgemeiner bauaufsichtlicher Prüfzeugnisse nicht ordnungsgemäß erfüllen, bislang lediglich die Anerkennung entziehen bzw. als milderes Mittel fachaufsichtliche Weisungen erteilen. Das Recht zum eigenständigen Handeln, das als weiteres Instrument der Fachaufsicht in Fällen erforderlich ist, in denen sich die Prüfstelle den Weisungen widersetzt, steht ihr dagegen nicht zu. Die neue Regelung schließt diese Lücke.

Zu § 21 (2019)
Aus § 18b Abs. 1 geht hervor, unter welchen Voraussetzungen ein Verwendbarkeitsnachweis erforderlich ist. Auf diese Regelung wird hier konkretisierend Bezug genommen.
Die bisherigen Nummern 1 und 2 beziehen sich auf EU-Rechtsakte. Dies entzieht sich nach der Rechtsprechung des EuGH der Regelungsbefugnis des nationalen Gesetzgebers; eine Streichung ist daher zwingend.

Zu § 22 Überschrift (2019)
§ 22 enthält Regelungen zur „Übereinstimmungsbestätigung“. Dieser Begriff ersetzt den Begriff „Übereinstimmungsnachweis“. Damit wird die auch

bisher im Text mehrfach verwendete Formulierung „Bestätigung der Übereinstimmung“ aufgenommen und eine klarere terminologische Abgrenzung zum Verwendbarkeitsnachweis geschaffen.

Zu § 22 Abs. 1 (2019)
Absatz 1 regelt, in welchen Fällen eine Übereinstimmungsbestätigung erforderlich ist, indem die technischen Spezifikationen aufgelistet werden, mit denen die Übereinstimmung zu bestätigen ist.

Zu § 22 Abs. 2 (2019)
Absatz 2 stellt klar, dass die Bestätigung der Übereinstimmung mit den technischen Regeln stets durch Übereinstimmungserklärung des Herstellerunternehmens erfolgt. In den durch § 23 Abs. 1 bestimmten Fällen darf das Herstellerunternehmen die Erklärung zwar erst abgeben, wenn ihm ein Zertifikat erteilt worden ist. Auch dann erklärt das Herstellerunternehmen durch die Anbringung des Übereinstimmungszeichens (Ü-Zeichen) nach Absatz 3 (bisher Absatz 4) jedoch nicht nur, dass ihm ein Zertifikat erteilt worden ist, sondern auch, dass das Produkt mit den technischen Regeln übereinstimmt. Damit wird die Verantwortung des Herstellerunternehmens für die Sicherstellung der Übereinstimmung betont.

Zu § 22 Abs. 6 (2019)
Im neu angefügten Absatz 6 wird klargestellt, dass auch Herstellerunternehmen aus anderen Bundesländern oder anderen Staaten, auch außerhalb der EU, zur Abgabe der Übereinstimmungserklärung durch das Ü-Zeichen befugt sind. Damit werden insbesondere Erschwernisse für den Marktzugang, die sich auch bei aufgrund der nationalen Regelungen in Verkehr gebrachten Bauprodukten nicht ergeben dürfen, verhindert.

Zu § 23 Abs. 3 (2019)
Absatz 3 regelt, dass in bestimmten Fällen in der Verwaltungsvorschrift nach § 3 Abs. 2 und § 87a oder im Verwendbarkeitsnachweis die Zertifizierung als Voraussetzung für die Abgabe der Übereinstimmungserklärung vorgesehen werden kann. Inhaltlich entspricht die Vorschrift im Übrigen dem bisherigen § 22 Abs. 1 Satz 1 und 4.

§ 23 Abs. 4 (2019)
Absatz 4 enthält die im bisherigen § 23 Abs. 2 Satz 4 enthaltene besondere Regelung für Nichtserienprodukte.

Zu § 24 Überschrift (2019)
§ 24 trägt jetzt die Überschrift „Zertifizierung“, weil diese nicht mehr selbst der Bestätigung der Übereinstimmung dient, sondern nur noch Voraus-

setzung der Übereinstimmungserklärung durch das Herstellerunternehmen ist.

Zu § 24 Abs. 1 (2019)
Entsprechend erfolgt in Absatz 1 die Klarstellung, dass der Empfänger der Zertifizierung das Herstellerunternehmen ist, das seinerseits auf dieser Grundlage die Übereinstimmung erklärt.

Zu § 26 Abs. 1 (2019)
Die Regelung des Absatzes 1 entspricht im Wesentlichen der Regelung des bisherigen § 18 Abs. 5. Gestrichen wurden in Satz 1 die Wörter „nach Absatz 1 Satz 1 Nr. 1“. Dies ist den Änderungen der in Bezug genommenen Vorschrift geschuldet. Hinsichtlich CE-gekennzeichneter Bauprodukte dürfen keine nationalen Anforderungen an die Sachkunde und Erfahrung bei der Herstellung beziehungsweise der Ausstattung mit besonderen Vorrichtungen gestellt werden. Deswegen erklärt § 18a Satz 2 hinsichtlich CE-gekennzeichneter Bauprodukte § 26 Abs. 1 Satz 1 für nicht anwendbar.

Zu § 26 Abs. 2 (2019)
Die Regelung des Absatzes 2 entspricht im Wesentlichen der Regelung des bisherigen § 18 Abs. 6. Durch den ergänzenden letzten Halbsatz in Bezug auf Tätigkeiten, die bereits durch die BauPVO erfasst sind, soll klarstellend darauf hingewiesen werden, dass eine besondere Sorgfalt bei Einbau, Transport, Instandhaltung oder Reinigung für CE-gekennzeichnete Bauprodukte nur verlangt werden kann, wenn die BauPVO hierzu keine Ausführungen enthält. Gemäß Artikel 14 Abs. 3 BauPVO haben Händler, solange sich das Bauprodukt in ihrem Verantwortungsbereich befindet, hierfür entsprechende Sorge zu tragen.

Zu § 27 Abs. 1 (2015)
Satz 1 wird zum besseren Verständnis von Sinn und Zweck der Norm um eine Schutzzielformulierung ergänzt. Ziel ist hier die ausreichend lange Standsicherheit des Tragwerks im Brandfall (Funktion der Feuerwiderstandsfähigkeit, vgl. § 15 Abs. 3). Die erforderliche Dauer der Widerstandfähigkeit wird in den nachfolgenden Regelungen konkretisiert, unterschieden nach Gebäudeklassen sowie Keller und Dachgeschoss. Andere Vorgaben zur bautechnischen Standsicherheit (vgl. § 14) bleiben davon unberührt.
Im Rahmen der neuen Gebäudeklasse 4 genügt für oberirdische Geschosse die hochfeuerhemmende Ausführung.

Klarstellend wird mit Blick auf die Ausnahmeregelung für Balkone (vgl. § 31 Abs. 1 Halbsatz 2) schließlich ergänzt, dass auch Unterstützungen von Balkonen nicht den Anforderungen des Satzes 2 Halbsatz 1 genügen müssen.

Zu § 28 Abs. 1 (2015)

Feuerhemmende (nicht tragende) Außenwände, die als Alternative zu nicht brennbaren (nicht tragenden) Außenwänden zulässig sind, werden hinsichtlich ihrer raumabschließenden Funktion ergänzt (vgl. § 15 Abs. 3). Die raumabschließende Wirkung ist auf das Bauteil Wand begrenzt (vgl. DIN 4102-3 Abschnitt 5) und lässt – wie bisher – Abschlüsse von Öffnungen in Außenwänden wie Fenster und Türen grundsätzlich (bei Standardbauten) außer Betracht. Die Anwendung der Regelung bleibt unverändert und gilt nunmehr für die neuen Gebäudeklassen 4 und 5.
Hinsichtlich der Außenflächen feuerhemmender Außenwandteile ist Absatz 2 zu beachten.

Zu § 28 Abs. 1 Satz 2 (2025)

Absatz 1 wird um einen Satz 2 ergänzt, der entsprechend der Musterbauordnung bestimmte Bauteile von den Anforderungen des Satzes 1 ausnimmt. Die angeführten Bauteile dürfen also aus brennbaren Baustoffen bestehen. Für Kleinteile, wie z. B. Dübel, Verbindungsmittel, lokal begrenzte Abdichtungen, kleinformatige Trennlagen zur thermischen Entkopplung von Wandhaltern für Außenwandbekleidungen und ähnliches gilt dies nur, wenn sie nicht zur Brandausbreitung beitragen. Der Begriff Kleinteile soll in der Muster-Verwaltungsvorschrift Technische Baubestimmungen der Bauministerkonferenz näher bestimmt und dies anschließend in die entsprechende Regelung des Landes überführt werden.

Zu § 28 Abs. 2 (2015)

***Satz 1** enthält das Schutzziel der Norm für Außenwände (Außenflächen) und Bekleidungen von Außenbauteilen. Der Begriff „Außenwandbekleidung" wird durch die Worte „Bekleidung von Außenbauteilen" ersetzt, um zu verdeutlichen, dass z. B. auch Untersichten von auskragenden Bauteilen, Vorbauten oder Gebäudedurchfahrten von der Regelung erfasst sind.*
*Anforderungen und Anwendungen des **Satzes 2** entsprechen der bisherigen Regelung; die Verhinderung der Brandweiterleitung durch brennend abfallende oder abtropfende Teile von Außenflächen, Bekleidungen oder Dämmstoffen war bisher in einer Richtlinie geregelt.*
***Satz 3** neu greift Außenwandkonstruktionen mit geschossübergreifenden Lufträumen auf, die in der Praxis zunehmend Verwendung finden und einer besonderen Betrachtung bedürfen, da die Hohlräume die Brandausbreitung begünstigen.*

Nach Satz 4 ist die Begrenzung der Brandausbreitung entsprechend Satz 1 auch bei Anlagen zur Nutzung solarer Strahlungsenergie an Außenwänden zu gewährleisten. Dies kann etwa durch die Produkteigenschaft bezüglich des Brandverhaltens, die Art der Anordnung der Anlagen (etwa Freiflächen zur Begrenzung der Brandausbreitung) oder sonstige geeignete Schutzmaßnahmen erreicht werden. Zur Verhinderung der Brandweiterleitung über Gebäudetrennwände und Brandwände ist § 30 Abs. 7 Satz 2 zu beachten.

Zu § 28 Abs. 2 Satz 2 Halbsatz 2 (2019)

Mit der Ergänzung in Absatz 2 [Satz 2 Halbsatz 2 um „Dämmstoffe"] werden zwei Ziele erreicht.

Zum einen wird die Verwendung nachwachsender Rohstoffe (z. B. Hanf) gefördert, da deren Anwendungsbereich aufgrund ihrer Brennbarkeit eingeschränkt war.

Zum anderen dürfen Wärmedämmverbundsysteme mit brennbaren Dämmstoffen im bisherigen Umfang weiterverwendet werden, wenn die Sicherheit des Gesamtsystems gewährleistet ist. Hierzu stehen insbesondere bezüglich eines Brandes im Bereich der Außenwand der sogenannte „Sockelbrandversuch" und bezüglich von Zimmerbränden die Prüfung nach DIN 4102-20 „Brandverhalten von Baustoffen und Bauteilen: Ergänzender Nachweis für die Beurteilung des Brandverhaltens von Außenwandbekleidungen" als geeignete Nachweisinstrumente zur Verfügung, die über die künftige Verwaltungsvorschrift zur Bekanntmachung Technischer Baubestimmungen verbindlich eingeführt werden [vgl. VV TB RP-A2.2.1.6].

Zu § 28 Abs. 2 Satz 3 (2021)

In § 28 Abs. 2 wird ein neuer Satz 3 angefügt, der alternativ zu schwer entflammbaren Außenwandbekleidungen – die nicht aus unbehandeltem Holz bestehen können, da Holz zu den normalentflammbaren Baustoffen gehört – auch Außenwandbekleidungen aus normalentflammbaren Baustoffen zulässt, sofern sie den einschlägigen Technischen Baubestimmungen entsprechen. Damit soll dem Bedürfnis von Planerinnen und Planern sowie Bauherrinnen und Bauherren Rechnung getragen werden, den Baustoff Holz, der das innere Tragsystem bildet, dann an der Fassade auch nach außen hin sichtbar zu machen (die derzeitige Regelung lässt das bei Gebäuden der Gebäudeklassen 1 bis 3 zu). Einer Brandausbreitung entlang der Oberfläche soll dabei durch die Anordnung konstruktiver „Brandsperren" in bestimmten Abständen entgegengewirkt werden. Auch hierzu enthält die neu zu erarbeitende Muster-Holzbau-Richtlinie konkretisierende Regelungen [vgl. VV TB RP-A2.2.1.4, siehe C 4].

Zu § 29 Abs. 1 (2015)
Satz 1 wird um die Funktion der Feuerwiderstandsfähigkeit der Trennwand (hier Raumabschluss, vgl. § 15 Abs. 3) in Verbindung mit dem Schutzziel der Regelung ergänzt.

Zu § 30 Abs. 1 (2015)
Durch die Ergänzungen werden zum einen die abschottende Funktion der Feuerwiderstandsfähigkeit der Brandwand (Raumabschluss, vgl. § 15 Abs. 3) und zum anderen die besondere Standsicherheit der Wand (zusätzliche mechanische Beanspruchung) unterstrichen. Die Ergänzungen dienen lediglich der Klarstellung; in der einschlägigen Prüfnorm (DIN 4102-3 Abschnitt 4) ist die zusätzliche mechanische Beanspruchung bereits enthalten. Der neue Begriff „Brandausbreitung" schließt die Ausbreitung von Feuer und Rauch ein.

Zu § 30 Abs. 2 Satz 3 (2015)
Satz 3 soll um sonstige Abschlüsse von untergeordneten Vorbauten ergänzt werden, um bisher bestehende Unklarheiten im Hinblick auf Balkone und deren Abschlüsse wie Brüstungswände oder Geländer zu beseitigen. Werden die Abstände nach Satz 3 nicht eingehalten, ist die Brandwand entsprechend der Ausladung der Vorbauten zu verlängern. Davon unberührt bleibt die Regelung des § 8 Abs. 5 Satz 2 zu Abstandsflächen.

Zu § 30 Abs. 3 (2015)
***Satz 1** enthält die Anpassungen, die aufgrund der Bauteilanforderung „hochfeuerhemmend" bei der neuen Gebäudeklasse 4 erforderlich sind, und die Ergänzungen hinsichtlich der Funktion der Feuerwiderstandsfähigkeit der in Frage stehenden Wände (Raumabschluss, vgl. § 15 Abs. 3). Die neue **Nummer 1** bezieht sich zum einen auf Wände, die den Abschluss von Gebäuden (sog. Gebäudeabschlusswände) der Gebäudeklassen 2 und 3 bilden – entsprechende auf den Holzbau ausgerichtete Wände enthält Satz 2 – zum anderen auf innere Brandwände von Gebäuden der Gebäudeklasse 3. Die neue **Nummer 2** bezieht sich auf Gebäudeabschlusswände und innere Brandwände von Gebäuden der neuen Gebäudeklasse 4. **Nummer 3** wird redaktionell angepasst.*
*Für den Holzbau geeignete Gebäudeabschlusswände nach **Satz 2** sollen künftig auch bei Gebäuden der Gebäudeklasse 3 Anwendung finden. Entsprechende Wände, die bei aneinandergebauten Gebäuden symmetrisch vorzusehen sind, regelt DIN 4102-4 in Abschnitt 4.12.8*[45]*.*

45 nunmehr DIN 4102-4:2016-05 lfd. Nr. 10.5.8

Zu § 30 Abs. 4 Satz 3 (2021)

Werden Brandwände und Wände anstelle von Brandwänden geschossweise versetzt angeordnet, so regelt Absatz 4 die notwendigen Anforderungen an Wände, Decken, tragende Bauteile und Außenwände im Bereich des Versatzes, um die Sicherheit zu gewährleisten und eine Brandausbreitung über einen Brandabschnitt hinaus einzuschränken. Bei Wänden anstelle von Brandwänden, die nach Absatz 3 nicht feuerbeständig sein müssen, kann die Anforderung an die Feuerwiderstandsfähigkeit für diese Bauteile den Anforderungen an die Wände nach Absatz 3 angepasst werden. In den Absätzen 6 bis 9 besteht ein solcher Anpassungsbedarf nicht. Zwar wird dort in Bezug auf Eingriffe in Brandwände, Öffnungen und lichtdurchlässige Teilflächen ebenfalls die Anforderung „feuerbeständig" bezüglich der Feuerwiderstandsfähigkeit gestellt, allerdings gelten diese Absätze ausdrücklich nur für Brandwände. Bei der entsprechenden Anwendung für anstelle von Brandwänden zulässige Wände nach Absatz 3 Satz 3 erfolgt somit bereits bisher eine Anpassung an die in Absatz 3 geforderte Feuerwiderstandsfähigkeit.

Zu § 30 Abs. 6 Satz 3 (2025)

Absatz 6 regelt die Ausbildung der Brandwand im Bereich der Bedachung. Brandwände müssen grundsätzlich die Bedachung überragen. Bei Gebäuden der Gebäudeklassen 1 bis 3 reicht es nach Satz 1 aus, wenn die Brandwand bis unmittelbar unter die Dachhaut geführt wird. Nach dem neu eingefügten Satz 3 soll dies auch gelten, wenn durch den nachträglichen Dachausbau zu Wohnzwecken aus einem Gebäude der Gebäudeklassen 1 bis 3 ein Gebäude der Gebäudeklasse 4 wird. Dadurch werden aufwendige Änderungen der Brandwand entbehrlich, was aufgrund des geringeren Risikos bei Wohngebäuden im Vergleich zu anderen Nutzungen vertretbar ist. Begünstigt wird sowohl die Schaffung einzelner Räume als auch von abgeschlossenen Wohnungen. Voraussetzung ist, dass das Gebäude rechtmäßig besteht.

Zu § 30 Abs. 7 (2015)

Mit der Ergänzung um einen neuen ***Satz 2*** *wird klargestellt, dass nicht nur Bauteile mit brennbaren Baustoffen, sondern auch Anlagen mit brennbaren Materialien etwa zur Nutzung solarer Strahlungsenergie oder zum Zwecke der Werbung, aber auch Leitungen auf Dächern oder an Außenwänden Brandwände nicht überbrücken dürfen (Halbsatz 1) und zudem so anzuordnen sind und derart beschaffen sein müssen (z. B. geschützte Leitungen), dass die Funktion der Brandwand weder beeinträchtigt noch außer Kraft gesetzt wird (Halbsatz 2), falls die Anlagen, ihre Komponenten oder*

*Leitungen durch Selbstentzündung oder auf andere Weise in Brand geraten (wie verheerend sich Brände entwickeln können, wenn Brandwände aufgrund – achtlos – installierter Anlagen auf Dächern überlaufen werden, hat der Brand einer Lagerhalle in Ludwigshafen im Jahr 2013 gezeigt). Die Regelung korrespondiert mit den Ergänzungen des § 32 Abs. 7 und § 28 Abs. 2 zur Anordnung und Herstellung von Anlagen zur Nutzung solarer Strahlungsenergie auf Dächern und an Außenwänden. Werden Leitungen durch Brandwände geführt, gilt § 40 Abs. 8 in Verbindung mit der Leitungsanlagenrichtlinie[46], die als Technische Baubestimmung eingeführt ist. Mit dem neuen **Satz 3** wird klargestellt, dass Außenbekleidungen von Wänden an Grundstücksgrenzen (Gebäudeabschlusswände) einschließlich der Dämmstoffe und Unterkonstruktionen aus nicht brennbaren Baustoffen hergestellt sein müssen, um die Funktion der Brandwand zu gewährleisten.*

Zu § 30 Abs. 8 Satz 3 (2021)

Mit der Änderung in Satz 3 erfolgt – wie in § 29 – eine Angleichung an die Musterbauordnung. Aufgrund der besonderen Bedeutung von Brandwänden ist diese erhöhte Anforderung angemessen, gleichzeitig ist der zusätzliche Aufwand zur Erreichung der Leistung „dichtschließend" gering.

Zu § 31 Abs. 1 (2015)

***Satz 1** wird um eine Schutzzielformulierung ergänzt. Die Decke ist das Bauteil, das immer beide Funktionen des Feuerwiderstands, nämlich Standsicherheit im Brandfall und Verhinderung der Brandausbreitung zwischen den Geschossen (Raumabschluss), erfüllen muss (vgl. § 15 Abs. 3). Die Anforderungen gelten auch für die deckenunterstützenden Bauteile hinsichtlich der Standsicherheit im Brandfall, bezüglich ihrer raumabschließenden Funktion allerdings nur soweit dies im Einzelfall erforderlich ist. **Satz 2** Nr. 1 und 2 werden hinsichtlich der neuen Gebäudeklassen 4 und 5 angepasst.*

Zu § 31 Abs. 3 (2021)

*Mit der Ergänzung in **Satz 1** werden in Angleichung an die Musterbauordnung Öffnungen in Geschossdecken außer innerhalb von Wohnungen auch in Nutzungseinheiten mit nicht mehr als 400 m² in nicht mehr als zwei Geschossen zugelassen. In **Satz 3** werden hochfeuerhemmende Abschlüsse aufgenommen, da die Öffnungen dieselben Anforderungen an die Feuerwiderstandsdauer haben müssen wie die jeweiligen Decken. Seit der Änderung der Landesbauordnung Rheinland-Pfalz durch das Dritte Landesgesetz zur Änderung der Landesbauordnung Rheinland-Pfalz vom 15. Juni*

46 nunmehr VV TB RP-A2.2.1.8 (Anhang A)

2015 (GVBl. S. 77) sind im Zuge der Erweiterung der Möglichkeiten des Holzbaus hochfeuerhemmende Decken zur Erfüllung der Brandschutzanforderungen in Gebäuden der Gebäudeklasse 4 zulässig.

Zu § 32 Abs. 7 (2015)

*Mit der Ergänzung in **Satz 1** wird klargestellt, dass auch Anlagen zur Nutzung solarer Strahlungsenergie in oder auf Dachflächen so anzuordnen und herzustellen sind, dass ein Brand nicht auf andere Gebäude oder Gebäudeteile übertragen werden kann. Die Regelung korrespondiert mit den Änderungen in § 30 Abs. 7 Satz 2.*

*Die Regelung des **Satzes 2** zur räumlichen Entfernung von Dachöffnungen und Dachaufbauten zu Brandwänden wird in Nummer 1 um Dachflächenfenster und in einer neuen Nummer 3 um aufgeständerte Anlagen zur Nutzung solarer Strahlungsenergie ergänzt. Auch hier kann der Abstand bei Wänden nach Nummer 1 oder sonst geeigneten Vorkehrungen gegen Brandübertragung unterschritten werden. So wird es in der Regel ausreichen, dass die Brandwand in ausreichender Höhe über das Dach geführt wird. Etwa bei sog. aufgeständerten Anlagen zur Nutzung solarer Strahlungsenergie, der Führung von Leitungen oder der Installation von Anlagenkomponenten wie Gleichrichter bedarf es jedoch näherer Prüfung im Sinne des neuen § 30 Abs. 7 Satz 2.*

Durch die im Zuge der Landtagsberatungen eingefügte Beschränkung der Abstandsregelung auf aufgeständerte Anlagen wird deutlich, dass umgekehrt flach aufliegende oder in das Dach integrierte Anlagen zur Nutzung solarer Strahlungsenergie von der Regelung nicht erfasst sind. Ihr Gefahrenpotenzial ist im Vergleich zu aufgeständerten Anlagen in einem Maß geringer, das ein Anbringen auch innerhalb des Abstands von 1,25 m zur Brandwand oder einer an ihrer Stelle zulässigen Wand als vertretbar erscheinen lässt.

Zu § 33 Abs. 5 Satz 2 (2019)

Die Ergänzung in Absatz 5 dient der Klarstellung, dass insbesondere zum nachträglichen Einbau von Treppenliften Abweichungen zur barrierereduzierten Erreichbarkeit von Wohnungen in Obergeschossen von Mehrfamilienhäusern zugelassen werden können; über die Zulassung entscheidet die Bauaufsichtsbehörde. Die Rahmenbedingungen, die zur Gewährleistung des Brandschutzes erfüllt sein müssen, können künftig z. B. in den Technischen Baubestimmungen nach § 87a geregelt werden. Die aufgenommene Ausnahmemöglichkeit schließt die Zulassung von Abweichungen von bauordnungsrechtlichen Anforderungen nach § 69, die an anderen Stellen der LBauO nicht ausdrücklich aufgenommen wurden, nicht aus.

Zu § 34 Abs. 1 (2015)

*In den **Sätzen 1 und 2** wird das Schutzziel formuliert. Durch die Anordnung und Beschaffenheit von Treppenräumen (Schachtbildung) wird bei einem Brand in einem Geschoss zum einen die notwendige Treppe geschützt und zum anderen eine Brandausbreitung über die Deckenöffnungen im Bereich der notwendigen Treppen verhindert. Der neue Satz 3 gibt vor, in welchen Fällen auf den notwendigen Treppenraum verzichtet werden kann. Die bisherige, durchgängige Differenzierung zwischen außenliegenden und innenliegenden Treppenräumen wird zur Vereinfachung und besseren Verständlichkeit der Regelung in Anlehnung an die Musterbauordnung (MBO) durch Treppenräume mit Fenster und solche ohne Fenster ersetzt (vgl. Absatz 10). Die Anforderungen an die Rauchableitung werden nunmehr in Absatz 11 zusammengefasst und abschließend geregelt. Die Anforderungen an die Anordnung (Lage) des Treppenraumes in Satz 1 und der bisherige Satz 2 als Zulassungsvoraussetzung für innenliegende Treppenräume entfallen. Dadurch wird die Anordnung innenliegender Treppenräume (künftig: Treppenräume ohne Fenster) wesentlich erleichtert.*

*Nach **Satz 3** Nr. 1 sind notwendige Treppenräume in Gebäuden der Gebäudeklassen 1 und 2 – wie bisher schon – grundsätzlich nicht erforderlich; Nummer 2 entspricht im Hinblick auf Wohnungen der Regelung des bisherigen Satzes 3 und wird um Nutzungseinheiten ergänzt, die eine Nutzfläche in beiden Geschossen von insgesamt nicht mehr als 200 m² aufweisen; Nummer 3 lässt auch Außentreppen ohne Treppenraum als notwendige Treppe unter bestimmten Randbedingungen zu. Mit dieser neuen Regelung wird der Baupraxis entsprochen und die Sicherstellung der Rettungswege erleichtert. Außentreppen als notwendige Treppen sind so anzuordnen oder zu schützen, dass sie im Brandfall nicht durch Feuer beaufschlagt werden können; sie müssen zudem – auch unter winterlichen Witterungseinflüssen – verkehrssicher sein.*

Zu § 34 Abs. 6 (2015)

***Satz 1 Halbsatz 1** enthält die erforderlichen Anpassungen aufgrund der geänderten Gebäudeklassen. Für Wände notwendiger Treppenräume von Gebäuden der Gebäudeklasse 5 gelten nunmehr die Anforderungen der bisherigen Gebäudeklasse 4. In Gebäuden der neuen Gebäudeklasse 4 genügen oberhalb des Kellergeschosses Treppenräumwände, die unter Stoßbeanspruchung (vgl. Brandwandprüfung nach DIN 4102-3 Abschnitt 4.3) eine Feuerwiderstandsfähigkeit entsprechend der Tragfunktion des Gebäudes haben. Die bisherigen Anforderungen an Treppenraumwände von Gebäuden der Gebäudeklasse 3 können oberhalb der Kellergeschosse von „feuerbeständig“ auf „hochfeuerhemmend“ reduziert werden.*

Satz 1 Halbsatz 2 *enthält für Gebäude der Gebäudeklasse 3 wie bisher schon eine auf den allgemeinen Holzbau abgestimmte Ausführung für Treppenraumwände (F 90-B nach DIN 4102-2 Tabelle 2). Für diese Wände liegen Verwendbarkeitsnachweise auf Grundlage der seit Jahrzehnten eingeführten nationalen Prüfverfahren vor; sie bieten somit eine Alternative zu den neu eingeführten hochfeuerhemmenden Treppenraumwänden nach Halbsatz 1.*
Durch die den neuen Gebäudeklassen angepassten Anforderungen an Wände notwendiger Treppenräume bleibt die bisherige Systematik, dass Treppenraumwände höhere Anforderungen zu erfüllen haben als Trennwände der entsprechenden Gebäudeklassen, erhalten. Damit wird der besonderen Funktion des Treppenraums, im Gefahrenfall sowohl als Fluchtweg als auch als gesicherter Bereich für Gebäudenutzer, Hilfskräfte und Feuerwehr zu dienen, Rechnung getragen.

Zu § 34 Abs. 9 (2015)
In Absatz 9 wird durch die Einfügung einleitend klargestellt, dass sich weitergehende Anforderungen an Öffnungen in Treppenräumen aus Absatz 11 Satz 4 ergeben können.
Die Ergänzung in ***Satz 1 Nr. 3*** *sieht vor, die Türen zwischen Treppenräumen und Wohnungen oder sonstigen Nutzungseinheiten selbstschließend auszubilden, um die Gefahr der Verrauchung des Treppenraumes bei einem Brand in einer Wohnung oder Nutzungseinheit durch offenstehende Eingangstüren zu verhindern.*
Der neue ***Satz 2*** *entspricht einer Forderung der Praxis. Danach können die erforderlichen Türen, z. B. zu notwendigen Fluren, um lichtdurchlässige feststehende Teile, z. B. auf Flurbreite, erweitert werden. Damit kann in vielen Fällen auf (sonst) erforderliche Anschlusswände verzichtet werden. Seitenteile und Oberlichter bilden zusammen mit den jeweiligen Türen Abschlüsse, die die jeweiligen Anforderungen nach Satz 1 Nr. 1 (Feuerschutzabschluss) oder Satz 1 Nr. 2 (Rauchschutzabschluss) erfüllen und über entsprechende Verwendbarkeitsnachweise verfügen müssen.*

Zu § 34 Abs. 10 (2015)
Die bislang vorgesehene Belüftung der Treppenräume über Fenster, die auch der Rauchableitung dienen, wird nunmehr in Absatz 11 geregelt und kann deshalb hier entfallen.
Die Beleuchtung eines Treppenraumes ohne Fenster durch eine Sicherheitsbeleuchtung ist in den Gebäuden der Gebäudeklassen 5 (bisher Gebäude mit mehr als fünf Geschossen) erforderlich.

Zu § 34 Abs. 11 (2015)

Absatz 11 wird unter Berücksichtigung des zu streichenden Absatzes 1 Satz 2 neu gefasst. Dadurch ergeben sich bei innenliegenden Treppenräumen Erleichterungen, bei außenliegenden Treppenräumen keine wesentlichen Änderungen.

Satz 1 *enthält die Grundanforderung.* ***Satz 2*** *unterscheidet hinsichtlich der Anforderungen zwischen Treppenräumen mit Fenstern in jedem oberirdischen Geschoss (bisher „außenliegend") und ohne Fenster (bisher „innenliegend"). Die Fenster dienen der Belüftung und Belichtung sowie der Rauchableitung und – in Verbindung mit der geöffneten Hauseingangstür – auch als Nachströmöffnung für die Zuluft bei höheren Treppenräumen. Sie müssen ohne fremde Hilfe geöffnet werden können. Das oberste Fenster ist ausreichend hoch anzuordnen (mindestens ein Teilbereich des Fensters sollte oberhalb der obersten Treppenraumöffnung liegen), um eine sog. Rauchsackbildung im Bereich der höchstgelegenen Zugangsebene zu vermeiden. Treppenräume, die keine Fenster haben oder über Fenster verfügen, die nach Lage, Größe oder Öffnungsweise nicht den Anforderungen nach Satz 2 Nr. 1 entsprechen, müssen nach Satz 2 Nr. 2 mindestens eine Öffnung zur Rauchableitung nach Satz 3 haben; diese Öffnung kann auch ein entsprechend ausgebildetes Fenster sein (z. B. an der höchsten Stelle der Außenwand oder in der Dachfläche).*

Zur Erfüllung der Grundanforderung nach Satz 1 sind in Abhängigkeit von der Gebäudeklasse (Höhe des Treppenraums) und der Beschaffenheit des Treppenraums (mit oder ohne Fenster) neben den Anforderungen nach Satz 2 weitere Maßnahmen nach Satz 3 zu treffen. So ist bei Treppenräumen in Gebäuden der Gebäudeklasse 5 mit Fenstern (bisher bei mehr als 5 Geschossen) anstelle des obersten Fensters eine Öffnung zur Rauchableitung nach ***Satz 3*** *vorzusehen; bei Treppenräumen in Gebäuden der Gebäudeklassen 4 und 5 ohne Fenster sind, um das Risiko des Raucheintritts in den Treppenraum zu verringern, brandschutztechnisch qualifizierte Abschlüsse (Türen mit der Anforderung T30-RS nach DIN 4102/18095[47]) zu angrenzenden Wohnungen, sonstigen Nutzungseinheiten und Räumen erforderlich. Als Abschlüsse zwischen notwendigen Treppenräumen und notwendigen Fluren, die als brandlastarm eingestuft werden können, genügen rauchdichte und selbstschließende Türen gemäß Abs. 9 Satz 1 Nr. 2 (Türen mit der Anforderung RS nach DIN 18095[47]).*

Satz 5 *bestimmt die Mindestgröße der Öffnungen für die Rauchableitung und regelt die Bedienung der Abschlüsse dieser Öffnungen.* ***Satz 6*** *ent-*

47 vgl. VV TB RP Anhang 4 Abschnitte 5.1.1 und nunmehr auch 5.1.4: Türabschlüsse nach europäischen Regelungen (z. B. Produktnorm DIN EN 16034)

*spricht – redaktionell angepasst – dem bisherigen Satz 4. Die Abweichungsregelung nach **Satz 7** kann beispielsweise bei maschineller Rauchableitung Anwendung finden oder hinsichtlich der Türanforderungen nach Satz 4, wenn das Gebäude mit einer Sprinkleranlage ausgestattet ist, die an den Treppenraum angrenzenden Nutzungseinheiten Vorräume oder Schleusen haben oder in den angrenzenden Räumen nur geringe Brandlasten vorhanden sind (z. B. Toilettenräume).*

Zu § 35 Abs. 1 (2015)
***Satz 1** wird im Hinblick auf § 15 Abs. 4 Satz 1 um eine Klarstellung (Nutzungseinheit mit Aufenthaltsraum) und um eine Schutzzielformulierung ergänzt.*
*In Absatz 1 **Satz 2** Nr. 1 wird durch den Bezug auf sonstige Nutzungseinheiten klargestellt, dass auch Wohnungen Nutzungseinheiten im bauordnungsrechtlichen Sinne sind.*

Zu § 35 Abs. 2 Satz 2 (2015)
In Satz 2 wird durch die Einfügung der Worte „in Rauchabschnitte“ das Ziel verdeutlicht, Raumabschnitte zur Begrenzung der Rauchausbreitung zu schaffen, um im Brandfall die Räumung und Brandbekämpfung zu erleichtern.

Zu § 35 Abs. 3 Satz 1 (2015)
Die Ergänzung in Satz 1 Halbsatz 1 stellt die Funktion der Feuerwiderstandsfähigkeit der Flurwand klar (hier Verhinderung der Brandausbreitung durch Raumabschluss).
Satz 1 Halbsatz 2 kann entfallen. Auch Flurwände in erdgeschossigen Gebäuden sollten feuerhemmend sein, um die Brandausbreitung zu begrenzen. Dadurch wird die Brandbekämpfung und Räumung des Gebäudes erleichtert, auch wenn sich die Räumung bei erdgeschossigen Gebäuden leichter gestaltet als bei mehrgeschossigen. Zudem sind feuerhemmende Flurwände inzwischen gängiger Standard.

Zu § 35 Abs. 4 (2021)
*In Anpassung an die Musterbauordnung werden [in **Satz 1**] die Anforderungen an offene Gänge, die als Rettungsweg dienen (sogenannte Laubengänge), geändert und präzisiert. Die Anforderungen an die tragenden Teile der offenen Gänge entsprechen den allgemeinen Anforderungen an tragende Bauteile und Decken in Abhängigkeit der jeweiligen Gebäudeklasse, sofern die Gänge als Rettungsweg dienen. Diese Formulierung berücksichtigt, dass die horizontalen Rettungswege nicht nur zu Treppenräumen, sondern beispielsweise auch zu offenen Außentreppen führen können. Die hö-*

heren Anforderungen an Wände und Brüstungen nach ***Satz 2*** *gelten nur, wenn die offenen Gänge nur eine Fluchtrichtung haben. Im neuen Satz 2 Halbsatz 2 wird die Zulässigkeit von Fenstern in diesen Laubengängen ausdrücklich klargestellt. Inhaltlich ist damit gegenüber den bisherigen, in Rundschreiben enthaltenen Regelungen, keine Änderung verbunden.*

Zu § 35 Abs. 5 Satz 1 (2015)
In Satz 1 kann auf abgestufte Anforderungen für die Gebäudeklasse 3 verzichtet werden, weil die Verwendung nicht brennbarer Baustoffe für flurseitige Bekleidungen und Dämmungen heute die Regel ist. Halbsatz 2 stellt klar, dass brennbare Wände und Decken mit nicht brennbaren Bekleidungen zu versehen sind.

Zu § 36 Abs. 1 (2015)
Durch die Ergänzung in ***Satz 1*** *wird das Schutzziel, das durch die Schachtanforderungen erreicht werden soll, benannt.*
Mit dem neu eingefügten ***Satz 4*** *wird in den genannten Fällen auf die Schachtanforderungen verzichtet, da die Aufzüge nicht durch Geschosse geführt werden oder sich nur innerhalb der Wohnung oder sonstiger Nutzungseinheiten befinden.*

Zu § 36 Abs. 2 Satz 1 (2015)
In Satz 1 kann hinsichtlich der Anforderungen an die Schachtwände auf Wände notwendiger Treppenräume verwiesen werden, die ein nach den Gebäudeklassen 3 bis 5 abgestuftes Anforderungssystem haben. Als Mindestanforderung müssen Schachtwände (z. B. in Gebäuden der Gebäudeklasse 2) entsprechend der Wände notwendiger Flure ausgebildet sein (§ 35 Abs. 3 Satz 1 Nr. 1).

Zu § 36 Abs. 3 Satz 3 (2015)
Die in Satz 2 beschriebene Öffnung zur Rauchableitung ist erforderlich, um die Wirksamkeit der Fahrschachttüren (Verhinderung einer Brandübertragung von Geschoss zu Geschoss) sicherzustellen. Aus Gründen der Energieeinsparung werden die Öffnungen vermehrt mit Abschlüssen versehen. Der neue Satz 3 regelt, welche Anforderungen diese erfüllen müssen. Als eine geeignete Stelle für die Bedienung des Abschlusses (Handauslösung) kommt der Bereich vor der Fahrschachttür des Erdgeschosses (Zugangsebene des Gebäudes) in Betracht.

Zu § 36 Abs. 4 Satz 1 (2015)
Nach der Änderung in Satz 1 soll die Pflicht zur Herstellung eines Aufzugs künftig bei Gebäuden mit mehr als vier Geschossen über der Geländeober-

fläche gelten. Bislang war dies für Gebäude mit mehr als fünf Geschossen vorgesehen. Vorgegeben wird zudem die barrierefreie Nutzbarkeit des Aufzugs, die sich im Wesentlichen auf die Bedienung bezieht. Die Änderung ist ein wesentlicher Bestandteil der Neuregelungen zur Förderung der Barrierefreiheit im besonderen Interesse von Menschen mit Behinderungen, älteren Menschen und Personen mit Kleinkindern (vgl. §§ 2 Abs. 9, 51).

Zu § 37 Abs. 2 Satz 1 Halbsatz 1 (2021)

Im Brandfall muss sichergestellt sein, dass Personen sich gegenüber den Rettungskräften bemerkbar machen können. Daher ist der Betrieb von elektrisch betriebenen Rollläden und Verdunkelungsvorhängen bei Fenstern und Türen, die als Rettungsweg dienen, auch im Brandfall sicherzustellen. Die Rollläden und Verdunkelungsvorhänge müssen entweder mechanisch (z. B. Handkurbel, Zugsysteme beziehungsweise Notraffungen) zu öffnen sein, an einen separaten Stromkreis angeschlossen werden oder über eine gesicherte akkubetriebene Steuerung verfügen, mit der sie bei einem Stromausfall hochfahrbar sind. Bei Vorhandensein einer automatischen Brandmeldeanlage nach DIN VDE0833 und DIN14675 kann die automatische Öffnung der Rollläden und Verdunkelungsvorhänge auch mittels einer Brandfallsteuerung gesichert werden. In jedem Fall muss der freie lichte Querschnitt von mindestens 0,90 m x 1,20 m gesichert werden. Bei der Planung müssen Fenster, die als Rettungswege dienen, ein stehendes Öffnungsformat (mindestens 0,90 m x 1,20 m) aufweisen. Die erforderliche Größe muss tatsächlich zur Verfügung stehen und darf nicht durch Fensterunterteilungen eingeschränkt werden. Allerdings kann im Einzelfall auch in Abstimmung mit der Brandschutzdienststelle von den Regelungen abgewichen werden, wenn gegen die sichere Benutzbarkeit des Rettungs- und Angriffsweges keine Bedenken bestehen. Insbesondere im Erdgeschoss sind Abweichungen von der Vorgabe denkbar, da der Einsatz von Rettungsgeräten der Feuerwehr gegebenenfalls nicht erforderlich ist.

Zu § 37 Abs. 3 Satz 1 (2021)

In dem neuen Satz 1 wird aufgrund von Hinweisen der Brandschutzdienststellen nach Brandereignissen in Kellergeschossen, bei denen die Entrauchung nur über den Treppenraum erfolgen konnte, diese Anforderung neu aufgenommen. Ohne diese Ergänzung müsste im Brandfall die Entrauchung über den jeweiligen Treppenraum erfolgen. Dem steht dessen Funktion als Rettungsweg und Angriffsweg für die Feuerwehr allerdings entgegen.

Zu § 39 (2025)

§ 39 wird entsprechend der Musterbauordnung neu formuliert im Sinne einer einheitlichen und vereinfachten Anwendbarkeit, ohne dass damit wesentliche inhaltliche Änderungen verbunden sind.

In der amtlichen ***Überschrift*** *wird mit dem ergänzten Begriff „Energiebereitstellung" über die Erzeugung von Wärme hinaus auch die Gewinnung von Brennstoffen wie Wasserstoff sowie die generelle Versorgung und Lagerung von Brennstoffen erfasst.*

Die in ***Absatz 2*** *genannten Gefahren beinhalten auch die Anforderungen an die Aufstellung von Gasfeuerstätten in Räumen, sodass durch besondere Vorrichtungen an den Feuerstätten oder durch Lüftungsanlagen sichergestellt wird, dass gefährliche Ansammlungen von unverbranntem Gas in den Räumen nicht entstehen. Der Regelungsinhalt des bisherigen Absatzes 5 ist daher entbehrlich.*

Die in ***Absatz 3*** *Satz 1 benannten unzumutbaren Belästigungen beinhalten auch die Weiterleitung von Schall in fremde Räume, sodass für eine ausreichende Dämmung zu sorgen ist. Durch Absatz 3 Satz 4 werden Feuerungsanlagen, die ohne Abgasanlagen betrieben werden können, von der entsprechenden Pflicht nach Satz 1 ausgenommen. Damit wird das Bauen im Bereich der Haustechnik erleichtert.*

Gas-Absorptions-Wärmepumpen zeichnen sich dadurch aus, dass es sich um gasbetriebene Wärmepumpen ohne (elektrische) Verdichtung handelt, bei denen das Abgas derart verdünnt wird, dass die Wärmepumpen hinsichtlich des Umfangs der Belästigungen vergleichbar mit Elektrowärmepumpen sind. Abgasanlagen sind daher entbehrlich. Eine dem Absatz 3 Satz 4 vergleichbare Freistellung enthält § 1 Abs. 2 Nr. 1 der Verordnung über kleine und mittlere Feuerungsanlagen vom 26. Januar 2010 (BGBl. I S. 38) in der jeweils geltenden Fassung.

Durch ***Absatz 5*** *werden – entsprechend der Musterbauordnung – die Vorgaben der Absätze 1 bis 3 auf die betroffenen Anlagen für anwendbar erklärt. Hinzu kommen die Wasserstoff-Elektrolyseure. Die Anforderungen nach den Absätzen 1 bis 3 gelten nicht ausschließlich für das Aufstellen der Anlagen. Auch die Anlagen selbst müssen betriebssicher und brandsicher sein. Dabei ist unbeachtlich, ob diese Anlagen der Beheizung von Räumen oder der Warmwasserversorgung dienen und somit in den Anwendungsbereich der Feuerungsverordnung vom 8. April 2020 (GVBl. S. 118, BS 213-1-5) in der jeweils geltenden Fassung fallen. Der bisherige Absatz 2 kann daher gestrichen werden.*

Zu § 40 Abs. 2 Satz 2 (2015)
Anstelle des bisherigen Satzes 2 wird nunmehr die Überbrückung feuerwiderstandsfähiger raumabschließender Bauteile durch Leitungsanlagen mit einer Schutzzielvorgabe beschrieben, da die Überbrückung durch Lüftungsleitungen den Raumabschluss in Frage stellt und das Risiko einer Brandweiterleitung durch die Lüftungsanlage (Transport von Feuer und Rauch) besteht. Konkretisiert wird die allgemeine Anforderung durch die als Technische Baubestimmung eingeführte Lüftungsanlagen-Richtlinie[48].

Zu § 40 Abs. 4 Satz 1 (2015)
Der Begriff „Schornstein" wird durch den weitergehenden Begriff „Abgasanlage" ersetzt.

Zu § 40 Abs. 8 (2015)
Bleibt inhaltlich im Wesentlichen unverändert, wird aber redaktionell an Absatz 2 Satz 2 angepasst [konkretisiert durch die Leitungsanlagen-Richtlinie[48]].

Zu § 41 Abs. 1 Satz 1 (2015)
Nach dem neuen Satz 1 müssen Gebäude mit Aufenthaltsräumen grundsätzlich eine Versorgung mit Trinkwasser haben, die dauernd gesichert ist. Es hat sich aber gezeigt, dass dies in einigen Fällen mit bestimmungsgemäß geringer Benutzung (z. B. Wochenendhäuser) nicht erforderlich ist. Die Neuregelung trägt dem Rechnung.

Zu § 44 Abs. 4 (2015)
Mit der jetzt in ***Halbsatz 1*** *vorgesehenen stufenlosen Erreichbarkeit von Abstellräumen für Kinderwagen, Fahrräder und Rollatoren soll deren Nutzung erleichtert werden (vgl. § 4). Unverhältnismäßige Belastungen werden nach dem neuen* ***Halbsatz 2*** *über die Abweichungsmöglichkeit des neu gefassten § 51 Abs. 4 vermieden.*

Zu § 44 Abs. 7 (2015)
Die im Zuge des Änderungsgesetzes zur Landesbauordnung vom 4. Juli 2007 (GVBl. S. 105) eingeführte Frist von fünf Jahren zur Ausstattung bestehender Wohnungen mit Rauchwarnmeldern in Satz 3 endete am 11. Juli 2012 und kann daher gestrichen werden. Dennoch bedarf es einer fortwährenden Pflicht zur Nachrüstung entsprechend der Anforderungen in den Sätzen 1 und 2.

---

48 nunmehr VV TB RP-A2.2.1.11 (Anhang B) bzw. A 2.2.1.8 (Anhang A)

Zu § 44 Abs. 8 bis 10 (2025)

Im neu einzufügenden ***Absatz 8*** *wird die Umnutzung in Wohnraum erleichtert. Rechtmäßig bestehende Gebäude mit Nutzungseinheiten mit Aufenthaltsräumen erfüllen die zum Zeitpunkt ihrer Errichtung oder zu einem späteren Zeitpunkt geltenden Anforderungen an tragende Wände, Pfeiler und Stützen (§ 27), Außenwände (§ 28), Brandwände (§ 30), Decken (§ 31) und Dächer (§ 32). Diese Anforderungen sind unabhängig davon, ob die Aufenthaltsräume zum Wohnen oder anders genutzt werden. Durch eine Wohnnutzung erhöht sich daher insoweit nicht das Gefahrenpotenzial. [Durch einen Änderungsantrag der Fraktionen der SPD, Bündnis 90/DIE GRÜNEN und FDP (Drucksache 18/12908) wurden die Erleichterungen auf weitere Anforderungen (§ 29 Trennwände, § 33 Treppen, § 34 Abs. 1 und 4 bis 11 Treppenräume und Ausgänge und § 35 Notwendige Flure und Gänge) ausgedehnt; hierdurch werden weniger Abweichungsentscheidungen in den Einzelfällen erforderlich und die Verfahren zusätzlich beschleunigt.] Daher sollen bei einer Umnutzung von bisher anders genutzten Nutzungseinheiten mit Aufenthaltsräumen in Wohnraum die vorgenannten Anforderungen nicht gelten. Insoweit gilt zukünftig der Bestandsschutz. Die Regelung bezieht sich ausdrücklich nur auf bestehende Bauteile; an neu eingebaute Bauteile werden die aktuellen bauordnungsrechtlichen Anforderungen gestellt. Die Zulassung weiterer, hier nicht ausdrücklich geregelter Abweichungen nach § 69 Abs. 1 bleibt zulässig und wird in vielen Fällen insbesondere in Bezug auf die Anforderungen nach den §§ 34 Abs. 2, 3, 5 bis 10 und § 36 erforderlich sein; diesem Zweck dient auch das Regelbeispiel in § 69 Abs. 1 Satz 2 Nr. 1.Sollten in einem bestehenden Gebäude bauliche Mängel zu erheblichen Gefahren im Sinne des § 85 Abs. 1 LBauO führen, bleibt die Möglichkeit nachträglicher Anforderungen bestehen.*

Die Absätze 9 und 10 enthalten Erleichterungen bei Änderungen an Gebäuden, durch die die nächst höhere Gebäudeklasse erreicht wird. Der durch den Änderungsantrag [dem Absatz 8] angefügte Satz 2 enthält Entsprechendes für Änderungen, bei denen sich die Gebäudeklasse nicht ändert: die Erleichterungen können sich an den Erleichterungen für Nutzungsänderungen in Satz 1 orientieren. Der in diesem Zusammenhang neu eingefügte Satz 3 dient der Klarstellung, dass die Erleichterungen des Satzes 2 nicht für Hochhäuser gelten; dies umfasst sowohl Fälle, in denen das bestehende Gebäude bereits ein Hochhaus ist, als auch Fälle, bei denen durch eine Aufstockung die Hochhausgrenze erstmals überschreiten wird.

Mit den neuen ***Absätzen 9 und 10*** *werden weitere umfassende Regelungen zur deutlichen Erleichterung von Dachgeschossausbauten und Aufstockungen von Bestandsgebäuden zu Wohnzwecken eingeführt.*

Der Dachgeschossausbau und die Aufstockungen von Bestandsgebäuden zu Wohnzwecken lösen häufig erhebliche Anpassungserfordernisse aus. Insbesondere in Fällen, bei denen sich aus der Planung die Einstufung in eine höhere Gebäudeklasse ergibt, ist die Ertüchtigung der Bausubstanz regelmäßig nicht mit vertretbarem Aufwand möglich und sind die erforderlichen Abweichungsentscheidungen mit Planungsunsicherheiten verbunden.

Die Ergänzung von § 44 Abs. 9 und 10 erweitert die allgemeinen Regelungen zum Bestandsschutz für den Dachgeschossausbau und die Aufstockung von Bestandsgebäuden zu Wohnzwecken im Hinblick auf die brandschutztechnischen Anforderungen. Mit der Regelung wird die sonst im Rahmen einer Abweichungsentscheidung vorzunehmende Risikobewertung für häufige Fallkonstellationen im Wohnungsbau vorweggenommen und Planungssicherheit geschaffen.

Mit ***Absatz 9*** *Satz 1 werden für Gebäude, die aufgrund eines Dachgeschossausbaus oder einer Aufstockung zu Wohnzwecken in die Gebäudeklasse 4 fallen, reduzierte Anforderungen an tragende und aussteifende sowie raumabschließende Bauteile regelmäßig zugelassen, sofern die Mindestanforderungen der Nummern 1 bis 4 eingehalten werden. Die Mindestanforderungen beschreiben die zur Wahrung der bauaufsichtlichen Schutzziele nach § 15 notwendigen Voraussetzungen zur Inanspruchnahme der Erleichterungen nach Satz 1 und grenzen das gegen bestehende Bauteile gerichtete Anpassungsverlangen ein, etwa im Hinblick auf die vorhandenen Feuerschutzabschlüsse des Treppenraums oder das Brandverhalten von vorhandenen Wand- und Deckenbekleidungen.*

Durch den Änderungsantrag wurde Satz 1 dahingehend ergänzt, dass die Erleichterungen auch bei der Errichtung von Dachgauben Anwendung finden. Die Ergänzung orientiert sich an einer vorgesehenen Änderung der Musterbauordnung und korreliert im Übrigen mit der Erleichterung des neu eingefügten § 67 Abs. 1 Satz 3

Nach Satz 2 erstrecken sich die Erleichterungen auch auf die Neubauteile der Aufstockung selbst, sofern eine Aufstockung nur um ein Geschoss erfolgt. Die Umgehung der Einschränkung auf eingeschossige Aufstockungen durch Wiederholung ist ausgeschlossen, da die Bedingung nach Satz 1 bereits durch das erste Aufstockungsvorhaben ausgelöst wurde und das Gebäude fortan der Einstufung in die Gebäudeklasse 4 unterliegt. Die tragenden und aussteifenden sowie raumabschließenden Neubauteile mehrgeschossiger Dachaufstockungen sind von Satz 2 nicht erfasst und unterliegen den Anforderungen der durch die Aufstockung erreichten Gebäudeklasse. Um die Errichtung dieser Neubauteile auf Bestandsbauteilen, die gegebenenfalls nur geringeren Anforderungen genügen, ohne einzel-

fallbezogene Anwendbarkeitsnachweise (vorhabenbezogene Bauartgenehmigungen) zu ermöglichen, ist gegebenenfalls eine Ergänzung in Kapitel A 2 der Muster-Verwaltungsvorschrift Technische Baubestimmungen und anschließende Änderung der entsprechenden Regelung des Landes erforderlich.
***Absatz 10** weitet die Erleichterungen auf Gebäude aus, die durch Aufstockungsvorhaben in die Gebäudeklasse 5 fallen. Zusätzlich wird die Installation einer trockenen Löschwasserleitung vorgeschrieben, sofern die Schlauchverlegung im Treppenraum nicht über ein ausreichend großes Treppenauge erfolgen kann. Die Erleichterungen sind auf Aufstockungen um maximal zwei Geschosse beschränkt. [Wie auch in Absatz 9 wurde durch den Änderungsantrag Satz 1 dahingehend ergänzt, dass die Erleichterungen auch bei der Errichtung von Dachgauben Anwendung finden.]*

Zu § 45 Abs. 3 Satz 2 Halbsatz 1 (2015)
Satz 2 Halbsatz 1 wird um die raumabschließende Funktion der feuerbeständigen Wände ergänzt (vgl. § 15 Abs. 3).

Zu § 45 Abs. 3 Satz 2 Halbsatz 2 (2021)
Aufgrund der erschwerten Bedingungen für wirksame Löscharbeiten in Kellergeschossen ist die Anpassung der bauordnungsrechtlichen Anforderung angemessen. Sie entspricht den Anforderungen an Türen in Trennwänden (§ 29) und Wände notwendiger Flure (§ 35).

Zu § 46 Abs. 3 (2021)
Im Zusammenhang mit den Änderungen im Personenstandsrecht – mit der Folge, dass im Geburtenregister als Geschlechtseintrag die Bezeichnung „divers“ gewählt werden kann – soll auf die Forderung nach Toiletten, die nach Geschlechtern getrennt sind, verzichtet werden. Bei Beibehaltung des grundsätzlichen Erfordernisses einer ausreichenden Zahl von Toiletten bei einer größeren Personenzahl kann die konkrete bauliche Ausgestaltung, z. B. unter Verwendung von Unisex-Toiletten, den Bauherrinnen und Bauherren überlassen werden.

Zu § 47 Abs. 1 Satz 2 (2025)
Neben der Möglichkeit der Inanspruchnahme öffentlicher Verkehrsmittel können auch andere alternative Mobilitätskonzepte zu einer Verringerung des Stellplatzbedarfs führen. Hierfür kommen z. B. Car-Sharing-Angebote und das gegebenenfalls gemeinschaftliche Bereitstellen von Lastenfahrrädern oder Pedelecs in Betracht, wobei die Auswirkung im Einzelfall auch von der Lage des Baugrundstücks im Raum abhängt. Die Ergänzung in Absatz 1 ermöglicht eine Einzelfallbetrachtung unter Berücksichtigung ent-

sprechender Konzepte auch in den Fällen, in denen eine kommunale Satzung nicht besteht.

Zu § 47 Abs. 1 Satz 6 (2015)

Abstellplätze für Fahrräder können bisher nach Absatz 1 Satz 6 verlangt werden, wenn ein Zugangs- und Abgangsverkehr mit Fahrrädern zu erwarten ist und Bedürfnisse des Verkehrs es erfordern. Soweit diese Voraussetzungen erfüllt sind [siehe aber Änderung § 47 Abs. 1 Satz 6 2022], besteht nunmehr nach der Änderung in ***Halbsatz 1*** *eine Pflicht zur Herstellung von Abstellplätzen für Fahrräder. Damit soll der Fahrradverkehr vor allem in Ballungsräumen und Städten gefördert werden.*
Mit der Ergänzung im neuen ***Halbsatz 2*** *finden die Absätze 2, 3 und 9 entsprechende Anwendung, so dass bei Änderungen der baulichen Anlagen oder ihrer Nutzung insbesondere eine größere Zahl von Abstellplätzen für Fahrräder verlangt werden kann (Absatz 2), der Standort bestimmt ist und festgelegt werden kann (Absatz 3) und die Abstellplätze nicht zweckentfremdet werden dürfen (Absatz 9). Die Absätze 4 bis 8 finden aufgrund ihres spezifischen Bezugs auf Stellplätze für Kraftfahrzeuge keine Anwendung auf Abstellplätze für Fahrräder.*

Zu § 47 Abs. 1 Satz 6 Halbsatz 1 (2022)

Die Änderung in Absatz 1 Satz 6 Halbsatz 1 zielt aus Gründen des Klimaschutzes auf die Förderung einer nachhaltigen und klimafreundlichen Mobilität durch Erweiterung des Angebots von Stellplätzen für Fahrräder und E-Fahrräder ab.
Zu diesem Zweck werden die Tatbestandsvoraussetzungen, bei deren Erfüllung Fahrradabstellplätze herzustellen sind, gesenkt, sodass zukünftig entsprechende Abstellplätze unabhängig von den Bedürfnissen des Verkehrs, sondern in Abhängigkeit vom konkreten Bauvorhaben herzustellen sind.
Die Satzungsbefugnis der Gemeinden nach § 88 Abs. 3 Nr. 4 wird ebenfalls entsprechend angepasst.

Zu § 47 Abs. 2 Satz 2 (2025)

Mit der Streichung in Absatz 2 Satz 2 entfällt die Stellplatzpflicht nunmehr umfassend bei der Schaffung von Wohnraum durch Wohnungsteilung, Änderung der Nutzung, Aufstockung oder durch Ausbau des Dachgeschosses. Die bisherige Einschränkung in Halbsatz 1, dass die Herstellung von Stellplätzen nicht oder nur unter großen Schwierigkeiten möglich ist, wird im Interesse der erleichterten nachträglichen Schaffung von Wohnraum aufgegeben. Ebenso wird Halbsatz 2, der schon bisher nur klarstellender Natur war, gestrichen, da der in Bezug genommene Absatz 4 zur ablösen-

den Zahlung eines Geldbetrages ohnehin nicht zur Anwendung kommen kann, wenn die Stellplatzpflicht nach Absatz 2 Satz 2 erst gar nicht entsteht.

Zu § 47 Abs. 5 (2015)

In Absatz 5 wurde durch das Gesetz zur Änderung der Landesbauordnung vom 14. März 1995 (GVBl. S. 19) neu bestimmt, zu welchen Zwecken die Stellplatzablösebeträge verwendet werden dürfen. Beträge für die Ablösung der Stellplatzverpflichtung sind im abgaberechtlichen Sinn Sonderabgaben. Im Hinblick auf die Rechtsprechung des Bundesverwaltungsgerichts, wonach Sonderabgaben im Interesse der Abgabepflichtigen, also „gruppennützig" zu verwenden sind, wurden die Grenzen für den Einsatz der Geldbeträge eng gezogen. Es bestanden Zweifel, ob die Ablösebeträge über den damals festgelegten Rahmen hinaus auch für investive Maßnahmen zur Verbesserung des ÖPNV oder des Fahrradverkehrs verwendet werden dürfen. Inzwischen hat sich auch in den Bauordnungen einiger anderer Bundesländer die Erkenntnis durchgesetzt, dass es rechtlich möglich ist, die Verwendungsmöglichkeiten für die Ablösebeträge in angemessenem Umfang und innerhalb der verfassungsrechtlich gebotenen Grenzen zu erweitern. So können etwa investive Maßnahmen zur Verbesserung des öffentlichen Personennahverkehrs oder des Fahrradverkehrs dazu beitragen, den öffentlichen Straßenraum in den Innenstädten vom motorisierten Individualverkehr zu entlasten und die Inanspruchnahme des öffentlichen Straßenraums zu Parkzwecken zu verringern. Diese Zielsetzung stellt die notwendige Sachnähe zum Kreis der Abgabepflichtigen her, die mit ihrer Abgabe als Ausgleich für nicht hergestellte Stellplätze einen Beitrag zur Verkehrsberuhigung leisten. Indem die Maßnahmen der Nrn. 1 bis 3 ebenso wie die Herstellung notwendiger Stellplätze geeignet sind, den ruhenden Verkehr und den Parksuchverkehr zu verringern, werden sie auch dem Anspruch einer zweckgebundenen und funktionsgleichen Verwendung der Mittel gerecht. Die Gemeinden sind gehalten, für ein bedarfsgerechtes und ausgewogenes Verhältnis zwischen den einzelnen Maßnahmen zu sorgen und sie in einer zeitlichen Reihenfolge zu finanzieren, die den tatsächlichen Erfordernissen Rechnung trägt. Bei größeren Städten wird häufig ein Verkehrskonzept vonnöten sein. Die angeführten investiven Maßnahmen dienen der Verbesserung oder der Erweiterung des bestehenden Angebots. Nicht erfasst ist die Deckung laufender Kosten etwa für Unterhaltungsmaßnahmen.

Zu § 48 (2015)

*Mit der Änderung in **Absatz 2** wird einem Bedürfnis der Praxis Rechnung getragen. Die Vorschrift dient vornehmlich dem Brandschutz; im Brandfall sollen die Tiere ohne Schwierigkeiten ins Freie gelangen können. Nach der geänderten Regelung sind nunmehr auch Schiebetüren als Fluchttüren zulässig.*

*Die bisher in den Absätzen 3 bis 5 enthaltenen Vorgaben sollen gestrafft und auf die originär bauordnungsrechtlichen Belange beschränkt werden. So kann die Vorgabe zu Abständen von Dungstätten (bisher Absatz 5 Satz 3) in **Absatz 3** integriert werden. Die Absätze 4 und 5 entfallen ebenso wie Absatz 3 Satz 2. Denn zum einen sind die Anforderungen an die Ableitung von Jauche und Gülle sowie von Dungstätten Gegenstand des Fachrechts. Zum anderen ist eine gesonderte Abweichungsregelung nach Absatz 4 angesichts der Abweichungsmöglichkeit nach § 69 entbehrlich.*

Zu 49 (2015)

*Die Regelungen über Behelfsbauten in **Absatz 1** und untergeordnete Gebäude in **Absatz 2** sind redaktionell zu straffen und im Hinblick auf die Rechtsfolge der benachbarten Vorschrift des § 50 anzupassen. So können nunmehr statt Abweichungen, die grundsätzlich in § 69 geregelt sind, Erleichterungen von den Anforderungen der §§ 27 bis 48 zugelassen werden. Die Voraussetzungen bleiben im Kern unverändert. Entscheidend ist, dass bauliche Anlagen entweder als Behelfsbauten nur zeitlich begrenzt aufgestellt (und genutzt) werden oder untergeordnete Gebäude nur zum vorübergehenden Aufenthalt von Menschen bestimmt oder geeignet sind (vgl. § 2 Abs. 5).*

Zu § 50 Überschrift (2015)

Die Überschrift soll um den gängigen Begriff der Sonderbauten ergänzt werden.

Zu § 50 Abs. 1 (2015)

***Satz 3** wird am Ende dahingehend erweitert, dass sich Anforderungen auch auf bauleitende Personen nach § 56a erstrecken können (etwa zur Qualifikation oder Hinzuziehung geeigneter Fachbauleiterinnen und Fachbauleiter für bestimmte Gewerke). Nach **Satz 4** können besondere Nachweise wie etwa ein Brandschutzkonzept verlangt werden. Schließlich wird in **Satz 6** zum einen klargestellt, dass auch an die Nutzung der Räume und Anlagen besondere Anforderungen gestellt werden können. Zum anderen wird die Bestellung eines Brandschutzbeauftragten ermöglicht; Anforderungen können sich auch auf dessen Qualifikation beziehen. Mit den Er-*

gänzungen wird der zunehmenden Komplexität und den heutigen Strukturen des Baugeschehens Rechnung getragen.

Zu § 50 Abs. 2 (2015)

In **Nummer 5** *werden Beherbergungsbetriebe nunmehr gesondert aufgeführt, die bisher zu den Gaststättenbetrieben gezählt wurden.* **Nummer 6** *soll sprachlich aktualisiert werden. Die Bezeichnungen „Entbindungs- und Säuglingsheime" und „Heime für Behinderte und alte Menschen" sind nicht mehr zeitgemäß und sollen durch die bauspezifische Bezeichnung „ähnliche Einrichtungen der Gesundheitspflege, bauliche Anlagen zum Zweck der Pflege oder Betreuung" ersetzt werden. Sie orientieren sich am Landesgesetz über Wohnformen und Teilhabe vom 22. Dezember 2009 (GVBl. S. 399, BS 217-1), lassen jedoch Wohnungen im engeren Sinne wie abgeschlossene Wohnungen in Seniorenresidenzen oder selbstorganisierte Wohngemeinschaften außen vor. Zu ergänzen sind an dieser Stelle „Tages- und Begegnungsstätten" (vgl. § 51 Abs. 2) und Wohnheime [siehe auch Änderung 2021]. In* **Nummer 7** *wird die Bezeichnung „Kinder- und Jugendheime" durch den weitergehenden Begriff der (baulichen) „Einrichtungen für Kinder und Jugendliche" ersetzt.*

Zu § 50 Abs. 2 Nr. 6 (2021)

In Nummer 6 soll eine durch eine Änderung des Landesgesetzes über Wohnformen und Teilhabe (LWTG) vom 22. Dezember 2009 (GVBl. S. 399), zuletzt geändert durch Artikel 17 des Gesetzes vom 19. Dezember 2018 (GVBl. S. 448), BS 217-1, entstandene (unbeabsichtigte) Regelungslücke geschlossen werden.

Zum Zeitpunkt der Änderung der Landesbauordnung Rheinland-Pfalz 2015 durch das Dritte Landesgesetz zur Änderung der Landesbauordnung Rheinland-Pfalz fielen selbstorganisierte Wohngemeinschaften für volljährige Menschen mit Behinderungen oder pflegebedürftige volljährige Menschen aufgrund des damaligen § 6 LWTG in den Anwendungsbereich des Landesgesetzes über Wohnformen und Teilhabe, sofern bestimmte Größenordnungen überschritten wurden. Aus der Gesetzesbegründung zum Änderungsgesetz ergibt sich, dass die Sonderbaueigenschaft nach Nummer 6 – und damit die Möglichkeit besonderer Anforderungen oder Erleichterungen – an die Einstufung nach dem Landesgesetz über Wohnformen und Teilhabe gebunden sein sollte.

Mit der Änderung des Landesgesetzes über Wohnformen und Teilhabe durch Artikel 1 des Landesgesetzes zur Weiterentwicklung der Wohnformen und zur Stärkung der Teilhabe vom 16. Februar 2016 (GVBl. S. 25) wurde durch die Neufassung des § 3 Abs. 2 LWTG das Folgende klarge-

stellt: „Wohngemeinschaften, die von älteren Menschen, volljährigen Menschen mit Behinderungen oder pflegebedürftigen volljährigen Menschen selbst organisiert sind, sind keine Einrichtungen im Sinne dieses Gesetzes." Darüber hinaus wurde § 6 LWTG gestrichen.

Nach § 2 Abs. 4 MBO gehören zu den Sonderbauten unter anderem

„9. Gebäude mit Nutzungseinheiten zum Zwecke der Pflege oder Betreuung von Personen mit Pflegebedürftigkeit oder Behinderung, deren Selbstrettungsfähigkeit eingeschränkt ist, wenn die Nutzungseinheiten
  a) einzeln für mehr als sechs Personen oder
  b) für Personen mit Intensivpflegebedarf bestimmt sind, oder
  c) einen gemeinsamen Rettungsweg haben und für insgesamt mehr als 12 Personen bestimmt sind,".

Selbstorganisierte Pflegewohngemeinschaften können daher Sonderbauten sein.

In Anlehnung an die sich aus dem früheren § 6 LWTG ergebenden Größenordnungen (acht beziehungsweise 16 Personen) soll die bis 2016 bestehende Möglichkeit besonderer Anforderungen an größere selbstorganisierte Pflegewohngemeinschaften, die in der Regel in Wohngebäude integriert werden, weiterhin in der Landesbauordnung Rheinland-Pfalz bestehen bleiben. Auch mit der neuen Regelung führen Wohnungen, z. B. im Mehrgenerationenwohnen, in Seniorenresidenzen oder Wohngemeinschaften, auch dann nicht zu einer Einstufung eines Gebäudes als Sonderbau, wenn im Laufe der Zeit ein höherer Anteil an Bewohnerinnen und Bewohnern pflegebedürftig wird. Für die Unterscheidung ist der mit der geplanten Nutzung verfolgte Zweck der jeweiligen Nutzungseinheit entscheidend.

Zu § 51 (2015)

§ 51, der im Wesentlichen noch der Fassung der Landesbauordnung 1986 entspricht, wird entsprechend heutigen Erfordernissen inhaltlich und sprachlich aktualisiert. Die Vorschrift soll die Barrierefreiheit im Anwendungsbereich der Landesbauordnung möglichst klar und umfassend regeln. Dies kommt in der geänderten Überschrift zum Ausdruck.

Mit den inhaltlichen Erweiterungen wird dem Auftrag des Artikels 64 der Verfassung für Rheinland-Pfalz Rechnung getragen, Menschen mit Behinderungen vor Benachteiligung zu schützen und auf ihre Integration und die Gleichwertigkeit ihrer Lebensbedingungen hinzuwirken. Die Ergänzungen zu barrierefreien Wohnungen und allgemein zugänglichen Gebäuden sind ein weiterer Schritt hin zu dem Ziel einer behindertengerechten und barrierefreien Umwelt. Sie ist nach dem Übereinkommen der Vereinten Nationen über die Rechte von Menschen mit Behinderungen Grundvoraussetzung für eine gleichberechtigte Teilhabe und Teilnahme am gesellschaftlichen

Leben. Dazu leistet das Landesgesetz zur Herstellung gleichwertiger Lebensbedingungen für Menschen mit Behinderungen bereits einen wesentlichen Beitrag. So ist die öffentliche Hand etwa im Baubereich verpflichtet, neben Neubauten auch bestehende Bauten im Rahmen des Möglichen barrierefrei zu gestalten. Unabhängig davon ist die barrierefreie Gestaltung baulicher Anlagen nach fachrechtlicher Maßgabe der Landesbauordnung vorgesehen.
Dabei bleiben die Grundsätze des Bestandsschutzes unberührt. Die Neuregelungen gelten für neue Vorhaben. Bestehende Gebäude sind nur erfasst, wenn wesentliche bauliche Änderungen oder Nutzungsänderungen stattfinden.

Zu § 51 Abs. 1 Satz 3 (2024)
Durch die Ergänzung in Absatz 1 [durch einen neuen Satz 3] wird klargestellt, dass notwendige Stellplätze im Sinne des § 47 LBauO auch im Bereich der Wohnbebauung barrierefrei herzustellen sind. Die Klarstellung ist nicht zuletzt aufgrund des Urteils des Oberverwaltungsgerichts Koblenz vom 19. Juli 2023 (Az. 8 A 11061/22.OVG, juris) erforderlich. Die Vorgabe betrifft nach dem Gesetzeswortlaut ausdrücklich nur Wohnungen, die nach Satz 1 oder Satz 2 barrierefrei und uneingeschränkt mit dem Rollstuhl nutzbar sein müssen.

Im Einzelnen werden die Regelungen im Anhang (C 6, Barrierefreiheit) erläutert.

Zu § 53 Abs. 2 (2015)
Zu erhaltende Bäume müssen bei Bauarbeiten geschützt werden. Dies soll nunmehr auch für Hecken und andere Gehölze gelten, die dem Schutz nach § 39 Abs. 5 Satz 1 Nr. 2 Bundesnaturschutzgesetz unterliegen.

Zu § 53 Abs. 3 und 4 (2024)
§ 53 Abs. 3 und 4 regelt unter anderem die Inhalte, die die an der Baustelle von den Bauherrinnen und Bauherren anzubringenden Kennzeichnungen enthalten müssen. Im Hinblick auf den aus dem Datenschutz resultierenden Grundsatz der sparsamen Datenerhebung wurde die Erforderlichkeit der anzugebenden Daten noch einmal überprüft. Nach Artikel 6 Abs. 1 Buchst. e der Verordnung (EU) 2016/679 des Europäischen Parlaments und des Rates vom 27. April 2016 zum Schutz natürlicher Personen bei der Verarbeitung personenbezogener Daten, zum freien Datenverkehr und zur Aufhebung der Richtlinie 95/46/EG (Datenschutz-Grundverordnung) (ABl. EU Nr. L 119 S. 1) ist eine Verarbeitung von Daten rechtmäßig, wenn sie für die Wahrnehmung einer Aufgabe, die im öffentlichen Interesse liegt

oder in Ausübung öffentlicher Gewalt erfolgt. Dabei muss nach Artikel 6 Abs. 2 Satz 4 Datenschutz-Grundverordnung ein im öffentlichen Interesse liegendes Ziel verfolgt werden und die Erhebung in einem angemessenen Verhältnis zu dem verfolgten legitimen Zweck stehen; die Erhebung muss mithin erforderlich und angemessen sein.
Hintergrund der Angaben in der Baustellenkennzeichnung ist es, den Bauaufsichtsbehörden im Fall eines erforderlichen repressiven Einschreitens sowie den sonstigen Polizei- und Ordnungsbehörden zur Abwehr von Gefahren (z. B. im Brandfall) die notwendigen Informationen über die verantwortlichen Ansprechpartner unmittelbar zur Verfügung zu stellen.
Im Ergebnis wird dazu festgestellt, dass zunächst Angaben zu Bauherrin oder Bauherr als unmittelbar und umfassend verantwortliche Personen (§ 54 LBauO) erforderlich sind. Zudem ist es – gerade im Gefahrenfall – auch sinnvoll, die Bauleiterin oder den Bauleiter (§ 56a LBauO) sowie die ausführenden Unternehmen (§ 57 LBauO) schnellstmöglich kontaktieren zu können. In Abkehr von der bisherigen Rechtsauffassung sind jedoch Angaben zu Entwurfsverfasserinnen und Entwurfsverfassern nicht erforderlich; entsprechende Daten z. B. zur Beschaffenheit des Baukörpers oder zu den verwendeten Baustoffen können auch vom bisher genannten Personenkreis erhoben werden.
Wie ausgeführt, ist insbesondere die unmittelbare Erreichbarkeit notwendig, um zur Abwehr von Gefahren die notwendigen Informationen zu erhalten. Daher kann bei den genannten Personen auf Angaben zu Adressen verzichtet werden; diese Angaben können im Bedarfsfall auch über die Bauaufsichtsbehörde unter Nennung des Aktenzeichens abgefragt werden.

Zu § 55 Abs. 1 (2015)
*Mit den Änderungen [in **Satz 1 Halbsatz 1**] wird die Pflicht der Bauherrin und des Bauherrn zur Bestellung bauleitender Personen nach § 56a begründet. Unberührt bleibt die Möglichkeit der Bauaufsichtsbehörde, insbesondere bei Sonderbauten Anforderungen etwa an die Bestellung oder die Qualifikation von bauleitenden Personen zu stellen. Auch ansonsten sind bauaufsichtliche Vorgaben im Rahmen der Verantwortung der Bauherrin oder des Bauherrn nach § 54 maßgeblich.*
*Mit dem neuen Satz 3 [nach der Änderung 2019 **Satz 4**] wird die Bauherrin oder der Bauherr verpflichtet, der Bauaufsichtsbehörde vor Baubeginn Namen und Anschrift der bauleitenden Person und während der Bauausführung einen Wechsel dieser Person unverzüglich schriftlich mitzuteilen. [Vgl. aber Aufgabe der Schriftform durch das Landesgesetz zur Änderung baurechtlicher Vorschriften vom 3. Februar 2021 (GVBl. S. 66).]*

Zu § 55 Abs. 1 (2019)
*Der neue **Satz 3** stellt klar, dass die Darlegungslast für die Einhaltung der Anforderungen nach § 3 bei der Bauherrin oder beim Bauherrn liegt. Sofern insoweit Angaben zu den verwendeten Bauprodukten erforderlich sind, hat die Bauherrin oder der Bauherr entsprechende Belege bereitzuhalten.*
*Für Bauprodukte, die nach der BauPVO die CE-Kennzeichnung tragen, ist dies nach dem neuen **Satz 4** die Leistungserklärung. Die Bereithaltung der Leistungserklärung kann auch elektronisch erfolgen. Im Übrigen müssen die nach § 18b vorgeschriebenen Verwendbarkeitsnachweise vorgelegt werden oder, sofern diese nicht erforderlich sind, sonst taugliche Nachweise. Hierzu sollen die Technischen Baubestimmungen nähere Rahmenbedingungen festlegen.*

Zu § 55 Abs. 1 Satz 5 (2021)
Vgl. Begründung zu § 19 Abs. 4 – 2021.

Zu § 55 Abs. 5 (2021)
Vgl. Begründung zu § 19 Abs. 4 – 2021.

Zu § 56a (2015)
Mit der Neuregelung soll die im Jahre 1999 abgeschaffte Rechtsfigur des Bauleiters wie in anderen Bundesländern auch wieder eingeführt werden. Durch den verstärkten Einsatz von bauüberwachenden Personen soll Defiziten bei der Umsetzung des öffentlichen Baurechts im komplexer werdenden Baugeschehen entgegengewirkt werden.
Nach Absatz 1 Satz 1 hat die Bauleiterin oder der Bauleiter während der Baumaßnahme die Einhaltung des öffentlichen Baurechts zu überwachen. Dazu gehören die Technischen Baubestimmungen ebenso wie die bauaufsichtlich genehmigten oder im Falle des Freistellungsverfahrens bei der Gemeinde eingereichten Bauunterlagen, soweit sie das öffentliche Baurecht betreffen. Es bleibt der Bauherrin oder dem Bauherrn unbenommen, die Bauleiterin oder den Bauleiter oder Dritte zusätzlich zu beauftragen, die Gewerke zu koordinieren und die mangelfreie Ausführung zu überwachen. Die Gewährleistung des sicheren bautechnischen Betriebs der Baustelle und die Einhaltung der Arbeitsschutzbestimmungen sind im Wesentlichen Gegenstand des Arbeitsschutzrechts des Bundes (Baustellenverordnung), das etwa die Bestellung eines Sicherheits- und Gesundheitsschutzkoordinators (SiGeKo) vorsieht und dessen Einhaltung durch die Gewerbeaufsicht zu überwachen ist.
Nach Absatz 1 Satz 2 ist die Bauleiterin oder der Bauleiter verpflichtet, Verstöße gegen das öffentliche Baurecht, denen nicht abgeholfen wird, unver-

züglich der Bauaufsichtsbehörde mitzuteilen. Von dort aus sind die erforderlichen Maßnahmen zu treffen.
Absatz 2 regelt Pflichten der Bauleiterin oder des Bauleiters, wenn die Bauüberwachung in einzelnen Bereichen besondere Sachkunde oder Erfahrung erfordert. Dies kann insbesondere bei Sonderbauten nach § 50 der Fall sein. Die Bauleiterin oder der Bauleiter hat die Bauherrin oder den Bauherrn zu veranlassen, geeignete Fachbauleiterinnen und Fachbauleiter hinzuzuziehen, für die wiederum die Pflichten des Absatzes 1 entsprechend gelten. Für das Ineinandergreifen der jeweiligen Überwachung ist die Bauleiterin oder der Bauleiter verantwortlich. Dies gilt auch für andere Personen, die Aufgaben der Bauüberwachung nach § 78 Abs. 2 wahrnehmen.

Zu § 61 (2021)
Es wird klargestellt, dass Fliegende Bauten, die nach § 76 besonderen formellen Bestimmungen hinsichtlich der notwendigen Ausführungsgenehmigungen und Gebrauchsabnahmen unterliegen, nicht zusätzlich einer Baugenehmigung bedürfen. Durch diese Klarstellung wird die Baugenehmigungspflicht von baulichen Anlagen, die als Fliegende Bauten konzipiert wurden, jedoch über einen längeren Zeitraum beziehungsweise nicht an verschiedenen Orten aufgestellt werden, nicht berührt.

Zu § 62 Abs. 1 Nr. 1 (2015)
In **Buchstabe b** *soll die zulässige Firsthöhe von genehmigungsfreien Gebäuden der Land- oder Forstwirtschaft um einen auf nunmehr sechs Meter erhöht werden. Dies trägt den geänderten tatsächlichen Erfordernissen behutsam Rechnung. Zudem sollen Betriebe der gartenbaulichen Erzeugung aufgenommen werden, da sie nach § 35 Abs. 1 Nr. 2 BauGB gleichermaßen wie land- oder forstwirtschaftliche Betriebe im Außenbereich privilegiert sind. Die genannten Gebäude bedürfen im Hinblick auf die Unterbringung von Tieren bislang dann keiner Baugenehmigung, wenn sie nur zu deren vorübergehendem Schutz bestimmt sind. Mit der Ergänzung soll diese Beschränkung insoweit aufgehoben werden, als dass fahrbereit aufgestellte und regelmäßig mobil genutzte Anlagen auch dem dauerhaften Schutz von Tieren dienen können, ohne dass eine Baugenehmigung erforderlich ist. Damit sollen neue Formen der Tierhaltung – etwa in werksmäßig hergestellten mobilen Hühnerställen – erleichtert werden, die im Rahmen ihrer landwirtschaftlichen Bestimmung im Außenbereich und im Gegensatz zu ortsverfestigten Stallgebäuden keiner präventiven Prüfung bedürfen. Die Anlagen sollen aber gleichermaßen an die bestehende Größenbegren-*

zung von 100 m^2 gebunden sein, weil andernfalls geschützte Belange des Außenbereichs beeinträchtigt sein können.

In ***Buchstabe c*** *soll die zulässige Firsthöhe von genehmigungsfreien Gewächshäusern der Land- oder Forstwirtschaft um einen auf nunmehr sechs Meter erhöht werden. Dies trägt den geänderten tatsächlichen Erfordernissen, die länderübergreifend diskutiert werden, behutsam Rechnung. Zudem sollen Betriebe der gartenbaulichen Erzeugung aufgenommen werden, da sie nach § 35 Abs. 1 Nr. 2 BauGB gleichermaßen wie land- oder forstwirtschaftliche Betriebe im Außenbereich privilegiert sind.*

Die Erweiterung um Einrichtungen zum Schutz von Pflanzenkulturen soll Erleichterungen für die Landwirtschaft bringen. Solche Einrichtungen bedürfen in der Regel keiner Präventivprüfung, wenn sie vorübergehend genutzt werden. Die Genehmigungsfreistellung knüpft an die Definition des Begriffs der Landwirtschaft in § 201 BauGB an.

Nach ***Buchstabe f*** *sollen nunmehr auch überdachte Abstellplätze für Fahrräder in den beschriebenen Maßen genehmigungsfrei sein.*

Zu § 62 Abs. 1 Nr. 2 (2015)

Künftig sollen Abgasanlagen an Gebäuden, die wie Schornsteine rußbrandbeständig sind, genehmigungsfrei gestellt werden. Solche Abgasanlagen kommen insbesondere in Betracht, wenn nachträglich Einzelfeuerstätten etwa aus Gründen der Energieeinsparung (Nutzung von Holz als regenerativem Energieträger) in Gebäuden aufgestellt werden. Entsprechendes soll gelten für freistehende Abgasanlagen, aus Gründen der Standsicherheit allerdings nur mit einer Höhe von bis zu zehn Meter. Die Änderungen werden in den neuen ***Buchstaben a und b*** *umgesetzt. Nach den jeweiligen Halbsätzen 2 bleibt die Regelung des § 79 Abs. 2 unberührt. Danach ist die Anlage vor Inbetriebnahme von der bevollmächtigten Bezirksschornsteinfegerin oder dem bevollmächtigten Bezirksschornsteinfeger abzunehmen.*

Die bisherigen Buchstaben b bis d werden zu Buchstaben c bis e. Im neuen ***Buchstaben d*** *sind Brennstoffzellenheizgeräte aufzunehmen, die inzwischen Verwendung finden.*

Die Regelung zu Solaranlagen soll in ***Buchstabe e*** *neu gefasst werden, um Rechtsunsicherheiten im Gesetzesvollzug zu beseitigen und weitere Erleichterungen zu schaffen. Dabei wird in Halbsatz 1 an die bauplanungsrechtliche Sonderregelung zur sparsamen und effizienten Nutzung von Energie in § 248 BauGB angeknüpft. Es soll klargestellt werden, dass Anlagen zur Nutzung solarer Strahlungsenergie in, an und auf Dach- und Außenwandflächen ohne Baugenehmigung angebracht werden können und auch etwaige Nutzungsänderungen baulicher Anlagen durch gewerblich*

betriebene Anlagen von der Freistellung erfasst sind. Aufgrund des erhöhten Gefahrenpotenzials sind Hochhäuser ausgenommen.
Darüber hinaus soll mit Halbsatz 2 die gebäudeunabhängige Errichtung von Solaranlagen mit einer Höhe bis zu 3 m und einer Gesamtlänge bis zu 9 m in Gewerbe- und Industriegebieten ohne Baugenehmigung ermöglicht werden. Anlagen in anderen Gebieten sind nicht erfasst, weil sie aufgrund möglicher Störwirkungen und der potenziell gewerblichen Nutzung in den das Wohnen (unterschiedlich stark) schützenden Gebieten unter Berücksichtigung der Nachbarinteressen unzulässig sein können und deshalb eine präventive bauaufsichtliche Prüfung nötig ist.
Nach Halbsatz 3 müssen im Außenbereich sowohl die gebäudeabhängigen als auch die gebäudeunabhängigen Anlagen (Halbsätze 1 und 2) in untergeordneter Weise einem dort zulässigen Vorhaben dienen.

Zu § 62 Abs. 1 Nr. 2 (2025)
Mit der Neuregelung in Absatz 1 Nr. 2 **Buchst. f** *wird die Nutzung solarer Strahlungsenergie weiter erleichtert. Über die bisher schon in Absatz 1 Nr. 2 Buchst. e bestimmten Anlagen zur Nutzung solarer Strahlungsenergie hinaus werden in Buchstabe f solche Anlagen in den Katalog der genehmigungsfreien Vorhaben aufgenommen, die Regelungen in städtebaulichen Satzungen nach dem Baugesetzbuch oder nach örtlichen Bauvorschriften nach § 88 LBauO zu Zulässigkeit, Standort und Größe der Anlage nicht widersprechen. Erfasst sind gebäudeunabhängige Anlagen und solche in, an und auf Dach- und Außenwandflächen, die nicht schon nach Buchstabe e genehmigungsfrei sind. Umgesetzt wird damit eine entsprechend vorgesehene Änderung der Musterbauordnung gemäß des Paktes für Planungs-, Genehmigungs- und Umsetzungsbeschleunigung vom 6. November 2023.*
Nach Absatz 1 Nr. 2 **Buchst. g** *wird die Wasserstofferzeugung in den Fällen von der Genehmigungspflicht freigestellt, in denen der erzeugte Wasserstoff für den Eigenverbrauch baulicher Anlagen erzeugt wird. Nicht freigestellt wird die Wasserstoffproduktion zum Zwecke des Verkaufs oder der stofflichen Verwendung. Von der Freistellung umfasst sind dabei auch Anlagen der Quartiersversorgung.*
Ergänzend zu der ausschließlichen Freistellung der Wasserstofferzeugung nach Buchstabe g – also der Elektrolyseure – werden zur Nutzung des Wasserstoffs Brennstoffzellen und Wasserstoffspeicher benötigt, wofür es, abhängig von der Größe, bereits Freistellungen gibt (für Brennstoffzellen als Teil der Anlage gemäß Nummer 2 Buchst. d und für Speicher als ortsfeste Behälter bis 5 m^3 gemäß Nummer 5 Buchst. c). Zugehörige Behälter

sind in dem in Nummer 5 Buchst. b genannten Umfang ebenfalls verfahrensfrei.
Nach Nummer 2 ***Buchst. h*** *werden integrierte Wasserstoffanlagen (z. B. Solar-Wasserstoff-Systeme oder Brennstoffzellenheizgeräte mit Reformer) einschließlich ihrer Speicher von der Genehmigungspflicht freigestellt. Die zulässige Speichermenge ist dabei auf einen haushaltsüblichen Maßstab von 20 kg begrenzt.*

Zu § 62 Abs. 1 Nr. 3 (2015)
In ***Buchstabe c*** *soll der Zusatz „ausgenommen sind Kleinkläranlagen und Gruben" im Sinne der Deregulierung gestrichen werden. Dadurch werden Kleinkläranlagen und Gruben baugenehmigungsfrei gestellt. Die Rechtslage wird so an das Landeswassergesetz angepasst, nach dessen § 54 bestimmte Kleinkläranlagen keiner Anlagengenehmigung bedürfen. Ein Erfordernis für eine Baugenehmigung ist in diesen Fällen nicht erkennbar. Die materiell-rechtlichen Anforderungen an Abwasserbehandlungsanlagen gemäß §§ 41, 42 LBauO bleiben unverändert.*
Buchstabe e *wird um Leitungen für Klimaanlagen, Installationsschächte und -kanäle ergänzt. Ihre bauordnungsrechtlichen Anforderungen sind in der einschlägigen technischen Baubestimmung (Lüftungsanlagenrichtlinie)*[49] *abschließend geregelt. Die redaktionelle Änderung ist aufgrund der Einführung der Gebäudeklassen 4 und 5 erforderlich (vgl. § 2 Abs. 2 Satz 2 Nr. 4 und 5).*
Durch die Ergänzung um den Begriff „Telekommunikationsanlagen" in ***Buchstabe f*** *wird klargestellt, dass solche Anlagen etwa zur Nutzung von Breitbandverbindungen und ebenso Energieanlagen keiner Baugenehmigung bedürfen.*
Mit der Ergänzung um den neuen ***Buchstabe g*** *sollen Ladestationen für elektrisch betriebene Kraftfahrzeuge von der Baugenehmigungspflicht entbunden werden, um den Ausbau des Netzes von Ladestationen als Bedingung für steigende Elektromobilität zu erleichtern. Eine präventive bauaufsichtliche Prüfung solcher Anlagen außerhalb von Gebäuden ist entbehrlich.*

Zu § 62 Abs. 1 Nr. 3 Buchst. g (2025)
Mit der Ergänzung in Nummer 3 Buchst. g werden Nutzungsänderungen, die mit der Errichtung oder Änderung von Ladestationen für elektrisch betriebene Kraftfahrzeuge samt notwendiger Versorgungseinrichtungen verbunden sind, wie in der Musterbauordnung explizit genehmigungsfrei ge-

---

49 nunmehr VV TB RP-A2.2.1.11 (Anhang B)

stellt. Die bisherige Tatbestandsvoraussetzung, dass dies nur für Anlagen außerhalb von Gebäuden gilt, wird klarstellend gestrichen. Innerhalb der Gebäude waren die Lademöglichkeiten als Teil der Energieanlagen nach Absatz 1 Nr. 3 Buchst. f bereits baugenehmigungsfrei. Unter die Baugenehmigungsfreiheit fallen auch zugehörigen Versorgungseinrichtungen (z. B. Transformatorenstationen), nicht jedoch sonstige Nebenanlagen, die den Ladevorgang an sich komfortabler gestalten wie Aufenthaltsbereiche mit gastronomischem Angebot.

Zu § 62 Abs. 1 Nr. 4 Buchst. b (2021)
Ein gestiegener Bedarf an mobilen Datendiensten und der Aufbau des 5G-Netzes, verbunden mit Versorgungsauflagen für die Mobilfunkbetreiber, die entsprechende Lizenzen erworben haben, machen verstärkte Ausbaumaßnahmen erforderlich. Um eine optimale Netzabdeckung und -versorgung zu erreichen, kommen sowohl eine Erhöhung der Anzahl der Maststandorte als auch der Einsatz solcher Masten in Betracht, die aufgrund ihrer Höhe bislang nicht verfahrensfrei sind. Masten mit einer Höhe von bis zu 15 Metern können nach den Angaben der Mobilfunkbetreiber einen Beitrag zum bedarfsgerechten Ausbau leisten. Die Erhöhung um fünf Meter für freistehende Antennen im Außenbereich gegenüber dem Status quo ist bauordnungsrechtlich vertretbar [seit 2025 20 m]. Es handelt sich im Regelfall um gewerbsmäßig betriebene Anlagen, bei denen unterstellt werden kann, dass die Betreiber Fragen der Standsicherheit im Interesse der von ihnen zu gewährleistenden Versorgungssicherheit berücksichtigen. Im Übrigen sind auch planungsrechtlich regelmäßig keine zusätzlichen Spannungen für die im Außenbereich privilegierten Vorhaben zu erwarten.
Von der Erweiterung der Baugenehmigungsfreiheit bleibt die Notwendigkeit, gegebenenfalls weitere erforderliche Genehmigungen oder andere behördliche Entscheidungen einzuholen, unberührt. So sind beispielsweise diese Antennenanlagen im Außenbereich weiterhin regelmäßig als Eingriff in Natur und Landschaft nach § 14 des Bundesnaturschutzgesetzes (BNatSchG) vom 29. Juli 2009 (BGBl. I S. 2542), zuletzt geändert durch Artikel 290 der Verordnung vom 19. Juni 2020 (BGBl. I S. 1328), anzusehen, da sie insbesondere das Landschaftsbild erheblich beeinträchtigen können. Hierfür erfolgt auch künftig eine gesonderte Eingriffsprüfung und Zulassungsentscheidung unter Anwendung der Landeskompensationsverordnung vom 12. Juni 2018 (GVBl. S. 160, BS 791-4) durch die unteren Naturschutzbehörden (§ 17 Abs. 3 BNatSchG).
Der Höhenbegrenzung liegen statisch-konstruktive Erwägungen zugrunde (vgl. Begründung zur Musterbauordnung in der Fassung vom November 2002). Mit dem Einschub „auf Gebäuden gemessen ab …“ soll klargestellt

werden, dass ein unter dem Dach liegender Teil des Mastes oder ein Sockel nicht mitzurechnen ist.

Zu § 62 Abs. 1 Nr. 4 Buchst. b (2022)

In Absatz 1 Nr. 4 Buchst. b wird das Maß für die Genehmigungsfreiheit von Antennenanlagen einschließlich Masten unabhängig vom Standort im bauplanungsrechtlichen Innen- oder Außenbereich auf 15 m angehoben [siehe aber Änderung 2025]. Die Erweiterung resultiert aus dem Ziel, die digitale Infrastruktur weiter auszubauen, denn nur wenn eine Verfügbarkeit von leitungsgebundenen oder mobilen Netzen sichergestellt wird, kann die Digitalisierung ungehindert voranschreiten.

Wie bereits bei der Begründung zu § 8 Abs. 14 [2022, jetzt § 8 Abs. 13] erläutert, bleibt der Schutz der Bevölkerung aufgrund der bestehenden immissionsschutzrechtlichen Regelungen uneingeschränkt gewährleistet. Die Bundesnetzagentur legt dazu insbesondere um jede Antenne einen systembezogenen Sicherheitsabstand fest. Die Summe aller systembezogenen Sicherheitsabstände beschreibt die am Standort geltenden Sicherheitsabstände – sowohl vertikal als auch horizontal. An jedem Mobilfunkstandort ist daher die Einrichtung und dauerhafte Aufrechterhaltung eines durch die Mobilfunkbetreiber kontrollierbaren Bereichs zwingende Voraussetzung für die Erteilung einer Standortbescheinigung durch die Bundesnetzagentur. (Nach § 2 Nr. 7 der Verordnung über das Nachweisverfahren zur Begrenzung elektromagnetischer Felder vom 20. August 2002 – BGBl. I S. 3366 –, zuletzt geändert durch Artikel 3 Abs. 3 des Gesetzes vom 27. Juni 2017 – BGBl. I S. 1947 –, ist der kontrollierbare Bereich der Bereich, in dem Funkanlagenbetreiber über den Zutritt oder Aufenthalt von Personen bestimmen können oder in dem aufgrund der tatsächlichen Verhältnisse der Zutritt von Personen ausgeschlossen ist.)

Sofern Modernisierungen oder Erweiterungen der Mobilfunkanlagentechnik nicht die statische Reserve des zentralen Antennenträgers überschreiten, haben Antennenerweiterungen oder die Aufnahme zusätzlicher Nutzerkapazitäten in fast allen Fällen Auswirkungen auf die einzuhaltenden Sicherheitsabstände und damit verbunden auch auf den kontrollierbaren Bereich. Die Möglichkeiten zur Ausgestaltung und Umsetzung des standortbezogenen kontrollierbaren Bereichs bestimmen maßgeblich die verbleibenden Montagehöhen. Da die Mobilfunkanlagentechnik stark durch den technischen Fortschritt beeinflusst wird, ist bei der Planung zudem eine Mindestreserve zur möglichen Nachrüstung neuer Mobilfunktechnik sinnvoll. Aufgrund der derzeit geltenden Beschränkung der Genehmigungsfreiheit eines zentralen Mastes auf 10 m Gesamthöhe ist eine (unbürokratisch umsetzbare) Reserve in vielen Fällen nicht mehr möglich, sodass ins-

besondere im urbanen Bereich neue Standorte erforderlich werden. Dem kann mit einer Anhebung des Maßes der Genehmigungsfreiheit auf 15 m [siehe aber Änderung 2025] begegnet werden.
Bei Antennenanlagen mit mehr als 10 m Höhe gilt dies unabhängig vom Standort aus bautechnischen Gründen jedoch nur, wenn die Bauherrin oder der Bauherr vor Baubeginn die Standsicherheit der Maßnahme von einer Person, die in die Liste nach § 66 Abs. 6 Satz 1 eingetragen ist, bestätigen lässt. Der Standsicherheitsnachweis sowie die Bestätigung selbst ist von der Bauherrin oder dem Bauherrn vorzuhalten. Eine Vorlage bei der Bauaufsichtsbehörde ist nur nach Aufforderung erforderlich.
Im Übrigen bleiben nach § 62 Abs. 3 die materiellen Anforderungen an die Anlagen sowie deren Einhaltung unberührt.

Zu § 62 Abs. 1 Nr. 4 Buchst. b (2025)
Nach der Änderung in Absatz 1 Nr. 4 Buchst. b Halbsatz 1 wird die Höhe der verfahrensfreien Antennenanlagen aus technischen Gründen bei der freistehenden Errichtung im bauplanungsrechtlichen Außenbereich auf 20 m angehoben. Unabhängig davon bleibt gewährleistet, dass die immissionsschutzrechtlich erforderlichen Abstände eingehalten werden müssen. Die Regelung ist auch unter dem Blickwinkel der gemeindlichen Planungshoheit vertretbar, da den Masten für sich genommen kein nennenswertes städtebauliches Gewicht zukommt und die Verfahrensfreiheit nicht von der Einhaltung der baurechtlichen Bestimmungen entbindet. Darüber hinaus werden die Gemeinden bereits bei der Standortsuche auf Grundlage des § 7 a der Verordnung über elektromagnetische Felder in der Fassung vom 14. August 2013 (BGBl. I S. 3266) in der jeweils geltenden Fassung gehört; im Zuge der Stellungnahme und Erörterung können die Gemeinden mögliche bauplanungsrechtliche Hindernisse aufzeigen. Von der Genehmigungsfreiheit erfasst sind weiterhin notwendige Versorgungseinrichtungen und untergeordnete Bauteile wie Anlagen zur Nutzung solarer Strahlungsenergie und kleine Windenergieanlagen.

Zu § 62 Abs. 1 Nr. 4 Buchst. c (2025)
In Nummer 4 Buchst. c werden ortsveränderliche Antennenanlagen, die für längstens 24 Monate aufgestellt werden, neu in den Katalog der genehmigungsfreien Vorhaben aufgenommen; zusätzlich werden diese Anlagen aufgrund der Änderung in § 76 nicht mehr als Fliegender Bau behandelt, sodass auch keine Ausführungsgenehmigung erforderlich ist. Dadurch soll der notwendige Mobilfunkausbau erleichtert werden. Die verfahrensfrei mögliche Aufstelldauer von 24 Monaten ist ausreichend, um entweder einen Standort für eine dauerhaft zu errichtende Anlage zu finden oder eine

Baugenehmigung für eine längere Aufstellzeit zu erreichen. Bei einer Masthöhe von mehr als 10 m bedarf es vor der Aufstellung dieser Masten aufgrund der Häufigkeit von Anfragen Dritter einer frühzeitigen Information der Bauaufsichtsbehörde und der Gemeinde. Die Information der Gemeinde kann auch im Zuge der kommunalen Beteiligung während der Standortsuche erfolgen. Da bei einer Masthöhe von mehr als 10 m Standsicherheitsprobleme denkbar sind, soll vor Baubeginn von der Bauherrschaft ein qualifizierter Tragwerksplaner im Sinne des § 66 Abs. 6 Satz 1 eingeschaltet werden. Die Beurteilung der Standsicherheit und ein gegebenenfalls erforderlicher rechnerischer Nachweis erfolgen nur gegenüber der Bauherrschaft. Eine Vorlage bei der Bauaufsichtsbehörde ist nur nach Aufforderung erforderlich.
Antennenanlagen, die nicht nach den Buchstaben b und c genehmigungsfrei sind, unterfallen bis zu einer Höhe von 50 m nach dem 2025 neu eingefügten § 66 Abs. 2 Satz 3 dem vereinfachten Genehmigungsverfahren beziehungsweise nach der Ergänzung in § 67 Abs. 5 Satz 1 dem Freistellungsverfahren.

Zu § 62 Abs. 1 Nr. 4 Buchst. d (bis 2025 Buchst. d, geändert 2022)
In Buchstabe c [seit 2025 Buchst. d] werden Masten für Sirenen aufgenommen. Vor dem Hintergrund der Flutkatastrophe im Ahrtal im Juli 2021 soll der Ausbau von Anlagen zur Frühalarmierung unbürokratisch ohne weiteres Genehmigungsverfahren ermöglicht werden.

Zu § 62 Abs. 1 Nr. 4 Buchst. g (bis 2025 Buchst. f, geändert 2015)
Windenergieanlagen bis zu einer Gesamthöhe von 10 m sollen nach Buchstabe f [seit 2025 Buchstabe g] Halbsatz 1 in Gewerbe- und Industriegebieten sowie bei im Außenbereich zulässigen Vorhaben ebenso genehmigungsfrei gestellt werden wie Windenergieanlagen auf Dächern bis zu einer Gesamthöhe von 2 m (etwa turbinenartige Anlagen).
Speisen Windenergieanlagen mehr als die Hälfte der erzeugten Energie in das öffentliche Netz ein, gelten sie nicht mehr als untergeordnete Nebenanlagen nach der Baunutzungsverordnung, sondern als gewerbliche Betriebe, die in reinen Wohngebieten generell unzulässig sind. Gewerblich betriebene Anlagen sind in allgemeinen Wohngebieten nur ausnahmsweise zulässig. In diesen Fällen ist eine Abweichungsentscheidung nach § 69 Abs. 2 LBauO erforderlich. Hinzu kommt in diesen Gebieten ebenso wie in besonderen Wohngebieten, Mischgebieten und Dorfgebieten, dass der Betrieb von Windenergieanlagen aufgrund möglicher Störwirkungen in diesen das Wohnen (unterschiedlich stark) schützenden Gebieten unter Berücksichtigung der Nachbarinteressen unzulässig sein kann und deshalb

eine präventive bauaufsichtliche Prüfung erforderlich ist. Sie liegt auch im wohlverstandenen Interesse der Bauherrin und des Bauherrn, um Fehlinvestitionen bei einem nachträglichen Einschreiten der Bauaufsichtsbehörde zu vermeiden.
Im Hinblick auf die Baugebietskategorien „Gewerbegebiet“ und „Industriegebiet“ ist es unabhängig davon, ob es sich um eine Haupt- oder Nebenanlage handelt, sachgerecht, insbesondere wegen der vorgesehenen Größenbegrenzung der Anlagen auf eine Präventivprüfung zu verzichten. Im Außenbereich müssen die Anlagen in untergeordneter Weise einem dort zulässigen Vorhaben dienen. Die Genehmigungsfreiheit gilt auch für die mit der Errichtung und Nutzung der Windenergieanlagen eventuell verbundenen Nutzungsänderungen baulicher Anlagen. Unbeschadet der Genehmigungsfreistellung sind die Bauherrin oder der Bauherr zur Einhaltung der baurechtlichen und sonstigen öffentlich-rechtlichen Bestimmungen wie z. B. des Immissionsschutz- und des Artenschutzrechts, verpflichtet (vgl. § 62 Abs. 3).
Über den Verweis in Halbsatz 2 gelten die Anforderungen des § 66 Abs. 3 Satz 4 und Satz 5 auch für genehmigungsfreie Anlagen. Danach sind die Stand- und Betriebssicherheit zu gewährleisten, die erforderlichen wiederkehrenden Prüfungen durchzuführen und nachzuweisen. Die Nachweise sind dauerhaft aufzubewahren und der Bauaufsichtsbehörde auf Verlangen vorzulegen.

Zu § 62 Abs. 1 Nr. 5 Buchst. b (2015)
Mit der Ergänzung in Buchstabe b soll die Genehmigungsfreiheit für Behälter bis zu 50 m³ Behälterinhalt und bis zu 3 m Höhe im Außenbereich eingeschränkt werden. Nur wenn sie einem bauplanungsrechtlich privilegierten land- oder forstwirtschaftlichen Betrieb oder einem Betrieb der gartenbaulichen Erzeugung dienen, bedürfen sie keiner Baugenehmigung. Andernfalls ist angesichts ihrer Größe ein bauaufsichtliches Verfahren durchzuführen, in dem das Einvernehmen der Gemeinde als Trägerin der Planungshoheit einzuholen ist.

Zu § 62 Abs. 1 Nr. 6 Buchstabe d (2015)
In Buchstabe d soll die Genehmigungsfreiheit für offene Einfriedungen im Außenbereich klarstellend ergänzt werden. Bislang ist die Freistellung auf die Einfriedung von Grundstücken beschränkt, die einem land- oder forstwirtschaftlichen Betrieb dienen. Zu ergänzen sind zunächst Betriebe der gartenbaulichen Erzeugung, da sie nach § 35 Abs. 1 Nr. 2 BauGB gleichermaßen wie land- oder forstwirtschaftliche Betriebe im Außenbereich privilegiert sind.

Aufgrund der zunehmenden Wildschäden insbesondere auf landwirtschaftlichen Kultur- und aufzuforstenden Flächen soll der Schutz von land- oder forstwirtschaftlichen Kulturen nunmehr angeführt werden. Auch offene Einfriedungen, die dem Schutz von Wildgehegen zu Jagdzwecken, mithin der Pflege und dem Bejagen von jagdbarem Wild, dienen, bedürfen im Rahmen ihrer Zulässigkeit nach § 35 Abs. 1 BauGB keiner Baugenehmigung. Schließlich werden offene Einfriedungen zum Schutz von Verkehrswegen aufgenommen; sie dienen der Verhütung von Verkehrsunfällen durch Wildwechsel.
Es erscheint angesichts der weiträumigen Einfriedungen im Außenbereich sachgerecht, den engen Grundstücksbezug aufzugeben. Den offenen Einfriedungen und den Weidezäunen ist eine sockellose Ausführung immanent, so dass der Eingriff in Natur und Landschaft möglichst gering gehalten wird.

Zu § 62 Abs. 1 Nr. 8 Buchst. e (2025)
Nach der Änderung in Nummer 8 Buchst. e bedürfen Warenautomaten generell keiner Baugenehmigung mehr. Die bisherige Einschränkung, dass sie in räumlicher Verbindung mit einer offenen Verkaufsstelle stehen müssen, entspricht nicht länger der Lebenswirklichkeit und wird – in Übereinstimmung mit der Musterbauordnung und der Rechtslage in anderen Ländern – gestrichen. Zudem wird klargestellt, dass Paketstationen und ähnliche Anlagen ebenfalls als Warenautomaten gelten. Ähnliche Anlagen können z. B. Pack- und Poststationen oder sogenannte One-Stop-Boxen sein.

Zu § 62 Abs. 1 Nr. 9 Buchst. d (2021)
Zur Bewältigung der Hochwasserfolgen werden in einer Übergangszeit temporäre Behelfsbauten als Ersatz für zerstörte oder beschädige Gebäude oder andere bauliche Anlagen erforderlich. Dies kann insbesondere Gebäude der sozialen, kulturellen oder technischen Infrastruktur oder auch Notunterkünfte betreffen. Es ist angemessen und aufgrund der Dringlichkeit dieser zeitlich begrenzten Bauvorhaben geboten, auf ein bauordnungsrechtliches Verfahren zu verzichten, um den Zweck dieser Maßnahmen nicht zu gefährden. Darüber hinaus stimmen sich die jeweiligen Bedarfsträger insbesondere bei größeren Vorhaben und bei einzelnen Fragen auch ohne förmliches Verfahren auf informellem Weg mit den unteren Bauaufsichtsbehörden ab, um entsprechend § 3 der Landesbauordnung Rheinland-Pfalz (LBauO) Gefahren für die öffentliche Sicherheit und Ordnung zu vermeiden.
Sollen solche Vorhaben nach § 35 Abs. 2 des Baugesetzbuchs (BauGB) im Außenbereich errichtet werden, für den die Gesetzgebungskompetenz

beim Bund liegt, können die Bauaufsichtsbehörden im Rahmen ihres pflichtgemäßen Ermessens auf bauaufsichtliche Maßnahmen im Hinblick auf den temporären Charakter der Vorhaben verzichten.

Zu § 62 Abs. 1 Nr. 11 (2015)

*In **Buchstabe d** wird durch das einzufügende Wort „und“ klargestellt, dass die Flächenvorgabe „bis zu 100 m²“ auch für Stellplätze gilt.*

***Buchstabe f** wird um den entbehrlichen Begriff „Hochregale“ bereinigt und dahingehend präzisiert, dass freistehende Regale bis zu einer Höhe von 12 m keiner Baugenehmigung bedürfen, wenn sie auf genehmigten oder genehmigungsfreien Lagerplätzen errichtet werden (vgl. Nummer 9 Buchst. c hinsichtlich Messestände auf genehmigten Messe- und Ausstellungsgelände). In Gebäuden können Regale Teil der Gebäudekonstruktion sein oder Erschließungsfunktion als Teil der Rettungswege haben und somit bauliche Anlagen sein; ist dies nicht der Fall, sind Regale ebenso wie Messestände in Messe- und Ausstellungsgebäuden Einrichtungsgegenstände, so dass die LBauO grundsätzlich nicht anwendbar ist. Sie können jedoch zu besonderen Anforderungen an das Gebäude (Rettungswegführung, Löschmöglichkeiten) führen (§ 50).*

*In **Buchstabe i** sollen sog. Ausläufe für Tiere genehmigungsfrei gestellt werden. Dies trägt der Annahme Rechnung, dass Anlagen zum Auslauf von Tieren aufgrund der neuen Vorgaben der EG-Öko-Verordnung häufig nachträglich errichtet werden. Erfasst sind auch erforderliche Zaunanlagen. Angesichts der landwirtschaftlichen Privilegierung ist ein Genehmigungsverfahren entbehrlich.*

Zu § 62 Abs. 1 Nr. 11 Buchst. k (2021)

Aufgrund von Nachfragen, die sich insbesondere im Zusammenhang mit der Nachrüstung von AdBlue-Zapfsäulen ergeben haben, soll klargestellt werden, dass Zapfsäulen und Tankautomaten genehmigter Tankstellen baugenehmigungsfrei errichtet und geändert werden können. Dies ist gerechtfertigt, da die grundsätzliche baurechtliche Zulässigkeit der Tankstelle bereits bei der Errichtung der Tankstelle geprüft wurde. Gleichzeitig ist durch Erlaubnis- und Überwachungspflichten aufgrund des Produktsicherheitsgesetzes vom 8. November 2011 (BGBl. I S. 2178; 2012 I S. 131), zuletzt geändert durch Verordnung vom 19. Juni 2020 (BGBl. I S. 1328), und der Betriebssicherheitsverordnung vom 3. Februar 2015 (BGBl. I S. 49), zuletzt geändert durch Verordnung vom 30. April 2019 (BGBl. I S. 554) gewährleistet, dass beim Umgang mit entzündbaren Flüssigkeiten die notwendigen Verfahren zur Gewährleistung der Sicherheit durchgeführt werden.

Zu § 62 Abs. 1 Nr. 11 Buchst. l (2025)

Nach Absatz 1 Nr. 11 Buchst. l werden Vorhaben inländischer öffentlicher Stellen, die der Landesverteidigung dienen, nunmehr grundsätzlich als genehmigungsfreie Vorhaben eingestuft. Die damit verbundenen Erleichterungen sind angesichts der angestrebten Stärkung und Erweiterung der militärischen Infrastruktur geboten; wie auch schon beim bisherigen Kenntnisgabeverfahren fallen Vorhaben Privater, z. B. im Bereich der Rüstungsindustrie, nicht unter die Sonderregelung. Zudem hat sich im Zuge von Untersuchungen der Arbeitsabläufe in den oberen Bauaufsichtsbehörden gezeigt, dass aus baurechtlicher Sicht auf das Kenntnisgabeverfahren nach § 83 Abs. 4 für militärische Vorhaben verzichtet werden kann. Hierdurch kann der Arbeitsaufwand bei den oberen Bauaufsichtsbehörden verringert werden. Bei den Vorhaben, bei denen eine Umweltverträglichkeitsprüfung beziehungsweise eine entsprechende Vorprüfung erforderlich ist, kann – wie bisher – auf ein baurechtliches Verfahren als Trägerverfahren für die Umweltverträglichkeitsprüfung nicht verzichtet werden; daher ist eine Ausnahme von der Genehmigungsfreistellung in Form der Zustimmung durch die obere Bauaufsichtsbehörde notwendig, wie dies in § 83 Abs. 4 Satz 1 Halbsatz 1 geregelt wird. Die Verantwortung für die Übereinstimmung der militärischen Vorhaben mit den baurechtlichen und sonstigen öffentlich-rechtlichen Vorschriften verbleibt wie bisher beim Vorhabenträger, der die Leitung regelmäßig geeigneten Fachkräften überträgt; hier bedarf es keiner bauaufsichtlichen Regelung. Der Vorhabenträger führt gegebenenfalls erforderliche Entscheidungen nach § 37 BauGB, für die die Struktur- und Genehmigungsdirektionen als höhere Verwaltungsbehörden zuständig bleiben, herbei; diese hat nach § 37 Abs. 2 Satz 2 BauGB die Gemeinde zu hören. Das Einvernehmen nach § 36 BauGB war bei diesen Vorhaben, die bislang im Kenntnisgabeverfahren behandelt wurden, entsprechend der Entscheidung des Oberverwaltungsgerichts Rheinland-Pfalz vom 13. Mai 2014 (Az. 8 B 10342/14, juris) bereits bisher nicht erforderlich; hieran ändert sich durch die Gesetzesänderung nichts.

Zu § 62 Abs. 2 (2015)

*Die Ergänzung um den Begriff der „Bedachung“ in **Nummer 1** soll es ermöglichen, dass nicht nur die Änderung baulicher Anlagen durch die Dacheindeckung – also die Dachhaut – genehmigungsfrei ist, sondern darüber hinaus auch die Änderung des auf oder zwischen der Tragkonstruktion liegenden Dachaufbaus wie der Dachschalung einschließlich Wärmedämmschicht sowie der Dachhaut. Aufgrund des erhöhten Gefahrenpotenzials sind Hochhäuser ausgenommen.*

Mit der Ergänzung in **Nummer 5** *Buchst. a soll eine differenzierte Betrachtung von Nutzungsänderungen, die andere öffentlich-rechtliche Anforderungen auslösen, erleichtert werden. Eine Baugenehmigungspflicht besteht nur dann, wenn die neuen Anforderungen im jeweiligen Einzelfall für die neue Nutzung von Bedeutung sind. Zudem dienen neben Gebäuden und Räumen nunmehr auch Nutzungseinheiten wie Wohnungen als Maßstab für die Beurteilung relevanter Nutzungsänderungen.*

Zu § 63 Abs. 1 (2021)

Das Schriftformerfordernis für den Antrag auf Erteilung einer Baugenehmigung (§ 63) kann entfallen, weil insoweit niedrigschwelligere Anforderungen an die Identifikation der Übermittler ausreichend sind.

Die Konkretisierung dieser Anforderungen muss nicht gesetzlich geregelt werden, sondern gehört typischerweise in das untergesetzliche Regelwerk. Zur Beseitigung von Verfahrenshemmnissen soll diese Regelung zum Schriftformerfordernis aus der Landesbauordnung Rheinland-Pfalz herausgenommen und neu in der Landesverordnung über Bauunterlagen und die bautechnische Prüfung geregelt werden. Dort wird auch für die insoweit noch erforderlichen Anforderungen an die Identifizierung von Beteiligten, die Abgabe von Willenserklärungen oder die Dokumentenübermittlung das Sicherheitsniveau funktionsbezogen festgelegt.[50] *Dafür wird die Verordnungsermächtigung für die Landesverordnung über Bauunterlagen und die bautechnische Prüfung in § 87 Abs. 2 entsprechend angepasst (siehe Begründung zu § 87 Abs. 2 -2021-).*

Das erforderliche Vertrauensniveau ist unter Verwendung der Technischen Richtlinie „Elektronische Identitäten und Vertrauensdienst im E-Government" (TR-03107-1) des Bundesamtes für Sicherheit in der Informationstechnik vom 7. Mai 2019 festzulegen. Aus diesem Vertrauensniveau leiten sich die Sicherheitsanforderungen ab, die in einem digital geführten Verfahren bei der Identifikation zu erfüllen sind. Dabei ist zu berücksichtigen, dass die Rechtspflichten der am Bau Beteiligten unmittelbar gesetzlich geregelt sind und nicht erst durch die Unterschrift ausgelöst werden. Für die Bestimmung des Vertrauensniveaus ist die ständige Praxis bei papiergeführten Verfahren Maßstab. Das bedeutet, dass im elektronischen Verfahren an die Identifikation der handelnden Personen keine höheren Anforderungen gestellt werden sollen als im bisherigen analogen Verfahren. In analogen Verfahren ist insoweit folgende Ausgangslage festzustellen: Die eingeführten Formulare verlangen typischerweise die Angabe des Namens der Bauherrinnen und Bauherren, der Entwurfsverfasserinnen und Ent-

50 siehe auch C 11, Digitalisierung

wurfsverfasser beziehungsweise Bauvorlageberechtigten und der Nachweisberechtigten für Standsicherheit jeweils mit Angabe der Erreichbarkeit sowie die Unterschriften. Bei Entwurfsverfasserinnen, Entwurfsverfassern und Nachweisberechtigten wird z. B. im Bauantragsformular unter anderem die Angabe verlangt, bei welcher Kammer sie unter welcher Nummer in die jeweiligen Listen eingetragen sind. Formulare und/oder Bauvorlagen sind zu unterschreiben. Gegenüber der Bauaufsichtsbehörde erklärt/behauptet die Angaben machende Person, sie sei eine bestimmte Person, die über bestimmte für das bauaufsichtliche Verfahren wichtige Berechtigungen verfüge. Die Unterschrift allein ermöglicht der Bauaufsichtsbehörde jedoch keine Überprüfung dahingehend, ob die Unterzeichnerin oder der Unterzeichner tatsächlich derjenige ist, für den sie oder er sich ausgibt. Damit könnte jede Person Bauvorlagen und bautechnische Nachweise erstellen und behaupten, diese seien von einer dazu berechtigten Person verfasst worden. Da die „richtige" Unterschrift der Bauaufsichtsbehörde nicht bekannt ist, findet insoweit keine präventive Prüfung der Identität über die Unterschrift bei analog geführten Verfahren statt. Die Beweisfunktionen der Unterschrift werden also in der Praxis tatsächlich nicht genutzt.

Übertragen auf das elektronische Verfahren bedeutet dies, dass in einem Formular/einer Eingabemaske Angaben über die entsprechenden Personen, ihre Erreichbarkeit sowie bei Bauvorlageberechtigten ihre Mitgliedsnummer der Architekten- oder Ingenieurkammer genügen. Die elektronisch übermittelten Bauvorlagen müssen Angaben über die Ersteller der Bauvorlagen, gegebenenfalls Mitgliedsnummer der Architekten- oder Ingenieurkammer und ihre Erreichbarkeit enthalten. Eine Authentifizierung ist verzichtbar. Da die Übermittlung der Kontaktdaten wie im analogen Verfahren in der Regel durch Büromitarbeiterinnen und -mitarbeiter erledigt wird, würde die Authentifizierung sowieso nur die Identität der Übermittler bestätigen. Im Rahmen der Änderung der Musterbauordnung wurde diskutiert, ob das Erfordernis einer Unterschrift oder einer Authentifizierung als Sicherung für die Erstellerinnen und Ersteller erforderlich sein könnte. So könnten die Erstellerinnen und Ersteller der Dokumente sich durch Unterschrift oder Authentifizierung bewusstmachen, dass sie die Bearbeitung des Dokuments abschließen, damit nicht aus Unachtsamkeit Zwischenstände zum Gegenstand des bauaufsichtlichen Verfahrens gemacht werden. Allerdings besteht dieses Risiko auch im analogen Verfahren. So ist nicht ausgeschlossen, dass durch Büroversehen veraltete Planungsstände ausgedruckt und die Ausdrucke unterschrieben und versandt werden. Es ist also letztlich Aufgabe der Büroorganisation, entsprechende Fehlleistungen zu vermeiden. Besondere Risiken, die hieraus resultieren könnten, sind

bislang nicht bekannt geworden. Das liegt auch daran, dass die bauaufsichtlichen Verfahren weitgehend professionalisiert sind und Verstöße weitgehende Folgen für die Berufsausübung hätten. Schließlich erfordern Antragsprozesse einen hohen Aufwand, während der feststellende Wirkmechanismus der Baugenehmigung nur geringes Nutzenpotential aus Betrug erwarten lässt. Im Ergebnis sollen deshalb an die Identifizierung der handelnden Personen im elektronischen Verfahren keine höherwertigen Anforderungen gestellt werden, als im bisherigen analogen Verfahren faktisch genutzt werden. Wird dieses tatsächliche Niveau erreicht, soll deshalb auf höhere Anforderungen verzichtet werden, da diese zu einer Erschwernis des digitalen Verfahrens führen würden. Angewandt auf die Technische Richtlinie „Elektronische Identitäten und Vertrauensdienste im E-Government" ergibt sich für diese Verfahren das Vertrauensniveau „normal". Das bedeutet, dass in den Fällen, in denen eine Identifizierung auch künftig erforderlich ist, die Identifizierungsmechanismen (wie Nutzername/Passwort zur Identifizierung) ausreichen. Sofern trotzdem eine Plausibilitätsprüfung erfolgen soll, genügen jedenfalls solche alltäglichen Nachweise wie z. B. E-Mail-Rückbestätigungen, Übermittlung fotografierter Belege oder die Übermittlung zusätzlicher Identitätsmerkmale, deren Übermittlung keines vorgelagerten Anmeldeprozesses bedarf, sodass ein laufender Antragsprozess nicht unterbrochen werden muss.
Es bleibt insoweit bei der Einreichung der Bauunterlagen bei der Gemeindeverwaltung. Die konkreten Regelungen zur Gewährleistung eines reibungslosen Verfahrensablaufs im Zusammenspiel zwischen Bauaufsichtsbehörde und Gemeindeverwaltung finden sich in § 1 BauuntPrüfVO.[51]
[Siehe aber Änderung § 63 von 2025.]

Zu § 63 Abs. 1 und 3 (2025)

Nach der bisherigen Rechtslage, die auf den in der Vergangenheit eingereichten Papieranträgen basiert, werden die Bauanträge bei den Gemeindeverwaltungen abgegeben, die die Anträge unverzüglich an die unteren Bauaufsichtsbehörden weiterleiten. Im Flächenland Rheinland-Pfalz hat dies in den Landkreisen die häufig längeren Fahrten in die Kreisstädte erspart. Im Zuge der flächendeckenden Einführung des digitalen Baugenehmigungsverfahrens wurde deutlich, dass eine Umkehrung dieses Systems angezeigt ist; zukünftig sollen die Anträge elektronisch bei den Bauaufsichtsbehörden eingehen, die ihrerseits unverzüglich die Gemeinden informieren. Auf diesem Weg wird gewährleistet, dass die Gemeinden, die eine zentrale Rolle in den bauaufsichtlichen Verfahren einnehmen, weiterhin frü-

51 siehe auch C 11, Digitalisierung

hestmöglich alle erforderlichen Informationen erhalten, um ihre Planungshoheit effektiv ausüben zu können. Die Aufgaben und Befugnisse der Gemeinden, insbesondere bei der Prüfung der gesicherten Erschließung und der Einhaltung der Stellplatzverpflichtung sowie in Bezug auf das gemeindliche Einvernehmen, bleiben dabei unverändert. Vor dem Hintergrund der Vermeidung von (unnötigem) Prüfaufwand bei den Bauaufsichtsbehörden, z. B. in den Fällen, in denen ein Bauvorhaben aufgrund der fehlenden Erschließung nicht genehmigungsfähig ist, kommt aus zeitlicher Sicht der umgehenden Stellungnahme der Gemeinde (§ 63 Abs. 3 Satz 1 und § 66 Abs. 4 Satz 3) eine besondere Bedeutung zu.
Aufgrund der Änderung gilt das Einvernehmen der Gemeinde nach § 36 Abs. 2 Satz 2 BauGB nun als erteilt, wenn es in der Regel nicht binnen zwei Monaten nach Eingang des Ersuchens der Bauaufsichtsbehörde verweigert wird. Gleiches gilt, sofern das Einvernehmen der Gemeinde aufgrund anderer bauplanungsrechtlicher Vorschriften erforderlich ist.
§ 65 Abs. 5 Satz 3, der auf eine Beteiligung nach landesrechtlichen Vorschriften abstellt, findet weiter keine Anwendung.
Nach der Änderung der Landesbauordnung Rheinland-Pfalz sowie der Landesverordnung über Bauunterlagen und die bautechnische Prüfung durch das Landesgesetz zur Änderung baurechtlicher Vorschriften vom 3. Februar 2021 (GVBl. S. 66) stellt die digitale Einreichung der Bauanträge rechtlich bereits den Normalfall dar. Nachdem bereits im Jahr 2020 im Zuge der Umsetzung des Onlinezugangsgesetzes die Grundsatzentscheidung getroffen wurde, im Rahmen des „Einer-für-Alle"-Prinzips die von Mecklenburg-Vorpommern, dem für das Themenfeld Bauen und Wohnen federführenden Land, entwickelten Online-Dienste nachzunutzen, erfolgte zunächst die Anpassung an das rheinland-pfälzische Landesrecht, sodass die Abgabe der Bauanträge bei den Gemeindeverwaltungen abgebildet werden konnte. Inzwischen hat das Ministerium für Inneres, Bau und Digitalisierung Mecklenburg-Vorpommern darüber informiert, dass hierdurch in Rheinland-Pfalz zusätzliche Kosten von ungefähr 430 000 EUR bei der erstmaligen Einrichtung sowie künftig jeweils bei jedem Update entstehen werden. Updates werden aufgrund der bundesweit Anwendung findenden Fortentwicklungen der Online-Dienste mindestens einmal jährlich erforderlich sein; insbesondere bei Rechtsänderungen kann sich die Notwendigkeit weiterer Updates ergeben. Gleichzeitig wird die IT-Struktur deutlich komplexer und fehleranfälliger; der zentrale Dateneingang bei den Bauaufsichtsbehörden ermöglicht dagegen erheblich effektivere Abläufe und Strukturen.
Im Ländervergleich ist festzustellen, dass auch aus diesen Gründen inzwischen die Bauordnungen der anderen Länder in Anpassung an die Muster-

bauordnung die Abgabe der Bauantragsunterlagen bei den Bauaufsichtsbehörden vorsehen, die jeweils die Gemeinden informieren und deren Stellungnahmen einholen.
Aufgrund des Verweises auf § 63 gilt dies künftig auch für Anträge nach § 9 Abs. 2 Satz 4 und § 69 Abs. 2 („separate" Anträge auf Abweichung) sowie nach § 72 (Bauvorbescheid) und § 73 (Teilbaugenehmigung), ohne dass es einer ausdrücklichen Änderung bedarf.
Im Freistellungsverfahren sollen die Gemeinden weiterhin verfahrensführend sein; eine Änderung ist diesbezüglich nicht sinnvoll, da hier zunächst ausschließlich die Gemeinden über eine mögliche Baugenehmigungspflicht entscheiden.

Zu § 63 Abs. 3 (2025)[52]
§ 63 regelt die Einreichung des Bauantrags (einschließlich Befreiungen und Abweichungen). Nach dessen Absatz 3 Satz 1 in der Fassung des Artikels 1 Nr. 10 Buchst. b des Zweiten Landesgesetzes zur Änderung baurechtlicher Vorschriften vom 22. September 2025 (GVBl. S. 549) leitet die Bauaufsichtsbehörde den Bauantrag unverzüglich an die Gemeindeverwaltung weiter und ersucht soweit erforderlich um die Erteilung des Einvernehmens der Gemeinde, die umgehend zu dem Vorhaben Stellung nimmt. Gemeint ist das tatbestandliche Einvernehmen nach dem Baugesetzbuch (BauGB), insbesondere nach § 36 BauGB, neben dem nunmehr nach der Änderung des Baugesetzbuchs durch das Gesetz zur Beschleunigung des Wohnungsbaus und zur Wohnraumsicherung (Beschluss des Bundestags vom 9. Oktober 2025, Bundestagsdrucksachen 21/781 neu und 21/2109)[53] *das Tatbestandsmerkmal der Zustimmung der Gemeinde geregelt ist (§ 36a i. V. m. § 31 Abs. 3 und § 34 Abs. 3b sowie § 246 e BauGB neu). Entsprechend muss die Zustimmung als Tatbestandsmerkmal auch in § 63 Abs. 3 Satz 1 LBauO ergänzt werden.*
Die Gemeinde hat zwei Monate Zeit für Ihre Entscheidung; sofern sie das Einvernehmen nicht innerhalb dieser Frist verweigert, gilt das Einvernehmen nach § 36 Abs. 2 Satz 2 BauGB als erteilt. In den Fällen der Zustimmung hat die Gemeinde nach § 36 a Abs. 1 Satz 4 Halbsatz 1 BauGB drei Monate Zeit für ihre Entscheidung, sofern sie die Zustimmung nicht innerhalb dieser Frist verweigert, gilt die Zustimmung als erteilt.

---

52 Änderung durch das Landesgesetz zur Änderung des Landesenteignungsgesetzes, des Landesseilbahngesetzes und der Landesbauordnung Rheinland-Pfalz vom 19. November 2025 (GVBl. S. 672)

53 Gesetz vom 27. Oktober 2025 (BGBl. 2025 I Nr. 257)

Zu § 64 (2021)

Das Erfordernis, dass Bauunterlagen von den bauvorlageberechtigten Entwurfsverfassern unterschrieben werden müssen, kann ersatzlos entfallen. Die Vorgabe ist entbehrlich, da keine negativen Auswirkungen auf das Verfahren zu befürchten sind. Sofern bei der Bauaufsichtsbehörde Zweifel bestehen, ob die Entwurfsverfasserin oder der Entwurfsverfasser tatsächlich bauvorlageberechtigt ist, kann sie nach § 64 Abs. 1 Satz 2 [seit 2024 Satz 3] einen entsprechenden Nachweis verlangen. Es wird jedoch klargestellt, dass die Bauunterlagen vom aufgeführten Personenkreis weiterhin verantwortet werden müssen. Zusätzliche materielle oder formelle Anforderungen ergeben sich durch die Verwendung dieses neuen Begriffs nicht. Die seit 1986 bestehende Übergangsregelung des Absatzes 8 ist inzwischen entbehrlich. Sollten betroffene Personen in Einzelfällen noch als Bauvorlageberechtigte tätig sein, so bleibt dies auf Grundlage des bisherigen Absatzes 9 [seit 2024 Absatz 10] möglich.

Zu den §§ 64 bis 64d Allgemein (2024 – Neuregelung Bauvorlageberechtigung)[54]

Aufgrund eines von der Kommission gegen Deutschland eingeleiteten Vertragsverletzungsverfahrens (VVV 2018/2291 – Bauvorlageberechtigung) wegen unzureichender Umsetzung der Richtlinie 2005/36/EG des Europäischen Parlaments und des Rates vom 7. September 2005 über die Anerkennung von Berufsqualifikationen (ABl. EU Nr. L 255 S. 22), zuletzt geändert durch die Richtlinie 2024/505/EU vom 7. Februar 2024 (ABl. EU Nr. L, 2024/505, 12.2.2024) haben die Kommission und Deutschland (vertreten durch Bund und Bundesländer) gemeinsam einen Kompromiss zur Beilegung des Vertragsverletzungsverfahrens hinsichtlich der Bauvorlageberechtigung der Ingenieurinnen und Ingenieure erarbeitet.

Die Bundesrepublik Deutschland und die Kommission haben sich darauf geeinigt, dass die Vorlageberechtigung für Absolventinnen und Absolventen der Fachrichtung Bauingenieurwesen sich mangels praktischer Berufserfahrung lediglich auf gesetzlich bestimmte Bauvorhaben bezieht. Dies resultiert aus den von der Bundesrepublik Deutschland vorgetragenen Aspekten zu Sicherheit und Konzept der zweijährigen berufspraktischen Tätigkeit.

Um die Absolventinnen und Absolventen der Fachrichtung Architektur, die die volle Bauvorlageberechtigung mit Abschluss der an das Hochschulstudium anschließenden zweijährigen berufspraktischen Tätigkeit erhalten, nicht schlechter zu stellen als die vom Vertragsverletzungsverfahren betrof-

---

54 siehe auch C 9, Bauvorlageberechtigung

fenen Absolventinnen und Absolventen der Fachrichtung Bauingenieurwesen, wird diesen ebenfalls die auf bestimmte Bauvorhaben beschränkte Bauvorlageberechtigung eingeräumt.
Im Zuge der Überarbeitung der Bauvorlageberechtigung wird neben der verpflichtend umzusetzenden kleinen Bauvorlageberechtigung für Hochschulabsolventinnen und Hochschulabsolventen der Fachrichtung Bauingenieurwesen sowie für Hochschulabsolventinnen und Hochschulabsolventen der Fachrichtung Architektur, eine kleine Bauvorlageberechtigung für Handwerksmeisterinnen und Handwerksmeister ausgewählter Bereiche des Bauhandwerks sowie für Bautechnikerinnen und Bautechniker eingeführt.
Über die Einführung der kleinen Bauvorlageberechtigung auch für Absolventinnen und Absolventen mit ausländischem Hochschulabschluss hinaus, erfolgt eine weitere Anpassung an die Richtlinie 2005/36/EG, mit der die Gleichwertigkeit von Berufsabschlüssen aus Mitgliedstaaten der EU und gleichgestellter Staaten anerkannt und den Berufsangehörigen Zugang zum Arbeitsmarkt gewährt wird.

Zu § 64 (2024)
***Absatz 1** regelt Ausnahmen zur grundsätzlichen Bauvorlageberechtigung hinsichtlich der Vorlage von Bauunterlagen. Der in Absatz 1 neu eingefügte Satz 2 besteht aus dem Inhalt des früheren Absatz 7. Diese bisherige Regelung wird in Satz 2 Nr. 1 entsprechend der Musterbauordnung um die Klarstellung ergänzt, dass Bauunterlagen, die üblicherweise von Fachkräften mit anderer Ausbildung als nach Absatz 2 verfasst werden, ebenfalls keiner Erstellung durch eine bauvorlageberechtigte Person nach den §§ 64 bis 64d bedürfen. Dies gilt z. B. für Fachplanungen von Gartenanlagen, die üblicherweise von Landschaftsarchitekten geplant werden.*
*In **Absatz 2** werden in den Nummern 1 und 2 diejenigen Personen erfasst, die unbeschränkt bauvorlageberechtigt sind. Der Kreis der Bauvorlageberechtigten wird zudem erweitert. Wie bisher sind neben den in der von der Ingenieurkammer Rheinland-Pfalz geführten Liste der eingetragenen Bauvorlageberechtigten auch Personen bauvorlageberechtigt, die ohne eine solche Listeneintragung gemäß § 64d vorübergehend und gelegentliche Dienstleistungen als EU-auswärtige, bauvorlageberechtigte Ingenieurinnen und Ingenieure in Rheinland-Pfalz erbringen.*
In den Nummern 3 und 4 sind mit den Innenarchitektinnen und Innenarchitekten sowie den Bauingenieurinnen und Bauingenieuren im öffentlichen Dienst wie nach bisheriger Rechtslage diejenigen erfasst, die im Rahmen ihrer beruflichen Tätigkeit eingeschränkt bauvorlageberechtigt sind. In Nummer 4 wird auf die Voraussetzung der Ableistung eines Vorbereitungs-

dienstes für den höheren oder gehobenen bautechnischen Verwaltungsdienst verzichtet.

Die Absätze 2 und 3 bilden insoweit ein Stufenverhältnis.

*In **Absatz 3** werden all jene Personen erfasst, die persönlich und oder sachlich eingeschränkt bauvorlageberechtigt sind („kleine Bauvorlageberechtigung“).*

Nach Nummer 1 sind Berufsangehörige, welche über die in § 64a genannten inländischen oder auswärtigen Hochschulabschlüsse verfügen, für die in Satz 2 genannten Vorhaben bauvorlageberechtigt.

Klarstellend wird darauf hingewiesen, dass der Personenkreis, der die kleine Bauvorlageberechtigung innehat, auch zur Planung der in § 64 Abs. 1 Satz 2 freigestellten Vorhaben berechtigt ist, da bei formaler Betrachtung für derartige Bauvorhaben keine Bauvorlageberechtigung erforderlich ist. Damit wird dem Umstand Rechnung getragen, dass insbesondere auswärtige Hochschulabsolventinnen und Hochschulabsolventen aus EU-Mitgliedstaaten, die über einen Hochschulabschluss nach § 64a verfügen, darüber informiert werden, dass die eingeschränkte Bauvorlageberechtigung auch die Berechtigung zur Erstellung von Bauunterlagen für Bauvorhaben nach Absatz 1 Satz 2 erfasst.

Des Weiteren wird für die eingeschränkte Bauvorlageberechtigung nach Nummer 1 keine zweijährige praktische Berufserfahrung auf dem Gebiet der Entwurfsplanung von Gebäuden gefordert. Dies entspricht dem Kompromiss, den die Bundesrepublik Deutschland mit der Kommission erarbeitet hat. Im Gegenzug wird jedoch die Bauvorlageberechtigung auf die in Satz 2 benannten Gebäude beschränkt.

Im Zuge der Anpassung der §§ 64 ff. wird in den Nummern 2 und 3 die kleine Bauvorlageberechtigung für staatlich geprüfte Technikerinnen und Techniker der Fachrichtung Bautechnik sowie für Handwerksmeisterinnen und Handwerksmeister der Fachrichtungen Maurer-, Beton- und Zimmererfach eingeführt.

Diese dürfen, ebenso wie die in Nummer 1 genannten inländischen und auswärtigen Hochschulabsolventinnen und Hochschulabsolventen, die in Satz 2 aufgezählten Vorhaben planen. Die Erweiterung ist aufgrund des geringeren Gefahrenpotentials der genannten Vorhaben sachgerecht und trägt der Qualifikation des genannten Personenkreises Rechnung. Dies gilt nicht zuletzt auch aufgrund des Beschlusses der Ministerpräsidentenkonferenz vom 6. November 2023 bezüglich eines Pakts für planungs-, Genehmigungs- und Umsetzungsbeschleunigung zwischen Bund und Ländern, der unter anderem die Harmonisierung und Vereinheitlichung der Regelungen zur Planung, Errichtung und Änderung kleinerer Gebäude in den Länderbauordnungen zum Inhalt hat. Die kleine Bauvorlageberechtigung für

Technikerinnen und Techniker sowie Handwerksmeisterinnen und Handwerksmeister bestimmter Gewerke wird darin explizit als Leitbild genannt. Erfahrungen in mehr als zehn anderen Bundesländern, die für vergleichbare Vorhaben bereits eine kleine Bauvorlageberechtigung für staatlich geprüfte Technikerinnen und Techniker der Fachrichtung Bautechnik und/ oder für Handwerksmeisterinnen und Handwerksmeister der Fachrichtungen Maurer-, Beton- und Zimmererfach eingeführt haben, zeigen, dass die Erweiterung nicht zu einer Verschlechterung der Qualität der Bauunterlagen oder zu erhöhten Gefahren beim Bauen führten.
Auf die in Artikel 4 des Gesetzentwurfs vorgesehene Evaluation wird hingewiesen.
[Hinweis: Artikel 4 des Landesgesetzes zur Änderung bauordnungs- und berufsqualifizierender Vorschriften vom 26. November 2024 (GVBl. S. 365) lautet:

Artikel 4
Evaluation

Die Zielerreichung sowie die konkrete Ausgestaltung der eingeschränkten Bauvorlageberechtigung nach § 64 Abs. 3 LBauO sollen drei Jahre nach Inkrafttreten dieses Gesetzes durch das für das Bauordnungsrecht zuständige Ministerium evaluiert werden. Hierfür sollen zum 1. März eines jeden Jahres Berichte der für die Entgegennahme der Bauunterlagen zuständigen Bauaufsichtsbehörden zu Art des Bauvorhabens und zum zahlenmäßigen Umfang der von den Bauvorlageberechtigten nach § 64 Abs. 3 LBauO eingereichten Unterlagen vorgelegt werden. Bei Verfahren nach den §§ 65 und 66 LBauO sind auch Angaben zur Qualität der eingereichten Bauunterlagen erforderlich.
Das Änderungsgesetz ist am 5. Januar 2025 in Kraft getreten.]
Im Hinblick auf Absatz 3 Satz 1 Nr. 3 ist herauszustellen, dass die entsprechenden Handwerksmeisterinnen und Handwerksmeister einen Meisterbrief durch Ablegen der Meisterprüfung vorweisen müssen. Die Erteilung einer Ausübungsberechtigung ist nicht ausreichend, da die Qualifikation zur Planung sich auch aus den zusätzlichen Ausbildungsinhalten ergibt. Voraussetzung für das Tätigwerden von Handwerksmeisterinnen und Handwerksmeistern ist zudem, dass diese seit mindestens zwei Jahren als Meisterin oder Meister tätig sind und einen von der Architektenkammer Rheinland-Pfalz oder der Ingenieurkammer Rheinland-Pfalz anerkannten Lehrgang mit Inhalten der Bauplanung vorweisen können.
Im Ergebnis ergibt sich daraus folgendes dreistufiges System der Bauvorlageberechtigung:
1. keine Bauvorlageberechtigung erforderlich, § 64 Abs. 1 Satz 2

2. *unbeschränkte Bauvorlageberechtigung, § 64 Abs. 2 Nr. 1 und 2*
3. *eingeschränkte Bauvorlageberechtigung, § 64 Abs. 2 Nr. 3 und 4 sowie Abs. 3.*

Vom Umfang der kleinen Bauvorlageberechtigung nach Absatz 3 Satz 2 erfasst sind seinem Selbstverständnis nach auch Nebengebäude zu den aufgeführten baulichen Anlagen wie Gartenhütten oder ähnliche Zusatzbauten, soweit nicht § 64 Abs. 1 Satz 2 Anwendung findet.

***Absatz 4** regelt, dass Personen, die nach § 64 Abs. 3 mit Ausnahme der Absolventinnen und Absolventen der Fachrichtung Architektur eingeschränkt bauvorlageberechtigt sind, sich vor Aufnahme ihrer Tätigkeit in eine von der Ingenieurkammer Rheinland-Pfalz zu führende Liste eintragen lassen müssen. Die Voraussetzungen, die erfüllt sein müssen, damit die antragstellende Person in die Liste eingetragen werden kann, sind in Absatz 3 Satz 1 sowie in Absatz 6 Satz 2 bis 5 normiert. Mit Eintragung in die Liste geht einher, dass die eingetragenen Personen den genannten Pflichten des § 36 IngKaG unterworfen sind. Dies ist erforderlich, da der Berechtigtenkreis des Absatzes 3 Satz 1 nicht als Pflichtmitglieder in die Kammern aufgenommen werden kann. Da die kleine Bauvorlageberechtigung nur im Umfang von der Tätigkeit der unbeschränkt bauvorlageberechtigten Pflichtmitglieder abweicht, sollen die hierauf Bezug nehmenden Berufspflichten für die hieraus Berechtigten ebenfalls gelten.*

***Absatz 5** bildet die Grundlage zur Löschung aus der Liste nach Absatz 4 Satz 1 und die damit verbundene Untersagung der Tätigkeit als bauvorlageberechtigte Person.*

*In **Absatz 6** werden diese Pflichten, insbesondere hinsichtlich der Anforderungen an die Fortbildung sowie die Haftpflichtversicherung für bauvorlageberechtigte Personen nach § 64 Abs. 3 mit Ausnahme der Absolventinnen und Absolventen der Fachrichtung Architektur erweitert. Über Absatz 4 Satz 1 wird die Einhaltung dieser Pflichten sichergestellt, da im Eintragungsverfahren entsprechende Nachweise vorzulegen sind. Dadurch soll insbesondere dem Verbraucherschutz Rechnung getragen werden.*

***Absatz 7** regelt entsprechend die Anforderungen der Eintragung in die Liste der Bauvorlageberechtigten Absolventinnen und Absolventen der Fachrichtung Architektur sowie die Anforderungen an Fortbildung und Haftpflichtversicherung. Die Erläuterungen zu den Absätzen 4 und 6 gelten hier sinngemäß.*

In den Absätzen 6 und 7 werden die jeweiligen Anerkennungskammern für die kleine Bauvorlageberechtigung als zuständige Stelle im Sinne des § 117 Abs. 2 Satz 1 des Versicherungsvertragsgesetzes vom 23. November 2007 (BGBl. I S. 2631) bestimmt. Damit soll sichergestellt werden, dass beendete Haftpflichtversicherungsverträge den Kammern durch die Versi-

cherungsunternehmen zeitnah mitgeteilt werden. Dies trägt zur Aufrechterhaltung des Verbraucherschutzes bei. Darüber hinaus wird dem Interesse der Versicherer Rechnung getragen, da bei Erlöschen der Haftpflichtversicherung der Versicherer zwar im Innenverhältnis zum Versicherungsnehmer frei wird, aber nur bei Bekanntgabe des Erlöschens gegenüber einer zuständigen Stelle auch im Außenverhältnis.
*In **Absatz 8** sind die Voraussetzungen der Löschung aus der Liste und die damit verbundene Untersagung der Tätigkeit als bauvorlageberechtigte Person geregelt.*
Der bisherige Absatz 6 wurde gestrichen, da die Erstellung von Bauunterlagen innerhalb eines Unternehmens unter Aufsicht einer bauvorlageberechtigten Person erfolgen muss, die nach außen auch haftbar gemacht werden kann. Regelungen für die interne Erstellung sind damit nicht erforderlich. Der bisherige Absatz 7 geht auf in Absatz 1 Satz 2 Nr. 2.
*Damit die volle Bauvorlageberechtigung nicht ausgehöhlt wird durch die dauerhafte Möglichkeit von Berechtigten nach Absatz 3 Satz 1 Nr. 1 einer Bauvorlagetätigkeit in eingeschränktem Umfang nachzugehen, sieht **Absatz 9** die automatische Beendigung der Berechtigung mit Ablauf von drei Jahren nach Abschluss des Hochschulstudiums vor. Der Zeitraum wurde bewusst auf drei Jahre erstreckt, um mögliche Leerlaufzeiten nach dem Studium aufzufangen und möglichst keine Übergangszeiten zu schaffen. Die Beantragung der Listeneintragung zur Erlangung der vollen Bauvorlageberechtigung mit dem Erreichen der erforderlichen zweijährigen berufspraktischen Tätigkeit vor Ablauf der drei Jahre ist selbstverständlich möglich.*
*Der bisherige Absatz 8 wird **Absatz 10**.*
*Die **Absätze 11 und 12** beinhalten das Auskunftsrecht der Ingenieurkammer Rheinland-Pfalz gegenüber der Handwerkskammer zur Sicherstellung der Eintragung in die Handwerksrolle sowie die Befugnisse der Architektenkammer Rheinland-Pfalz und der Ingenieurkammer Rheinland-Pfalz zur Regelung der Beiträge infolge der Listenführung in den jeweiligen Beitragsordnungen. Da die Eintragung auch für Handwerksmeisterinnen und Handwerksmeistern aus anderen Ländern der Bundesrepublik Deutschland möglich ist, gilt der Auskunftsanspruch nicht nur für die Handwerkskammer Rheinland-Pfalz.*

Zu den §§ 64a bis 64d Allgemein (2024)
Die §§ 64a bis 64d werden entsprechend des mit der Kommission erzielten Kompromisses neu eingefügt und strukturieren die Bauvorlageberechtigung systematisch neu. An verschiedenen Stellen wird künftig auf einzelne anzuwendende Regelungen des Berufsqualifikationsfeststellungsgesetzes

Rheinland-Pfalz (BQFGRP) vom 8. Oktober 2013 (GVBl. S. 359), zuletzt geändert durch Gesetz vom 7. Februar 2023 (GVBl. S. 35), BS 806-4, klarstellend verwiesen. Die einzelnen Regelungen des Berufsqualifikationsfeststellungsgesetzes Rheinland-Pfalz sind unmittelbar anzuwenden, weil kein expliziter Anwendungsausschluss in der Landesbauordnung Rheinland-Pfalz normiert ist. Ein Anwendungsausschluss hätte zur Folge, dass die Regelungen des Berufsqualifikationsfeststellungsgesetzes Rheinland-Pfalz in der Landesbauordnung Rheinland-Pfalz unmittelbar hätten geregelt werden müssen und sich dadurch die Lesbarkeit und weitere Anwendbarkeit der ohnehin bereits komplexen Regelungsmaterie unnötig erschwert hätten.

Zu § 64a (2024)

In ***Absatz 1*** *Satz 1 werden allgemein die Voraussetzungen für eine Eintragung in die Liste der Bauvorlageberechtigten bei der Ingenieurkammer Rheinland-Pfalz geregelt. Nach Nummer 1 ist neben dem bisher geforderten berufsqualifizierenden Hochschulabschluss eines Studiums der Fachrichtung Bauingenieurwesen an einer deutschen Hochschule ergänzend hinzugekommen, dass der Studiengang den in der Anlage geregelten Leitlinien entsprechen muss. Des Weiteren wird an der Anforderung der mindestens zweijährigen Berufserfahrung auf dem Gebiet der Entwurfsplanung von Gebäuden nach Nummer 2 weiter festgehalten.*

Von dem Vertragsverletzungsverfahren nicht erfasst sind die Absolventinnen und Absolventen der Studienrichtung Architektur, die noch nicht die zweijährige berufspraktische Zeit absolviert haben und deshalb noch nicht nach § 64 Abs. 2 Nr. 1 unbeschränkt bauvorlageberechtigt sind. Allerdings sind keine fachlichen Gründe ersichtlich, die eine andere Behandlung im Vergleich zu Hochschulabsolventinnen und Hochschulabsolventen der Fachrichtung Bauingenieurwesen gebieten, weswegen den Absolventinnen und Absolventen der Fachrichtung Architektur ebenfalls die eingeschränkte Bauvorlageberechtigung zugewiesen wird.

Personen, die über einen berufsqualifizierenden Hochschulabschluss aus einem Mitgliedstaat der Europäischen Union oder einem gleichgestellten Staat verfügen, sind nach ***Absatz 2*** *in die Liste der Bauvorlageberechtigten einzutragen, wenn der auswärtige Hochschulabschluss bezüglich der Anforderung aus Absatz 1 Nr. 1 gleichwertig ist und die Anforderung an eine zweijährige Berufserfahrung erfüllt. Das weitere Festhalten an der Anforderung hinsichtlich der Berufserfahrung bei Personen aus Mitgliedstaaten der Europäischen Union mit auswärtigen Hochschulabschlüssen ist ausdrücklicher Bestandteil des mit der Kommission erarbeiteten Kompromisses.*

Es war Hauptkritikpunkt der Kommission, dass die zweijährige Berufserfahrung auch von Ingenieurinnen und Ingenieuren gefordert wird, die in ihrem Herkunftsstaat die volle Bauvorlageberechtigung auch ohne Berufserfahrung haben. Die Reglementierung eines Berufs, hier die volle Bauvorlageberechtigung, kann nach Artikel 13 Abs. 2 der Richtlinie 2005/36/EG nur in den Grenzen des Artikels 13 Abs. 2 Satz 5 der Richtlinie 2005/36/EG gefordert werden.
Die abschließende Entscheidung über die Gleichwertigkeit auswärtiger Hochschulabschlüsse nach Absatz 2 ist von der Ingenieurkammer Rheinland-Pfalz zu treffen, soweit diese nicht der automatischen Anerkennung unterliegen. Die Bewertung der Gleichwertigkeit der Studieninhalte auswärtiger Hochschulabschlüsse mit den nationalen Anforderungen wird in der Regel von der Zentralstelle für ausländisches Bildungswesen (ZAB) durchgeführt. Die Ingenieurkammer Rheinland-Pfalz fordert für die Bewertung der Gleichwertigkeit der Studieninhalte eine Stellungnahme im jeweiligen Einzelfall bei der ZAB an. Dies bildet die Grundlage für die Einzelfallentscheidung.
***Absatz 3** stellt eine der zentralen Neuerungen im Bereich der Bauvorlageberechtigung dar. Strukturell werden in Satz 1 und 2 jeweils kumulative Voraussetzungen für die Eintragung in die Liste der Bauvorlageberechtigten bestimmt, die neben den Absätzen 1 und 2 gelten.*
In Satz 1 Nr. 1 wird zunächst bestimmt, dass in Bezug auf die Studienanforderungen nach Absatz 1 Nr. 1 ein Ausbildungsnachweis nach Artikel 11 der Richtlinie 2005/36/EG erforderlich ist, soweit dieser in einem Mitgliedstaat der Europäischen Union oder einem diesem durch Abkommen gleichgestellten Staat erforderlich ist, um in dessen Hoheitsgebiet die Erlaubnis zur Aufnahme und Ausübung dieses Berufes zu erhalten (reglementierter Beruf in einem Mitgliedstaat der Europäischen Union). Aufgrund des verwendeten Begriffs Ausbildungsnachweis und die Bezugnahme auf Artikel 11 der Richtlinie 2005/36/EG kommen auch Ausbildungsberufe in Betracht, wenn diese nach dem Recht des jeweiligen Mitgliedstaates für die unbeschränkte Befähigung zur Erstellung von Bauunterlagen genügen. Durch den nach Artikel 11 der Richtlinie 2005/36/EG weit gefassten Anwendungsbereich bezüglich der Ausbildungsnachweise genügen beispielsweise auch regelmäßig Diplome.
Welche Berufsausbildungen in Bezug auf die geforderten Studienanforderungen als „gleichwertig“ anerkannt werden müssen, ist ebenfalls im konkreten Einzelfall durch die Ingenieurkammer Rheinland-Pfalz zu entscheiden.

In Satz 1 Nr. 2 wird durch die Bezugnahme auf Artikel 13 Abs. 2 Satz 2 der Richtlinie 2005/36/EG festgelegt, welche konkreten Anforderungen die Ausbildungsnachweise erfüllen müssen.
Satz 1 Nr. 3 verlangt als weitere Voraussetzung eine berufspraktische Tätigkeit von mindestens zwei Jahren, die mit den Anforderungen des Absatzes 1 Nr. 2 vergleichbar ist. Die Feststellung der Vergleichbarkeit der auswärtigen berufspraktischen Tätigkeit obliegt ebenso der Ingenieurkammer Rheinland-Pfalz. Dies ist ebenfalls ein Teil der Kompromisslösung.
In Satz 2 werden die nach Satz 1 zu erfüllenden Anforderungen für den Fall modifiziert, dass nach dem Recht des Herkunftsstaates keine berufsreglementierenden Regelungen für die Bauvorlageberechtigung existieren. Nach Satz 2 Nr. 1 ist dann lediglich die Berufsausübung von einem Jahr in Vollzeit oder im Falle der Teilzeit von insgesamt einem Jahr Gesamtdauer nachzuweisen. Nach Satz 2 Nr. 2 muss ebenfalls der Befähigungs- oder Ausbildungsnachweis den Anforderungen des Artikels 13 Abs. 2 Satz 2 der Richtlinie 2005/36/EG entsprechen und nach Satz 2 Nr. 3 dürfen keine wesentlichen Unterschiede in Bezug auf die Studienanforderung nach Absatz 1 Satz 1 Nr. 1 bestehen. Die Feststellung der Gleichwertigkeit hinsichtlich der Anforderungen gemäß Satz 2 obliegt entsprechend der Ausführungen zu Satz 1 der Ingenieurkammer Rheinland-Pfalz, gegebenenfalls unter Beteiligung der zuständigen Stelle.
Nach ***Absatz 4*** *entfällt das Erfordernis der Eintragung in die Liste, wenn die Antragstellerin oder der Antragsteller aufgrund einer Regelung eines anderen Landes der Bundesrepublik Deutschland bauvorlageberechtigt ist. Diese Regelung bringt das Prinzip der gegenseitigen Anerkennung bei bereits erfolgter Listeneintragung zum Ausdruck und liegt im Interesse aller Beteiligten hinsichtlich des Bürokratieabbaus.*
Nach ***Absatz 5*** *wird über den Verweis auf § 17 BQFGRP klargestellt, dass über die Verfahren zur Feststellung der Gleichwertigkeit eine Landesstatistik geführt wird. Auskunftspflichtig sind die für das Verfahren zur Feststellung der Gleichwertigkeit zuständigen Stellen, vorliegend die Ingenieurkammer Rheinland-Pfalz.*

Zu § 64b (2024)
Absatz 1 *bestimmt für die Form des Antrags auf Eintragung in die Liste der Bauvorlageberechtigten für Antragstellende aus anderen Mitgliedstaaten der Europäischen Union nach § 64a Abs. 3 die einzureichenden Unterlagen sowie das diesbezügliche Verfahren, für das die §§ 12 und 13 BQFGRP Anwendung finden. Die Unterlagen sind bei der Ingenieurkammer Rheinland-Pfalz einzureichen, die für die Durchführung des Eintragungsverfahrens zuständig ist.*

*Durch **Absatz 2** wird Artikel 50 (Unterlagen und Formalitäten) der Richtlinie 2005/36/EG umgesetzt, der insoweit Absatz 1 ergänzt.*
Im Wesentlichen wird in Absatz 2 geregelt, dass Antragstellerinnen und Antragsteller Unterlagen nach Artikel 50 Abs. 1 der Richtlinie 2005/36/EG in Verbindung mit deren Anhang VII Nummer 1 Buchst. a und b Satz 1 sowie auf Anforderung nach Anhang VII Nummer 1 Buchst. b Satz 2 dieser Richtlinie vorzulegen haben. Sollten sie hierzu nicht in der Lage sein, wendet sich die Ingenieurkammer Rheinland-Pfalz zur Beschaffung der erforderlichen Unterlagen an die Kontaktstelle, die zuständige Behörde oder eine Ausbildungsstelle des Herkunftsstaates.
Des Weiteren kann bei Ausbildungsnachweisen gemäß Artikel 50 Abs. 3 der Richtlinie 2005/36/EG die Ingenieurkammer Rheinland-Pfalz bei berechtigten Zweifeln von der zuständigen Stelle des Ausstellungsstaates die Überprüfung der Kriterien gemäß Artikel 50 Abs. 3 Buchst. a bis c der Richtlinie 2005/36/EG verlangen.
Die auf Verlangen übermittelten Unterlagen und Bescheinigungen dürfen bei ihrer Vorlage nicht älter als drei Monate sein. Der Informationsaustausch erfolgt über das Binnenmarkt-Informationssystem (IMI).
*In **Absatz 3** wird die Verpflichtung zur Ausstellung einer Bescheinigung über die Eintragung in die Liste der Bauvorlageberechtigten geregelt. Des Weiteren enthält Absatz 3 konkrete Vorgaben hinsichtlich der Mindestangaben, die die Liste der Bauvorlageberechtigten aufweisen muss. Wesentliche Änderungen dieser Angaben sind der Ingenieurkammer Rheinland-Pfalz unverzüglich mitzuteilen. Die für die Löschung aus Listen geltenden Regelungen des Landesgesetzes zum Schutz der Berufsbezeichnungen im Ingenieurwesen und über die Ingenieurkammer Rheinland-Pfalz gelten auch für diese Liste.*
*Soweit eine Eintragung in die Liste nach § 64 Abs. 2 Nr. 2 wegen fehlender Gleichwertigkeit der Ausbildungsnachweise nicht erfolgen kann, ist dies gemäß **Absatz 4** nach § 10 BQFGRP zu bescheiden. In dem Bescheid wird des Weiteren festgestellt, durch welche konkreten Ausgleichsmaßnahmen nach § 64c die wesentlichen Unterschiede gegenüber der erforderlichen landesrechtlich geregelten Berufsqualifikation ausgeglichen werden können.*

Zu § 64c (2024)
*In **Absatz 1** wird geregelt, wie zu verfahren ist, wenn eine Person aufgrund von wesentlichen Unterschieden nicht über eine gleichwertige Berufsqualifikation und über einen Ausbildungsnachweis verfügt, der dem Berufsqualifikationsniveau nach Artikel 11 Buchst. b, c, d oder e der Richtlinie 2005/36/EG entspricht. Die jeweilige Person kann in einem solchen Fall einen*

höchstens dreijährigen Anpassungslehrgang absolvieren oder eine Eignungsprüfung ablegen. Falls ein Inhaber einer Berufsqualifikation gemäß Artikel 11 Buchst. a der Richtlinie 2005/36/EG die Anerkennung seiner Berufsqualifikationen beantragt, kann die Ingenieurkammer Rheinland-Pfalz im jeweiligen Einzelfall einen Anpassungslehrgang und eine Eignungsprüfung vorschreiben, weil die nationale Berufsqualifikation unter Artikel 11 Buchst. d der Richtlinie 2005/36/EG eingestuft ist. Mit Absatz 1 wird Artikel 14 der Richtlinie 2005/36/EG umgesetzt.

***Absatz 2** enthält eine Ermächtigung zugunsten der Ingenieurkammer Rheinland-Pfalz, die weitere Konkretisierung der Durchführung der Ausgleichsmaßnahmen durch Satzung festzulegen.*

Seit dem 21. Februar 2023 liegt den Bundesländern eine weitere mit Gründen versehene Stellungnahme der Kommission zum Vertragsverletzungsverfahren 2021/2212 (Falschumsetzung RL 2018/958/EU – Verhältnismäßigkeitsprüfung vor Erlass neuer Berufsreglementierungen) vor. Nach Auffassung der Kommission ist für alle Bestimmungen, die von den Kammern erlassen werden und den Zugang zu Berufen oder die Ausübung von Berufen reglementieren, die Zustimmung durch die Aufsichtsbehörde erforderlich (S. 48).

*Aufgrund von **Absatz 3** Satz 1 ist die Ingenieurkammer Rheinland-Pfalz berechtigt, länderübergreifende Vereinbarungen zur Durchführung von Ausgleichsmaßnahmen abzuschließen. Diese Vereinbarungen stehen unter dem Genehmigungsvorbehalt des für das Bauberufsrecht fachlich zuständigen Ministeriums. Im Übrigen wird durch die Regelung die grundsätzliche Möglichkeit geschaffen, länderübergreifend für eine effiziente und einheitliche Regelung zur Durchführung von Ausgleichsmaßnahmen sorgen zu können.*

Zu § 64d (2024)

*Auswärtige Bauvorlageberechtigte, die ihren Geschäftssitz in einem Mitgliedstaat der Europäischen Union oder einem gleichgestellten Staat haben und nur vorübergehend und gelegentlich in Rheinland-Pfalz tätig werden, werden nach **Absatz 1** von der Ingenieurkammer Rheinland-Pfalz in ein zu führendes Verzeichnis eingetragen, damit die Berufspflichten kontrollierbar sind. Infolge der Rechtslage nach der Richtlinie 2005/36/EG und der Historie der Kompromissverhandlungen bedarf der Wortlaut der Regelung in § 64 d Abs. 1 der Klarstellung, dass es sich nicht um eine konstitutive Eintragung handelt.*

*Nach **Absatz 2** haben auswärtige bauvorlageberechtigte Dienstleisterinnen und Dienstleister, die nur vorübergehend und gelegentlich in Rheinland-Pfalz tätig werden wollen, dies der Ingenieurkammer Rheinland-Pfalz vor* *dem erstmaligen Tätigwerden anzuzeigen. Soweit die Dienstleisterinnen und Dienstleister bereits aufgrund einer Regelung eines anderen Landes zur Dienstleistungserbringung beziehungsweise Erstellung von Bauunterlagen berechtigt sind, ist eine erneute Anzeige bei der Ingenieurkammer Rheinland-Pfalz entbehrlich. Diese Regelung entspricht dem System der gegenseitigen Anerkennung der Bundesländer untereinander. Des Weiteren wird in Satz 3 konkret geregelt, welche Unterlagen mit der Anzeige vorzulegen sind. Die Vorschriften der §§ 12 und 13 BQFGRP gelten entsprechend.*

In ***Absatz 3*** *wird einleitend klargestellt, dass nach erfolgter Anzeige die Dienstleisterinnen und Dienstleister grundsätzlich zur Erstellung von Bauunterlagen berechtigt sind. Der Ingenieurkammer Rheinland-Pfalz wird jedoch im Weiteren ein Prüfvorbehalt eingeräumt, das heißt ihr steht es frei, die mit der Anzeige vorgelegten Unterlagen zu überprüfen. Die Ingenieurkammer Rheinland-Pfalz hat der Dienstleisterin oder dem Dienstleister die Erstellung von Bauunterlagen zu untersagen, wenn sie oder er nicht zur Ausübung desselben Berufs rechtmäßig in einem Mitgliedstaat niedergelassen ist, ihr oder ihm die Ausübung dieser Tätigkeit nach der Anzeige untersagt wird oder sie oder er die Voraussetzungen des § 64a Abs. 3 Satz 2 nicht erfüllt. In einem solchen Fall hat die Ingenieurkammer Rheinland-Pfalz der Dienstleisterin oder dem Dienstleister anzubieten, fehlende Kenntnisse, Fähigkeiten und Kompetenzen durch einen Anpassungslehrgang oder eine Eignungsprüfung auszugleichen (Artikel 7 Abs. 4 der Richtlinie 2005/36/EG).*

Sind die Dienstleisterinnen und Dienstleister in einem Mitgliedstaat rechtmäßig niedergelassen oder erfüllen sie die Voraussetzungen nach § 64a Abs. 3 Satz 2, darf die Erstellung von Bauunterlagen nicht beschränkt werden.

In ***Absatz 4*** *wird die Berechtigung zum Führen von Berufsbezeichnungen nach dem Recht des Niederlassungsstaates geregelt. Das Führen dieser Berufsbezeichnung bleibt in vollem Umfang bestehen. Es ist jedoch darauf zu achten, dass eine Verwechslung mit einer inländischen Berufsbezeichnung ausgeschlossen ist.*

In ***Absatz 5*** *wird bestimmt, dass auswärtige Dienstleisterinnen und Dienstleister zur Beachtung der Berufspflichten verpflichtet sind. Sie sind diesbezüglich wie Mitglieder der Ingenieurkammer Rheinland-Pfalz zu behandeln. Die Ingenieurkammer Rheinland-Pfalz stellt über die Eintragung in das Verzeichnis eine auf fünf Jahre befristete Bescheinigung aus, die auf Antrag verlängert werden kann. Durch die Eintragung in das Verzeichnis darf das Erbringen der Dienstleistung nicht verzögert, erschwert oder verteuert wer-*

den. Diese Regelung entspricht insoweit Artikel 6 Buchst. a der Richtlinie 2005/36/EG.
***Absatz 6** entspricht § 64a Abs. 5. Insoweit wird auf die dortigen Ausführungen verwiesen.*

Zu § 65 Abs. 2 Satz 2 bis 4 (2015)
Mit der Änderung soll die Rücknahme des Bauantrages fingiert werden, wenn er unvollständig ist oder sonst erhebliche Mängel aufweist und eine Nachbesserung trotz Aufforderung und angemessener Fristsetzung durch die Bauaufsichtsbehörde nicht erfolgt. Es bedarf somit nicht länger einer den Bauantrag zurückweisenden Entscheidung der Bauaufsichtsbehörde, die in der Praxis immer wieder Gegenstand verwaltungsgerichtlicher Auseinandersetzungen ist und erst dann nach Vorlage der fehlenden Unterlagen ihre Erledigung findet. Es bleibt der Bauherrin oder dem Bauherrn unbenommen, erneut einen vollständigen Bauantrag einzureichen.

Zu § 65 Abs. 2 Satz 1 (2025)
Die Änderung in Absatz 2 Satz 1 mit einer Verlängerung der Prüffrist von zehn auf 15 Arbeitstage ist Folge der Anpassung der Fristenregelungen in § 66 Abs. 5 Satz 3. Es wird zudem klargestellt, dass die Frist nach Arbeitstagen der Behörde (also von Montag bis Freitag) zu bemessen ist; die Bauaufsichtsbehörde daher in der Regel mindestens drei Wochen Zeit für die Prüfung hat.

Zu § 65 Abs. 6 (2024)
Der angefügte Absatz 6 setzt Artikel 15 Abs. 1 Unterabs. 2 Buchst. a und Artikel 16 Abs. 1 bis 3 der Richtlinie (EU) 2018/2001 um. Die Richtlinie (EU) 2018/2001 zielt unter anderem darauf ab, Genehmigungsverfahren für den Bau, das Repowering und den Betrieb von Anlagen zur Produktion von Energie aus erneuerbaren Quellen effizient und für die Antragstellenden weniger kompliziert zu gestalten und dadurch Projekte im Bereich der erneuerbaren Energien zu fördern.
Unter Anlagen zur Produktion von Energie aus erneuerbaren Quellen fallen neben Anlagen zur Nutzung solarer Strahlungsenergie unter anderem auch Windenergieanlagen, Wasserkraftwerke und Biomassekraftwerke, soweit deren Zulässigkeit nicht bereits im Rahmen eines immissionsschutzrechtlichen Verfahrens geprüft wird. Repowering ist die Modernisierung von Anlagen, die erneuerbare Energie produzieren, einschließlich des vollständigen oder teilweisen Austauschs von Anlagen oder Betriebssystemen und -geräten zum Austausch von Kapazität oder zur Steigerung der Effizienz oder Kapazität der Anlage.

Nummer 1 *ermöglicht die Verfahrensabwicklung über eine einheitliche Stelle nach den §§ 71a bis 71e Verwaltungsverfahrensgesetz (VwVfG) in der Fassung vom 23. Januar 2003 (BGBl. I S. 102). Die Inanspruchnahme der einheitlichen Stelle durch die Bauherrin oder den Bauherrn ist freiwillig. Das Verfahren über eine einheitliche Stelle schließt alle Zulassungsverfahren ein, die für die Durchführung des Vorhabens nach Bundes- oder Landesrecht erforderlich sind. Sofern für ein Bauvorhaben neben dem Genehmigungsverfahren eine Anzeige erforderlich ist, umfasst die Abwicklung über die einheitliche Stelle nach § 71b VwVfG auch die Anzeige.*
Die einheitliche Stelle hat – abgesehen von den im jeweiligen bauaufsichtlichen Verfahren geregelten Zuständigkeiten – keine materiellen Befugnisse, sondern allein verfahrensbezogene Aufgaben. Eine Entscheidungs- oder Verfahrenskonzentration findet nicht statt. Im Fall ihrer Inanspruchnahme dient die einheitliche Stelle als Kontaktpunkt im Verhältnis zu den Bauherrinnen und Bauherren; ihre Aufgaben entsprechen mithin der bereits jetzt vorzunehmenden Tätigkeiten der unteren Bauaufsichtsbehörden z. B. nach § 65 Abs. 5 LBauO. Die Zuständigkeiten der jeweils für die sachliche Prüfung und Entscheidung zuständigen Behörden und das durch sie zu vollziehende Fachrecht bleiben unberührt. Über die bauaufsichtlichen Zuständigkeiten hinaus erfolgen damit ausschließlich „Serviceleistungen“ zur Beschleunigung des Verfahrens.
Nummer 2 *setzt Artikel 16 Abs. 3 der Richtlinie (EU) 2018/2001 zum Verfahrenshandbuch und zu Online zur Verfügung zu stellenden Informationen um. Nach Satz 3 des Erwägungsgrundes 51 der Richtlinie (EU) 2018/2001 sollte ein Verfahrenshandbuch zur Verfügung gestellt werden, damit Projektentwicklerinnen und Projektentwickler sowie Bürgerinnen und Bürger, die in erneuerbare Energie investieren möchten, die Verfahren leichter verstehen können. Nach Satz 2 ist im Verfahrenshandbuch gesondert auf kleinere Vorhaben und Vorhaben zur Eigenversorgung mit Elektrizität einzugehen. Satz 3 gewährleistet, dass eine zuständige Stelle im Internet auch solche Informationen veröffentlicht, die es den Trägern des Vorhabens ermöglichen, die für das konkrete Vorhaben zuständige einheitliche Stelle zu erkennen. Damit wird Artikel 16 Abs. 3 Satz 3 der Richtlinie (EU) 2018/2001 umgesetzt. Das Verfahrenshandbuch ist von der jeweiligen unteren Bauaufsichtsbehörde auf ihrer Internetseite zu veröffentlichen. Die oberste Bauaufsichtsbehörde wird ein Muster für das Verfahrenshandbuch zur Verfügung stellen. Der Verwaltungsaufwand für eine Anpassung und für die Einstellung ins Internet wird als geringfügig eingeschätzt.*
Nummer 3 *verpflichtet die Genehmigungsbehörde, nach Eingang der vollständigen Antragsunterlagen einen Zeitplan für das weitere Verfahren aufzustellen und mitzuteilen. Damit wird die in Artikel 15 Abs. 1 Unterabs. 2*

Buchst. a der Richtlinie (EU) 2018/2001 enthaltene Vorgabe zur Aufstellung vorhersehbarer Zeitpläne umgesetzt. Die Regelung dient auch der Verfahrenstransparenz im Sinne von Artikel 16 Abs. 2 Satz 1 der Richtlinie (EU) 2018/2001.

Nach Satz 2 ist bei baugenehmigungspflichtigen Anlagen die Bauaufsichtsbehörde einheitliche Stelle. Wird die Baugenehmigung in einem anderen Zulassungs- oder Genehmigungsverfahren im Rahmen der Konzentrationswirkung umfasst (z. B. nach Immissionsschutzrecht oder Wasserrecht) findet Absatz 6 keine Anwendung. Der zusätzliche Aufwand für die unteren Bauaufsichtsbehörden wird daher als sehr gering eingeschätzt, nicht zuletzt auch, da es sich um eine sehr geringe Fallzahl an baugenehmigungspflichtigen Anlagen handeln wird. Überdies beschränken sich die Anforderungen der Richtlinie (EU) 2018/2001 auf Tätigkeiten, die im Rahmen des durchzuführenden Genehmigungsverfahrens ohnehin von den unteren Bauaufsichtsbehörden vorgenommen werden.

Auch die von der Richtlinie (EU) 2018/2001 verlangte Erstellung eines Zeitplans für das weitere Verfahren (vgl. Absatz 6 Satz 1 Nr. 3) wird keinen wesentlichen Mehraufwand mit sich bringen. Die Genehmigungsbehörden werden regelmäßig zeitliche Vorstellungen über die Durchführung des Verfahrens behördenintern entwickeln, die jetzt verpflichtend den Antragstellenden mitzuteilen sind.

Zu § 66 Abs. 1 (2015)

Mit der Ergänzung in Satz 1 ***Nr. 1*** *wird den Änderungen bei der Gebäudeklasse 2 nach § 2 Abs. 2 Satz 2 Nr. 2 Rechnung getragen.*

In Satz 1 ***Nr. 3*** *ist die maximale Firsthöhe der dem vereinfachten Genehmigungsverfahren unterfallenden Gewächshäuser von 5 auf 6 Meter zu erhöhen wie dies auch die Änderung in § 62 Abs. 1 Nr. 1 Buchst. c für genehmigungsfreie Gewächshäuser der Landwirtschaft oder des Gartenbaus vorsieht.*

Bisher müssen nach Absatz 1 Satz 2 a. F. im vereinfachten Verfahren und auch im Freistellungsverfahren die bautechnischen Nachweise der Standsicherheit und, soweit erforderlich, des Wärme- und Schallschutzes der Bauaufsichtsbehörde spätestens bei Baubeginn vorliegen. Sie werden zu den Akten genommen und bei Baukontrollen herangezogen. Dies führt wegen des erheblichen Umfanges der Unterlagen zu räumlichen Problemen in der Ablage und Archivierung. Der Verwaltungsaufwand soll durch die Änderung in Satz 2 und die neuen Sätze 3 und 4 verringert werden. Danach müssen bei der Bauaufsicht nur noch Erklärungen über die ordnungsgemäße Aufstellung der Nachweise vorgelegt werden. Abzugeben ist die Erklärung zur Standsicherheit von der Person, die den Standsicher-

heitsnachweis aufgestellt hat. Sofern nach Absatz 6 Satz 1 und Absatz 7 eine Prüfung des Standsicherheitsnachweises erforderlich ist, ist die Erklärung auch von der prüfenden Person abzugeben.
Die Erklärungen zum Wärmeschutz und, soweit erforderlich, zum Schallschutz sind von der Entwurfsverfasserin oder dem Entwurfsverfasser und erforderlichenfalls beigezogenen sachverständigen Personen (§ 56) abzugeben.
Die Nachweise sind nach dem neuen ***Satz 4*** *auf der Baustelle vorzuhalten, dauerhaft aufzubewahren und nur vorzulegen, wenn es die Bauaufsichtsbehörde z. B. im Rahmen der Bauüberwachung verlangt.*
Die Regelung wird im Interesse der Standsicherheit durch die vorgesehene Änderung des § 78 Abs. 2 ergänzt, wonach die Nachweisersteller zu erklären haben, dass die Bauausführung entsprechend ihres Nachweises erfolgt ist.

Zu § 66 Abs. 1 Satz 1 Nr. 1 (2021)
Es wird klargestellt, dass auch Gebäude der Gebäudeklasse 1, die nicht dem Wohnen dienen, im vereinfachten Genehmigungsverfahren behandelt werden.

Zu § 66 Abs. 1 Satz 1 Nr. 10 (2022)
Zukünftig sollen gebäudeunabhängige Anlagen zur Nutzung solarer Strahlungsenergie – also sowohl Anlagen zur Erzeugung von Strom als auch von Wärme – in den Katalog von Vorhaben aufgenommen werden, für die ein vereinfachtes Genehmigungsverfahren nach § 66 Abs. 1 durchgeführt wird. Mit dieser Anpassung soll dem überwiegenden öffentlichen Interesse der erneuerbaren Energien und ihrem dringend benötigten weiteren Ausbau Rechnung getragen werden, um die angestrebte Klimaneutralität und Energiesouveränität schnellstmöglich zu erreichen. Photovoltaik-Freiflächenanlagen weisen die geringsten Stromgestehungskosten innerhalb der erneuerbaren Energien auf und erreichen durch eine zunehmende Flächeneffizienz beinahe ein Verhältnis von 1 MW pro 1 ha Fläche. Aufgrund der ambitionierten Klimaschutzziele ist zukünftig von einer zunehmenden Anzahl an Genehmigungsanträgen für neue Photovoltaik-Freiflächenanlagen auszugehen. Da sich die Prüfung auf die Zulässigkeit der Vorhaben auf die in § 66 Abs. 4 genannten Vorgaben beschränkt, werden die Genehmigungsverfahren auf ein sinnvolles Maß verschlankt und dadurch die zuständigen Bauaufsichtsbehörden entlastet.

Zu § 66 Abs. 1 Satz 1 Nr. 11 (2024)
Durch die Einfügung von Satz 1 Nr. 11 wird das vereinfachte Genehmigungsverfahren über die gebäudeunabhängigen Anlagen zur Nutzung so-

larer Strahlungsenergie hinaus auch für weitere Anlagen im Sinne der Richtlinie (EU) 2018/2001 ermöglicht.

Zu § 66 Abs. 2 (2015)

Satz 1 ***Nr. 1 bis 3*** *sind redaktionell an die neuen Gebäudeklassen 4 und 5 anzupassen (vgl. § 2 Abs. 2 Satz 2 Nr. 4 und 5).*

In ***Nummer 5*** *kann die zulässige Nutzfläche für erdgeschossige Werkstatt- und Lagergebäude von 3.000 auf 5.000 m² erhöht werden, um den Anwendungsbereich des vereinfachten Verfahrens zu erweitern und das Bauen zu erleichtern. Erfasst werden nunmehr auch die für den jeweiligen Betrieb erforderlichen Büro- und Sozialräume. Durch die Einfügung des Begriffs „erdgeschossig" können die bislang vorgegebene Gebäudeklasse und Außenwandhöhe entfallen. In welchen Fällen Werkstatt- und Lagergebäude als erdgeschossig einzustufen sind, regelt die Industriebaurichtlinie[55], die als Technische Baubestimmung eingeführt ist.*

Zu § 66 Abs. 2 Satz 1 (2021)

Mit § 66 Abs. 2 LBauO sollte für die Bauherrinnen und Bauherren die Möglichkeit geschaffen werden, auch bei größeren Gebäuden ein Bauvorhaben unter Vorlage von Bescheinigungen bestimmter sachverständiger Personen im vereinfachten Genehmigungsverfahren durchführen zu lassen. Mit der Ergänzung wird klargestellt, dass ein Vorhaben nicht gegen den Wunsch der Bauherrin oder des Bauherrn im vereinfachten Genehmigungsverfahren behandelt wird, sofern die Bauaufsichtsbehörde auf der Grundlage des § 65 Abs. 4 Satz 2 die Vorlage entsprechender Bescheinigungen verlangt.

Zu § 66 Abs. 2 Satz 3 (2025)

Antennenanlagen mit einer Höhe bis zu 20 m bedürfen im Außenbereich nach dem neu ergänzten § 62 Abs. 1 Nr. 4 Buchst. b grundsätzlich keiner Baugenehmigung mehr. Darüber hinaus werden höhere Antennenanlagen mit einer Höhe von bis zu 50 m nunmehr, sofern sie nicht als ortsveränderliche Anlagen nach der neu eingefügten Regelung des § 62 Abs. 1 Nr. 4 Buchst. c genehmigungsfrei sind, mit der Maßgabe in das vereinfachte Genehmigungsverfahren überführt (§ 66 Abs. 2 Satz 3 neu), dass abweichend von Absatz 2 Satz 2 die Bescheinigung über die Gewährleistung der Standsicherheit ausreichend ist. Einbezogen sind notwendige Versorgungseinrichtungen und untergeordnete Bauteile wie Anlagen zur Nutzung solarer Strahlungsenergie und kleine Windenergieanlagen, deren auch

55 nunmehr VV TB RP-A2.2.2.8 (Anhang C)

nachträgliche Anbringung sich regelmäßig innerhalb der Variationsbreite der Baugenehmigung bewegt.
Damit wird der Pakt für Planungs-, Genehmigungs- und Umsetzungsbeschleunigung weiter umgesetzt. Die flächendeckende Versorgung mit leistungsfähigem Mobilfunk der neuesten Generation ist gemeinsame Zielsetzung der Gigabit-Strategien des Landes sowie des Bundes. Die durch die Bundesnetzagentur im Zuge von Frequenzvergaben formulierten Versorgungsauflagen verlangen von den ausbauenden Unternehmen ungebrochene und perspektivisch noch steigende Ausbauaktivitäten. Vor diesem Hintergrund ist es geboten, die Realisierung von Mobilfunkanlagen zu erleichtern und zu beschleunigen. Sofern die entsprechenden Voraussetzungen vorliegen, kann zudem nach der Ergänzung in § 67 Abs. 5 Satz 1 das Freistellungsverfahren durchgeführt werden.
Wesentlich ist dabei die Ergänzung in Absatz 5 Satz 2, mit der die Fiktion der Baugenehmigung nach Ablauf von drei Monaten (Absatz 5 Satz 6 neu) auf Antennenanlagen nach Absatz 2 Satz 3 erstreckt wird. Dies gilt nach der in Absatz 5 Satz 8 (neu) Halbsatz 2 einzufügenden Rückausnahme auch im bauplanungsrechtlichen Außenbereich.
Die Änderungen zur Beschleunigung des Ausbaus der Mobilfunkinfrastruktur stehen im Zusammenhang mit den Regelungen der Gigabit-Infrastrukturverordnung. Dabei wird die Frist für die Fiktion der Baugenehmigung auf drei Monate verkürzt (vgl. Artikel 7 Abs. 5 Unterabs. 1 in Verbindung mit Artikel 8 Abs. 1 Unterabs. 1 der Gigabit-Infrastrukturverordnung), was durch Artikel 7 Abs. 12 der Gigabit-Infrastrukturverordnung ermöglicht wird.
Die Gigabit-Infrastrukturverordnung ist als unmittelbar geltendes Recht zu beachten. Hinzuweisen ist etwa auf die Frist für die Feststellung der Vollständigkeit des Antrags auf Genehmigung von 20 Arbeitstagen nach Eingang eines vollständigen Antrags (Artikel 7 Abs. 5 Unterabs. 2 der Gigabit-Infrastrukturverordnung) und die Genehmigungsfiktion (Artikel 8 Abs. 1 Unterabs. 1 der Gigabit-Infrastrukturverordnung).

Zu § 66 Abs. 3 (2015)
Im neuen Absatz 3 soll ein vereinfachtes Genehmigungsverfahren für Windenergieanlagen eingeführt werden, die dem Anwendungsbereich der Landesbauordnung unterliegen und nicht nach dem neuen § 62 Abs. 1 Nr. 4 Buchst. f [seit 2025 Buchst. g] genehmigungsfrei sind [siehe aber Änderung § 66 Abs. 3 2024]. Die Errichtung und der Betrieb von Windenergieanlagen mit einer Gesamthöhe von mehr als 50 Metern bedürfen einer immissionsschutzrechtlichen Genehmigung. Kleinere Anlagen erfordern bisher die Erteilung einer eigenständigen Baugenehmigung. Im Verwal-

tungsverfahren wird die Vereinbarkeit des Vorhabens mit den öffentlich-rechtlichen Vorschriften umfassend geprüft.
Zur Vereinfachung und Beschleunigung des Verfahrens und zur Förderung der Windenergie als regenerativem Energieträger können Windenergieanlagen nach Maßgabe des Absatzes 3 im vereinfachten Verfahren genehmigt werden. Infolge dieser die Besonderheiten von Windenergieanlagen berücksichtigenden Spezialregelung scheidet eine verfahrensrechtliche Behandlung als Nebenanlagen nach Absatz 1 oder § 67 Abs. 1 generell aus.
Nach Absatz 3 wird bei Windenergieanlagen bis zu einer Gesamthöhe von 50 m ein vereinfachtes Genehmigungsverfahren durchgeführt, wenn die Antragstellerin oder der Antragsteller Erklärungen einer Prüfsachverständigen oder eines Prüfsachverständigen für Standsicherheit vorlegt. Sie beziehen sich zum einen auf das Vorliegen der erforderlichen bautechnischen Unterlagen einschließlich der für die Standsicherheit erforderlichen, exemplarisch angeführten Nachweise sowie zum anderen auf die von ihm hinsichtlich der Standsicherheit überwachte Bauausführung. Nach ***Satz 1*** *ist die Erklärung über das Vorliegen der Nachweise entsprechend der bewährten Systematik in Absatz 2 spätestens bei Baubeginn vorzulegen. Mit der Fertigstellungsanzeige ist nach* ***Satz 2*** *eine Erklärung über die Bauüberwachung vorzulegen. Mit diesem aus Sicht der Antragstellerin oder des Antragstellers optionalen Verfahren sollen die Bauaufsichtsbehörden von der Prüfung des Bauordnungsrechts entlastet und die Verfahren so vereinfacht und beschleunigt werden (vgl. Absatz 4). Werden die Bescheinigungen nicht vorgelegt, ist wie bisher ein umfassendes Baugenehmigungsverfahren durchzuführen.*
Maßgeblich ist das vereinfachte Verfahren nach ***Satz 3*** *hingegen für Windenergieanlagen bis zu einer Gesamthöhe von 10 m, auf Dächern bis zu einer Gesamthöhe von 2 m, die nicht von der Genehmigungsfreistellung in § 62 Abs. 1 Nr. 4 Buchst. f [seit 2025 Buchst. g] erfasst werden. Aufgrund ihrer geringen Gesamthöhe ist die Vorlage der Erklärungen nach Satz 1 und 2 entbehrlich.*
Nach ***Satz 4*** *besteht für alle von Absatz 3 erfassten und über den Verweis in § 62 Abs. 1 Nr. 2 Buchst. f [seit 2025 Buchst. g] auch für genehmigungsfreie Windenergieanlagen die generelle Pflicht, die Stand- und Betriebssicherheit auf Dauer zu gewährleisten und die erforderlichen wiederkehrenden Prüfungen durchzuführen und zu dokumentieren. Sämtliche in Absatz 3 angeführten Erklärungen und andere Unterlagen sind nach* ***Satz 5*** *dauerhaft aufzubewahren und der Bauaufsichtsbehörde auf Verlangen vorzulegen.*

Zu § 66 Abs. 3 (2024)

Absatz 3 bedarf einer Überarbeitung. Bereits nach bisheriger Rechtslage konnte das vereinfachte Genehmigungsverfahren bei Windenergieanlagen mit einer Höhe von mehr als 10 m, auf Dächern bei mehr als 2 m, und bis zu 50 m Höhe Anwendung finden, sofern Erklärungen einer oder eines Prüfsachverständigen für Standsicherheit vorgelegt wurden. Durch die Änderung in Absatz 1 findet für Windenergieanlagen nun generell – sofern diese nicht bereits nach § 62 Abs. 1 Nr. 4 Buchst. f [seit 2025 Buchst. g] genehmigungsfrei sind – das vereinfachte Genehmigungsverfahren Anwendung. Grundsätzlich sind nach Absatz 1 Satz 2 im vereinfachten Genehmigungsverfahren die Erklärungen der Erstellerinnen oder Ersteller der Nachweise der Standsicherheit und des Wärmeschutzes sowie gegebenenfalls des Schallschutzes vorzulegen. Da sich die bisherige Vorgehensweise bewährt hat, sind in Abkehr zu Absatz 1 Satz 2 weiterhin folgende Unterlagen einzureichen: Erklärungen der Prüfsachverständigen für Standsicherheit zum Vorliegen der erforderlichen bautechnischen Unterlagen einschließlich der für die Standsicherheit erforderlichen und geprüften Nachweise wie Typenprüfung, Bodengutachten, Fundamentbemessung sowie der Nachweis zur Einhaltung der erforderlichen Abstände zu anderen Windenergieanlagen, Gebäuden und Verkehrswegen.

Bei Windenergieanlagen bis zu 10 m beziehungsweise auf Dächern bis zu 2 m Höhe sind weiterhin entsprechende Erklärungen – auch nach Absatz 1 Satz 2 – nicht erforderlich.

Zu § 66 Abs. 4 Satz 1 (2015)

Der bisherige Absatz 3 wird zu Absatz 4. Durch die Ergänzung in Satz 1 soll der Prüfungsumfang im vereinfachten Genehmigungsverfahren geringfügig erweitert werden. Danach sind satzungsrechtliche Bestimmungen, die Gemeinden in örtlichen Bauvorschriften nach § 88 erlassen haben, in die präventive bauaufsichtliche Prüfung einzubeziehen, auch wenn sie nicht über § 9 Abs. 4 BauGB und § 88 Abs. 6 als Festsetzungen in einen Bebauungsplan aufgenommen worden sind.

Entsprechendes gilt für Werbeanlagen und Warenautomaten nach § 52 mit ihren bauplanungsrechtlich geprägten Zulässigkeitsanforderungen.

Zu § 66 Abs. 5 Satz 1 (2021)

Für die einfache Verfahrenshandlung der Bestätigung der Vollständigkeit innerhalb des Baugenehmigungsverfahrens nach § 66 Absatz 5 Satz 1 reicht ebenfalls die geringere Anforderung an die Form aus (vgl. Begründung zu § 19 Abs. 4 -2021-). Dies vereinfacht die digital geführten Verfahren. Für die nach Satz 6 vorgesehene Bestätigung der durch Fristablauf erteilten Baugenehmigung durch die Bauaufsichtsbehörde bleibt es bei dem Erfordernis der Schriftform (siehe auch ausführliche Begründung zu § 70 Abs. 1 -2021-).

Zu § 66 Abs. 5 Satz 2 (2024)

In Satz 2 wird klargestellt, dass die in Absatz 5 normierte Fiktionsfrist nur für Anlagen gilt, die bereits nach bisheriger Rechtslage in den Anwendungsbereich des vereinfachten Genehmigungsverfahrens nach § 66 Abs. 1 zu fassen waren.

Zu § 66 Abs. 5 Satz 9 und 10 (bis 2025 Sätze 8 und 9, eingeführt 2024)

Die angefügten Sätze dienen der Umsetzung von Artikel 16 Abs. 4 bis 6 der Richtlinie (EU) 2018/2001, wonach das Genehmigungsverfahren für die dort genannten Anlagen nicht länger als ein Jahr beziehungsweise 2 Jahre dauern darf. In konformer Umsetzung der Richtlinie wird als der Beginn der Verfahrensfrist der Zeitpunkt des Eingangs der vollständigen Bauunterlagen festgelegt. Die Fristen können in durch außergewöhnliche Umstände hinreichend begründeten Fällen um bis zu einem Jahr verlängert werden. Es handelt sich jeweils um Einzelfallentscheidungen. Nach Artikel 16 Abs. 6 der Richtlinie (EU) 2018/2001 fallen darunter z. B. im Bereich des Repowerings bestehender Anlagen Fälle, in denen aus (übergeordneten Sicherheitsgründen) wesentliche Auswirkungen des Repowering-Projekts auf das Netz oder die ursprüngliche Kapazität, Größe oder Leistung der Anlage bestehen.

Zu § 66 Abs. 5 (2025)

In Absatz 5 wird angelehnt an § 72 MBO der Beginn der Entscheidungsfrist über den Bauantrag und damit der Fristbeginn für die Fiktion der Baugenehmigung („gilt als erteilt“) geregelt, wenn nicht zeitgerecht entschieden wird.
*Die Frist für die Entscheidung über den Bauantrag (Satz 2) beginnt nach dem neu eingefügten **Satz 3** Halbsatz 1 15 Arbeitstage nach Eingang des Bauantrags bei der zuständigen unteren Bauaufsichtsbehörde (Nummer 1). Zum Begriff des Arbeitstags siehe Begründung § 65 Abs. 2 (2025). Verlangt die Bauaufsichtsbehörde gemäß § 65 Abs. 2 Satz 2 die Vervollständigung oder Nachbesserung der Bauunterlagen, beginnt die Frist hingegen 15 Arbeitstage nach Eingang der verlangten Unterlagen (Nummer 2).*
Es wird dabei auf den Zeitpunkt des Eingangs der Bauunterlagen bei der zuständigen unteren Bauaufsichtsbehörde abgestellt.
Die Bauaufsichtsbehörde hat aus Gründen der Bürgerfreundlichkeit und der Verwaltungsklarheit weiterhin die Vollständigkeit der vorzulegenden

Bauunterlagen gegenüber den antragstellenden Personen zu bestätigen (Satz 1). Diese Feststellung ist jetzt aber nicht mehr maßgeblich für den Beginn der Entscheidungsfrist über den Bauantrag; hier gelten im Interesse der Beschleunigung nunmehr die beschriebenen festen Fristen. Entsprechend wird der Zeitraum für die Prüfung der Bauunterlagen auf Vollständigkeit nach § 65 Abs. 2 Satz 1 auf 15 Arbeitstage erhöht.
Die Ergänzung in Satz 3 Halbsatz 2 dient der Klarstellung, dass die Frist nach Halbsatz 1 Nr. 1 oder 2 auch dann Anwendung findet, wenn das Einvernehmen der Gemeinde vor Ablauf dieser Fristen erteilt wird.
Aufgrund des neu eingefügten Satzes 3 werden die bisherigen Sätze 3 bis 9 zu den Sätzen 4 bis 10; entsprechend werden auch die Verweise aktualisiert.
*In **Satz 7** Halbsatz 1 (neu) wird zugunsten der Bauherrschaft die Möglichkeit aufgenommen, auf den Eintritt der Genehmigungsfiktion zu verzichten. Denkbar sind z. B. Fälle, in denen aufgrund erforderlicher Umplanungen oder Anforderungen aus anderen Rechtsbereichen weitere Unterlagen einzureichen sind und dies nicht vor Ablauf der Fiktionsfrist möglich ist. Die Bauaufsichtsbehörde wäre ansonsten gehalten, einen Bauantrag vor Ablauf der Fiktionsfrist abzulehnen.*

Zu § 66 Abs. 5 Satz 3 Halbsatz 2 (2025)[56]
Der Fortgang des vereinfachten Baugenehmigungsverfahrens ist in § 66 Abs. 5 LBauO näher geregelt. Danach beginnt nach der Änderung des § 66 durch Artikel 1 Nr. 12 Buchst a und c des Zweiten Landesgesetzes zur Änderung baurechtlicher Vorschriften vom 22. September 2025 (GVBl. S. 549) die einmonatige bzw. – bei Vorhaben nach Absatz 2 Satz 1 und 3 LBauO – dreimonatige Frist grundsätzlich 15 Arbeitstag nach Eingang des Bauantrags bei der Bauaufsichtsbehörde. Wird innerhalb dieser Frist nicht entschieden, gilt die Baugenehmigung als erteilt (§ 66 Abs. 5 Satz 6 LBauO „Genehmigungsfiktion").
Ist das gemeindliche Einvernehmen nach § 36 BauGB erforderlich, beginnt die ein- bzw. dreimonatige Frist für die Entscheidung über den Bauantrag später, um eine geordnete und effiziente Bearbeitung durch die Bauaufsichtsbehörde im Anschluss an den kommunalen Entscheidungsprozess zu gewährleisten. Nach § 66 Abs. 5 Satz 3 Halbsatz 2 LBauO beginnt die Frist dann frühestens mit dem dortigen Eingang der Mitteilung der Ge-

---

56 Änderung durch das Landesgesetz zur Änderung des Landesenteignungsgesetzes, des Landesseilbahngesetzes und der Landesbauordnung Rheinland-Pfalz vom 19. November 2025 (GVBl. S. 672)

meinde über ihre Entscheidung, ob das Einvernehmen erteilt wird. Entsprechend später beginnt die Frist für die Fiktion der Baugenehmigung.
Die beschriebene Regelung für das Einvernehmen ist nun auf die Zustimmung (§§ 36 a und 246 e BauGB neu) zu erweitern, da sonst zeitlich eine geordnete und effiziente Bearbeitung durch die Bauaufsichtsbehörden im Anschluss an den kommunalen Entscheidungsprozess nicht gewährleistet ist und damit Rechtsunsicherheit auch für die Bauherrinnen und Bauherren droht. Das kommunale Verfahren mit einer dreimonatigen Frist (§ 36 a Abs. 1 Satz 4 Halbsatz 1 BauGB neu) und das bauaufsichtliche Verfahren mit einer ein- bzw. dreimonatigen Frist auch für die Fiktion der Baugenehmigung würden sich überschneiden. Das kann dazu führen, dass eine Baugenehmigung als erteilt gilt, obwohl keine Zustimmung der Gemeinde vorliegt und das Bauvorhaben bauplanungsrechtlich nicht geprüft wurde oder dass Bauanträge prophylaktisch abgelehnt werden, um die Planungshoheit der Gemeinde zu sichern.
Bei der notwendigen Anpassung werden die bisherigen paragrafenbezogenen Zitate des Baugesetzbuchs zum Einvernehmen gestrichen, das als Rechtsbegriff im selbsterklärenden Zusammenhang mit dem Baugesetzbuch steht. So enthält auch § 63 Abs. 3 LBauO das Einvernehmen als Tatbestandsmerkmal ohne ausdrückliche Bezeichnung der Vorschriften des Baugesetzbuchs. Eine Änderung der Rechtslage in § 66 Abs. 5 Satz 3 Halbsatz 2 LBauO ist damit nicht verbunden. Entsprechend kann darauf verzichtet werden, die für die Zustimmung nach Baugesetzbuch maßgeblichen §§ 36 a und 246 e BauGB neu anzuführen.

Zu § 66 Abs. 7 Satz 2 (2021)
Mit dem Zweiten Landesgesetz zur Umsetzung der Richtlinie 2006/123/EG des Europäischen Parlaments und des Rates vom 12. Dezember 2006 über Dienstleistungen im Binnenmarkt vom 27. Oktober 2009 (GVBl. S. 358) wurde bestimmt, dass Standsicherheitsnachweise für Wohngebäude der Gebäudeklasse 3 von Prüfsachverständigen im Sinne der Verordnung nach § 87 Abs. 5 LBauO aufgestellt oder geprüft werden müssen. Gleichzeitig wurde eine Bestandsschutzregelung für die Personen eingeführt, die vor dem 28. Dezember 2009 in die Liste nach Absatz 6 Satz 1 eingetragen wurden; diese durften auch vor der Gesetzesänderung Standsicherheitsnachweise für Wohngebäude der Gebäudeklasse 3 aufstellen, ohne dass es einer Prüfung bedurfte. Mit der nun vorgeschlagenen Ergänzung wird aufgrund von Nachfragen aus der Verwaltungspraxis klargestellt, dass die Bestandsschutzregelung auch für die vergleichbaren Aufstellerinnen und Aufsteller von Standsicherheitsnachweisen aus anderen Bundesländern gilt.

Zu § 67 Abs. 1 Satz 2 (2015)

Satz 2, der die Durchführung des Freistellungsverfahrens ausschließt, bedarf aus europarechtlichen Gründen der Ergänzung.

Im neu zu formulierenden Katalog soll als **Nummer 2** *eine Regelung zur Umweltverträglichkeitsprüfung aufgenommen werden. Vorhaben, die der Pflicht zur Durchführung einer Umweltverträglichkeitsprüfung oder einer Vorprüfung nach dem Gesetz über die Umweltverträglichkeitsprüfung oder dem künftigen Landesgesetz über die Umweltverträglichkeitsprüfung unterliegen, bedürfen eines Baugenehmigungsverfahrens als sog. Trägerverfahren. Die Änderung steht im Zusammenhang mit den Anpassungen in § 70 Abs. 1 und § 83 Abs. 4 (2015).*

Nummer 3 *betrifft Vorhaben, die nach ihrer Art, Größe und Lage nahe oder innerhalb eines Betriebsbereichs im Sinne des § 3 Abs. 5a Bundes-Immissionsschutzgesetz (BImSchG) dem Anwendungsbereich der sog. Seveso-III-Richtlinie unterfallen (Richtlinie 2012/18/EU des Europäischen Parlaments und des Rates vom 4. Juli 2012 zur Beherrschung der Gefahren schwerer Unfälle mit gefährlichen Stoffen, zur Änderung und anschließenden Aufhebung der Richtlinie 96/82/EG des Rates [ABl. EG Nr. L 197 S. 1]). Die Seveso-III-Richtlinie tritt mit Wirkung zum 1. Juni 2015 an die Stelle der sog. Seveso-II-Richtlinie und entwickelt diese weiter (96/82/EG des Rates vom 9. Dezember 1996 zur Beherrschung der Gefahren bei schweren Unfällen mit gefährlichen Stoffen [ABl. EG Nr. L 10 S. 13]). Die Seveso-II-Richtlinie kann nach Maßgabe jüngerer Rechtsprechung auch im Baugenehmigungsverfahren umzusetzen sein; entsprechendes wird für die Seveso-III-Richtlinie gelten. In Betracht kommen etwa große Wohnbauvorhaben. In diesen Fällen bedarf es statt des Freistellungsverfahrens eines förmlichen Baugenehmigungsverfahrens. Dem trägt die Neuregelung Rechnung. Eventuelle weitere Umsetzungsmaßnahmen für die Musterbauordnung und die Bauordnungen der Länder werden in den Fachgremien der Bauministerkonferenz diskutiert und entwickelt.*

Zu § 67 Abs. 1 Satz 1 – Aufnahme Photovoltaik-Freiflächenanlagen nach § 66 Abs. 1 Satz 1 Nr. 10 (2022)

In der Regel ist für eine Photovoltaik-Freiflächenanlage die Aufstellung eines Bebauungsplans erforderlich, der gleichzeitig Voraussetzung für einen Anspruch auf Vergütung nach dem Erneuerbare-Energien-Gesetz ist. In den Bebauungsplanverfahren wird die Vereinbarkeit der Anlage mit den öffentlichen Belangen bereits im Rahmen der Abwägung berücksichtigt, sodass auf eine zusätzliche präventive Kontrolle im Rahmen eines Baugenehmigungsverfahrens regelmäßig verzichtet werden kann.

Die Aufnahme von Photovoltaik-Freiflächenanlagen in den Katalog der Vorhaben nach § 66 Abs. 1 und § 67 Abs. 1 führt zu einer Vereinfachung sowie Beschleunigung von Genehmigungsverfahren und leistet einen erheblichen Beitrag zur Entbürokratisierung bei den zuständigen Bauaufsichtsbehörden.

§ 67 Abs. 1 Satz 1 – Aufnahme von Repowering-Anlagen (2024)
Die Ergänzung in Absatz 1 Satz 1 dient der Umsetzung des Artikels 16 Abs. 6 der Richtlinie (EU) 2018/2001, wonach das Repowering bestehender Anlagen zur Erzeugung erneuerbarer Energien durch ein vereinfachtes, zügiges Verfahren erleichtert werden soll.

§ 67 Abs. 1 Satz 3 (2025)
Mit dem Absatz 1 angefügten Satz 3 werden zunächst Verfahrenserleichterungen für den Ausbau von Dachgeschossen geschaffen. Bisher ist der Ausbau von Dachgeschossen zu Wohnzwecken nur im Bereich qualifizierter Bebauungspläne dem Freistellungsverfahren zugewiesen, wenn er den Festsetzungen des für den Bereich maßgeblichen Bebauungsplans entspricht. Außerhalb von Bebauungsplangebieten ist dagegen ein vereinfachtes Baugenehmigungsverfahren nach § 66 oder – soweit durch den Dachgeschossausbau das Gebäude nicht mehr unter § 66 Abs. 1 Satz 1 Nr. 1 fällt – das reguläre Baugenehmigungsverfahren nach § 65 erforderlich.
In Bereichen nach § 34 BauGB hat der Dachgeschossausbau regelmäßig keine Auswirkungen auf das Tatbestandsmerkmal „Einfügen" hinsichtlich des Maßes baulicher Nutzung, da sich die Kubatur des Gebäudes nicht wesentlich verändert. Damit ist das Risiko, dass ohne bauaufsichtliche Prüfung des Dachgeschossausbaus städtebauliche Missstände verursacht oder verschärft werden, sehr gering. Daher soll auch der Dachgeschossausbau im unbeplanten Innenbereich durch Satz 3 dem Freistellungsverfahren zugeordnet werden.
Soweit die bauplanungsrechtliche Zulässigkeit aus Sicht der Gemeinde zweifelhaft ist, kann sie nach Absatz 1 Satz 2 Nr. 1 in das vereinfachte Genehmigungsverfahren überleiten. In der relativen Vielzahl der unproblematischen Fälle könnte die Bauherrschaft nach Absatz 2 dagegen einen Monat nach Einreichen vollständiger Unterlagen bei der (Verbands-)Gemeindeverwaltung mit der Ausführung seines Vorhabens beginnen.
Den Belangen des Brandschutzes und der Standsicherheit wird dadurch entsprochen, dass auch im Freistellungsverfahren bautechnische Nachweise zu erstellen und gegebenenfalls zu prüfen sind.

Im Weiteren wird mit Absatz 1 Satz 3 das Freistellungsverfahren eröffnet für solche Anlagen zur Nutzung solarer Strahlungsenergie, die bauplanungsrechtlich nach § 35 Abs. 1 Nr. 8 Buchst. b BauGB privilegiert zulässig sind auf einer Fläche längs von Autobahnen oder Schienenwegen des übergeordneten Netzes (§ 2 b des Allgemeinen Eisenbahngesetzes vom 27. Dezember 1993 – BGBl. I S. 2378 -2396-; 1994 I S. 2439 –, in der jeweils geltenden Fassung) mit mindestens zwei Hauptgleisen, jeweils in einer Entfernung zu diesen von bis zu 200 m, gemessen vom äußeren Rand der Fahrbahn.

Zu § 67 Abs. 2 Satz 1 (2021)
Es bleibt beim Freistellungsverfahren bei der Einreichung der Bauunterlagen bei der Gemeindeverwaltung (§ 67 Abs. 2 Satz 1 Halbsatz 1). Die konkreten Regelungen zur Gewährleistung eines reibungslosen Verfahrensablaufs im Zusammenspiel zwischen Bauaufsichtsbehörde und Gemeindeverwaltung finden sich in § 1 BauuntPrüfVO[57].
Der Begriff „Vorlage“ wird durch den Begriff „Eingang“ ersetzt, um nicht nur die Einreichung in Papier, sondern auch die elektronische Einreichung von Bauunterlagen zu erfassen.
Das Schriftformerfordernis für die Mitteilung der Gemeinde nach § 67 Abs. 2 Satz 1 Halbsatz 2, dass kein Genehmigungsverfahren durchgeführt werden soll, wird durch das Erfordernis der Textform ersetzt (vgl. auch Begründung zu § 19 Abs. 4 -2021-). Damit wird zudem klargestellt, dass eine mündliche Mitteilung nicht wirksam ist.

Zu § 67 Abs. 2 Satz 3 (2021)
Da die elektronische Einreichung der Bauunterlagen künftig das Regelverfahren darstellen soll, wird die Bauaufsichtsbehörde ebenfalls auf elektronischem Weg über das geplante Bauvorhaben in Kenntnis gesetzt, damit sie die Bauüberwachung wahrnehmen kann. Diese Anforderung kann auch dadurch erfüllt werden, dass im elektronischen Verfahren Gemeindeverwaltung und Bauaufsichtsbehörde die Unterlagen parallel erhalten. Wurden die Bauunterlagen nicht elektronisch, sondern papierbasiert eingereicht, so reicht die Weiterleitung einer Ausfertigung.

Zu § 67 Abs. 3 (2021)
In Absatz 3 ***Satz 2*** *erfolgt eine redaktionelle Anpassung. Zudem wird der Begriff der „Vorlage“ durch den Begriff der „Einreichung“ ersetzt, um nicht*

---

57 siehe auch C 11, Digitalisierung

nur die Einreichung in Papier, sondern auch die elektronische Einreichung von Bauunterlagen zu erfassen.

§ 67 Abs. 3 Satz 3 (2025)

Der bisherige Absatz 3 Satz 3 kann aufgrund der Entwicklung des digitalen Bauantrags entfallen. Sofern die Gemeinde erklärt, dass ein Baugenehmigungsverfahren durchzuführen ist und die Bauunterlagen nach Wunsch der Bauherrschaft als Bauantrag zu behandeln ist, hat die Gemeinde den Bauantrag umgehend an die Bauaufsichtsbehörde weiterzuleiten, die das Verfahren nach den allgemeinen Bestimmungen durchführt.

Zu § 67 Abs. 4 (2025)

Durch die Änderung der Bezüge auf § 63 in Absatz 4 ergibt sich, dass die Unterlagen im Freistellungsverfahren weiterhin bei der Gemeindeverwaltung einzureichen sind.

Zu § 67 Abs. 5 Satz 3 (2015)

Die Änderungen in Satz 3 führen dazu, dass die Anwendung des Freistellungsverfahrens wie bisher auf Werkstatt- und Lagergebäude mit einer Größe von bis zu 3.000 m² beschränkt bleibt. Dadurch wird sichergestellt, dass größere Gebäude dieser Art im Hinblick auf ihre bauplanungsrechtliche Zulässigkeit nach wie vor präventiv in einem Genehmigungsverfahren überprüft werden. Die Regelung ist Folge der Änderung des § 66 Abs. 2 Satz 1 Nr. 5, mit der der Anwendungsbereich des vereinfachten Genehmigungsverfahrens auf Werkstatt- und Lagergebäude mit einer Nutzfläche von 3.000 m² auf nunmehr 5.000 m² erweitert wird.

Zu § 67 Abs. 5 (2025)

Mit der Ergänzung in Absatz 5 **Satz 1** *wird – sofern die entsprechenden Voraussetzungen vorliegen – das Freistellungsverfahren für Antennenanlagen bis 50 m Höhe (vgl. § 66 Abs. 2 Satz 3) eröffnet. Es wird zudem hinsichtlich der vorzuhaltenden Unterlagen (Bescheinigung über Gewährleistung des Standsicherheitsnachweises ausreichend) in* **Satz 2** *ebenfalls auf § 66 Abs. 2 Satz 3 verwiesen. Ebenso wird durch die Änderung der Bezüge auf § 63 klargestellt, dass auch im optionalen Freistellungsverfahren die Unterlagen weiterhin bei der Gemeindeverwaltung einzureichen sind.*

Zu § 67 Abs. 6 (2015)

Der neue Absatz 6 steht im Zusammenhang mit der Regelung über die Geltungsdauer der Baugenehmigung nach § 74 Abs. 1. Danach ist die Geltungsdauer der Baugenehmigung auf vier Jahre befristet. Bei fortwirkender Geltung eines Bebauungsplans ist der Baubeginn nach Durchlaufen des

Freistellungsverfahrens zeitlich unbegrenzt möglich. Dies steht in einem Missverhältnis zu der Regelung über die Befristung der Geltungsdauer der Baugenehmigung. Es ist daher auch mit Blick auf eventuelle Änderungen des Bebauungsplanes sachgerecht, diese Regelung in Halbsatz 1 auf Vorhaben im Freistellungsverfahren zu übertragen. Die nähere Beschreibung des § 74 Abs. 1 Satz 2 zum Beginn des Vorhabens und zur Unterbrechung der Ausführung gilt über den Verweis in Halbsatz 2 auch im Freistellungsverfahren. Nach Ablauf der Frist bleibt es der Bauherrin oder dem Bauherrn unbenommen, die Unterlagen erneut bei der Gemeindeverwaltung vorzulegen.

Zu § 67 Abs. 7 (2021)
Der Anwendungsbereich des Freistellungsverfahrens wird auf Vorhaben zur vollständigen oder teilweisen Wiederherstellung von durch Naturkatastrophen, z. B. das Hochwasser im Ahrtal, zerstörten oder beschädigten Gebäuden ausgeweitet. Naturkatastrophen sind Naturereignisse, die Schäden großen Umfangs verursachen und entsprechende Maßnahmen auf Grundlage des Landesgesetzes über den Brandschutz, die allgemeine Hilfe und den Katastrophenschutz (Brand- und Katastrophenschutzgesetz – LBKG –) erfordern.
Die Wiederherstellung beinhaltet die Errichtung eines neuen Gebäudes oder von Teilen eines Gebäudes; unabhängig hiervon bleiben Renovierungsarbeiten und Sanierungsarbeiten im Rahmen des Bestandsschutzes baugenehmigungsfrei möglich. Dabei ist keine zentimetergenaue Rekonstruktion erforderlich, da zum einen die exakte Größe des Bestandes häufig nicht mehr nachzuvollziehen sein wird und zum anderen ein gewisser Spielraum zur Anpassung an heutige bauliche Anforderungen möglich sein soll. Auch führen Veränderungen gegenüber dem zerstörten Gebäude oder beschädigten Gebäudeteil im Innern der Gebäude in der Regel nicht dazu, dass der Umfang der Wiederherstellung überschritten wird; anders verhält es sich erst dann, wenn die Unterschiede zum zerstörten Gebäude oder beschädigten Gebäudeteil so groß sind, dass es sich um ein anderes Vorhaben handelt.
Über den bisherigen Anwendungsbereich des Freistellungsverfahrens hinaus, der grundsätzlich auf Bauvorhaben im Geltungsbereich qualifizierter und vorhabenbezogener Bebauungspläne beschränkt ist, soll dieses auch innerhalb der im Zusammenhang bebauten Ortsteile im Sinne des § 34 BauGB zur Wiederherstellung von zerstörten und beschädigten Gebäuden Anwendung finden. Da Bauvorhaben im Geltungsbereich von einfachen Bebauungsplänen im Sinne des § 30 Abs. 3 BauGB, bei denen sich die Zulässigkeit im Übrigen nach § 34 BauGB richtet, sich ebenfalls innerhalb

eines im Zusammenhang bebauten Ortsteils befinden, ist eine gesonderte Erwähnung dieser Gebiete im Gesetz nicht erforderlich. Darüber hinaus ist keine Beschränkung auf eine spezielle Art der Nutzung vorgesehen; damit wird auf die insbesondere in Orts- und Stadtkernen häufig vorhandene Nutzungsmischung Rücksicht genommen.
Eine Erweiterung auf privilegierte Vorhaben im Außenbereich (§ 35 Abs. 1 BauGB) erfolgt dagegen nicht. Die Privilegierungstatbestände des § 35 Abs. 1 BauGB enthalten vielfach unbestimmte Rechtsbegriffe (z. B. den Begriff „dient"). Die Prüfung, ob ein Privilegierungstatbestand einschlägig ist, setzt eine inhaltliche Wertung des konkreten Sachverhalts voraus. Dies widerspricht dem Grundgedanken des baugenehmigungsfreien Bauens im Freistellungsverfahren, bei dem die Bauherrinnen und Bauherrn ohne weitere Prüfung erkennen können, ob ihr Vorhaben im Freistellungsverfahren zu behandeln ist. Anders als bei Vorhaben, die sich bauplanungsrechtlich nach § 30 oder § 34 BauGB beurteilen, sind die Erkenntnisse aus der Flutkatastrophe zudem nicht nur auf Basis des Wasserrechts, sondern auch bei der Prüfung der bauplanungsrechtlichen Zulässigkeit selbst zu beachten. Denn die Gefährdung des Hochwasserschutzes ist als öffentlicher Belang, der auch einem privilegierten Vorhaben entgegenstehen kann, in § 35 Abs. 3 Satz 1 Nr. 6 BauGB ausdrücklich genannt.
Bei Gebäuden der Gebäudeklassen 4 und 5 bleibt die Anwendung des Freistellungsverfahrens freiwillig; d. h. hierüber entscheidet die Bauherrin oder der Bauherr. Die Einhaltung der Sicherheitsanforderungen in Bezug auf die Standsicherheit und den Brandschutz werden aufgrund der Prüfung durch die entsprechenden Prüfsachverständigen gewährleistet.
Mit dem Freistellungsverfahren wird die durch Artikel 28 Abs. 2 des Grundgesetzes der Bundesrepublik Deutschland geschützte Planungshoheit der Gemeinden grundsätzlich gewährleistet; diese kann bei Bedarf vor allem zur Sicherung der Bauleitplanung die Durchführung eines Baugenehmigungsverfahrens fordern, um dort ihre Planungssicherungsinstrumente zur Anwendung zu bringen. Der im Vergleich zur bisherigen Rechtslage stärkere Eingriff in die Planungshoheit ist aufgrund der besonderen Erfordernisse zum Wiederaufbau in der betroffenen Region gerechtfertigt. Anders als im Geltungsbereich von qualifizierten und vorhabenbezogenen Bebauungsplänen haben die Gemeinden innerhalb der im Zusammenhang bebauten Ortsteile zwar nicht abschließend geregelt, welche Bauvorhaben zulässig sind, zur Bewältigung einer Katastrophe und durch die Beschränkung auf die Wiederherstellung zerstörter und beschädigter Gebäude ist der Eingriff jedoch gerechtfertigt. Da die Gemeinde die Erklärung, dass ein Genehmigungsverfahren durchgeführt werden soll, auch abgeben kann, wenn sie der Auffassung ist, dass dem Vorhaben öffentlich-rechtliche Vor-

schriften entgegenstehen, ist eine Reaktion auf neuere Erkenntnisse zum Hochwasserschutz möglich. Insbesondere kann sie die Erklärung abgeben, wenn das Bauvorhaben nach den wasserrechtlichen Vorschriften im Überschwemmungsgebiet oder Risikogebiet außerhalb eines Überschwemmungsgebiets liegt. Gibt die Gemeinde keine Erklärung ab, dass ein Genehmigungsverfahren durchgeführt werden soll, so verbleibt die Verantwortung zur Einhaltung der öffentlich-rechtlichen einschließlich der wasserrechtlichen Vorschriften sowie für die Einhaltung gegebenenfalls erforderlicher wasserrechtlicher und anderer behördlicher Entscheidungen bei der Bauherrin oder dem Bauherrn sowie den von ihnen beauftragten Entwurfsverfasserinnen und Entwurfsverfassern.
Die Gemeinde kann die Erklärung, dass ein Genehmigungsverfahren durchgeführt werden soll, auch abgeben, wenn sie davon ausgeht, dass das Vorhaben über die Wiederherstellung hinausgeht und von daher das Freistellungsverfahren keine Anwendung findet.
Da die Wiederherstellung der zerstörten und beschädigten Gebäude in vielen Fällen in Bereichen erfolgen wird, in denen die technische Infrastruktur als Grundlage der Erschließung ebenfalls zerstört oder beschädigt ist, ist die Regelung in Satz 2 erforderlich. Auf diesem Weg soll die gleichzeitige Wiederherstellung der Gebäude und der Erschließungsinfrastruktur ermöglicht werden. Gleichzeitig können die Gemeinden die gegebenenfalls zu frühzeitige Wiederherstellung der Gebäude verhindern, wenn ansonsten bei Fertigstellung und Ingebrauchnahme die Erschließung noch nicht gewährleistet werden könnte. Die Annahme erfordert, dass die in die Zukunft gerichtete Prognose mit hinreichender Sicherheit getroffen werden kann. Dabei kann die Erschließung auch mit provisorischen Anlagen gesichert werden.
Da der häufig ältere Gebäudebestand insbesondere in den Orts- und Stadtkernen die heutigen bauordnungsrechtlichen Anforderungen z. B. in Bezug auf Abstandsflächen oder Stellplätze nicht einhält, regelt Satz 3 in Halbsatz 1 die generelle Zulässigkeit von nicht sicherheitsrelevanten Anforderungen, ohne dass es einer förmlichen Entscheidung der unteren Bauaufsichtsbehörde bedarf. Der hiermit verbundene Eingriff in die (Eigentums-)Rechte der Nachbarinnen und Nachbarn insbesondere in Bezug auf die grundsätzlich nachbarschützenden Abstandsflächenvorschriften, ist aufgrund der besonderen Erfordernisse zur Bewältigung der Naturkatastrophe und aufgrund der Beschränkung auf die Wiederherstellung zerstörter und beschädigter Gebäude zumutbar. Die freiwillige Anpassung an die aktuellen baurechtlichen und sonstigen Anforderungen auf Wunsch der Bauherrin oder des Bauherrn bleibt zulässig. Die Erfüllung der aktuellen Sicherheitsanforderungen in Bezug auf die Standsicherheit oder den

Brandschutz sowie bezüglich der Verwendung von Bauprodukten und Anwendung von Bauarten wird in der Regel unproblematisch möglich sein. Sollten im Einzelfall diesbezüglich Abweichungen erforderlich sein, so gibt Halbsatz 2 den Bauaufsichtsbehörden einen sehr weiten Entscheidungsspielraum; die Zulassung solcher Abweichungen kann unabhängig im Freistellungsverfahren bis zum Baubeginn erfolgen.
Auch im Freistellungsverfahren bleiben die staatlichen Eingriffsmöglichkeiten erhalten, da die unteren Bauaufsichtsbehörden über die Bauvorhaben informiert werden und bei rechtswidrigen Bauvorhaben die erforderlichen Maßnahmen treffen können. Gleichzeitig bestehen im Freistellungsverfahren sehr kurze Fristen; den Gemeinden steht für ihre Entscheidung über die Erklärung zur Durchführung eines Genehmigungsverfahrens höchstens ein Monat zur Verfügung; bei unproblematischen Vorhaben können sie sehr kurzfristig nach der Einreichung der Bauunterlagen auf die Durchführung eines Baugenehmigungsverfahrens verzichten (sogenannte Freistellungserklärung).

Zu § 68 Abs. 1 Satz 3 und 4 (2021)
Da im Streitfall die Bauherrin oder der Bauherr nachweisen muss, dass die Nachbarinnen und Nachbarn dem Vorhaben zugestimmt haben, genügt gegenüber der Bauaufsichtsbehörde ein Nachweis, an den keine höheren Anforderungen als an die übrigen Bauunterlagen gestellt werden. Hierzu reichen beispielsweise die von den Nachbarinnen und Nachbarn unterschriebenen, anschließend eingescannten und elektronisch im PDF-Format übermittelten Bauzeichnungen.

Zu § 68 Abs. 2 Satz 3 (2025)
In Absatz 2 Satz 3 wird neben der weiterhin möglichen Zustellung der an Nachbarinnen und Nachbarn gerichteten Mitteilung über die Zulassung einer Abweichung die Möglichkeit ergänzt, dass die Bekanntgabe dieser Mitteilung nach Maßgabe des § 9 Abs. 1 OZG erfolgen kann. Damit wird auch hier die Nutzung entsprechender Online-Portale im Sinne der fortschreitenden Digitalisierung ermöglicht [vgl. die Änderungen sowie die Begründung zu § 70 Abs. 3 -2025-].

Zu § 69 Abs. 1 Satz 4 und 5 (bis 2025 Sätze 3 und 4, eingeführt 2021)
Die Prüfsachverständigen für Brandschutz erhalten die Kompetenz, Bescheinigungen über die Einhaltung der Brandschutzanforderungen auch dann auszustellen, wenn Abweichungen erforderlich sind oder bei Sonderbauten besondere Anforderungen und Erleichterungen zu berücksichtigen sind. Hierdurch können Bescheinigungen nicht mehr nur bei abschließend geregelten baulichen Anlagen, sondern auch bei ungeregelten Sonderbau-

ten ausgestellt werden. Dies wird den hohen Anforderungen an das Wissen, die Erfahrung und das Anerkennungsverfahren der Prüfsachverständigen für Brandschutz gerecht. Darüber hinaus erleichtert diese Aufgabenübertragung die länderübergreifende gegenseitige Anerkennung der Prüfsachverständigen für Brandschutz. Diese scheitert bisher gegenüber verschiedenen Ländern daran, dass den Prüfsachverständigen für Brandschutz in Rheinland-Pfalz derzeit diese Kompetenz – anders als in vielen anderen Bundesländern – nicht zugestanden wird. Die erweiterte Kompetenz/Aufgabe wird sich auf die Vergütung der Prüfsachverständigen für Brandschutz auswirken. Die entsprechende Anpassung wird durch eine Änderung der Landesverordnung über Sachverständige für baulichen Brandschutz vom 5. März 1997 (GVBl. S. 133), zuletzt geändert durch Artikel 2 der Verordnung vom 4. Dezember 2018 (GVBl. S. 409), BS 213-1-14, erfolgen.[58]
Soweit Prüfsachverständigen für Brandschutz bescheinigt haben, dass die bauaufsichtlichen Anforderungen auch unter Berücksichtigung möglicher Abweichungen erfüllt sind, bedarf es daher in der Regel weder einer expliziten Entscheidung der Bauaufsichtsbehörde noch bei Abweichungen von technischen Anforderungen des Nachweises der gleichwertigen Lösung gegenüber der Bauaufsichtsbehörde.
Die Zulässigkeit von Abweichungen und – bei Abweichungen von technischen Anforderungen – zusätzlich die Bestätigung der Gleichwertigkeit der vorgesehenen Planung sind von den Prüfsachverständigen für Brandschutz in ihrer Bescheinigung explizit aufzuführen und zu begründen. Auf Grundlage des § 65 Abs. 4 LBauO bleiben dabei die Eingriffsmöglichkeiten der unteren Bauaufsichtsbehörden bestehen.
Ihre Grenze findet diese Kompetenzerweiterung, soweit für ein Vorhaben Abweichungen von nachbarschützenden Brandschutzbestimmungen erforderlich sind und wenn die Nachbarinnen und Nachbarn dem Vorhaben nicht zugestimmt haben. In diesen Fällen verbleibt es bei der formellen Abweichungsentscheidung der Bauaufsichtsbehörde, um die Beteiligung der Nachbarinnen und Nachbarn durchzuführen und über die Berücksichtigung von deren Belangen zu entscheiden.

Zu § 69 Abs. 1 (2025)
§ 69 wird geändert, um Abweichungen von bauaufsichtlichen Anforderungen zu erleichtern.

---

58 siehe Landesverordnung über Prüfsachverständige für Brandschutz vom 3. März 2021 (GVBl. S. 149) sowie Rundschreiben des Ministeriums der Finanzen vom 1. April 2021 „Prüfung des Brandschutzes durch Prüfsachverständige für Brandschutz“ (https://mkbwk.rlp.de/themen/baurecht-und-bautechnik/bauvorschriften-1)

*Absatz 1 **Satz 1** ist derzeit als „Kann-Vorschrift“ ausgestaltet. Dabei werden hohe Anforderungen an die Zulässigkeit von Abweichungen gestellt. Unter anderem müssen die Abweichungen mit öffentlichen und privaten Belangen vereinbar sein; soll von einer technischen Anforderung abgewichen werden, ist der Bauaufsichtsbehörde nachzuweisen, dass dem Zweck dieser Anforderung auf andere Weise entsprochen wird. Wenn die Voraussetzungen bejaht werden, haben sich die unteren Bauaufsichtsbehörden im Regelfall für die Zulassung der Abweichung zu entscheiden, es sei denn, besondere Umstände stünden dem entgegen (sogenanntes intendiertes Ermessen, vgl. Bayerischer Verwaltungsgerichtshof, Beschluss vom 6. August 2013, Az. 15 CS 13.1076, juris, Rn. 25). Diesem von der Rechtsprechung anerkannten intendierten Ermessen soll dadurch Rechnung getragen werden, dass Absatz 1 Satz 1 als „Soll-Vorschrift“ ausgestaltet wird. Damit ist klargestellt, dass Abweichungen regelmäßig dann erteilt werden, wenn die bauaufsichtlichen Anforderungen eingehalten werden, so z. B. auch bei der Schaffung zusätzlichen Wohnraums in bestehenden Gebäuden durch eine Änderung des Dachgeschosses oder durch die Errichtung zusätzlicher Geschosse.*

Gleichwohl verbleibt noch Raum, eine Abweichung gerade von nachbarschützenden Vorschriften, die mit einer nennenswerten tatsächlichen und das sachliche Interesse der Bauherrin oder des Bauherrn überwiegenden Beeinträchtigung der Nachbarinnen und Nachbarn einherginge, nicht zuzulassen.

*Durch die Schaffung des neuen **Satzes 2** in Absatz 1 werden drei Regelbeispiele aufgenommen, die eine Vereinbarkeit mit den nach Satz 1 benannten Belangen intendieren:*

***Nummer 1** umfasst Vorhaben, die der Weiternutzung bestehender Gebäude dienen. Die Weiternutzung der vorhandenen Gebäudesubstanz rechtfertigt es, in der Regel von der Einhaltung bauordnungsrechtlicher Vorschriften im Einzelfall Abweichungen zu erteilen. Überwiegend werfen solche Vorhaben allenfalls planungsrechtliche Aspekte auf. Damit wird die Nutzung der vorhandenen Gebäudesubstanz insgesamt vereinfacht und unbürokratisch ermöglicht. Die Regelung ergänzt unter anderem die neuen gesetzlichen Abweichungen nach § 44 Abs. 8 bis 10.*

***Nummer 2** dient generell dem vereinfachten Ausbau erneuerbarer Energien beziehungsweise von Vorhaben zur Energieeinsparung. In der Regel werfen derartige Vorhaben (beispielsweise nachträgliche Maßnahmen zur Dämmung, Dachsanierungen, Errichtung von Solarenergieanlagen) in nur untergeordnetem Maße bauordnungsrechtliche Belange auf. Ihnen ist daher vor dem Hintergrund der Ausbauziele für erneuerbare Energien und*

dem Übereinkommen von Paris der Vereinten Nationen vom 12. Dezember 2015 ein entscheidendes Gewicht beizumessen.
***Nummer 3** dient der Umsetzung des verbändeübergreifend vielfach geforderten Gebäudetyps E. Ungeachtet bestehender Fragen des Zivilrechts (Schuldrecht; Haftungsfragen) wird es experimentellen Vorhaben damit ermöglicht, im Einzelfall von bauordnungsrechtlichen Anforderungen der Landesbauordnung Rheinland-Pfalz abzuweichen.*
Die bisherigen Sätze 2 bis 4 in Absatz 1 werden zu den Sätzen 3 bis 5; zudem wird in den Sätzen 4 (neu) und 5 (neu) jeweils die Verweisung aktualisiert.
In Bezug auf die Anforderungen an die Barrierefreiheit baulicher Anlagen bleibt die spezielle Abweichungsregelung des § 51 Abs. 4 vorrangig.

Zu § 69 Abs. 2 Satz 2 (2015)
Die Verweisung in Satz 2 ist um die §§ 71 und 74 zu ergänzen, so dass die Regelungen zur Ersetzung des gemeindlichen Einvernehmens und Begrenzung der Geltungsdauer der Baugenehmigung entsprechend für Abweichungen gelten.

Zu § 69 Abs. 2 (2021)
Das Schriftformerfordernis kann für den Antrag auf Zulassung einer Abweichung (§ 69) entfallen, weil insoweit niedrigschwelligere Anforderungen an die Identifikation der Übermittler ausreichen. Die Regelungen des § 1 BauuntPrüfVO finden über den Verweis auf § 63 in § 69 Abs. 2 Satz 2 entsprechend Anwendung (siehe auch ausführliche Begründung zu § 63 Abs. 1 -2021-).

Zu § 69 Abs. 2 Satz 1 Halbsatz 2 (2025)
Die Ergänzung in Absatz 2 Satz 1 um einen Halbsatz folgt der Neuregelung in § 62 Abs. 1 Nr. 11 Buchst. l, wonach Vorhaben [inländischer öffentlicher Stellen], die der Landesverteidigung dienen und keiner Umweltverträglichkeitsprüfung oder Vorprüfung bedürfen, genehmigungsfrei sind. § 69 Abs. 2 sieht jedoch bei genehmigungsfreien baulichen Anlagen eine Antragspflicht hinsichtlich erforderlicher Abweichungen vor. Das Ziel der Verringerung des Verwaltungsaufwands für Vorhaben, die der Landesverteidigung dienen, würde durch eine solche Antragspflicht konterkariert. Der neu eingefügte Halbsatz 2 nimmt daher Abweichungen für entsprechende Anlagen von der Antragspflicht aus; dies ist auch vor dem Hintergrund der baufachlichen Betreuung durch die entsprechenden Stellen des Bundes und der Länder gerechtfertigt.

Zu § 70 Abs. 1 Satz 2 (2015)

Absatz 1 ist um einen neuen Satz 2 zur Umweltverträglichkeitsprüfung zu ergänzen.

Da nach der Änderung des § 17 des Gesetzes über die Umweltverträglichkeitsprüfung (UVPG) durch das Europarechtsanpassungsgesetz Bau (EAG Bau) nicht mehr gewährleistet ist, dass die Umweltverträglichkeitsprüfung bei baugenehmigungsbedürftigen Bauvorhaben (vgl. Nr. 18 der Anlage 1 zum UVPG) ausschließlich im Bauleitplanverfahren abzuarbeiten ist, sondern auch Fälle denkbar sind, in denen die Umweltverträglichkeitsprüfung nach § 2 Abs. 1 Satz 1 UVPG oder eine entsprechende Vorprüfung ganz oder teilweise im bauaufsichtlichen Genehmigungsverfahren geleistet werden muss, ist der neue Satz 2 Halbsatz 1 einzufügen. Eine Veränderung der materiell-rechtlichen Anforderungen an Bauvorhaben geht damit – wegen der verfahrensrechtlichen Bedeutung der Umweltverträglichkeitsprüfung – nicht einher. Mit der Neuregelung wird auch den Anforderungen des künftigen Landesgesetzes über die Umweltverträglichkeitsprüfung Rechnung getragen. Nach Satz 2 Halbsatz 2 soll § 66 Abs. 5 Satz 2 Halbsatz 1 [seit 2025 Satz 2] nicht zur Anwendung kommen. Die dort geregelten Fristen von einem Monat bzw. zwei Monaten für die behördliche Prüfung und die Entscheidung über einen Bauantrag im vereinfachten Genehmigungsverfahren sind im Fall einer zusätzlich erforderlichen Umweltverträglichkeitsprüfung oder Vorprüfung nicht einzuhalten. Die Prüfungen unterscheiden sich in Umfang und Zeitaufwand nach den jeweiligen Umständen des Einzelfalls, die in der Regel durch Fachgutachten dargestellt und bewertet werden. Die Änderung steht in Zusammenhang mit den Anpassungen in § 67 Abs. 1 und § 83 Abs. 4 (2015).

Zu § 70 Abs. 1 (2021)

Auch künftig soll die Schriftform für die Baugenehmigung beibehalten werden, daher erfolgt an dieser Stelle keine Gesetzesänderung. Es überwiegt das Interesse an der Bewahrung der Schriftform, weil elementare Funktionen der Schriftform, insbesondere der Echtheitsnachweis, auch künftig erforderlich bleiben. Die Schriftform verdeutlicht die weitreichende Bedeutung der Genehmigung und ist aufgrund ihrer Beweis- sowie Warnfunktion erforderlich. Zugleich stellen diese Unterschriften entweder kein grundlegendes Prozessproblem dar oder aber die Bereitstellung von digitalen Signaturinstrumenten kann bei der Bauaufsichtsbehörde vorausgesetzt werden.

Durch das Schriftformerfordernis ist die digitale Form nicht ausgeschlossen. Nach § 1 Abs. 1 des Landesverwaltungsverfahrensgesetzes in Verbindung mit § 3a VwVfG kann die Schriftform durch die elektronische Form ersetzt werden, wenn das elektronische Dokument mit einer elektronischen Signatur versehen ist oder diese ersetzende digitale Formen verwendet werden (unter anderem De-Mail) [siehe auch Änderung 2025].

Zu § 70 Abs. 3, § 74 Abs. 1 und 2, § 75 Abs. 2 und § 77 Abs. 1 Satz 1 Nr. 1 (2025)

Nach § 70 Abs. 3 Satz 1 ist die Baugenehmigung der Bauherrin oder dem Bauherrn mit den mit dem Genehmigungsvermerk versehenen Unterlagen zuzustellen. Maßgeblich sind die Verwaltungszustellungsgesetze von Land und Bund, die allerdings eine elektronische Form der Zustellung nicht in der Weise ermöglichen, wie sie die fortschreitende Digitalisierung des Baugenehmigungsverfahrens erfordert.

Deshalb wird in § 70 Abs. 3 Satz 1 ergänzend zur Zustellung die rechtssichere Möglichkeit eröffnet, die Baugenehmigung nach Maßgabe des § 9 Abs. 1 OZG bekannt zu geben (vgl. § 68 Abs. 2 Satz 3). Im Falle der Einrichtung und Nutzung eines entsprechenden Online-Dienstes, mit der zunehmend zu rechnen ist, kann die Baugenehmigung zum Abruf über das mit dem Nutzerkonto verbundene Postfach bereitgestellt werden; die Nutzenden oder ihre Bevollmächtigten sind entsprechend zu benachrichtigen. Die Baugenehmigung gilt am vierten Tag nach der Bereitstellung zum Abruf als bekannt gegeben.

Obschon § 9 Abs. 1 OZG nur für elektronische Verwaltungsakte gilt, ist diese Form der Bekanntgabe möglich auch für die nach wie vor der Schriftform bedürfende Baugenehmigung (§ 70 Abs. 1 Satz 4 Halbsatz 1). Denn eine durch Rechtsvorschrift angeordnete Schriftform kann bereits nach geltendem Recht durch die elektronische Form ersetzt werden, wie dies § 1 Abs. 1 des Landesverwaltungsverfahrensgesetzes vom 23. Dezember 1976 (GVBl. S. 308, BS 2010-3) in der jeweils geltenden Fassung in Verbindung mit § 3 a Abs. 2 Satz 1 des Verwaltungsverfahrensgesetzes (VwVfG) vorsieht. Der elektronischen Form genügt ein elektronisches Dokument, das mit einer qualifizierten elektronischen Signatur versehen ist (§ 3 a Abs. 2 Satz 2 VwVfG); die Schriftform kann auch ersetzt werden bei elektronischen Verwaltungsakten oder sonstigen elektronischen Dokumenten der Behörde, indem diese mit dem qualifizierten elektronischen Siegel der Behörde versehen werden (§ 3a Abs. 3 Nr. 3 Buchst. a VwVfG). Die zuständigen unteren Bauaufsichtsbehörden in Rheinland-Pfalz haben schon jetzt über den kostenfreien Basisdienst des Landes die Möglichkeit, eine qualifizierte elektronische Signatur zu nutzen; in Zukunft wird das qualifizierte elektronische Siegel der Behörde an Bedeutung gewinnen.

Im Ergebnis wird die Nutzbarkeit der digitalen Bauakte über die Einreichung des Bauantrags hinaus auf die Bekanntgabe der Baugenehmigung

erweitert. Im Interesse größtmöglicher Rechtssicherheit bleibt die Schriftform der Baugenehmigung beibehalten und es werden die spezifischen Maßgaben des § 9 Abs. 1 OZG übernommen.
Darüber hinaus soll auch für die nach § 70 Abs. 3 Satz 2 erforderliche Übermittlung der Ausfertigung des Bauscheins an Nachbarinnen und Nachbarn, deren Einwendungen nicht entsprochen wurde oder die sich nicht innerhalb der Frist nach § 68 Abs. 2 Satz 3 geäußert haben, den nach § 74 Abs. 2 Satz 4 Halbsatz 1 genannten Verwaltungsakt über die Verlängerung der Geltungsdauer einer Baugenehmigung, die Unterlagen zu Typenprüfungen nach § 75 Abs. 2 Satz 4 sowie die Mitteilung an Nachbarinnen und Nachbarn nach § 68 Abs. 2 die Möglichkeit der Bekanntgabe nach Maßgabe des § 9 Abs. 1 OZG eröffnet werden.
Über die Verweise auf die §§ 68, 70, 74 und 75 gilt dies auch für die Bekanntgabe und den Beginn der Geltungsdauer von Bauvorbescheiden (§ 72), Typenprüfungen (§ 75a) sowie für die Bekanntgabe von Zustimmungen nach § 83 Abs. 1.
In § 74 Abs. 1 Satz 1 wird in Folge der Änderung in § 70 Abs. 3 Satz 1 ergänzt, dass die Frist letztlich für das Erlöschen der (Teil-)Baugenehmigung von vier Jahren im Falle deren Bekanntgabe nach Maßgabe des § 9 Abs. 1 OZG in diesem Zeitpunkt beginnt.

Zu § 70 Abs. 4 (2021) und Abs. 5 (2022)
Die Änderung in Absatz 4 [und Absatz 5] ermöglicht als Folgeänderung zur Erleichterung der digitalen Verfahren die Kenntnisgabe an die Gemeindeverwaltungen [und die Gewerbeaufsichtsämter] in digitaler Form, z. B. per E-Mail oder als Mitteilung in einem datenbankgestützten elektronischen Baugenehmigungsverfahren.

Zu § 70 Abs. 6 (2015)
Einzufügen ist ein neuer Absatz 6 zu Vorhaben im Anwendungsbereich der sog. Seveso-III-Richtlinie (Richtlinie 2012/18/EU des Europäischen Parlaments und des Rates vom 4. Juli 2012 zur Beherrschung der Gefahren schwerer Unfälle mit gefährlichen Stoffen, zur Änderung und anschließenden Aufhebung der Richtlinie 96/82/EG des Rates [ABl. EG Nr. L 197 S. 1]). Bei Vorhaben, die nach ihrer Art, Größe und Lage nahe oder innerhalb eines Betriebsbereichs im Sinne des § 3 Abs. 5a BImSchG gemäß der Seveso-III-Richtlinie einer Öffentlichkeitsbeteiligung bedürfen, ist diese nach Maßgabe der hierfür geltenden Vorschriften durchzuführen (Satz 1). Die Seveso-III-Richtlinie tritt mit Wirkung zum 1. Juni 2015 an die Stelle der Seveso-II-Richtlinie und entwickelt diese weiter (Richtlinie 96/82/EG des Rates vom 9. Dezember 1996 zur Beherrschung der Gefahren bei schwe-

ren Unfällen mit gefährlichen Stoffen [ABl. EG Nr. L 10 S. 13]). Die Vorgaben der Seveso-II-Richtlinie können nach Maßgabe jüngerer Rechtsprechung auch im Baugenehmigungsverfahren durchzusetzen sein; entsprechendes wird für die Seveso-III-Richtlinie gelten. In Betracht kommen insbesondere große Wohnbauvorhaben, Sonderbauten und bauliche Anlagen, die öffentlich zugänglich und für die gleichzeitige Nutzung durch eine große Personenzahl vorgesehen sind wie Schulen und Krankenhäuser. In solchen Fällen kann eine Beteiligung der Öffentlichkeit erforderlich sein (Artikel 13 und Artikel 15 der Richtlinie). Diese Vorgabe wird mit der Neuregelung umgesetzt. Die Einzelheiten zur Öffentlichkeitsbeteiligung werden im Fachrecht (Immissionsschutzrecht) geregelt, das für das bauaufsichtliche Verfahren genutzt werden kann.
Nach Satz 2 soll § 66 Abs. 5 Satz 2 Halbsatz 1 [seit 2025 Satz 2] keine Anwendung finden auf Vorhaben, die nach ihrer Art, Größe und Lage nahe oder innerhalb eines Betriebsbereichs im Sinne des § 3 Abs. 5a BImSchG dem Anwendungsbereich der Seveso-III-Richtlinie unterfallen. Die in § 66 Abs. 5 Satz 2 Halbsatz 1 [seit 2025 Satz 2] geregelten Fristen von einem Monat bzw. zwei Monaten für die behördliche Prüfung und die Entscheidung über einen Bauantrag im vereinfachten Genehmigungsverfahren sind im Fall einer zusätzlich erforderlichen Prüfung des Störfallrechts, oft verbunden mit einer Beteiligung der Öffentlichkeit, nicht einzuhalten. Die Verfahren unterscheiden sich in Umfang und Zeitaufwand nach den jeweiligen Umständen des Einzelfalls, die in der Regel durch Fachgutachten dargestellt und bewertet werden. Eventuelle weitere Umsetzungsmaßnahmen für die Musterbauordnung und die Bauordnungen der Länder werden in den Fachgremien der Bauministerkonferenz diskutiert und entwickelt.

Zu § 71 Abs. 1 und 5 (2015)
Nach der jüngeren Rechtsprechung des Bundesgerichtshofs zur Amtshaftung einer Bauaufsichtsbehörde bei möglicher Ersetzung des gemeindlichen Einvernehmens (Urteil vom 16. September 2010, Az.: III ZR 29/10; fortgeführt mit Urteil vom 25. Oktober 2012, Az.: III ZR 29/12) ist es sachgerecht, das Wort „kann" in den **Absätzen 1 und 5** *durch das Wort „ist" zu ersetzen. Die Bauaufsichtsbehörde ist nunmehr auch nach dem Gesetzeswortlaut verpflichtet, das von einer Gemeinde rechtswidrig versagte Einvernehmen zu ersetzen. Diese Pflicht gilt ebenso im Widerspruchsverfahren.*

Zu § 72 (2021)
Da die Formerfordernisse, die an Bauanträge gestellt werden, aufgrund der Verweise in § 72 Satz 3 sowie der Bestimmungen der Landesverordnung

über Bauunterlagen und die bautechnische Prüfung entsprechend auch für den Bauvorbescheid gelten, ist die Regelung des Schriftformerfordernisses in § 72 Satz 1 Halbsatz 1 entbehrlich.

Zu § 75 Abs. 1 (2015)
Die Typenprüfung wird – in Anlehnung an § 15 der Landesverordnung über Bauunterlagen und die bautechnische Prüfung und weitergehend als bisher in § 65 Abs. 3 Satz 1 – definiert als allgemeine Prüfung der (bautechnischen) Nachweise der Standsicherheit einschließlich der Feuerwiderstandsfähigkeit der Bauteile sowie des Brand-, Wärme- und Schallschutzes. Der Anwendungsbereich wird praxisgerecht erweitert auf Teile baulicher Anlagen und die Verwendung in derselben Ausführung an mehreren Stellen.

Zu § 75 Abs. 2 (2015)
Die Form- und Verfahrensvorschrift des Absatzes 2 wird in ***Satz 1*** *um die für die Typenprüfung zuständigen Prüfämter und Prüfstellen für Baustatik sowie ein schriftliches Antragserfordernis ergänzt. [Vgl. aber Aufgabe der Schriftform durch das Landesgesetz zur Änderung baurechtlicher Vorschriften vom 3. Februar 2021 (GVBl. S. 66).]* ***Satz 2*** *regelt den Kern der Typenprüfung. Soweit sie ergibt, dass die Ausführung den öffentlich-rechtlichen Vorschriften entspricht und für den jeweiligen Verwendungszweck brauchbar ist, ist dies durch Bescheid festzustellen. Anders als bisher bei der Typengenehmigung ist die Reichweite der Typenprüfung flexibel. Zudem wird die Übereinstimmung der Ausführung nicht mehr nur mit den bauaufsichtlichen, sondern mit den öffentlich-rechtlichen Vorschriften vorgesehen. Dies entspricht der Rechtslage bei der Erteilung der Baugenehmigung (vgl. §§ 65 Abs. 1 Satz 1, 70 Abs. 1 Satz 1). In* ***Satz 5*** *werden die Verweise klarstellend auf § 69 (Abweichung) begrenzt.*

Zu § 75 Abs. 4 (2015)
Die Regelungen des Absatzes 4 gelten nunmehr für die Typenprüfung. Der in Satz 2 vorgegebene Prüfumfang für die Bauaufsichtsbehörde entspricht inhaltlich der bisherigen Regelung für die Typenprüfung in § 65 Abs. 3 Satz 1.

Zu § 75a (2019)
Die Wohnungsknappheit ist eines der drängenden Probleme unserer Zeit, auch in verschiedenen Regionen von Rheinland-Pfalz. Das serielle Bauen kann einen wesentlichen Baustein beim schnellen und kostengünstigen Bauen darstellen, der durch die Typengenehmigung unterstützt wird. Daher hat die Bauministerkonferenz in ihrer Sitzung im Februar 2019 die Wieder-

aufnahme der Typengenehmigung in die Musterbauordnung beschlossen. Da sich auch die Verbände der Wohnungswirtschaft sowie des Baugewerbes für die Reaktivierung des vor einigen Jahren aus der Muster- und der Landesbauordnung gestrichenen Verfahrens ausgesprochen haben, kann damit gerechnet werden, dass von Seiten der Bauherrinnen und Bauherren dieses Instrument nun auch tatsächlich genutzt wird. Daher soll die Wiedereinführung der Typengenehmigung in der Landesbauordnung möglichst schnell erfolgen.
Der vorgeschlagene Text orientiert sich an dem beschlossenen Text zur Musterbauordnung; dies stellt einen Beitrag zu ihrer bundeseinheitlichen Umsetzung dar. Ergänzungen ergeben sich aus dem früheren Paragrafen zur Typengenehmigung in der Landesbauordnung und an den Stellen, die sich nach der Musterbauordnung nach dem Länderrecht richten sollen.
Um den landesweit einheitlichen Vollzug zur gewährleisten, soll zunächst die oberste Bauaufsichtsbehörde für die Erteilung der Typengenehmigung zuständig sein. Eine Übertragung an das Deutsche Institut für Bautechnik (DIBt), wie in Artikel 2 Abs. 7 des Abkommens über das Deutsche Institut für Bautechnik bereits vorgesehen, ist möglich. Die Übertragung bleibt einer konkreten Zuständigkeitsregelung vorbehalten.
Die landesübergreifende Anwendbarkeit von Typengenehmigungen aus anderen Ländern soll jeweils durch die oberste Bauaufsichtsbehörde bzw. das DIBt bestätigt werden. Die bauordnungsrechtlichen Anforderungen an Gebäude, z. B. an den baulichen Brandschutz, sind zwar in den Ländern weitgehend gleich, in Einzelpunkten bestehen aber Unterschiede, die eine vorbehaltslose ungeprüfte Anwendung von Typengenehmigungen anderer Länder problematisch erscheinen lassen. Dies betrifft beispielsweise die Anforderungen an die Barrierefreiheit, u. a. bezüglich der Anzahl an barrierefreien Wohnungen und deren baulicher Ausgestaltung. Mit einer vorbehaltlosen Anwendung von Typengenehmigungen würden die materiellen Anforderungen an Gebäude von der Auswahl der Verfahrensart abhängen, wodurch dem Gleichheitsgrundsatz widersprochen würde.
Darüber hinaus besteht in Rheinland-Pfalz z. B. für Wohngebäude bis zur Hochhausgrenze die Möglichkeit, das Vereinfachte Genehmigungs- bzw. das Freistellungsverfahren durchzuführen; in diesen Verfahren werden die bauordnungsrechtlichen Anforderungen, die Inhalt einer Typengenehmigung wären, nicht geprüft. In diesen Fällen muss nicht auf eine Typengenehmigung zurückgegriffen werden; ihre Anwendbarkeit in Rheinland-Pfalz wäre dann auch nicht zu bestätigen.

Zu § 75a Abs. 2 Satz 2 (2021)

In § 75a Abs. 2 Satz 2 (Antrag auf Fristverlängerung der Typengenehmigung) bedarf es keiner ausdrücklichen Regelung der Formerfordernisse – auch nicht zur Gewährleistung einer digitalen Einreichung. Entsprechend der Regelungen des § 63 wird insoweit auf eine Vorgabe in § 75a LBauO verzichtet. Die notwendigen Regelungen finden sich in § 10 in Verbindung mit § 1 Abs. 2 bis 9 BauuntPrüfVO.[59]

Zu § 76 Abs. 1 Satz 2 (2025)

Vorübergehend aufgestellte ortsveränderliche Mobilfunkanlagen können insbesondere zur Gewährleistung der erforderlichen Netzabdeckung oder beim kurzfristigen Entfall einer bestehenden Anlage als Zwischenlösung bis zur Umsetzung eines dauerhaften Standorts für eine Mobilfunkanlage erforderlich werden. Diese können aufgrund der Änderung des § 62 für eine Aufstellzeit von längstens 24 Monaten baugenehmigungsfrei aufgestellt werden. Eine Anwendung der Bestimmungen für Fliegende Bauten ist für diese Anlagen nicht erforderlich.

Zu § 76 Abs. 2 Satz 2 (2015)

Die Regelung in ***Nummer 2*** *bedarf dahingehend der Präzisierung, dass eine Ausführungsgenehmigung nur bei erdgeschossigen Zelten mit einer Grundfläche von bis zu 75 m² nicht erforderlich ist. Darüber hinaus wird geregelt, dass dies künftig auch für betretbare Verkaufsstände als Fliegende Bauten mit derselben Größenbegrenzung gelten soll. Da an solche Verkaufsstände insbesondere aus Brandschutzgründen keine höheren Anforderungen zu stellen sind als an Zelte dieser Größenordnung, ist die Erleichterung gerechtfertigt.*

Die als ***Nummer 4*** *neu eingefügte Regelung trägt der wachsenden Verbreitung aufblasbarer Spielgeräte Rechnung, die unter keinen der traditionellen Ausnahmetatbestände des § 76 Abs. 2 Satz 2 etwa für Zelte oder Fahrgeschäfte sinnvoll eingeordnet werden können. Die Neuregelung befreit aufblasbare Spielgeräte, soweit aufgrund ihrer Abmessungen Gefahren für die Sicherheit der Benutzer nicht zu befürchten sind, vom Erfordernis der Ausführungsgenehmigung. Bei der Verfahrensfreistellung werden die Höhe der für Besucher betretbaren Bereiche sowie unabhängig davon die Fluchtweglänge unter überdachten Bereichen begrenzt. Überdachte nicht betretbare Flächen haben in diesem Zusammenhang in der Regel keine Bedeutung. Mit den gewählten Formulierungen werden praktikable Abgrenzungs-*

59 siehe auch C 11, Digitalisierung

kriterien dargestellt, ohne auf die nahezu grenzenlose räumliche Vielfalt aufblasbarer Spielgeräte eingehen zu müssen.

Zu § 76 Abs. 3 Satz 3 (2021)
Da Prüfbücher inklusive Ausführungsgenehmigungen beim Aufstellen der Fliegenden Bauten sowie bei deren Gebrauchsabnahme vorliegen müssen und im Zuge der Gebrauchsabnahmen Eintragungen in Prüfbücher durch die unteren Bauaufsichtsbehörden erfolgen, bleibt bei Fliegenden Bauten (§ 76 LBauO) die digitale Behandlung derzeit noch ausgeschlossen, es besteht weiterhin ein Schriftformerfordernis. Dies gilt auch für Anträge auf Verlängerung von Ausführungsgenehmigung nach § 76 Abs. 5 LBauO. Näheres regelt auch § 11 BauuntPrüfVO.

Zu § 78 Abs. 2 Satz 4 (2015)
Der neu einzufügende Satz 4 trägt Bedenken aus der Baupraxis Rechnung. Aufgrund von Berichten über Mängel, die bei der Bauausführung an der Tragkonstruktion festgestellt wurden, wurde in § 78 der neu gefassten Landesbauordnung 1999 eine Regelung aufgenommen, wonach die zur Prüfung von Standsicherheitsnachweisen Berechtigten bei Vorhaben im umfassenden Genehmigungsverfahren bescheinigen müssen, dass die Bauausführung entsprechend der von ihnen zu verantwortenden Nachweise erfolgt ist. Eine solche Regelung soll modifiziert nunmehr auch auf das vereinfachte Genehmigungsverfahren und das Freistellungsverfahren übertragen werden. Die Regelung soll dazu beitragen, dass Sicherheitsdefizite infolge mangelhafter Bauausführung durch verstärkte Überwachung vermieden werden. So sollen künftig die Personen, die den Standsicherheitsnachweis aufgestellt haben, erklären, dass die Tragkonstruktion entsprechend der Nachweise ausgeführt ist. Damit wird an die Regelung für das umfassende Baugenehmigungsverfahren angeknüpft. Die Neuregelung steht in Verbindung mit der Neufassung des § 66 Abs. 1 Satz 2, wonach bei der Bauaufsicht Erklärungen der Personen vorzulegen sind, durch die die ordnungsgemäße Aufstellung oder Prüfung der bautechnischen Nachweise bestätigt wird.

Zu § 78 Abs. 8 (2019)
Die Ergänzung stellt klar, dass im Rahmen der Bauüberwachung auch die Einsicht in die Dokumentation zur Verwendung von Bauprodukten, die die CE-Kennzeichnung tragen, zu gewähren ist. Im Hinblick auf die Leistungserklärung kann auch Einsicht in eine elektronische Fassung gewährt werden.

Zu § 78 Abs. 10 (2019)
Absatz 10 soll die Zusammenarbeit der Bauaufsichtsbehörden, der sachverständigen Personen und Stellen nach § 65 Abs. 4 sowie der Prüfingenieurinnen und Prüfingenieure für Baustatik mit der Marktüberwachungsbehörde stärken. Deshalb sollen systematische Rechtsverstöße, die im Rahmen der Bauüberwachung festgestellt werden, bei der nach der Landesverordnung über Zuständigkeiten nach dem Bauproduktengesetz und der Marktüberwachung von harmonisierten Bauprodukten sowie zur Übertragung von Zuständigkeiten auf das Deutsche Institut für Bautechnik vom 19. August 2014 (GVBl. S. 197, BS 213-5) in der jeweils geltenden Fassung für die Marktüberwachung zuständigen Stelle angezeigt werden. Dies kann z. B. bei fehlerhaften Angaben in der Leistungserklärung der Fall sein.

Zu § 83 Abs. 2 Satz 1 (2025)
Auch Anträge auf Zustimmung sollen zukünftig bei der Bauaufsichtsbehörde eingereicht werden (siehe Begründung zu § 63 Abs. 1 und 3 -2025-).

Zu § 83 Abs. 4 (2015)
Nach ***Satz 1*** *Halbsatz 1 sind Vorhaben, die der Landesverteidigung dienen, der oberen Bauaufsichtsbehörde vor Baubeginn in geeigneter Weise zur Kenntnis zu bringen [siehe aber Änderungen 2025]. Diese Kenntnisgabe ist als bloße Anzeige nach § 2 Abs. 3 Nr. 1 des Gesetzes über die Umweltverträglichkeitsprüfung (UVPG) keine Entscheidung im Sinne des § 2 Abs. 1 Satz 1 UVPG und damit kein Trägerverfahren für eine Umweltverträglichkeitsprüfung. Da bei militärischen Vorhaben, die einer Pflicht zur Umweltverträglichkeitsprüfung oder einer Vorprüfung nach dem Recht über die Umweltverträglichkeitsprüfung unterliegen, auch im Hinblick auf § 37 Abs. 2 BauGB nicht in jedem Fall das erforderliche Trägerverfahren zur Verfügung steht, bedarf Absatz 4 der Ergänzung um die nun in Satz 1 Halbsatz 2 neu vorgesehene Zustimmung als Entscheidung im Sinne des § 2 Abs. 3 UVPG. Sie bezieht sich auf die bauplanungsrechtliche Zulässigkeit. Satz 1 Halbsatz 3 enthält den notwendigen Verweis auf § 70 Abs. 1 Satz 2. Im neuen* ***Satz 2*** *wird klargestellt, dass die Absätze 1 bis 3 keine Anwendung finden. Von der Neuregelung unberührt bleibt die nach Bauplanungsrecht erforderliche Prüfung der Zulässigkeit des Vorhabens. Eine Pflicht zur Durchführung der Umweltverträglichkeitsprüfung kann auf der Grundlage der Rechtsverordnung des Bundes nach § 3 Abs. 2 UVPG ausgeschlossen oder eingeschränkt sein. Die Änderung steht in Zusammenhang mit den Anpassungen in § 67 Abs. 1 und § 70 Abs. 1 (2015).*

Zu § 83 Abs. 4 (2025)
Die Änderung in Absatz 4 Satz 1 Halbsatz 1 ergibt sich als Folgeänderung aus dem neu eingefügten § 62 Abs. 1 Nr. 11 Buchst. l [siehe Begründung zu § 62 Abs. 1 Nr. 11 Buchst. l -2025-], der die Genehmigungsfreiheit der militärischen Vorhaben, die keiner Umweltverträglichkeitsprüfung beziehungsweise Vorprüfung bedürfen, regelt.

Zu § 84 Satz 1 Nr. 6 (2015)
Die Änderungen in Satz 1 Nr. 6 zu Aufschüttungen und Abgrabungen im Außenbereich sind im Hinblick auf die Entwicklungen des Naturschutz- und Wasserrechts erforderlich. Die Beschränkung auf das Landesnaturschutzgesetz- und das Landeswassergesetz ist nicht mehr sachgerecht. So ist etwa die konkurrierende Regelung zu Eingriffen in Natur und Landschaft in § 14 Bundesnaturschutzgesetz unmittelbar anwendbar. Zudem werden derzeit das Landesnaturschutzgesetz und das Landeswassergesetz novelliert, die beide bundesrechtlich mögliche Abweichungen enthalten und Grundlage für einschlägige Verordnungen sein können. Mit der Neuregelung soll der fachrechtliche Vorrang in jedem Fall gewährleistet werden.

Zu § 86 (2021)
Auch künftig soll die Schriftform für die Baulasterklärung nach Absatz 1 und 2 beibehalten werden, daher erfolgt an dieser Stelle keine Gesetzesänderung (siehe auch Begründung zu § 70 Abs. 4 -2021-).
Das Erfordernis, dass die Verzichtserklärung der Bauaufsichtsbehörde zur Baulast (§ 86 **Abs. 4***) schriftlich ergehen muss, kann dagegen ersatzlos entfallen. Die Vorgabe ist entbehrlich, da keine negativen Auswirkungen auf das Verfahren zu befürchten sind. Es gelten die allgemeinen Regelungen zu Verwaltungsakten.*
Durch die Ergänzung in **Absatz 5** *sollen neben der Einsichtnahme verschiedene (weitere) Möglichkeiten eingeräumt werden, einen Auszug erstellen zu lassen. Denkbar sind z. B. Abschriften, aber auch Auszüge in elektronischer Form.*

Zu § 86 Abs. 3 Satz 3 (2025)
Die Änderung in Absatz 3 Satz 3 schafft mehr Flexibilität für die Organisation im Vermessungswesen, wo bauaufsichtliche Mitteilungen über Eintragungen in das Baulastenverzeichnis entgegengenommen werden. Diese Mitteilungen sind nicht mehr wie bisher zwingend dem zuständigen Vermessungs- und Katasteramt, sondern den Vermessungs- und Katasterbehörden nach § 2 Abs. 1 des Landesgesetzes über das amtliche Vermessungswesen vom 20. Dezember 2000 (GVBl. S. 572, BS 219-1) in der

jeweils geltenden Fassung zu übermitteln. Näheres hierzu wird in geeigneter Form festgelegt werden.[60]

Zu § 87 Abs. 1 (2019)
Aufgrund der Veränderungen der bisherigen §§ 18 bis 26 sind die Verweise redaktionell anzupassen. Darüber hinaus wird entsprechend der MBO die Ermächtigung durch den Bezug auf § 17a Abs. 1 und § 18 Abs. 1 klarstellend erweitert, da sich aus den Rechtsverordnungen Anforderungen an die Verwendung von Bauarten und Bauprodukten ergeben können. Dies ist insbesondere aufgrund ihrer hohen Relevanz für die Bauwerkssicherheit sinnvoll.

Zu § 87 Abs. 1 Nr. 4 (2025)
Zur Klarstellung über die möglichen Regelungsinhalte der Feuerungsverordnung wird die Ermächtigungsgrundlage auf die in § 39 neu genannten Anlagen ausgeweitet.

Zu § 87 Abs. 2 Satz 2 (2021)
Die Ermächtigungsregelungen werden erweitert, um in der Landesverordnung über Bauunterlagen und die bautechnische Prüfung Regelungen zur Art der Übermittlung von Daten, zum Erfordernis und zum Sicherheitsniveau von Identifizierungen und zum Verfahren treffen zu dürfen.

Zu § 87 Abs. 4 (2015)
Mit der Änderung wird die Möglichkeit geschaffen, durch Rechtsverordnung nähere Anforderungen an die Bauleiterin oder den Bauleiter nach § 56a zu stellen.

Zu § 87 Abs. 7 Satz 2 (2021)
Die Ergänzung der Verordnungsermächtigung ist erforderlich, um in den Fällen, in denen Verordnungen aus dem Bereich des Produktsicherheitsrechts auch für Anlagen und Einrichtungen im „privaten" Bereich für anwendbar erklärt werden sollen, die entsprechenden Bußgeldbestimmungen dieser Verordnungen in Bezug nehmen zu können.

Zu § 87a Allgemein (2019)
§ 3 Abs. 2 in Verbindung mit § 87a bilden die Ermächtigungsgrundlage für den Erlass von Technischen Baubestimmungen, die nach § 3 Abs. 2 als

60 siehe auch Änderung der Verwaltungsvorschrift „Einrichtung und Führung des Baulastenverzeichnisses, Nachweis der Baulasten im Liegenschaftskataster (zu § 86 LBauO)" vom 9. Oktober 2025 (MinBl. S. 530)

Verwaltungsvorschrift bekannt gemacht werden. In diesen Technischen Baubestimmungen gehen sowohl die technischen Regeln, die bislang in der Liste der Technischen Baubestimmungen enthalten waren, als auch diejenigen, die bislang in den Bauregellisten geführt wurden, auf.

Zu § 87a Abs. 1 (2019)
Absatz 1 definiert zunächst den Gegenstand Technischer Baubestimmungen, und zwar die Konkretisierung der Anforderungen nach den §§ 3 und 4. Zur Ausführung der gestalterischen Grundnorm des § 5 sind keine Technischen Baubestimmungen erforderlich.

Zu § 87a Abs. 2 (2019)
In Absatz 2 werden Inhalt, Zweck und Ausmaß der Technischen Baubestimmungen hinreichend bestimmt. Er enthält deshalb detaillierte Vorgaben dazu, welche Arten von Regelungen in die Technischen Baubestimmungen aufgenommen werden können. Die Bezugnahme auf nichtstaatliche technische Regeln bleibt weiterhin zulässig und im Sinne der schlanken Gestaltung der Technischen Baubestimmungen auch erwünscht; es können aber auch Regelungen auf andere Weise unter Beachtung des Verhältnismäßigkeitsgrundsatzes aufgenommen werden, und zwar in Bezug auf die in den Nummern 1 bis 6 genannten Gegenstände.
Im Anwendungsbereich der BauPVO sind Regelungen zum Nachweis der Verwendbarkeit von Bauprodukten sowie Übereinstimmungserklärungen zu zusätzlichen nationalen Anforderungen nicht statthaft. Die Nummern 4 und 5 sind daher auf Bauprodukte, die die CE-Kennzeichnung aufgrund der BauPVO tragen, nicht anwendbar.
Bei der Festlegung von Verfahren für die Feststellung der Leistung von Bauprodukten ist gegebenenfalls Artikel 8 Abs. 6 BauPVO zu beachten. Danach passen die Mitgliedstaaten die Verfahren, die sie in ihren Anforderungen an Bauwerke verwenden, sowie andere nationale Regeln in Bezug auf die wesentlichen Merkmale von Bauprodukten an die harmonisierten Normen an.
Im Übrigen gelten die Regelungen für alle Bauprodukte, gleichgültig ob harmonisiert oder nicht.
Die Regelungen nach ***Nummer 1*** *können zunächst der Konkretisierung der Bauwerksanforderungen dienen, und zwar in Bezug auf die bauliche Anlage insgesamt oder ihre Teile. Auf Grundlage von Nummer 1 sollen dort, wo dies erforderlich ist, die Anforderungen an Bauwerke insgesamt oder ihre Teile so genau beschrieben werden, dass die verantwortlichen Personen (Bauherrin und Bauherr einschließlich der von diesen beauftragten planenden und bauleitenden Personen sowie verantwortliche Personen in Un-*

ternehmen) anhand dieser Beschreibung in der Lage sind, das jeweils geeignete Bauprodukt auszuwählen. Dabei handelt es sich bei den Konkretisierungen auf der Grundlage von Nummer 1 um abstrakt-generelle Regelungen und nicht um solche, die auf ein konkretes Bauvorhaben bezogen sind. In Abgrenzung

- *zu § 87 Abs. 1 Nr. 1, der die nähere Bestimmung der allgemeinen Anforderungen der §§ 6 bis 17, 27 bis 49, 52 und 53 durch Rechtsverordnung erlaubt, sowie*
- *zu § 87 Abs. 1 Nr. 5, der die nähere Bestimmung der besonderen Anforderungen und Erleichterungen nach den §§ 50 und 51 durch Rechtsverordnung erlaubt,*

zielt diese Vorschrift lediglich darauf ab, die Konkretisierungen der Grundanforderungen zu ermöglichen, die erforderlich sind, damit ein Verwender erkennen kann, welche Leistung ein bestimmtes Bauprodukt in einer konkreten Verwendungssituation erbringen muss.

***Nummer 2** bildet die Grundlage für Anforderungen an die Planung, Bemessung und Konstruktion baulicher Anlagen und ihrer Teile. Die Regelung erfasst nicht die Anforderungen an die Planung, Bemessung und Konstruktion, die im Zusammenhang mit der Verwendung konkreter Bauprodukte stehen. Für diese gibt es die speziellere Ermächtigungsgrundlage in Nummer 3 Buchst. a.*

*In **Nummer 3** sind die Ermächtigungsgrundlagen für die Regelungen zusammengefasst, die unmittelbar oder mittelbar in Beziehung zu den Bauprodukten stehen.*

Buchstabe a ist die Ermächtigungsgrundlage für Anforderungen an die Planung, Bemessung und Konstruktion, die im Zusammenhang mit der Verwendung konkreter Bauprodukte stehen. Insbesondere können auf dieser Grundlage auch alternative konstruktive Maßnahmen beschrieben werden, bei deren Ausführung in der konkreten Verwendungssituation darauf verzichtet werden kann, dass ein Bauprodukt in Hinblick auf eine bestimmte Leistung den Anforderungen entspricht.

Aufgrund Buchstabe b kann festgelegt werden, welche Merkmale, die sich für einen konkreten Verwendungszweck auf die Erfüllung der Anforderungen nach § 3 Abs. 1 Satz 1 beziehen, ein Bauprodukt aufweisen muss, um für einen bestimmten Verwendungszweck geeignet zu sein. Diese Merkmale müssen aus den Bauwerksanforderungen abgeleitet und diese Ableitung muss für den Rechtsanwender nachvollziehbar sein. Insbesondere können sich erforderliche Merkmale aus dem Vorliegen oder Nichtvorliegen von Einwirkungen auf bestimmte bauliche Anlagen oder ihre Teile ergeben; diese Einwirkungen können aus klimatischen, geologischen, geographischen, physikalischen, chemischen oder biologischen Rahmenbedingun-

gen resultieren. Umgekehrt können sich bestimmte Merkmale aber auch im Hinblick auf den Einfluss ergeben, den das Bauwerk oder seine Teile auf seine Umgebung ausüben.
Aufgrund Buchstabe c können Prüfverfahren für die Feststellung der Leistung eines Bauproduktes im Hinblick auf Merkmale, die sich für einen konkreten Verwendungszweck auf die Erfüllung der Anforderungen nach § 3 Abs. 1 Satz 1 beziehen, bestimmt werden. Die Festlegung von Prüfverfahren ist ausschlaggebend dafür, dass die (aufgrund von Prüfverfahren) erklärten Leistungen vergleichbar sind.
Aufgrund Buchstabe d kann die Verwendung bestimmter Bauprodukte für bestimmte Verwendungszwecke erlaubt oder untersagt werden, weil sich aus der Betrachtung der Merkmale des Bauproduktes, die sich für einen konkreten Verwendungszweck auf die Erfüllung der Anforderungen nach § 3 Abs. 1 Satz 1 beziehen, und der Anforderungen an die bauliche Anlage oder den Teil der baulichen Anlage ergibt, dass das Bauprodukt für diesen Zweck grundsätzlich geeignet oder ungeeignet ist.
Buchstabe e überführt die Regelung des ehemaligen § 18 Abs. 7 in das neue Regelungsmodell. Aufgrund dieser Vorschrift kann in den Fällen, in denen in Normen – insbesondere harmonisierten Normen – Stufen und Klassen festgelegt werden, bestimmt werden, welche Stufe oder Klasse für einen bestimmten Verwendungszweck vorliegen muss.
Gemäß Buchstabe f kann für ein konkretes Bauprodukt in Bezug auf einen konkreten Verwendungszweck vorgesehen werden, zu welchen Merkmalen, die sich für einen konkreten Verwendungszweck auf die Erfüllung der Anforderungen nach § 3 Abs. 1 Satz 1 beziehen, der Hersteller Angaben zur Leistung machen muss. Außerdem können Aussagen dazu getroffen werden, wie die Leistung beschaffen sein muss, damit ein Produkt für einen konkreten Verwendungszweck eingesetzt werden darf.
Aufgrund ***Nummer 4*** *wird in Ausführung von § 17a Abs. 3 Satz 2 beziehungsweise § 20 Abs. 1 Satz 2 mit Angabe der maßgebenden technischen Regeln bekannt gemacht, welche Bauarten und welche Bauprodukte nur eines allgemeinen bauaufsichtlichen Prüfzeugnisses bedürfen.*
Aufgrund ***Nummer 5*** *können die Voraussetzungen für die Abgabe der Übereinstimmungserklärung geregelt werden, ob also die Einschaltung einer Prüfstelle erforderlich ist (§ 23 Abs. 2) oder eine Zertifizierung erfolgen muss (§ 23 Abs. 3).*
Aufgrund ***Nummer 6*** *können Vorgaben zum Inhalt und zur Form der technischen Dokumentation gemacht werden, die zu einem Bauprodukt zu erstellen ist. Insbesondere kann vorgesehen werden, dass Angaben in Bezug auf die verwendete Prüfmethode, die beteiligten Prüfinstitute, die Prüfhäufigkeit und die werkseigene Produktionskontrolle gemacht werden können*

oder müssen. Denkbar ist auch, dass verpflichtende oder empfohlene Muster für die technische Dokumentation und insbesondere für die Erklärung von Produktleistungen geschaffen werden.

Zu § 87a Abs. 3 (2019)
Nach Absatz 3 sollen die Technischen Baubestimmungen nach den Grundanforderungen gemäß Anhang I der BauPVO gegliedert sein. Schon hierdurch soll verdeutlicht werden, welche Technischen Baubestimmungen zur Konkretisierung welcher gesetzlichen Anforderung an das Bauwerk bestimmt sind. Die Vorschrift ist allerdings nicht zwingend gestaltet. Ausnahmsweise kann es, insbesondere aus Gründen der Regelungsökonomie, geboten sein, einen anderen Aufbau zu wählen.

Zu § 87a Abs. 4 (2019)
Absatz 4 enthält die Ermächtigungsgrundlage für die Erstellung der in § 18b Abs. 3 vorgesehenen Liste der Produkte, die keines Verwendbarkeitsnachweises bedürfen. Das sind Produkte, die bislang als sonstige Bauprodukte betrachtet oder in Liste C geführt wurden.

Zu § 88 Abs. 1 Satz 2 (2022)
Auch die Ergänzung des § 88 Abs. 1 um einen neuen Satz 2, nach dem kommunale Gestaltungssatzungen, die zur Durchführung baugestalterischer Absichten erlassen werden, die Nutzung erneuerbarer Energien nicht ausschließen oder unangemessen beeinträchtigen dürfen, dient der Förderung erneuerbarer Energien und damit dem Klimaschutz.
Ziel ist die Vermeidung von Verhinderungsplanungen. Das Selbstverwaltungsrecht der Gemeinden wird hierbei nicht unangemessen eingeschränkt; es wird vielmehr eine erhöhte Begründungspflicht für Einschränkungen statuiert.

Zu § 88 Abs. 3 Nr. 4 (2015)
Die Ergänzung in Nummer 4 ermöglicht es den Gemeinden, mittels Satzung auch die Anzahl der auf den Abstellplätzen unterzubringenden Fahrräder festzulegen.

Zu § 88 Abs. 3 Nr. 4 (2022)
Nummer 4 wird in Anlehnung an die Änderung des § 47 Abs. 1 Satz 6 Halbsatz 1 (2022) entsprechend geändert.

Zu § 88 Abs. 4 Nr. 3 (2015)
Die Änderung in Nummer 3 soll den Gemeinden die Aufstellung von Satzungen zur anteiligen Nutzung erneuerbarer Energien im Gebäudebestand

ermöglichen. Damit wird eine Vereinbarung des Koalitionsvertrages zum Klimaschutz und zur Förderung der erneuerbaren Energien umgesetzt. Die Regelung steht im Zusammenhang mit dem Erneuerbare-Energien-Wärmegesetz vom 7. August 2008 (BGBl. I S. 1658), das zuletzt durch Artikel 2 Absatz 68 des Gesetzes vom 22. Dezember 2011 (BGBl. I S. 3044) geändert worden ist. Das am 1. Januar 2009 in Kraft getretene Bundesgesetz enthält grundsätzlich abschließende Bestimmungen zur Nutzung erneuerbarer Energien bei der Errichtung von Neubauten. Für bereits errichtete Gebäude können die Länder Nutzungspflichten einführen (§ 3 Abs. 4 Nr. 2 Erneuerbare-Energien-Wärmegesetz). Von dieser Öffnungsklausel soll nun zugunsten kommunaler Regelungen Gebrauch gemacht werden, durch die Pflichten zur Nutzung erneuerbarer Energien ortsspezifisch ausgestaltet werden können. Dabei kommt es wesentlich auf die Wahrung des Grundsatzes der Verhältnismäßigkeit an.
Von dem so verfolgten Zweck des Klima- und Ressourcenschutzes abzugrenzen ist der Bedarf der Kommunen, besonders sensible Gebiete vor schädlichen Umwelteinwirkungen zu schützen, die durch den Betrieb bestimmter emittierender Anlagen oder das Verbrennen bestimmter Brennstoffe entstehen. Entsprechende Beschränkungen und Verbote können die Kommunen satzungsrechtlich festsetzen aufgrund der beabsichtigten Änderung des Landes-Immissionsschutzgesetzes. Die bisherige Regelung in der Landesbauordnung zu Brennstoffen kann deshalb entfallen.

Zu § 88 Abs. 6 Satz 2 (2015)
Die Regelung in Satz 2 zur Anwendung von Vorschriften des Baugesetzbuchs auf örtliche Bauvorschriften wird um die §§ 14 bis 18 BauGB ergänzt. Dadurch kommen die Instrumente der Kommunen zur Sicherung der Bauleitplanung auch im Hinblick auf örtliche Bauvorschriften zur Anwendung.

Zu § 89 Abs. 4 (2015)
Die Ergänzung in Satz 1 ***Nr. 3*** *ist erforderlich, um die Einhaltung der Pflicht der Bauherrin oder des Bauherrn zu gewährleisten, der Bauaufsichtsbehörde einen Wechsel der bauleitenden Personen nach § 55 Abs. 1 Satz 3 unverzüglich schriftlich mitzuteilen.*
Die Ergänzung in Satz 1 ***Nr. 4*** *ist erforderlich, um die Einhaltung der zentralen Pflicht der bauleitenden Personen nach § 56a Abs. 1 Satz 2 zu gewährleisten. Insbesondere ist die Ergänzung in Satz 1* ***Nr. 15*** *nach den Erfahrungen der Praxis erforderlich, um zu gewährleisten, dass die Vorschrift des § 79 Abs. 1 über den frühesten Nutzungsbeginn baulicher Anlagen eingehalten wird.*

Zu § 89 Abs. 4 Satz 1 Nr. 18 (2021)

Die Erweiterung der Ermächtigung ist erforderlich, um auch bei Verstößen gegen Verfahrens- oder Betriebsbestimmungen von Landesverordnungen nach § 87 Abs. 7 eine Rechtsgrundlage für die Festsetzung von Ordnungswidrigkeiten zu schaffen. Notwendig ist dies z. B. für die Landesverordnung über die Anwendung von Bestimmungen der Betriebssicherheitsverordnung auf bauliche Anlagen und Einrichtungen vom 27. Oktober 2006 (GVBl. S. 357, BS 213-1-2), die nach Änderung der Landesbauordnung Rheinland-Pfalz entsprechend aktualisiert werden soll.[61]

Zu § 91 Allgemein (2019)

Die bisherigen Übergangsbestimmungen wurden im Jahr 1995 in die LBauO aufgenommen. Sie sind aufgrund des inzwischen eingetretenen Ablaufs der Geltungsdauer der hierin geregelten allgemeinen bauaufsichtlichen Zulassungen sowie Prüf- und Überwachungszeichen nicht mehr erforderlich. Gleiches gilt aufgrund der Änderungen im europäischen Bauproduktenrecht seit 1995 für den bisherigen Absatz 3. Aufgrund der sich aus diesem Gesetz ergebenden Änderungen sind jedoch neue Übergangsbestimmungen notwendig.

Zu § 91 Abs. 1 (2019)

Absatz 1 ist aufgrund der aus systematischen Gründen geänderten Rechtsgrundlagen für die Anerkennung von Prüf-, Überwachungs- und Zertifizierungsstellen (bisherige § 18 Abs. 5 und 6 sowie § 26) erforderlich. Die Prüfstelle nach dem bisherigen § 17 Abs. 5 sowie die Überwachungsstelle nach dem bisherigen § 17 Abs. 6 sind nunmehr in § 17a Abs. 6 und 7 für Bauarten sowie in § 25 für Bauprodukte geregelt. Die Anerkennung von abP-Stellen bestimmen nunmehr § 17a Abs. 3 für Bauarten sowie für Bauprodukte § 25 Satz 1 Nr. 2. In § 25 werden zudem die weiteren Stellen im Verfahren der Übereinstimmungsbestätigung geregelt. Lediglich aus Vereinfachungsgründen sind in § 25 auch weiterhin die im Zusammenhang mit Bauarten stehenden Stellen eingeschlossen. Materiell-rechtliche Änderungen sind mit der Gesetzesänderung nicht verbunden. In § 26 Abs. 2 ist allerdings eine europarechtlich bedingte Einschränkung eingefügt worden. Diese Einschränkung ergibt sich jedoch auch bereits aus unmittelbar geltendem harmonisiertem Recht. Die Übergangsregelung dient somit der Klarstellung.

---

61 siehe Landesverordnung über die Anwendung von Bestimmungen der Betriebssicherheitsverordnung auf bauliche Anlagen und Einrichtungen vom 18. März 2021 (GVBl. S. 195)

Die Konkretisierung „in dem bis 28. Juni 2019 bestimmten Umfang" dient ebenfalls der Klarstellung. Denn sollte es im Zuge der Umstellung der Bauregelliste A (auf die in den Anerkennungsbescheiden zur Produktbestimmung Bezug genommen wird) auf die neue Verwaltungsvorschrift nach § 3 Abs. 2 und § 87a unter Umständen auch zu Anpassungen bei den Produkten kommen, sollen die damit einhergehenden Rechtsunsicherheiten von Beginn an ausgeschlossen werden. Es soll zudem vermieden werden, dass insbesondere abPs auf der Grundlage von Anerkennungsbescheiden weiter erteilt werden, die nicht mehr im Einklang mit den aktuellen Technischen Baubestimmungen nach § 87a Abs. 2 Nr. 4 und Nr. 5 stehen und gegebenenfalls über diese hinausreichen. Sobald die Verwaltungsvorschrift nach § 3 Abs. 2 und § 87a erstmals bekannt gemacht ist, sollen die Anerkennungsbescheide von Amts wegen nach Anhörung der betroffenen Stellen auch an die neue Rechtslage angepasst werden. Bis 28. Juni 2019 gestellte Anträge auf Anerkennungen sollen auch nach neuem Recht als Antrag fortgelten.

Zu § 91 Abs. 2 (2019)
Absatz 2 sieht vor, dass bis zum 28. Juni 2019 für Bauarten erteilte Verwendbarkeitsnachweise nach neuem Recht als Bauartgenehmigung fortgelten.

Zu § 91 Abs. 3 (2019)
Absatz 3 verhindert bis zum Inkrafttreten der Verwaltungsvorschrift nach § 3 Abs. 2 und § 87a zur Bekanntmachung der Technischen Baubestimmungen eine Regelungslücke, indem die auf Grundlage der bisherigen LBauO geltenden Bestimmungen zunächst als Technische Baubestimmungen fortgelten.

Zu § 91 Abs. 4 (2024)
Durch die Übergangsregelung werden nachteilige Folgen für Studierende der Fachrichtung Bauingenieurwesen vermieden, die sich durch die Rechtsänderungen zur Bauvorlageberechtigung (§§ 64 ff.) ergeben können. Daher wird eine Übergangsregelung bis zum 31. März 2025 festgelegt. Für Studierende, die ihr Studium bis zu diesem Stichtag bereits begonnen haben, gelten die Ausbildungsanforderungen des § 64 gemäß der bis zum Inkrafttreten dieses Gesetzes geltenden Fassung. Ab dem 1. April 2025 gelten die sich aus der Anlage [siehe Anlage zu § 64 Abs. 2 und § 64a Abs. 1 „Leitlinien zu Ausbildungsinhalten"] ergebenden Anforderungen.

Zur Anlage zu § 64 Abs. 2 und § 64a Abs. 1 (2024)

Die Anlage ist notwendiger Bestandteil der Änderungen in den §§ 64 ff. betreffend die Bauvorlageberechtigung und des mit der Kommission abgestimmten Kompromisses. Durch die Anlage wird zukünftig festgelegt, welche Studieninhalte und in welchem Umfang Studierende der Fachrichtung Bauingenieurwesen ihre Studienleistungen zu erbringen haben, um bauvorlageberechtigt zu sein. Auf die Übergangsregelung des § 91 Abs. 4 wird hingewiesen.

C Anhang – Erläuterungen, Bilder und Hinweise

C 1 – Aufbau und Systematik der LBauO

Nach der einleitenden Definition des Anwendungsbereichs und wesentlicher Begriffe stellt etwa die (erste) Hälfte der Paragraphen der LBauO Anforderungen an Baugrundstücke und bauliche Anlagen, insbesondere an Gebäude und seine Teile (**materielles Recht**).
In den übrigen Paragraphen finden sich vor allem Regelungen zu den Verantwortlichkeiten der am Bau Beteiligten, den Zulassungen und Genehmigungen, den Zuständigkeiten der Bauaufsichtsbehörden und den bauaufsichtlichen Maßnahmen (**Verfahrensrecht**).

1. Dreistufiger Aufbau

Das **materielle Recht** ist grundsätzlich dreistufig angelegt.
Auf der ersten (obersten) Stufe werden Ziel und Rahmen des Gesetzes allgemein beschrieben. Diese Vorgabe wird für einzelne bautechnische Bereiche wie Standsicherheit und Brandschutz auf der zweiten Stufe als Grundanforderungen näher bestimmt und schließlich auf der dritten Stufe mit konkreten Einzelanforderungen, Verordnungen und Technischen Baubestimmungen ausgefüllt (vgl. „Pyramide", Abbildung 1).
Die materiellen Vorschriften stehen somit nicht gleichwertig nebeneinander, sondern in einer Rangordnung zueinander und bauen aufeinander auf.

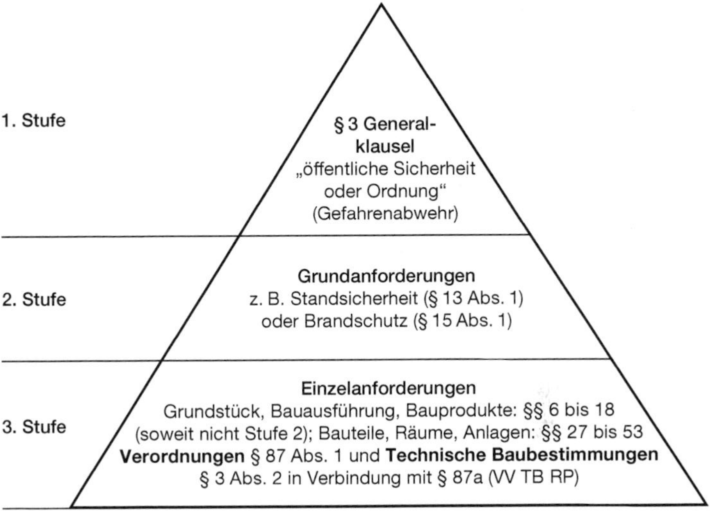

Abb. 1: Dreistufiger Aufbau der LBauO

Hinweis:
Die Vorschriften der Stufen 1 bis 3 gelten **unmittelbar** für alle am Bau Beteiligten.

Zusätzlich sind von der unteren Bauaufsichtsbehörde zu beachten:
- Verwaltungsvorschriften,
- Erlasse, Vollzugshinweise und
- sonstige Rundschreiben

der obersten Bauaufsichtsbehörde.
Diese Vorgaben dienen insbesondere der Ermessensausübung und sichern den Gleichbehandlungsgrundsatz.

1.1 Allgemeine Bestimmungen (1. Stufe)

§ 3 Abs. 1 LBauO gibt den inhaltlichen Rahmen der LBauO vor und gilt als **Generalklausel** für die Planung und Bemessung, Ausführung und Instandhaltung von baulichen Anlagen. Diese dürfen die „öffentliche Sicherheit oder Ordnung sowie die natürlichen Lebensgrundlagen nicht gefährden". Das dem allgemeinen Polizeirecht entlehnte Begriffspaar **„öffentliche Sicherheit und Ordnung"** ist hier auf baurechtliche Gegebenheiten ausgerichtet. Der Kern des Gesetzes ist somit die **Gefahrenabwehr**.

Nach § 4 LBauO sind beim Bauen auch **„soziale und ökologische Belange"** zu berücksichtigen. Bezüglich dieser Schutzgüter enthalten allerdings die Vorschriften des einschlägigen Fachrechts (z. B. Arbeitsstätten- und Sozialrecht, Umweltrecht) spezifische Anforderungen.

Bauliche Anlagen dürfen nach § 5 LBauO (**Gestaltung**) nicht „verunstaltet wirken" und sind mit der „Umgebung (so) in Einklang zu bringen". Diese Anforderungen, die sich unter Bezugnahme auf die „öffentliche Ordnung" ergeben, werden auf der zweiten Stufe nicht weiter ausgeführt und auf der dritten Stufe für Werbeanlagen und Warenautomaten (§ 52 LBauO) durch konkrete Regelungen umgesetzt. Ansonsten orientieren sich die Bauaufsichtsbehörden bei der Anwendung der Vorschrift auf die einschlägige Rechtsprechung (BVerwG, Urteil vom 28. Juni 1955, Az.: I C 146.53, BVerwGE 2, 172-180, BRS Bd. 4, S. 222; VG Neustadt (Weinstraße), Urteil vom 21. Juni 2017, Az. 4 K 271/17.NW, juris).
Vorgaben für die Gestaltung können die Gemeinden durch Satzung nach § 88 Abs. 1 bis 4 LBauO oder im Rahmen eines Bebauungsplans (§ 88 Abs. 6 LBauO i. V. m. § 9 Abs. 4 BauGB) treffen (**positive Baugestaltung**).

1.2 Grundanforderungen (2. Stufe)

Die Grundanforderungen sind als allgemeine Anforderungen für bestimmte bautechnische Bereiche formuliert.
Dazu zählen insbesondere die Vorgaben der §§ 13 bis 17 LBauO (z. B. **Standsicherheit - § 13 Abs. 1 -** und **Brandschutz - § 15 Abs. 1 -**) sowie die Anforderungen an **Bauarten** (§ 17a Abs. 1 LBauO) und **Bauprodukte** (§ 18 Abs. 1 LBauO).
Die Grundanforderungen sind in den einschlägigen Paragraphen oft mit Einzelanforderungen verbunden.

1.3 Einzelanforderungen (3. Stufe)

Die Einzelanforderungen betreffen das Baugrundstück und seine Bebauung, die Bautechnik und -ausführung sowie die Bauprodukte (§§ 6 bis 18 LBauO, soweit nicht Grundanforderungen). Sie beziehen sich zudem auf bauliche Anlagen und Gebäude, Bauteile und technische Ausrüstung und enthalten nutzungsbedingte Vorgaben (§§ 27 bis 53 LBauO). Die Einzelanforderungen werden durch **Verordnungen** nach § 87 Abs. 1 LBauO (wie FeuVO, EltBauVO) sowie durch **Technische Baubestimmungen** nach § 87a LBauO ergänzt, die nach § 3 Abs. 2 LBauO zu beachten sind (siehe auch C 7, Technische Baubestimmungen, Bauprodukte und Bauarten -VV TB RP-).

Einzelanforderungen, Verordnungen zur Durchführung und Technische Baubestimmungen konkretisieren die Grundanforderungen (soweit keine Grundanforderungen vorgegeben sind, die allgemeinen Bestimmungen gemäß der §§ 3 bis 5 LBauO) und können direkt oder (erst) in Verbindung miteinander umgesetzt werden.
Den Einzelanforderungen sind vielfach Schutzzielbeschreibungen vorangestellt, um Zweckbestimmung und Zuordnung zu erleichtern.

1.4 Beispiele

Anhand der Regelungen „Standsicherheit“ (§ 13 LBauO), „Trennwände“ (§ 29 LBauO) und „Barrierefreiheit“ (§ 51 LBauO) soll der dreistufige Aufbau erläutert werden:

Übersicht: Dreistufigkeit einzelner Regelungsbereiche

1. Stufe	Generalklausel § 3 Abs. 1 „Öffentliche Sicherheit oder Ordnung“ (Gefahrenabwehr)			§ 4 „Soziale und ökologische Belange“
2. Stufe	Grundanforderungen	**§ 13 Abs. 1 Standsicherheit**	**§ 15 Abs. 1 Brandschutz**	–
3. Stufe	Einzelanforderungen	§ 13 Abs. 2 sowie Feuerwiderstandsfähigkeit der tragenden und aussteifenden Bauteile insb. §§ 27, 31 und 50. (Feuerwiderstandsdauern leiten sich aus § 15 Abs. 1 ab.)	**§ 29 Trennwand** Schutzziel, Erfordernis, Feuerwiderstandsfähigkeit, Raumabschluss, Anforderungen an Öffnungen wie Türen	**§ 51 Barrierefreiheit** Erfordernis, Standard der Barrierefreiheit, Abweichungen (Begriffsbestimmungen vgl. § 2 Abs. 9)
	Technische Baubestimmungen	VV TB RP, Kapitel A 1 Mechanische Festigkeit und Standsicherheit, ergänzt durch Kapital B 1 und B 2; Kapitel A 2.1.3.2, A 2.1.4, A 2.1.7, A 2.1.8 bzgl. Standsicherheit im Brandfall	VV TB RP, Kapitel A 2.1.6 bzgl. Raumabschluss, Feuerwiderstandsfähigkeit und Feuerschutzabschluss	VV TB RP, Kapitel A 4.2.2.1 Öffentlich zugängliche Gebäude DIN 18040-1 i. V. m. Anlage A 4.2/2; Kapitel A 4.2.2.2 Wohnungen DIN 18040-2 i. V. m. Anlage A 4.2/3

2. Standardgebäude und Sonderbauten

Die LBauO unterscheidet zwischen Standardgebäuden und Sonderbauten (vgl. Abbildung 3).

§ 50 Abs. 2 LBauO listet Sonderbauten wie Hochhäuser und Krankenhäuser, Verkaufsstätten und Versammlungsstätten auf.
Standardgebäude sind somit Gebäude, die keine Sonderbauten sind, insbesondere Wohngebäude und Gebäude mit ähnlichen oder geringeren Gefährdungsrisiken.

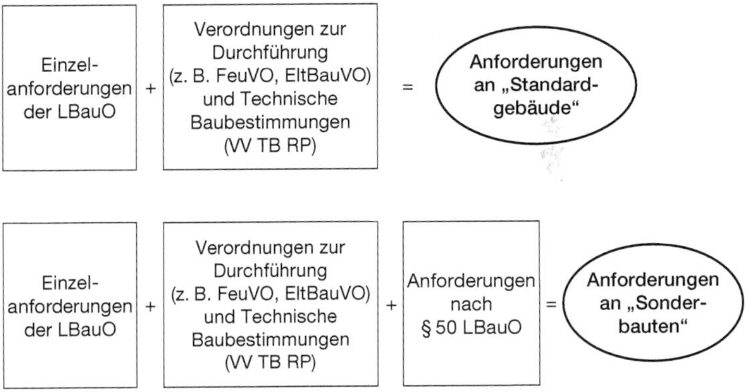

Abb. 3: Anforderungen an Standardgebäude und Sonderbauten

Bei Sonderbauten können nach § 50 Abs. 1 LBauO **im Einzelfall** weitergehende Anforderungen gestellt werden, als auf der dritten Stufe enthalten sind, um die Ziele der übergeordneten Stufe (siehe oben Ziffer 1.3 Absatz 2) zu erreichen (**nicht geregelte Sonderbauten**, vgl. Abbildung 4).
Für gängige Sonderbauten sind die erforderlichen weitergehenden Anforderungen in **Sonderbauverordnungen** (z. B. Verkaufsstätten- und Versammlungsstättenverordnung) oder in **Technischen Baubestimmungen** (z. B. Industriebaurichtlinie – vgl. VV TB RP Kapitel A 2.2.2.8, Anhang C – und Kunststofflagerrichtlinie – vgl. Kapitel A 2.2.1.14, Anhang A –) enthalten (**geregelte Sonderbauten**, vgl. Abbildung 4).

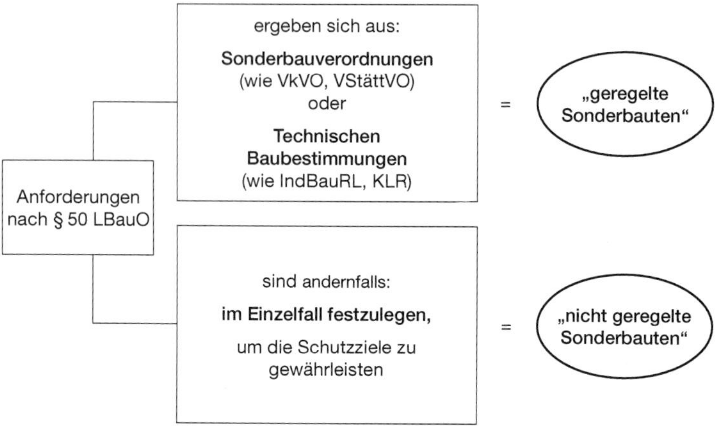

Abb. 4: Geregelte und nicht geregelte Sonderbauten

Liegen Verordnungen/Technische Baubestimmungen für Sonderbauten vor, ergänzen diese die Regelungen der dritten Stufe, die somit weiterhin zu beachten sind, soweit nicht in den Regelwerken für Sonderbauten Erleichterungen vorgesehen sind (z. B. vergrößerte Brandabschnitte bei Gebäuden mit selbsttätigen Feuerlöschanlagen).
Die Aufzählung von Sonderbauten nach § 50 Abs. 2 LBauO ist nicht abschließend. Dadurch wird erreicht, dass die Regelung auch für neuartige Gebäudenutzungen und Bauformen offen ist.

3. Abweichungen

Soll von einzelnen Anforderungen der dritten Stufe im Rahmen von § 69 LBauO abgewichen werden, ist der Nachweis zu erbringen (gegebenenfalls als Teil eines Brandschutzkonzepts), dass die Vorgaben der übergeordneten Stufe (siehe oben Ziffer 1.3 Absatz 2) erfüllt sind (z. B. durch andere Maßnahmen). Die Regelungen der dritten Stufe geben für Standardgebäude und geregelte Sonderbauten den üblichen und bewährten Weg zur Erreichung der Schutzziele vor. Die LBauO lässt im

Rahmen der Abweichungsregel nach § 69 LBauO auch andere Wege zu und erweitert deren Anwendungsbereich mit der Änderung der LBauO 2025 explizit auf Vorhaben zur Erprobung neuer Bau- und Wohnformen und Vorhaben, die der Weiternutzung bestehender Gebäude dienen.
Bei Abweichungen von Technischen Baubestimmungen für Bauarten (§ 17a Abs. 2 LBauO) oder Bauprodukte (§ 18b LBauO) sind Bauartgenehmigungen bzw. Verwendbarkeitsnachweise erforderlich (siehe auch C 7).

4. Anwendung

Erfüllen Standardgebäude die einschlägigen Regelungen der dritten Stufe, sind sie bauordnungsrechtlich zulässig. Weitergehende Anforderungen unter Rückgriff auf die allgemeinen Bestimmungen der ersten bzw. die Grundanforderungen der zweiten Stufe können nicht gestellt werden. Entsprechendes gilt für geregelte Sonderbauten, soweit die einschlägigen Regelungen der dritten Stufe in Verbindung mit dem Regelwerk für den jeweiligen Sonderbau erfüllt sind.
Die Anwendung der Regelungen der LBauO verläuft von der dritten Stufe nach oben, die Regelsetzung von der ersten Stufe nach unten.

C 2 – Erläuterungen zu den Gebäudeklassen

Die Einstufung von Gebäuden (§ 2 Abs. 2 Satz 1) in Gebäudeklassen (§ 2 Abs. 2 Satz 2) geht auf die LBauO 1986 zurück. In Abstimmung mit den Brandschutzbestimmungen und den Rettungsgeräten der Feuerwehr wurden zunächst vier Klassen festgelegt.
Die Gebäudeklassen bilden somit die systematische Grundlage für die Anwendung der Brandschutzbestimmungen (vgl. Abbildung 2 und C 4, Tabelle 1); sie dienen auch der verfahrensrechtlichen Einordnung (vgl. C 8).
Unabhängig von den Gebäudeklassen ist die sogenannte Hochhausgrenze (22 m), die sich aus der Begriffsbestimmung „Hochhäuser" nach § 2 Abs. 3 LBauO ergibt, und die Einstufung von Gebäuden als „Sonderbauten" nach § 50 LBauO (vgl. C 1, Ziffer 2).

1. Die neuen Gebäudeklassen 4 und 5

Aus der bisherigen Gebäudeklasse 4 sind im Rahmen der LBauO-Novelle 2015 die neuen Gebäudeklassen 4 und 5 in Anlehnung an die Musterbauordnung (MBO) entstanden (vgl. § 2 Abs. 2 Satz 2 Nr. 4 und 5 LBauO). Zur neuen Gebäudeklasse 4 zählen Gebäude, bei denen der Fußboden des obersten Geschosses, in dem Aufenthaltsräume möglich sind, im Mittel nicht mehr als 13 m über der Geländeoberfläche liegt (Gebäude mit bis zu fünf Geschossen); Gebäude mit höher liegenden Aufenthaltsräumen gehören zur neuen Gebäudeklasse 5 (Abbildung 1).

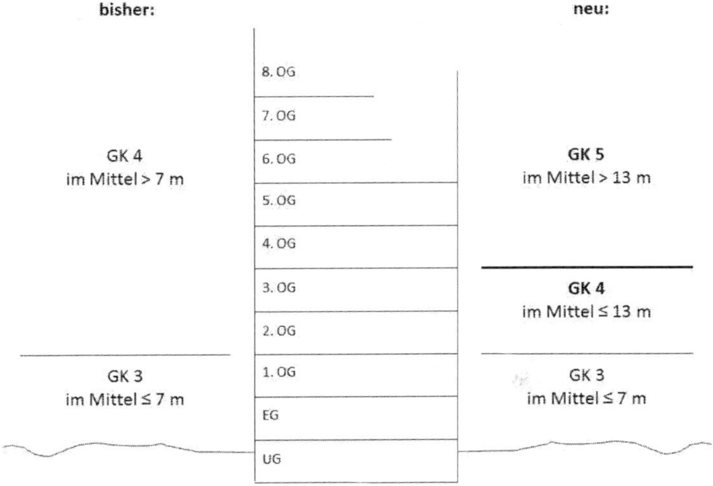

Abb. 1: Gebäudeklassen (GK)

Für die neue Gebäudeklasse 5 gelten nunmehr die Bauteilanforderungen der bisherigen Gebäudeklasse 4; demgegenüber haben sich für die neue Gebäudeklasse 4 mit der neuen Bauteilanforderung „hochfeuerhemmend" Erleichterungen ergeben (Abbildung 2).
Zudem wurden rechtliche Regelungen getroffen, um Gebäude in Holzbauweise auch in den Gebäudeklassen 4 (LBauO 2015) und 5 bis zur Hochhausgrenze (LBauO 2021) zu ermöglichen (siehe C 4, Ziffer 3 und 4), die bisher nur im Rahmen einer Abweichung (§ 69 LBauO) zugelassen werden konnten.

Übersicht: Brandschutztechnische Anforderungen an tragende und aussteifende Bauteile

bisher:	GK 3	feuerhemmend, (F 30-B)*
	GK 4	feuerbeständig, (F 90-AB)*
neu:	GK 3	feuerhemmend, (F 30-B)*
	GK 4	**hochfeuerhemmend,** (**F 60-AB**)*, zulässig sind auch Bauteile entsprechender Feuerwiderstandsfähigkeit in Holzbauweise**
	GK 5	feuerbeständig, (F 90-AB)*, zulässig sind auch Bauteile entsprechender Feuerwiderstandsfähigkeit in Holzbauweise**

* Kurzbezeichnung eines entsprechend klassifizierten Bauteils nach DIN 4102:1977-09 Tab. 2

** gemäß Holzbau-Richtlinie, siehe auch C 4, Ziffer 3

Hinweis:
Soll bei Gebäuden der neuen Gebäudeklasse 4 der zweite Rettungsweg über Rettungsgeräte der Feuerwehr geführt werden, muss – wie bei Gebäuden dieser Höhe bisher schon – die Feuerwehr über Hubrettungsfahrzeuge verfügen (§ 15 Abs. 4 Satz 3 LBauO). Der Einsatz tragbarer Leitern (z. B. dreiteilige Schiebleiter) ist bei Gebäuden dieser Klasse nicht geeignet.

2. Erweiterung Gebäudeklasse 2

Die Gebäudeklasse 2, die bisher ausschließlich für Wohngebäude offen war, ist im Rahmen der LBauO-Novelle 2015 dahingehend erweitert worden, dass anstelle der Wohnungen nunmehr auch sonstige Nutzungseinheiten wie Büros, Praxen oder Läden zulässig sind, soweit die Anzahl der sonstigen Nutzungseinheiten die der zulässigen zwei Wohnungen (eine zusätzliche Wohnung im Untergeschoss bei freistehenden Gebäuden in Hanglage) nicht überschreitet und das Gebäude eine Nutzfläche nach DIN 277-1:2016-01 von insgesamt nicht mehr als 400 m² einhält (§ 2 Abs. 2 Satz 2 Nr. 2 LBauO).
Mit der Erweiterung der Gebäudeklasse 2 um sonstige Nutzungseinheiten sind auch die Vorgaben für die Durchführung des vereinfachten Genehmigungsverfahrens (§ 66 Abs. 1 LBauO) und insoweit auch das Freistellungsverfahren (§ 67 Abs. 1 LBauO) angepasst worden. Nach § 66 Abs. 1 Satz 1 Nr. 1 LBauO sind neben den bisherigen Wohngebäuden in der Gebäudeklasse 2 auch sonstige Gebäude im vereinfachten

Verfahren zu behandeln, soweit sie nicht als Gebäude im Sinne des § 50 LBauO (Sonderbauten) einzustufen sind. Für Sonderbauten ist gegebenenfalls ein Verfahren nach § 66 Abs. 2 LBauO oder das umfassende Genehmigungsverfahren nach § 65 LBauO durchzuführen.
Als Sonderbauten in der Gebäudeklasse 2 kommen insbesondere Gaststätten einschließlich Diskotheken und Beherbergungsbetriebe, Veranstaltungs- oder Ausstellungszwecken dienende Gebäude, Pflege-, Betreuungs- oder Weiterbildungseinrichtungen in Betracht, aber auch eine Großpraxis, ein Einkaufsmarkt oder ein Produktionsbetrieb.
Hingegen wird ein Gebäude der Gebäudeklasse 2, das noch maßgeblich von der Wohnnutzung geprägt ist (z. B. kleine Praxis, kleiner Laden im Erdgeschoss) oder hinsichtlich Raumgrößen, Bauausführung und Benutzer (Personenzahl) etwa einem Wohngebäude vergleichbar ist (z. B. kleinere Büroeinheiten oder ähnliche Nutzungen), in der Regel nicht als Sonderbau einzustufen sein. Entsprechendes gilt auch für kleinere erdgeschossige Gebäude (z. B. für Lagerzwecke oder Werkstätten ohne besondere Gefährdungsrisiken).

3. Bestimmung der mittleren Höhe (Hm) des oberen Fußbodens mit möglichen Aufenthaltsräumen bei Gebäuden in hängigem Gelände (§ 2 Abs. 2 Nr. 2, 3 und 4)

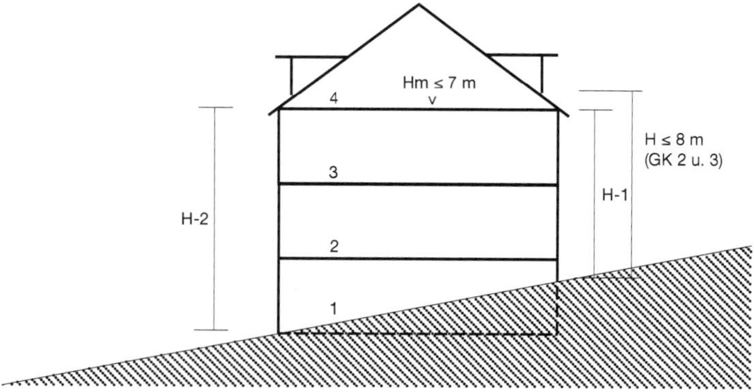

Abb. 3a: Gebäudeschnitt, Gebäudeklasse (GK) 2 und 3

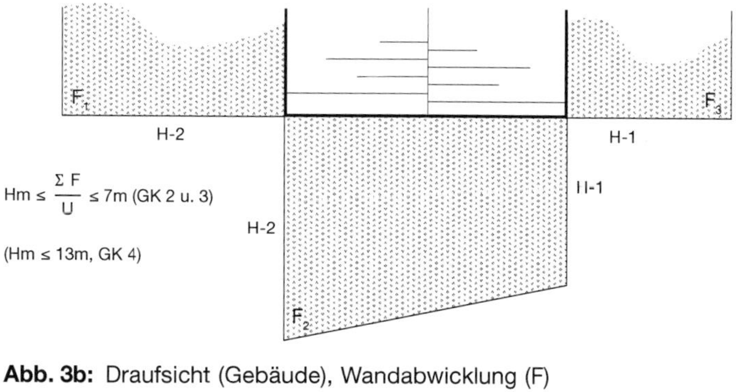

Abb. 3b: Draufsicht (Gebäude), Wandabwicklung (F)

Bei Gebäuden der Gebäudeklassen (GK) 2 und 3 darf der Fußboden des obersten Geschosses, in dem Aufenthaltsräume möglich sind, im

Mittel nicht mehr als 7 m, bei Gebäuden der GK 4 im Mittel nicht mehr als 13 m über der Geländeoberfläche liegen (mittlere Höhe/Hm). Die jeweilige Höhenbegrenzung (Hm) lässt in ebenem Gelände im allgemeinen Gebäude mit bis zu 3 bzw. 5 Geschossen zu, in Hanglage auch mehr Geschosse (Abbildung 3a). Bei schwierigen Geländeverhältnissen kann es erforderlich sein, Hm rechnerisch zu ermitteln.
Das Maß Hm ergibt sich bei einfachen Baukörperformen (z. B. Quader) aus der Summe der einschlägigen Außenwandflächen (Σ F), geteilt durch den Umfang des Gebäudes (U). In vielen Fällen dürfte eine annäherungsweise Berechnung der mittleren Höhe als arithmetisches Mittel der Höhenmaße an den Gebäudeecken (H-1, H-2) ausreichend sein. (Abbildung 3a und b)
Bei stark gegliederten Baukörpern (z. B. winkel- oder kreuzförmigen Gebäuden) erfolgt die Berechnung der mittleren Höhe (Hm) über eine fiktive Aufteilung des Baukörpers in einfache Quader, für die zunächst die jeweiligen maßgebenden Rauminhalte (Geländeoberfläche bis Oberkante des höchstgelegenen Fußbodens mit möglichen Aufenthaltsräumen) bestimmt werden. Die Teilung der Summe der Rauminhalte aller (fiktiven) Einzelquader durch die Gesamtgrundfläche des Baukörpers ergibt das Maß Hm. Entsprechend kann auch bei versetzten Geschossen bzw. unterschiedlichen Fußbodenhöhen des obersten Geschosses Hm ermittelt werden.
§ 15 Abs. 4 Satz 3 zweiter Halbsatz legt zur Sicherstellung des zweiten Rettungswegs über vorhandene Rettungsgeräte der Feuerwehr ergänzend zu § 2 Abs. 2 fest, dass bei Gebäuden der Gebäudeklassen 2 und 3 die für die Feuerwehr erreichbare Stelle (i. d. R. Oberkante Fensterbrüstung) nicht mehr als 8 m (Einsatzhöhe der Steckleiter) über der Geländeoberfläche liegen darf. Diese Anforderung wird in dem in Abbildung 3 a dargestellten Dachgeschoss erfüllt, wenn Aufenthaltsräume bzw. Nutzungseinheiten dieser Ebene jeweils über anleiterbare Stellen an der Bergseite ($H \leq 8$ m) verfügen.

C 3 – Erläuterungen und Bilder zu den Abstandsflächen nach § 8 LBauO

1. Grundzüge der Abstandsflächenbestimmungen

1.1 Ziele der Bestimmungen

Regelungen über Grenzabstände und Gebäudeabstände gehören zum Kernbestand des Bauordnungsrechts. Die Abstandsbestimmungen dienen dem Brandschutz – der Ausbreitung eines Brandes durch zu enge Gebäudestellung soll vorgebeugt, die Brandbekämpfung soll ermöglicht werden – sie dienen ferner der Beleuchtung mit Tageslicht und der Lüftung, dem Schutz benachbarter Grundstücke vor Gefahren und unzumutbaren Belästigungen sowie der Gestaltung.

1.2 Abstände aufgrund anderer Bestimmungen

Aus anderen Bestimmungen der Landesbauordnung können sich im Einzelfall größere Abstände zu Grundstücksgrenzen oder zu anderen Gebäuden auf demselben Grundstück als nach den Abstandsflächenregelungen des § 8 ergeben:

- Dies sind z. B. § 7 in Bezug auf Flächen für den Einsatz öffentlicher Brandbekämpfungs- und Rettungsgeräte und § 32 in Bezug auf Gebäude mit weicher Bedachung. Abstände anderer Art sind nach § 42 (Kleinkläranlagen und Gruben) und § 48 (Ställe und Nebenanlagen) einzuhalten.
- Für bauliche Anlagen besonderer Art oder Nutzung (Sonderbauten nach § 50) können über die Tiefe der Abstandsflächen nach § 8 hinausgehende Abstände notwendig sein. Auch örtliche Bauvorschriften können Bestimmungen über Abstandsflächen enthalten (§ 88 Abs. 1 Satz 1 Nr. 4).
- Mittelbare Auswirkungen auf Abstandsflächen können auch die Bestimmungen über Kinderspielplätze (§ 11) und Stellplätze (§ 47) haben.

Auch aus anderen öffentlich-rechtlichen Vorschriften, z. B. des Immissionsschutzrechts, des Straßenrechts, des Wasserrechts, kann sich die Verpflichtung ergeben, Abstände einzuhalten. Mit der Frage des Abstands baulicher Anlagen zu Wald (Waldabstand) haben sich in einem gemeinsamen Rundschreiben („Bauen am Waldrand und Verkehrssicherheit“

vom 15. Mai 2019)[62] das (bis Mai 2026) für Bauen zuständige Ministerium der Finanzen und das Ministerium für Umwelt, Energie, Ernährung und Forsten befasst.
Abstände baulicher Anlagen von Nachbargrenzen schreibt in bestimmten Fällen auch das Nachbarrechtsgesetz für Rheinland-Pfalz (§§ 34, 35) vor. Auf die Entscheidung über die Baugenehmigung sind die Bestimmungen dieses Gesetzes grundsätzlich jedoch ohne Einfluss (siehe § 70 Abs. 1 Satz 3 LBauO).

1.3 Verhältnis der Abstandsflächenbestimmungen zum Bauplanungsrecht

Die Abstandsflächenbestimmungen müssen in engem Zusammenhang mit den bauplanungsrechtlichen Vorschriften, insbesondere über die Bauweise und die überbaubare Grundstücksfläche (§§ 22 und 23 BauNVO) gesehen werden. Sie gelten aber – von dem in Absatz 10 geregelten Sonderfall abgesehen – selbstständig und gleichrangig neben dem Bauplanungsrecht. Daraus folgt, dass ein Vorhaben zwar den bauplanungsrechtlichen Vorschriften entsprechen, aber bauordnungsrechtlich unzulässig sein kann, und umgekehrt. Im Regelfall ergänzen und konkretisieren jedoch die bauordnungsrechtlichen Abstandsflächenbestimmungen die genannten planungsrechtlichen Vorschriften.
Die Gemeinde hat als Ortsgesetzgeber bei der Aufstellung von Bebauungsplänen neben bundesrechtlichen Vorschriften auch landesrechtliche Bestimmungen zu beachten. Festsetzungen eines Bebauungsplans, die Vorschriften der Landesbauordnung widersprechen, sind unwirksam (BVerwG, Beschluss vom 22. Februar 1989, NVwZ 1990 S. 361).

1.4 Nachbarschutzfragen

Die Abstandsflächenbestimmungen dienen nicht nur öffentlichen Interessen, sondern grundsätzlich auch dem Schutz des Nachbarn. Nach den Bestimmungen des § 8 Abs. 2 Satz 1 und Abs. 3 ergibt die Summe der Tiefen der Abstandsflächen vor Außenwänden von Gebäuden, die einander – sei es auf demselben Grundstück, sei es auf benachbarten Grundstücken – gegenüberstehen, den Gebäudeabstand, der für eine ausreichende Beleuchtung mit Tageslicht der Räume beider Gebäude

---

62 einsehbar auf der Internetseite des Ministeriums für Kommunen, Bauen, Wohnen und Kultur (https://mkbwk.rlp.de/themen/baurecht-und-bautechnik/bauvorschriften-1)

notwendig ist; dadurch sind in aller Regel auch eine ausreichende Lüftung und der Brandschutz gewährleistet.

1.5 Grundregeln

Vor Außenwänden oberirdischer Gebäude sind Flächen – Abstandsflächen – von Gebäuden freizuhalten (Absatz 1 Satz 1).
Die Regel wird modifiziert für
- Gebäude, die nach bauplanungsrechtlichen Vorschriften an die Grundstücksgrenze gebaut werden müssen oder dürfen (Abs. 1 Satz 2),
- die in Absatz 8 bezeichneten Gebäude, wenn die dort genannten Voraussetzungen vorliegen.

Die Abstandsflächen müssen auf dem Grundstück liegen (Absatz 2 Satz 1).
Abweichend hiervon
- dürfen die Abstandsflächen auf öffentlichen Verkehrs-, Grün- oder Wasserflächen liegen, jedoch nur bis zu deren Mitte (Absatz 2 Satz 2),
- können die Abstände von Abstandsflächen auf Nachbargrundstücke übernommen werden (vgl. § 9).

Die Abstandsflächen vor Wänden, die einander gegenüberstehen, dürfen sich nicht überdecken (Abs. 3 Halbsatz 1).
Diese Regel gilt nicht für
- Wände, die in einem Winkel von mehr als 75° zueinander stehen (Absatz 3 Halbsatz 2 Nr. 1),
- Gebäude und andere bauliche Anlagen, die in den Abstandsflächen zulässig sind oder zugelassen werden (Absatz 3 Halbsatz 2 Nr. 2, Absätze 7 und 8).

Die Tiefe der Abstandsfläche bemisst sich nach der Höhe der Wand oder des Wandteils und den ggf. hinzuzurechnenden Höhen von Dach- bzw. Giebelflächen – Maß H –; sie wird senkrecht zur Wand gemessen (Absatz 4).

Für vor- und zurücktretende Wandteile wird die Abstandsfläche gesondert ermittelt (Absatz 5 Satz 1).
Die Regel wird modifiziert durch die Nichtanrechnung untergeordneter Gebäudeteile und Vorbauten (Absatz 5 Satz 2). Entsprechendes gilt für geringfügig hervortretenden Anlagen zur Nutzung solarer Strahlungsenergie (vgl. Absatz 5 Satz 3).

Die Tiefe der Abstandsfläche beträgt grundsätzlich 0,4 H, in Gewerbe- und in Industriegebieten 0,25 H; in bestimmten Fällen kann in Kerngebieten und in bestimmten Sondergebieten eine geringere Tiefe als 0,4 H zugelassen werden (Absatz 6). Nach Absatz 6 Satz 2 beträgt jedoch das Mindestmaß 3 m.

1.6 Sonderregelungen für bestehende Gebäude

Um die Sicherung und Weiterentwicklung des Gebäudebestands insbesondere zugunsten des Wohnungsbaus zu erleichtern, sind mit der Änderung der Landesbauordnung 2025 in Absatz 11 gesonderte Regelungen aufgenommen worden. Nutzungsänderungen und Umbaumaßnahmen können den Bestandsschutz gefährden, sodass Abweichungen von den Abstandsflächen erforderlich werden. Hierzu waren bisher Regelungen in Absatz 12[63] enthalten, die nun durch den neuen Absatz 11 ersetzt und wesentlich erweitert werden. Kern der neuen Bestimmung ist, dass bei rechtmäßig bestehenden Gebäuden, deren Außenwände die Abstandsflächen nach den Absätzen 1 bis 6 nicht einhalten, aufgrund baulicher Maßnahmen eine Neubewertung der Abstandsflächen nicht erforderlich ist. Neben Ausbau und Nutzungsänderung zählen unter bestimmten Voraussetzungen auch Gebäudeerweiterungen wie Anbauten und Aufstockungen, Erneuerungen von Gebäudeteilen und ein Wiederaufbau an gleicher Stelle zum Maßnahmenkatalog. Ferner sind Erschließungsanlagen wie Außentreppen, Aufzüge und Treppenräume in den Abstandsflächen zulässig.

2. Die Abstandsflächenbestimmungen des § 8 im Einzelnen

Zu Absatz 1

Nach Satz 1 sind vor Außenwänden oberirdischer Gebäude Flächen – Abstandsflächen – von Gebäuden freizuhalten (siehe **Bild 1**). Die Breite einer Abstandsfläche entspricht der jeweiligen Wandlänge. Nähere Bestimmungen zur Lage und Bemessung der Abstandsflächen enthalten die Absätze 2 bis 6.

63 Wortlaut vgl. Synopse zur LBauO-Änderung 2025, die auf der Internetseite des Ministeriums für Kommunen, Bauen, Wohnen und Kultur (https://mkbwk.rlp.de/themen/baurecht-und-bautechnik/bauvorschriften-1) eingestellt ist.

Abstandsflächen sind nach Satz 1 nur vor Wänden von Gebäuden erforderlich. Vor baulichen Anlagen, die keine Gebäude sind, müssen in der Regel keine Abstandsflächen im Sinne des § 8 liegen. Jedoch erstreckt Absatz 7 die Geltung der Absätze 1 bis 6 „entsprechend" auf bauliche Anlagen, andere Anlagen und Einrichtungen, wenn von ihnen Wirkungen wie von oberirdischen Gebäuden ausgehen.
(Vor Wänden unterirdischer Gebäude sind keine Abstandsflächen einzuhalten. Es können jedoch im Einzelfall Abstände aufgrund anderer Regelungen erforderlich sein, z. B. aufgrund von Festsetzungen eines Bebauungsplans.)
Die Sätze 2 bis 4 verknüpfen die Abstandsflächenbestimmungen mit den bauplanungsrechtlichen Vorschriften (§§ 30 bis 34 BauGB).
Vier Fälle sind hierbei zu unterscheiden. Die drei im Folgenden zuerst behandelten Fälle regeln, wann an die Grundstücksgrenze gebaut werden muss oder darf.

Fall 1:
Die Grenzbebauung ist aufgrund eines Bebauungsplans oder der vorhandenen Bebauung zwingend erforderlich. In diesen Fällen ist nach Satz 2 Nr. 1 vor der an die Grundstücksgrenze zu errichtenden Wand keine Abstandsfläche einzuhalten.

Fall 2:
Das Bauplanungsrecht trifft keine eindeutige Aussage. – Das kann z. B. der Fall sein, wenn ein Bebauungsplan die offene Bauweise festsetzt, ohne etwas über Einzelhäuser, Doppelhäuser oder Hausgruppen auszusagen (vgl. § 22 BauNVO), oder wenn in einem im Zusammenhang bebauten Ortsteil nach § 34 BauGB die eindeutige Bestimmung der Bauweise nicht möglich ist. – Unter dieser Voraussetzung hat der Bauherr grundsätzlich ein Wahlrecht: er darf sein Gebäude unmittelbar an der Grundstücksgrenze errichten – dann ist vor der Grenzwand keine Abstandsfläche einzuhalten – oder es aber bei Wahrung der vorgeschriebenen Abstandsfläche zur Grenze errichten. Allerdings darf das Gebäude nach Satz 2 Nr. 2 nur dann unmittelbar an der Grundstücksgrenze errichtet werden, wenn öffentlich-rechtlich (also durch Baulast, vgl. § 9) gesichert ist, dass auf dem Nachbargrundstück ebenfalls ohne Grenzabstand gebaut wird; ist auch diese Voraussetzung erfüllt, so besteht ein Rechtsanspruch auf Grenzbebauung.

Die Größe der Grenzbebauung richtet sich nach den bauplanungsrechtlichen Vorgaben. Bei Vorhaben im Geltungsbereich eines qualifizierten Bebauungsplans ergibt sich die zulässige Bebauungstiefe und -höhe aus den Festsetzungen des Bebauungsplans, bei Vorhaben in einem im Zusammenhang bebauten Ortsteil nach § 34 BauGB ist das Kriterium des Einfügens maßgebend. Zudem müssen Bauformen wie Doppelhaus und Hausgruppe im Sinne des Bauplanungsrechts (§ 22 Abs. 2 BauNVO) eine bauliche Einheit bilden und insoweit die einzelnen Hauskörper in „wechselseitig verträglicher und abgestimmter Weise aneinandergebaut werden“ (siehe BVerwG, Urteil vom 24. Februar 2000, BauR 2000, S. 1168).

Fall 3:
Muss nach den bauplanungsrechtlichen Bestimmungen ausdrücklich mit Grenzabstand gebaut werden, ist aber auf dem Nachbargrundstück ein Gebäude unmittelbar an der Grundstückgrenze vorhanden, so kann nach Satz 3 zugelassen oder verlangt werden, dass ohne Grenzabstand gebaut wird. Bei der Zulassung einer Grenzbebauung, die nur in Verbindung mit einer Befreiung nach § 31 Abs. 2 BauGB ermöglicht werden kann, ist der Nachbar zu beteiligen. Ein Zulassungsfall im Sinne des Satzes 3 liegt nicht vor, wenn das Bauplanungsrecht – z. B. in der offenen Bauweise – eine Grenzbebauung zulässt (siehe OVG Rheinland-Pfalz, Urteil vom 27. November 1992 – 8 A 11 800/91. OVG).

Fall 4:
Nach Satz 4 kann trotz planungsrechtlich zwingend vorgeschriebener Grenzbebauung die Bauaufsichtsbehörde die Einhaltung einer Abstandsfläche zulassen oder verlangen, wenn auf dem Nachbargrundstück im Gegensatz zum geltenden Planungsrecht ein Gebäude mit Grenzabstand vorhanden ist. Auch in diesem Fall ist der Nachbar zu beteiligen. Es ist nämlich möglich, dass der Nachbar beabsichtigt, an die Grenze anzubauen – etwa mit einem Erweiterungsbau oder nach Abbruch seines Gebäudes mit einem Neubau; dadurch entstünde ein dem derzeitigen Planungsrecht entsprechender Zustand, der die Einhaltung der Abstandsfläche überflüssig machen würde.
Die Einhaltung einer Abstandsfläche kann jedoch nur verlangt oder zugelassen werden, wenn hierfür bauplanungsrechtliche Gründe bestehen. Dies ist insbesondere der Fall, wenn die Abweichung nach § 22

Abs. 3 Halbsatz 2 BauNVO oder im Rahmen des § 34 Abs. 1 BauGB wegen des nachbarschützenden Rücksichtnahmegebots erforderlich ist (siehe BVerwG, Beschluss vom 12. Januar 1995, BauR 1995 S. 365).

Zu Absatz 2
Nach **Satz 1** müssen Abstandsflächen grundsätzlich auf dem Baugrundstück liegen (siehe **Bild 2**). – Zur Übernahme von Abstandsflächen auf Nachbargrundstücken siehe § 9 LBauO. – Daraus ergeben sich zwangsläufig die Mindestabstände der Gebäude zu den Grundstücksgrenzen.
Nach **Satz 2** dürfen sich die Abstandsflächen auf öffentliche Verkehrs-, Grün- oder Wasserflächen erstrecken, allerdings nur bis zu deren Mitte; damit ist sichergestellt, dass sich Abstandsflächen von Gebäuden zu beiden Seiten dieser Flächen nicht überdecken (Abs. 3).

Zu Absatz 3
Nach **Halbsatz 1** dürfen Abstandsflächen vor Wänden, die einander gegenüberstehen, sich nicht überdecken (Überdeckungsverbot, siehe **Bild 3**). Wie sich aus § 8 Abs. 2 zwangsläufig der einzuhaltende Grenzabstand ergibt, errechnet sich der Gebäudeabstand füreinander gegenüberstehende Gebäude auf demselben Grundstück durch die Addition der Tiefen der Abstandsflächen. Der so ermittelte Abstand trägt allen bauordnungsrechtlichen Belangen wie Beleuchtung mit Tageslicht, Lüftung und Brandschutz Rechnung.
Die Einhaltung des Überdeckungsverbots ermöglicht ohne Schwierigkeiten auch eine spätere Grundstücksteilung.
Da auf Wände und nicht auf Gebäude abgestellt wird, ist klargestellt, dass die Regelung nicht nur für mehrere Gebäude auf demselben Grundstück gilt, sondern auch für Wände desselben Gebäudes. Der Grundriss des Gebäudes kann z. B. L-förmig (siehe **Bild 4**) oder U-förmig sein, oder es kann sich um ein Gebäude mit einem Innenhof handeln.
Nach **Halbsatz 2 Nr. 1** dürfen Abstandsflächen vor Wänden, die in einem Winkel von mehr als 75° zueinanderstehen, sich überdecken (siehe **Bild 4**); die Beleuchtung mit Tageslicht, die Lüftung und der notwendige Schutz vor gegenseitiger Störung sind auch dann noch gewährleistet. Stoßen Gebäude oder Gebäudeteile über Eck zusammen, so ist ggf. § 30 Abs. 5 zu beachten.

Die Bestimmung in **Halbsatz 2 Nr. 2** dient der Klarstellung. Die entsprechenden Tatbestände sind in den Absätzen 7 und 8 geregelt. Zudem wird auf Abweichungsvoraussetzungen nach Absatz 9 hingewiesen.

Zu Absatz 4

Die Tiefe der Abstandsfläche bemisst sich nach der Höhe der Wand oder des Wandteils (**Satz 1**). Um einen Wandteil, für den jeweils eine eigene Abstandsfläche zu bestimmen ist, handelt es sich dann, wenn ein Teil der Wand im Verhältnis zur übrigen Wand sprungartig seine Höhe in derselben Ebene ändert (siehe **Bilder 5 und 14**) oder wenn Teile der Wand vor- oder zurücktreten (Absatz 5 Satz 1). Dabei kann es sich um ein Vor- oder Zurücktreten sowohl in der Senkrechten (z. B. Wände von vor- oder zurücktretenden Geschossen; siehe **Bilder 23, 24 und 25**) als auch in der Waagrechten (im Grundriss vor- oder zurücktretende Wandteile, die über mehrere Geschosse reichen; siehe **Bild 22**) handeln.

Es gibt Gebäude ohne Außenwände, z. B. Dächer auf Stützen. Bei solchen Gebäuden ist die Abstandsfläche in der Weise zu ermitteln, dass die Flucht der Stützen als Wand angenommen wird.

Nach **Satz 1 Halbsatz 2** wird die Tiefe der Abstandsfläche senkrecht zur Wand, nicht senkrecht zur Grundstückgrenze gemessen (siehe **Bilder 5 und 6**).

Nach **Satz 2** gilt als Wandhöhe das Maß von der Geländeoberfläche bis zur Schnittlinie mit der Dachhaut oder bis zum oberen Abschluss der Wand.

Die Wandhöhe wird unten durch die Geländeoberfläche (vgl. § 2 Abs. 6) begrenzt. Der zweifelsfreien Lage der Geländeoberfläche kommt deshalb besondere Bedeutung zu. In den Bauzeichnungen ist die natürliche und die ggf. geplante Geländeoberfläche anzugeben. Auf § 10 Abs. 1 und 2 wird in diesem Zusammenhang hingewiesen.

Nach **oben** werden die Wände entweder durch die Schnittlinie der Wand mit der Dachhaut oder durch den oberen Abschluss der Wand (siehe **Bilder 7 und 8**) begrenzt.

Dachhaut ist z. B. bei einem Ziegeldach die Oberfläche der Dachziegel. Die Bestimmung, dass die Wandhöhe durch den oberen Abschluss der Wand begrenzt wird, ist für die Fälle von Bedeutung, in denen die Dachhaut – etwa bei einem Gebäude mit Dachterrasse und massiver Brüstung – tiefer liegt als der obere Wandabschluss (siehe **Bild 8**).

Gäbe es keine weitere Bestimmung zur Ermittlung der Wandhöhe als die des Satzes 2, ginge die Höhe von Giebelflächen voll in die Berechnung der Tiefe der Abstandsflächen ein. Dies würde in vielen Fällen zu nicht gewollten Ergebnissen führen, da von Giebelflächen im Allgemeinen nicht dieselben Beeinträchtigungen ausgehen wie von einer gleich hohen Wand. Die **Hinzurechnung der Höhe von Giebelflächen** zur Wandhöhe ist deshalb in den **Sätzen 5 bis 7** gesondert geregelt.
Gemäß **Satz 3** Halbsatz 1 gilt als oberer Abschluss der Wand – und damit als untere Begrenzung der Giebelfläche – die Waagrechte in Höhe der Schnittlinien (siehe **Bild 9**) nach Satz 2. Zur Bestimmung des oberen Abschlusses der Wand unter der Giebelfläche werden die Wandhöhen auf den beiden Traufseiten in der Ebene der Giebelfläche ermittelt. In der Regel liegen die sich so am Fuß der Giebelfläche ergebenden (Schnitt-)Punkte auf einer Höhe. Bei Dächern mit unterschiedlich hohen Traufen ist dies nicht der Fall; hier gilt als oberer Abschluss der Wand unter der Giebelfläche die Waagrechte in der Mitte zwischen diesen beiden Punkten (siehe **Bild 10**); bei Giebeln von Pultdächern ist die Waagrechte in der Höhe des unteren Traufpunktes maßgebend (siehe **Bild 11**).
Nach **Satz 4** ist die im Mittel gemessene Höhe der Wand oder des Wandteils maßgebend für die Bestimmung der Wandhöhe. Gemeint ist das arithmetische Mittel.
Diese Bestimmung ist zunächst für den Fall hängigen Geländes von Bedeutung (siehe **Bild 12**); sie gilt auch dann, wenn der obere Wandabschluss auf der Traufseite nicht waagrecht verläuft (siehe **Bild 15**). Bei nicht gleichmäßig geneigtem Gelände muss an möglichst vielen Stellen in gleichen Abständen gemessen und durch die Zahl der Messungen dividiert werden (siehe **Bild 13**).
Verläuft das Gelände in stufenartigen Geländesprüngen, so entstehen Wandteile im Sinne des Satzes 1, für die die Wandhöhe gesondert zu ermitteln ist (vgl. **Bild 14**).
Satz 5 regelt die Hinzurechnung der Höhe von Dach- und Giebelflächen zur Wandhöhe. Dachflächen können ähnliche Wirkungen wie Wände entfalten und dürfen dann bei der Ermittlung der Tiefe der Abstandsfläche nicht außer Betracht bleiben. Auch Giebelflächen müssen ihrer Auswirkung entsprechend berücksichtigt werden.
In voller Höhe sind zur Wandhöhe hinzuzurechnen die Höhe von

- Dachflächen und Dachteilen an den Traufseiten mit einer Dachneigung von mehr als 70°,
- Giebelflächen, wenn die Summe der Dachneigungen mehr als 140° beträgt,
- Giebelflächen von Pultdächern, deren Dachneigung mehr als 70° beträgt.

(siehe **Bilder 16 und 17**).

Zu einem Drittel sind zur Wandhöhe hinzuzurechnen die Höhe von
- Dachflächen und Dachteilen zu den Traufseiten mit einer Dachneigung von mehr als 45° bis zu 70°,
- Dachflächen an den Traufseiten mit Dachgauben und anderen Dachaufbauten, wenn diese zusammen mehr als halb so breit wie die Wand sind,
- Giebelflächen, wenn die Summe der Dachneigungen von 0° bis 140° beträgt, und Giebelflächen von Pultdächern mit einer Dachneigung von 0° bis 70°; dies folgt aus Satz 5 Nr. 2 Buchst. c, da diese Flächen nicht unter Nummer 1 Buchst. b fallen.

(siehe **Bilder 18 bis 20**).

Die Regelung für Dachflächen mit Dachgauben oder Dachaufbauten in Satz 5 Nr. 2 Buchst. b gilt für Dachneigungen von 0° bis 45°; die Höhe des Daches ist bei Dachneigungen von mehr als 45° ohnedies zu einem Drittel bzw. bei mehr als 70° Dachneigung voll zur Wandhöhe hinzuzurechnen. Zu beachten ist, dass bei der Hinzurechnung nicht auf die Höhe der Gauben oder Dachaufbauten, sondern die Höhe des „Hauptdaches" abgestellt wird.

Dachgauben und Dachaufbauten, die zusammen mehr als halb so breit sind wie die darunter liegende Wand, sind zu berücksichtigen, weil das Dach dann ähnlich wie eine Wand wirkt. Besteht die darunter liegende Wand aus vor- und zurücktretenden Wandteilen, so ist die gesamte Breite der Wand maßgebend.

Nicht zur Wandhöhe hinzugerechnet werden nach **Satz 6** die Höhen von
- Dachflächen und Dachteilen auf der Traufseite mit einer Dachneigung von 0° bis 45°; dies folgt aus Satz 5 Nr. 2 Buchst. a (Umkehrschluss); allerdings dürfen diese Dachflächen keine Gauben oder Dachaufbauten haben, die zusammen mehr als halb so breit wie die Wand sind,

- Giebelflächen, die sich – unabhängig von den Dachneigungen – in ein Dreieck mit einer waagrechten Grundlinie von 8 m Länge und einer Höhe von 4 m einbeschreiben lassen, und wenn sich keine Dachaufbauten – dazu gehören auch Gauben – in einem Bereich von weniger als 1,50 m von der Giebelfläche entfernt befinden (siehe **Bild 21**). Die Grundlinie ist dabei der nach Satz 3 ermittelte obere Wandabschluss. Es ist also nicht zulässig, etwa die Spitze eines hohen Giebels, die in ein Dreieck mit diesen Abmessungen einbeschrieben werden könnte, bei der Hinzurechnung seiner Höhe zu vernachlässigen.

Zur Hinzurechnung der Höhen von Dächern und Giebeln bei besonderen Gebäude- und Dachformen siehe **Bilder 28 bis 34.**

Satz 7 fasst die Wandhöhe und die hinzuzurechnende Höhe von Dach- bzw. Giebelflächen als **Maß H** zusammen. Dieses Maß wird nach den Absätzen 6 und 7 bei der Berechnung der Tiefe der Abstandsflächen zugrunde gelegt (siehe **Bilder 28 bis 34**).

Aus den **Absätzen 1 bis 4** folgt:

- Die Abstandsflächen liegen unmittelbar an den Außenwänden an, sie sind so breit wie die zugehörigen Wände; die Tiefe der Abstandsflächen richtet sich nach dem **Maß H**.
- Die Abstandsflächen sind bei im Grundriss geradlinig verlaufenden Außenwänden immer Rechtecke, das gilt auch für die Teile der Abstandsflächen, die durch Hinzurechnung der Höhen von Dächern bzw. Giebelflächen entstehen, da deren Höhe ganz oder mit einem Drittel zur Wandhöhe hinzugerechnet wird und in das **Maß H** eingeht (Absatz 4 Satz 7). Bei im Grundriss gekrümmten Außenwänden folgen die Abstandsflächen der Krümmung der Außenwände; bei einem im Grundriss kreisförmigen Gebäude entsteht ein Kreisring.
- Die Abstandsfläche ist als waagrechte Ebene zu ermitteln. Bei geneigtem Gelände ist diese Ebene auf die Geländeoberfläche zu projizieren (siehe **Bilder 35 und 36**).

Zu Absatz 5

Satz 1 stellt klar, dass die Abstandsflächen nicht nur für Wandteile mit unterschiedlichen Höhen (siehe dazu Absatz 4 Satz 1), sondern auch für vor- und zurücktretende Wandteile gesondert zu ermitteln sind.

Treten Wandteile in der Senkrechten zurück, wie bei Staffelgeschossen oder Terrassenhäusern, so ist zunächst die Wandhöhe für den nicht zurücktretenden Teil der Außenwand zu ermitteln. Die sich daraus und aus der ggf. hinzuzurechnenden Höhe von Dach- und Giebelflächen ergebende Tiefe der Abstandsfläche ist in jedem Fall einzuhalten. Wie weit sich die Höhe der Außenwand des zurücktretenden Gebäudeteils auf die Tiefe der Abstandsfläche auswirkt, hängt von seiner Höhe und vom Maß des Zurücktretens ab. Die Höhe der zurücktretenden Wand ist durch lotrechte Verlängerung dieser Wand nach unten bis zum Schnitt einer gedachten Ebene in Höhe der Geländeoberfläche zu bestimmen. Von der Schnittlinie mit dieser Ebene ausgehend, ist die Tiefe der Abstandsfläche für die zurücktretende Wand zu messen (siehe **Bilder 35 und 36**).

Besteht eine Außenwand aus Teilen, die (in der Waagrechten) über mehrere Geschosse oder über die ganze Höhe der Wand vor- oder zurücktreten, so setzt sich ihre Abstandsfläche aus „Teil“-Abstandsflächen zusammen, deren Tiefe von der Höhe des jeweiligen Wandteils abhängt (Absatz 4 Satz 1) und deren vordere Begrenzungen den Vor- und Rücksprüngen in der Wand folgen (siehe **Bild 22**).

Hat eine solche Wand einen den Vor- oder Rücksprüngen folgenden Giebel, so können neben den Schnittlinien im Sinne von Absatz 4 Satz 2 weitere – höherliegende – Schnittlinien zwischen Außenwand und Dachhaut entstehen (siehe **Bild 31**). Aus einer Berücksichtigung dieser Schnittlinien bei der Festlegung der Waagrechten nach Absatz 4 Satz 3 ergeben sich größere Wandhöhen und geringere Höhen der Giebelflächen. Von der ermittelten Wandhöhe und den Abmessungen der Giebelfläche hängt es ab, ob die Tiefe der Abstandsflächen größer oder geringer ist als bei einem ungegliederten Giebel gleicher Höhe und Breite.

Satz 2 zählt Gebäudeteile und Vorbauten auf, die bei der Bemessung der Tiefe der Abstandsfläche außer Betracht bleiben; die Aufzählung ist nicht abschließend (siehe **Bild 26**). Die dortigen Maße, insbesondere der Grenzabstand von 2 m, gelten aufgrund der Anpassungen im Landesnachbarrechtsgesetz 2025 (§ 35 Nr. 6) seitdem auch im Zivilrecht.

Der in der Bestimmung beispielhaft aufgeführte Erker ist ein geschossweise vorspringender Gebäudeteil, der als Architekturelement der Fassadengestaltung dient, nicht jedoch ein Bauteil, das in erster Linie ein

Mittel zur Gewinnung zusätzlicher Nutzfläche ist (siehe u. a. OVG Rheinland-Pfalz, Beschluss vom 30. April 1991 – 8 B 10503/91.OVG – und OVG Nordrhein-Westfalen, Beschluss vom 26. März 1993, BauR 1993 S. 581).
Vorbauten, die nicht untergeordnet sind, z. B. durchlaufende oder umlaufende Balkone, sind bei der Bemessung der Tiefe der Abstandsflächen auch dann zu berücksichtigen, wenn sie weniger als 1,50 m vortreten. Die Tiefe der Abstandsflächen beginnt also vor den Außenflächen dieser Vorbauten. Hinsichtlich der Frage der „Unterordnung" von Balkonen ist deren Breite (bzw. Länge) wesentlich. Bei der Ermittlung der (Gesamt-)Breite von Balkonen, die seitlich der Außenwände auskragen oder über Eck umlaufen, sind die jeweils seitlich auskragenden Balkonteile zu berücksichtigen (siehe OVG Rheinland-Pfalz, Urteil vom 24. Mai 2017 – 8 A 11822/16).
Ob und inwieweit eine Einschränkung der Beleuchtung von Aufenthaltsräumen mit notwendigen Fenstern des eigenen Gebäudes durch vortretende Gebäudeteile zulässig ist, beurteilt sich nach § 43 Abs. 2 und 3. In einschlägigen Fällen kann die Norm DIN 5034-1:2011-07 – Tageslicht in Innenräumen – als Orientierungshilfe herangezogen werden.
Nach Satz 3 gelten Anlagen zur Nutzung solarer Strahlungsenergie, die an Gebäuden angebracht werden und nur geringfügig vor die Außenwand (oder über die Dachfläche) vortreten, als Gebäudeteile nach Satz 2, die bei der Bemessung der Abstandsflächen außer Betracht bleiben. Als Beispiel für eine geringfügig vortretende Anlage nennt das Gesetz parallel zur Außenwand (oder Dachfläche) angebrachte Solarmodule.

Zu Absatz 6
Die Tiefe der Abstandsfläche beträgt 0,4 H, in Gewerbe- und Industriegebieten genügen 0,25 H; dieses geringere Maß gilt für Gebäude jeglicher Art, also auch für Wohngebäude in diesen Gebieten. Eine geringere Tiefe als 0,4 H kann in Kerngebieten sowie in Sondergebieten, die nicht der Erholung dienen, wie Hafengebiete, Ladengebiete, Gebiete für Messen, Ausstellungen und Kongresse, zugelassen werden. Die Tiefe der Abstandsfläche darf jedoch in keinem Fall das Maß von **3 m unterschreiten** (Satz 3). Aus städtebaulichen Gründen gewünschte größere

Tiefen der Abstandsflächen können in Bebauungsplänen festgesetzt werden.

Zu den Absätzen 7 bis 13
Vorbemerkungen:
Die Absätze 1 bis 6 regeln die Abstandsflächen für alle Gebäude. Diese Bestimmungen gelten nach Absatz 7 Satz 1 entsprechend für bauliche Anlagen, andere Anlagen und Einrichtungen, wenn von ihnen Wirkungen wie von Gebäuden ausgehen. Die Absätze 8 bis 13 enthalten Sonderregelungen, nach denen in bestimmten Fällen keine Abstandsflächen erforderlich oder geringere Abstandsflächen möglich sind. Voraussetzung für geringere Tiefen der Abstandsflächen ist unter anderem, dass die Beleuchtung mit Tageslicht nicht erheblich beeinträchtigt wird und der Brandschutz gewährleistet ist.

Zur „Beleuchtung mit Tageslicht“:
Aufenthaltsräume müssen eine ausreichende Beleuchtung mit Tageslicht haben (§ 43 Abs. 2). Damit soll nicht etwa eine bestimmte Qualität der Beleuchtung (z. B. Arbeitsplatzbeleuchtung) an jeder Stelle des Raumes erreicht, sondern eine allgemeine Grundhelligkeit im Raum gewährleistet werden.
Die Beleuchtung ist im Regelfall nicht erheblich beeinträchtigt, wenn in Höhe der Fensterbrüstung ein Lichteinfallswinkel von 45° vorhanden ist. Geringere Anforderungen an die Beleuchtung mit Tageslicht sind bei denjenigen Aufenthaltsräumen zu stellen, die auch bei Tag künstlich beleuchtet werden (z. B. Räume von Verkaufsstätten).

Zum „Brandschutz“:
Die Abstandsbestimmungen sollen dazu beitragen, der Ausbreitung eines Brandes vorzubeugen. Bei der Frage, ob der Brandschutz trotz geringerer Tiefe der Abstandsfläche noch gewährleistet ist, spielen z. B. eine Rolle

- das Ausmaß der Brandgefahr aufgrund der Nutzung eines Gebäudes,
- die Beschaffenheit der Außenwände und ihrer Bekleidungen (Brandverhalten der Baustoffe und Feuerwiderstandsdauer der Bauteile),
- die Lage, Größe und Anordnung der Öffnungen in einander gegenüberstehenden Außenwänden,

- das Vorhandensein der notwendigen Aufstell- und Bewegungsflächen für den Einsatz von Rettungsgeräten der Feuerwehr (§§ 7 und 15 Abs. 4 LBauO).

Zu Absatz 7

Auf bauliche Anlagen, andere Anlagen und Einrichtungen, von denen Wirkungen wie von oberirdischen Gebäuden ausgehen, sind die für Gebäude geltenden Abstandsvorschriften entsprechend anzuwenden (Satz 1). Solche baulichen Anlagen sind z. B. Mauern, die nicht unter Satz 3 fallen, aber auch großflächige Werbeanlagen, hohe Behälter, Windenergieanlagen und Antennenanlagen. Für Windenergieanlagen in nicht bebauten Gebieten und Antennenanlagen im Außenbereich sind gesonderte Regelungen in den Absätzen 12 bzw. 13 geschaffen worden. Bauliche Anlagen bis zu einer Höhe von 2 m haben regelmäßig nicht die entsprechende Wirkung von Gebäuden.
Wenn Anlagen nach Absatz 7 die Beleuchtung mit Tageslicht nicht erheblich beeinträchtigen und der Brandschutz gewährleistet ist, sind sie nach Satz 2 ohne eigene Abstandsflächen oder mit einer geringeren Tiefe der Abstandsflächen auch an Grundstücksgrenzen und in den Abstandsflächen von Gebäuden auf demselben Grundstück zulässig.

Zu Absatz 8

Diese Bestimmung regelt, unter welchen Voraussetzungen Garagen ohne Feuerstätten, sonstige Nebengebäude ohne Aufenthaltsräume und Feuerstätten, Gebäude und Anlagen zur Energieversorgung an Grundstücksgrenzen zulässig sind. Diese Gebäude dürfen direkt an der Grenze, aber auch in einem Abstand von bis zu 3 m von der Grundstücksgrenze entfernt errichtet werden. Erst außerhalb dieses Bereichs lösen Wände oder Wandteile dieser Gebäude wieder Abstandsflächen nach den Absätzen 1 bis 6 aus (siehe **Bilder 37 bis 44**).
Die Gebäude nach Satz 1 dürfen auch in den Abstandflächen anderer Gebäude auf demselben Grundstück liegen, an diese angebaut (ohne eigene Abstandsflächen) oder mit einer geringeren Tiefe der eigenen Abstandsfläche gegenüber diesen Gebäuden errichtet werden, soweit die Beleuchtung von Aufenthaltsräumen mit Tageslicht nicht erheblich beeinträchtigt und der Brandschutz gewährleistet ist (Satz 3).
Zur Beurteilung der Beleuchtung von Aufenthaltsräumen mit Tageslicht und des Brandschutzes siehe die Vorbemerkungen zu den Absät-

zen 7 bis 11. Bedenken wegen des Brandschutzes bestehen bei den Nebengebäuden nach Satz 1 in der Regel dann nicht, wenn die Tiefe der eigenen Abstandsfläche nach Absatz 6 um nicht mehr als die Hälfte unterschritten wird, die sich gegenüberstehenden Außenwände keine Öffnungen haben und die erforderlichen Flächen für die Feuerwehr zur Verfügung stehen.
Für die an der Grundstücksgrenze zulässigen Gebäude gilt, dass sie eine mittlere Wandhöhe von 3,20 m über der Geländeoberfläche an der Grenze nicht überschreiten dürfen (siehe **Bilder 41 und 42**). Die mittlere Wandhöhe ist nach Absatz 4 Satz 4 zu bestimmen (siehe **Bild 12**). Giebel an der Grundstücksgrenze dürfen eine Gesamthöhe von 4 m nicht überschreiten. Diese Höhe ist vom höchsten Punkt des Daches (First) lotrecht zur Geländeoberfläche zu messen (siehe **Bild 42**). Die Begrenzung der mittleren Wandhöhe auf 3,20 m und der maximalen Giebelhöhe auf 4 m gilt auch für die von der Grenze abgerückten Wände und Wandteile. Die Wandhöhe ist auf dem zu bebauenden Grundstück unmittelbar am Gebäude zu messen (siehe **Bild 40**).
Der Bauherrschaft ist es freigestellt, ob und wie das erlaubte Maß von 12 m für Nebengebäude an der Grenze ausgeschöpft wird. Sie kann z. B. eine Garage mit 12 m Länge an einer Grundstücksgrenze errichten, kann aber auch vier aneinandergebaute Garagen von je 3 m Breite mit den Schmalseiten unmittelbar an einer Grundstücksgrenze aufstellen. Sie kann auch bestimmen, an welchen Grenzen sie die Gebäude aufstellt und ob und wie sie das Maß von 18 m ausnutzt (siehe **Bilder 37 und 43**). Die Höchstmaße von **12 m** an einer bzw. **18 m** an allen Grundstücksgrenzen sind jedoch immer einzuhalten. Dabei bleiben jedoch Wände unberücksichtigt, die an öffentliche Verkehrs-, Grün- oder Wasserflächen grenzen und Abstandsflächen im Sinne von Absatz 2 Satz 2 einhalten.
Soweit an den Grundstücksgrenzen bereits Gebäude im Sinne des Satzes 1 Nr. 1 vorhanden sind, werden deren Längen auf die Höchstmaße angerechnet (siehe **Bild 43**). Die Länge von Gebäuden nach Satz 1 Nr. 2 ist auf die Maße von 12 m bzw. 18 m nicht anzurechnen.
Die nach Absatz 8 Satz 1 vorgegebenen **Längen- und Höhenbegrenzungen** gelten nur für Wände und Wandteile, die in einem Winkel von nicht mehr als 75° zur Grundstücksgrenze und innerhalb eines Streifens

von bis zu 3 m entlang der Grundstücksgrenze angeordnet sind (siehe **Bilder 38 und 39**).
Die bauplanungsrechtlichen Festsetzungen müssen beachtet werden. Beispielsweise können im Bebauungsplan die Flächen für Stellplätze und Garagen mit ihren Einfahrten festgesetzt sein (§ 9 Abs. 1 Nr. 4 BauGB) und es können Nebenanlagen (§ 14 BauNVO) nach § 23 Abs. 5 BauNVO auf den im Bebauungsplan als nichtüberbaubar bestimmten Flächen (§ 23 Abs. 1 Satz 1 BauNVO) gemäß zusätzlich einschränkenden Festsetzungen unzulässig sein.
Die Wahlfreiheit der Bauherrin oder des Bauherrn kann auch durch § 47 Abs. 7 LBauO eingeschränkt sein. Die mit § 47 Abs. 7 Satz 1 und 2 LBauO sachlich gleichlautende Bestimmung in § 71 Abs. 3 LBauO 1974/82 ist vom Oberverwaltungsgericht Rheinland-Pfalz als nachbarschützend erachtet worden (Beschluss vom 14. November 1979, BRS Bd. 36 Nr. 200).
Nach Satz 5 dürfen die in Satz 1 Nr. 1 und 3 genannten „Nebengebäude" an der Grundstücksgrenze mit dem „Hauptgebäude" **unter einem Dach zusammengefasst** werden und auch **über einen Zugang mit diesem verbunden** sein. Diese „Nebengebäude" müssen aber ihre funktionale Eigenständigkeit wahren und somit über einen eigenen Zugang von außen verfügen. Das „Hauptgebäude" muss dabei – für sich allein gesehen – die erforderliche Tiefe der Abstandsfläche einhalten. Hinsichtlich der Dachgestaltung sowie der Längen- und Höhenbegrenzungen gelten für die „integrierten Nebengebäude" dieselben Einschränkungen wie für Grenzgebäude ohne Anbindung an ein anderes Gebäude (siehe **Bild 44**).
Die Anforderungen an den Zugang ergeben sich bei Garagen aus der Garagen- und Stellplatzanlagenverordnung (GarStellVO). Nach § 11 Abs. 4 GarStellVO dürfen geschlossene Kleingaragen unmittelbar mit anderen Gebäuden nur durch Öffnungen mit mindestens feuerhemmenden, dicht- und selbstschließenden Türen verbunden sein. Die Wand zwischen geschlossener Kleingarage und „Hauptgebäude" (als gemeinsame Trennwand oder doppelte Wand) muss als raumabschließendes Bauteil mindestens feuerhemmend sein (§ 11 Abs. 2 GarStellVO).
Entsprechende Wand- und Türanforderungen sind aus Sicht des Brandschutzes auch für Gebäude nach Satz 1 Nr. 3 sinnvoll, wenn die Nut-

zung dieser Gebäude hinsichtlich des Brandrisikos mit Garagen annähernd vergleichbar ist.
Satz 6 bestimmt, dass auf Dächern von Gebäuden nach Satz 1 Anlagen zur Nutzung solarer Strahlungsenergie zulässig sind, soweit diese nur geringfügig über die Dachhaut vortreten, also nicht aufgeständert sind (vgl. § 8 Abs. 5 Satz 3). Sonstige Anlagen und Nutzungen wie Dachterrassen sind auf diesen Dächern in einem Abstand von 3 m zu den Grundstücksgrenzen nicht zulässig.

Zu Absatz 9
Nach Absatz 9 können in bestimmten Fällen geringere Tiefen der Abstandsflächen zugelassen werden. Dies betrifft Abstandsflächen von Außenwänden von Gebäuden auf demselben Grundstück (Nr. 1) und in überwiegend bebauten Gebieten (Nr. 2). Voraussetzung ist in beiden Fällen, dass die Beleuchtung mit Tageslicht und die Lüftung nicht erheblich beeinträchtigt werden und der Brandschutz gewährleistet ist. (Siehe dazu die Vorbemerkungen zu den Absätzen 7 bis 11.)
Die Erleichterungen nach **Nummer 1** gelten nicht gegenüber Grundstücksgrenzen. Auf demselben Grundstück hat es die Bauherrin oder der Bauherr in der Hand, den Belangen der Beleuchtung, der Lüftung und des Brandschutzes durch entsprechende Stellung der Gebäude, die Grundrissgestaltung und die Anordnung der Fenster Rechnung zu tragen.

- Buchstabe a bezieht sich auf Wände von Nichtwohngebäuden. Dabei kann es sich z. B. um ein Bürohaus handeln, dessen Flure an einem Innenhof liegen.
- Buchstabe b gilt für Wände von Wohngebäuden, in denen keine Fenster von Wohn- und Schlafräumen angeordnet sind. Küchen gehören nicht zu den Wohnräumen.
- Buchstabe c betrifft Wände derselben Wohnung zu einem eigenen Innenhof (Atriumhaus). Die Erleichterungen gelten auch dann, wenn eine Seite des Innenhofs durch eine fensterlose Grenz- oder Nachbarwand gebildet wird.

Nach **Nummer 2** können in überwiegend bebauten Gebieten geringere Tiefen der Abstandsflächen zugelassen werden, wenn die Gestaltung des Straßenbildes oder städtebauliche Verhältnisse dies erfordern. Bei der Regelung nach Nr. 1 ist nur das eigene Grundstück betroffen, nach Nr. 2 können auch die Nachbargrundstücke berührt sein, ohne dass der

Nachbar in seinen Rechten verletzt sein muss. Der betroffene Nachbar ist im Verfahren zu beteiligen.
Zu den überwiegend bebauten Gebieten zählen insbesondere die im Zusammenhang bebauten Ortsteile nach § 34 BauGB. Städtebauliche Verhältnisse, die die Zulassung einer geringeren Tiefe der Abstandsfläche erforderlich machen, können z. B. in einem Sanierungsgebiet oder im Zusammenhang mit einem denkmalgeschützten Ensemble vorliegen.
Bei Nummer 2 handelt es sich um eine Einzelfallregelung. Ist eine Regelung für ein größeres Gebiet erforderlich, so muss die Gemeinde einen Bebauungsplan oder eine Satzung nach § 88 Abs. 1 Satz 1 Nr. 4 LBauO erlassen.

Zu Absatz 10

Bauplanungsrecht und Bauordnungsrecht stehen grundsätzlich selbstständig nebeneinander. Der Bebauungsplan regelt die städtebaurechtliche Zulässigkeit von Vorhaben; das Bauordnungsrecht – mithin § 8 LBauO – bleibt unberührt (siehe auch § 29 Abs. 2 BauGB). Jedoch lässt der Landesgesetzgeber durch Absatz 10 zu, dass die Gemeinde in einem Bebauungsplan oder in örtlichen Bauvorschriften Festsetzungen oder Regelungen trifft, die geringere, aber auch größere Abstandsflächen zur Folge haben können, als sie nach den Absätzen 1 bis 6 erforderlich wären. Dasselbe kann sich aus der Sonderregelung zur sparsamen und effizienten Nutzung von Energie nach § 248 BauGB ergeben.
Geringere Abstandsflächen sind nach Absatz 10 aber nur dann zulässig, wenn durch die Festsetzungen und Regelungen der Gemeinde die bauordnungsrechtlichen Schutzziele – die Gewährleistung der Beleuchtung mit Tageslicht, der Lüftung und des Brandschutzes – erreicht werden. Dazu müssen die Festsetzungen und Regelungen zwingend und geeignet sein. Als zwingende Festsetzungen nennt das Gesetz die Grundflächen und die Zahl der Vollgeschosse. „Andere zwingende Festsetzungen" im Sinne von Absatz 10 können sein: Baulinien, nicht überbaubare Grundstücksflächen, die Stellung und Höhe der Gebäude. Um die Beleuchtung mit Tageslicht zu gewährleisten, kann es außerdem erforderlich sein, die Dachneigung festzusetzen.
Die Voraussetzungen des Absatzes 10 wird zum Beispiel ein Bebauungsplan erfüllen können, der durch die genannten zwingenden Festsetzun-

gen die Grundfläche und Höhe der Baukörper und ihre Stellung zueinander fixiert. Die Ausnutzung des durch Absatz 10 eingeräumten Spielraums setzt in der Regel voraus, dass der Bebauungsplan aufgrund einer konkreten Gebäudeplanung aufgestellt wird. In der Praxis wird die Regelung deshalb vor allem dann eine Rolle spielen, wenn die Grundstücke von einem Bauträger bebaut werden sollen, etwa im Rahmen eines vorhabenbezogenen Bebauungsplans.

Zu Absatz 11

Der neue Absatz 11 gilt für „rechtmäßig bestehende" Gebäude, die die Abstandsflächen nach den Absätzen 1 bis 6 nicht einhalten. In Betracht kommen Gebäude, die zu einem bestimmten Zeitpunkt materiell rechtmäßig waren und deshalb Bestandsschutz genießen. Entsprechende Nachweise sind von der Bauherrin oder dem Bauherrn zu führen. Privilegierte Grenzgebäude wie Garagen und sonstige Nebengebäude im Sinne des Absatzes 8 fallen nicht unter diese Bestimmung (vgl. Absatz 11 Satz 2).

Absatz 11 Satz 1 benennt in den Nummern 1 bis 7 die Fälle, die keine Auswirkungen auf die bestehende Lage und Tiefe der Abstandsflächen des Bestandsgebäudes haben.

In den **Nummern 1 und 2** sind Um- und Ausbau sowie Nutzungsänderung klarstellend aufgenommen. Diese Maßnahmen lösen zwar selbst keine Abstandsflächen aus, sie können aber den Bestandsschutz in Frage stellen und gegebenenfalls wegen nicht eingehaltener Abstandsflächen des Gebäudes die Vorhaben verhindern (vgl. BVerwG, Urteil vom 16. Mai 1991, Az. 4 C 17.90, BRS 52 Nr. 157). Entsprechendes gilt nach **Nummer 3** bei Gebäuden, die Vor- und Anbauten erhalten (vgl. OVG Berlin Brandenburg, Beschluss vom 27. Januar 2012, Az. OVG 2 S 50.10, juris). Die nun zulässigen ergänzenden Gebäudeteile müssen allerdings die erforderlichen Abstandsflächen einhalten (vgl. **Bild 45**).

Nach **Nummer 4** sind auch Aufstockungen und Dachaufbauten abstandsflächenrechtlich zulässig. Die sich daraus ergebenden Abstandsflächen dürfen aber die Flächen, die sich für die Bestandsgebäude nach den Absätzen 1 bis 6 ergeben, nicht überschreiten, soweit sich diese auf Nachbargrundstücke erstrecken (siehe **Bild 46**) oder überdecken (siehe **Bild 47**). Maßstab für Aufstockungen sind die angenommenen Abstandsflächen der zugehörigen Bestandsgebäude. Die erforderlichen Abstandsflächen, die sich aus einer Aufstockung ergeben, müssen somit

innerhalb der Grundfläche des Bestandsgebäudes liegen. Aufstockungen lassen sich daher vorzugsweise als Staffelgeschosse/zurückgesetzte Attikageschosse umsetzen (siehe Absatz 5 Satz 1, Bilder 23, 35 und 36).
Anmerkung: Nummer 4 kann auch Anwendung finden bei rechtmäßig bestehenden grenzständigen Gebäuden, wenn nach jetzt geltendem Bauplanungsrecht mit Grenzabstand zu bauen ist. (Soweit grenzständig gebaut werden muss oder darf, greift Absatz 11 nicht -§ 8 Abs. 1 Satz 2-).
Nach **Nummer 5** sind sowohl Erneuerungen von Bauteilen (z. B. Dach oder Außenwandbereiche) als auch ein Wiederaufbau eines Gebäudes an gleicher Stelle möglich. Der Ersatzbau darf die Außenmaße des vorigen Gebäudes grundsätzlich nicht überschreiten, kann aber Änderungen und Erweiterungen nach den Nummern 2 bis 4 nutzen. Er kann auch kleiner sein als das in Bezug genommene Gebäude; ein „Nachbau“ ist nicht gefordert. Abbruch und Neuerrichtung müssen zeitnah erfolgen und sind als einheitlicher Vorgang zu bewerten (vgl. BVerwG, Urteil vom 23. November 2016 – 4 CN 2/16 –; BVerwG Urteil vom 12. September 1980 – IV C 75.77, beide juris).
Hinweis: Sollen Gebäude nach Nummer 5 wieder aufgebaut werden, sind in den Bauzeichnungen auch die Außenbauteile des zu ersetzenden Gebäudes darzustellen bzw. entsprechende Angaben zu machen (vgl. durch Artikel 2 des Ersten Landesgesetzes zur Änderung baurechtlicher Vorschriften neu eingefügter § 3 Abs. 3 Nr. 5 der Landesverordnung über Bauunterlagen und die bautechnische Prüfung).
Nummer 6 Halbsatz 1 lässt Treppen, Aufzüge und Treppenräume, die den erneuerten Bestandsgebäuden dienen, in den Abstandsflächen zu. Sie müssen zu Nachbargrenzen – in Anlehnung an Absatz 5 Satz 2 Halbsatz 2 – einen Abstand von mindestens 2 m einhalten.
Es dürfte sich bei den zulässigen Treppen vorwiegend handeln um offene Außentreppen zur Sicherstellung des zweiten Rettungswegs (Ersatz für Rettungsgeräte der Feuerwehr), bei angebauten Treppenräumen um notwendige Treppen nach § 34 Abs. 1 Satz 3 Nr. 3 LBauO (z. B. eingehauste/verglaste Treppenanlagen ohne eigene Treppenräume) und bei den Aufzügen um solche nach § 36 Abs. 1 Satz 4 LBauO (ohne eigene Schächte).
Die Erschließungsanlagen in den Abstandsflächen sind nach Nummer 6 Halbsatz 2 so anzuordnen, dass die Beleuchtung von Aufenthaltsräumen mit Tageslicht nicht erheblich eingeschränkt wird und der

Brandschutz sichergestellt ist, vgl. Vorbemerkungen zu den Absätzen 7 bis 13).
Nach **Nummer 7** dürfen Wärmedämmungen und Solaranlagen, die an Bestandsgebäuden angebracht werden, in den Abstandsflächen liegen, soweit sie eine Tiefe von insgesamt nicht mehr als bis zu 0,40 m einhalten. Dachflächen dürfen für entsprechende Zwecke um dasselbe Maß erhöht werden. (Zur Frage der grenzüberschreitenden Wärmedämmung – Überbau – siehe Begründung zu § 6 Abs. 3 Satz 3 LBauO.)
Für nach Nummer 5 neu zu errichtende Gebäude können die Regelungen nach Nummer 7 keine Anwendung finden.
Hinweis: Ob die Maßnahmen nach den Nummern 2 bis 5 (einzeln oder kumulativ) umgesetzt werden können, hängt nunmehr wesentlich von den jeweiligen bauplanungsrechtlichen Gegebenheiten ab (vgl. 1.3).
Bei baulichen Maßnahmen im Bereich von Nachbargrenzen sind unter anderem § 30 Abs. 2 Satz 1 Nr. 1 LBauO (Brandwände) und das (privatrechtliche) Landesnachbarrechtsgesetz (vgl. 1.2) zu beachten; auch sind das Gebot der (bauplanungsrechtlichen) Rücksichtnahme und § 5 Abs. 2 LBauO (Gestaltung) in den Blick zu nehmen.

Zu Absatz 12
Mit der Landesbauordnungsnovelle 2022 wurde eine spezielle Regelung für die Bemessung der Abstandsflächen von Windenergieanlagen eingeführt. Die bisherigen Vorgaben hatten sich in Anlehnung an die allgemeinen Abstandsflächenbestimmungen und der dazu ergangenen Rechtsprechung entwickelt. Nunmehr ergibt sich die Abstandsfläche aus der Höhe der Anlage (Maß H = Nabenhöhe zuzüglich Länge Rotorradius) und bildet eine Kreisfläche um den geometrischen Mittelpunkt des Mastes. Anlagen mit Horizontalachsen werden vereinfacht als um den zugehörigen Rotorradius verlängerte Masten betrachtet (**Bild 48**)
Die Tiefe der Abstandsfläche von Windenergieanlagen beträgt in nicht bebauten Gebieten 0,2 H (z. B. bei Standorten in landwirtschaftlich genutzten Gebieten), in den übrigen Gebieten 0,4 H, **mindestens** jedoch die Länge des Rotorradius zuzüglich 3 m. Bei den derzeit gängigen Anlagen in nicht bebauten Gebieten dürfte die Mindestabstandsfläche maßgebend sein (**Bild 49**).

Grundlage für die Bemessung ist der „ruhende Betriebszustand“ der Anlage. Mögliche Längenausdehnungen der Rotorblätter bei laufendem Betrieb bleiben unberücksichtigt.

Zu Absatz 13
Die mit der Landesbauordnungsnovelle 2022 verringerte Tiefe der Abstandsflächen für Antennenanlagen im Außenbereich einschließlich Masten (0,2 H, nun Satz 2) wird dahingehend erweitert, dass entsprechende Anlagen bis zu einer Höhe von 50 m mit einer Mastbreite bis zu 1,50 m ohne Abstandsflächen zu anderen Grundstücken im Außenbereich zulässig sind. Die Freistellung findet insofern keine Anwendung bei Anlagen an Grundstücksgrenzen zum Innenbereich.

3. Zeichnungen zu den Abstandsflächen

In den vorstehenden Erläuterungen zu den Abstandsflächenbestimmungen ist auf nummerierte Zeichnungen (Bilder) verwiesen, die nachstehend in systematischer Reihenfolge mit Legende dargestellt sind. Die Legende enthält halbfettgedruckte Auszüge der einschlägigen rechtlichen Regelungen; dabei ist der Gesetzestext in einigen Fällen zweckdienlich redaktionell abgewandelt.

Bild 1: Abstandsflächen (Absatz 1)

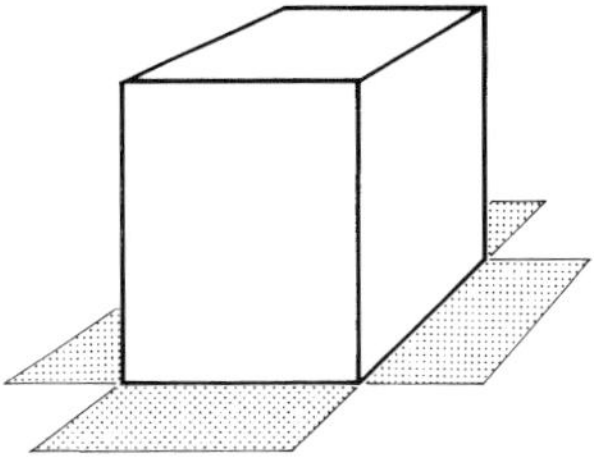

Vor Außenwänden oberirdischer Gebäude sind Flächen von Gebäuden freizuhalten (Abstandsflächen).
Die Abstandsflächen liegen an den Außenwänden des Gebäudes und nicht an den Grundstücksgrenzen an. Sie sind als Abwicklung der Außenwände darstellbar: Bei im Grundriss geradlinig verlaufenden Außenwänden ist die Abstandsfläche immer ein Rechteck; bei einem Gebäude mit kreisförmigem Grundriss ist sie ein Kreisring.

Bild 2: Lage der Abstandsflächen (Absatz 2)

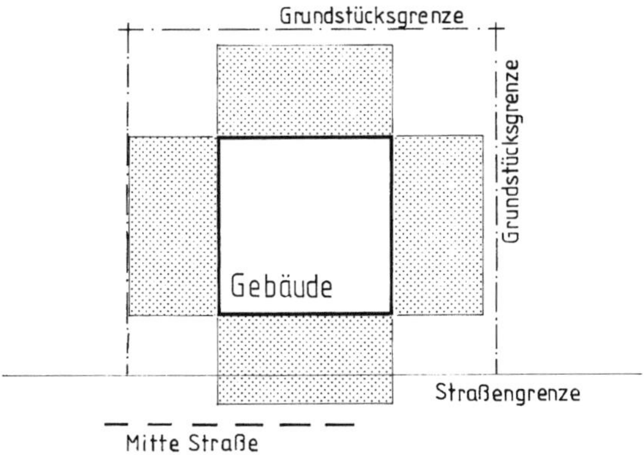

Die Abstandsflächen müssen auf dem Grundstück selbst liegen. Sie dürfen auch auf öffentlichen Verkehrs-, Grün- oder Wasserflächen liegen, jedoch nur bis zu deren Mitte.

Aus dieser Vorschrift ergeben sich zwangsläufig die Grenzabstände. Die Inanspruchnahme der halben Breite von öffentlichen Flächen (z. B. Straße) bedarf keiner gesonderten Zulassung.

Bild 3: Überdeckungsverbot (Absatz 3)

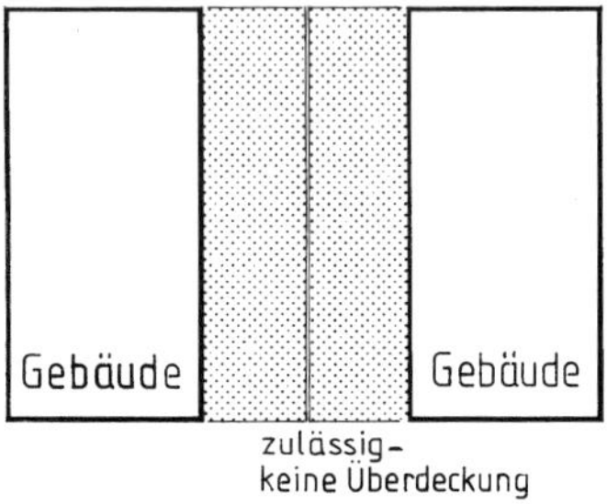

Die Abstandsflächen vor Wänden, die einander gegenüberstehen, dürfen sich nicht überdecken.
Aus dem Überdeckungsverbot ergeben sich die Mindestabstände, die Gebäude auf demselben Grundstück untereinander einhalten müssen.

Bild 4: Überdeckung zulässig

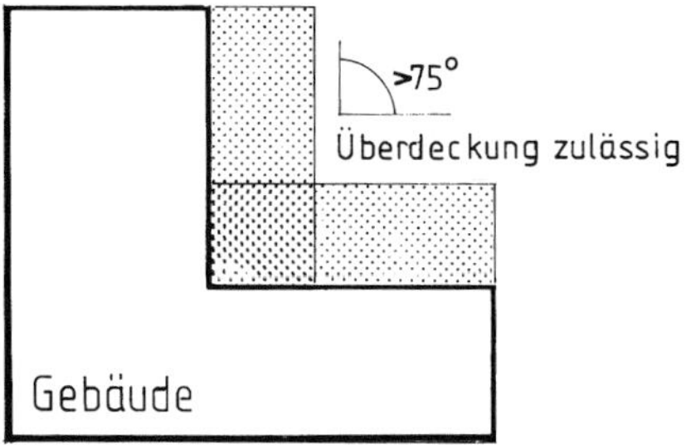

Das Überdeckungsverbot gilt nicht für:
- Wände, die in einem Winkel von mehr als 75° zueinander stehen.
- Gebäude und andere bauliche Anlagen, die in den Abstandsflächen zulässig sind (Bilder 37 bis 44).

Bild 5: Abhängigkeit der Tiefe der Abstandsfläche von der Wandhöhe (Absatz 4 Satz 1)

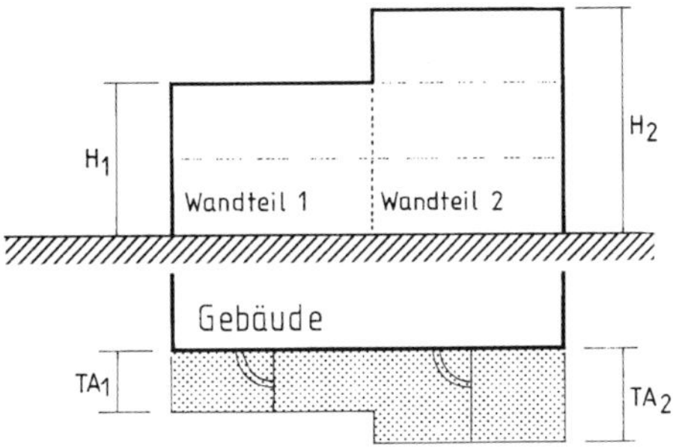

Die Tiefe der Abstandsfläche (TA) bemisst sich nach der Höhe der Wand oder des Wandteils (Wandhöhe); sie wird senkrecht zur Wand gemessen.

Die Tiefen der Abstandsflächen folgen den Höhen der Wände bzw. Wandteile. Die Abstandsflächen sind bei im Grundriss geradlinig verlaufenden Wänden immer rechteckig bzw. setzen sich aus Rechtecken zusammen. Das gilt auch für die Abstandsfläche bei geneigtem Gelände oder geneigtem oberen Wandabschluss und vor Giebeln (Satz 4 bis 7).

Bild 6

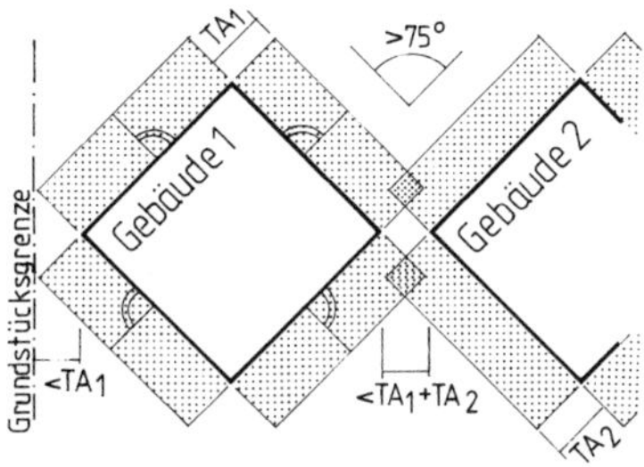

Die Tiefe der Abstandsfläche (TA) wird senkrecht zur Wand gemessen (Bild 5). Bezugsebene ist die Oberfläche der äußeren Schicht der Wand (z. B. Putz, Bekleidung, Wärmedämmverbundsystem). Bei Gebäuden mit

geradlinig verlaufenden Wänden kann der Grenzabstand geringer sein als die Tiefe der Abstandsfläche, wenn die Wände nicht parallel zur Grenze stehen (Bild 6 linke Hälfte). Die Mindesttiefe der Abstandsfläche von 3 m nach Absatz 6 ist auch in diesen Fällen einzuhalten.
Bei über Eck zueinander stehenden Gebäuden sind geringere Gebäudeabstände möglich, als sie sich aus der Addition der Tiefen der Abstandsflächen ergeben.

Wandhöhe (Absatz 4 Satz 2 und 3) – (siehe Bilder 7 bis 11)

Bild 7

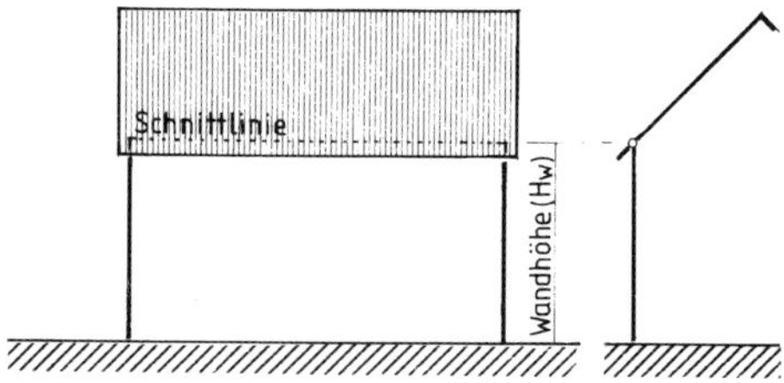

Als Wandhöhe gilt das Maß von der Geländeoberfläche bis zur Schnittlinie der Wand mit der Dachhaut oder bis zum oberen Abschluss der Wand (Satz 2).
Fall 1: Das Gebäude schließt mit einem geneigten Dach ab. Dachhaut ist z. B. bei einem Ziegeldach die Oberfläche der Dachziegel.

Bild 8

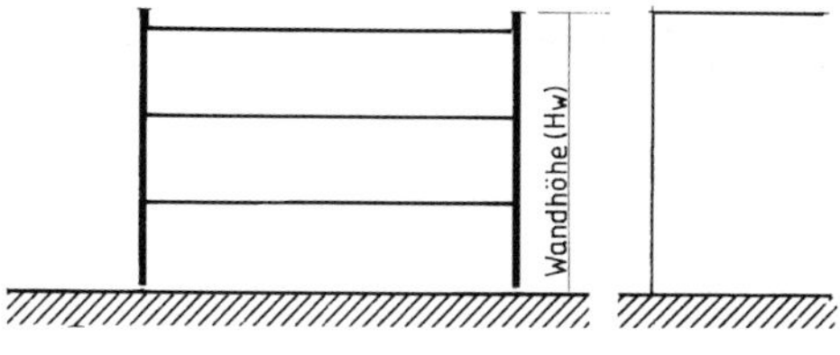

Fall 2: Die Wände sind über die Dachhaut geführt.

Bild 9

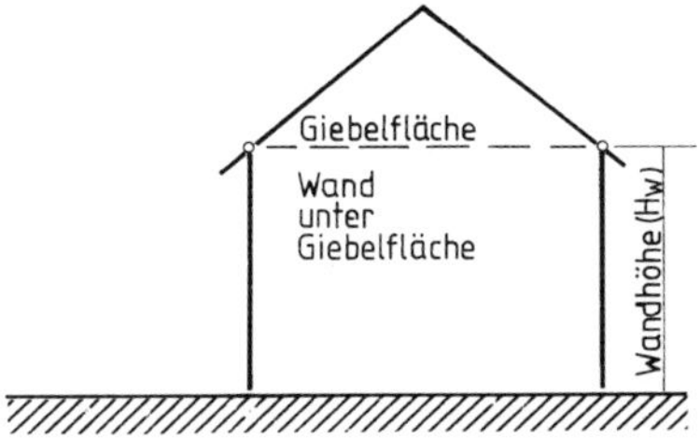

Bei Wänden unter Giebelflächen gilt als oberer Abschluss der Wand die Waagrechte in Höhe der Schnittlinie nach Satz 2;
Fall 3: Unter Giebeln ist eine fiktive Wandhöhe (Hw) zu bilden.

Bild 10

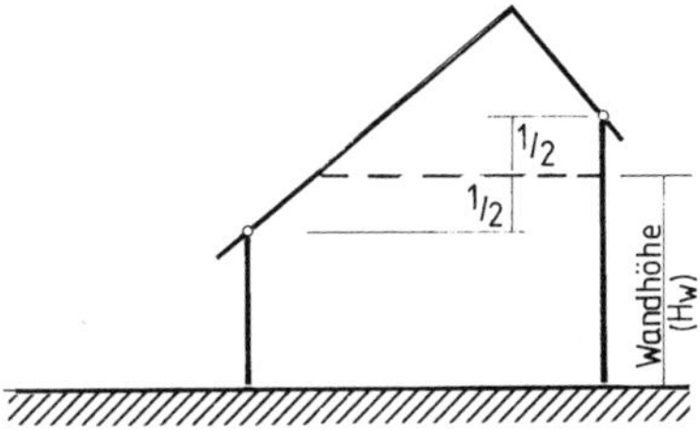

Liegen die Schnittlinien nicht auf einer Höhe, ist die Waagrechte in der Mitte zwischen den Schnittlinien anzunehmen.
Fall 3a: An der Giebelseite ist eine fiktive mittlere Wandhöhe zu bilden, die sich aus den unterschiedlichen Wandhöhen an den Traufseiten ergibt.

Bild 11

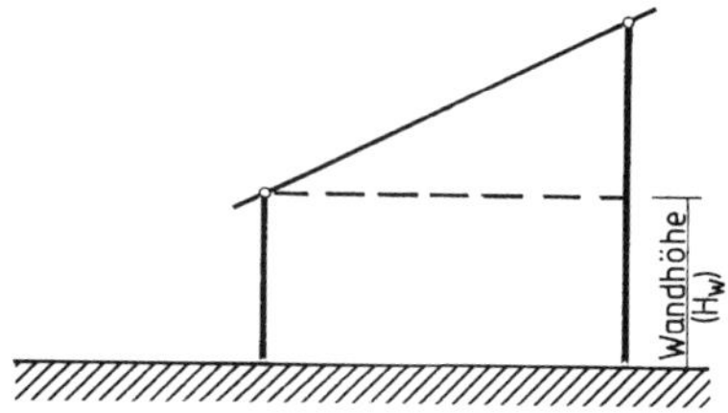

Fall 3b: Bei Giebelseiten von Pultdächern ist die Waagrechte in der Höhe der Schnittlinie des unteren Traufpunktes als oberer Abschluss der Wand anzunehmen.

Hinweis zu Bildern 7 und 9 bis 11:

Wegen der Hinzurechnung der Dach- bzw. Giebelflächen siehe Bilder 16 bis 21 und 30 bis 32.

Wandhöhe als Mittelwert (Absatz 4 Satz 4) – (siehe Bilder 12, 13 und 15)

Bild 12

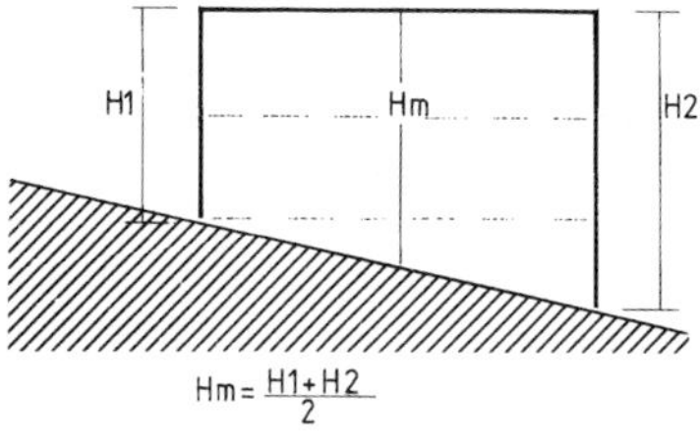

Maßgebend ist die im Mittel gemessene Höhe der Wand oder des Wandteils.

Die mittlere Wandhöhe (Hm) ist als arithmetisches Mittel zu bestimmen.

Bild 13

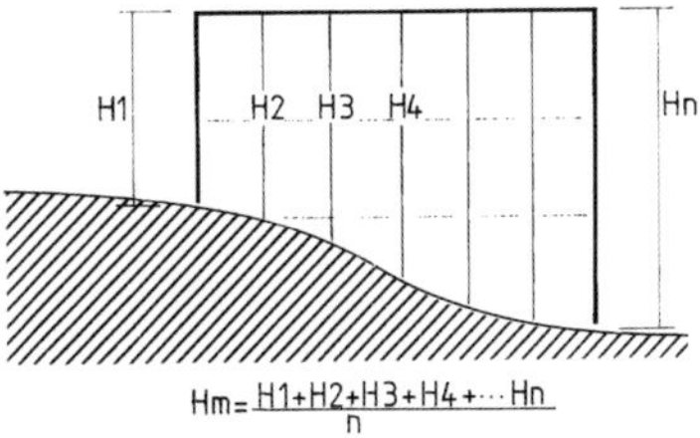

Bei nicht gleichmäßig geneigtem Gelände muss an möglichst vielen Stellen in gleichem Abstand gemessen und durch die Zahl der Messungen dividiert werden.

Bild 14

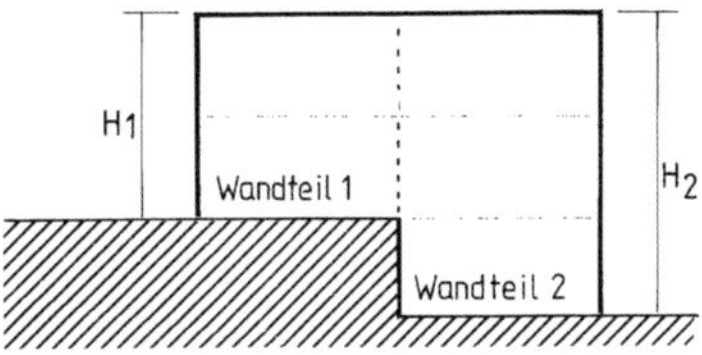

Verläuft das Gelände in stufenartigen Sprüngen, so entstehen Wandteile, für die die Tiefen der Abstandsflächen jeweils gesondert zu ermitteln sind (Absatz 4 Satz 1).

Bild 15

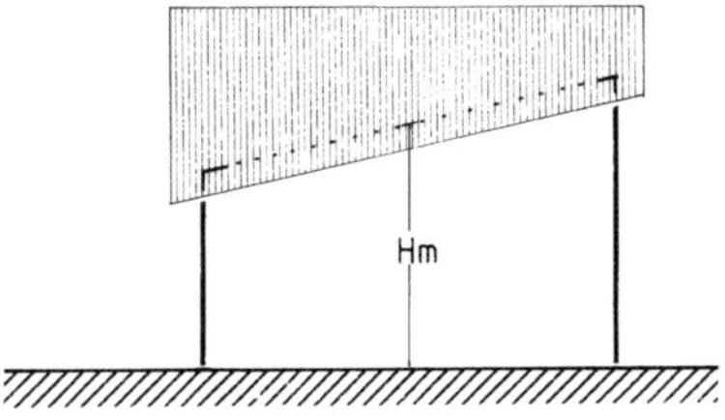

Vom Mittelwert ist auch auszugehen, wenn der obere Wandabschluss an der Traufseite nicht waagrecht ist.

Hinzurechnung der Höhe von Dach- und Giebelflächen (Absatz 4 Satz 5 Nr. 1) – (siehe Bilder 16 bis 20)

Bild 16

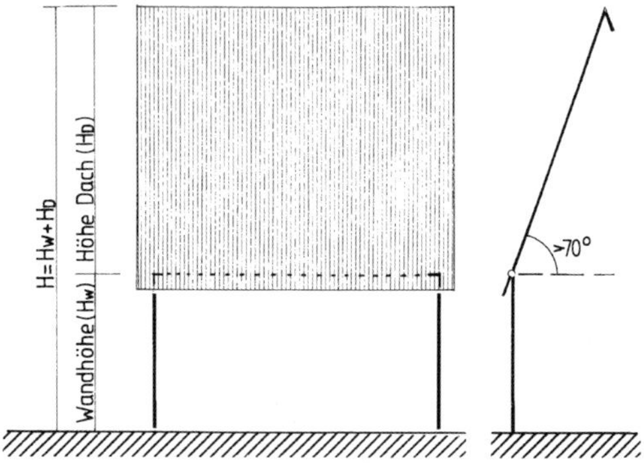

Voll-Anrechnung
Traufseite: Zur Wandhöhe wird die Höhe von Dächern und Dachteilen mit einer Neigung von mehr als 70° voll hinzugerechnet.

Bild 17

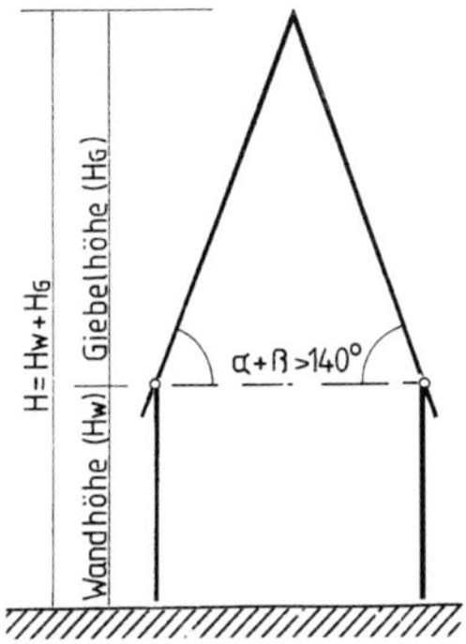

Giebelseite: Zur Wandhöhe wird die Höhe von Giebelflächen voll hinzugerechnet, wenn:

- die Summe der Dachneigungen der beiden Dachflächen mehr als 140°
- die Dachneigung bei Pultdächern mehr als 70° beträgt. (Zur Bestimmung der Wandhöhe von Pultdächern siehe Bild 11.)

Siehe dazu auch Bild 21.

Bild 18

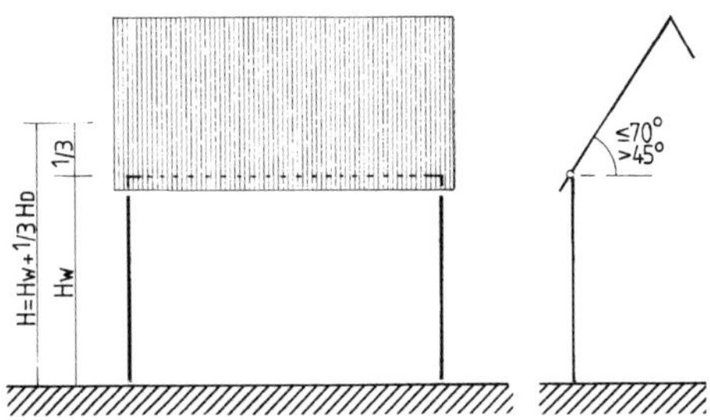

Drittel-Anrechnung

Traufseite: Zur Wandhöhe wird die Höhe von Dächern und Dachteilen mit einer Dachneigung von mehr als 45° bis nicht mehr als 70° zu einem Drittel hinzugerechnet.

Bild 19

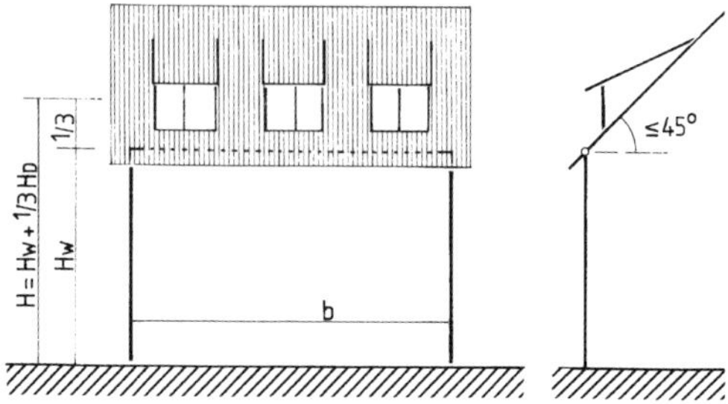

Bei Dächern mit einer Neigung von gleich oder weniger als 45° wird zur Wandhöhe ein Drittel der Dachhöhe hinzugerechnet, wenn Dachgauben oder andere Aufbauten auf diesen Dächern mehr als halb so breit wie die dazugehörige Wand (b) sind; sonstige Dächer mit einer Dachneigung von gleich oder weniger als 45° werden auf die Wandhöhe nicht angerechnet.

Bild 20

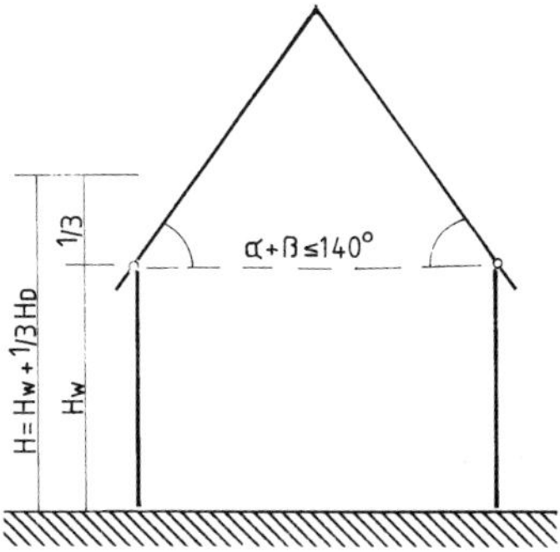

Giebelseite: Zur Wandhöhe wird die Höhe von Giebelflächen zu einem Drittel hinzugerechnet, wenn:

- die Summe der Dachneigungen bei Satteldächern nicht mehr als 140°,
- die Dachneigung bei Pultdächern nicht mehr als 70° beträgt. (Zur Bestimmung der Wandhöhe von Pultdächern siehe Bild 11.)

Siehe dazu auch Bild 21.

Nicht-Anrechnung der Höhe von Giebelflächen (Absatz 4 Satz 6)

Bild 21

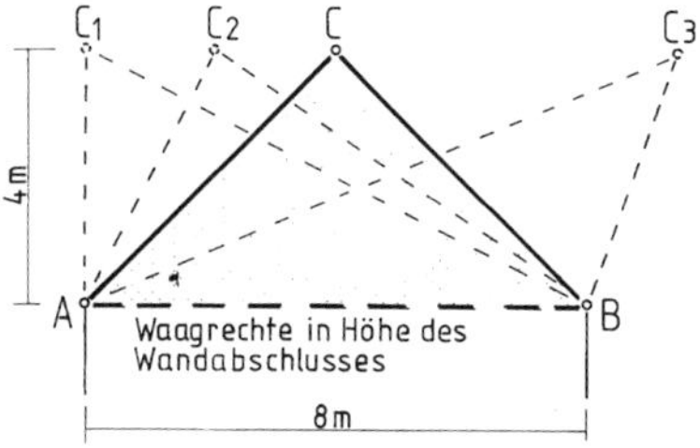

Zur Wandhöhe wird nicht hinzugerechnet die Höhe von Giebelflächen, die innerhalb eines Dreiecks mit einer in Höhe der Waagrechten aus Satz 3 anzunehmenden Grundlinie von 8 m Länge und mit 4 m Höhe liegen; dies gilt nicht, wenn Dachaufbauten weniger als 1,50 m von der Giebelfläche entfernt sind.

Vor- und zurücktretende Wandteile (Absatz 5) – (siehe Bild 22 bis 26)

Bild 22

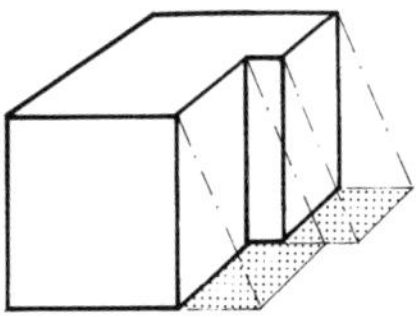

Für vor- und zurücktretende Wandteile wird die Abstandsfläche gesondert ermittelt.
Fall 1: Im Grundriss vor- bzw. zurücktretende Wandteile.

Bild 23

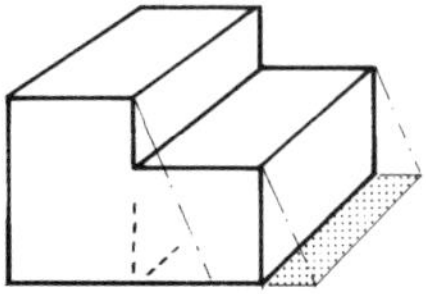

Fall 2: Im Aufriss vor- bzw. zurücktretende Wandteile.
Die Wandhöhe der zurücktretenden Wand ist durch lotrechte Verlängerung bis zum Schnitt mit einer gedachten Ebene in Höhe der Geländeoberfläche zu bestimmen. Ausgehend von der Schnittlinie mit dieser Ebene ist die Tiefe der Abstandsfläche für die zurücktretende Wand zu messen (s. auch Bilder 35 und 36).

Bild 24

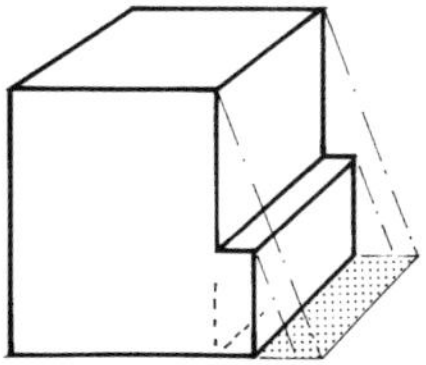

Bild 25

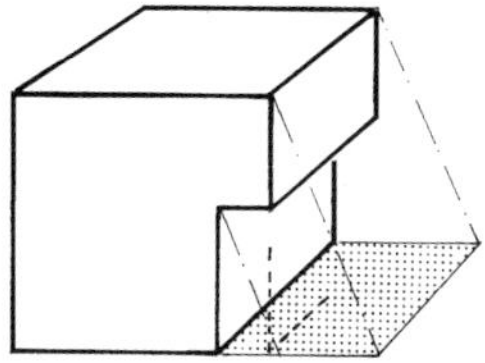

In Bild 23 ist die vordere, in Bild 24 die hintere und in Bild 25 die auskragende Außenwand für die Tiefe der Abstandsfläche maßgebend.

Bild 26

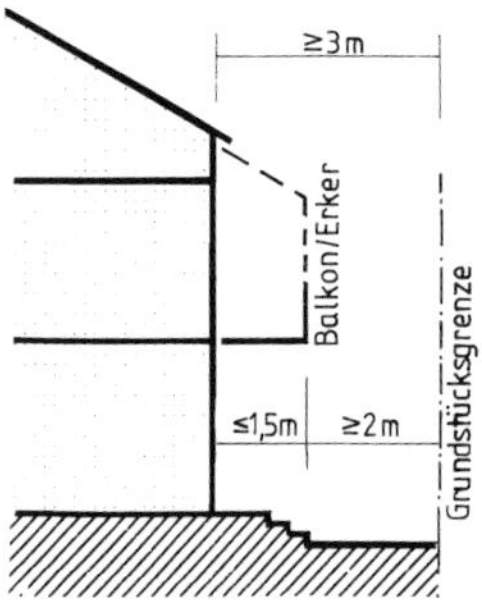

Vor die Wand vortretende Gebäudeteile wie Pfeiler, Gesimse, Dachvorsprünge, Blumenfenster, Hauseingangstreppen und deren Überdachungen sowie untergeordnete Vorbauten wie Erker und Balkone bleiben bei der Bemessung der Tiefe der Abstandsflächen außer Betracht, wenn sie nicht mehr als 1,50 m vortreten; von gegenüberliegenden Nachbargrenzen müssen sie mindestens 2 m entfernt bleiben.
Untergeordnete Gebäudeteile oder Vorbauten mit einer Tiefe von mehr als 1,50 m müssen wie eigenständige Gebäudeteile oder Anbauten Abstandsflächen nach Absatz 4 einhalten (dies gilt auch für Dachvorsprünge).
Im Privatrechtsverhältnis zwischen den Nachbarn sind zudem §§ 34 und 35 des Nachbarrechtsgesetzes zu beachten.

Die Tiefe der Abstandsfläche (Absatz 6)

Bild 27

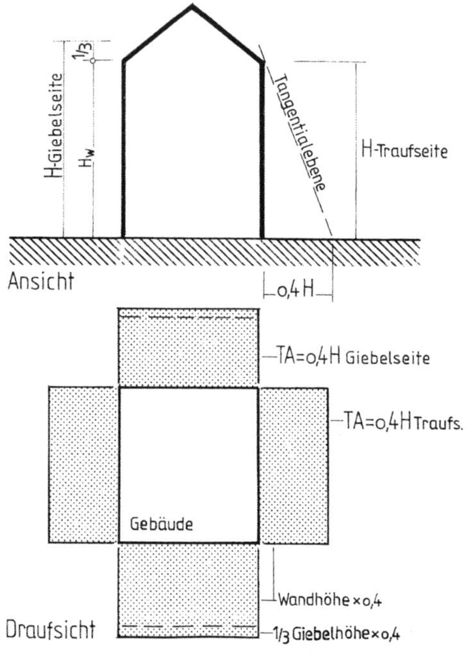

Die Tiefe der Abstandsfläche (TA) beträgt allgemein 0,4 H, in Gewerbe- und Industriegebieten 0,25 H. In Kern- und Sondergebieten kann eine geringere Tiefe als 0,4 H zugelassen werden, wenn die Nutzung der Gebiete dies rechtfertigt. Die Entscheidung darüber liegt bei der Bauaufsichtsbehörde.
In allen Fällen muss die Tiefe der Abstandsfläche jedoch mindestens 3 m betragen.
Das **Maß H**, das für die Bemessung der Abstandsfläche maßgebend ist, setzt sich zusammen aus der Wandhöhe (Abs. 4 Satz 1 bis 4, Bilder 7 bis

15) und den zur Wandhöhe ggf. hinzuzurechnenden Höhen der Dach- bzw. Giebelflächen (Abs. 4 Satz 5 bis 7; s. auch Bilder 16 bis 21).
In dem in Bild 27 dargestellten Gebäude wird an den Traufseiten die Höhe des Daches nicht zur Wandhöhe hinzugerechnet, da die Dachneigung weniger als 45° beträgt (H = Wandhöhe). An den Giebelseiten geht die Giebelhöhe zu einem Drittel in das Maß H (H = Wandhöhe + 1/3 Giebelhöhe) ein.
Das Verhältnis 0,4 H lässt sich mittels einer Tangentialebene darstellen (Bild 27, Ansicht). Auf diese Weise ist eine zeichnerische Bestimmung der Tiefe der Abstandsfläche in Schnitt- und Ansichtszeichnungen möglich.

Abstandsflächen von Giebelseiten – Sonderformen – (siehe Bild 28 bis 32)

Bild 28

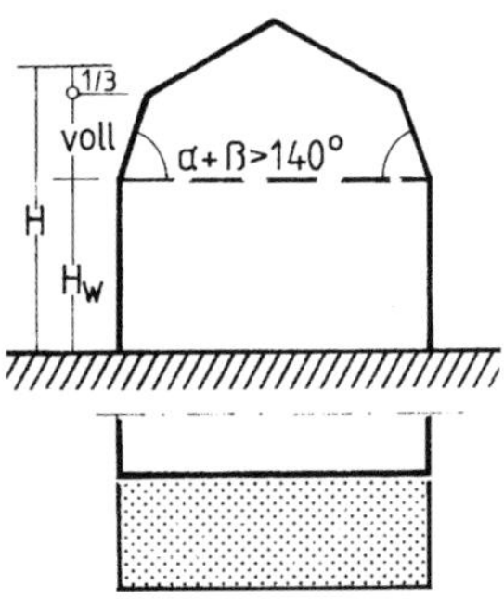

Bild 29

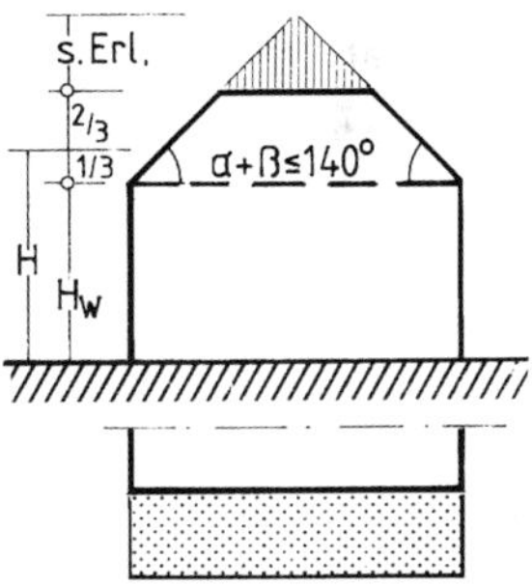

Zu Bild 28: Die Höhe der steilen unteren Teilgiebelfläche wird voll zur Wandhöhe hinzugerechnet (siehe auch Bild 17); die Höhe der flach geneigten oberen Teilgiebelfläche geht zu einem Drittel in die Giebelhöhe ein.
Zu Bild 29: Die Höhe des Giebels bis zum Ansatz des Krüppelwalms wird zu einem Drittel zur Wandhöhe hinzugerechnet; die Höhe der Walmdachfläche bleibt außer Betracht, wenn sie eine Neigung von 45° oder weniger hat. Bei einer Neigung der Walmdachfläche von mehr als 45° bis einschließlich 70° ist ihre Höhe zu einem Drittel, bei mehr als 70° voll zur Höhe des Giebels hinzuzurechnen.

Bild 30

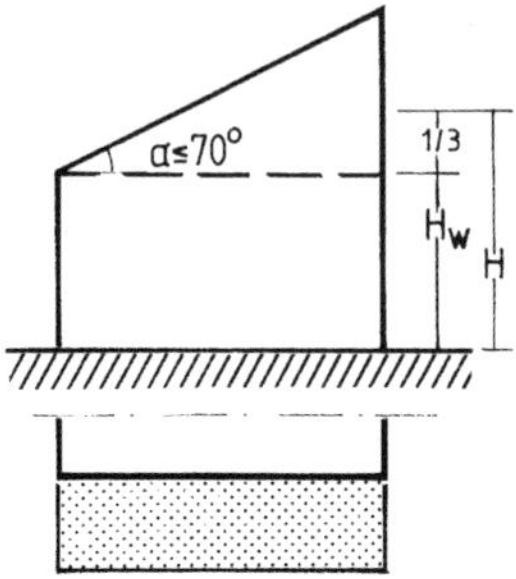

Die Wandhöhe (Hw) wird wie bei Bild 11 nach Absatz 4 Satz 3 zweiter Halbsatz bestimmt. Die waagrechte gestrichelte Linie ist die Grundlinie nach Absatz 4 Satz 6. Lässt sich die darüberliegende Giebelfläche in ein Dreieck nach Bild 21 einbeschreiben, geht ihre Höhe nicht zu einem Drittel in das Maß H ein.

Bild 31

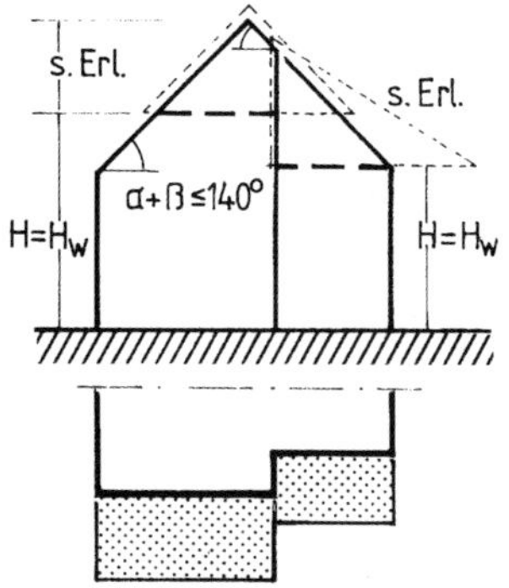

Bild 32

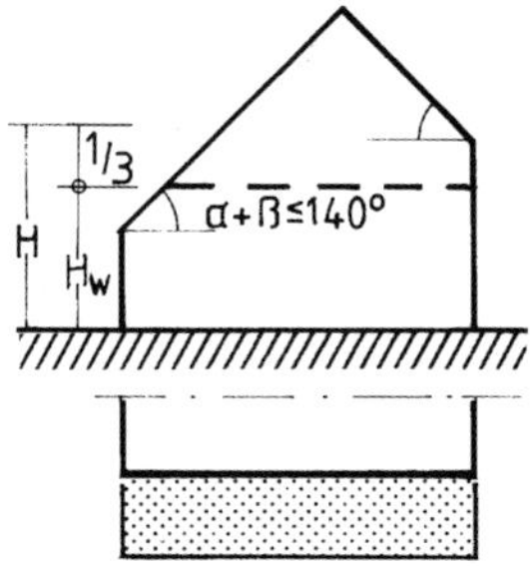

Zu den Bildern 31 und 32: Die Tiefe der Abstandsfläche ist für den vor- und zurücktretenden Wandteil des gegliederten Giebels (Bild 31) nach Absatz 5 Satz 1 gesondert zu ermitteln. Da der vorstehende Wandteil dieses Giebels und der Giebel in Bild 32 unterschiedliche Traufhöhen aufweisen, werden in diesen Fällen die Wandhöhen (Hw) nach Absatz 4 Satz 3 zweiter Halbsatz bestimmt (siehe auch Bild 10). Die Höhen der vorstehenden Teilgiebelfläche und der Giebelfläche des zurücktretenden Wandteils oberhalb der „Waagrechten" in Bild 31 werden nicht zur Wandhöhe hinzugerechnet, da sie sich jeweils in ein Dreieck nach Bild 21 einbeschreiben lassen (gestrichelte Linien). In Bild 32 geht die Teilgiebelfläche oberhalb der „Waagrechten" zu einem Drittel ihrer Höhe in das Maß H ein.

Abstandsflächen von Traufseiten – Sonderformen – (siehe Bild 33 und 34)

Bild 33

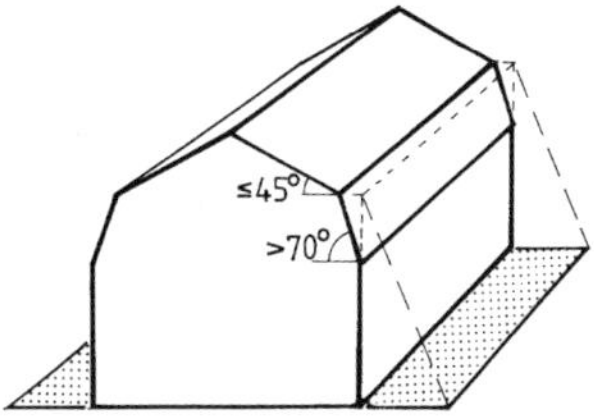

Die Höhe des steilen Dachteils (> 70°) wird voll zur Wandhöhe hinzugerechnet, dagegen geht der flache Dachteil (≤ 45°) nicht in die Abstandsfläche ein. Bezüglich der Abstandsfläche der Giebelseite siehe Bild 28.

Bild 34

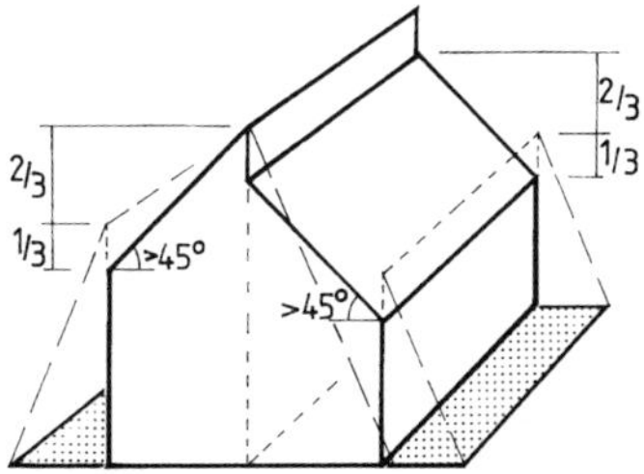

Die Höhe der Dächer wird zu einem Drittel zur Wandhöhe hinzugerechnet, da ihre Neigung jeweils mehr als 45° aber nicht mehr als 70° beträgt. Die Tiefe der Abstandsfläche für den zurücktretenden Wandteil im Dachbe-

reich ist gesondert zu ermitteln. Dieser Wandteil ist im dargestellten Beispiel nicht maßgebend für die Tiefe der Abstandsfläche.
Für die Giebelseite sind zwei fiktive Pultdachgiebel zu bilden, deren Abstandsflächen entsprechend Bild 30 gesondert zu ermitteln sind.

Abstandsflächen bei vor- und zurücktretenden Wänden in hängigem Gelände

Bild 35

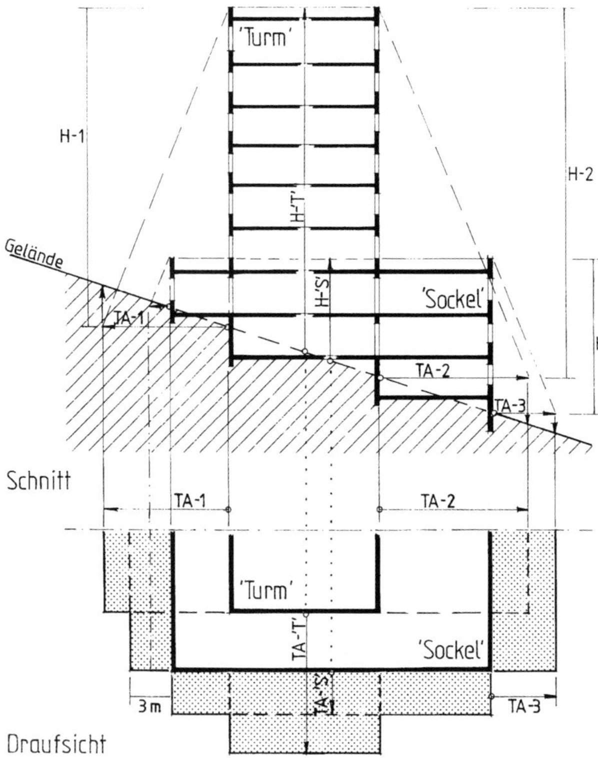

Zu Bild 35: Nach Absatz 5 Satz 1 wird die Tiefe der Abstandsfläche für vor- und zurücktretende Wandteile gesondert ermittelt. Dabei sind die zurücktretenden Wandteile lotrecht bis zum Schnitt mit der ‚gedachten' Geländeoberfläche (gestrichelte Linie) zu verlängern. Von dieser Schnittlinie ausgehend ist die Tiefe der Abstandsfläche (TA) auf einer waagrechten Ebene zu ermitteln. Das Beispiel zeigt, dass die Abstandsfläche des Turms an der Talseite (TA-2) auf die maßgebende Abstandsfläche (TA-3) ohne Einfluss ist; diese bestimmt sich allein aus der Wandhöhe des Sockelgeschosses (H-3). Die Abstandsfläche an der Bergseite ergibt sich sowohl aus der Wandhöhe des Sockelgeschosses als auch aus der entsprechenden Wandhöhe des Turms. Die Abstandsfläche des Sockelgeschosses beträgt an der Bergseite weniger als 3 m; maßgebend ist somit die Mindesttiefe von 3 m nach Absatz 6 Satz 3. Für den Turm (H-‘T’) und den Sockel (H-‘S’) ergeben sich die Abstandsflächen aus der jeweiligen im Mittel gemessenen Höhe.
In der Schnittzeichnung ist auch die zeichnerische Ermittlung der Abstandsfläche über die Tangentialebene nach Bild 27 dargestellt.

Abstandsflächen bei vor- und zurücktretenden Wänden in hängigem Gelände

Bild 36

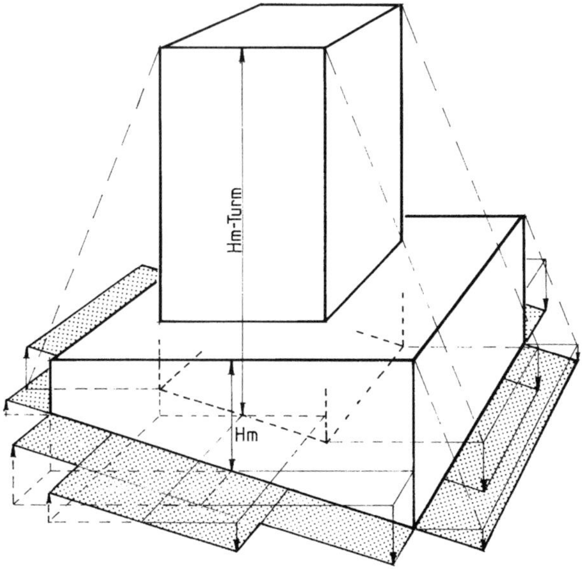

Bild 36 zeigt denselben Sachverhalt wie Bild 35.
Durch die perspektivische Zeichnung sollen die tatsächlichen räumlichen Verhältnisse anschaulich gemacht werden. Die mittlere Wandhöhe (Hm) ist nach Absatz 4 Satz 4 zu bestimmen (s. auch Bilder 12 und 13).

Garagen ohne Feuerstätten und sonstige Gebäude ohne Aufenthaltsräume und Feuerstätten an Grundstücksgrenzen (Absatz 8 Satz 1 Nr. 1) – privilegierte Grenzgebäude – (siehe Bilder 37 bis 44)

Bild 37

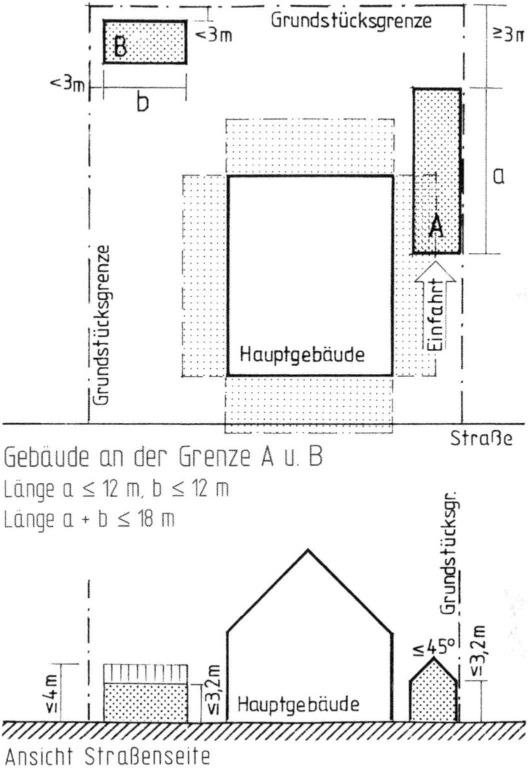

Garagen und sonstige an Grundstücksgrenzen zulässige Nebengebäude können sowohl an der Grenze als auch bis zu 3 m davon entfernt errichtet werden. Die Gebäude dürfen eine Länge von 12 m an einer Grundstücks-

grenze und von insgesamt 18 m an allen Grundstücksgrenzen nicht überschreiten.
Die Gebäude an der Grenze dürfen – ohne eigene Abstandsflächen – in den Abstandsflächen eines anderen Gebäudes liegen.
Die Wände an der Grenze – oder bis zu 3 m davon abgerückt – dürfen eine mittlere Wandhöhe von 3,2 m nicht überschreiten und Dachflächen zur Grundstücksgrenze nicht steiler als 45° sein; die Giebelhöhe an der Grenze darf maximal 4 m erreichen.

Bild 38

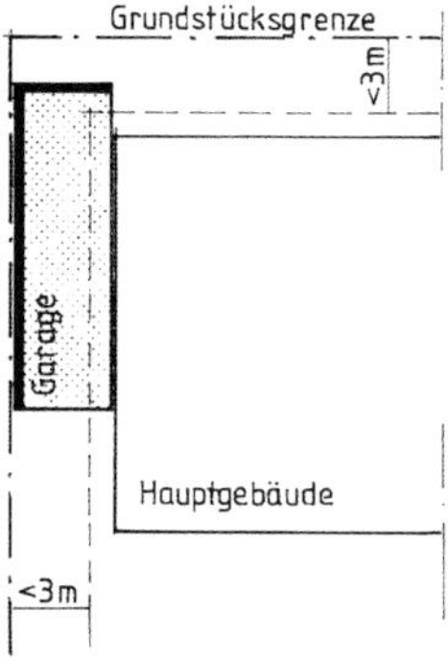

Bild 39

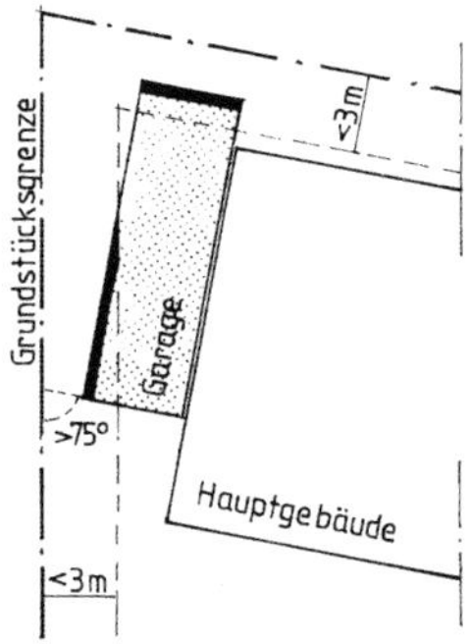

Wände u. Wandteile mit Längen- u. Höhenbegrenzungen (dicker Strich)

Zu den Bildern 38 und 39: Die nach Absatz 8 Satz 1 vorgegebenen Längen- und Höhenbegrenzungen gelten nur für Wände und Wandteile, die
- in einem Winkel von nicht mehr als 75° zur Grundstücksgrenze und
- innerhalb eines Streifens von bis zu 3 m entlang der Grundstücksgrenze

angeordnet sind.

Bild 40

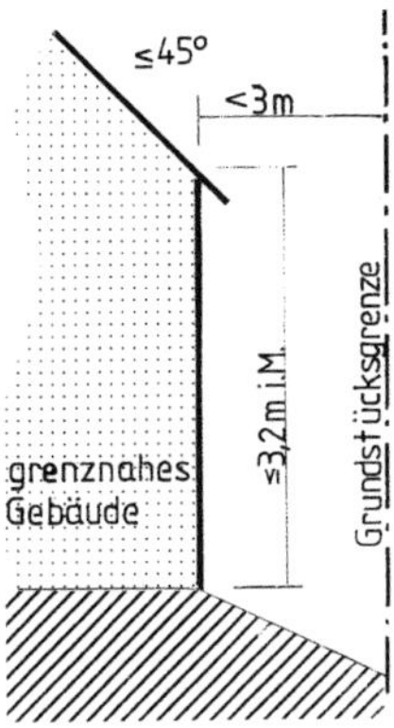

Bild 41

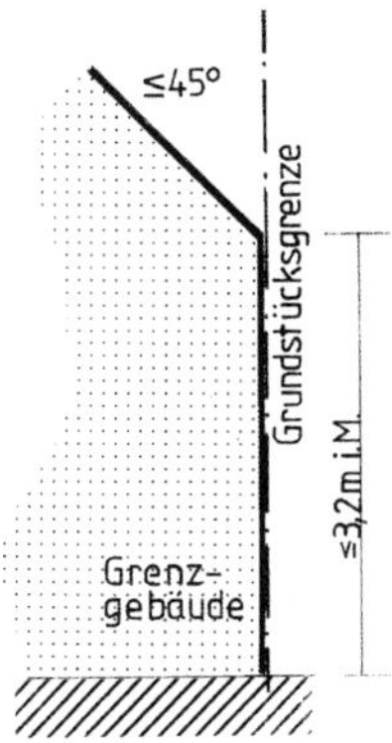

Traufständige Gebäude an der Grenze

Bild 42

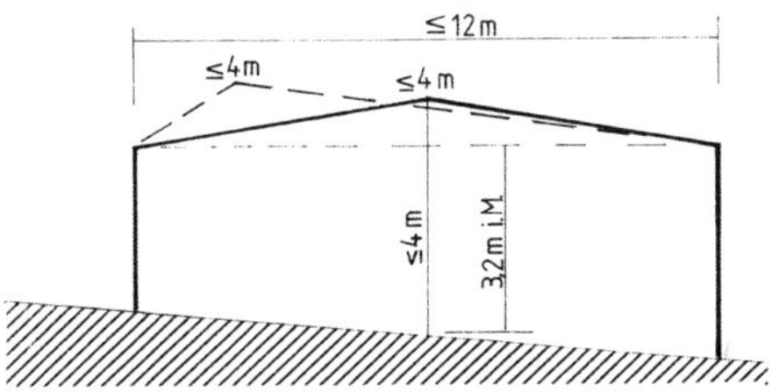

Giebelständiges Gebäude an der Grenze

Zu den Bildern 40 bis 42: Die Höhe der Grenzwand ist auf dem Baugrundstück unmittelbar an der Außenwand zu messen (Bild 41); dies gilt auch für Gebäude bei ansteigendem Gelände im 3 m-Bereich an der Grundstücksgrenze (Bild 40). Die Dächer dürfen zur Grenze nicht mehr als 45° geneigt sein; bei Wänden mit Giebeln an der Grundstücksgrenze darf eine Höhe von 4 m (Lotrechte unter First) nicht überschritten werden (Bild 42).

Bild 43

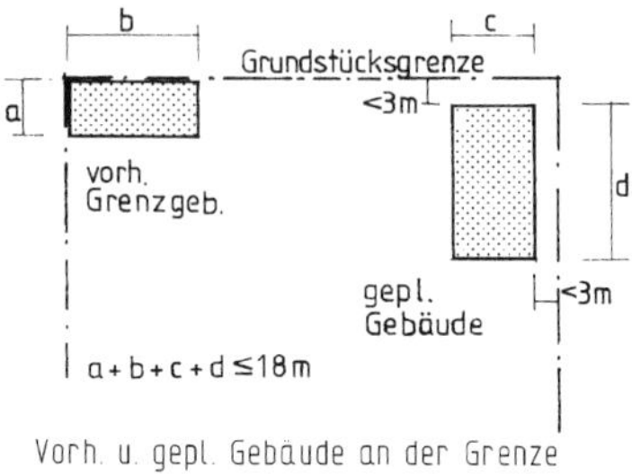

Zu Bild 43: Auf die zulässige Gesamtlänge von 18 m werden die Grenzwände aller Nebengebäude angerechnet.
Bei der Anordnung der Grenzbebauung auf dem Grundstück sind auch die planungsrechtlichen Bestimmungen zu beachten.

Bild 44

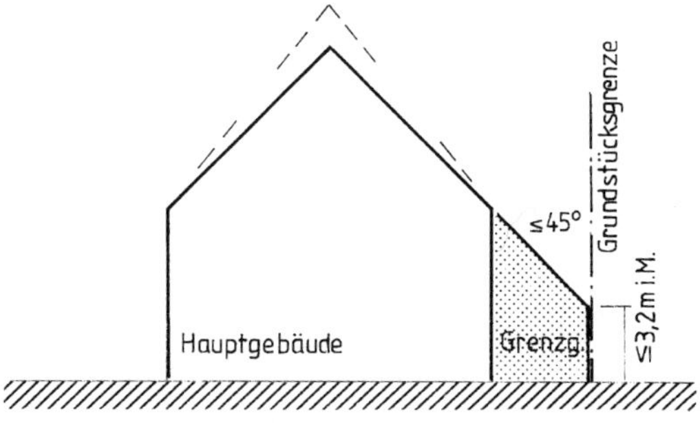

Das Dach eines an der Grenze zulässigen Nebengebäudes kann mit dem Dach eines anderen Gebäudes, das für sich betrachtet die erforderliche Abstandsfläche einhält, baulich verbunden werden. Auch ein Zugang zwischen einem Nebengebäude an der Grenze und einem Hauptgebäude ist nunmehr (LBauO 2015) zulässig. Das insoweit „integrierte“ Nebengebäude muss aber zusätzlich über einen Zugang von außen verfügen, um seine funktionale Eigenständigkeit zu wahren.

Bestandsumbau ohne ausreichende Tiefe der Abstandsflächen (Absatz 11) – (siehe Bilder 45 bis 47)

Bild 45: Anbauten

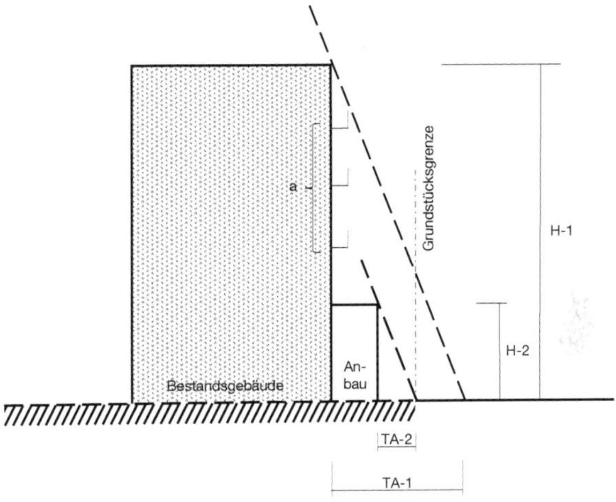

— —		Ebene Abstandsfläche 0,4 H (vgl. Bild 27)
TA	=	Tiefe Abstandsfläche
TA-1	=	0,4 H-1, mind. 3 m (Bestand)
TA-2	=	0,4 H-2, mind. 3 m (Anbau)
a	=	angebaute Balkone als untergeordnete Vorbauten, Absatz 5 Satz 2

Die dargestellte Abstandsfläche des Bestandsgebäudes liegt nicht auf demselben Grundstück (Absatz 2 Satz 1, Bild 2), sondern teilweise auf dem Nachbargrundstück.
Vor- und Anbauten sind zulässig, soweit deren erforderliche Abstandsflächen auf demselben Grundstück liegen (Absatz 11 Satz 1 Nr. 3).
Der Anbau in Bild 45 erfüllt diese Anforderung. Die angebauten Balkone sind als „untergeordnete Vorbauten" nach Absatz 5 Satz 2 dargestellt; größere Balkone könnten in diesem Bild die vorgegebene Anforderung nicht einhalten.

Bild 46: Aufstockung, Abstandsfläche auf Nachbargrundstück

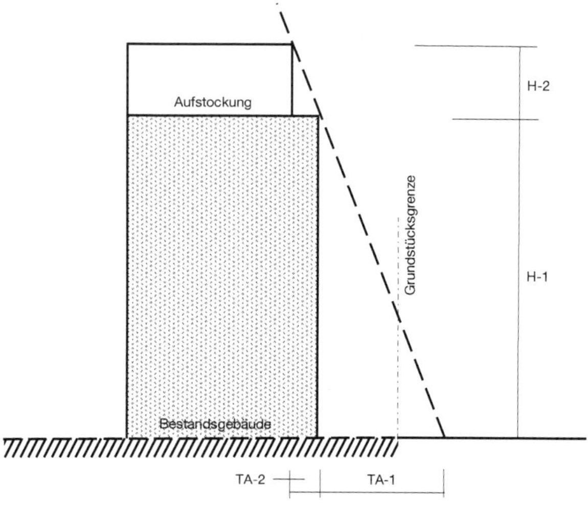

– –	Ebene Abstandsfläche 0,4 H (vgl. Bild 27)
TA	= Tiefe Abstandsfläche
TA-1	= 0,4 H-1, mind. 3 m (Bestand)
TA-2	= 0,4 H-2 (Aufstockung)

Die dargestellte Abstandsfläche des Bestandsgebäudes liegt nicht auf demselben Grundstück (Absatz 2 Satz 1 Bild 2), sondern teilweise auf dem Nachbargrundstück.

Aufstockungen sind zulässig, soweit deren erforderliche Abstandsflächen die für das bestehende Gebäude auf den Nachbargrundstücken liegenden Flächen nicht überschreiten (Absatz 11 Satz 1 Nr. 4).

Bild 47: Aufstockung, Überdeckungsverbot der Abstandsflächen

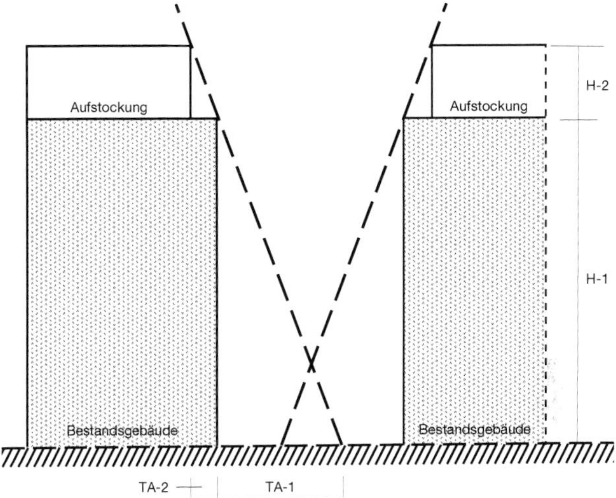

— — Ebene Abstandsfläche 0,4 H (vgl. Bild 27)

TA = Tiefe Abstandsfläche

TA-1 = 0,4 H-1, mind. 3 m (Bestand)

TA-2 = 0,4 H-2 (Aufstockung)

Die dargestellten Abstandsflächen der sich gegenüberstehenden Außenwände der beiden auf demselben Grundstück bestehenden Gebäude überdecken sich (Absatz 3, Bild 3; Überdeckungsverbot).
Aufstockungen sind zulässig, soweit deren erforderliche Abstandsflächen die für das zugehörige Gebäude sich überdeckenden Flächen nicht überschreiten (Absatz 11 Satz 1 Nr. 4).

Abstandsflächen von Windenergieanlagen (Absatz 12)

Bild 48: Ansicht Windenergieanlage

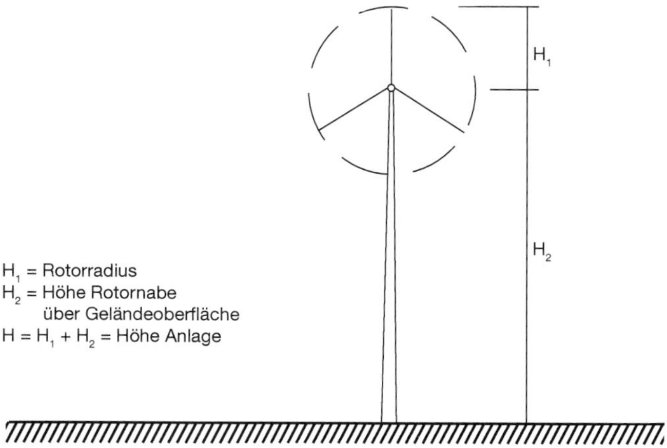

Bild 49: Mindestabstandsfläche

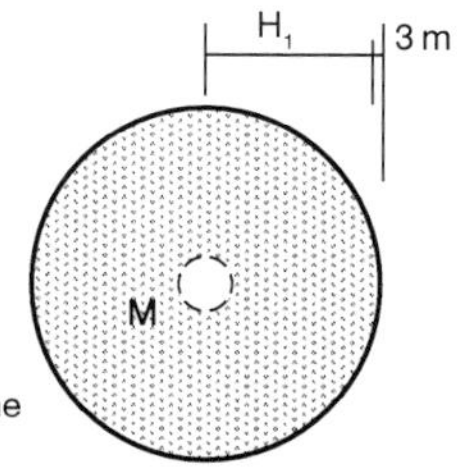

H_1 = Rotorradius
M = Mast
H_1 + 3 m = Tiefe der Abstandsfläche

Mindestabstandsfläche: Kreisradius = Rotorradius + 3 m

Die Tiefe der Abstandsfläche beträgt bei Windenergieanlagen in nicht bebauten Gebieten 0,2 H, **mindestens** die Länge des Rotorradius zuzüglich 3 m.

Das Maß „H“ bemisst sich nach der Höhe der Anlage über der Geländeoberfläche. Bei Windenergieanlagen mit Horizontalachsen ergibt sich die

Höhe der Anlage aus der Nabenhöhe über der Geländeoberfläche zuzüglich der Länge des Rotorradius (Bild 48).
Die Abstandsfläche bildet einen Kreis um den geometrischen Mittelpunkt des Mastes. Der Kreisradius entspricht der Tiefe der Abstandsfläche.
Bei derzeit üblichen Windenergieanlagen in nicht bebauten Gebieten dürfte die Mindestabstandsfläche maßgebend sein (Bild 49).

C 4 – Brandschutztechnische Anforderungen an Bauteile

1. Bauteile und Gebäudeklassen

Durch die Einführung hochfeuerhemmender Bauteile für die neue Gebäudeklasse 4 (siehe auch C 2, Gebäudeklassen) und weitere Anpassungen der LBauO seit 2015 (vgl. Hinweis zu Tabelle 1) haben sich bei einigen Bauteilen die Brandschutzanforderungen verändert. Die Tabelle 1 enthält eine Übersicht der wesentlichen Bauteile mit den zugeordneten Anforderungen entsprechend den Kurzbezeichnungen nach DIN 4102-1:1998-05 (Baustoffe) und DIN 4102-2:1977-09 Tab. 2 (Bauteile) für die jeweilige Gebäudeklasse.

Tabelle 1: Brandschutzanforderungen an Bauteile (§§ 27–31, 33–35 LBauO)

Lfd.-Nr.	Bauteile	Gebäudeklassen				
		1	2	3	4	5
1	**Tragende Wände, Pfeiler und Stützen (§ 27)**					
1.1	Im obersten Geschoß im Dachraum	–	–	–	–	–
1.2	In anderen Geschossen	–	F 30-B	F 30-B	F 60-AB[1]	F 90-AB[1]
1.3	In Kellergeschossen	–	F 30-AB	F 90-AB	F 90-AB	F 90-AB
2	**Außenwände (§ 28)**					
2.1	Nicht tragende Außenwände/nicht tragende Teile tragender Außenwände	–	–	–	A od. W 30	A od. W 30
2.2	Außenflächen sowie Bekleidungen von Außenwänden	–	–	–	B1[2]	B1[2]
2.2.1	hinterlüftete Bekleidungen	–	–	–		
2.2.2	Doppelfassaden	–	–	Begrenzung der Brandausbreitung[3]		
2.3	Solaranlagen					
3	**Trennwände (§ 29)**					
3.1	Im obersten Geschoß im Dachraum	–	F 30-B	F 30-B	F 30-B	F 30-B
3.2	In anderen Geschossen	–	F 30-B	F 30-B	F 60-AB[1]	F 90-AB[1]
3.3	In Kellergeschossen	–	F 30-B	F 90-AB	F 90-AB	F 90-AB

Lfd.-Nr.	Bauteile	Gebäudeklassen				
		1	2	3	4	5
4	**Brandwände (BW) und Wände anstelle von BW (§ 30)**					
4.1	Gebäudeabschlusswände (Abs. 2 S. 1 Nr. 1 und Abs. 3)	–	F 60-AB[1)4)]	F 60-AB[1)4)]	F60-AB[1)5)]	BW
4.2	Innerhalb ausgedehnter Gebäude (Abs. 2 Satz 1 Nr. 3 und Abs. 3)	–	–	F 60-AB[1)]	F60-AB[1)5)]	BW
5	**Decken (§ 31)**					
5.1	Im obersten Geschoß im Dachraum	–	–	–	–	–
5.2	In anderen Geschossen	–	F 30-B	F 30-B	F 60-AB[1)]	F 90-AB[1)]
5.3	In Kellergeschossen	–	F 30-B	F 90-AB	F 90-AB	F 90-AB
6	**Treppen (§ 33)**					
6.1	Notwendige Treppen	–	–	A od. F 30-B	A	F 30-A
6.2	Notwendige Außentreppen	A	A	A	A	A
7	**Notwendige Treppenräume (§ 34)**					
7.1	Wände	–	–	F 60-AB[1)6)]	F 60-AB[1)5)]	Bauart BW
7.2	Wände in Kellergeschossen	–	–	F 90-AB	F 90-AB	Bauart BW
7.3	Bekleidungen, Dämmstoffe, Unterdecken und Einbauten	–	–	A	A	A
7.4	Bodenbeläge	–	–	B1	B1	B1
8	**Notwendige Flure und offene Gänge (§ 35)**					
8.1	Flurwände bzw. Außenwände und Brüstungen	–	–	F 30-B	F 30-AB[7)]	F 30-AB[7)]
8.2	Bekleidungen, Unterdecken und Dämmstoffe	–	–	A	A	A

1) zulässig sind auch Bauteile entsprechender Feuerwiderstandsfähigkeit in Holzbauweise gemäß technischer Regel HolzBauRL (VV TB RP Anhang B), siehe auch Ziffer 3;

2) zulässig sind auch Außenwandbekleidungen aus Holz und Holzwerkstoffen gemäß HolzBauRL (siehe auch Ziffer 4);

3) neben der Baustoffanforderung „B1" (Zeile 2.2) sind bei hinterlüfteten Außenwandbekleidungen an Gebäuden der Gebäudeklassen 4 und 5 Vorkehrungen gegen die Brandausbreitung zu treffen (Technische Regel „Hinterlüftete Außenwandbekleidungen:2021-10", VV TB RP Anhang 6, soweit nicht Fußnote 2); Maßnahmen zur Begrenzung der Brandausbreitung sind auch bei Doppelfassaden von Gebäuden der Gebäudeklassen 3 bis 5 (z. B. Brandsperren in den Zwischenräumen) sowie bei großflächigen Solaranlagen an Außenwänden (z. B. Anordnung von Freiflächen) vorzusehen;

4) zulässig sind auch Gebäudeabschlusswände (F 30-B) + (F 90-B) gemäß DIN 4102-4:2016-05 (lfd. Nr. 10.5.8) bei Gebäuden mit einer Tragkonstruktion aus Holz;
5) Zusatzanforderung: „Stoßbeanspruchung" (vgl. DIN 4102-3:1977-09 lfd. 4.3.3);
6) zulässig sind auch Wände F 90-B mit beidseitig nicht brennbarer Bekleidung (vgl. DIN 4102-4:2016-05 Tab. 10.6 Zeilen 18 u. 19);
7) zulässig sind auch Wände F 30-B mit beidseitig nicht brennbarer Bekleidung (vgl. DIN 4102-4:2016-05 Tab. 10.6 Zeilen 12 u. 13).

Hinweis:
Mit der Änderung der LBauO 2025 sind Erleichterungen beim Umbau von Gebäuden zu Wohnzwecken in Kraft getreten. Erfasst werden insbesondere Nutzungsänderungen einschließlich Dachgeschossausbau und Aufstockungen (vgl. § 44 Abs. 8). Werden dadurch die nächst höheren Gebäudeklassen erreicht, sind unter bestimmten Voraussetzungen Abweichungen von den entsprechenden Bauteilanforderungen zulässig (§ 30 Abs. 6 Satz 3, § 44 Abs. 9 und 10).

2. Klassifizierung von Baustoffen und Bauteilen (nationale und europäische Normen)

Die bauaufsichtlichen Anforderungen (Benennungen) bezüglich des Brandverhaltens der **Baustoffe** (z. B. „schwer entflammbar") und der Feuerwiderstandsfähigkeit der **Bauteile** (z. B. „feuerbeständig") benötigen zur Umsetzung technische Regeln (Brandprüf- und Klassifizierungsnormen). Neben der bekannten nationalen Normenreihe DIN 4102 kommen inzwischen aufgrund des sich entwickelnden europäischen Binnenmarkts verstärkt europäische Normen (EN) zur Anwendung, so hinsichtlich der Feuerwiderstandsfähigkeit die Normen DIN EN 1363 (Feuerwiderstandsprüfungen) und DIN EN 13501-2:2023-12 (Klassifizierung von Bauprodukten und Bauarten zu ihrem Brandverhalten). Das europäische Klassifizierungssystem für Bauteile, allerdings ohne Verknüpfung mit Baustoffklassen (Erläuterung siehe unten), steht gleichwertig neben den nationalen Klassen nach DIN 4102-2:1977-09, entsprechende Nachweise sind daher alternativ anwendbar. Dies ist insbesondere für die in DIN 4102-4:2016-05 (Katalog) zusammengestellten klassifizierten Baustoffe und Bauteile von Bedeutung. Mit dem Katalog, der nach seiner Überarbeitung auch europäi-

sche Produktnormen berücksichtigt, kommen weiterhin Bauteile mit nationaler Klassifizierung zur Ausführung; die gebräuchlichen Kurzbezeichnungen nach DIN 4102 werden zunächst noch gängige Praxis bleiben.
Nach der LBauO dürfen leicht entflammbare Baustoffe nicht verwendet werden (vgl. § 15 Abs. 2 LBauO). Die **Baustoffe** müssen somit mindestens der Baustoffklasse B2 nach DIN 4102-1:1998-05 oder einer gleichwertigen Baustoffklasse nach DIN EN 13501-1:2010-01 entsprechen. DIN 4102-1:1998-05 unterscheidet folgende Baustoffklassen:

- A (nicht brennbar)
- B (brennbar)
  - B1 (schwer entflammbar)
  - B2 (normalentflammbar)
  - B3 (leicht entflammbar)

Die Klammern enthalten die bauaufsichtlichen Benennungen (vgl. § 15 Abs. 2 LBauO).
Die bauaufsichtlichen Vorschriften enthalten Vorgaben an das Brandverhalten von Baustoffen als **Einzelanforderung** (z. B. Tab. 1, Zeile 6.2) und als **Zusatzanforderung** zur Feuerwiderstandsfähigkeit eines Bauteils (z. B. Tab. 1, Zeile 6.1). In letzterem Fall wird unterschieden zwischen den Baustoffklassen **„A“** (nicht brennbar) und **„B“** (brennbar) sowie einer Kombination aus beiden Klassen **„AB“**. Diese Kurzbezeichnung steht für Bauteile, deren wesentliche Teile (Tragkonstruktion des Bauteils) aus nicht brennbaren Baustoffen bestehen. Im Rahmen der Klassifizierung der Feuerwiderstandsfähigkeit nach nationaler Norm DIN 4102-2 wird das Brandverhalten der Baustoffe standardmäßig berücksichtigt. Dies ist bei der europäischen Normung (EN) nicht der Fall, so dass die erforderlichen Baustoffanforderungen gesondert nachzuweisen sind. Aus den Kurzbezeichnungen der europäischen Klassifizierung lassen sich neben der Dauer der Feuerwiderstandsfähigkeit auch weitere Leistungskriterien ableiten, ob es sich z. B. um ein tragendes oder nicht tragendes Bauteil („R“ bzw. „EI“) handelt (Tab. 2).
Hinsichtlich der Zuordnung sowohl der nationalen als auch der europäischen Feuerwiderstandsklassen und Baustoffklassen zu den bauaufsichtlichen Benennungen und Anforderungen wird auf die sogenannten **Äquivalenztabellen** nach VV TB RP-A 2.2.1.3/1 Anhang 4 (siehe auch C 7) verwiesen.

Die Tabelle 2 enthält eine Gegenüberstellung nationaler (DIN) und entsprechender europäischer (EN) Klassifizierungen sowie die jeweilige bauaufsichtliche Benennung bzw. Anforderung von in der Übersicht (Tabelle 1) aufgeführten Bauteilen.

Tabelle 2: Klassifizierungen von Bauteilen nach DIN 4102-2 und 3:1977-09 und den entsprechenden Klassen nach DIN EN 13501-2:2016-12 sowie den zugeordneten Benennungen/Anforderungen nach LBauO

	DIN 4102 Teile 2 u. 3	**DIN EN 13501 Teil 2***)**			**Bauaufsichtliche Benennung/Anforderung**
	1	2	3	4	5
1	F 30-B	R 30	REI 30	EI 30	feuerhemmend (§ 15 Abs. 3 Satz 1)
2	W 30	–	–	EI 30-ef (i←o)	feuerhemmende nicht tragende Außenwand (§ 28 Abs. 1 LBauO)
3	F 30-AB	R 30*)	REI 30*)	EI 30*)	feuerhemmend und in den wesentlichen Teilen aus nicht brennbaren Baustoffen (§ 27 Abs. 1 Satz 2 Hs. 1 Nr. 4, § 35 Abs. 3 Satz 1 Nr. 1)
4	F 60-AB –	R 60*) R 60-$K_2$60**)	REI 60*) REI 60-$K_2$60**)	EI 60*) EI 60-$K_2$60**)	hochfeuerhemmend (§ 15 Abs. 3 Satz 5 LBauO)
5	F 90-AB	R 90*)	REI 90*)	EI 90*)	feuerbeständig (§ 15 Abs. 3 Satz 4 LBauO)
6	Brandwand	–	REI 90-M*)	EI 90-M*)	Brandwand (§ 30 Abs. 1 LBauO)

*) Die neben der Feuerwiderstandsdauer erforderliche Baustoffklasse ist gesondert nach DIN EN 13501 nachzuweisen.

**) Bauteile in Holzbauweise gemäß HolzBauRL (VV TB RP Anhang B); keine Klassifizierung nach DIN 4102-2; weitere Erläuterungen siehe Ziffer 3

***) Kurzzeichen der Leistungskriterien:
R Tragfähigkeit
E Raumabschluss
I Wärmedämmung unter Brandeinwirkung,
M Stoßbeanspruchung;
Aus den Kurzzeichen ergeben sich für
Spalte 2: tragende Bauteile ohne Raumabschluss
Spalte 3: tragende Bauteile mit Raumabschluss
Spalte 4: nicht tragende Innenwände/Außenwände mit Raumabschluss

Hinweis:
Die Bauteilanforderungen der LBauO sind Mindestanforderungen, so dass aus Sicht des Brandschutzes auch Bauteile höherwertiger Baustoffklassen bzw. Feuerwiderstandsklassen in Verbindung mit der jeweils erforderlichen Baustoffklasse verwendet werden dürfen, z. B.:
- F 30-AB statt F 30-B
- F 60-AB bzw. REI 60-$K_2$60 statt F 60-B
- F 90-A statt F 90-AB.

3. Bauteile in Holzbauweise für Gebäude der Gebäudeklassen 4 und 5

In Gebäuden der Gebäudeklassen 1 bis 3 (Gebäude mit bis zu drei Geschossen) dürfen tragende und aussteifende sowie raumabschließende Bauteile aus brennbaren Baustoffen (vgl. Tabelle 1) bestehen, also auch aus Holz oder Holzwerkstoffen. In den letzten Jahren ist die LBauO überarbeitet worden, um bestimmte Holzbauweisen auch in den höheren Gebäudeklassen zu ermöglichen.
So wurden mit der Einführung der neuen Gebäudeklasse 4 (Gebäude mit bis zu fünf Geschossen) im Rahmen der LBauO-Novelle 2015 auch entsprechende Gebäude in Holzbauweise zulässig. In dieser Gebäudeklasse sind Bauteile mit der Feuerwiderstandsfähigkeit „hochfeuerhemmend“ erforderlich, deren tragende und aussteifende Teile auch aus brennbaren Baustoffen bestehen können (§ 15 Abs. 3 Satz 5 LBauO). Solche Bauteile müssen neben der erforderlichen Feuerwiderstandsdauer von 60 Minuten eine allseitige brandschutztechnisch wirksame Bekleidung (**Brandschutzbekleidung**) und Dämmstoffe jeweils aus nicht brennbaren Baustoffen haben. Die Brandschutzbekleidung soll die brennbare Tragkonstruktion vor Entzündung und Verkohlung für einen Zeitraum entsprechend der geforderten Feuerwiderstandsdauer schützen und in Verbindung mit der nicht brennbaren Dämmung sowohl den Raumabschluss des Bauteils sichern als auch eine Brandausbreitung innerhalb des Bauteils (Hohlraumrisiko) verhindern. Diese gekapselte „Bauweise mit Hohlräumen“ zielt auf die **Holztafelbauweise.**
Die LBauO-Novelle 2021 enthält eine weitergehende Regelung (§ 15 Abs. 3 Satz 7 LBauO), nach der sowohl von der gekapselten Bauweise

mit Hohlräumen als auch bei feuerbeständigen Bauteilen (Gebäude der Gebäudeklasse 5) von der Baustoffanforderung („AB“) abgewichen werden kann, soweit die alternativen Bauteile den Technischen Baubestimmungen (VV TB RP) entsprechen.
Die **HolzBauRL** (Fassung 24. September 2024), die als Technische Baubestimmung eingeführt ist (VV TB RP-A2.2.1.4, Anhang B)[64], enthält für Gebäude der Gebäudeklassen 4 und 5 in Holzbauweise die zu beachtenden brandschutztechnischen Regelungen, die sich insbesondere auf die Ausführung und das Zusammenfügen von Holzbauteilen beziehen. Neben der Holztafelbauweise, deren Bauteile nunmehr auch bei Gebäuden der Gebäudeklassen 5 verwendet werden können, sind in der Richtlinie auch Regelungen für die sogenannte **„Massivholzbauweise“** (Brettschichtholz, Brettsperrholz) getroffen worden. Bei dieser Bauweise, die auch Hybridkonstruktionen (z. B. Holz-Beton-Verbunddecken) einschließt, handelt es sich aus brandschutztechnischer Sicht um eine hohlraumfreie Konstruktion, sodass eine Brandausbreitung innerhalb des Bauteils nicht zu befürchten ist. Die Massivholzbauteile müssen die jeweils erforderliche Feuerwiderstandsfähigkeit nachweisen und sind durch eine nicht brennbare Brandschutzbekleidung vor einer Entzündung zu schützen.
In der Richtlinie sind Beispiele (Nachweistabellen) für die Ausführung von Brandschutzbekleidungen einschließlich der erforderlichen Befestigungsmittel für die jeweilige Bauweise und Gebäudeklasse enthalten. Angaben und Hinweise zur Führung von Nachweisen bezüglich Feuerwiderstandsdauer, Brandschutzbekleidung und Klassifizierung von Holzbauteilen finden sich im Anhang der Richtlinie.
In Gebäuden gemäß HolzBauRL sind Nutzungseinheiten oder Räume (bzw. Raumgruppen) mit Grundflächen bis zu 400 m^2 zulässig (in Anlehnung an § 35 Abs. 1 Satz 2 Nr. 3 LBauO). Für Nutzungseinheiten/Räume mit nicht mehr als 200 m^2 Grundfläche sind Erleichterungen vorgesehen. Dazu gehören geringere Anforderungen an die Brandschutzbekleidung, auch können bei der Massivholzbauweise Teilflächen

64 Eingeführt durch Verwaltungsvorschrift vom 20. Dezember 2024 (MinBl. 2025 S. 58); die Anlage zur Verwaltungsvorschrift sowie die HolzBauRL (einschließlich Erläuterungen) sind auf der Internet-Seite des Ministeriums für Kommunen, Bauen, Wohnen und Kultur (https://mkbwk.rlp.de/themen/baurecht-und-bautechnik/technische-baubestimmungen-1) veröffentlicht.

ohne Brandschutzbekleidung ausgeführt werden (ausgenommen Sonderbauten). Gebäude in Holzbauweise sind nicht für alle Gebäudenutzungen zugelassen, etwa Krankenhäuser und ähnliche Einrichtungen der Pflege und Betreuung. Ausgeschlossen ist zudem die Verwendung von Holzbauteilen in Kellergeschossen (§ 2 Abs. 4 Satz 1 LBauO) und unterirdischen Mittel- und Großgaragen. In der Gebäudeklasse 5 müssen Brandwände, Wände notwendiger Treppenräume (Bauart von Brandwänden) und Wände von Fahrschächten aus nicht brennbaren Baustoffen bestehen und können somit nicht in Holzbauweise errichtet werden (vgl. § 15 Abs. 3 Satz 7 Halbsatz 2, § 36 Abs. 2 Satz 1). Für wesentliche Abweichungen von den in der Richtlinie vorgegebenen Ausführungen (z. B. für Bauteile und Fugen, Anschlüsse und Installationen) ist eine Bauartgenehmigung erforderlich (§ 17a Abs. 2 LBauO).

4. Hinterlüftete Außenwandbekleidungen aus Holz und Holzwerkstoffen für Gebäude der Gebäudeklassen 4 und 5

Auf der Grundlage des § 28 Abs. 2 Satz 3 LBauO (Abweichung) enthält die HolzBauRL auch spezielle Regelungen für hinterlüftete Außenwandbekleidungen aus Holz und Holzwerkstoffen. Die technische Regel „Hinterlüftete Außenwandbekleidungen“ (VV TB RP-A 2.2.1.6, Anhang 6) ist somit bei Außenwandbekleidungen gemäß HolzBauRL nicht anzuwenden.

Die besonderen Regelungen der HolzBauRL dienen als Kompensation für die bei Außenwandbekleidungen für Gebäude der Gebäudeklassen 4 und 5 grundsätzlich geforderte Baustoffanforderung „schwer entflammbar“ („B1“), die Holz/Holzwerkstoffe nicht erfüllen können. Mit den vorgesehenen brandschutztechnischen Maßnahmen soll eine Begrenzung der Brandausbreitung innerhalb und an der Außenwandbekleidung (Außenfläche) insbesondere durch Brandsperren in bestimmten Abständen erreicht werden. Dämmungen der Außenwand müssen aus nicht brennbaren Baustoffen bestehen. Zudem ist sicherzustellen, dass die jeweiligen Gebäudeseiten für wirksame Löscharbeiten durch die Feuerwehr erreichbar sind. Die dafür erforderlichen Vorkehrungen sind mit der für den Brandschutz zuständigen Stelle abzustimmen. Außenwandbekleidungen in der Nähe von Nachbargrundstücken (Abstand bis zu 2,50 m) müssen aus nicht brennbaren Baustoffen bestehen (§ 30 Abs. 7 Satz 3 LBauO).

Mit den brandschutztechnischen Regelungen der HolzBauRL für die Holztafelbauweise und die Massivholzbauweise sowie für Außenwandbekleidungen aus Holz und Holzwerkstoffen kann der Holzbau nunmehr in allen Gebäudeklassen Anwendung finden.

C 5 – Rauchwarnmelder in Wohnungen

Hinweise zur Regelung über Rauchwarnmelder in Wohnungen nach § 44 Abs. 7 LBauO

Eine erste Regelung über die Ausstattung von Wohnungen mit Rauchwarnmeldern geht auf eine Gesetzesinitiative aus der Mitte des Landtags zurück und ist bereits am 31. Dezember 2003 in Kraft getreten. Nach § 44 Abs. 7 LBauO müssen in Wohnungen „Schlafräume und Kinderzimmer sowie Flure, über die Rettungswege von Aufenthaltsräumen führen, jeweils mindestens einen Rauchwarnmelder haben. Die Rauchwarnmelder müssen so eingebaut und betrieben werden, dass Brandrauch frühzeitig erkannt und gemeldet wird. Bestehende Wohnungen sind entsprechend auszustatten." Die Verpflichtung galt zunächst nur für Wohnungsneubauten; die Frist zur Nachrüstung des Wohnungsbestands ist am 11. Juli 2012 ausgelaufen. Somit müssen alle Wohnungen in Rheinland-Pfalz Rauchwarnmelder haben.
Rauchwarnmelder sind ortsfeste Einzelgeräte, die auf Rauch mit einem anhaltenden Signalton reagieren und somit schon frühzeitig auf einen Brand aufmerksam machen, so dass sich die Bewohner rechtzeitig in Sicherheit bringen, die Feuerwehr alarmieren und gegebenenfalls den Brand bekämpfen können. Die frühzeitige Warnung ist gerade in den Nachtstunden von großer Bedeutung, da insbesondere Brandrauch im Schlaf nur vermindert wahrgenommen wird.
Die Melder werden in der Regel mittig unter der Raumdecke angebracht. Es stehen sowohl batteriebetriebene als auch solche, die an die allgemeine Stromversorgung angeschlossen werden können, zur Verfügung. Dabei finden fest integrierte Langzeitbatterien (in der Regel 10 Jahre) zunehmend Verwendung. Zudem werden Rauchwarnmelder angeboten, die auch über Funk miteinander vernetzbar sind, in Smart-Home-Systeme eingebunden werden können und/oder eineFerninspektion zulassen. Inspektion, Wartung und Funktionsprüfung der Melder müssen nach den Angaben der Hersteller erfolgen, damit von ihrer dauerhaften Funktionstüchtigkeit ausgegangen werden kann.
Der Begriff Rauchwarnmelder nimmt Bezug auf die Erstausgabe der Norm DIN 14676 „Rauchwarnmelder für Wohnhäuser, Wohnungen

und Räume mit wohnungsähnlicher Nutzung – Einbau, Betrieb und Instandhaltung“ und dient somit auch als Abgrenzung zu DIN 14675-1:2020-01 „Brandmeldeanlagen, Aufbau und Betrieb“. Die Anforderungen an das Produkt Rauchwarnmelder regelt die harmonisierte Europäische Norm DIN EN 14604:2005/AC:2008. Rauchwarnmelder müssen die Vorgaben dieser Norm erfüllen und entsprechend gekennzeichnet sein (CE-Kennzeichnung). Die nationale Norm DIN 14676 ist inzwischen mehrmals überarbeitet worden (DIN 14676-1:2018-12) und enthält neben Vorgaben und Hinweisen für den Einbau, den Betrieb und die Instandhaltung von Rauchwarnmeldern auch Planungsbeispiele, Ergänzungen zu den Herstellerangaben sowie Dokumentationspflichten und befasst sich u. a. auch mit einem Kompetenznachweis für Fachkräfte, die Rauchwarnmelder installieren und warten. Die Norm kann als Grundlage für privatrechtliche Vereinbarungen (z. B. für Dienstleistungserbringer der Wohnungswirtschaft) dienen. Sie ist zudem eine Orientierungshilfe bei der Ausstattung besonderer Raumstrukturen und von Wohnungen auf mehreren Geschossen oder Ebenen mit Rauchwarnmeldern (z. B. verwinkelte Flure, geneigte Decken, Maisonette-Wohnungen), aber nicht als Technische Baubestimmung (Verwaltungsvorschrift nach § 3 Abs. 2 in Verbindung mit § 87a LBauO) eingeführt. Hinzu kommen auf dem Markt weitere Qualitäts-Kennzeichnungen für Rauchwarnmelder wie das sog. „Q-Label“.

Besondere Angaben über Rauchwarnmelder in Bauunterlagen im Rahmen von Baugenehmigungsverfahren oder im Freistellungsverfahren sind in der Regel nicht erforderlich. Es ist grundsätzlich Sache der nach § 54 LBauO verantwortlichen Personen, im Rahmen ihres jeweiligen Wirkungskreises für einen fachgerechten Einbau und ordnungsgemäßen Betrieb der erforderlichen Rauchwarnmelder zu sorgen.

C 6 – Barrierefreiheit nach § 51 LBauO – Erläuterungen

Zu § 51 Abs. 1

Der durch die Änderung der LBauO 2015 eingefügte Absatz 1 greift die zuvor in § 44 Abs. 2 enthaltenen Vorgaben zur Herstellung barrierefreier Wohnungen auf. Die demografische Entwicklung und der steigende Bedarf nach barrierefreiem Wohnraum für Menschen mit Behinderungen und ältere Menschen machten es auch in Anbetracht der damit verbundenen Verteuerung des Bauens erforderlich, das Kontingent der Wohnungen, die barrierefrei erreichbar und nutzbar sein müssen, angemessen zu erhöhen. Nach Satz 1 müssen Gebäude mit mehr als zwei Wohnungen (zuvor vier) so hergestellt werden, dass von den ersten drei Wohnungen (zuvor fünf) eine und von jeweils acht weiteren Wohnungen (zuvor zehn) zusätzlich eine Wohnung barrierefrei und uneingeschränkt mit dem Rollstuhl nutzbar ist. So werden kleinere Gebäude mit drei oder vier Wohnungen einbezogen, um das Angebot an rollstuhlgerechten Wohnungen in der Fläche des Landes zu verbessern. Bei größeren Gebäuden wird das Kontingent maßvoll erhöht, um dem Bedarf nach barrierefreiem Wohnraum insbesondere in Städten mit knappen Wohnungsressourcen gerecht zu werden. So sind z. B. in einem Gebäude mit 100 Wohnungen jetzt 13 (statt zuvor 10) barrierefreie Wohnungen zu errichten.

Zugleich differenziert das Gesetz im Hinblick auf den erforderlichen Standard der Barrierefreiheit. Diese wohnungsspezifische Differenzierung greift die Systematik der als Technischen Baubestimmung (§ 3 Abs. 2 in Verbindung mit § 87a LBauO) eingeführten Norm DIN 18040-2:2011-09 auf (Barrierefreies Bauen – Planungsgrundlagen – Teil 2: Wohnungen; vgl. VV TB RP-A 4.2.2.2 i. V. m. Anlage A 4.2/3). Sie unterscheidet zwischen barrierefrei nutzbaren Wohnungen einerseits sowie barrierefrei und uneingeschränkt mit dem Rollstuhl nutzbaren Wohnungen andererseits, für die im Wesentlichen größere Bewegungsflächen und weitere Ausstattungsmerkmale vorgesehen sind (Kennzeichen R; vgl. Ziffer 1 der Norm). Damit wird dem Umstand Rechnung getragen, dass Menschen, die einen Rollstuhl nutzen, teils auf eine an-

dere Gestaltung des Grundrisses und eine weitergehende Ausstattung der Wohnung angewiesen sind als in anderer Weise eingeschränkte Menschen mit Behinderungen und ältere Menschen.
Umgesetzt wird diese Differenzierung in Satz 2. Danach genügt es, wenn fortlaufend von jeweils bis zu drei weiteren dieser nach Satz 1 herzustellenden (also barrierefrei und uneingeschränkt mit dem Rollstuhl nutzbaren) Wohnungen die erste Wohnung barrierefrei – aber nicht uneingeschränkt mit dem Rollstuhl – nutzbar im Sinne der Norm ist. So sind z. B. in einem Gebäude mit insgesamt 15 Wohnungen 2 Wohnungen erfasst (Satz 1), von denen eine Wohnung barrierefrei und uneingeschränkt mit dem Rollstuhl nutzbar sein muss, während für die andere Wohnung die barrierefreie Nutzbarkeit ausreichend ist (Satz 2); in einem Gebäude mit 40 Wohnungen sind 5 Wohnungen erfasst, von denen 3 Wohnungen barrierefrei und uneingeschränkt mit dem Rollstuhl nutzbar und 2 Wohnungen barrierefrei nutzbar sein müssen. Es gilt der Grundsatz, dass zunächst die grundlegenden baulichen Voraussetzungen der Barrierefreiheit zu schaffen sind und bei Bedarf weitere erforderliche Ausstattungen leicht ergänzt werden können (vgl. DIN 18040-2:2011-09 Nr. 5.1 Absatz 1).
Mit der seit 2015 geltenden Regelung soll somit insgesamt eine angemessene Erhöhung barrierefreien Wohnraums erreicht werden, die gleichermaßen den Belangen von Menschen mit Behinderungen gerecht wird und die zu erwartenden Auswirkungen des demografischen Wandels berücksichtigt.
Entfallen konnte an dieser Stelle die zuvor in § 44 Abs. 2 Satz 3 enthaltene Bestimmung, dass die Anforderungen für barrierefreie Wohnungen in den Sätzen 1 und 2 nicht gelten, soweit sie insbesondere wegen schwieriger Geländeverhältnisse, wegen des Einbaus eines sonst nicht erforderlichen Aufzugs oder wegen ungünstiger vorhandener Bebauung nur mit unverhältnismäßigem Mehraufwand erfüllt werden können. Diese Regelung wurde von Absatz 4 aufgenommen, der eine einheitliche Abweichungsmöglichkeit für die Absätze 1 bis 3 bei unverhältnismäßigem Mehraufwand vorsieht. Es ist sachgerecht, das Vorliegen der Ausschlusskriterien nunmehr präventiv bauaufsichtlich zu prüfen, um eine möglichst einheitliche Auslegung der unbestimmten Rechtsbegriffe zu erreichen.

Zur Illustration von Anzahl und Standard barrierefreier Wohnungen dienen folgende Schaubilder:

Abb. 1: Darstellung der Systematik des Absatzes 1 Satz 2 bei einem Gebäude mit 56 Wohnungen

49.	50.	51. **R**	52.	53.	54.	55.	56.
41.	42.	43. **R**	44.	45.	46.	47.	48.
33.	34.	35. **B**	36.	37.	38.	39.	40.
25.	26.	27. **R**	28.	29.	30.	31.	32.
17.	18.	19. **R**	20.	21.	22.	23.	24.
9.	10.	11. **B**	12.	13.	14.	15.	16.
1. Whg.	2.	3. **R**	4.	5.	6.	7.	8.

B = Barrierefrei nutzbare Wohnungen
R = Barrierefrei und uneingeschränkt mit dem Rollstuhl nutzbare Wohnungen
(vgl. DIN 18040-2:2011-09, Ziffer 1)

Jede dritte und nachfolgend jede achte Wohnung barrierefrei: Davon muss zunächst eine Wohnung und nachfolgend jede zweite und dritte Wohnung *barrierefrei und uneingeschränkt mit dem Rollstuhl nutzbar* sein.

Abb. 2: Anzahl und Standard barrierefreier Wohnungen für Gebäude mit bis zu 106 Wohnungen

Anzahl Wohnungen des Gebäudes ...		
Insg.	nach § 51 (1)	davon „R“
1		
2		
3 bis 10	1	1
11 bis 18	2	1
19 bis 26	3	2

Anzahl Wohnungen des Gebäudes …		
Insg.	nach § 51 (1)	davon „R“
27 bis 34	4	3
35 bis 42	5	4
43 bis 50	6	4
51 bis 58	7	5
59 bis 66	8	5
67 bis 74	9	6
75 bis 82	10	7
83 bis 90	11	7
91 bis 98	12	8
99 bis 106	13	9

Absatz 1 wurde um einen Satz 3 ergänzt durch das Landesgesetz zur Änderung bauordnungs- und berufsqualifikationsrechtlicher Vorschriften (GVBl. S. 365), das am 4. Januar 2025 in Kraft trat. Danach müssen notwendige Stellplätze von Wohnungen, die nach Satz 1 oder Satz 2 barrierefrei und uneingeschränkt mit dem Rollstuhl nutzbar sind, in der erforderlichen Anzahl barrierefrei sein. Vorangegangen war eine Entscheidung des Oberverwaltungsgerichts Rheinland-Pfalz vom 19. Juli 2023 (Az. 8 A 11061/22.OVG, juris) zur damals geltenden Rechtslage. Nach Auffassung des 8. Senats erstreckte sich die Verpflichtung in § 47 Abs. 1 LBauO, Stellplätze in ausreichender Zahl und geeigneter Beschaffenheit herzustellen, nicht darauf, für eine uneingeschränkt mit dem Rollstuhl nutzbare Wohnung im Sinne des § 51 Abs. 1 LBauO einen barrierefreien Stellplatz in unmittelbarer Nähe der Wohnung zu errichten.

Zu § 51 Abs. 2

Absatz 2 (zuvor: Absatz 1) enthält Maßgaben für bauliche Anlagen, die überwiegend oder ausschließlich von Menschen mit Behinderungen und älteren Menschen genutzt werden. Die Vorschrift wurde an die heute üblichen Bezeichnungen angepasst. Es wird klargestellt, dass die Anforderungen auch für Teile dieser baulichen Anlagen gelten.

Da viele der genannten Einrichtungen und baulichen Anlagen bestimmungsgemäß auf die besonderen Bedürfnisse ihrer Nutzerinnen und Nutzer ausgerichtet sind und sich deshalb auch in den Anforderungen an die Barrierefreiheit unterscheiden können, sollen die jeweiligen speziellen Erfordernisse als Maßstab dienen.

Zu § 51 Abs. 3

Absatz 3 (zuvor: Absatz 2) regelt allgemein zugängliche bauliche Anlagen. Satz 1 ist eingangs gekürzt worden, weil die dort zuvor formulierten Ziele nunmehr in der Legaldefinition der Barrierefreiheit in § 2 Abs. 9 enthalten sind. Aufgegeben wird dabei die vorhergehende Einschränkung, wonach die Anforderungen nur gelten, wenn die baulichen Anlagen „nicht nur gelegentlich" von dem entsprechenden Personenkreis aufgesucht werden. Es wird verlangt, dass die in der Regel allgemein zugänglichen baulichen Anlagen auch in allen Teilen barrierefrei sein müssen. Damit wird zum einen verdeutlicht, dass sich die Barrierefreiheit bei baulichen Anlagen mit ständigen Benutzern wie z. B. Schüler oder Studierende in Schulen oder Hochschulen auch auf die barrierefreie Benutzbarkeit für diesen Benutzerkreis erstreckt. Zum anderen sollen auch Beschäftigte einbezogen werden, um berufstätigen Menschen mit Behinderungen und älteren Menschen eine umfassende Gebäudenutzung zu ermöglichen und willkürlich anmutende bauliche Abgrenzungen zu Besuchern und Benutzern zu vermeiden. Zu beachten ist die Abgrenzung zum Arbeitsstätten- und Sozialrecht des Bundes.
Näheres über die konkreten baulichen Anforderungen ergibt sich aus der als Technische Baubestimmung eingeführten Norm DIN 18040-1:2010-10 (Barrierefreies Bauen – Planungsgrundlagen – Teil 1: Öffentlich zugängliche Gebäude; vgl. VV TB RP-A 4.2.2.1 i. V. m. Anlage 4.2/2), die für die von § 51 erfassten baulichen Anlagen anzuwenden ist.
Darüber hinaus wurde der Katalog der baulichen Anlagen, die barrierefrei sein müssen, entsprechend den heutigen Bedürfnissen angepasst und erweitert:
In Nummer 1 finden sich Kultureinrichtungen.
Nummer 2 wurde ergänzt um Läden und ähnliche Geschäftsräume, die im Erdgeschoss liegen und barrierefrei zugänglich sein müssen.

Nummer 3 beinhaltet Gebäude der öffentlichen Verwaltung und Gerichte.
In Nummer 4 entfiel die bisherige Beschränkung auf „öffentliche" Verkehrs- und Versorgungseinrichtungen.
Zudem sind Einrichtungen für Finanz- und Postdienstleistungen in den Anwendungsbereich der Nummer 4 einbezogen.
Nummer 6 wurde um Forschungsinstitute ergänzt.
Die ehemalige Nummer 9 wurde aus systematischen Gründen Nummer 7. Die dortige Bezeichnung „Kinder- und Jugendheime" wurde durch den weitergehenden Begriff der (baulichen) „Einrichtungen für Kinder und Jugendliche" ersetzt.
Nummer 8 wurde um Rehabilitationseinrichtungen ergänzt.
In Nummer 10 wurden Notariate, Steuerberatungs- und Rechtsanwaltskanzleien und sonstige Nutzungseinheiten aufgenommen, in denen Angehörige anderer freier Berufe wie etwa Architekten oder Beratende Ingenieure arbeiten. Dasselbe gilt für Gewerbetreibende, die ihren Beruf in ähnlicher Art ausüben. Kennzeichnend ist dabei der Büroverkehr von Auftraggebern. Um Existenzgründer und kleinere Büros zu entlasten, greift die Regelung erst ab einer Nutzfläche von mehr als 100 m^2, die in der Regel die Einrichtung von 6–8 Arbeitsplätzen ermöglicht. Dabei gilt eine flächenbezogene Betrachtung, so dass etwa bei einer Bürogemeinschaft mehrerer Berufsträger die Gesamtfläche der Nutzungseinheit maßgeblich ist. Befinden sich die Büros hingegen in Erdgeschossen, müssen sie nach Halbsatz 2 ungeachtet ihrer Nutzfläche barrierefrei zugänglich sein. Die Bemessung der Nutzfläche richtet sich nach DIN 277-1:2016-01.
Nummer 11 enthält eine differenzierte Regelung für Büro- und Verwaltungsgebäude und entsprechend genutzte Räume, um neben Erleichterungen für den Besucher- und Benutzerverkehr auch die grundlegenden baulichen Voraussetzungen für eine bessere Integration von Menschen mit Behinderungen in das Erwerbsleben und ein besseres Arbeitsumfeld für ältere Menschen zu schaffen. Barrierefrei sein müssen zunächst Büro- und Verwaltungsgebäude der Gebäudeklassen 4 und 5 (in der Regel Gebäude mit mehr als drei Geschossen, vgl. § 2 Abs. 2 Satz 2 Nr. 4 und Nr. 5). Nach Halbsatz 1 werden auch kleinere Büro- und Verwaltungsgebäude und sonstige Gebäude mit anteiliger Büronutzung erfasst. Danach müssen Räume, die einer Büro- und Verwaltungs-

nutzung dienen und insgesamt eine Nutzfläche von mehr als 400 m^2 je Geschoss haben, barrierefrei sein. Damit wird die brandschutzrechtliche Kenngröße zu notwendigen Fluren aufgegriffen (§ 35 Abs. 1). Die Differenzierungen nach Gebäudeklasse und nach Nutzfläche je Geschoss sind notwendig, um kleinere Bürogebäude und Gebäude mit anteiliger Büronutzung etwa im Zusammenhang mit gewerblichen Betrieben nicht über Gebühr zu belasten. Gleichwohl müssen auch dort die Räume, die substanziell einer Büro- und Verwaltungsnutzung dienen, im Erdgeschoss barrierefrei zugänglich sein (Halbsatz 2).
In Nummer 12 wurde über die zuvor schon erfassten Messe- und Ausstellungsräume hinaus das entsprechende Gebäude und Freigelände in die Regelung einbezogen.
Nummer 13 wurde mit der Ergänzung um Freizeitstätten an die Formulierung der Musterbauordnung angepasst.
Schließlich wurden durch die Änderung in Nummer 15 Stellplätze und Garagen nunmehr umfassend einbezogen.
Mit Absatz 3 Satz 2 Halbsatz 1 gilt, dass die Anforderungen an die Barrierefreiheit auf den für die zweckentsprechende Nutzung tatsächlich erforderlichen Umfang beschränkt sein dürfen. Dies kommt insbesondere in Betracht, wenn mehrere gleichartige Räume oder Anlagen wie Gastplätze in Gaststätten, Beherbergungsräume in Beherbergungsstätten, Besucherplätze in Versammlungsstätten oder Lesesäle in Bibliotheken, zur Verfügung stehen. Auch im Hinblick auf andere Nutzungen wie Büro- und Verwaltungsgebäude sollen sachgerechte Ergebnisse ermöglicht und eine schematische Betrachtungsweise vermieden werden. Entsprechendes gilt nach Halbsatz 2 für erforderliche Toilettenräume.
Satz 3 stellt heraus, dass die Anzahl der barrierefreien notwendigen Stellplätze für Besucher und Benutzer in Abhängigkeit von den insgesamt vorgesehenen notwendigen Stellplätzen bauaufsichtlich geregelt ist. Die Sätze 2 und 3 bezwecken einen angemessenen Ausgleich der beteiligten Interessen.

Zu § 51 Abs. 4

Die Abweichungsmöglichkeit nach Absatz 4 wurde in mehrfacher Hinsicht modifiziert und einheitlich für die Barrierefreiheit geregelt. Sie gilt seitdem über ihren bisherigen Anwendungsbereich des Absatzes 2 (verschoben in Absatz 3) hinaus für die im neuen Absatz 1 geregelten barrierefreien Wohnungen. Damit sind im Gegensatz zur alten Rechtslage Abweichungen von Anforderungen an die Barrierefreiheit nur noch dann möglich, wenn sie durch die Bauaufsichtsbehörde nach präventiver Prüfung zugelassen worden sind (vgl. die Begründung zu Absatz 1). Im Weiteren wurde klargestellt, dass sich die Abweichungsentscheidung in der Regel auf einzelne Anforderungen an die Barrierefreiheit bezieht und nicht auf die vollständige Freistellung der baulichen Anlage. Geeignete planerische und organisatorische Ersatzmaßnahmen können berücksichtigt und sinnvolle Teillösungen ermöglicht werden. Bei den exemplarisch angeführten Gründen für die Annahme eines unverhältnismäßigen Mehraufwandes konnten die „technischen Schwierigkeiten“ entfallen, weil sie sich in der Praxis häufig auf den Einbau sonst nicht erforderlicher Aufzüge oder die vorhandene Bebauung bezogen. Dabei bleiben die Schwierigkeiten relevant, die mit dem Einbau eines Aufzugs, mit baulichen Maßnahmen im Gebäudebestand oder mit einer Änderung der Nutzung verbunden sein können.

C 7 – Technische Baubestimmungen, Bauprodukte und Bauarten (VV TB RP)

1. VV TB RP

Im Rahmen der Umsetzung der Landesbauordnung 2019 ist die Verwaltungsvorschrift „Bekanntmachung der Technischen Baubestimmungen (VV TB RP)“[65] nach § 3 Abs. 2 i. V. m. § 87a LBauO erlassen worden. In der neuen Vorschrift sind die bisherigen von der obersten Bauaufsichtsbehörde eingeführten Technischen Baubestimmungen und die Bauregelliste, die vom Deutschen Institut für Bautechnik (DIBt) herausgegeben wurde, zusammengefasst.
Die VV TB RP beinhaltet zum einen technische Regeln, die zur Konkretisierung der bauordnungsrechtlichen Bestimmungen hinsichtlich Planung, Bemessung und Ausführung baulicher Anlagen erforderlich sind (**Teile A und B**) und zum anderen Vorgaben, insbesondere Prüf- und Klassifizierungsnormen, für die Verwendung (national) „geregelter“ Bauprodukte sowie Festlegungen für „nicht geregelte“ Bauprodukte und Bauarten, für die ein allgemeines bauaufsichtliches Prüfzeugnis ausgestellt werden kann (**Teil C**). Eine Liste untergeordneter Bauprodukte, die ohne Nachweise verwendet werden dürfen, enthält **Teil D** – vgl. Übersicht Ziffer 4.
Bei den technischen Regeln und den Prüf- und Klassifizierungsnormen handelt es sich – wie bisher schon – vorwiegend um Baunormen des Deutschen Instituts für Normung (DIN). Den in Bezug genommenen Normen (DIN EN-, DIN-Normen) sind in der VV TB RP teilweise **Anlagen** zugeordnet, die die jeweiligen Norminhalte einschränken oder ergänzen. Diese Anlagen sind ebenfalls zu beachten.
Grundlage für die VV TB RP ist ein Muster (MVV TB), das vom DIBt nach Anhörung der beteiligten Kreise und im Einvernehmen mit den obersten Bauaufsichtsbehörden der Länder herausgegeben und laufend

---

65 Verwaltungsvorschrift vom 27. November 2019, MinBl. S. 381; aktuellste Fassung vom 2. Oktober 2025, MinBl. S. 532. Die Anlagen zu den Verwaltungsvorschriften sind jeweils auf der Internet-Seite des Ministeriums für Kommunen, Bauen, Wohnen und Kultur (https://mkbwk.rlp.de/themen/baurecht-und-bautechnik/technische-baubestimmungen-1) veröffentlicht.

fortgeschrieben wird. Damit wird sichergestellt, dass in den Ländern einheitliche Regelungen für Bauarten und Bauprodukte gelten.
Ergänzt wird die VV TB RP durch eine „Prioritätenliste für die Überarbeitung defizitärer harmonisierter Bauproduktnormen – Ausgewählte verwendungsspezifische Leistungsanforderungen zur Erfüllung der Bauwerksanforderungen“[66]. Darin sind harmonisierte Europäische Bauproduktnormen, die die nationalen Anforderungen nicht in vollem Umfang erfüllen, mit ihren jeweiligen „Mängeln“ (fehlende Leistungsangaben) aufgeführt. Bei der Verwendung dieser Bauprodukte ist zu prüfen, ob zusätzliche bauliche Maßnahmen oder Nachweise erforderlich sind, um die Bauwerkssicherheit zu gewährleisten (§ 3 Abs. 1 LBauO). Die Liste soll auch dazu dienen, die in Frage stehenden Normen bei der Überarbeitung entsprechend zu ergänzen.
Die Prioritätenliste wurde von den Obersten Bauaufsichtsbehörden der Länder in Zusammenarbeit mit dem DIBt erarbeitet; die Liste ist nicht abschließend und wird fortgeschrieben.
Die VV TB RP erweist sich als hilfreicher Führer durch das bauordnungsrechtliche Regelwerk und kann auch als umfassendes Handbuch für das Planen und Bauen dienen.

Hinweis:
Die VV TB RP wird im Ministerialblatt der Landesregierung (MinBl.) bekannt gemacht; die zugehörigen Anlagen 1 und 2 sind auf der Internetseite des für Bauwesen zuständigen Ministeriums veröffentlicht (siehe Fußnote 65, vgl. § 3 Abs. 2 LBauO).
Anlage 1 enthält die in Rheinland-Pfalz eingeführten Technischen Baubestimmungen auf der Grundlage der Muster-Verwaltungsvorschrift Technische Baubestimmungen (MVV TB), soweit nicht angepasste landesrechtliche Bestimmungen die im Muster enthaltenen Regelungen ersetzen. Diese sind in der Anlage 2 aufgeführt und die entsprechenden Muster-Vorschriften in der Anlage 1 gekennzeichnet.

66 Die Prioritätenliste ist auf der Internet-Seite des Ministeriums für Kommunen, Bauen, Wohnen und Kultur (https://mkbwk.rlp.de/themen/baurecht-und-bautechnik/technische-baubestimmungen-1) veröffentlicht.

2. Nachweis der Verwendbarkeit von Bauprodukten

Bei Bauprodukten (§ 2 Abs. 10 LBauO) wird unterschieden zwischen Produkten, die den Nachweis ihrer Verwendbarkeit nach **EU-Recht** (Verordnung (EU) Nr. 2024/3110 des Europäischen Parlaments und des Rates vom 27. November 2024 zur Festlegung harmonisierter Vorschriften für die Vermarktung von Bauprodukten und zur Aufhebung der Verordnung (EU) Nr. 305/2011 – im Folgenden **BauPVO** –) oder nach **nationalem Recht** (LBauO) führen.

2.1. Bauprodukte nach EU-Recht mit CE-Kennzeichnung

Nach BauPVO zugelassene Bauprodukte müssen einer harmonisierten Europäischen Bauproduktnorm (hEN, z. B. für Mauerziegel, Wärmedämmstoffe) oder einer Europäischen Technischen Bewertung (ETA/ETB, z. B. für Brandschutzbeschichtungen, Verbunddübel) entsprechen. Eine ETA/ETB kann ein Herstellerunternehmen auf der Grundlage eines Europäischen Bewertungsdokuments (EAD/EBD) beantragen. Entsprechende Bescheide werden von dafür anerkannten Stellen (z. B. DIBt) erteilt.
Nach BauPVO fallen auch sogenannte Bausätze (Produkte, bestehend aus mehreren Komponenten, die noch – bauseits – zusammengesetzt werden müssen) unter die Regelungen für Bauprodukte (z. B. Bausätze für Gebäude aus Holz oder für Dachbegrünungen).
Die Herstellerunternehmen müssen für Bauprodukte nach BauPVO **Leistungs- und Konformitätserklärungen** (DoPC/LKE) auf der Grundlage eines Bewertungs- und Überprüfungssystems (AVCP) erstellen, die Voraussetzung für die **CE-Kennzeichnung** der Bauprodukte sind.
Die eingeführten hEN und die erteilten ETA/ETB-Bescheide werden im Amtsblatt der EU veröffentlicht. Das DIBt führt zur Information eine Liste der hEN sowie ein ETA/ETB-Verzeichnis über die von ihm erteilten Bescheide; die Zusammenstellungen sind auf der Internet-Seite des DIBt einzusehen.

2.2. Bauprodukte nach nationalem Recht mit Ü-Zeichen

Für Bauprodukte, die nicht in den Geltungsbereich einer hEN oder ETA/ETB fallen (**nicht harmonisierte Bauprodukte**), können Nachweise ihrer Verwendbarkeit weiterhin nach § 18b LBauO geführt wer-

den. Für „geregelte" Bauprodukte (z. B. Standardbeton, Rollladenkästen) sind die maßgebenden Prüf- und Klassifizierungsnormen in der VV TB RP-C2 zusammengestellt. Für „nicht geregelte" Bauprodukte kann als Verwendbarkeitsnachweis eine allgemeine bauaufsichtliche Zulassung (abZ, § 19 LBauO) durch das DIBt oder eine Zustimmung im Einzelfall (ZIE, § 21 LBauO) durch die oberste Bauaufsichtsbehörde erteilt werden.
Anstatt einer abZ genügt ein allgemeines bauaufsichtliches Prüfzeugnis (abP, § 20 LBauO), soweit für die Beurteilung allgemein anerkannte Prüfverfahren vorliegen. Die entsprechenden Bauprodukte (z. B. vorgefertigte Lüftungsleitungen, an die Anforderungen hinsichtlich Feuerwiderstandsdauer und/oder des Schallschutzes gestellt werden; Dachabdichtungen mit Flüssigkunststoffen) sind in der VV TB RP-C3 aufgeführt.
Die Herstellerunternehmen müssen für Bauprodukte nach nationalem Recht **Übereinstimmungsbestätigungen** auf der Grundlage der §§ 22 und 23 LBauO erstellen, die Voraussetzung für die Kennzeichnung der Bauprodukte mit dem Übereinstimmungszeichen (**Ü-Zeichen**) sind.
Bei untergeordneten Bauprodukten (z. B. Lichtschächte, einfache Zimmertüren) oder Bauprodukten, die nach technischen Regeln außerhalb des Baurechts (z. B. des DVGW oder VDE) hergestellt werden, wird auf Nachweise der Verwendbarkeit und Übereinstimmungszeichen verzichtet. Diese sogenannten **„sonstigen" Bauprodukte** sind in der VV TB RP-D2 zusammengestellt.

3. Nachweis der Anwendbarkeit von Bauarten

Anwendbarkeitsnachweise für Bauarten (§ 2 Abs. 11 LBauO) werden nach nationalem Recht geführt (§ 17a BauO). Geregelt wird die Art und Weise des Zusammenfügens von Bauprodukten . Folglich handelt es sich nicht um Produkte, die in Verkehr gebracht werden und unter die Regelungen des EU-Binnenmarktes fallen.
In der Praxis wird zwischen „geregelten" und „nicht geregelten" Bauarten unterschieden. Zu den „geregelten" Bauarten (VV TB RP-A und B) zählen z. B. die gängigen Bauarten wie Mauerwerks- und Stahlbetonbau, Stahl- und Holzbau oder – hinsichtlich des Brandverhaltens – klassifizierte Bauteile gemäß DIN 4102–4:2016-05 (Katalog).

Sollen Bauarten angewendet werden, die von den „geregelten“ wesentlich abweichen oder für die es (noch) keine technischen Regeln gibt (neuartige Bauarten), kann dafür durch das DIBt eine „allgemeine“ oder durch die oberste Bauaufsichtsbehörde eine „vorhabenbezogene Bauartgenehmigung“ erteilt werden (**aBG** bzw. **vBG**, § 17a Abs. 2 Satz 1 Nr. 1 bzw. 2 LBauO).
Anstatt einer aBG genügt auch ein allgemeines bauaufsichtliches Prüfzeugnis für Bauarten (**abP**, § 17a Abs. 3 LBauO), soweit für die Beurteilung der Bauart allgemein anerkannte Prüfverfahren vorliegen. Entsprechende Bauarten enthält VV TB RP-C4 (z. B. Bauteile, an die Anforderungen hinsichtlich der Feuerwiderstandsdauer und/oder des Schallschutzes gestellt werden, absturzsichernde oder begehbare Verglasungen).
Die Anwender von Bauarten (Bauunternehmen, Handwerksbetriebe) müssen bescheinigen, dass der für die Bauart maßgebende Verwendbarkeitsnachweis (technische Regel, abP, aBG oder vBG) beachtet wurde (**Übereinstimmungsbestätigung**, § 17a Abs. 5 i. V. m. § 22 Abs. 2 LBauO).

4. Übersicht: Anwendbarkeit von Bauarten / Verwendbarkeit von Bauprodukten

Bauarten (nationales Recht)		**Bauprodukte/Bausätze nach EU-Recht**		**Bauprodukte nach nationalem Recht**		
LBauO – Dritter Teil 1. Abschnitt: Allg. Anforderungen an die Bauausführung		**LBauO – Dritter Teil** 2. Abschnitt: Bauprodukte				
§ 17a LBauO (16a MBO)		**§ 18a LBauO** (16c MBO)		**§§ 18b–26 LBauO** (§§ 17–25 MBO)		
„Geregelte“ Bauarten	**„Nicht geregelte“** Bauarten	Bauprodukt/ Bausatz **entspricht** einer hEN	Bauprodukt/ Bausatz **entspricht nicht** einer hEN	**„Geregelte“** Bauprodukte	**„Nicht geregelte“** Bauprodukte	**„Sonstige“** Bauprodukte
Bauart in Übereinstimmung mit einer technischen Regel/ Baubestimmung z. B. DIN EN 1996 (Mauerwerksbau) DIN 4102-4 (Brandverhalten klassifizierter Baustoffe/Bauteile) DIN 18040 (Barrierefreies Bauen)	Bauart weicht wesentlich von einer technischen Regel/ Baubestimmung ab bzw. keine technische Regel vorhanden abP, aBG[5], vBG[5]	**Leistungs- und Konformitätserklärung (DoPC/LKE)** des Herstellerunternehmens mit Angabe mindestens der Leistungen, die als Anforderungen an den Verwendungszweck gestellt werden[1,2]	**EAD/EBD** auf Antrag des Herstellerunternehmens bei einer europäischen Bewertungsstelle Herstellerunternehmen kann auf Grundlage einer EAD/EDB eine **ETA/ETB** beantragen **Leistungs- und Konformitätserklärung (DoPC/LKE)** [1,2]	Bauprodukt in Übereinstimmung mit einer technischen Regel/Baubestimmung	Bauprodukt weicht wesentlich von einer technischen Regel/Baubestimmung ab bzw. keine technische Regel vorhanden abP, abZ[5], ZiE[5]	Bauprodukt, für das auf einen Verwendbarkeitsnachweis verzichtet wird

Bauarten (nationales Recht)		**Bauprodukte/Bausätze nach EU-Recht**		**Bauprodukte nach nationalem Recht**		
LBauO – Dritter Teil 1. Abschnitt: Allg. Anforderungen an die Bauausführung		**LBauO – Dritter Teil** 2. Abschnitt: Bauprodukte				
§ 17a LBauO (16a MBO)		**§ 18a LBauO** (16c MBO)		**§§ 18b–26 LBauO** (§§ 17–25 MBO)		
„Geregelte“ Bauarten	**„Nicht geregelte“** Bauarten	Bauprodukt/ Bausatz **entspricht** einer hEN	Bauprodukt/ Bausatz **entspricht nicht** einer hEN	**„Geregelte“** Bauprodukte	**„Nicht geregelte“** Bauprodukte	**„Sonstige“** Bauprodukte
Fundstelle: VV TB RP – A, B	Fundstelle abP: VV TB RP – C4	Fundstelle: Amtsblatt der EU	Fundstelle: Amtsblatt der EU[6]	Fundstelle: VV TB RP – C2	Fundstelle abP: VV TB RP – C3	Fundstelle: VV TB RP – D2
Übereinstimmungsbestätigung durch den Anwender/Errichter[4] § 17a Abs. 5 i. V. m. § 22 Abs. 2 LBauO (§ 16a Abs. 5 i. v. m. § 23 Abs. 2 MBO)		Der Leistungserklärung liegt eines der **AVCP-Systeme (1+, 1, 2+, 3, 4)** zur Bewertung und Überprüfung der Leistungsbeständigkeit zugrunde. (Anhang V BauPVO)		**Übereinstimmungsbestätigung** durch Übereinstimmungserklärung des Herstellerunternehmens auf Grundlage ÜH, ÜHP und/oder ÜZ[3] §§ 22 und 23 LBauO (§§ 23 und 24 MBO)		./.
		CE-Kennzeichnung		**Ü-Zeichen**		

1 Artikel 6 Abs. 3 Buchst. e BauPVO. Nachweis von zusätzlichen Leistungen aufgrund nationaler Anforderungen entsprechend Prioritätenliste (siehe oben).

2 Das System der Nachweisführung für weitere freiwillige Leistungsangaben zu einem Bauprodukt/Bausatz ist nicht abschließend geregelt (siehe auch VV TB RP-D3).

3 Maßgebend ist die öffentlich-rechtlich geforderte Art der Übereinstimmungserklärung (§§ 22 und 23 LBauO).

4 Bei Bauarten bestätigt der Anwender/Errichter, dass die der Bauart zugrunde liegenden Anforderungen (Technische Baubestimmung, aBG, vBG oder abP) eingehalten wurden. Die Übereinstimmungsbestätigung ist wesentlicher Bestandteil der bauordnungsrechtlichen Dokumentation (§ 87a Abs. 2 Nr. 6 LBauO). Zudem können Nachweise über Fachkräfte oder technische Vorrichtungen von den Prüfstellen verlangt werden; auch die Überwachung bestimmter Tätigkeiten durch Überwachungsstellen kann erforderlich sein (§ 17a Abs. 6 und 7 LBauO).

5 Nachweise, die nicht auf Grundlage allgemein anerkannter Prüfverfahren geführt werden können.

6 Die anerkannten ETA-Stellen (z. B. DIBt) führen ebenfalls Listen über die von ihnen erteilten Bescheide.

Abkürzungen

europäisch:

BauPVO	Verordnung (EU) Nr. 2024/3110 des Europäischen Parlaments und des Rates vom 27. November 2024 zur Festlegung harmonisierter Vorschriften für die Vermarktung von Bauprodukten und zur Aufhebung der Verordnung (EU) Nr. 305/2011
hEN	nach Bauproduktenverordnung harmonisierte Bauproduktnorm
EAD/EBD	European Assessment Document/Europäisches Bewertungsdokument
ETA/ETB	European Technical Assessment/Europäische Technische Bewertung
DoPC/LKE	Declaration of Performance and Conformity/Leistungs- und Konformitätserklärung
AVCP	Assessment and verification of constancy of performance/Bewertung und Überprüfung der Leistungsbeständigkeit

national:

LBauO	Landesbauordnung Rheinland-Pfalz
MBO	Musterbauordnung
VV TB RP	Verwaltungsvorschrift Technische Baubestimmungen Rheinland-Pfalz
aBG	allgemeine Bauartgenehmigung
vBG	vorhabenbezogene Bauartgenehmigung
abZ	allgemeine bauaufsichtliche Zulassung
abP	allgemeines bauaufsichtliches Prüfzeugnis
ZiE	Zustimmung im Einzelfall
ÜH	Übereinstimmungserklärung auf Grundlage der werkseigenen Produktionskontrolle des Herstellerunternehmens (§ 23 Abs. 1 LBauO)
ÜHP	Übereinstimmungserklärung auf Grundlage der werkseigenen Produktionskontrolle des Herstellerunternehmens nach Prüfung der Bauprodukte durch Prüfstelle (§ 23 Abs. 2 LBauO)
ÜZ	Übereinstimmungserklärung auf Grundlage der werkseigenen Produktionskontrolle des Herstellerunternehmens nach Zertifizierung durch Zertifizierungsstelle und Fremdüberwachung durch Überwachungsstelle (§ 23 Abs. 3 und § 24 LBauO)

C 8 – Übersicht Verfahrenswege nach LBauO (Genehmigungen, Freistellungen)

	Genehmigungsverfahren § 61 und § 65	**Vereinfachtes Verfahren § 66**	**Freistellungsverfahren § 67**
Kurzdarstellung:	Genehmigungsverfahren mit umfassendem Prüfprogramm (LBauO, BauGB und sonstige öffentlich-rechtliche Anforderungen)	Genehmigungsverfahren mit eingeschränktem Prüfprogramm (keine Prüfung nach den Bestimmungen der LBauO)	Kein Genehmigungsverfahren (keine bauaufsichtliche Prüfung), lediglich Vorlage der Bauunterlagen bei der Gemeindeverwaltung
Anwendungsbereich:	Vorhaben, die **nicht** unter § 62, § 66 Abs. 1, § 67 Abs. 1, § 76 oder § 83 fallen, sowie Vorhaben nach § 66 Abs. 2, soweit die Bauherrin oder der Bauherr kein vereinfachtes Genehmigungsverfahren bzw. Freistellungsverfahren beantragt.	a) Das Verfahren ist obligatorisch bei Vorhaben nach § 66 Abs. 1 wie: – Wohngebäude der Gebäudeklassen 1 bis 3, – sonstigen Gebäude der Gebäudeklassen 1 und 2, ausgenommen Sonderbauten (§ 50), – einfache Gebäude und bauliche Anlagen, – gebäudeunabhängige Solaranlagen und sonstige Anlagen zur Nutzung von erneuerbarer Energien im Anwendungsbereich der Richtlinie (EU) 2018/2001. b) Das Verfahren wird auf Verlangen der Bauherrin oder des Bauherrn auch bei Vorhaben nach § 66 Abs. 2 durchgeführt; dazu zählen u. a.: – Wohngebäude der Gebäudeklassen 4 und 5, außer Hochhäuser, – Büro- und Verwaltungsgebäude der Gebäudeklassen 3, 4 und 5, außer Hochhäuser, – Garagen, Werkstatt- und Lagergebäude mittlerer Größe – Antennenanlagen einschließlich Masten mit	a) Das Verfahren ist nach § 67 Abs. 1 obligatorisch bei: – Wohngebäuden der Gebäudeklassen 1 bis 3, – sonstigen Gebäuden der Gebäudeklassen 1 und 2, ausgenommen Sonderbauten (§ 50), – gebäudeunabhängigen Solaranlagen, – der Modernisierung und dem Ersatz von Anlagen zur Erzeugung von Strom aus erneuerbaren Energien (Repowering). b) Das Verfahren wird auf Verlangen der Bauherrin oder des Bauherrn auch bei Vorhaben nach § 66 Abs. 2 durchgeführt. Bei Garagen, Werkstatt- und Lagergebäuden ist die Nutzfläche in diesem Verfahren auf 3.000 m^2 begrenzt. Die Vorhaben müssen: – im Geltungsbereich eines qualifizierten Bebauungsplans (oder eines vorhabenbezogenen Bebauungsplans) liegen, – den Festsetzungen des Bebauungsplans entsprechen und

	Genehmigungsverfahren § 61 und § 65	Vereinfachtes Verfahren § 66	Freistellungsverfahren § 67
		einer Höhe bis zu 50 m.	– die Erschließung gesichert sein. Außerhalb eines Bebauungsplans fallen folgende Vorhaben unter das Freistellungsverfahren (§ 67 Abs. 1 Satz 3, Abs. 7): – die Änderung von Dachgeschossen zu Wohnzwecken einschließlich der Errichtung von Dachgauben bei Gebäuden im Anwendungsbereich des § 34 BauGB (unbeplanter Innenbereich), – Solaranlagen im Anwendungsbereich des § 35 Abs. 1 Nr. 8 Buchst. b BauGB (Außenbereich entlang Verkehrstrassen), – die Wiederherstellung von durch Naturkatastrophen zerstörten oder beschädigten Gebäuden im Anwendungsbereich des § 34 BauGB (unbeplanter Innenbereich). Die Gemeinde kann erklären, dass ein Genehmigungsverfahren durchzuführen ist. Zudem sind die Ausschlussgründe nach § 67 Abs. 1 Satz 2 Nr. 2 und 3 zu beachten.

	Genehmigungsverfahren § 61 und § 65	Vereinfachtes Verfahren § 66	Freistellungsverfahren § 67
Erklärungen, Bescheinigungen und bautechnische Nachweise:	Vorlage der erforderlichen Nachweise (insbesondere Standsicherheit, Brandschutz sowie Schall- und Wärmeschutz) in der Regel zusammen mit dem Bauantrag (Auch in diesem Verfahren können Bescheinigungen sachverständiger Personen nach § 65 Abs. 4 über die Gewährleistung der Standsicherheit und des Brandschutzes vorgelegt werden. Insoweit entfällt eine bauaufsichtliche Prüfung dieser Nachweise.)	– Bei Vorhaben nach § 66 Abs. 1: Erklärungen sachverständiger Personen über die ordnungsgemäße Aufstellung der Nachweise der Standsicherheit, des Schall- und Wärmeschutzes (vgl. C 10). – Bei Vorhaben nach § 66 Abs. 2: Vorlage der Bescheinigungen sachverständiger Personen nach § 65 Abs. 4 über die Gewährleistung der Standsicherheit und des Brandschutzes sowie der Nachweise des Wärme- und Schallschutzes (Antennenanlagen nur Standsicherheit). – Bei Windenergieanlagen nach § 66 Abs. 3: Erklärung eines Prüfsachverständigen für Standsicherheit, dass die erforderlichen bauaufsichtlichen Unterlagen vorliegen und die erforderlichen Abstände eingehalten sind. Die Erklärungen, Bescheinigungen und Nachweise müssen spätestens bei Baubeginn der Bauaufsichtsbehörde vorliegen.	Wie im vereinfachten Genehmigungsverfahren; bei Werkstatt- und Lagergebäuden nach § 66 Abs. 2 ist zusätzlich eine Bescheinigung der Struktur- und Genehmigungsdirektion (Gewerbeaufsicht) bezüglich der Arbeitsstättenverordnung und des Immissionsschutzrechts vorzulegen.
Baubeginn:	Nach Zustellung der Baugenehmigung bzw. der Teilbaugenehmigung oder deren Bekanntgabe nach § 9 OZG; der Baubeginn ist der Bauaufsichtsbehörde anzuzeigen (§ 77).	Nach Zustellung oder Bekanntgabe nach § 9 OZG der Baugenehmigung oder nach Eintritt der Genehmigungsfiktion; der Baubeginn ist der Bauaufsichtsbehörde anzuzeigen (§ 77).	1 Monat nach Vorlage der Bauunterlagen, bei Mitteilung der Gemeinde nach § 67 Abs. 2 auch vor Ablauf dieser Frist; der Baubeginn ist der Bauaufsichtsbehörde anzuzeigen (§ 77).

Genehmigungsfreie Vorhaben **§ 62**	**Zustimmungsverfahren** **§ 83**
Kein Verfahren; der Katalog enthält eine Vielzahl von Vorhaben (ggfs. mit Einschränkungen) u. a.: - Nebengebäude, kleine und unbedeutende bauliche Anlagen - haustechnische Anlagen und Einrichtungen - verschiedene Solaranlagen, und Anlagen zur Erzeugung und Nutzung von Wasserstoff, - kleinere Umbaumaßnahmen und Anbauten - Abbruch bestimmter Gebäude und Anlagen - Einfriedungen, Pergolen - Gerüste, Baustelleneinrichtungen - Behelfsbauten, die u. a. dem Katastrophenschutz dienen, - Antennenanlagen sowie - Vorhaben inländischer öffentlicher Stellen, die der Landesverteidigung dienen.	Sonderregelungen für Vorhaben des Bundes und der Länder sowie ihrer rechtsfähigen Anstalten, Körperschaften und Stiftungen

Hinweise
- Auch bei genehmigungsfreien Vorhaben (§ 62), bei Verfahren ohne bauaufsichtliche Prüfung (§ 67) oder mit eingeschränktem Prüfprogramm (§ 66) sowie im Zustimmungsverfahren (§ 83) sind die baurechtlichen und sonstigen öffentlich-rechtlichen Vorschriften zu beachten (§ 62 Abs. 3).
- Der Bauantrag ist bei der Bauaufsichtsbehörde einzureichen, die den Antrag unverzüglich an die Gemeindeverwaltung weiterleitet (§ 63). Im Freistellungsverfahren sind die Bauunterlagen bei der Gemeindeverwaltung einzureichen (§ 67 Abs. 2).
- Im vereinfachten Genehmigungsverfahren (§ 66) beginnt 15 Arbeitstage nach Eingang des Bauantrags die ein- bzw. dreimonatige Frist für die Bauaufsichtsbehörde zur Entscheidung über den Bauantrag, nach deren Ablauf die Baugenehmigung ggf. als erteilt gilt (Genehmigungsfiktion; vgl. § 66 Abs. 5) – siehe auch Einführung A 15.

C 9 – Übersicht Bauvorlageberechtigung

Bauunterlagen für die genehmigungsbedürftige Errichtung und Änderung von Gebäuden sowie für Vorhaben, für die das Freistellungsverfahren nach § 67 LBauO durchgeführt wird, müssen von einer bauvorlageberechtigten Entwurfsverfasserin oder einem bauvorlageberechtigten Entwurfsverfasser verantwortet sein (§ 64 Abs. 1 Satz 1 LBauO; Ausnahmen regelt Satz 2).

Bauvorlageberechtigt ist, (§ 64 Abs. 2 LBauO)

- wer aufgrund des Architektengesetzes die Berufsbezeichnung Architektin oder Architekt zu führen berechtigt ist (Nr. 1)
  - Architektengesetz (ArchG) - Eintragung in die Architektenliste der Architektenkammer RLP
- wer in einer von der Ingenieurkammer RLP zu führenden Liste der Bauvorlageberechtigten eingetragen ist oder ohne eine solche Listeneintragung gemäß § 64d bauvorlageberechtigt ist (Nr. 2)
  - Landesgesetz zum Schutz der Berufsbezeichnungen im Ingenieurwesen und über die Ingenieurkammer RLP (IngKaG)
  - Vorübergehende und gelegentliche Dienstleistungserbringung von bauvorlageberechtigten Ingenieurinnen oder Ingenieuren (§ 64d)
- wer aufgrund des Architektengesetzes die Berufsbezeichnung Innenarchitektin oder Innenarchitekt zu führen berechtigt ist,
  - für die mit der Berufsaufgabe der Innenarchitektin oder des Innenarchitekten verbundene bauliche Änderung von Gebäuden (Nr. 3)
    – insoweit ist die Bauvorlageberechtigung eingeschränkt –
  - Architektengesetz (ArchG) - Eintragung in die Architektenliste der Architektenkammer RLP
- wer Bedienstete oder Bediensteter einer juristischen Person des öffentlichen Rechts ist und einen berufsqualifizierenden Hochschulabschluss eines Studiums der Fachrichtung Bauingenieurwesen gemäß den in der Anlage geregelten Leitlinien oder der Fachrichtung Architektur nachweisen kann und
  - danach mindestens zwei Jahre auf dem Gebiet der Entwurfsplanung von Gebäuden praktisch tätig gewesen ist, im Rahmen der dienstlichen Tätigkeit (Nr. 4)
    – insoweit ist die Bauvorlageberechtigung eingeschränkt –

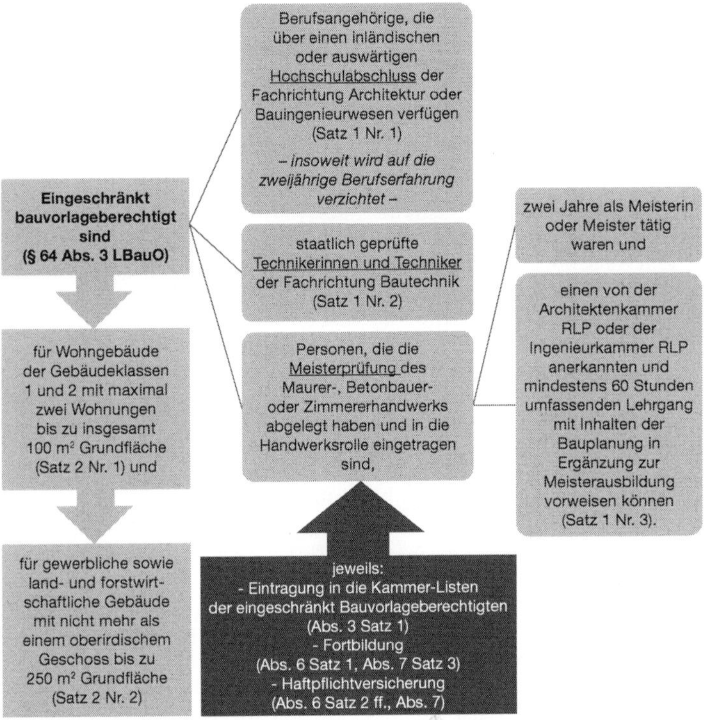

Die Bauvorlageberechtigung von Personen aus anderen Mitgliedstaaten der Europäischen Union oder einem nach dem Recht der Europäischen Gemeinschaften gleichgestellten Staat ist in den §§ 64b bis 64d LBauO geregelt.

C 10 – Erklärungen sachverständiger Personen im Vereinfachten Genehmigungsverfahren (§ 66 Abs. 1 LBauO) und im Freistellungsverfahren (§ 67 Abs. 1 LBauO) bezüglich der bautechnischen Nachweise

Die Nachweise der Standsicherheit, des Wärmeschutzes und, soweit erforderlich, des Schallschutzes müssen im Vereinfachten Genehmigungsverfahren nach § 66 Abs. 1 Satz 2 und 3 LBauO auf der Baustelle vorgehalten, aber nicht mehr der Bauaufsichtsbehörde vorgelegt werden. Gegenüber der Bauaufsichtsbehörde sind spätestens bei Baubeginn lediglich Erklärungen der Ersteller über die ordnungsgemäße Aufstellung ihrer Nachweise vorzulegen. Entsprechendes gilt für Vorhaben im Freistellungsverfahren nach § 67 Abs. 1 i. V. m. Abs. 4 LBauO.
Die Nachweise können von der bauvorlageberechtigten Entwurfsverfasserin oder dem bauvorlageberechtigten Entwurfsverfasser nach § 56 Abs. 1 i. V. m. § 64 Abs. 1 LBauO oder von einer sachverständigen Person nach § 55 Abs. 2 LBauO **aufgestellt** sein.
Standsicherheitsnachweise dürfen grundsätzlich nur von Personen aufgestellt sein, die auch die Anforderungen des § 66 Abs. 6 oder 7 LBauO erfüllen. Die Ersteller des Standsicherheitsnachweises haben zudem die Bauausführung bezüglich ihres Nachweises zu überwachen und darüber eine Erklärung abzugeben (§ 78 Abs. 2 Satz 4 LBauO).
Die bautechnischen Nachweise sind von der Bauherrin oder dem Bauherrn, der Entwurfsverfasserin oder dem Entwurfsverfasser und, soweit einschlägig, auch von der sachverständigen Person zu verantworten; sie sind dauerhaft aufzubewahren und der Bauaufsichtsbehörde auf Verlangen vorzulegen.
Das für Bauwesen zuständige Ministerium (seit 2026 Ministerium für Kommunen, Bauen, Wohnen und Kultur) hat zu den erforderlichen Erklärungen Vordrucke herausgegeben, die in den bauaufsichtlichen Verfahren[67] zu verwenden sind.
Die Vordrucke sind auf der Internet-Seite des Ministeriums (www.mkbwk.rlp.de) abrufbar.

---

67 siehe auch C 8, Verfahrenswege

C 11 – Digitalisierung: Wegfall der Schriftform und/oder der eigenhändigen Unterschrift

Mit der Änderung der LBauO und der BauuntPrüfVO durch das Landesgesetz zur Änderung baurechtlicher Vorschriften vom 3. Februar 2021 (GVBl. S. 66) werden die rechtlichen Rahmenbedingungen für eine weitgehende Digitalisierung in den bauaufsichtlichen Verfahren geschaffen, die von den Bauaufsichtsbehörden und Gemeinden eigenständig um- und ins Werk zu setzen ist. Im Einzelnen wird auf den Gesetzentwurf der Landesregierung vom 8. Dezember 2020 (Drucksache 17/13866)[68] verwiesen, der eingehende Erläuterungen zur Digitalisierung enthält.

Die bis dahin geltenden vielfältigen und pauschalen Schriftformerfordernisse waren für die digitale Einreichung und Bearbeitung von **Bauanträgen** hinderlich. Nach einer umfassenden Analyse wurden die entsprechenden Regelungen der LBauO angepasst und die damit verbundenen weiteren Regelungsbedarfe in § 1 BauuntPrüfVO im Einzelnen umgesetzt (Text s. u.). Die Schriftform wurde soweit möglich durch die **Textform** (legaldefiniert in § 126b BGB) ersetzt, die **keine eigenhändige Unterschrift** voraussetzt und z. B. auch durch eine **E-Mail** erfüllt werden kann. Des Weiteren gibt es Vorgaben zur **elektronischen Einreichung** von Anträgen und Unterlagen. Dabei gilt im Grundsatz: Der Bauantrag mit den zugehörigen Bauunterlagen ist einschließlich der Bauzeichnungen und sonstigen Bauunterlagen elektronisch in Textform einzureichen (§ 1 Abs. 3 Satz 1 BauuntPrüfVO); Abweichungen bleiben aber möglich nach § 1 Abs. 9 BauuntPrüfVO bei Unzumutbarkeit der elektronischen Form für die Bauherrinnen und Bauherrn und bei technischen oder organisatorischen Schriftformerfordernissen der Bauaufsichtsbehörden. Zudem kommunizieren auch Gemeinden und Bauaufsichtsbehörden elektronisch wie etwa bei der Weiterleitung der Bauunterlagen im Freistellungsverfahren (§ 67 LBauO) oder der Kenntnisgabe nach § 70 Abs. 4 LBauO.

Mit der Abschaffung des Schriftformerfordernisses wurde die Grundlage für das digitale Baugenehmigungsverfahren gelegt. Der digitale

68 siehe OPAL (Fn. 1)

Bauantrag wurde im Zuge der Umsetzung des Onlinezugangsgesetzes als Standardverfahren eingeführt und in Pilotprojekten in Trier und Cochem-Zell erprobt. Das digitale Baugenehmigungsverfahren wird schrittweise auf alle 46 Bauaufsichtsbehörden ausgeweitet. Dabei werden die von Mecklenburg-Vorpommern entwickelten und betreuten Online-Dienste im Rahmen einer „Einer-für-alle-Lösung (EfA)“ nachgenutzt.
Die Digitalisierung des Baugenehmigungsverfahrens erfordert im zweiten Schritt die elektronische Zustellung oder Bekanntgabe von bauaufsichtlichen Entscheidungen wie der Baugenehmigung, die im allgemeinen Verwaltungsrecht noch entwickelt werden muss. Das Zweite Landesgesetz zur Änderung baurechtlicher Vorschriften (GVBl. S. 549) hat 2025 neben der förmlichen Zustellung die Möglichkeit eröffnet, diese in einem digitalen Portal zum Abruf nach Maßgabe des § 9 Abs. 1 des Onlinezugangsgesetzes (OZG) vom 14. August 2017 (BGBl. I S. 3122 -3138-) in der jeweils geltenden Fassung bereitzustellen; entsprechend ist eine Bekanntgabe nach OZG maßgeblich für den Baubeginn (§ 77) und die Geltungsdauer der Baugenehmigung (§ 74). Damit wurden die rechtlichen Rahmenbedingungen für die Digitalisierung der bauaufsichtlichen Verfahren weiter ausgebaut.

Im Überblick **entfällt das Schriftformerfordernis** mit eigenhändiger Unterschrift an folgenden Stellen der **LBauO**:

§ 9 Abs. 2 (i. V. m. § 69)	Antrag auf Zulassung einer Abweichung im Rahmen von Grenzänderungen und Grundstücksteilungen
§ 19	Antrag auf Erteilung einer allgemeinen bauaufsichtlichen Zulassung für Bauprodukte samt Antrag auf deren Verlängerung beim Deutschen Institut für Bautechnik (DIBt)
§ 24	Antrag auf Erteilung eines Übereinstimmungszertifikats für Bauprodukte bei einer anerkannten Zertifizierungsstelle
§ 55 Abs. 1 und 5	Mitteilung der Bauherrin/des Bauherrn an die Bauaufsichtsbehörde zur bauleitenden Person und zum Bauherrnwechsel
§ 63 Abs. 1 und 3	Antrag auf Erteilung einer Baugenehmigung
§ 64 Abs. 1	Bauunterlagen der Entwurfsverfasserin/des Entwurfsverfassers (aber Nachweisverlangen bezüglich der Bauvorlageberechtigung möglich)

§ 66 Abs. 5	Bestätigung der Bauaufsichtsbehörde zur Vollständigkeit des Bauantrages im vereinfachten Genehmigungsverfahren
§ 67 Abs. 2	Mitteilung der Gemeinde im Freistellungsverfahren an die Bauherrin/den Bauherrn, dass kein Genehmigungsverfahren durchgeführt werden soll
§ 68	Nachbareinwendungen
§ 69	Antrag auf Zulassung einer Abweichung von bauaufsichtlichen Anforderungen
§ 72	Bauvorbescheid der Bauaufsichtsbehörde
§ 73 Abs. 1	Antrag auf Erteilung einer Teilbaugenehmigung
§ 74 Abs. 2	Antrag auf Verlängerung der Geltungsdauer der Baugenehmigung
§ 75 Abs. 2	Antrag auf Durchführung der Typenprüfung und deren Erteilung bei einem Prüfamt für Baustatik
§ 75a	Antrag auf Erteilung Typengenehmigung
§ 77 Abs. 1	Baubeginnsanzeige der Bauherrin/des Bauherrn
§ 86 Abs. 4	Verzichtserklärung der Bauaufsichtsbehörde zur Baulast

Hingegen wird die Schriftform mit eigenhändiger Unterschrift in der LBauO beibehalten insbesondere wie folgt:
- Baugenehmigung (§ **70**) – wodurch die digitale Form nach §§ 1 Abs. 1 LVwVfG, 3a VwVfG (elektronische Signatur, DE-Mail, Abruf elektronisches Portal) nicht ausgeschlossen wird
- Fliegende Bauten (§ **76**)
- Baulasterklärung (§ **86**) – Auszüge können in elektronischer Form erfolgen

Weitere Einzelheiten sind § 1 Abs. 2 bis 6 sowie 8 und 9 BauuntPrüfVO und der auszugsweisen wiedergegebenen Begründung zu entnehmen (Fettdruck jeweils durch die Verfasser).

§ 1 Bauunterlagen für die Baugenehmigung

(1) Dem Bauantrag sind folgende Bauunterlagen beizufügen:
1. der Lageplan (§ 2),
2. die Bauzeichnungen (§ 3),
3. die Baubeschreibung (§ 4),
4. die bautechnischen Nachweise (§ 5),

5. die Darstellung der Grundstücksentwässerung (§ 6),
6. bei Bauvorhaben im Außenbereich ein Auszug aus der amtlichen topografischen Karte im Maßstab 1 : 25 000 mit Kennzeichnung des zu bebauenden Grundstücks.

(2) 1Umfang, Inhalt und Zahl der Bauunterlagen richten sich nach dem jeweiligen Vorhaben. 2Die Bauunterlagen müssen Angaben über **sämtliche Entwurfsverfasserinnen und Entwurfsverfasser** enthalten. 3Im Lageplan und in jeder Bauzeichnung muss neben der numerischen Angabe des Maßstabs zur Kalibrierung auch eine **grafische Maßstabsleiste** enthalten sein, sofern nicht vorhandene Maßketten eine Kalibrierung ermöglichen. 4Diese ist mit den tatsächlichen Distanzen zu beschriften. 5Die Bauaufsichtsbehörde kann auf einzelne Bauunterlagen oder Angaben in Bauunterlagen verzichten, wenn diese zur Beurteilung des Vorhabens nicht erforderlich sind. 6Sie kann weitere Bauunterlagen sowie Schaubilder, Lichtbilder oder Modelle verlangen, wenn diese zur Beurteilung des Vorhabens erforderlich sind.

(3) 1Der Antrag mit den zugehörigen Bauunterlagen ist einschließlich der Bauzeichnungen und sonstigen Bauunterlagen **elektronisch in Textform** einzureichen. 2Die Bauaufsichtsbehörde kann im Benehmen mit den Verbandsgemeindeverwaltungen oder den Verwaltungen verbandsfreier Gemeinden **Vorgaben zur elektronischen Einreichung** machen.

(4) 1Jeder Antrag, jede Anzeige und jede Bauunterlage muss als eine **eigene Einzeldatei** erstellt und abgespeichert und in einem archivfähigen Portable Document Format (**PDF/A** nach ISO 19005-1) übermittelt werden. 2Dateianlagen innerhalb der PDF-Dateien sind unzulässig. 3Die gewählten Dateinamen müssen je einzelne Datei die Angaben zum Dateiinhalt und das Erstellungsdatum im Format Jahr, Monat, Tag (jjjjmmtt) enthalten. 4Die Bauaufsichtsbehörde kann im Benehmen mit den Verbandsgemeindeverwaltungen oder den Verwaltungen verbandsfreier Gemeinden die Dateigrößen aus technischen Gründen beschränken.

(5) 1Sind **Datenträger** einzureichen, sind sie mit Bezeichnung des Bauvorhabens und dem Ordner „Antrag“, den Ordnern gemäß § 1 Abs. 1 sowie zu den Anforderungen aufgrund der sonstigen öffentlich-rechtlichen Vorschriften und dem Ordner „sonstige Unterlagen“ jeweils ohne weitere Unterordner herzustellen. 2Die einzelnen Dateien sowie der Datenträger dürfen keine Sicherheitseinstellungen und keinen Schreibschutz enthalten.

(6) Die **Bauaufsichtsbehörde kann im Benehmen** mit den Verbandsgemeindeverwaltungen oder den Verwaltungen verbandsfreier Gemeinden andere Dateistrukturen, Bezeichnungen der Dateien, Strukturierungen der

Antragsunterlagen und Dateigrößen zur Übermittlung der Daten zulassen oder verlangen.

(7) Hat die oberste Bauaufsichtsbehörde Vordrucke für die bauaufsichtlichen Verfahren herausgegeben, sind diese zu verwenden.

(8) [1]Die **Bauaufsichtsbehörde kann ergänzend Papierexemplare** der Bauunterlagen nachfordern, wenn dies für die Beurteilung des Bauvorhabens im Einzelfall erforderlich ist. [2]Papierexemplare müssen dem Format DIN A4 entsprechen oder auf diese Größe gefaltet sein.

(9) [1]Abweichend von Absatz 3 **soll die Bauaufsichtsbehörde** die Einreichung des Antrags in Papierform zulassen, wenn die Einreichung in elektronischer Form für die Bauherrinnen und Bauherrn **unzumutbar** ist. [2]Sie **kann die Durchführung des schriftlichen Verfahrens verlangen**, wenn dies aus technischen oder organisatorischen Gründen erforderlich ist. [3]Die Bauaufsichtsbehörde informiert die Verbandsgemeindeverwaltung oder die Verwaltung einer verbandsfreien Gemeinde über die Entscheidung nach Satz 1 oder Satz 2. [4]Bei Einreichung in Papierform sind die Bauunterlagen in zweifacher Ausfertigung einzureichen; ist die Verbandsgemeindeverwaltung für die Erteilung der Baugenehmigung nicht zuständig, so sind die Bauunterlagen mit Ausnahme der Nachweise nach Absatz 1 Nr. 4 in dreifacher Ausfertigung einzureichen. [5]Für Anlagen und Räume, die für gewerbliche Betriebe bestimmt sind, ist eine weitere Ausfertigung einzureichen. [6]Sind im Baugenehmigungsverfahren andere Behörden oder Stellen zu beteiligen, kann die Bauaufsichtsbehörde die Einreichung weiterer Ausfertigungen verlangen. [7]Die Absätze 1, 2, 7 und 8 gelten entsprechend.

Auszug aus der Begründung zu § 1 BauuntPrüfVO (Artikel 2 Nr. 1 des Landesgesetzes zur Änderung baurechtlicher Vorschriften):

Zu Absatz 2:

Gemäß Absatz 2 müssen die Bauunterlagen eine Angabe darüber enthalten, wer die Entwurfsverfasserinnen oder Entwurfsverfasser sind. Das kann bei Einschaltung sachverständiger Personen nach § 56 Abs. 2 mehrere Personen betreffen. Dabei gilt, dass nur die Bauunterlage verantwortet wird, für die eine fachliche Zuständigkeit besteht. ***Ein Abbild eines Stempels oder eine einfache Signatur in Textform ist hierzu ausreichend.*** *Die Angaben müssen den zur Kontaktaufnahme notwendigen Namen und die Adresse der Entwurfsverfasserin oder des Entwurfsverfassers enthalten. Damit soll sichergestellt werden, dass die Bauunterlagen selbst die Entwurfsverfasserin beziehungsweise den Entwurfsverfasser erkennen lassen. Auf den elektronischen Zeichnungen ist nur mit einer grafischen Maß-*

stabsleiste oder beschrifteten, kalibrierbaren Maßketten die Größenordnung und die Relation korrekt zu erfassen. Die Sätze 3 und 4 finden jedoch auch bei Einreichung von Unterlagen in Papierform Anwendung.

Zu Absatz 3:
Absatz 3 stellt klar, dass das digitale Verfahren das ***Regelverfahren*** *ist.* ***Die Vielzahl der Ausfertigungen ist bei elektronischer Einreichung nicht mehr erforderlich.*** *Die zu beteiligenden Stellen erhalten entweder Zugriff auf die Daten (bei der Bauaufsichtsbehörde) oder erhalten die Daten als elektronische Kopie unter Verwendung des XBau-Standards.* ***Nach Satz 2 kann die Bauaufsichtsbehörde bestimmen, wie die Anträge, Anzeigen und Bauunterlagen entgegengenommen werden können (z. B. Portal, Datenträger, E-Mail).*** *Sie agiert dabei im Benehmen mit den Verbandsgemeindeverwaltungen oder Verwaltungen verbandsfreier Gemeinden, für die sie zuständig ist, um einen reibungslosen und möglichst medienbruchfreien Ablauf zu gewährleisten. Die Textform nach § 126b BGB der Antragsunterlagen schließt zeichnerische Darstellungen ein. Die notwendigen Anforderungen an das papierbasierte Verfahren werden in den Absätzen 8 und 9 getroffen.*

Zu Absatz 4:
*Die in Absatz 1 genannten Unterlagen müssen nach Absatz 3 in elektronischer Form vorgelegt werden. Zur Vereinfachung und Beschleunigung ist nach Absatz 4 als Speicherformat ausschließlich das Portable Document Format (****PDF/A*** *nach ISO 19005-1) zu verwenden. Die Generierung kann direkt aus den Textverarbeitungs-, Tabellenkalkulations- und Konstruktionsprogrammen der Entwurfsverfasserin oder des Entwurfsverfassers heraus erfolgen. Damit wird eine optimale Qualität erreicht. Es entfällt so das Einscannen von Bauunterlagen in Papierform, das Umwandeln aus anderen Formaten beziehungsweise die Vorhaltung verschiedener (Betrachtungs-)Programme. Nach Satz 2 sind Anlagen innerhalb der PDF-Dateien aus Sicherheitsgründen unzulässig, z. B. um die Übertragung von angehängten Programmen, Makros und Viren zu verhindern. Bauunterlagen in Form einer PDF-Datei, die dennoch Dateianlagen enthalten, müssen von der Bauaufsichtsbehörde gelöscht werden. Sie gelten als nicht eingereicht. Nach Satz 3 müssen die Dateinamen der einzelnen Dateien der Unterlagen unter Verwendung der Buchstaben des lateinischen Alphabetes und arabischer Ziffern das Erstellungsdatum und den Inhalt der Datei erkennen lassen. Sonderzeichen und Umlaute sind bedingt durch die Beschränkungen der PC-Betriebssysteme nicht zu verwenden. Dateien dürfen nicht mehrfach eingereicht werden. Die Dateinamen müssen denen entsprechen, die im*

Antragsformular als Anlagen aufgelistet wurden. Mit Satz 4 wird auf die gegebenenfalls eingeschränkten Möglichkeiten z. B. hinsichtlich der elektronischen Verfahren und Netzwerke eingegangen.

Zu Absatz 5:
Gemäß Absatz 5 Satz 1 sind Datenträger mit dem Bauvorhaben zu bezeichnen. ***Die Bezeichnung erfolgt regelmäßig sowohl äußerlich durch Beschriftung als auch durch den Eintrag bei „Eigenschaften" (z. B. über den Dateimanager) des Datenträgers.*** *CDs, DVDs oder USB-Wechseldatenträger (USB-Sticks) sind die gebräuchlichsten Datenträger, für die auch in den Bauaufsichtsbehörden sowie den Verbandsgemeindeverwaltungen beziehungsweise den Verwaltungen verbandsfreier Gemeinden entsprechende Lesegeräte zur Verfügung stehen.* ***Ein Anspruch auf Annahme elektronischer Daten per E-Mail oder auf anderen Datenträgern (z. B. Band) besteht nicht.*** *Die Strukturierung mittels Ordner ist wichtig für die Übersichtlichkeit und ermöglicht eine effiziente Vorgangsbearbeitung. Für die Praxis ist es sinnvoll, eine Ordnerstruktur vorzugeben. Diese orientiert sich an den nach § 1 Abs. 1 vorzulegenden Unterlagen. Außerdem ist ein gesonderter Ordner für die im Baugenehmigungsverfahren zu prüfenden Anforderungen nach anderen Rechtsbereichen anzulegen. Für alle anderen Unterlagen ist ein separater Ordner anzulegen. Satz 2 bestimmt, dass die einzelnen Dateien sowie der Datenträger* ***keine Sicherheitseinstellungen und keinen Schreibschutz*** *enthalten dürfen, weil sonst deren Verarbeitung eingeschränkt ist.*

Zu Absatz 6:
Absatz 6 eröffnet den Bauaufsichtsbehörden die Möglichkeit, im Benehmen mit den Verbandsgemeindeverwaltungen oder den Verwaltungen verbandsfreier Gemeinden, von den in Absatz 3 vorgegebenen Regelungen abzuweichen. Es besteht kein Anspruch auf Annahme elektronischer Daten, die abweichend von den Vorgaben der Bauaufsichtsbehörde (insbesondere hinsichtlich der Strukturen oder Bezeichnungen) eingereicht werden. Das Einverständnis ist vor Übersendung der Nachricht beziehungsweise des Datenträgers einzuholen. Von der einheitlichen Formatvorgabe PDF-A soll jedoch nicht abgewichen werden.

Zu Absatz 8:
In bauaufsichtlichen Verfahren kann es ***spezielle Bauvorhaben*** *geben,* ***die die Vorlage der Unterlagen als Papierexemplare erfordern****. Auch wird die Digitalisierung bei den Verbandsgemeindeverwaltungen beziehungsweise den Verwaltungen verbandsfreier Gemeinden, den Bauaufsichtsbehörden und den zu beteiligenden Stellen nicht genau zeitgleich verlaufen.*

In der Übergangszeit ist deshalb gegebenenfalls eine hybride Aktenführung erforderlich und nach Absatz 8 auch möglich.
Denkbar sind z. B. auch Fälle, in denen Bauunterlagen nach § 63 Abs. 1 Satz 2 LBauO elektronisch bei der Verbandsgemeindeverwaltung eingereicht werden müssen, für Zwecke der Einholung des Einvernehmens nach § 36 des Baugesetzbuchs (BauGB) jedoch eine Ausfertigung der Bauunterlagen in Papierform notwendig ist. Die Nachforderung erfolgt durch die Bauaufsichtsbehörde, kann jedoch auch durch die Verbandsgemeindeverwaltung beziehungsweise die Verwaltung verbandsfreier Gemeinden initiiert sein. ***Bei Nachforderung von Papierexemplaren kann die Vollständigkeit der Unterlagen erst nach Eingang der nachgeforderten Unterlagen festgestellt werden. Dies ist für die Fiktionsfrist in Verfahren nach den §§ 66 und 67 LBauO von Bedeutung.*** *In den Fällen des § 1 Abs. 8 müssen die Unterlagen, wie schon gemäß § 1 Abs. 3 bisheriger Fassung, aus Papier hergestellt und vorgelegt werden. Sie müssen in diesen Fällen die Größe von 210 mm x 297 mm (DIN A 4) haben oder auf diese Größe nach DIN 824 gefaltet sein. Auf die alterungsbeständige beziehungsweise lichtbeständige Qualität wird verzichtet, da die Unterlagen im Regelfall digitalisiert werden.*

Zu Absatz 9:
Abweichend vom Regelverfahren gemäß Absatz 3 ermöglicht Absatz 9 das Verfahren unter Verwendung von Papierexemplaren. Damit werden ***spezielle Besonderheiten*** *und* ***auch der unterschiedliche Entwicklungsstand digitaler Vorgangsbearbeitung seitens der Antragsteller und der Bauaufsichtsbehörden sowie die Kapazitäten der Datenleitungen*** *berücksichtigt.*

C 12 – Klimawandel und die Nutzung erneuerbarer Energien

Der fortschreitende Klimawandel ist eine zentrale Herausforderung. Ausgehend vom „Übereinkommen von Paris“ 2015 verfolgen zahlreiche gesetzgeberische Maßnahmen auf europa-, bundes- und landesrechtlicher Ebene das Ziel, die Erderwärmung zu begrenzen, Emissionen zu senken und die Anpassung an den Klimawandel zu gestalten. Das Bundesverfassungsgericht hat die grundrechtliche Dimension des Klimaschutzes mit Beschluss vom 24. März 2021 (1 BvR 2656/18) verbindlich beschrieben. Hinzu kommt die geopolitische Bedeutung einer möglichst autarken Energieversorgung. All dies beeinflusst auch das Bauplanungs- und das Bauordnungsrecht.

Die Landesbauordnung Rheinland-Pfalz nennt in der Generalklausel des § 4 die Belange des Umwelt- und Klimaschutzes, die nach den Bestimmungen der LBauO und den aufgrund der LBauO erlassenen Vorschriften zu berücksichtigen sind. Aber auch fachspezifische Regelungen des Umweltrechts können bauordnungsrechtlich relevant sein wie sich dies aus §§ 59 Abs. 1, § 70 Abs. 1 LBauO zur Einhaltung sonstiger öffentlich-rechtlicher Vorschriften ergibt. Erwähnenswert ist an dieser Stelle § 2 Erneuerbare-Energien-Gesetz (EEG), der bundesrechtlich das „überragende öffentliche Interesse“ am Ausbau der erneuerbaren Energien statuiert mit Wirkung für Abwägungsentscheidungen (z. B. § 69 LBauO Abweichungen) in allen betroffenen Rechtsbereichen. Dazu wiederum gibt es Sonderregelungen. So bestimmt § 1 Abs. 2 Satz 2 Windenergieflächenbedarfsgesetz (WindBG), dass dem überragenden öffentlichen Interesse am Ausbau der Windenergie nach § 2 EEG für Vorhaben, die außerhalb von Windenergiegebieten liegen, bei der Anwendung des § 35 Abs. 2 Baugesetzbuch (BauGB) Rechnung getragen ist, wenn die Flächenbeitragswerte nach Maßgabe von § 3 Abs. 1 und 2 WindBG erreicht werden.

Zu beachten ist stets der Regelungsbereich des Bauordnungsrechts und dessen Abgrenzung zum Fachrecht. So enthält die LBauO beispielsweise zur Energieeinsparung keine – dem Energierecht (insbesondere dem Gebäudeenergiegesetz) vorbehaltenen – Anforderungen, wohl aber flankierende Erleichterungen für Maßnahmen zum Zwecke der

Energieeinsparung (Wärmedämmung) bei Bestandsgebäuden in den Abstandsflächen (§ 8 Abs. 11 Satz 1 Nr. 7) oder zur Genehmigungsfreiheit solcher Maßnahmen (§ 62 Abs. 2 Nr. 1). Auch mit Blick auf die Anpassung an die Klimafolgen ist etwa das Wasserrecht gefordert, während das Bauordnungsrecht nur Regelungen treffen kann wie zum Inhalt des Lageplans als Bestandteil der Bauunterlagen, der gemäß § 2 Abs. 4 Nr. 15 BauuntPrüfVO (siehe oben Einführung A 14) die Hochwasser- und Sturzflutgefährdung des Baugrundstücks und der baulichen Anlagen in angemessenem Umfang darstellen muss.
Herausragende Bedeutung hat die Nutzung erneuerbarer Energien, die im Zuge der letzten Änderungen der LBauO zunehmend erleichtert wurde (siehe oben A, Einführung).

Die LBauO enthält im Überblick folgende Regelungen zur Nutzung solarer Strahlungsenergie (Photovoltaik und Solarthermie) und von Windenergie:

Anlagen zur Nutzung solarer Strahlungsenergie	Bezug	Stichwort
§ 6 Abs. 3 Satz 3	Gebäude auf mehreren Grundstücken	Kleinere Anlagen an Außenwänden nicht relevant für die Baulast
§ 8 Abs. 5 Satz 3	Abstandsflächen	Kleinere Anlagen an Außenwänden oder auf Dachflächen nicht relevant
§ 8 Abs. 8 Satz 6	Abstandsflächen	Kleinere Anlagen auf Dachflächen von Grenzgaragen u. ä. nicht relevant
§ 8 Abs. 11 Satz 1 Nr. 7	Abstandsflächen	Kleinere Anlagen an Außenwänden oder auf Dachflächen nicht relevant bei abstandsflächenwidrigen Bestandsgebäuden
§ 28 Abs. 2 Satz 5	Außenwände	Brandausbreitung muss ausreichend lang begrenzt sein
§ 32 Abs. 7	Dächer	Keine Brandübertragung auf andere Gebäude oder Gebäudeteile
§ 62 Abs. 1 Nr. 2 Buchst. e	Genehmigungsfreie Vorhaben	Anlagen in, an und auf Dach- und Außenwandflächen grundsätzlich genehmigungsfrei

Anlagen zur Nutzung solarer Strahlungsenergie	**Bezug**	**Stichwort**
§ 62 Abs. 1 Nr. 2 Buchst. f	Genehmigungsfreie Vorhaben	Anlagen, die nicht schon nach Nr. 2 Buchst. e genehmigungsfrei sind, sind genehmigungsfrei, wenn kommunale Satzungen entsprechende Regelungen enthalten
§ 65 Abs. 6	Bauantrag	Abwicklung über eine einheitliche Stelle (untere Bauaufsichtsbehörde), Verfahrenshandbuch
§ 66 Abs. 1 Satz 1 Nr. 11	Vereinfachtes Genehmigungsverfahren	Anlagen, die nicht genehmigungsfrei sind (Anwendungsbereich der Richtlinie (EU) 2018/2001)[69]
§ 67 Abs. 1 Satz 1	Freistellungsverfahren	Modernisierung und Ersatz von Anlagen (Repowering) entsprechend Bebauungsplan
§ 69 Abs. 1 Satz 2 Nr. 2	Abweichungen	Anlagen zur Nutzung erneuerbarer Energien als Regelbeispiel

gebäudeunabhängige Anlagen zur Nutzung solarer Strahlungsenergie	**Bezug**	**Stichwort**
§ 62 Abs. 1 Nr. 2 Buchst. e	Genehmigungsfreie Vorhaben	Anlagen mit einer Höhe bis 3 m und einer Gesamtlänge bis 9 m sind in Gewerbe- und Industriegebieten grundsätzlich genehmigungsfrei
§ 62 Abs. 1 Nr. 2 Buchst. f	Genehmigungsfreie Vorhaben	Anlagen sind genehmigungsfrei, wenn kommunale Satzungen entsprechende Regelungen enthalten
§ 65 Abs. 6	Bauantrag	Abwicklung über eine einheitliche Stelle (untere Bauaufsichtsbehörde), Verfahrenshandbuch
§ 66 Abs. 1 Satz 1 Nr. 10	Vereinfachtes Genehmigungsverfahren	Anlagen, die nicht genehmigungsfrei sind

69 Richtlinie (EU) 2018/2001 des Europäischen Parlaments und des Rates vom 11. Dezember 2018 zur Förderung der Nutzung von Energie aus erneuerbaren Quellen

gebäudeunabhängige Anlagen zur Nutzung solarer Strahlungsenergie	**Bezug**	**Stichwort**
§ 66 Abs. 1 Satz 1 Nr. 11	Vereinfachtes Genehmigungsverfahren	Anlagen, die nicht genehmigungsfrei sind (Anwendungsbereich der Richtlinie (EU) 2018/2001)
§ 67 Abs. 1 Satz 1	Freistellungsverfahren	Modernisierung und Ersatz von Anlagen (Repowering) entsprechend Bebauungsplan
§ 67 Abs. 1 Satz 3	Freistellungsverfahren	Anlagen im Außenbereich nach § 35 Abs. 1 Nr. 8 Buchst. b BauGB (längs von Autobahnen und Schienenwegen mit Abstand von bis zu 200 m)
§ 69 Abs. 1 Satz 2 Nr. 2	Abweichungen	Anlagen zur Nutzung erneuerbarer Energien als Regelbeispiel

Windenergieanlagen auf Dächern bis zu einer Gesamthöhe von 2 m	**Bezug**	**Stichwort**
§ 62 Abs. 1 Nr. 4 Buchst. g	Genehmigungsfreiheit	Anlagen sind in Gewerbe- und Industriegebieten sowie im Außenbereich an dort zulässigen Vorhaben grundsätzlich genehmigungsfrei
§ 65 Abs. 6	Bauantrag	Abwicklung über eine einheitliche Stelle (untere Bauaufsichtsbehörde), Verfahrenshandbuch
§ 66 Abs. 1 Satz 1 Nr. 11	Vereinfachtes Genehmigungsverfahren	Anlagen, die nicht genehmigungsfrei sind (Anwendungsbereich der Richtlinie (EU) 2018/2001)
§ 66 Abs. 3	Vereinfachtes Genehmigungsverfahren	Erleichterungen zur Vorlage der Nachweise für Standsicherheit und Schallschutz, weitere siehe § 7 Abs. 6 BauuntPrüfVO
§ 67 Abs. 1 Satz 1	Freistellungsverfahren	Modernisierung und Ersatz von Anlagen (Repowering) entsprechend Bebauungsplan

Windenergieanlagen auf Dächern bis zu einer Gesamthöhe von 2 m	Bezug	Stichwort
§ 69 Abs. 1 Satz 2 Nr. 2	Abweichungen	Anlagen zur Nutzung erneuerbarer Energien als Regelbeispiel

Windenergieanlagen bis zu einer Gesamthöhe von 10 m	Bezug	Stichwort
§ 8 Abs. 12	Abstandsflächen	in nicht bebauten Gebieten 0,2 H, mindestens die Länge des Rotorradius zzgl. 3 m
§ 62 Abs. 1 Nr. 4 Buchst. g	Genehmigungsfreiheit	Anlagen sind in Gewerbe- und Industriegebieten sowie im Außenbereich für dort zulässige Vorhaben grundsätzlich genehmigungsfrei
§ 65 Abs. 6	Bauantrag	Abwicklung über eine einheitliche Stelle (untere Bauaufsichtsbehörde), Verfahrenshandbuch
§ 66 Abs. 1 Satz 1 Nr. 11	Vereinfachtes Genehmigungsverfahren	Anlagen, die nicht genehmigungsfrei sind (Anwendungsbereich der Richtlinie (EU) 2018/2001)
§ 66 Abs. 3	Vereinfachtes Genehmigungsverfahren	Erleichterungen bei den Anforderungen zur Vorlage der Nachweise für Standsicherheit und Schallschutz; weitere siehe § 7 Abs. 6 BauuntPrüfVO
§ 67 Abs. 1 Satz 1	Freistellungsverfahren	Modernisierung und Ersatz von Anlagen (Repowering) entsprechend Bebauungsplan
§ 69 Abs. 1 Satz 2 Nr. 2	Abweichungen	Anlagen zur Nutzung erneuerbarer Energien als Regelbeispiel

Windenergieanlagen bis zu einer Gesamthöhe von 50 m	Bezug	Stichwort
§ 8 Abs. 12	Abstandsflächen	in nicht bebauten Gebieten 0,2 H, mindestens die Länge des Rotorradius zzgl. 3 m
§ 65 Abs. 6	Bauantrag	Abwicklung über eine einheitliche Stelle (untere Bauaufsichtsbehörde), Verfahrenshandbuch
§ 66 Abs. 1 S. 1 Nr. 11	Vereinfachtes Genehmigungsverfahren	Anlagen im Anwendungsbereich der Richtlinie (EU) 2018/2001
§ 66 Abs. 3	Vereinfachtes Genehmigungsverfahren	Erklärungen eines Prüfsachverständigen für Standsicherheit, wiederkehrende Prüfungen, Aufbewahrung der Nachweise
§ 67 Abs. 1 Satz 1	Freistellungsverfahren	Modernisierung und Ersatz von Anlagen (Repowering) entsprechend Bebauungsplan
§ 69 Abs. 1 Satz 2 Nr. 2	Abweichungen	Anlagen zur Nutzung erneuerbarer Energien als Regelbeispiel

Windenergieanlagen ab einer Gesamthöhe von 50 m (zu genehmigen nach BImSchG, obere Immissionsschutzbehörden)	Bezug	Stichwort
§ 8 Abs. 12	Abstandsflächen	in nicht bebauten Gebieten 0,2 H, mindestens die Länge des Rotorradius zuzüglich 3 m
§ 69 Abs. 1 Satz 2 Nr. 2	Abweichungen	Anlagen zur Nutzung erneuerbarer Energien als Regelbeispiel

Zudem enthält die LBauO folgende Regelungen zu Anlagen zur Strom- und Wärmeerzeugung:

Brennstoffzellen und Brennstoffzellenheizgeräte	Bezug	Stichwort
§ 39 Abs. 5	Feuerungsanlagen, sonstige Anlagen zur Wärmeerzeugung und Energiebereitstellung	Betriebs- und Brandsicherheit für Brennstoffzellen
§ 62 Abs. 1 Nr. 2 Buchst. d	Genehmigungsfreiheit	Brennstoffzellenheizgeräte sind grundsätzlich genehmigungsfrei

Anlagen zur Erzeugung und Nutzung von Wasserstoff	Bezug	Stichwort
§ 39 Abs. 5	Feuerungsanlagen, sonstige Anlagen zur Wärmeerzeugung und Energiebereitstellung	Betriebs- und Brandsicherheit
§ 62 Abs. 1 Nr. 2 Buchst. g	Genehmigungsfreiheit	erzeugter Wasserstoff dient dem Eigenverbrauch
§ 62 Abs. 1 Nr. 2 Buchst. h	Genehmigungsfreiheit	integrierte Wasserstoffanlagen

Wärmepumpen	Bezug	Stichwort
§ 62 Abs. 1 Nr. 2 Buchst. d	Genehmigungsfreiheit	Anlagen grundsätzlich genehmigungsfrei

Weitere bauordnungsrechtliche Anforderungen, Erleichterungen und Konkretisierungen können sich aus Rechtsverordnungen (z. B. Feuerungsverordnung; Landesverordnung über Bauunterlagen und die bautechnische Prüfung), den als Verwaltungsvorschrift bekannt gemachten Technischen Baubestimmungen (VV TB RP 2025; z. B. Richtlinie für Windenergieanlagen) und Schreiben des Ministeriums der Finanzen (z. B. „Photovoltaikanlagen auf Dachflächen – § 32 Abs. 7 LBauO“) ergeben.[70] Schließlich enthält § 88 LBauO Satzungsermächtigungen für die Kommunen, um beispielsweise die anteilige Nutzung erneuerbarer Energien in älteren Gebäuden zum Klimaschutz vorzugeben (Abs. 4 Nr. 3).

Im Bauplanungsrecht finden sich an verschiedenen Stellen des BauGB Regelungen zu Gebieten und Anlagen zur Nutzung erneuerbarer Energien. So ermöglichen etwa § 5 entsprechende Darstellungen im Flächennutzungsplan und § 9 solche Festsetzungen im Bebauungsplan. In § 31 gibt es erweiterte Befreiungsmöglichkeiten im Interesse des zügigen Ausbaus erneuerbarer Energien und § 35 enthält Privilegierungstatbestände für Freiflächen-Photovoltaikanlagen im Außenbereich. § 35 ist zudem eine zentrale Norm zur Steuerung des Ausbaus von Windenergieanlagen. Ferner enthalten die § 248 ff. BauGB Sonderregelungen zur Nutzung erneuerbarer Energien. Während § 248 BauGB geringfügige Abweichungen von Festsetzungen in Bebauungsplänen für gebäudebezogene Anlagen zur Nutzung solarer Strahlungsenergie zulässt, enthält § 249 BauGB komplexe und weitreichende Sonderregelungen für den bundesweiten Ausbau der Windenergieanlagen an Land im Zusammenspiel mit dem Raumordnungsrecht, dem Windenergieflächenbedarfsgesetz (WindBG) und dem Landeswindenergiegebietegesetz (LWindGG), das zweigestuft regionalplanerische Flächenbeitragswerte für Windenergiegebiete vorsieht. § 249a BauGB regelt und fördert Vorhaben zur Herstellung und Speicherung von Wasserstoff aus erneuerbaren Energien.

Im weiteren Sinne Einfluss auf das Baugeschehen haben auch landesrechtliche Bestimmungen wie das 2025 novellierte Landesklimaschutzgesetz (LKSG), das die Entwicklung von Klimaschutzmaßnahmen u. a. im Gebäudesektor fordert, um die Treibhausgasneutralität in Rheinland-Pfalz bis 2040 zu erreichen. Das Bundesrecht enthält zahlreiche Regelungen wie etwa das Bundes-Klimaschutzgesetz (KSG), das Erneuerbare-Energien-Gesetz (EEG), das Gebäudeenergiegesetz (GEG) oder das Wärmeplanungsgesetz (WPG). Und schließlich gibt es vielfach maßgebliches Europäisches Recht, das aus dem „European Green Deal" resultiert und wiederum völkerrechtliche Verpflichtungen wie aus dem „Übereinkommen von Paris" umsetzt.

---

70 siehe https://mkbwk.rlp.de/themen/baurecht-und-bautechnik/bauvorschriften-1

Stichwortverzeichnis

Die Zahlen verweisen auf die Seiten des Werkes.

A

Abbruch von Anlagen und Einrichtungen *siehe Beseitigung von Anlagen und Einrichtungen*
- Anordnung zum 137
- genehmigungsfreier 108
- Grundanforderungen 48
- unter Erhaltung gemeinsamer Bauteile 57

Abdeckungen 81
Abfahrten 92
Abfall(-)
- Aufbewahrung/Beseitigung von 92
- behälter 56
- entsorgungsanlagen 138

Abgas(-)
- ableitung 83
- anlagen 82, 102, 136

Abgrabungen
- Begriff 46
- der Bauaufsicht nicht unterliegende 138
- genehmigungsfreie 106

Abgrenzung 57
Abluft 83
Abnahme
- Gebrauchsabnahme 133
- Nachabnahme 133

Abschluss
- oberer von Treppenräumen 77
- rauchdichter und selbstschließender 68
- von Öffnungen in Decken 72
- von Öffnungen in Wänden 68

Abstand
- von Abschlusswänden 69
- von Brandwänden 70
- von Dungstätten 91
- von Räumen besonderer Art oder Nutzung 91
- von Vorbauten 52, 69, 73

Abstandsflächen 51
- Anforderungen und Bemessungen 51 ff., 145
- Begriff 51
- Entbehrlichkeit 51 f.
- Sonderregelungen 53 f.
- Übernahme auf Nachbargrundstücke 55, 139

Absteckung der Grundfläche 134
Abstellplätze 46, 120, 145
- für Fahrräder 85, 89, 102, 106, 146
- nicht gewerblich genutzte 120

Abstellräume 85
- für Kinderwagen/Fahrräder/Rollatoren 86

Abwasser
- beseitigung
  - Leitungen der öffentlichen Abwasserbeseitigung 45
  - 56, 84, 92, 135
- beseitigungsanlagen
  - genehmigungsfreie 103
  - 50, 84, 96, 135
- der Bauaufsicht nicht unterliegende Anlagen 138

Abweichungen
- Beteiligung bei 126, 147
- Zulässigkeit/Zulassung von 55, 71 f., 76, 78, 82 f., 94, 126, 129, 137, 143 f.

Stichwortverzeichnis

Allgemein anerkannte Regeln der Technik *siehe Regeln der Technik*
Allgemeine Bauartgenehmigung 60
– Übereinstimmungsbestätigung 60
Allgemeine bauaufsichtliche Zulassung 67, *siehe auch Übereinstimmungsnachweis*
– für Bauprodukte 62 ff., 66
Allgemeine bauaufsichtliche Zulassung für Bauprodukte 65
Allgemeines bauaufsichtliches Prüfzeugnis *siehe Prüfzeugnis, Übereinstimmungsnachweis*
– für Bauarten 60
– für Bauprodukte 62 ff.
Allgemeines bauaufsichtliches Prüfzeugnis für Bauarten
– Übereinstimmungsbestätigung 60
Allgemeines bauaufsichtliches Prüfzeugnis für Bauprodukte 65
ältere Menschen 47, 49, 93
Anbauten 73, *siehe auch Vorbauten*
– genehmigungsfreie 107
Anbringung *siehe Kennzeichnung von Bauprodukten/von Baustellen*
– der Kennzeichnung an der Baustelle 96
– des Übereinstimmungszeichens (Ü-Zeichen) für Bauprodukte
  – unberechtigte Kennzeichnung 136, 147
  – 64
Änderung baulicher Anlagen 139
Anerkennung *siehe Übereinstimmungsnachweis*
– von Prüf-, Zertifizierungs- und Überwachungsstellen 66
Anforderungen
– allgemeine Anforderungen an die Bauausführung 48, 57 ff.
– besondere Anforderungen
  – an Anlagen und Räume besonderer Art oder Nutzung 91, 141
  – an bauliche Maßnahmen für besondere Personengruppen 141
  – bei Gebäudetiefen über 40 m 69
– zusätzliche 129
Anhörungstermin 118
Anlagen 138, *siehe auch bauliche Anlagen*
– andere Anlagen und Einrichtungen 45, 48, 53, 58, 96 f., 100 f., 108, 137, 139, 147
– besonderer Art oder Nutzung 91
– der Bergaufsicht 45
– der Gewässerbenutzung und -unterhaltung 138
– des öffentlichen Verkehrs und ihre Nebenanlagen 45
– nach § 34 des Produktsicherheitsgesetz 138
– schwimmfähige 46
– zur Energiebereitstellung 82, 140
– zur Wärmeerzeugung 140
– zur Wärmeversorgung 82
Anleiterbarkeit 51
Antennen 146
– Abstandsflächen 55
– genehmigungsfreie Antennenanlagen 104
– Verfahren 121 f.
Anwendbarkeit *siehe Allgemeine bauaufsichtliche Zulassung, Allgemeines bauaufsichtliches Prüfzeugnis, Zustimmung im Einzelfall*
– verbotswidrige Anwendung 148
– von Bauarten 60, 134
Anwender/in der Bauart 61
Anwendungsbereich
– Ausschluss vom 45, 96
– der LBauO 45
Anzeigepflichten 98, 133, 135
– Verletzung von 148 f.

Arbeitsverhältnisse
- gesunde 49
Arztpraxen 94
Atomgesetz 128
Aufblasbare Spielgeräte 132
Aufenthaltsräume
- Anforderungen an Aufenthaltsräume 59, 84
- Anforderungen an Aufenthaltsräumen in Kellergeschossen 87
- Anforderungen an Trinkwasserversorgung 83
- Anforderungen Aufenthaltsräume in Dachräumen 88
- Begriff 47
Auffangvorrichtungen für Löschwasser 91
Aufgaben
- anderer Behörden 138
- der Bauaufsichtsbehörden 100
Auflagen 131, 133, 139
Aufschüttungen *siehe Abgrabungen*
Aufstellflächen
- für die Feuerwehr 51
Aufstellplätze 46, 120, 145
- genehmigungsfreie 107
Aufzüge 79, 92, 94, 140
Ausbau eines Gebäudes 107
Ausführungsgenehmigung für Fliegende Bauten 131
Ausgang ins Freie 76, 92
Ausgrabungen
- genehmigungsfreie 106
Ausläufe für Tiere 107
Außenfläche 68
Außenwände *siehe Wände*
- geringfügig hervortretende Gebäudeteile 50
Aussteifende Wände *siehe Wände*
Ausstellungsgebäude 94
Ausstellungsgelände 94
Ausstellungsplätze 46, 120, 145
- genehmigungsfreie 107

B
Bäder 88
Balkone 52, 67, 72
Barrierefreiheit 49, 93
- Aufzüge 80, 94
- Definition 47
- Spielplätze 56
Bauantrag 108
- Behandlung des Bauantrags 118
- Einreichung 108
- Einvernehmen der Gemeinde 109
- im vereinfachten Genehmigungsverfahren 122
- nachträgliches Verlangen, ihn zu stellen 137
- Rücknahmefiktion 118
- Stellungnahme der Gemeindeverwaltung 109
- Zustimmung der Gemeinde 109
Bauart 72, 76, 79, 91, 134 ff., *siehe auch Anwendbarkeit von Bauarten*
- Begriff 48
Bauarten
- allgemein anerkannte Prüfverfahren 60
- allgemeine Bauartgenehmigung 60
- allgemeines bauaufsichtliches Prüfzeugnis 60
- Anwendbarkeit 60
- Anwender/in 61
- Bereithaltung von Nachweisen 97, 99
- „geregelte“ 60
- „nicht geregelte“ 60
- Ordnungswidrigkeiten 148
- Übereinstimmungsbestätigung 60
- vorhabenbezogene Bauartgenehmigung 60

Stichwortverzeichnis

Bauaufsichtsbehörde 100
– Aufgaben und Befugnisse 100
– personelle Besetzung 100
– sachliche Zuständigkeit 101
Baubeginn 124, 133
– verbotswidriger 149
Baubestimmungen *siehe Regeln der Technik*
Baubuden
– genehmigungsfreie 106
Baudenkmäler *siehe Kulturdenkmäler*
Baueinstellung 136
Baugenehmigung 122, 127, 130, 134
Baugrund 57
Bauherrin/Bauherr
– Verantwortlichkeiten, Pflichten 97, 136
– Wechsel 98, 148
Baulast 49 f., 55, 139
Bauleiter/in 92, 96 f., 99, 148
Bauliche Anlagen *siehe Gestaltung baulicher Anlagen*
– Anwendbarkeit der LBauO auf baulichen Anlagen 45
– Begriff 45
– besonderer Art oder Nutzung 91, 141
– freigestellte 123
– genehmigungsfreie 101
Bauliche Maßnahmen
– für besondere Personengruppen 141
Bauprodukte *siehe Bauproduktenverordnung, Baustoffe, Verwendbarkeit von Bauprodukten*
– allgemeine bauaufsichtliche Zulassung 62 f.
– allgemeines bauaufsichtliches Prüfzeugnis 62 f.
– Anwendbarkeit der LBauO 45
– Begriff 47 f.
– Bereithaltung von Nachweisen 97, 99
– CE-Kennzeichnung 62
– „geregelte“ 62
– Grundanforderungen 61
– nach EU-Recht 62
– nach europäischem Recht 61
– nach nationalem Recht 62
– „nicht geregelte“ 62 f.
– Ordnungswidrigkeiten 147
– Sachkunde- und Sorgfaltspflichten 66
– „sonstige“ 62
– Übereinstimmungserklärung 64
– Verwendbarkeit 61
– Verwendbarkeitsnachweise 62
– Zertifizierung 65
– Zustimmung im Einzelfall 62, 64
Bauproduktenverordnung [Verordnung (EU) Nr. 305/2011] 48, 62, 67
– Mitteilungspflicht bei Verstößen 136
Bausätze 48
Bauschein 127
Baustellen(-) 96, 134, 136
– einrichtungen 132
– genehmigungsfreie 106
Baustoffe 58
– brennbare 69 ff.
– feuerbeständige 58
– leicht entflammbare 58
– nicht brennbare 58, 67 ff., 75, 77, 80
– normalentflammbare 68
– schwer entflammbare 77, 79
Bautagebücher 135
Bautechnische Nachweise 137
Bauteile 57 f., 70, 130, 135
– feuerbeständige/hochfeuerhemmende/feuerhemmende 58

– genehmigungsfreie 106
– raumabschließende 58, 67 ff., 71, 76, 79
– tragende 58, 67, 69, 71, 88, 106, 148
Bauüberwachung 134, 138
Bauunterlagen 108 f., 130, 132, 134, 141
– für freigestellte Wohnbauvorhaben 124
– Prüfung auf Vollständigkeit 118
Bauvorbescheid 129
Bauvorlageberechtigung 109
– Antragsteller EU
  – Ausgleichsmaßnahmen 115
  – Verfahren 114
  – vorübergehende Tätigkeit 116
– eingeschränkt
  – Absolventen Architektur 110
  – Absolventen Bauingenieurwesen 110
  – Fortbildungspflicht 111 f.
  – Gebühren 112
  – Haftpflichtversicherung 111 f.
  – Liste 110 ff.
  – Meister 110
  – Techniker 110
  – Umfang 110
  – 110
– umfassend
  – Anlage Leitlinien 113, 150 f.
  – Liste 109, 112 f.
  – Übergangsbestimmung 150
  – 109
Bauzeichnungen 126
Bebauung der Grundstücke 49
– Sonderregelungen für
  – Anlagen zur Nutzung solarer Strahlungsenergie 50
  – geringfügig hervortretende Gebäudeteile 50
  – Maßnahmen zum Zwecke der Energieeinsparung 50
Bedachung
– harte 72
– sog. weiche 73
Bedingung 127, 130, 139
Befahrbare Fläche
– für Feuerwehrfahrzeuge 51
Befestigung
– nicht überbauter Flächen 56
Befristung 139
Befugnisse der Bauaufsichtsbehörde 100
Begegnungsstätten 92 f.
Begrünungsmaßnahmen
– bei Stellplätzen und Garagen 90
– nach örtlichen Bauvorschriften 146
Begrünungsmaßnahmen für nicht überbaute Flächen 56
Behälter für Gase und Flüssigkeiten 82, 105
Behandlung des Bauantrags 118
Behelfsbauten 91, 106, 109, 120, 127
Beherbergungsbetriebe 92 f.
Bekanntgabe 126, 128, 130
Bekleidungen
– in Fluren 79
– in Treppenräumen 77
– von Außerbauteilen 68
– von Lüftungsleitungen 83
– von Wänden 68, 70, 77, 79 f., 107
Belastung
– von Grundstücken mit umweltgefährdenden Stoffen 49
Beleuchtung(s-) 77, 92
– mit Tageslicht 53 f., 85, 87
Belüftung *siehe Lüftung*
Benehmen mit einer anderen Behörde 118

Stichwortverzeichnis

Benutzung *siehe Fertigstellungsanzeige*
– von baulichen Anlagen, Beginn 136
– von Fliegenden Bauten, Beginn 133
Benutzungsuntersagung 137, 139, 149
Bescheinigungen
– nach § 65 (4) LBauO 120, 135, 143, 148
– über die Übereinstimmung der Bauausführung mit den Bauunterlagen 135
Beseitigung von Anlagen und Einrichtungen 127, *siehe auch Abbruch von Anlagen und Einrichtungen*
Beseitigungsanordnung 137
– für im Verfall begriffene baulichen Anlagen 137
Besichtigungen des Bauzustandes *siehe Bauüberwachung*
Besondere
– Anlagen 89 ff., 93 f., 96
– Personengruppen 49, 141
Bestandsschutz
– Aufstockung 86 f.
– Dachgaube 86 f.
– Dachgeschossausbau 86 f.
– Umnutzung in Wohnraum 86
Betretungsrecht 101
Betriebsschächte 81
Betriebssicherheit 121, 133
Bewässerungsanlagen 138
Bewegungsflächen
– für die Feuerwehr 51
– vor Aufzügen 80
Bewilligung 138
Bezirksschornsteinfeger/in
– Abnahme/Bescheinigung 134, 136
Bibliotheken (öffentlich) 94
Blitzschutzanlagen 59
– genehmigungsfreie 104
Blockheizkraftwerke 82
– genehmigungsfreie 102
Bodenbeläge 77
Brandrauch 86
Brandschutz 53 f., 58, 91, 135
Brandschutzbeauftragter 92
Brandschutzkonzept 92
Brandverhalten
– von Baustoffen 58
Brandwände *siehe Wände*
Brauchwasser
– Wiederverwendung 84
Breite
– benutzbare von Fluren 78
– nutzbare von Treppen 75
Brennstoffversorgungsanlagen 140
Brennstoffzellen 82
Brennstoffzellenheizgeräte
– genehmigungsfreie 102
Brücken *siehe Anlagen des öffentlichen Verkehrs*
– genehmigungsfreie 105
Brüstungen 81
Bühnen 132
Bund
– Vorhaben des Bundes 137
Bürogebäude 92 ff., 120

C

Campingplätze 46, 102, 145
CE-Kennzeichnung 62
CE-Zeichen für Bauprodukte 136

D

Dach(-) 53, 72
– Ausbau zu Wohnzwecken 86 f., 124
– räume
  – genehmigungsfreier Ausbau 107
  – Wohnungen/Aufenthaltsräume im Dachraum 87
– terrassen 54

- vorsprünge 50
Damm 138
Dämmstoffe 68, 79
Daten *siehe personenbezogene Daten*
Decken(-) 71, *siehe auch Öffnungen in Decken*
- Unterdecken 79
- von Aufenthaltsräumen 88
- von Durchfahrten/Durchgängen 50
- von Fahrschächten 80
- von Ställen 91
Deiche 138
Denkmäler *siehe Kulturdenkmäler, Naturdenkmäler*
- genehmigungsfreie 106
- Rücksichtnahme 49
Denkmalschutzbehörde 147
Deutsches Institut für Bautechnik 48, 60, 63
Doppelfassaden 68
Dungstätten 91
Durchfahrten 50
Durchlässe
- genehmigungsfreie 105
Durchlüftung *siehe Lüftung*
Duschen 88

E

Eigentümer/in
- Verantwortlichkeiten 97
Einbauten
- feuerbeständige in Brandwänden 71
- in Treppenräumen 77
Einfriedungen 53, 57, 145
- genehmigungsfreie 105
Einrichtungen 46, 59, 83, 94, 139, 143, *siehe auch Anlagen*
- der Gesundheitspflege 92 f.
- zum Zweck der Pflege oder Betreuung 92 f.
Einschiebbare Leitern und Treppen 74
Einstellung der Bauarbeiten 98, 136, 148 f.
Einvernehmen
- der Gemeinde 109, 122, 128 f.
- einer anderen Behörde 118
Einziehung von Gegenständen 149
Elektrizität
- Anlagen/Leitungen zur öffentliche Versorgung 45, 53, 138
Elektronische Form 133, 139
Energie-
- anlagen 103
- einsparung 50, 107
- versorgung 92
- wirtschaftsgesetz 143
Energie aus erneuerbaren Quellen (Anlagen zur Nutzung) 119 f., 123, 126, 146 f.
Entwässerungsanlagen 138
Entwurfsverfasser 97
- Pflichten, Verantwortlichkeiten 98
Erbbauberechtigte
- Verantwortlichkeit 97
Erker 52
Erklärungen über
- Aufstellung Nachweis Schallschutz 120, 148
- Aufstellung Nachweis Standsicherheit 120, 148
- Aufstellung Nachweis Wärmeschutz 120, 148
Erlaubnis einer anderen Behörde 138 f.
Erleichterungen 91
- bei Sonderbauten 91
Erschließung 49, 55, 121, 125
Erschütterungen
- Dämmung 59
Erzeugung Energie aus erneuerbaren Quellen 122

Stichwortverzeichnis

F

Fachkräfte 61, 66, 98, 100, 109, 137
Fachleute am Bau 98 f.
Fahnenstangen
– genehmigungsfreie 107
Fahrgastunterstände
– genehmigungsfreie 102
Fahrradabstellplätze 86, 89, 146
– genehmigungsfreie 102, 106
Fahrschächte 79 f.
Fahrsilos
– genehmigungsfreie landwirtschaftliche 105
Fahrzeugwaagen
– genehmigungsfreie 107
Fenster(-) 80
– als Rettungsweg 80
– brüstungen 80 f.
– notwendige 84 f.
– öffnungen 84
– von Aufenthaltsräumen 84 f.
– von Treppenräumen 77 f.
Fernmeldewesen
– Anlagen 103, 138
– Leitungen 45
Fertigstellung(s-) 135
– anzeige 134, 148
Feuerstätten 53, 82, 102, 108, 140, *siehe auch Gasfeuerstätten*
– Abnahme 136
– Begriff 47
– genehmigungsfreie 102
Feuerüberschlagsweg 70
Feuerungsanlagen 82, 91, 136, 141, *siehe auch Feuerstätten*
Feuerwehr 50, *siehe auch Bewegungsflächen für die Feuerwehr*
Feuerwiderstandsfähigkeit
– von Bauteilen 58
Finanzdienstleistungen Einrichtungen für – 93
Fliegende Bauten 92 f., 130 f., 138, 141, 148
Flurbereinigungsverfahren 138
Flure
– notwendige
  – Begriff 78
  – 76, 78
Form *siehe Elektronische Form*
Forschungsinstitute 94
Freiberuflich Tätige
– Nutzungseinheiten für 94
Freistellungsverfahren 123
Freizeitstätten 94
Fremdüberwachung *siehe Produktionskontrollen*
Frist, Fristenverlängerung 57, 63, 89, 118, 122, 124, 130, 132, 136
Fußböden
– von Ställen 91

G

Gänge *siehe offene Gänge (Laubengänge)*
Garagen 89, 92, 94
– an Grundstücksgrenzen 53
– Begriff 47
– Erleichterungen in Bauunterlagen 109
– genehmigungsfreie 102
– Mittelgaragen 120
– oberirdische 120
– vereinfachtes Genehmigungsverfahren 120
Garagen ohne Feuerstätten
– an Grundstücksgrenzen 53
Gartengestaltung, bauliche Anlagen zur
– genehmigungsfreie 105
Gartenlauben
– genehmigungsfreie 102

Gas *siehe Behälter für Gase und Flüssigkeiten*
- Anlagen für die öffentliche Versorgung 53, 138
- Leitungen der öffentlichen Versorgung 45
- Reglerstationen, genehmigungsfreie 103

Gasfeuerstätten 83, *siehe auch Feuerstätten*
Gaststätten 87, 92 f.
Gebäude 46
- Begriff und Einteilung 46
- freigestellte 123
- genehmigungsfreie 101
- im vereinfachten Genehmigungsverfahren 119
- untergeordnete 91, 109, 120

Gebäudeklasse 47
Gebäudeklassen 46 f.
Gebrauchsabnahme *siehe Abnahme*
Gefahr im Verzug 139
Geländeoberfläche
- Begriff 47
- Höhenlage 56, 134

Geländer 71
Geltungsdauer *siehe Frist, -verlängerung*
- der Baugenehmigung 130
- des Bauvorbescheids 129

Genehmigungsbedürftige Vorhaben 101
genehmigungsfreie 106
Genehmigungsfreie Vorhaben 101
Genehmigungsverfahren 108 f., 118 f., 123, 126 ff.
- Freistellungsverfahren 123
- vereinfachtes 119

Gerichte 93
Gerüste 132
- Begriff 46

Geschosse
- Begriff 47

Gesetz über überwachungsbedürftige Anlagen 138, 143
Gestaltung 49, 145 f.
- genehmigungsfreie Änderung 107

Gesundheitsschutz 91
Gewächshäuser 102, 119
Gewässergütemessstationen 103
Gewerbeaufsichtsamt 125, 128
Gewerbegebiete 52 f.
Gewerbliche Betriebe 93, 128
Glas-
- dächer über Treppenräumen 77
- türen/flächen 80

Gottesdienst 93
Grabkreuze und -steine
- genehmigungsfreie 106

Grenz-
- änderungen 55
- marken 96

Gruben 84, 103
Grundfläche *siehe Absteckung*
Grundstücke
- Grundstücksentwässerung *siehe Entwässerung*
- mehrere als Grundstückseinheit zusammengefasst 50
- Teilung 55
- Voraussetzungen der Bebaubarkeit 49

Grünflächen
- öffentliche 51, 73

H

Handläufe 75, 94
Hausnummern 146
Heiz-
- räume 91
- stoffe 147

Hilfseinrichtungen zur statischen Sicherung 46

Stichwortverzeichnis

Hinweis-
- schilder 95, 106
- zeichen 95
Hochhäuser 92
- Begriff 47
Hochregale
- genehmigungsfreie 106
Hochschulen 94
Hochsitze
- genehmigungsfreie 105
Hochwasserrisiko 58
Höhe
- über der Geländeoberfläche 46
- von Geschossen 47
- Wandhöhe 52
Höhenlage
- des Grundstücks 56
- von baulichen Anlagen 56, 134

I
Immissionsschutz 125
Inbetriebnahme von Feuerstätten 136
- verbotswidrige 149
Industriegebiete 52 f.
Innenausbau
- Beginn
  - vebotswidriger 149
  - 135
Installationsschächte und -kanäle 83
- genehmigungsfreie 103
Instandhaltung baulicher Anlagen 49

K
Keller-
- geschosse 47, 81, 87
- lichtschächte 81
Kennzeichnung
- von Bauprodukten (CE-Zeichen) 136
- von Bauprodukten (Ü-Zeichen) 64, 136, 143
- von Baustellen 96
Kerngebiete 53
Kinder(-) *siehe Spielplätze*
- Einrichtungen für Kinder und Jugendliche 92, 94
- fahrgeschäfte 132
- Personen mit Kleinkindern 47
- spielplätze 56, 90, 146
- tagesstätten 92, 94
- wagen 86
Kleinkläranlagen 84, 103
Kleintierställe *siehe Stall*
- genehmigungsfreie 107
Kleinwochenendhäuser
- genehmigungsfreie 102
Klimaanlagen
- genehmigungsfreie 103
Kochnischen 85
Kosten
- der Bauüberwachung 136
- der Beseitigung von Anlagen 137
- der Sicherstellung von Gegenständen nach Baueinstellung 137
Kranbahnen 45
- genehmigungsfrie 107
Krane 45
Krankenhäuser 92, 94
Küchen 85
Kulturdenkmäler 49, 102 f., 105 ff., 145
Kultureinrichtungen 93

L
Ladengeschäfte 93
Ladestationen (für elektrisch betriebene Kraftfahrzeuge)
- genehmigungsfrei 104
Lagepläne 126
Lager-
- gebäude 120
- hallen
  - genehmigungsfreie 106
- plätze

- genehmigungsfreie 107
- 46, 120, 145
Lagerung von Brennstoffen 71
Land- oder forstwirtschaftliche Betriebsgebäude 46, 69, 71 f., 119
Länder
- Vorhaben der 137
Landschaftsbild 49, 56
Landwirtschaftliche Betriebsgebäude 119
- genehmigungsfreie 102
Lauben 91, *siehe auch offene Gänge (Laubengänge)*
Leicht entflammbare
- Verbot 58
Leitern
- einziehbare 74
Leitungen *siehe Abwasserbeseitigung, Fernmeldeleitungen, Energieleitungen, Elektrizität, Lüftungsleitungen, Rohrleitungen, Wärmeversorgungsleitungen, Unterstützungen für Leitungen, Wasserversorgungsleitungen*
- durch Brandwände 71, 83
- durch Decken 83
- durch Trennwände 83
- durch Treppenraumwände 83
- genehmigungsfreie 103
- in Fluren und Gängen 79
- in Treppenräumen 77
Liegenschaftskataster 139
Listen nach § 64 Abs. 2 Nr. 2 und § 66 Abs. 6 LBauO 142
Loggien
- vor notwendigen Fenstern 85
Lösch-
- arbeiten 58
- wasser 83
Löschwasserrückhalteeinrichtungen 91
Lüftung 54, 92
- von Aufenthaltsräumen 54, 84 f.
- von Fahrschächten der Aufzüge 80
- von Garagen 90
- von Treppenräumen 77
- von Wohnungen 85
Lüftungs-
- anlagen 82
- leitungen
  - genehmigungsfreie 103
  - 82 f.
- schächte 83

M
Markisen
- genehmigungsfreie 107
Masten
- genehmigungsfreie 104
Mehraufwand/-kosten
- unverhältnismäßiger/unzumutbarer 94, 139
Menschen mit Behinderungen 47, 49, 93, *siehe auch Barrierefreiheit, Rollstühle*
Messen 94
- Messegelände 106
Museen 94

N
Nachabnahme *siehe Abnahme*
Nachbargrundstücke
- Tragfähigkeit des Baugrundes 57
- Übernahme von Abstandsflächen auf 55
Nachbarinnen/Nachbarn
- Begriff 126
- Beteiligung der 126 ff.
Nachträgliche Anforderungen
- an bauliche Anlagen 139
Nachweise
- der Verwendbarkeit von Bauprodukten *siehe Übereinstimmungsnachweise*
- des Schallschutzes 118

– im vereinfachten Genehmigungsverfahren und im Freistellungsverfahren 120 ff., 124 f., 148
Naturdenkmäler 49, 102 f., 105 ff., 145
Nebenanlagen 90
– des öffentlichen Verkehrs 45
Nebenbestimmungen 63, 127, 130
Notariate 94
Notwendige
– Flure
  – Begriff 78
  – 76, 78
– Stellplätze
  – Ablöse 89
  – barrierefrei 93 f.
  – 89
– Treppen 59, 74 f.
– Treppenräume 75
Nutzungsänderungen 48 f., 89, 101, 137
– genehmigungsfreie 108

O
Oberlichte 85
Offene Gänge (Laubengänge) 79
Öffentliche Sicherheit oder Ordnung 48, 129, 133, 136, 139
Öffnungen *siehe Abschluss von Öffnungen, Fensteröffnungen, Rauchabzugsöffnungen*
– in Brandwänden 71
– in Decken 72, 81
– in Fahrschachtwänden 80
– in notwendigen Treppenräumen 77
– in Trennwänden 68
– zu Aufenthaltsräumen 91
– zur Rauchableitung 78
Ökologische Belange 49
Ordnungswidrigkeiten 147
Örtliche Bauvorschriften 55, 145
Ortsbild 49, 56

P
Pergolen
– genehmigungsfreie 105
Personenbezogene Daten
– Übermittlung an andere Behörden/private Stellen 118, 141
Personengruppen
– besondere 49, 93, 141
Pfeiler
– tragende 52, 67
Plastiken
– genehmigungsfreie 106
Plätze *siehe Aufstellplätze, Ausstellungsplätze, Abstellplätze, Campingplätze, Fahrradabstellplätze, Kinderspielplätze, Lagerplätze, Spielplätze, Sportplätze, Stellplätze, Wochenendplätze*
– für Abfall- und Wertstoffbehälter 56
Polizei- und Ordnungsbehördengesetz 97, 100, 137
Postdienstleistungen Einrichtungen für – 93
Produktionskontrollen *siehe auch Übereinstimmungsnachweis*
– Fremdüberwachung
  – Überwachungsstellen 65 f.
  – 65
– mit Einschaltung einer Prüfstelle 65
– werkseigene 64 f.
Prüfamt für Baustatik 130
Prüfbuch für Fliegende Bauten 132 f.
– Einziehung 133
Prüfstelle
– nach § 25 Satz 1 Nr. 6 61
Prüfstellen *siehe Stelle nach Atz. 16 Abs. 2 der Bauproduktenrichtlinie,*

Zertifizierungsstellen, Überwachungsstellen
– für die Erteilung eines Prüfzeugnisses 63, 66, 143
– für die Überprüfung nach § 18 Abs. 5 LBauO 66, 143
– für die Überprüfung von Bauprodukten 65 f., 143
Prüfungen durch die Bauaufsichtsbehörde 92, 134
Prüfzeugnis 135, *siehe auch Allgemeines bauaufsichtliches Prüfzeugnis*

R
Rampen 74, 94
Rauch-
– ableitung 78
– abzugsöffnungen 78, 80
– warnmelder 86
Rauchableitung
– Rauchableitungsöffnung 81
Raumabschließende Bauteile *siehe Bauteile*
Räume *siehe Aufenthaltsräume, Abstellräume, Dachräume, Schlafräume, Spielräume, Sporträume, Toilettenräume, Trockenräume, Werkräume, Verkaufsräume*
– besonderer Art oder Nutzung 91, 141
Raumlufttechnische Anlagen 83
Raumteile im Dachraum 88
Rechts- und Verwaltungsvorschriften
– Ermächtigung zum Erlass 140
Rechtsanwaltskanzleien 94
Rechtsbehelfsbelehrung 128
Rechtsnachfolgende 127, 137, 139
Regale
– genehmigungsfreie 106
Regeln der Technik *siehe Technische Baubestimmungen*
– allgemein anerkannte Regeln der Technik 60, 62
Rehabilitationseinrichtungen 94
Rettungsgeräte
– der Feuerwehr 50 f., 59, 81
Rettungswege 59, 76, 80, 92
Richtlinien der Europäischen Gemeinschaft 141, *siehe auch Bauproduktenrichtlinie*
Rohbau 134 f., 148
Rohrleitungen *siehe Leitungen*
– für Ferntransport von Stoffen 45
Rollatoren 86
Rollstühle
– nutzbar mit Rollstühlen 80, 93
Rolltreppen 74

S
Sachliche Zuständigkeit 101
Sachverständige Personen/Stellen 63, 92, 98, 101, 118, 120, 127, 134, 136, 142 f.
Sachverständigenbescheinigungen *siehe Bescheinigungen nach § 65 Abs. 4 LBauO*
Schall-
– dämmung 83
– Nachweis des Schallschutzes 118
– schutz 59, 91, 120 f., 135
Schiffe 46
Schornsteine 71, 82, 134, *siehe auch Feuerungsanlagen*
– genehmigungsfreie Änderung 108
Schulen 92, 94
Schutz
– gegen das Herabfallen von Schnee und Eis 74
– gegen schädliche Einflüsse 58
– vor Staub, Rauch und Ruß 147

Schutz- und Sicherheitsvorkehrungen auf Baustellen 96
– Zuwiderhandlungen 148
Schutzhalle *siehe Lagerhalle*
Schutzhallen
– genehmigungsfreie 106
Schwimmbeckenüberdachungen
– genehmigungfreie 105
Schwimmfähige Anlagen 46
Seilbahnen 104
Seveso-III-Richtlinie 124, 128
Sicherheits-
– bedürfnisse 49
– beleuchtung 77
– leistung 127
– vorkehrungen auf Baustellen 96, 148
Sicherstellung 137
Signalhochbauten
– genehmigungsfreie 104
Solare Strahlungsenergie (Anlagen zur Nutzung) 54, 68, 120, 123 f., *siehe auch Bebauung*
– Abstandsflächen 52, 55
– auf Dachflächen 73
– genehmigungsfreie 103
Sonderbauten 91, 119
Sondergebiete 53
Soziale Belange 49
Spiel-
– plätze
  – Barrierefreiheit 56
  – genehmigungsfreie 105 f.
  – im vereinfachten Genehmigungsverfahren 120
  – 46, 56, 90, 94, 145
Sport-
– plätze
  – genehmigungsfreie 105 f.
  – im vereinfachten Genehmigungsverfahren 120
  – 46, 145
– stätten 92, 94
Sprungschanzen, Sprungtürme
– genehmigungsfreie 105
Stall(-) 90
– türen 90
Standsicherheit
– Grundsatz 57, 91, 133, 135
– Nachweis der 120 ff., 124, 135, 141, 148
Stellplätze 47, 89, 92, 94, 121, 145 f.
– Begriff 46
– genehmigungsfreie 102, 106
– im vereinfachten Genehmigungsverfahren 120
Stellungnahme der Gemeindeverwaltung 109, 121, *siehe auch Einvernehmen der Gemeinde*
Steuerberatungskanzleien 94
Straßenbild 49, 56
Sträucher 90
Stufen(-)
– folge in Fluren 78
– Setzstufen 94
Stützen
– tragende 67
Stützmauern
– Abstandsflächen bei 53
– genehmigungsfreie 105

T

Tagesstätten 92 f.
Technische *siehe Regeln der Technik*
– Fachkräfte *siehe Fachkräfte*
Technische Baubestimmung (VV-TB) 62
Technische Baubestimmungen (VV-TB) 60, 62 ff.
– Anlage 48
– Bekanntmachung 48
– Inhalt 144
– Verwaltungsvorschrift 48
Teilbaugenehmigung 129 f.

Telekommunikationsanlagen
- genehmigungsfreie 103
Teppichstangen
- genehmigungsfreie 107
Terrassen
- genehmigungsfreie 107
- genehmigungsfreie Überdachungen von 107
Textform 63, 97 f., 122, 124, 126, 129 f., 134
Tierställe *siehe Kleintierställe*
Toiletten-
- anlagen 94
- räume/-einrichtungen 88, 94
- wagen 132
Tragende und aussteifende
- Bauteile *siehe Bauteile*
- Pfeiler, Stützen, Wände 67
- Teile notwendiger Treppen 75
Transformatorenstationen
- genehmigungsfreie 103
Trennwände *siehe Wände*
Treppen(-) 74, 92, 94, *siehe auch notwendige Treppen, notwendige Treppenräume, Stufen*
- absatz 75
- Hauseingangstreppen 52
Trockenräume 86
Türen
- Glastüren 80
- in Rettungswegen 77 f.
- Stalltüren 90
- Unterteilung von Fluren durch Türen 78
- von Aufenthaltsräumen 87
- von Aufzügen 80
- von Maschinenräumen 80
Typengenehmigung 131
Typenprüfung 118, 130

U
Übereinstimmungsbestätigung
- Bauarten 60
- Bauprodukte 64
Übereinstimmungserklärung
- Bauprodukte 64
- des Herstellerunternehmens 64
Übereinstimmungsnachweis für Bauprodukte 65
- Übereinstimmungszertifikat 65
Übereinstimmungsnachweis für Bauprodukte und -arten 135
- mit Einschaltung einer Prüfstelle 65
- Übereinstimmungserklärung des Herstellerunternehmens 64
Übereinstimmungsnachweise 62
Übereinstimmungszeichen für Bauprodukte (Ü-Zeichen) 64, 143, 147
Übergangsbestimmungen 150
Überwachungsstelle
- nach § 25 Satz 1 Nr. 5 61
Überwachungsstellen *siehe Prüfstellen, Zertifizierungsstellen*
- für die Fremdüberwachung 65 f., 143
- für die Überwachung nach § 18 Abs. 6 LBauO 66, 140, 143
Umgebung baulicher Anlagen 49, 109
Umwehrungen 81
Umwelt- und Klimaschutz
- Belange des Umwelt- und Klimaschutzes 49
Umweltverträglichkeitsprüfung 123, 127
Unrichtige Angaben, Pläne und Unterlagen 149
Unterdecken *siehe Decken*
Untergeordnete
- Gebäude 91, 120
- Vorbauten 52, 69

Untergeordnete Gebäude 109
Unterkonstruktionen 68
Unterkunftshütten 91
Unternehmen
– Verantwortlichkeit 99
Unterstützungen
– genehmigungsfreie
  – für Krane 107
  – für Leitungen 104
  – von Decken 71
  – von Seilbahnen 104
Unterteilung
– von Fluren durch Türen 78
Ü-Zeichen 64, 147

V
Veränderungssperre 124
Verantwortung der am Bau Beteiligten 97 ff.
Verbrennungsmotoren 82
Vereinfachtes Genehmigungsverfahren 119
– Fiktionsfrist 122
– Fristbeginn 122
Verfahren
– bauaufsichtliches 101, 108 f., 118 f., 123, 126 ff., 133 f., 136 ff.
Verkaufsräume 87
Verkaufsstände
– betretbare 132
Verkehrs-
– einrichtungen 93
– flächen 51, 73, 107, 127
– sicherheit 60, 74 f., 80 f., 90 f.
Verkleidungen *siehe Wandverkleidungen*
Vermessungs- und Katasterbehörde 139
Vermessungsmarken 96
Versammlungsstätten 92 f.
Versiegelung der Baustelle 136
Versorgungseinrichtungen 93
Versorgungsleitungen 45, 96
Verunstaltungsverbot 49
Verwaltungsgebäude 92 ff., 120
Verwendbarkeit von Bauprodukten 61, 64, *siehe auch Allgemeine bauaufsichtliche Zulassung, Allgemeines bauaufsichtliches Prüfzeugnis, Zustimmung im Einzelfall*
– verbotswidrige Verwendung 147
Verwendbarkeitsnachweise für Bauprodukte 62
Vollgeschosse
– Begriff 47
Vorbauten 52, 67, 69, 85, *siehe auch Anbauten*
Vordrucke 141
Vorgärten 145
Vorhaben
– der Bauaufsicht nicht unterliegende 138
– des Bundes und der Länder 137
– des vereinfachten Genehmigungsverfahrens 119
– freigestellte 123
– genehmigungsfreie 101
Vorhaben Landesverteidigung
– genehmigungsfreie 107
– genehmigungsfreiie 127
– Zustimmungsverfahren 138
vorhabenbezogene Bauartgenehmigung 60
– Übereinstimmungsbestätigung 60

W
Wandbekleidungen/-verkleidungen 52, 68, 70 f., 77, 79, 107
Wände
– Außenwände 67, 77
– Aussteifende 67
– Brandwände 69
– Tragende 67
– Trennwände 68, 88

- von Aufenthaltsräumen 87
- von Durchfahrten/Durchgängen 50
- von Fahrschächten 79
- von Fluren 79
- von Gängen 79
- von Gebäuden 67
- von Ställen/Dungstätten/Futterkammern 91
- von Treppenräumen 76

Wandhöhe 52

Wappenschilder
- genehmigungsfreie 106

Warenautomaten 96, 120, 127
- genehmigungsfreie 106

Wärme(-)
- Anlagen der Versorgung 140
- Anlagen für die öffentliche Versorgung 138
- Leitungen der öffentlichen Versorgung 45
- pumpen 102
- schutz(-)
  - nachweis 118
  - 59, 91, 135

Warmluftheizungen 83

Wasser-
- becken
  - genehmigungsfreie 104
- heizungsanlagen
  - genehmigungsfreie 103
- leitungen 45
- versorgung(s-)
  - anlagen 50, 53, 103, 135, 138
  - 83 f., 92
- zähler 86

Wasserstoff
- Anlage zur Erzeugung 103
- Elektrolyseure 82

Weidezäune
- genehmigungsfreie 105

Werbeanlagen 94, 120, 127
- besondere Anforderungen 145 f.
- genehmigungsfreie 105 f.

Werk-
- räume 87
- stätten 93, 120

Wertstoffbehälter 56

Widerrufsvorbehalt 139

Wiederherstellung von Gebäuden
- durch Naturkatastrophen zerstörte oder beschädigte Gebäude 125

Windenergieanlagen
- Abstandsflächen 55
- genehmigungsfreie 104
- Verfahren 121

Wintergärten 67
- genehmigungsfreie 107

Wochenendplätze 46, 102

Wohngebäude 46, 54, 107, 118

Wohnheim 92

Wohnraum
- angemessener 49

Wohnungen 85, 87

Wohnungsbauvorhaben
- freigestellte 123
- im vereinfachten Genehmigungsverfahren 119

Wohnverhältnisse
- gesunde 49

Wohnwagen
- genehmigungsfreie 102

Z

Zapfsäulen und Tankautomaten 107

Zelte 132
- genehmigungsfreie 102

Zertifizierung 65

Zertifizierungsstellen *siehe Prüfstellen, Überwachungsstellen*
- nach 66
- nach § 25 Satz 1 Nr. 3 65

Zufahrten 49 f., 92

Stichwortverzeichnis

Zugang 50, 53, 85, 88
Zulassung *siehe Allgemeine bauaufsichtliche Zulassung*
Zurückstellung 124
Zuständigkeit
– sachliche 101
Zustellung 126, 128, 130
Zustimmung *siehe Übereinstimmungsnachweis*
– der Gemeinde 109, 122
– einer anderen Behörde 118
– im Einzelfall
  – für Bauprodukte 64 f.
Zustimmung im Einzelfall 62, 64, 67
Zustimmungsverfahren
– bei Vorhaben der Landesverteidigung 138
– bei Vorhaben des Bundes und der Länder 137
Zwangsmittel 100, 137
Zwischenhandläufe 75